Ingo Mirsch

Die Geschichte der Marktgemeinde Gratkorn

Vereinsgeschichte und "Mündliche Geschichte"

Bernhard Samitsch

Gratkorn 1997

IMPRESSUM

Herausgeber: Marktgemeinde Gratkorn

Reproduktionen historischen Bildmaterials :

G. Pachler, Graz.

Layout & Bildbearbeitung:

W. Gasser,

H. R. Pertl,

Computergrafik Gasser,

Gratkorn.

Druck:

Ia Druck, Judenburg

Gedruckt auf:

KNP LEYKAM Papier

INHALTSVERZEICHNIS

Zum Geleit!

Hier wird die Geschichte und Entwicklung der Marktgemeinde Gratkorn eingehend und mit aller Liebe zum Detail berichtet.

Die Anfänge reichen weit zurück - bis in die ausgehende Altsteinzeit. Der Bogen spannt sich über das Mittelalter, die Neuzeit bis zur Konstituierung der freien Ortsgemeinde "St. Stefan ob Gratkorn" im Jahre 1849 und vor allem bis in unsere Zeit, zu den Veränderungen in wirtschaftlicher, sozialer und politischer Hinsicht.

Gratkorn hat sich in den letzten 150 Jahren grundlegend verändert. Kaum ein "Stein" ist auf dem anderen geblieben. Diese Industriegemeinde im Vorfeld der steirischen Landeshauptstadt wird von einer hochqualifizierten Arbeiterschaft geprägt, die bei der weltweit renommierten Firma KNP LEYKAM oder bei den, in ihrem Umfeld angesiedelten mittleren und kleineren Betrieben beschäftigt ist.

Aber nicht nur Historisches oder Wirtschaftliches, Sozioökonomisches wird berichtet. Auch auf die Kirchengeschichte, auf Sitten, Bräuche und Sagen, vor allem aber auf die Zeitgeschichte wird eingegangen und somit ein breites Spektrum neuerer und neuester Daten geboten.

Insgesamt entsteht ein plastisches Bild der Marktgemeinde Gratkorn. Das Buch, das zum 75 - Jahr - Jubiläum der Erhebung zum Markt erscheinen wird, bietet einen tiefen Einblick in all' das, was steirische Frauen und Männer mit der ganzen Kraft ihrer besten Jahre geschaffen haben, mit ihrer Arbeit, ihrem Einsatz für die Gemeinde und für das Land.

So ist dieses Buch ein Beispiel dafür, was der unvergessene Landtagspräsident Univ. - Prof. Dr. Hanns Koren mit einem kurzen Satz umschrieben hat: "Heimat ist Tiefe, nicht Enge".

In diesem Sinne danke ich allen, die am Entstehen des Buches Anteil hatten - und ich verbinde damit einen herzlichen Gruß an den Bürgermeister der Marktgemeinde, Elmar Fandl, die Gemeinderäte und vor allem an die Frauen und Männer von Gratkorn, die dieses schöne steirische Gemeinwesen gestalten, formen und prägen.

W. Klasnic

Waltraud Klasnic

Landeshauptmann von Steiermark

Zum Geleit!

Die Marktgemeinde Gratkorn, auf deren Boden schon vor 12.000 Jahren gesiedelt wurde, hat im Laufe ihrer Geschichte schon viele Herausforderungen gemeistert. Da die Gratkorner Geschichte seit jeher von unterschiedlichen Völkern und Sprachen geprägt wurde, kann sie uns eine größere Weitsicht der Dinge lehren und damit ein Appell zu mehr Toleranz sein.
Den Steirerinnen und Steirern wird Gratkorn vor allem als "Industriegemeinde" ein Begriff sein, ist doch die um 1838 in Gratkorn gegründete Papierfabrik heute unter dem Namen "KNP - Leykam" weltbekannt. Die Industrie hat die neuere Geschichte des Ortes wesentlich geprägt, aber der Land- und Forstwirtschaft kommt in der Marktgemeinde Gratkorn ebenfalls eine große Bedeutung zu. Mehr als die Hälfte des Gemeindegebietes ist von Wald bedeckt: Gratkorn macht damit dem Ruf der "grünen Mark" alle Ehre.
Ich wünsche den Gratkornerinnen und Gratkornern, daß sie auch in Zukunft mit ihrem Erbe sorgsam umgehen und die Geschichte ihrer Heimatgemeinde in so erfreulicher Weise weiterschreiben werden.

Dr. Peter Schachner - Blazizek
Landeshauptmannstellvertreter

Vorwort

Die Gemeinde Gratkorn wurde mit Beschluß der Bundesregierung vom 10. Mai 1922 zum Markt erhoben. Daher feiert heuer Gratkorn sein 75-jähriges Jubiläum der Markterhebung. Der Gemeinderat, an der Spitze mit Bürgermeister Fandl, und die gesamte Bevölkerung können mit Stolz auf eine dynamische Entwicklung des Ortes zurückblicken.

Fleiß, unternehmerischer Weitblick, sowie die gute Standortwahl in der Murfurche und die Nähe der Landeshauptstadt waren die Voraussetzungen dafür. Die Wirtschaftsmesse, die alljährlich in Gratkorn abgehalten wird, gibt der ganzen Kleinregion Impulse und stärkt damit auch die Wirtschaft in dieser Region. Gleichzeitig wird aber auch die starke Sogwirkung der Landeshauptstadt Graz gebremst.

Um aber die Entwicklung des Ortes besser verstehen zu können, ist es auch notwendig, einen Rückblick in die Geschichte zu machen:

Friesach, Ortsteil von Gratkorn, wurde bereits 1050 urkundlich erwähnt, der Ortsteil Eggenfeld 1140. Der Ort geht also auf eine sehr alte Gründung zurück. In der Folge wurde vor allem durch die Türkeneinfälle der Ort und die Bevölkerung in Angst und Schrecken versetzt. Viele Männer und Frauen wurden getötet, aber auch als Sklaven in die Fremde entführt.

In den Jahren 1809 und 1814 waren es dann vor allem die französischen Einfälle, die dem Ort sehr zu schaffen machten. Danach begann eine friedliche Zeit. Mit der Gründung der Papiermühle durch Karl Cleber 1838 - die Vorläuferin der heutigen KNP-Leykam - wurde der Ort als Industriestandort geprägt. In jüngster Zeit haben sich Thyssen und dann Mikron Elektronik angesiedelt. Heute ist Gratkorn ein dominierender Wirtschaftsfaktor dieser Region, von dem auch immer wieder Signalwirkung ausgeht.

Als Bezirkshauptmann, aber auch persönlich und namens der Bevölkerung, gratuliere ich der Marktgemeinde, dessen Gemeinderat sowie deren Einwohnern zum 75-jährigen Jubiläum und wünsche dem Ort eine weitere kontinuierliche wirtschaftliche Aufwärtsentwicklung zum Wohle der Marktgemeinde Gratkorn, aber auch zum Wohle unserer Heimat Steiermark.

Der Bezirkshauptmann:
W. Hofrat Dr. Fallada

Vorwort

Nur, wer weiß, woher er kommt, kann erkennen, wohin er geht.

In diesem Sinne ist die Aufarbeitung der Geschichte und Vorgeschichte unseres Lebensraumes eine Aufgabe, der man sich nicht entziehen sollte. Das Jubiläum unserer Marktgemeinde ist naturgemäß ein guter Anlaß, dies umzusetzen.

Ich denke, daß dieses Buch in sehr gelungener Weise schildert, wie Menschen begonnen haben, diesen Lebensraum zu besiedeln und wie viele Generationen ihn zu dem geformt haben, was er heute ist. Manches wird den Leser überraschen, manches wird Gratkornerinnen und Gratkorner mit Stolz erfüllen. Auf alle Fälle wissen wir etwas mehr über unser Gratkorn, wenn wir dieses Buch gelesen haben.

Es geht hier freilich nicht nur um die graue Vorzeit unserer Region, es ist auch die jüngste Geschichte unseres Heimatortes erfaßt. Eine Geschichte, in der Gratkorn eine geradezu rasante Entwicklung genommen hat. Für manche(n) mag es eine Gedächtnisauffrischung sein – und eine Erinnerung daran, daß vor gar nicht langer Zeit manches undenkbar war, was heute selbstverständlich erscheint.

In diesem Sinne wünsche ich Freude und Besinnlichkeit beim Lesen dieses Buches.

Ihr Elmar Fandl
Bürgermeister

Vorwort

Es muß schon etwas für sich gehabt haben, wenn zu so früher Zeit dieser Platz, den wir heute Gratkorn nennen, von Menschen besiedelt wurde. Der Historiker ruft in Erinnerung, daß dies offenbar ein bevorzugter Platz war zu einer Zeit, als es noch keine Geschichtsschreibung gab.

Ich muß ehrlich sagen, mich – als überzeugten Gratkorner – erfüllt das doch mit Stolz.

Nicht minder mit Stolz erfüllt mich aber, was einsatzfreudige Menschen hier geleistet haben, um diesem Ort Wohlstand und Lebensqualität zu bescheren. Ich freue mich, daß auch darauf in diesem Buch nicht vergessen wurde. Und daß wir in diesem Jubiläumsjahr von unserem Gratkorn sagen können: Es ist ein guter Platz, um hier zu leben.

Ihr Peter Rinner

1. Vizebürgermeister

Zum Geleit!

Mit Heimat verbindet jeder Mensch auch Heimatboden, Familie, Sicherheit und Geborgenheit. Je besser man die Geschichte seiner Heimat kennt, desto stärker fühlt man sich ihr verbunden und um so mehr schätzt man sie. Heimatboden ist etwas Besonderes, man will ein Stück besitzen, ihn bearbeiten, seine Schönheit genießen und auch in Heimaterde seine letzte Ruhestätte finden.
Gratkorn hat eine lange Geschichte, wechselvoll geprägt von Landwirtschaft, Gewerbe, Handel und Industrie. Viele fleißige und tüchtige Menschen haben unseren Ort zu dem gemacht, was er heute ist, ein aufstrebender, dynamischer Ort mit Zukunft. Ich bin dankbar und stolz, daß auch ich für das Wohl dieses Ortes und seiner Menschen mitarbeiten und mitgestalten darf.
In der Vergangenheit und auch heute noch, war und ist die Papierfabrik KNP Leykam, der größte Arbeitgeber unserer Region und auch der größte Steuerzahler. Die Krisen der Papierindustrie haben den Verantwortlichen der Gemeinde jedoch vor Augen geführt, daß es nicht immer möglich sein wird, aus dem Vollen zu schöpfen. Als Vorsorge konnten Betriebe wie z.B. Thyssen, Mikron und Wilfling für eine Ansiedlung in Gratkorn gewonnen werden. Die Stärkung unserer Wirtschaftsbetriebe sowie eine Bauoffensive unterstützten diese Bemühungen.
Ein besonderes Anliegen muß uns jedoch die Erhaltung unserer Naturlandschaft, durch Sicherung und Festigung unserer landwirtschaftlichen Betriebe sein. Ein liebens- und lebenswerter Heimatort ist eng verbunden mit einer kultivierten Landschaft, der Tradition der Familien und einer funktionierenden Kommunalverwaltung. Neben dem wirtschaftlichen Streben ist auch die Pflege des kulturellen, religiösen und sportlichen Lebens ein wichtiger Faktor.
Den vielen Generationen Gratkorns, welche Wegbereiter waren, haben wir an dieser Stelle zu danken, und auch der heutigen Generation, für die Leistungen der Gegenwart. Das Geschaffene und Bestehende sollen Anregung und gleichzeitig Auftrieb für unsere Jugend sein, sie ist aufgerufen, den Bestand zu sichern und eine kontinuierliche Weiterentwicklung zu gewährleisten.
Mögen die kommenden Generationen durch Umsicht und Wachsamkeit die Geschicke unserer Gemeinde stets zum Guten wenden, sodaß Gratkorn ihnen, wie uns heute, ein besonderes Stück Heimat bedeutet.

Heinz Ober

Heinz Ober
Vizebürgermeister

Vorwort und Einleitung des Verfassers

Mag. Ingo Mirsch

Nachdem sich auch die Kulturpolitik der Marktgemeinde Gratkorn über Jahrzehnte, so wie in anderen Gemeinden, in erster Linie auf die Förderung der örtlichen Vereine beschränkt hat, verfolgt die gegenwärtige Gemeindevertretung seit einigen Jahren eine innovative, aktive Kulturpolitik. Ausschlaggebend dafür ist in erster Linie das Faktum, daß spätestens seit dem "Örtlichen Entwicklungskonzept 2.0" aus dem Jahre 1990 gezielt die Zuwanderung jüngerer Altersgruppen forciert wird und somit die Kommunalpolitik vor neue Aufgaben gestellt wird: Verbesserung der Nahversorgung, Handel mit Gütern des gehobenen Bedarfes, breites Freizeitangebot und - Hebung des kulturellen Angebotes.

Wenn vergleichbare Gemeinden des Bezirkes teilweise schon seit Beginn des Jahrhunderts über eine historische Dokumentation verfügen und manche bereits eine dritte in Auftrag gegeben haben, so ist das diesbezügliche Defizit in Gratkorn wohl auf den Umstand zurückzuführen, daß die örtliche Sozialdemokratie über eine etwas losere Bindung zu den Bereichen Heimat- und Volkskunde, Denkmalpflege, Lokal- und Regionalgeschichte, Archäologie, mittelalterliche Geschichte etc. verfügte.

Der Abstand der Sozialdemokratie zur "Heimat" ist jedoch erstens ein politisch erzwungener (vgl. meine Ausführungen über die Entwicklung des Gemeindewahl- und Heimatrechtes), zweitens wurde dieser Abstand von manchen, allerorts faschistoide Tendenzen witternden Sozialdemokraten selbst herbeigeführt. Und drittens lag es wohl auch nicht immer im "Blut" einer international ausgerichteten Bewegung, ihre Aufmerksamkeit auf regionale und lokale historische Fragestellungen zu lenken.

Für viele steirischen Gemeinden begann im 19. Jahrhundert ein grundlegender demographischer und wirtschaftlichen Wandel, der politisch, sozial und kulturell seine Auswirkungen zeigte. Mit der Entstehung industrieller Betriebe erlebten einzelne Gemeinden innerhalb von knapp 20 Jahren Bevölkerungszuwächse von 100 bis 200 Prozent, andere erlitten massive Bevölkerungsverluste. Natürlich waren solche eklatanten Zuwächse nicht auf Steigerungen der Geburtenraten in den Gemeinden selbst zurückzuführen; sie beruhten dort auf massiven Zuwanderungen, wo in kurzer Zeit große Betriebsansiedlungen entstanden. Dafür ist Gratkorn ein Musterbeispiel.

Eine solcherart von der Industrie bewirkte Entstehung und Vermehrung des örtlichen Proletariates führte in Gratkorn, besonders seit 1870, zu abrupten Zäsuren in so gut wie allen Bereichen der Kommunalgeschichte. Arbeitskräfte zogen aus dem gesamten Raum der Monarchie zu, – Italiener, Slowenen, Tschechen siedelten sich in einer bislang rein landwirtschaftlich dominierten Gemeinde an. Diese zuwandernden Menschen besaßen nicht mehr, weniger, schlechtere oder bessere Traditionen als der einheimische Bauer, aber sie, die Arbeiter, waren ausschlaggebend für den Wandel eines jahrtausendealten agrarisch geprägten Gemeinwesens zur Industriegemeinde Gratkorn.

Dieser Wandel, ein für sich schon immens interessanter historischer Prozeß, verpflichtet andererseits zur Dokumentation des "alten" Gratkorn. Dem knapp 150 Jahre alten Industrieort Gratkorn stehen knapp 12.000 Jahre "nichtindustrieller" Geschichte gegenüber.

So vermag der Leser zu erahnen, welche ökonomischen, sozialen und kulturellen Veränderungen, Faktoren, die in erster Linie ein Bewußtsein für die Heimat entstehen lassen, in den kommunalen Strukturen hervorgerufen wurden. Die Heimat des Gratkorner Fabriksarbeiters (und der ersten sozialdemokratischen Gemeindemandatare) war eben nicht die Zigeunerhöhle, nicht die"wetterbraune Bauernburg", nicht der "tannengrünen Berggraben" und nicht der "rauschende Wildbach". Der 1870 zugewanderte italienische Fabriksarbeiter, der in der Gratkorner Papierfabrik arbeitete, ein aus Leoben zugewanderter Bürgermeister Anton Kamper oder Wilhelm Partbauer aus Wöllersdorf, mußten sich ihre Heimat erst schaffen. Für sie waren die Fabrik und ein zwölfstündiger Arbeitstag Heimat und wenn in der Freizeit Muße für Weiterbildung und kulturelle Betätigung blieb, war das hoch anzurechnen. Lediglich die Papierfabrik trat in dieser Zeit bereits durch Publikationen über ihre Geschichte hervor.

In der jüngeren Vergangenheit fehlt es trotzdem nicht an hervorragenden Arbeiten zur Kommunalgeschichte (ich erwähne nur Clemens Brandtner und Peter Cede), doch fanden diese nicht Zugang zu einem breiten Publikum.

"Wenn man sich entscheiden will, wohin man geht, ist es gut zu wissen, woher man kommt": Dieses Motto, unter das Bürgermeister Elmar Fandl eine 1989 erschienene Broschüre über die Geschichte der Gratkorner Sozialdemokraten stellte, wird nun folgerichtig auf die allgemeine Geschichte Gratkorns angewandt; als äußerer Anlaß dient das Jubiläum "75 Jahre Marktgemeinde Gratkorn".
Freilich bin ich mir bewußt, daß dieses Buch nicht als der Weisheit letzter Schluß betrachtet werden kann. Gerade in

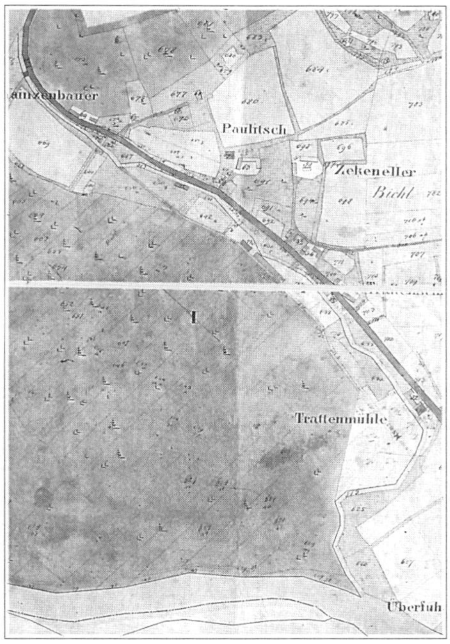

Die Reichsstraße vom Hausberg bis zur Trattenmühle um 1820. Auf den grau (=Wald) eingezeichneten Parzellen links befinden sich heute die Betriebsanlagen der KNP Leykam. (AG / FK)

Dasselbe Gebiet, etwa 140 Jahre danach, um 1965: Die Industriesiedlung Gratkorn, dahinter das Areal der Papierfabrik, ganz rechts der Hausberg. (Sammlung J. Kopsche)

Bereichen wie z. B. "Mittelalter", "Besitzgeschichte" (Häuserbuch) oder "Sozialgeschichte" gibt es noch viel zu erforschen und man möge verzeihen, wenn aus Gründen des Umfanges hier manches interessante Thema zu knapp oder gar nicht behandelt wurde.
Danken möchte ich allen, die beim Entstehen dieses Buches mitgewirkt haben: den vielen Gratkornerinnen und Gratkornern, den Mitarbeitern der in den Fußnoten verzeichneten wissenschaftlichen Institutionen, den Bediensteten des Marktgemeindeamtes, meinen Fachkollegen und Freunden und nicht zuletzt meiner Gattin, der durch viele Ortstermine so manch einsame Stunde beschieden ward.
Ich wünsche allen Gratkornerinnen und Gratkornern viel Freude beim Lesen und hoffe, daß besonders die jungen Gemeindebürger / -innen darin einen Anreiz finden, durch das Wissen um historische Mechanismen sich kritisch mit aktuellen Problemkreisen auseinanderzusetzen und so aktiv zur Gestaltung ihres geschichtlich so interessanten Lebensraumes beitragen.

Mag. Ingo Mirsch

12

Marktgemeinde Gratkorn - ÖK des BA f. Eich- und Vermessungswesen.

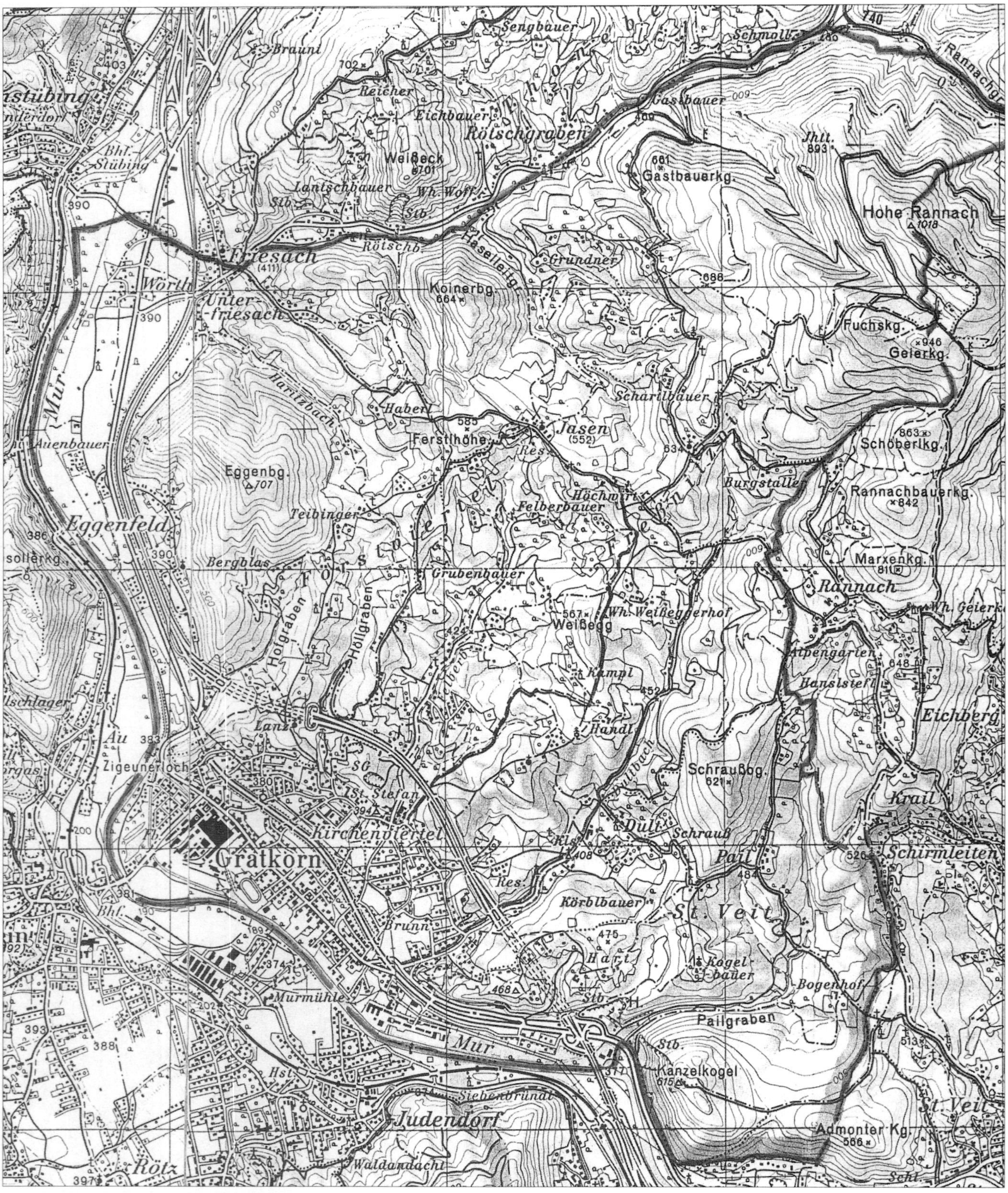

Luftbild des Gratkorner Beckens aus dem Jahre 1985. (AG)

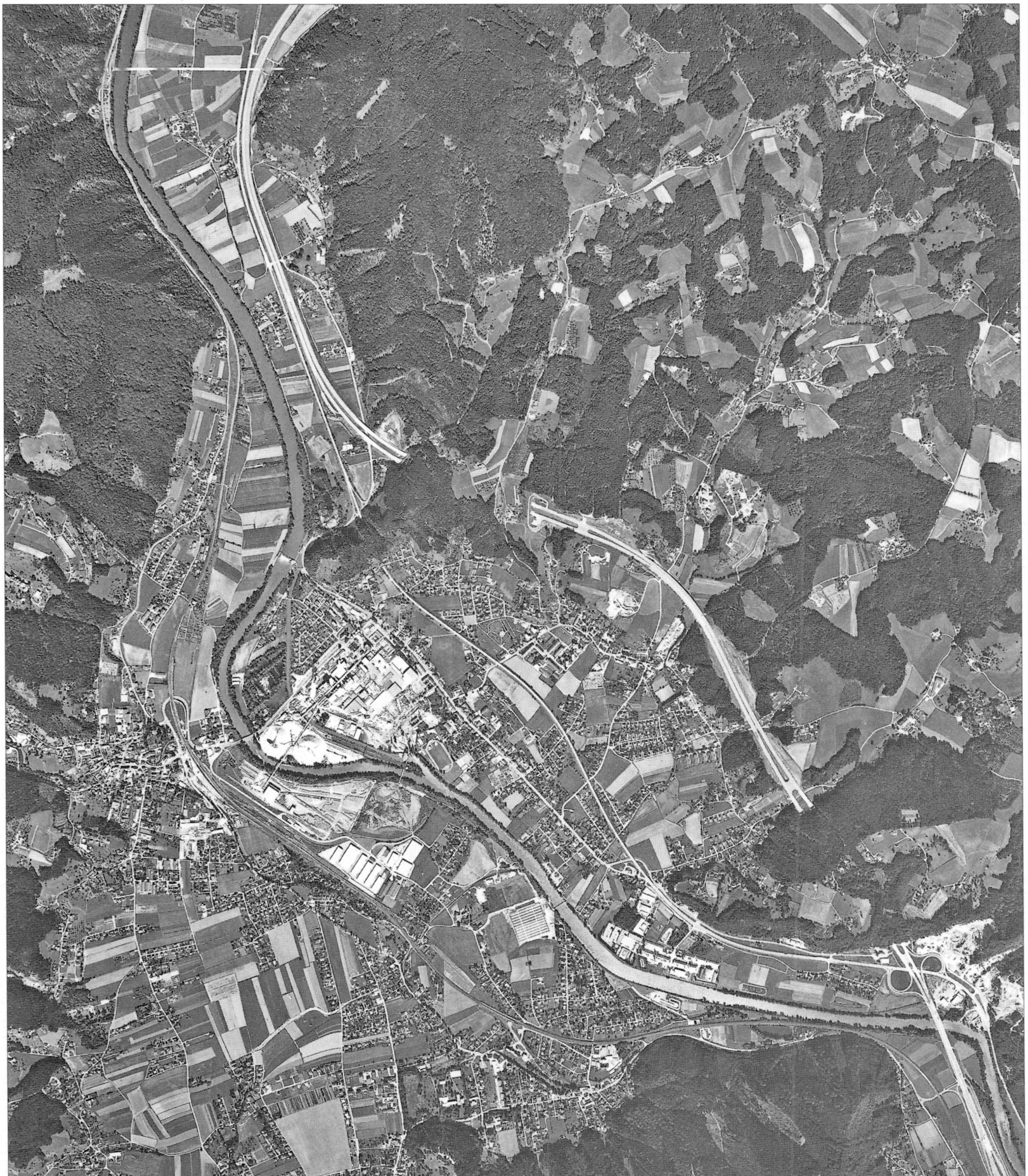

DIE GESCHICHTE GRATKORNS VON DER STEINZEIT BIS ZUM UNTERGANG DER AUSTRIA ROMANA

VORBEMERKUNG: (BODEN)DENKMALPFLEGE ALS LUXUS?

Seit über 150 Jahren werden im Gratkorner Becken Bodenfunde archäologischer Natur getätigt, doch nur selten wurde die übliche und gesetzlich vorgeschriebene Vorgangsweise eingehalten: Die Einheimischen melden die Funde, interessierte Pfarrer, Lehrer und Bürgermeister arbeiten eng mit einem versierten Mitarbeiterstab des Bundesdenkmalamtes oder Landesmuseums Joanneum zusammen, die sich um die Fundaufnahme, -bergung und -dokumentation kümmern.

Aufgrund der finanziellen und personellen Unterdotierung bei den zuständigen Institutionen verblaßte der Informationsstand der Bevölkerung sowie der verantwortlichen politischen Entscheidungsträger. Soziale und wirtschaftliche Umwälzungen taten ein übriges, um auch in Gratkorn den traditionellen "heimatkundlichen" Interessensgebieten einen jahrzehntelangen Tiefschlaf zu bescheren.

Dies führte in weiterer Sicht zu dem Problem, daß mancher für die wissenschaftliche Erforschung der Vor- und Frühgeschichte wichtige Fund illegal ergraben oder geborgen wurde und in die Hände Unbekannter wanderte, bzw., daß aus weitgehender Unkenntnis fundamentaler Prinzipien des Denkmalschutzes eben diese Zeugen unserer frühesten Kulturen unbekannt sind. Wichtige Erkenntnisse bleiben so der Forschung verwehrt und dem öffentlichen Interesse verborgen. Nicht zuletzt deshalb sei es das Ziel dieses Buches, alle beteiligten Stellen zu einer Denkweise hinzuführen, die dem Interesse für traditionelle wie neue Fragestellungen im Gebiet der Geschichtswissenschaft einen fruchtbaren Boden bereitet.

Vorab jedoch die positiven Ausnahmen im Bereich der Bodendenkmalpflege: Ich erwähne den aufmerksamen Volksschüler Karl Skerlak, der am 10. Dezember 1938 im Sand des Murufers eine Lanzenspitze aus der Bronzezeit fand und F. Tackner, der diesen Fund unverzüglich den zuständigen Stellen meldete.[1]

In neuester Zeit zeigt auch die Marktgemeinde selbst Interesse an Belangen der Bodendenkmalpflege, denn sie erklärte sich bereit, im Falle einer wissenschaftlichen Untersuchung der gefährdeten Areale auf der Kanzel (kupferzeitliche Siedlung) einen namhaften Betrag zur Verfügung zu stellen. Bürgermeister Elmar Fandl, Univ.-Doz. Dr. Bernhard Hebert , Gemeinderat Mag. Karlheinz Pöschl, Gemeinderat Bernhard Samitsch, Ing. Helmut Ecker - Eckhofen, Mag. Wolfgang Artner, Mag. Jörg Obereder sowie der Firma Dennig (Kanzel - Steinbruch) sei an dieser Stelle herzlichst für ihre Bemühungen im Interesse der Landesarchäologie und Bodendenkmalpflege gedankt.

Negatives Beispiel: In der Zigeunerhöhle ergruben um 1925 Unbefugte illegal einen Münzdepotfund, der, wie zu erwarten, auch nicht ordnungsgemäß gemeldet wurde. Die Münzen konnten nur zum Teil vom Landesmuseum Joanneum, das davon Kenntnis erhielt, erworben werden. Die Anzahl der gefundenen Münzen und die Fundumstände blieben unbekannt, der Fundzusammenhang wurde zerstört, nähere Aussagen über die historischen Hintergründe dieses Depotfundes können daher nicht getroffen werden.[2]

Noch trauriger freilich ist es, wenn sich das durch reguläre archäologische Grabungen geweckte Interesse derart manifestiert, daß das Grabungsareal nach Abzug der Wissenschaftler hemmungslos durchwühlt wird. Seit 1923 wird die Zigeunerhöhle beinahe jährlich von derartigen "Hobbyarchäologen" heimgesucht[3]; in anderen Landesteilen geschehen derartig eklatante Rechtsbrüche sogar mit Wissen und unter Zutun verantwortlicher politischer und wissenschaftlicher Stellen. Fehlgeleiteter Idealismus von "Hobbyarchäologen" und die permanente Unterdotierung von einschlägigen wissenschaftlichen Institutionen (BDA, LMJ) zeichnen dafür verantwortlich.

Das Denkmalschutzgesetz in der geltenden Fassung (1990)[4] regelt den Umgang mit Bodenfunden. Zumal diesem Thema in Gratkorn große Bedeutung zukommt und die meisten Grundbesitzer nur geringe Kenntnisse um ihre Rechte und Pflichten besitzen, seien die fundamentalen Prinzipien des Denkmalschutzgesetzes in aller Kürze dargestellt:

"Werden unter der Erd- bzw. Wasseroberfläche Gegenstände, die infolge ihrer Lage, Form oder Beschaffenheit offenkundig den Beschränkungen dieses Gesetzes unterliegen könnten (Bodendenkmale), aufgefunden (Zufallsfunde), so ist dies sofort, spätestens aber an dem der Auffindung folgenden Tag, dem Bundesdenkmalamt anzuzeigen. Gleiches gilt auch für Bodendenkmale, die lediglich durch Ereignisse wie Regen, Pflügen oder dergleichen zufällig teilweise oder vollständig an die Oberfläche gelangten. Die Meldung kann innerhalb der erwähnten

1 FÖ 1942, III./1, S. 69 und FÖ, 1948, III, S. 31. Vgl. weiters die Grazer Tagespost vom 21. Dezember 1938.

2 Vgl. ALA/Gratkorn 673-222/2.
Zum Münzdepotfund aus der Zigeunerhöhle vgl. auch O. Burböck, 1978, S. 175 und 178f, wo der Fund irrtümlich als aus Gratwein stammend bezeichnet wird.

3 Exkursionsführer, 1961, S. 6.

4 Bundesgesetz aus dem Jahre 1923 (BGBl. Nr. 533/1923) in der Fassung der Novellen von 1978 (BGBl. Nr. 167/1978) und 1990 (BGBl. Nr. 473/1990) regelt den Denkmalschutz als eine gesamtstaatliche (Bundes-) Angelegenheit (Art. 10 Bundes-Verfassungsgesetz vom 1. Oktober 1920, in seiner geltenden Fassung). Die Feststellung der geschichtlichen, künstlerischen oder sonstigen kulturellen Bedeutung eines Objektes (§ 1 DMSG) sowie die des öffentlichen Interesses an der Erhaltung desselben trifft in erster Instanz das Bundesdenkmalamt als die für den Denkmalschutz zuständige Behörde. Gegen diesen Entscheid kann eine Berufung an das Bundesministerium für Wissenschaft und Forschung (2. Instanz) eingebracht werden. Das Bundesdenkmalamt ist aber nicht nur Behörde. Seine Arbeitsgrundlage bildet die Erforschung des Denkmalbestandes; damit ist dieses Amt auch eine wissenschaftliche Institution; dem Umfang des Denkmalbegriffes entsprechend umfaßt die Denkmalforschung alle historischen Disziplinen. Das im Gesetz verankerte "öffentliche Interesse" an der Erhaltung überträgt diesem Amt schließlich auch praktische Aufgaben der Konservierung und Restaurierung.

5 Vgl. hierzu die alte aber meines Erachtens immer noch vorbildliche

Baumaßnahmen bedrohen oft das archäologische Erbe unseres Landes. 1923, anläßlich der Errichtung der Wehranlage und Steinbrucharbeiten beim Hausberg, waren archäologische Untersuchungen möglich und wurden vom "Verursacher" gefördert. Heute werden 97 bis 98% aller Bodendenkmäler, die von Baumaßnahmen betroffen sind, unwiederbringlich zerstört.

Die Wehranlage während des Baues (1923/24), flußabwärts gesehen, im Vordergrund die alte Post- und Kommerzialstraße (Wienerstraße). (Leykam, 1925)

Frist wahlweise auch an die für den Fundort zuständige Bezirksverwaltungsbehörde, an eine der nächstgelegenen Dienststellen der Bundesgendarmerie oder Bundespolizei, an den zuständigen Bürgermeister oder an ein öffentliches Museum, das einer Gebietskörperschaft gehört, erfolgen."

Wurde ein Fund vom Grundbesitzer (der im Regelfalle mit dem Finder identisch sein wird) ordnungsgemäß gemeldet, so ist er lediglich verpflichtet, den Fund - befristet auf längstens zwei Jahre - dem Bundesdenkmalamt oder Landesmuseum Joanneum zur wissenschaftlichen Auswertung und Dokumentation zur Verfügung zu stellen; der Finder ist und bleibt Eigentümer des Fundes.

Gewarnt werden muß jedoch vor "Raubgrabungen" seitens Unbefugter, die durch fehlendes Fachwissen Funde und Befunde meist zerstören.[5]

Das Denkmalschutzgesetz äußert sich zu Verstößen unmißverständlich: "Die Nachforschung durch Veränderung der Erdoberfläche bzw. des Grundes unter Wasser (Grabung) und sonstige Nachforschungen an Ort und Stelle zum Zwecke der Entdekkung und Untersuchung beweglicher und unbeweglicher Denkmale unter der Erd- bzw. Wasseroberfläche dürfen nur mit Bewilligung des Bundesdenkmalamtes vorgenommen werden (...)." - Verstöße dagegen stehen unter Strafandrohung (bis 700.000.-).

Die Gratkorner Funde, die ich in der Folge beschreibe, sind, wenn nicht anders angemerkt, vom Steiermärkischen Landesmuseum Joanneum geborgen und restauriert worden. Die aussagekräftigsten sind der Öffentlichkeit zugänglich und in den "Archäologischen Sammlungen" (Graz, Schloß Eggenberg, Öffnungszeiten: Dienstag bis Sonntag 9 - 17 Uhr) zu besichtigen.

Der materielle Wert der in Gratkorn getätigten archäologischen Funde ist in der Regel ein geringer, der wissenschaftliche dagegen beträchtlich. Nur der Fachmann, also der ausgebildete Prähistoriker oder Archäologe, kann aufgrund der Fundzusammenhänge (Lage, Tiefe, Schichten, Fundverband...) weitreichende Schlüsse auf frühere Kulturen ziehen. Nur er kann gewährleisten, daß ein Fund ordnungsgemäß dokumentiert, geborgen, restauriert und wissenschaftlich bearbeitet wird. 97 bis 98% aller Bodendenkmäler, die von Baumaßnahmen betroffen sind, werden in der Steiermark nach wie vor unwiederbringlich zerstört.[6] Auch Gratkorn ist davon betroffen.

Etwa 90 Prähistoriker und Archäologen sind in der Slowakei angestellt, in Bayern zwischen 50 und 60, in Slowenien etwa 70. - 3 (drei) sind es in der Steiermark.[7] Eine ungenügende materielle Ausstattung und aus weitreichendem Informationsmangel resultierendes Desinteresse der breiten Bevölkerung sowie politischer Entscheidungsträger ergänzen dieses einer Kulturnation unwürdige Spiegelbild.[8]

Broschüre R. Pittionis "Schätze im Boden - Der Schutz und die Pflege urgeschichtlicher Fundstücke und Ausgrabungen." (= R. Pittioni, 1947.)

6 G. Fuchs, 1990, S. 52.
7 Nach W. Artner, 1994, S. 15 (Anm. 2).
8 Dazu: Ch. Farka, 1992, S. 7 - 9; B. Hebert, 1992a, S. 12 - 14.

Das Paläolithikum

(Altsteinzeit, bis um 10.000 v. Chr.)

"Wilde, in Fell gehüllte Gestalten, bewaffnet mit einer Keule, die sich auf der Suche nach Eßbarem den Weg durch Schnee und Eis bahnen und sich mit wenigen artikulierten Lauten verständigen...": So oder ähnlich klischeehaft mag sich der eine oder andere das Leben des Steinzeitmenschen vorstellen. - Nun, die Prähistorie ist komplizierter, doch ungleich interessanter.[1]

Steinzeitliche Jäger transportieren das erlegte Wild mittels einer Astschleife zu ihrem Rastplatz. (Nach V. H. Pöttler, 1997, S. 17.)

Unserer gegenwärtigen Zeit, dem Alluvium, der Nacheiszeit, ging die Würm-Eiszeit (etwa 120.000 bis etwa 10.000 vor Christus) voraus. Zwischen der noch älteren Riß-Eiszeit und dem Würm lag das Riß-Würm-Interglazial, eine Zwischeneiszeit, die von etwa 180.000 bis etwa 120.000 vor Christus angesetzt wird.[2] Der Temperaturrückgang während der Eiszeiten betrug vier bis fünf Grad im Durchschnitt und bewirkte ein Sinken der Schneegrenze in den Nördlichen Kalkalpen auf 1200 bis 1300 m Meereshöhe. Die Eismassen, die sich im Gebirge sammelten, schoben sich durch die Täler hinab und füllten diese aus. Von diesem Vorgang war das Gratkorner Becken während der letzten Eiszeit nicht mehr betroffen; der Murgletscher endete etwa bei Judenburg. Die weitgehende Vergletscherung machte das Leben in alpinen Regionen unmöglich. Erst die Riß-Würm-Zwischeneiszeit bot die Möglichkeit zur Besiedlung klimatisch günstig gelegener Zonen.

Die bislang ältesten Zeugnisse menschlicher Besiedlung in den Grenzen der heutigen Steiermark stammen aus eben dieser Übergangsperiode von der letzten Warmzeit, dem Riß - Würm - Interglazial, zur Würmeiszeit. Sie sind der Moustérien - Kultur des Mittelpaläolithikums (etwa 100.000 bis 40.000 vor Christus) zuzuordnen.[3]

Die nach neuesten Erkenntnissen bislang ältesten Hinterlassenschaften des Menschen innerhalb des Bundesgebietes wurden in der Repolusthöhle bei Peggau, wenige Kilometer nördlich des Gratkorner Beckens, gefunden.[4]

Die von Maria Mottl (Steiermärkisches Landesmuseum Joanneum) bis 1966 durchgeführten Grabungen förderten über 2000 Steinwerkzeuge zutage. Unter verschiedenen nach- und letzteiszeitlichen Schichten barg die Repolusthöhle zwei übereinanderliegende Kulturschichten mit Feuerstellen und Steinwerkzeugen. Die Forschung datiert die Anwesenheit von Menschen in der Repolusthöhle um 300.000 vor Christus[5].

Weitere Höhlen des mittleren Murtales wurden auch im Jungpaläolithikum (Jüngere Altsteinzeit, etwa 40.000 bis etwa 10.000 vor Christus) immer wieder kurzfristig als Raststationen aufgesucht, als bekanntestes Beispiel sei die Drachenhöhle bei Mixnitz genannt.[6]

Bedeutende Fundplätze, die Zeugnis von der Anwesenheit des altsteinzeitlichen Menschen geben, liegen in unmittelbarer Nähe des Gratkorner Beckens.[7] Es liegt daher der Schluß nahe, zumal es sich bei diesen Menschen um nicht seßhafte Jäger und Sammler handelte, die ihren Aufenthaltsort ständig wechselten, ihre Anwesenheit auch im Gratkorner Becken anzunehmen.

Obwohl Funde aus dieser Zeit für Gratkorn nicht belegt sind, wird man die Anwesenheit von Menschen im Gratkorner Becken für das Mittelpaläolithikum (etwa 100.000 bis 40.000 vor Christus) annehmen dürfen.

Fundortkarte der Älteren und Mittleren Steinzeit in der Steiermark. (W. Modrijan, Schriften für junge Museumsbesucher, 1976.) Eine Übersicht über archäologische Funde in den Höhlen des mittleren Murtales bietet H. Kusch, 1996.

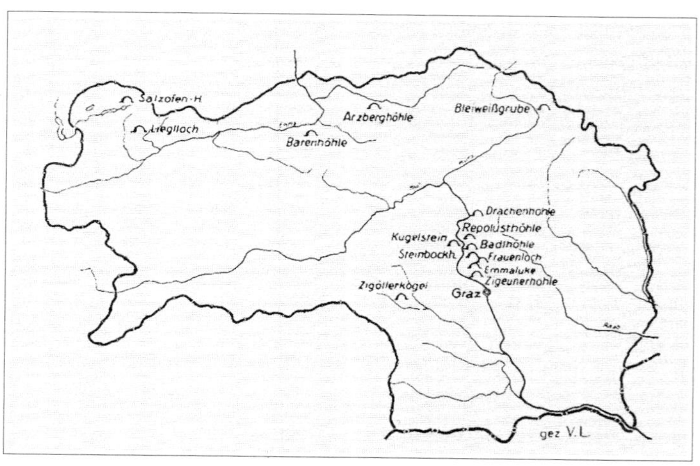

1 Herrn Wiss. Oberrat Dr. Diether Kramer, Prähistoriker am LMJ, danke ich für seine freundliche Unterstützung, die er mir über viele Jahre angedeihen ließ.
2 Vgl. A. Lippert, 1985, S. 62f.
3 D. Kramer, 1992, S. 11.
4 Vgl. O. Urban, 1989, S. 19 und 26; D. Kramer, 1992, S. 11. A. Lippert, 1985, S. 62f spricht der Rameschhöhle bei Spital am Phyrn ein höheres Alter zu. Vgl. auch J.-W. Neugebauer, 1990, S. 42 - 45.
5 J.- W. Neugebauer, 1990, S. 60.
6 Dazu: R. Pittioni, 1954, S. 32ff.
7 Siehe D. Kramer, 1981, S. 159ff.

Die Zigeunerhöhle

Eine Jagdstation des Spätpaläolithikums

Vor rund 10.000 Jahren endete die letzte Eiszeit. Steigende Durchschnittstemperaturen ließen die Gletscher schmelzen, Fauna und Flora waren einem grundlegenden Wandel unterworfen. Die langsame Erwärmung führte zu einem Zurückweichen der Tundra, zum Austrocknen der Moore sowie zu einer raschen Ausbreitung von Birke, Kiefer, Zirbe, Lärche und Föhre im zentralalpinen Raum.[1] Um die Mitte des sechsten vorchristlichen Jahrtausends war die Waldgrenze auf über 2.000 m Seehöhe angestiegen. Diese grundlegenden Veränderungen in der Umwelt führten zwingend zu einem Umbruch in der Lebensweise des Menschen.

Mit den klimatischen Veränderungen begann sich auch die Tierwelt, Lebensgrundlage des altsteinzeitlichen Menschen, zu wandeln. Nachdem die meisten für die Eiszeit charakteristischen Großsäuger ausgestorben waren, bevorzugte man nun Waldtiere, besonders Hirsche, Kleintiere und Vögel. Fischfang wurde mit Harpunen, Angeln und Netzen betrieben, mit dem Einbaum befuhr man Binnengewässer. Der Hund begleitete in der "sterbenden Altsteinzeit" den Jäger und Sammler, der immer deutlichere Tendenzen zur Seßhaftwerdung zeigte.[2] Immer noch bevorzugte man Höhlen und deren Vorplätze als temporäre Aufenthaltsorte. Neben diesen Höhlen im Bergland und Gebirge gab es jedoch im Alpenvorland der Mittelsteiermark weitere temporäre Siedlungen. "Vorläufig ist es noch nicht gelungen, eine dieser vermuteten Freilandstationen zu lokalisieren."[3]

Der Hausberg (rechts) mit Zigeunerhöhle und Schotterabbau um 1925, unmittelbar nach Fertigstellung der neuen Kraftanlagen. Rechts neben der Zigeunerhöhle der alte Fabrikskanal, bei dem bereits am 25. und 26. März 1872 Gräber entdeckt wurden. Am diesseitigen Murufer, auf den Feldern vor der Zigeunerhöhle, befand sich die alte Richtstätte (Galgen) des Stiftes Rein.
(LMJ, Bild- und Tonarchiv, PK 4259.)

Wenig nördlich der Industriesiedlung Gratkorn biegt der von Norden nach Süden verlaufende Eggenberg (707 m) nach Westen um und bricht bei der Mur jäh steil ab.

Die Wehranlage der Papierfabrik, rechts die Zigeunerhöhle (Hausberg). Fotografie von 1924. (Leykam, 1925)

1 Vgl. dazu R. Scharfetter, 1956, S. 54f.
2 Vgl. dazu: W. Modrijan, 1956, S. 81; W. Modrijan, 1971a, S. 289; O. Urban, 1989, S. 50ff; J. - W. Neugebauer, 1990, S. 74ff.
3 D. Kramer, 1992, S. 12. Vgl. auch H. Müller-Karpe, 1975, S. 43.

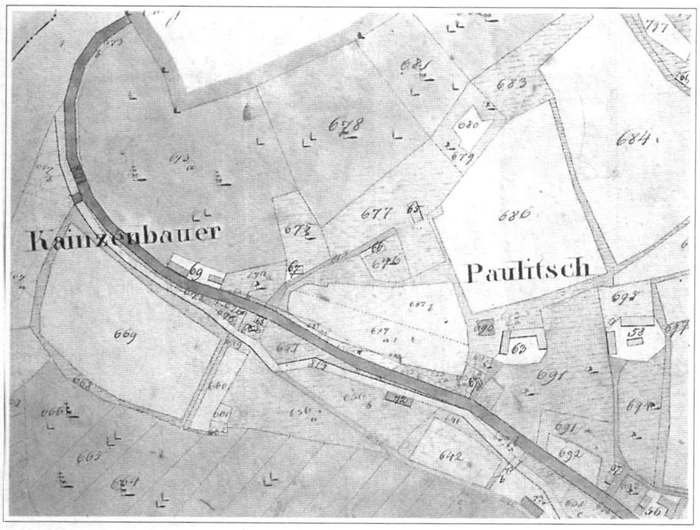

Der Südteil des Hausberges, der vulgo Kainzenbauer und der vulgo Paulitsch auf dem Kataster von um 1850. Zwischen dem Haus Bauparz. 68 und dem alten Werkskanal wurden bereits 1872 Gräber (protestantischer Friedhof?) entdeckt. Ein weiteres Grab wurde im Mai 1923 direkt bei der Zigeunerhöhle gefunden aber wissenschaftlich nicht untersucht. (AG)

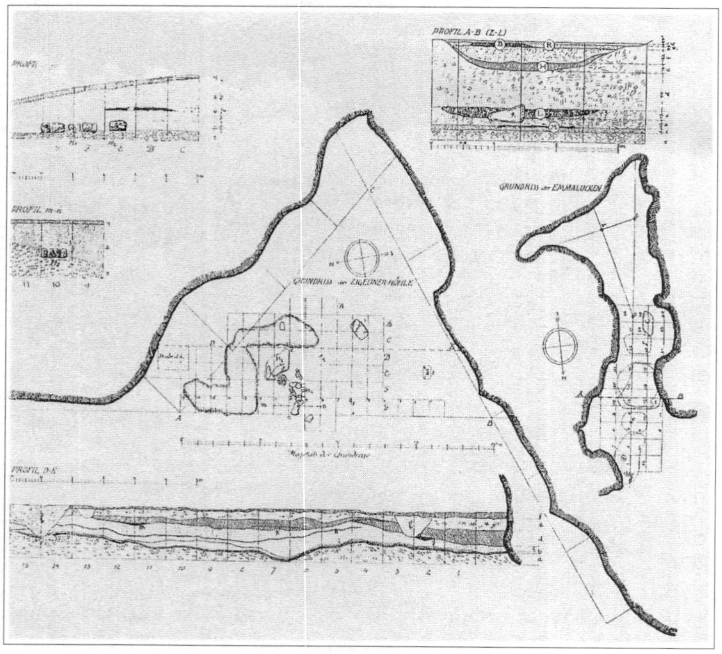

Grundrißpläne und Profile von Zigeunerhöhle und Emmalucke. (W. Modrijan, 1955)

Dieser westlichste, jäh zur Mur hin abbrechende Teil des Eggenberges wird Hausberg genannt. Er spielt in der Geschichte der Marktgemeinde Gratkorn bis in die Neuzeit hinein eine bedeutende Rolle. Unsere Aufmerksamkeit verdienen vor allem die Höhlen des Hausberges, die Zigeunerhöhle (auch Zigeunerloch genannt), die Emmalucke und die Hausberghöhle I.[4]

Aufgrund ihrer Lage findet die bedeutendste dieser Höhlen, die Zigeunerhöhle, heute wenig Beachtung, oder, wie sich der im Oktober 1981 verstorbene Landesarchäologe Walter Modrijan in einem Vortrag ausdrückte: "[...] also die Höhle ist heute den Autofahrern nicht mehr so bekannt, weil dieser Tunnel durch den Hausberg von Gratkorn geht, aber früher einmal fuhr man ja, leider ist diese Höhle gerade an der Kurve, sodaß der, der zuviel nach rechts geschaut hat oder umgekehrt nach links, bestimmt mit seinem Partner zusammengekracht ist, der ihm entgegenkam, und daher haben viele Leute diese Höhle vorsichtigerweise übersehen."[5]

Die Zigeunerhöhle, nach Westen offen, ist durch einen hochgewölbten Raum mit breitem, vorragendem Vordach gekennzeichnet. Vor Jahrzehnten wurden aus den Wänden für die Straßenschottergung Steine gebrochen, im Zweiten Weltkrieg wurde ein Luftschutzstollen in die Höhle vorgetrieben, zu Kriegsende (1945) wurde die Felswand für die Sprengung vorbereitet (Bohrlöcher sind noch sichtbar)[6]. Seit geraumer Zeit schlagen Kletterer unermüdlich ihre Haken in die Höhlenwände, Unbefugte durchwühlen alljährlich den Boden und andere rohe Zeitgenossen haben ein übriges getan, um der Zigeunerhöhle ihr gegenwärtiges desolates Aussehen zu verleihen.

In den Blickpunkt wissenschaftlichen Interesses gelangte die Zigeunerhöhle im Jahre 1917. Bei von Wilfried Teppner in diesem Jahre durchgeführten Versuchgrabungen wurden römische, hallstattzeitliche und, nach damaliger Interpretation, mesolithische Kulturschichten angeschnitten. Die eigentliche Ausgrabung wurde dann im Oktober 1923 vom Landesmuseum Joanneum unter der Leitung von Walter Schmid, gemeinsam mit Wilfried Teppner, durchgeführt. Anlaß für diese Grabungen in der Zigeunerhöhle waren ausgedehnte Baumaßnahmen für neue Wasserkraftanlagen der Papierfabrik; dabei sollte auch die Zigeunerhöhle und der umlie-

Landesarchäologe Univ.-Prof. Dr. Walter Schmid (1875 – 1951), Leiter der Ausgrabungen bei der Zigeunerhöhle 1923. (Schild von Steier 2)

4 Vgl. dazu auch ALA Gratkorn 673-222/2 Zigeunerhöhle 2831/15, 673-222/1 Emmalucke 2831/16 und 674-222/3 Hausberghöhle I 2831/19. Die Hausberghöhle wird in der Folge nicht gesondert behandelt, aus ihr dürften ein bearbeiteter Knochen und prähistorische Keramik stammen, die von W. Teppner und W. Schmid bei einer Sondierung am 26. Oktober 1923 gefunden wurden. Keramikreste wurden 1990 gefunden. Vgl. H. Kusch, 1994, S. 99.
5 W. Modrijan, 1997, S. 7.
6 W. Modrijan, 1955, S. 6; M. Rauchensteiner, 1985, S. 87.
7 Vgl. dazu J. Schubert, 1926 und Leykam, 1925.
8 CGG, 8. Mai 1923.
9 Ebenda.

Auswahl von endpaläolithischen Steingeräten, gefunden in der Zigeunerhöhle. Landesmuseum Joanneum, Abt. f. Vor- und Frühgeschichte (Schloß Eggenberg). (Foto E. Kolle)

gende Bereich durch Steinbrucharbeiten in Mitleidenschaft gezogen werden.[7] Auf die ersten Funde, Skelettreste, waren Arbeiter bereits am 8. Mai 1923 gestoßen. Es ist anzunehmen, daß es sich

Hofrat Wilhelm Hartmann, Vizepräsident des Verwaltungsrates der Leykam-Josefsthal AG. Ihm ist es zu verdanken, daß die Papierfabrik in wirtschaftlich schwierigen Zeiten (1923) archäologische Ausgrabungen in der Zigeunerhöhle mit mehr als 4.000.000 österreichischen Kronen unterstützte. (Leykam 1925)

bereits dabei um archäologisch interessante Funde handelte, jedoch ist lediglich folgende Notiz in der Gendarmeriechronik überliefert: "Am 8. 5. 1923 wurde bei den anläßlich des Baues der Schleuße des Elektrizitätswerkes der Papierfabrik in Gratkorn, nächst dem sogenannten Zigeunerloch menschliche Gebeine aufgefunden."[8] - Die Gendarmeriebeamten zogen keinen Gerichtsmediziner oder Anthropologen zu Rate sondern vermuteten sogleich, "daß das Skelett von dem seit dem Jahre 1906 vermißten Fabriksarbeiter Alois Grossegger stammt [...]."[9] Zwei schon längst des Mordes Verdächtige wurden verhaftet, mußten aber mangels an Beweisen freigelassen werden. Das Skelett wurde niemals wissenschaftlich untersucht, sein Auftauchen scheint zumindest im Zusammenhang mit einem Jahrzehnte vorher ganz in der Nähe getätigten Fund von gewissem Interesse (Protestantischer Friedhof oder Pestgräber).[10]

Der Landesarchäloge Walter Schmid begann sich nun jedenfalls vollends für die Zigeunerhöhle zu interessieren. Die Papierfabrik Leykam, Eigentümerin der Höhle, erteilte im gleichen Jahr nicht nur die Grabungsbewilligung, sie stellte auch in wirtschaftlich bedrängter Zeit Prof. Schmid die bedeutende Summe von mehr als 4.000.000 österreichischen Kronen für die Grabung zur Verfügung. Dies war in erster Linie H. Koch, dem für archäologische Belange aufgeschlossenen damaligen Direktor der Papierfabrik, und Hofrat Wilhelm Hartmann, Vizepräsident des Verwaltungsrates der Leykam - Josefsthal AG, zu verdanken. Weitere Geldmittel stellten Grazer Banken bereit.[11]

Hatte Wilfried Teppner bei seiner Versuchsgrabung (1917) bereits drei Kulturschichten festgestellt, so bestimmte Schmid die Stratigraphie detaillierter.[12] Die

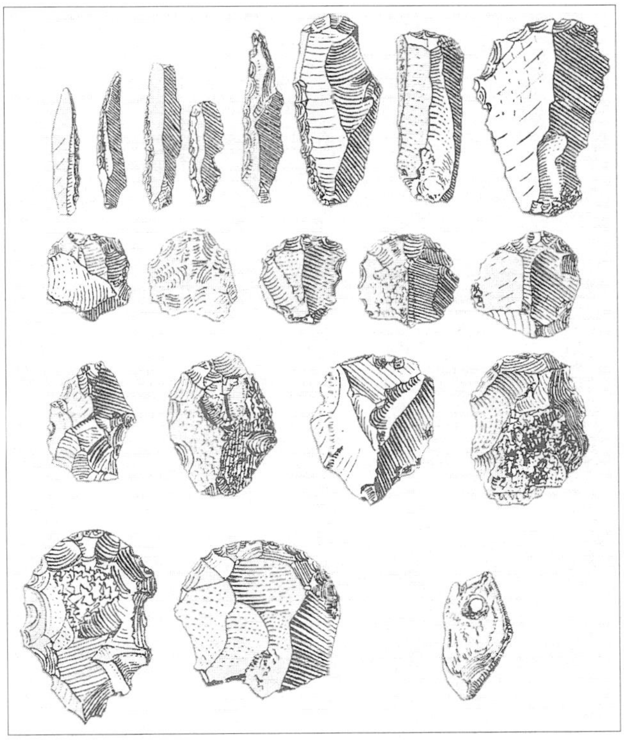

Gratkorn / Zigeunerhöhle: Kleingeräte (Klingen, Klingenschaber und Rundschaber) aus der späten Steinzeit. (W. Modrijan, 1955)

Betrachtung solcher Straten (Schichten) ermöglicht es dem Prähistoriker, weitreichende Schlüsse aus der Abfolge der Schichten, zu ziehen. Die unterste Schichte ist naturgemäß die älteste, in diesem Falle also die endpaläolithische.

Univ.-Prof. Dr. Walter Schmid hat seine Grabungen in der Zigeunerhöhle und Emmalucke nie publiziert.[13] Die von Richard Pittioni im Jahre 1955 vorgenommene Fundauswertung erbrachte den Beweis für die Sonderstellung des Gratkorner Fundmaterials im mitteleuropäischen Raum.[14] Ein Großteil des Fundgutes besteht aus Steinwerkzeugen, die hauptsächlich aus

10 Am 25. und 26. März 1872 wurden in der Gemeinde St. Stefan am Gratkorn, KG Kirchenviertel (heute Marktgemeinde Gratkorn) Gräber entdeckt. In etwa 0,9 m Tiefe kamen in West - Ost - Orientierung fünf Skelette mit Beigaben aus dem 16. bis 18. Jahrhundert zutage, nämlich "1 kleines Medaillon mit Glasscheiben, dazwischen ein Papierstreifen mit dem Johannis-Evangelium bedruckt, mehre[re] blaue Glasperlen, alles mit Menschengerippen und Nägeln gefunden nächst der gratweiner [!] Papierfabrik, Geschenk der Directon von Leykam-Josephsthal." (J. J. 1872, 1873, S. 29.) Meine Lokalisation des Fundortes: vulgo Bergschuster, auch Lueggschuster genannt, (Bauparz. Nr. 68), der genau an den alten Werkskanal grenzt. (vgl. FK 163 (LA)).

11 W. Modrijan, 1969, S. 102.

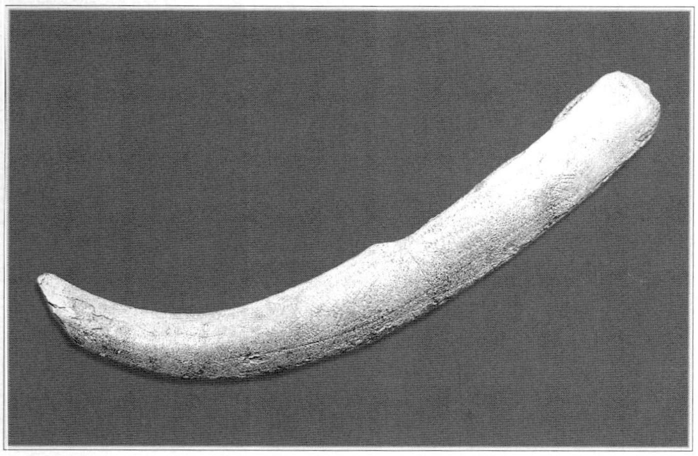

Verzierter Basalsproß des Rothirsch mit Ritzzeichnung einer sich bewegenden Schlange. Zigeunerhöhle Gratkorn, spätsteinzeitlich, 10. Jahrtausend v. Chr. (LMJ, Abt. f. Vor- u. Frühgeschichte; Inv.-Nr. 13578) (Zeichnung W. Antl-Weiser, 1993. S. 87, Foto E. Kolle)

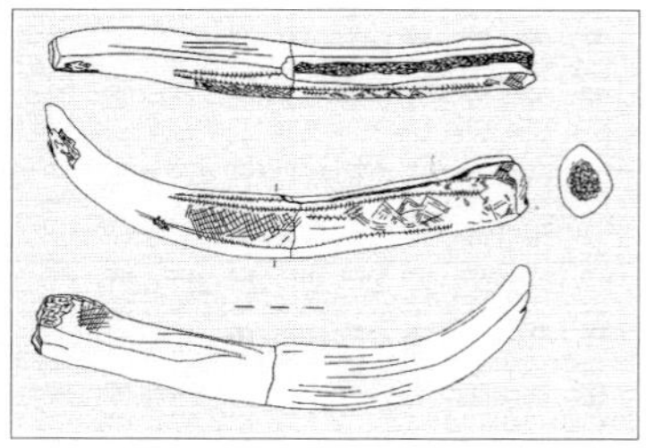

blassem Hornstein angefertigt wurden, auch Milchquarz und Feuerstein sind vertreten.[15] Das Fundinventar umfaßt unter anderem paläolithische, mesolithische und wohl auch neolithische Steingeräte, darunter über 1000 Stück aus Hornstein, 40 aus Jaspis, 50 aus Feuerstein, 60 aus Milchquarz, ein geschliffenes Bruchstück aus Kalkstein, etwa 20 Stück aus grauem Kalkstein und eine Pfeilspitze aus Bergkristall. Die Bemühungen, die Heimat dieser Rohmaterialien festzustellen, um daraus auf etwaige Handelsbeziehungen zu schließen, hatten eingehendere Untersuchungen zur Folge. An einigen Stücken ließen sich Spuren starker Wasserrollung feststellen, sodaß die Möglichkeit in Erwägung zu ziehen ist, daß dieses Material aus dem Murschotter stammt.[16]

Die Steinwerkzeuge aus der Zigeunerhöhle setzen sich aus sogenannten Halbmonden, aus Klingen mit abgestumpften Rükken, langschmalen, breitlangen und -kurzen Klingenschabern, Rundschabern, Segmentschabern, kleinen Spitzen, breiten Klingen, Dreiecksklingen und kleinen Klingen zusammen. Beachtenswert ist der meist grob- und großstückige Abfall, neben dem kleine oder kleinste Splisse verhältnismäßig selten sind. Internationale Bekanntheit erlangte die Zigeunerhöhle durch die ergrabenen Knochenwerkzeuge: drei Knochenspitzen, ein Bruchstück einer Harpune, ein Angelhaken, ein Anhänger und ein verzierter Basalsproß des Rothirschen. Zwar läßt sich auf Grund der bislang bekannten steirischen Funde die Entwicklung vom eiszeitlichen ins nacheiszeitliche Leben nicht nachvollziehen, doch sieht die Forschung in den Funden aus der Zigeunerhöhle "einen unmittelbar an der Mur liegenden Fundplatz mit teils für Mitteleuropa einzigartiger Kulturformung einer Menschengruppe von der späten Eis- zur Nacheiszeit."[17]

Unter den Knochengeräten stechen der Angelhaken und besonders der verzierte Hirschgeweihsproß hervor. Herausragende Bedeutung besitzt der Hirschgeweihsproß mit seinen Verzierungen deshalb, weil er als das bisher älteste Kunstwerk aus der Steiermark bezeichnet werden kann.[18] Außer diesem Gratkorner Fund existiert in Österreich nur noch ein vergleichbarer alt- bis mittelsteinzeitlicher Fund mit einer Tierdarstellung.[19]

"Der Hirschgeweihsproß ist mit wechselseitigen Kerbreihen und Rhomben verziert. An den linksseitigen Rhombus schließt sich ein nach oben gerichteter Halsteil an, der in einen Reptilienkopf endet, an den rechtsseitigen Strichgruppen, die verwirrend wirken. Es scheint die geometrisierte Darstellung einer Schlange in rascher Bewegung zu sein [..]. In der Natur erscheinen diese Körperbewegungen als aneinandergereihte Ellipsen - die hier zu Rhomben wurden - und der Schwanzteil macht bei rascher Bewegung den Eindruck, als bestünde er aus mehreren Enden. Die Eiszeitkunst kennt symbolische Abbreviaturen [Kürzungen, Schematisierungen] und Stilisierungen zu allen Zeiten, besonders im östlichen Kreis, wo auch das flächenfüllende

Spätsteinzeitliche Funde (etwa 10.000 v. Chr.) aus der Zigeunerhöhle: Angelhaken, Spitzen und Bruchstück einer Harpune aus Knochen. (Ausgestellt im Landesmuseum Joanneum, Abt. f. Vor- und Frühgeschichte (Schloß Eggenberg), Inv.-Nr. 16396, 16392, 16394, 16395.) (Foto E. Kolle)

12 W. Modrijan, 1955, S. 5 - 11. (Schmids Aufzeichnungen wurden erst nach seinem Tod, über drei Jahrzehnte nach den Grabungen, publiziert. Die genaue Lage dieses Bodenprofils ist, auch wegen der teilweise unvollständig erhaltenen Aufzeichnungen, nicht mehr exakt zu bestimmen. („[...] und zum anderen scheinen die noch greifbaren handschriftlichen Aufzeichnungen W. Schmids durch manche ordnungsfeindliche Ereignisse der letzten Zeit doch etwas dezimiert worden zu sein.“ W. Modrijan, 1955, S. 5.)
An der Praxis scheint sich nichts geändert zu haben. HR Dr. R. Grasmug auf eine Frage, ob man [seine eigenen] Funde im Referat für Archäologische Sammlungen nicht ausheben und fotografieren kann: "Wenn Du sie kriegst. Mir tut schon leid, daß ich sie nicht im Feldbacher Museum aufbewahrt habe." (I. Radimsky, 1997, S. 47.) Die dafür zuständige Bedienstete der Abteilung 1989: "Gibt es etwas Schöneres, als unter den Beständen aus 175 Jahren genau das zu finden, was gerade gebraucht wird?" (G. Pfundner, 1989, S. 2)

13 "Der Fülle des Ergrabenen entsprach leider die Publikationstätigkeit nicht in ausreichendem Maße." So W. Modrijan, 1953, S. 7 im Nachruf auf Schmid.

14 R. Pittioni, 1955, S. 21ff.

15 A. Sigmund, 1924, S. 1ff.

16 Ebenda.

17 W. Modrijan, 1974, S. 6.

18 Vgl. dazu W. Modrijan, 1971.

19 Ch. Neugebauer-Maresch, 1993, S. 70.

20 W. Modrijan, 1974, S. 6f.

21 W. Modrijan, 1997, S. 9f.

22 Vgl. dazu B. Klima, 1966, S. 241ff.

23 Dazu: K. Narr, 1966, S. 298ff.

24 W. Modrijan, 1955, S. 5. Vg. auch D. Kramer, 1981, S. 310. Nach W. Antl-Weiser, 1993, S. 87 sind auch W. Teppners Aufzeichnungen unvollständig erhalten.

25 "Leider ist die Zigeunerhöhle in der Steiermark der einzige Fundort, dessen Ausbeute eine Brücke über die Jahrtausende vom Ende der Eiszeit zum Neolithikum schlagen könnte." W. Modrijan, 1970, S. 604ff.

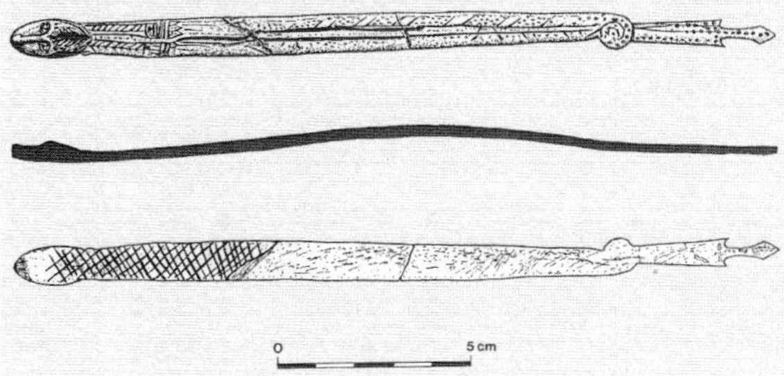

Beinschnitzerei, gefunden in der Gratkorner Zigeunerhöhle. Das Objekt, dessen Fundumstände und Datierung unklar sind, stellt eine Schlange dar. (Zeichnung: Ingrid Kusch (in H. Kusch, 1996, S. 65.)

Ornament zu Hause ist, das auch den Hirschgeweihsproß aus der Zigeunerhöhle bedeckt. Er könnte ein Würdeabzeichen gewesen sein - er ist auffallend stark abgegriffen - oder ein Zeichen, in dem zu magischen Zwecken geheime Kräfte gespeichert gedacht waren, die Menschen beispielsweise von einem Schlangenbiß heilen sollten."[20]

Ähnlich auch eine von Walter Modrijan 1971 referierte Interpretation: Bei dem Fund handle es sich um eine " Art Kommandostab oder irgendein Zauberstab" eines Schamane".[21]

Es wäre falsch anzunehmen, daß die Träger dieser steinzeitlichen Kulturen ausschließlich von der Großwildjagd lebten, auch wenn im archäologischen Fundbestand oft Knochen von Großsäugern aufscheinen. Solche Knochen überdauern die Jahrhunderte besser als die Gebeine des Niederwildes und der Kleinfauna, die sicher auch auf dem Speiseplan der steinzeitlichen Bewohner Gratkorns stand. Daneben nutzte man wohl allerlei Pflanzen oder fing in der Mur (das Fundmaterial beweist es) Fische und anderes Wassergetier. Großer Beute galt das Hauptaugenmerk; beim Nachstellen des Wildes wurden weite Wanderungen in Kauf genommen, um seiner habhaft zu werden. Mit der Anatomie des Wildes und seiner Lebensgewohnheiten war man vertraut, das Fleisch der erlegten Tiere wurde angebraten oder roh verzehrt. Holzgerüste, zeltförmig mit Häuten überdacht, boten Schutz; manchmal überdachten sie kesselförmige Wohngruben.[22]

Bei diesen Rast- und Siedlungsplätzen lebten jeweils nicht mehr als einige Kleinfamilien zusammen, Oberhäupter könnten bestanden haben. Handelsartige Austauschbeziehungen bestanden bereits, die Jagd bildete sicher auch das zentrale Thema von Kult und Mythos.[23]

Nicht alle Facetten der Lebensform des mesolithischen (bzw. spätpaläolithischen) Menschen waren beim Forschungsstand von 1923 freilich archäologisch zu dokumentieren; nachteilig wirkte sich einerseits die Arbeitsweise Schmids aus, nachteilig wirk(t)en sich auch "manche ordnungsfeindlichen Ereignisse der letzten Zeit"[24] aus. Funde und Aufzeichnungen Schmids wie Teppners scheinen jedenfalls im LMJ teilweise dezimiert worden zu sein. So wichtig und bedeutungsvoll für die gesamte mitteleuropäische Steinzeitforschung die Gratkorner Funde sind, so geben sie gerade aufgrund ihrer Einzigartigkeit mehr Rätsel auf, als sie Fragen zu beantworten vermögen.[25] Dies schlägt sich nicht zuletzt in ständigen Revisionen bei der Datierung nieder, die zwischen 7.000/6.000 und dem 10. Jahrtausend vor Christi Geburt schwankt.

Es ist ein berechtigter Wunsch der Urgeschichtsforschung, das gesamte Gebiet um Gratkorn einer eingehenden Untersuchung nach weiteren solcher Stationen zu unterziehen. Es ist durchaus wahrscheinlich, daß im Alpenvorland der Mittelsteiermark weitere temporäre Siedlungsplätze bestanden. "Vorläufig ist es noch nicht gelungen, eine dieser vermuteten Freilandstationen zu lokalisieren."[26] Wenn auch in Gratkorn spätpaläolithisch / mesolithische Siedlungsreste durch Mur und durch die Reichsstraße in Mitleidenschaft gezogen sein dürften, so brächten nur planmäßige archäologische Ausgrabungen Antworten auf derart interessante Fragen der heimischen Urgeschichtsforschung.[27]

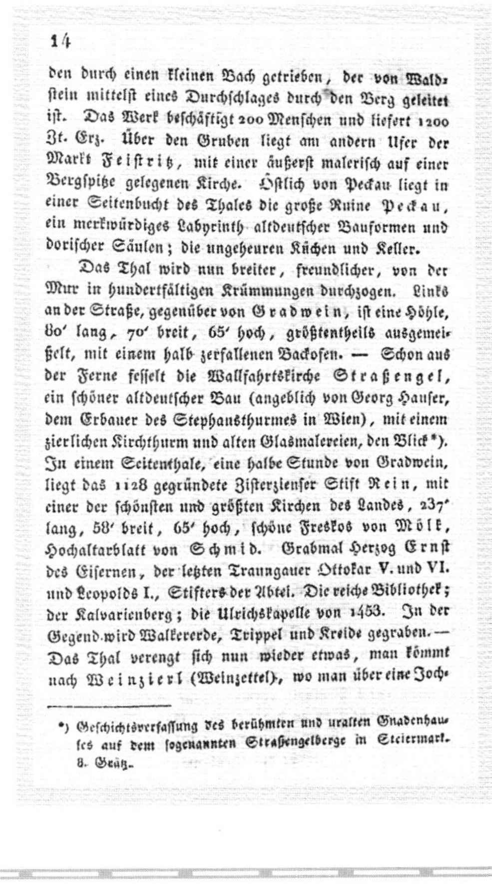

14

den durch einen kleinen Bach getrieben, der von Waldstein mittelst eines Durchschlages durch den Berg geleitet ist. Das Werk beschäftigt 200 Menschen und liefert 1200 Zt. Erz. Über den Gruben liegt am andern Ufer der Markt Feistritz, mit einer äußerst malerisch auf einer Bergspitze gelegenen Kirche. Östlich von Peckau liegt in einer Seitenbucht des Thales die große Ruine Peckau, ein merkwürdiges Labyrinth altdeutscher Bauformen und dorischer Säulen; die ungeheuren Küchen und Keller.

Das Thal wird nun breiter, freundlicher, von der Mur in hundertfältigen Krümmungen durchzogen. Links an der Straße, gegenüber von Gradwein, ist eine Höhle, 80′ lang, 70′ breit, 65′ hoch, größtentheils ausgemeißelt, mit einem halb zerfallenen Backofen. — Schon aus der Ferne fesselt die Wallfahrtskirche Straßengel, ein schöner altdeutscher Bau (angeblich von Georg Hauser, dem Erbauer des Stephansthurmes in Wien), mit einem zierlichen Kirchthurm und alten Glasmalereien, den Blick*). In einem Seitenthale, eine halbe Stunde von Gradwein, liegt das 1128 gegründete Zisterzienser Stift Rein, mit einer der schönsten und größten Kirchen des Landes, 237′ lang, 58′ breit, 65′ hoch, schöne Freskos von Mölk, Hochaltarblatt von Schmid. Grabmal Herzog Ernst des Eisernen, der letzten Traungauer Ottokar V. und VI. und Leopolds I., Stifters der Abtei. Die reiche Bibliothek; der Kalvarienberg; die Ulrichskapelle von 1453. In der Gegend wird Walkererde, Trippel und Kreide gegraben. — Das Thal verengt sich nun wieder etwas, man kömmt nach Weinzierl (Weinzettel), wo man über eine Joch-

*) Geschichtsverfassung des berühmten und uralten Gnadenhauses auf dem sogenannten Straßengelberge in Steiermark. 8. Grätz.

Reisebeschreibung der Poststraße von Wien nach Graz aus dem Jahre 1836. Bei der "Höhle gegenüber von Gradwein" (2. Abs., 3. Zeile) handelt es sich um das Zigeunerloch. In der Höhle sollen damals die Reste eines Backofens zu sehen gewesen sein. (A. Schmidl, 1836, S. 14.)

26 D. Kramer, 1992, S. 12.

27 Derartige planmäßige archäologische Untersuchungen sind aufgrund der tristen finanziellen wie personellen Situation der zuständigen Stellen (Landesmuseum Joanneum - Abteilung für Vor- und Frühgeschichte sowie Bundesdenkmalamt - Landeskonservatorat für Steiermark) nicht zu erwarten. In der Regel müssen sich diese Stellen derzeit dort auf Notgrabungen und -bergungen beschränken, wo Bodendenkmale akut von Baumaßnahmen betroffen, wenn nicht gar schon zerstört sind. Der Amtsarchäologe des Bundesdenkmalamtes am Landeskonservatorat für Steiermark: "Man weiß nicht, ob man sie [die jungen Absolventen und Studenten der Archäologie] zu ihrem Eifer anspornen oder wünschen sollte, sie hätten ein vernünftigeres, als Brotberuf taugliches Studium gewählt. All diese Leute braucht die Archäologie dringend, kann sie jetzt nur, eigentlich auch eine Zumutung gegenüber den jungen Menschen, durch zusammengestoppelte Projekte und Subventionierungen von einem Jahr ins nächste bringen, wobei eine Verbesserung überhaupt nicht in Sicht ist." (B. Hebert, 1992, S. 4). Vgl. auch D. Kramer, 1991, S. 21ff.

DIE JUNGSTEINZEIT

(5.500/5.000 BIS 2.300/2.200 V. CHR.)

Der Steinbruch bei der Kanzel in den 50er Jahren. Auf dem Gipfel der Kanzel befinden sich Überreste einer kupferzeitlichen Siedlung, etwa 3900 bis 2300 / 2200 v. Chr. (LMJ, Bild- und Tonarchiv, RF 2032)

Der Ursprung des europäischen Bauerntums liegt im Vorderen Orient; um 9.000 v. Chr. wandelten sich die Jäger, Fischer und Sammler zu Ackerbauern und Viehzüchtern. Einkorn, Emmer, der Zwergweizen und die sechszeilige Gerste wurden kultiviert, der nun seßhafte Mensch hielt sich eine Reihe von domestizierten Tieren. Diese Seßhaftigkeit, die Anlage von Siedlungen, die Keramikherstellung, der Steinschliff, das Spinnen und Weben bestimmten die materielle Kultur und führten zu Veränderungen in der Form menschlichen Zusammenlebens in Religion und Kult.[1] Im Spätneolithikum, in der Kupferzeit, hatte die Besiedlung der Steiermark einen ersten Höhepunkt erreicht. Frühneolithische Funde (Linearbandkeramik) existieren aus der Steiermark bislang noch nicht. Erst an der Wende vom 5. zum 4. Jahrtausend vor Christus besiedelten, den Flußläufen von Lafnitz, Feistritz, Raab und Mur folgend, mittelneolithische bäuerliche Kolonisten aus dem Bereich der nach Westen expandierenden Lengyelkultur Teile der Steiermark.[2]
Große Teile der Steiermark gehörten damals zum Kulturkomplex des Epi - Lengyel (ca. 4.200 bis 3.500/3.000 v. Chr.), gegenwärtig sind etwa 40 Siedlungsplätze der nach dem Fundort Lasinja im Bezirk Karlovac in Kroatien benannten Lasinja-Kultur bekannt. Dazu zählen der Fötzberg bei St. Margarethen an der Raab, der Raababerg in Raaba bei Graz, Schloßberg und Buchkogel bei Wildon und der Dietenberg bei Ligist.
Funde aus der Jungsteinzeit sind - wie aus manchen Höhlen des Murtales[3] -auch aus der Gratkorner Zigeunerhöhle bekannt. Es handelt sich unter anderem um eine Rundnackenaxt aus Amphibolit sowie um Silexartefakte.[4]
Die Bezeichnung "Kupferzeit" für das Spätneolithikum weist bereits auf die Unterschiede zum rein bäuerlich orientierten Früh- und Mittelneolithikum hin. Im 4. und 3. Jahrtausend vor Christus zeichnen sich gesellschaftliche Veränderungen ab, die für die folgende Bronzezeit bestimmend

1 Vgl. dazu: D. Kramer, 1992a, S. 6f.
2 D. Kramer, 1988a, S. 7ff.
3 So aus der Steinbockhöhle und Josefinengrotte bei Peggau, der Repolusthöhle und der Drachenhöhle bei Mixnitz. (Siehe D. Kramer, 1981, S. 311ff.)
4 D. Kramer, 1981, S. 310. Vgl. auch D. Kramer, 1988a, S. 51.

Pflügen in der Jungsteinzeit (Hakenpflug). (Nach B. Scholz, Univ. Graz, in: V. H. Pöttler, 1997, S. 52.)

"Squelette der Aufnahme von den Umgebungen von Gratz I" um 1870. Der "Admonter Kogel" heißt heute Kanzel, auf deren Gipfel eine kupferzeitliche Siedlung bestand. . Der Name des "Haiden-Berges" weist auf vermutlich römische Hügelgräber (beim vulgo Harthopfer) hin. (UB / SS)

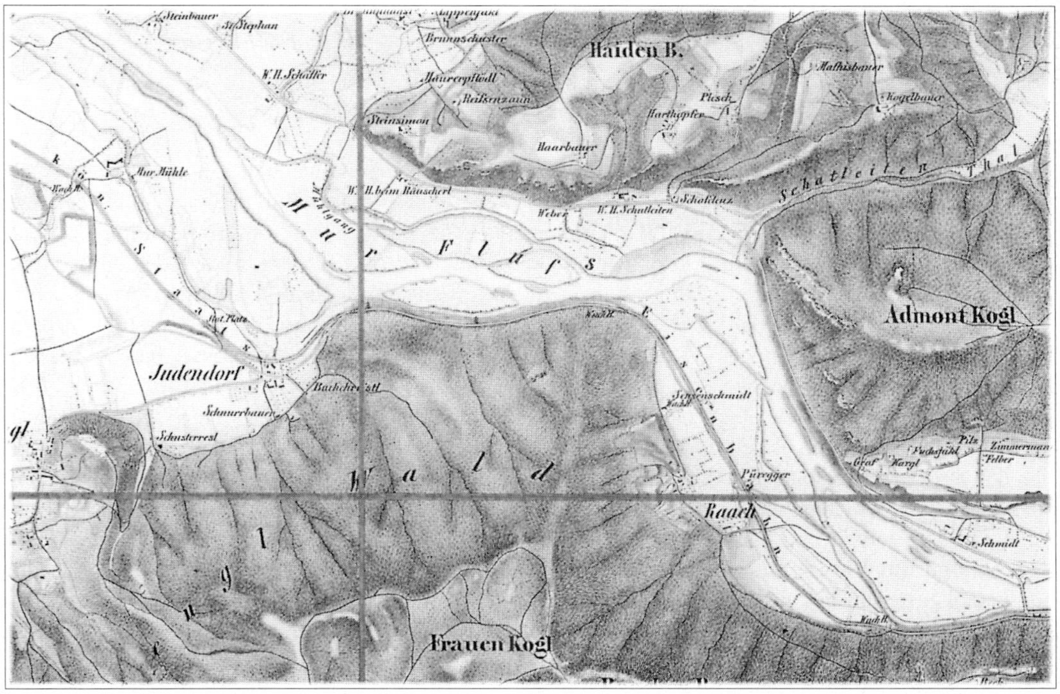

werden: Anhand der Untersuchungen von Gräberfeldern lassen sich in dieser Zeit mehrere soziale Gruppen unterscheiden. Handwerker oder Krieger sind in diesen Gräbern etwa durch Werkzeug- oder Waffenbeigaben nachweisbar. Die Kupferzeit (Spätneolithikum, 3.900 bis 2.300/2.200 v. Chr.) kann daher als eigene Epoche verstanden werden.

Auf dem Plateau der Kanzel (Katastralgemeinde Gratkorn-St. Veit) ließen sich erst unlängst Überreste spätkupferzeitlicher (endneolithischer) Siedlungstätigkeit feststellen.[5] Es ist zu hoffen, daß in absehbarer Zeit die wissenschaftliche Untersuchung eines Teiles des gefährdeten Areals möglich sein wird. Eine dementsprechende Initiative scheint bei den betroffenen Grundbesitzern und Institutionen auf Interesse zu stoßen; die Marktgemeinde Gratkorn hat sich bereit erklärt, im Falle einer Untersuchung einen namhaften Betrag zur Verfügung zu stellen.

Aus der Schottergrube Kicker vor der Kanzel ist der Fund einer Rundnackenaxt aus Serpentin bekannt, die näheren Fundumstände sind jedoch nicht bekannt.[6]

Kupferzeitliche Funde sind auch bei 1913 durchgeführten Ausgrabungen im benachbarten Schneiderloch bei Gratwein (Kupferdolch, verzierte Beinanhänger und Keramik) geborgen worden.[7]

Die Überreste der jungsteinzeitlichen (kupferzeitlichen) Siedlung auf der Kanzel sind durch den Steinbruch akut gefährdet. Pläne für eine vorhergehende archäologische Grabung bestehen und werden von der Gemeinde unterstützt. (Archiv BDA Graz)

5 "Neben unverzierten Wandstücken sind 1 Randstück mit Tupfenverzierung, 2 Henkelreste und besonders 1 Wandstück mit Furchenstichverzierung zu erwähnen. Weiters wurden Hüttenlehmbrocken und ca. 20 Silexfragmente, darunter 1 abgebrochene Klinge und 1 kleiner Klingenkratzer gefunden. Für eine nährere Bestimmung des spärlichen, aber relativ einheitlichen Fundbestandes ist neben den Silices und der Furchenstichverzierung auch der löchrige, seifige, hellgraue Ton zu beachten, der spätkupferzeitlichen (endneolithischen) Vergleichsfunden entspricht." BDA, Landeskonservatorat für Steiermark, Fundbericht Jörg Obereder. - Entdeckt wurde dieses Bodendenkmal von Mag. W. Artner und Mag. J. Obereder. Bei dem Unterschutzstellungsverfahren ergaben sich, wie so oft, kontroversielle Standpunkte. Vgl. B. Hebert, 1995, S. 53; B. Hebert, 1997, S. 4.

6 Der Fund wird im Landesmuseum Joanneum, Abt. f. Vor- und Frühgeschichte, unter der Inv.-Nr. 15026 aufbewahrt. (Vgl. D. Kramer, 1981, S. 291.)

7 D. Kramer, 1981, S. 309.

Die Bronzezeit

(2.300/2.200 bis 750/700)

Am Schluß der sozialen Entwicklung, die bereits im Spätneolithikum begonnen hatte, stehen spezialisierte Handwerker, Bauern, Händler und Krieger; vermutlich bildete sich aus den beiden letztgenannten Gruppen eine Art „Oberschicht", der bestimmte Führungsaufgaben oblagen. - „Die Bronzezeit ist eines der dunkelsten Kapitel der steirischen Urgeschichte."[1] Das Fundmaterial (vorwiegend handelt es sich um Einzelfunde) zeigt, daß unser Raum in der Frühbronzezeit zu einem Kreis bronzezeitlicher Gruppen zählte, die miteinander in Verbindung standen. Funde aus der Früh- und Mittelbronzezeit sind aus Gratkorn nicht bekannt. Im benachbarten Gratwein, in der Nähe des „Breiten Kreuzes", wurde 1912 ein bronzezeitliches (BZC) Vollgriffschwert mit oval-achtkantigem Griff gefunden.[2]

Die Spätbronzezeit (1300/1200 bis 750/700 v. Chr.), besser bekannt unter der Bezeichnung Urnenfelderzeit, wird von einem für Mitteleuropa bedeutenden Kulturkreis geprägt, der seinen Namen von der ihm eigenen Bestattungsform (Verbrennen der Toten am Scheiterhaufen, Brandbestattung in Urnen) herleitet. Ein solches ausgedehntes urnenfelderzeitliches Gräberfeld befand sich u. a. in Kalsdorf bei Graz, es wurde großteils ohne vorhergehende wissenschaftliche Untersuchung zerstört.[3]

Bergbau, Handwerk und Handel florierten, die Landwirtschaft bildete weiterhin die wirtschaftliche Grundlage. Neben zahlreichen kleineren befestigten Siedlungen gab es mächtige Höhensiedlungen, so unter anderem am Königsberg (Tieschen), am Kulm (Weiz) und am Frauenberg (bei Leibnitz).

Die Urnenfelderzeit ist in Gratkorn, wie im Gratkorner Becken überhaupt, gut dokumentiert. Siedlungsreste (Hallstatt B) und Keramik sind aus der Zigeunerhöhle bekannt.[4] Weit mehr Aufsehen erregten jedoch die Funde aus der Emmalucke, zumal sie, nicht nur unter Laien, Anlaß zu verschiedensten Interpretationen gaben. Manche Einheimische, denen die Emmalucke als bevorzugter Ort amoröser Abenteuer diente, sind auch heute noch fest überzeugt, hier wären Zeugnisse einer gräßlichen neuzeitlichen Bluttat aufgedeckt worden.

Die Emmalucke befindet sich unter dem Gipfel des Hausberges, von Westen her gesehen schräg links ober der Zigeunerhöhle.[5] Der Name "Emmalucke" kann nicht weiter erklärt werden. Ein NWN orientierter Gang, der im Mittel 2,85 m breit, nicht ganz 3 m hoch und 10,5 m lang ist, führt durch einen 1,25 m hohen und 3 m breiten Bogen in das Innere der Höhle. Ihre Länge beträgt 6 m, die Breite 3,15 m, die Höhe 2,2 m. Die Höhle verbreitert sich im rückwärtigen Teil in ONO in einem Seitengang, der rasch senkrecht abfällt, in SWS in einen niedrigen, stark verschütteten und mit Lehm zugedeckten zweiten Gang.

Anläßlich der Grabungen 1923 erfolgte die Feststellung der Schichtabfolge.[6] Schmid beobachtete beim Eingang eine Brandschichte mit Asche, nahe an der Nordwand des Eingangs befand sich eine Feuerstelle, bzw. eine 0,2 m breite, rotgebrannte Lehmfläche, in ihr "hallstättische"[7] Scherben, die Schmid später der jüngeren Hallstattzeit[8] zuordnete. Weiters fand man hier u. a. einen Schaber aus Dolomitkalk und eine geglättete Wildschweinzahnklinge[9]. "Quadrat 23 bildete den Mittelpunkt einer hallstättischen Kulturschicht (1,75 m lang, 1,2 m breit). In einer 0,06 m starken Kohlenschicht (die bereits 0,15 m unter dem Niveau beginnt), die nahe an den Felswänden auf 0,02 m Stärke auskeilt, lag ein aus Bruchsteinen kunstlos zusammengestellter Herd, 0,85 m lang, 0,80 m breit. Auf der Kohlenschicht lagen Reste zweier Skelette [...] neben Gefäßresten, bedeckt von mehreren großen Bruchsteinen, die von der Decke herabgefallen waren."[10]

W. Teppner, der Ausgräber, schildert und (miß)interpretiert die Fundumstände folgend: "Ich hatte bei den Grabungen vom Anfang an festgestellt: eine Frau und ein Kind - eine anthropologische Untersuchung hatte ich nicht durchgeführt - beim Feuer in der Höhle. Es erfolgte ein Höhlen-Deckeneinsturz in großem Ausmaß. Einige Knochen sind durch das Feuer angebrannt. Soweit Knochen durch Gesteinstrümmer 'zugedeckt' wurden, waren sie, wenn auch zum größten Teil zertrümmert, - mit Ausnahme des Unterkiefers -, vorhanden. Die nicht 'zugedeckten' Knochen, die ja mit den Fleischteilen herumlagen, sind jedenfalls den Tieren zum Opfer gefallen."[11]

Diese Skelettreste wurden von Ämilian Kloiber 1958 untersucht.[12] Demnach handelt es sich nicht um zwei, sondern um vier menschliche Skelette. Dem Lebensalter nach war hiervon ein Mensch erwachsen, etwa 153 cm, wahrscheinlich weiblichen Geschlechts (Alter etwa 30 Jahre);

1 D. Kramer, 1992a, S. 8.
2 V. Hilber, 1922, S. 60f (Abb. Taf. IV Nr. 68); D. Kramer, 1981, S. 163.
3 I. Mirsch, 1994, S. 26ff.
4 D. Kramer, 1981, S. 310.
5 Folgend, wenn nicht anders angemerkt, nach W. Modrijan, 1955, S. 9ff.
6 W. Modrijan, 1955, S. 9: Vgl. auch FÖ 1930, I, S. 23.
7 Die folgend beschriebenen Funde aus der Emmalucke wurden von Schmid und Modrijan, dem damaligen Forschungsstand entsprechend, als "hallstättisch" bezeichnet. Nach neuestem Forschungsstand werden sie der Urnenfelderzeit (Hallstatt B/C) zugewiesen. (D. Kramer, 1981, S. 310.)
8 FÖ 1930, I, S. 23.
9 LMJ, Abt. f. Vor- u. Frühgeschichte, Inv. 16.397.
10 W. Modrijan, 1955, S. 10.
11 Zitiert nach Ä. Kloiber, 1958, S. 3.
12 Ä. Kloiber, 1958, S 3 - 6.

ferner liegen die Überreste dreier Kinder im Alter von etwa 4, 7 und 15 Jahren vor. Teilweise Brandspuren lassen sich beim erwachsenen Individuum sowie bei einigen Tierknochen nachweisen.

loch im Veldensteiner Forst, beides Fundstellen in Oberfranken, geheimnisvoll-düstere Kulte stattgefunden, in deren Verfolg zahlreiche Menschen – Frauen, Männer und Kinder – getötet und im Anschluß an unbekannte Ze-

Joanneum gemeldet wurde. Das Objekt weist eine Länge von 24 cm auf, besteht aus Bronze, ist schmal, weidenblattförmig, mit runder, stark hervortretender Mittelrippe und kurzer Schaftröhre.[15]

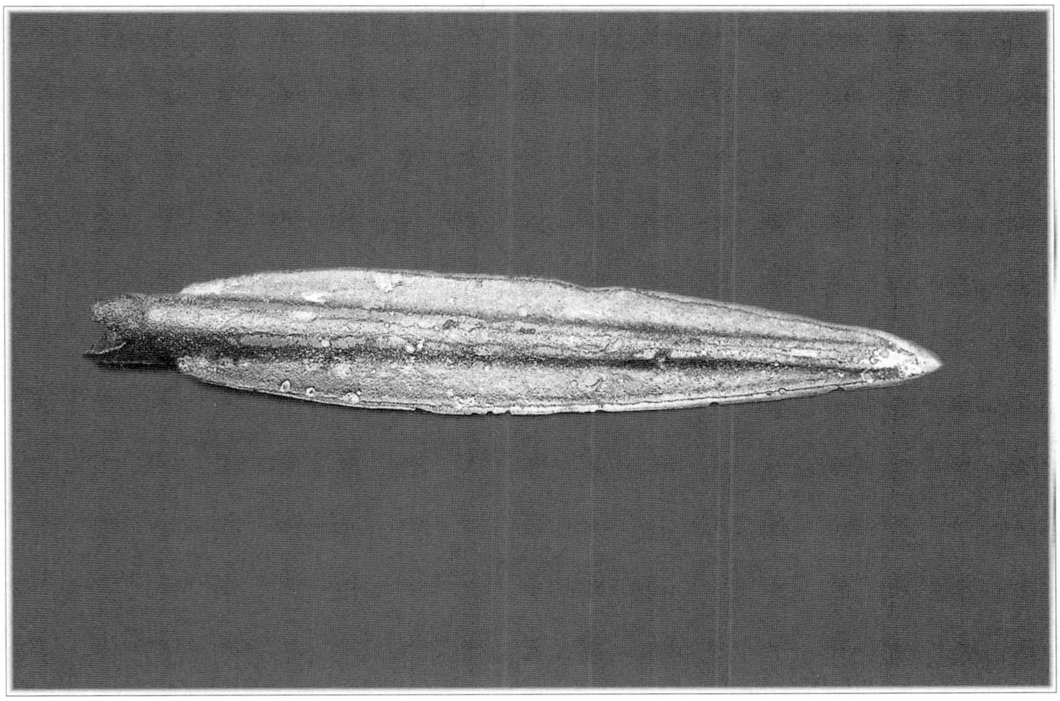

Lanzenspitze aus der Bronzezeit / Beginn der Urnenfelderzeit (um 1260/50), gefunden vom Volksschüler Karl Skerlak am 10. Dezember 1938 im Sand des Murufers. Fundmeldung: F. Tackner. Landesmuseum Joanneum, Abt. f. Vor- und Frühgeschichte (Schloß Eggenberg), Inv.-Nr. 15114. (Foto E. Kolle)

Die Funde aus der Gratkorner Emmalucke deuten auf Siedlungsreste oder auf einen Opferplatz der Urnenfelderzeit (Hallstatt B/C) hin. Solche Opferplätze sind bereits aus der keltischen Frühzeit, dem 6. bis 4. Jahrhundert v. Chr., bekannt. So hat man im Verlauf des Jura-Höhenzuges von Ostfrankreich bis Oberfranken zahlreiche Schacht- und Spalthöhlen entdeckt, die als "Plätze göttlicher Mächte" angesehen wurden und als solche die Menschen zu verschiedenen Kulthandlungen anregten. "So haben etwa vor den Eingängen der Dietersberghöhle bei Egloffstein oder dem Felsenremonien in die Schachthöhlen geworfen wurden. Brand- und Schnittspuren an den Knochen schließen nicht aus, daß im Zuge dieser Rituale auch Anthropophagie bzw. kultischer Kanibalismus eine Rolle gespielt haben."[13] – Siedlungsreste der Urnenfelderzeit (Hallstatt B) konnten auch in der Zigeunerhöhle festgestellt werden.[14]

Schließlich soll an dieser Stelle noch dem Fund einer urnenfelderzeitlichen Lanzenspitze gedacht werden, den der Volksschüler Karl Skerlak am 10. Dezember 1938 im Sand des linken Murufers tätigte und der von F. Takner dem Landesmuseum

Aufgrund der Fundumstände kann der Fund schwer interpretiert werden, er kann im Zusammenhang mit einer Siedlung stehen oder als Einzelfund angesehen werden.

13 W. Kimmig, 1993. S. 172.
14 So D. Kramer, 1981, S. 310.
15 FÖ 1942, III./1, S. 69 und FÖ, 1948, III, S. 31. Vgl. weiters die Grazer Tagespost vom 21. Dezember 1938;
D. Kramer, 1981, S. 163; ALA Gratkorn 673-222/3.

Die Eisenzeit

(750/700 bis 15 v. Chr.)

Am Übergang von der Spätbronzezeit zur Älteren Eisenzeit, von der Urnenfelder- zur Hallstattkultur, werden markante Wesenszüge einer neuen Kultur greifbar, die über gute Kontakte zum Osten verfügt und starke Impulse aus dem Mittelmeerraum erhielt. Diese Kultur, nach ihrem wichtigsten Fundort (Hallstatt) benannt, zeigt noch deutliche Beharrungstendenzen.

Die sich bereits in der Urnenfelderzeit abzeichnende soziale Differenzierung kam nun vollständig zur Entfaltung. Einer mächtigen Aristokratie unterstanden Krieger, Ackerbauern und Viehzüchter, Handwerker und Händler, Berg- und Hüttenleute, Freie und Unfreie. Herrensitze befanden sich auf markanten Höhen, so auf dem Burgstallkogel bei Kleinklein. Tausende mehr oder minder mächtige Grabhügel weisen auf diese Kultur hin. Strettweg (Strettweger "Kultwagen") oder Kleinklein seinen nur als zwei markante Beispiele genannt.

Wieder ist es die Zigeunerhöhle, die anhand von Keramik (Einzelfunde) zumindest die Anwesenheit von Menschen im Raum Gratkorn während der Älteren Eisenzeit (750/700 bis 500/400 v. Chr.) beweist.[1]

Im Laufe des 5. Jahrhunderts vor Christus vollzieht sich der Übergang von der Späthallstatt- zur La-Tène-Kultur der Kelten. Erste keltische Einwanderer haben die Steiermark vermutlich im 4. Jahrhundert v. Chr. erreicht, zumindest sind von da an keltische Einflüsse feststellbar.[2] Als Folge dieser Keltisierung ist die Entstehung eines Stammesbundes der ostalpinen Kelten zu sehen. Wenn auch die Anfänge dieses Bundes und die Art seiner politischen Strukturierung unbekannt sind, so wird er doch unter der Führung der Noriker in den schriftlichen Quellen seit dem 2. Jahrhundert v. Chr. als Königreich Norikum erwähnt. Die wirtschaftlichen Produkte dieses Königreiches, vor allem aber das norische Eisen, förderten enge Handelsbeziehungen (Handelszentrum am Kärntner Magdalensberg), die in einem Freundschaftsvertrag mit Rom gipfelten. Schließlich wurde das Königreich Norikum ohne größeren Widerstand um das Jahr 16/15 v. Chr. von Rom okkupiert. Einheimische Traditionen wurden jedoch, wie es Namen und Trachten auf Grabsteinen zeigen, noch über längere Zeit hinweg weitergepflegt.

Siedlungsreste (Keramik), die vermutlich der Jüngeren Eisenzeit (450 bis 15 v. Chr.) zuzuordnen sind, wurden ebenfalls anläßlich der Grabungen 1917 und 1923 in der Zigeunerhöhle gefunden.[3]

1 W. Modrijan, 1955, S. 8; D. Kramer, 1981, S. 310. (Die erwähnten Funde sind, wie so viele aus Gratkorn, verschollen.)
2 D. Kramer, 1992a, S. 9 und M. Kramer, 1994, 41f.
3 D. Kramer, 1981, S. 310.

Die Römische Kaiserzeit bis zur Räumung Ufernorikums

(16/15 v. Chr. bis 488 n. Chr.)

Nachdem das Königreich Norikum durch den intensiven wirtschaftlichen Kontakt mit Rom sukzessive seine Souveränität verloren hatte, richtete Kaiser Claudius um 45 n. Chr. Norikum formell als römische Zivilprovinz ein.[1] Ein Großteil des Gebietes der heutigen Steiermark wurde vom Munizipium Flavia Solva aus verwaltet. Dieses Verwaltungsgebiet erstreckte sich von südlich der Drau bis in die Obersteiermark, möglicherweise bis zum Alpenhauptkamm. Die heutigen Bezirke Murau, Judenburg, Knittelfeld und Liezen gehörten zu den Territorien der Munizipien Virunum (Zollfeld/Kärnten), Ovilava (Wels), Lauriacum (Enns) und wahrscheinlich auch zu Juvavum (Salzburg). Die Verwaltungsgrenze dürfte ungefähr dem Siedlungsgebiet oder Herrschaftsbereich des hier ansässigen keltischen Stammes entsprochen haben.[2] Innerhalb der Stadtbezirke siedelte man in Dörfern (vici) und Gutshöfen (villae). Bedeutende vici wurden in Kalsdorf und Gleisdorf ausgegraben, Gutshöfe und Landsitze in Thalerhof, Löffelbach, Katsch und Grünau (Groß St. Florian), um nur die bedeutenderen zu nennen.[3]

Besondere Bedeutung kam damals auch dem durch das mittlere Murtal führenden Verkehrsweg zu. Zwar bestand zwischen dem Grazer Feld und dem Mur/Mürz-Zusammenfluß sicher bereits früher ein Verkehrsweg, doch planmäßig erhalten und ausgebaut wurde er erst in der Römerzeit. "Über Frohnleiten hinaus kennen wir entlang der Mur keine Funde aus dem 2. und 1. Jahrhundert v. Chr., die eine wichtige Straße entlang des Flusses ins Oberland erhärten könnten."[4] Diese römische Staatsstraße, sie wird in den antiken Quellen nicht genannt, führte von Flavia Solva über den Buchkogel (Wildon), Thalerhof, Feldkirchen, Alte Poststraße, Gratwein, Kugelstein, Adriach an der westlichen Flußseite der Mur nach Bruck, das mit dem römerzeitlichen Poedicum gleichgesetzt wird. Bezeugt ist diese Straße unter anderem durch Funde von Meilensteinen in Feldkirchen / Lebern und Deutschfeistritz.[5] Römerzeitliche Grabinschriften sind aus Judendorf, Gratwein, Rein, Kleinstübing, Deutschfeistritz, Prenning, Kugelstein und Adriach, bzw. aus Semriach und Pfannberg bekannt.[6]

Auf dem 544 m hohen Kugelstein befanden sich eine größere Siedlung (Blütezeit im 3. Jh.) sowie eine dem Herkules und der Viktoria geweihte Tempelanlage. Am Nordfuß des Kugelsteins, ehe die Römerstraße zur Steigung ansetzt, übersetzt sie eine gut erhaltene römerzeitliche Straßenbrücke. Aus der turbulenten Mitte des 3. Jahrhunderts stammt der Münzschatzfund von Adriach (Rothleiten).[7]

Auch das Gebiet südlich des Kugelsteins war in der Antike dicht besiedelt. Hingewiesen sei auf die römischen Villen bei Kleinstübing und Judendorf - Straßengel und auf das Gräberfeld Stübing.[8]

Für die Besiedlung des Gebietes der heutigen Marktgemeinde Gratkorn in römischer Zeit gibt es mannigfache Zeugnisse. In 0,25 m Tiefe konnte im Eingangsbereich der Zigeunerhöhle

Römerzeitliche Münze, gefunden im Oktober 1923 in der Emmalucke. Prägung des Bar Kochba vom zweiten jüdischen Aufstand (132 - 135 n. Chr.). (Landesmuseum Joanneum, Abt. Münzensammlung, Schloß Eggenberg) (Foto E. Kolle)

1 Dazu: M. Hainzmann, 1990, S. 169ff.
2 E. Hudeczek, 1992, S. 18. Vgl. auch E. Hudeczek, 1988, S. 21f.
3 Zu einigen römischen Villen in der Steiermark vgl. W. Modrijan, 1969a.
4 W. Modrijan, 1974, S. 21f.
5 RISt, S. 80 u. Nr.23, 24.
6 Ebenda, Nr. 62, 60, 51 - 54, 31 und 32, 22- 24, 34, 25 - 30 und 41 - 43, bzw. 45 - 47 und 38, 39
7 W. Modrijan, 1974, S. 25f.
8 W. Modrijan, 1974, S. 28 und G. Budinsky, 1879, S. CXXXVf.

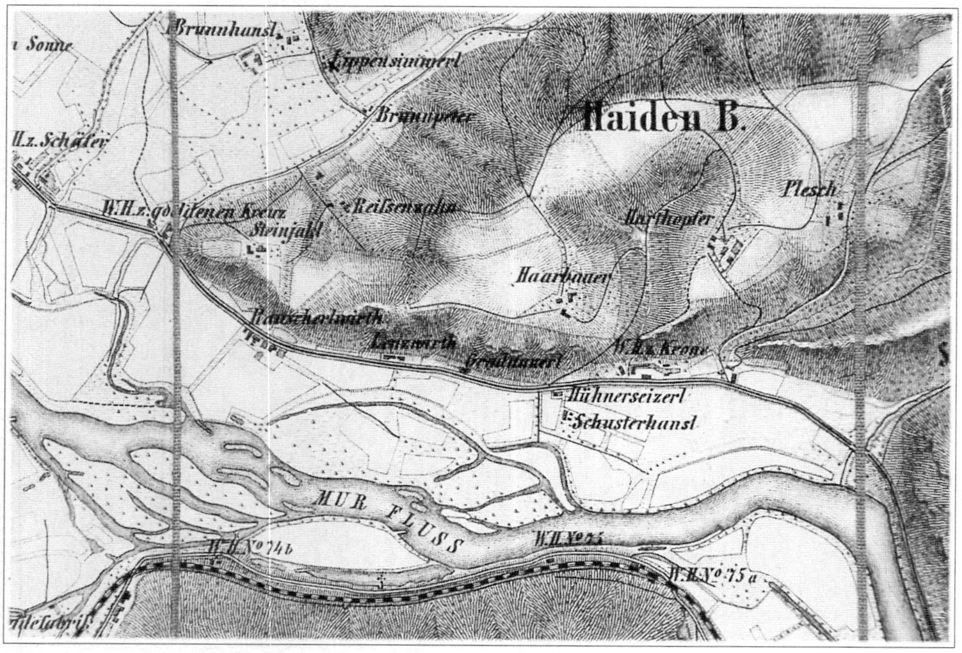

Nach alten Fundmitteilungen (F. Pichler 1879, 1887/88) wären beim vulgo Harthopfer in der Schattleiten Hügelgräber festgestellt worden. Der "Haiden-Berg", ein heute abgekommener Name, deutet auf entsprechende Bodendenkmale hin. (Karte Graz Umgebung, 1872, Blatt 1.)

eine Herdstelle (0,9 m mal 1,65 m) freigelegt werden, die auf einer Kalkplatte (1 m mal 0,75 m) aufgebaut war. Römische Leistenziegel aus derselben Schichte ermöglichten eine Identifizierung.[9] Weiters stammt das Bruchstückes eines römerzeitlichen Marmorreliefs aus der Zigeunerhöhle, was auf ein Grabmal (Bestattung) hinweisen könnte.[10]

Auch aus der Emmalucke haben sich Zeugnisse der Anwesenheit von Menschen während der Römerzeit erhalten. In diesem Falle handelt es sich um eine Herdstelle (0,035 m stark, 0,75 m lang, nach beiden Seiten auskeilend), die anhand eines Münzfundes chronologisch ziemlich genau fixiert ist. Es handelt sich um eine jüdische Prägung des Bar Kochba vom zweiten jüdischen Aufstand (132 bis 135 n. Chr.).[11]

Eine zweite Münze, nämlich eine Bronzemünze des Kaisers Hadrian (117 bis 138 n. Chr.), wurde im März 1869 beim Abtragen der obersten Erdschicht im Kalksteinbruch an der Wienerstraße (Schattleiten) gefunden. Die Münze wurde damals vom Besitzer Mutschlechner (vulgo Harthopfer) dem Landesmuseum Joanneum übergeben.[12]

In diesen Zusammenhang mag sich vermutlich das Hügelgräberfeld Schattleiten (Gratkorn/St. Veit ob Graz) einfügen, das von Friedrich Pichler 1887/88 kartiert wurde.[13] Obwohl die genaue Lage der Schattleitner Hügelgräber nicht mehr exakt feststellbar ist, so seien dazu doch folgende Feststellungen getroffen: Der Hof des vulgo Harthopfer liegt 500 m nordwestlich des heutigen Steinbruches, der seinerseits den Ausgang des Pailgrabens markiert. In der Vergangenheit war der Pailgraben besser unter "Schatleithen-Thal" bekannt; die Anhöhe, auf welcher der Harthopfer liegt, und auf dessen Grund die erwähnten Funde wohl zutagegefördert wurden, war ihrerseits unter dem Namen "Haiden-Berg" bekannt.[14] Das Vorhandensein "heidnischer" (wohl römischer) Überreste von Grabbauten in diesem Gebiet muß also seit altersher bekannt gewesen sein.

Nicht weit von der südlichen Gemeindegrenze entfernt, in Weinzödl, genauer in der Schottergrube der Marie Gagel, wurden wiederholt Skelettfunde getätigt. War der erste dieser Funde über Auftrag der Bezirkshauptmannschaft ohne wissenschaftlicher Untersuchung im Friedhof von St. Veit wiederbestattet worden (!!), so gelangte zu Beginn des 19. Jahrhunderts die Kunde um einen zweiten Fund zu V. Hilber, einem verdienstvollen Urgeschichtsforscher. Er berichtet 1922 vom Fund dreier Skelette und römerzeitlicher Gefäße in der Schottergrube Gagel in "Weinzödl", "welche ich erwarb und der prähistorischen Abteilung des Joanneums übergab, wo die wertvollen Skelette in Verstoß gerieten."[15]

Albert von Muchar[16] erwähnt darüber hinaus zwei beschriftete römische Grabsteine, gefunden in "St. Stephan oberhalb Grätz", die auch Friedrich Pichler[17] verzeichnet. Es handelt sich hier jedoch um eine Verwechslung mit der Pfarrkirche St. Stephan in Kumberg, an deren Südostwand einer dieser Tituli auch heute noch eingemauert ist. Der zweite, verschollene, stammt ebenfalls nicht aus St. Stefan / Gratkorn.[18] Daß im Gemeindegebiet jedoch römerzeitliche Altfunde zu verzeichnen sind, ist einer Mitteilung aus dem Jahre 1892 zu entnehmen.

9 W. Modrijan, 1955, S. 8.
10 H. Kusch, 1994, 102.
11 Ebenda, S. 10.
12 "Hauptmann Mutschlechner: 1 Kupfermünze von K. Hadrian, gefunden oberhalb der Weinzettelbrücke." (J. J. 1869, 1870, S. 24.); F. Pichler, 1879, S. 46 und ALA/Gratkorn 676-220/1.

Der Bereich "Weinzettel" - Schloß St. Gotthard auf einer um 1850 entstandenen kartographischen Darstellung. Hier wurden um die Jahrhundertwende in der Schottergrube der Marie Gagel römerzeitliche Gräber gefunden. Das Gebiet gehörte einst zur selbständigen Gemeinde Schattleiten.

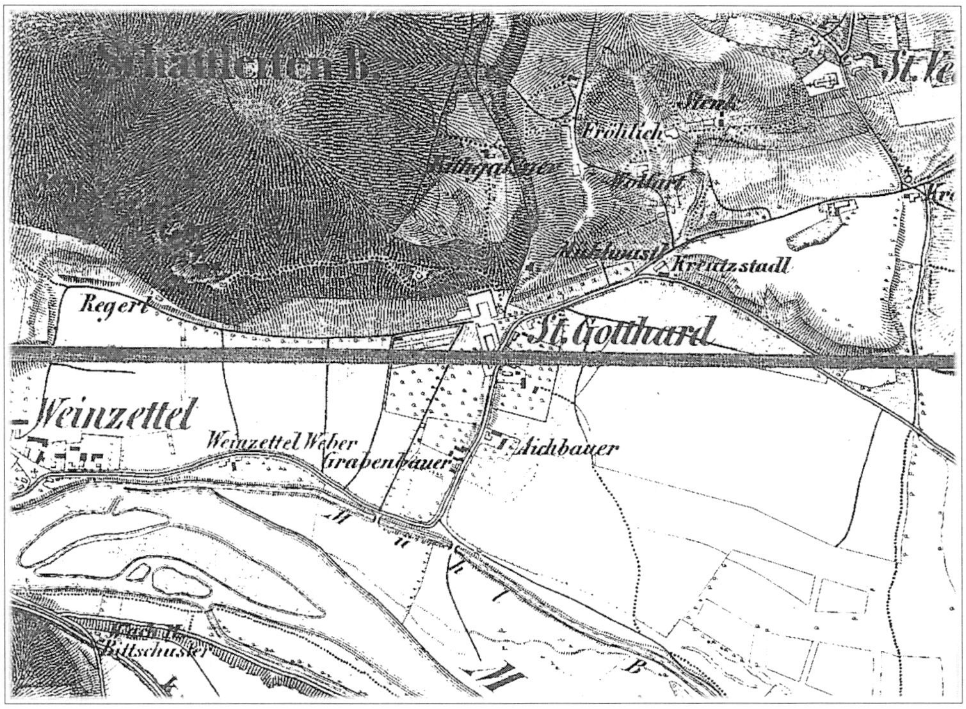

Es wird von "Trümmer[n] und Denksteine[n] aus der Römerzeit"[19] berichtet, die - außer in Kumberg - u. a. auch in St. Stefan am Gratkorn beobachtet worden seien. Weiters wird hier auch folgende interessante Sage überliefert: Neben dem "Römerweg" auf den Schöckelkopf soll eine römische Verkehrsverbindung "auch über die Leber, an deren Fuß eine Stadt, Levern geheißen, gestanden hätte, nach Semriach geführt haben, und ebenso soll auch eine Verbindung des Thales mit St. Stefan am Gratkorn bestanden haben."[20]

Bis zu Beginn der 70er Jahre des zweiten nachchristlichen Jahrhunderts erlebte Norikum Zeiten des Friedens und wirtschaftlicher Blüte. Als Folge der Markomannenkriege, unter denen auch Flavia Solva gelitten haben dürfte, erlebte Norikum eine tiefgreifende Umorganisation und unter Kaiser Diocletian eine letzte Blüte. Um etwa 400 beginnt der endgültige Niedergang Norikums. Für die Mittel- und Obersteiermark versiegen nun die archäologischen Quellen im 5. Jahrhundert und setzen erst Ende des 8. Jahrhunderts wieder ein.[21]

Eugippius berichtet zu Beginn des 6. Jahrhunderts in seiner „Vita Sancti Severini" (der hl. Severin wirkte in Ufernorikum und starb 482) von bewegten Zeiten, verarmten Menschen und dem Untergang römischer Kultur, Verwaltung und Zivilisation in Norikum. 476 hatte die reguläre Verteidigung des norischen Donau-Limes ihr Ende gefunden. 488 läßt Odoaker Ufernorikum teilweise räumen.[22] - Über das Schicksal des Raumes Gratkorn zu jener Zeit können wir aufgrund fehlender schriftlicher Quellen und (noch) unbekannter Bodenfunde nicht einmal Vermutungen anstellen.

Geschnitzter und gedrechselter Schlangenkopf gefunden bei der Ausgrabung Walter Schmids in der Zigeunerhöhle (1923) im Quadrant D 14. Aufgrund der ungesicherten Stratigraphie (Lage in der Schichtabfolge) läßt sich der Fund bislang nicht datieren. Derartige Schnitz- und Drechselarbeiten aus Bein sind jedenfalls bereits seit der Römerzeit bekannt. (Zeichnung: Ingrid Kusch in H. Kusch, 1996, S. 67.)

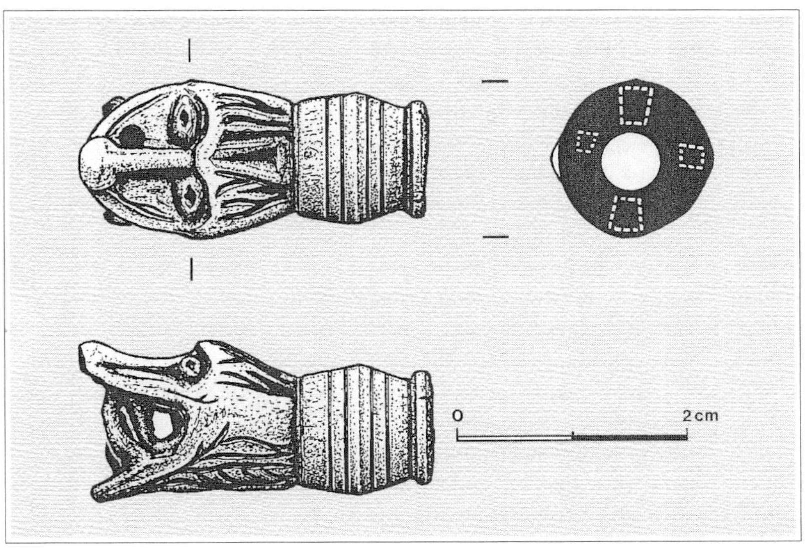

13 F. Pichler, 1887/88. Vgl. auch ALA Gratkorn 677-220/1.
14 Karte Graz-Umgebung 1872. (Maßstab 1:4440). Blatt 1. Vgl. auch ÖK 164.
15 V. Hilber, 1922, S. 70f; Vgl. dazu auch W. Artner, 1995, S. 45 und W. Artner, 1997. Meinem Freund Mag. Wolfgang Artner danke ich an dieser Stelle herzlich für unzählige Gespräche und wertvolle Ratschläge.
16 A. v. Muchar, 1844. Bd. I, S. 434.
17 F. Pichler, 1879, S. 49.
18 RISt, Nr. 67, 68.
19 H. v. d. Sann, 1892, S. 110.
20 Ebenda, S. 20. - Der Name "Leber(n)" läßt zumindest den Archäologen aufhorchen. Die römische Stadt Lewer soll sich von der Hub bis auf die Leber erstreckt haben, über Jahrhunderte sollen längs der Straße die Schutthaufen von den Häusern zu sehen gewesen sein. Beim Griesacker, so erzählte man sich, bestand der Stadtplatz. Ebenda, S. 63.
21 Zur archäologischen Quellenlage bez. Slawen in der Steiermark vgl. D. Kramer, 1988b, S. 2ff und D. Kramer, 1989, S. 3ff.
22 M. Hainzmann, 1990, S. 184f.

GESCHICHTE DES MITTELALTERS

VÖLKERWANDERUNG UND FRÜHMITTELALTER

Das 6. nachchristliche Jahrhundert brachte für den Ostalpenraum den Verlust seiner Bindungen zum römischen Weltreich. Der Einfall des asiatische Reitervolkes der Awaren hatte die Vorherrschaft germanischer Völker im Karpatenbecken beendet. In der Folge drangen im ausgehenden 6. Jahrhundert Slawen in den Ostalpenraum ein, "wodurch ganz Steiermark und Kärnten mit einer dünnen slawischen Siedlungsschichte überzogen wurden."[1] Das Siedlungsgebiet dieser Slawen, sie werden auch als Alpenslawen bezeichnet, reichte ungefähr bis zur Linie Innichen (St. Candido) - Radstadt - Mondsee - Traun. Diese Einwanderung, Siedlungen und Gräber dieser Slawen, die in der Untersteiermark und in Kärnten die letzten Reste spätantiker Kultur auslöschte, lassen sich archäologisch in der Steiermark bislang nicht nachweisen. In der Mittel- und Obersteiermark versiegen die archäologischen Quellen bereits im 5. Jahrhundert und setzen erst Ende des 8. Jahrhunderts wieder ein.[2]

Mit der slawischen Einwanderung zu Ende des 6. nachchristlichen Jahrhunderts beginnt sich auch in der Steiermark eine siedlungsgeschichtliche Kontinuität in den Gehöftformen des karantanischen Haufenhofes, in den Weileranlagen der Siedlungen und in der Blockgemengeflur zu manifestieren.[3] Das Verbreitungsgebiet ganz spezifischer Gehöft-, Siedlungs- und Flurformen deckt sich weitgehend mit slawischen Siedlungs- und Flurnamen. Die ausgeprägte Geschlossenheit des slawisch-karantanischen Siedlungsgebietes wird lediglich in zwei Regionen gestört. Es handelt sich einerseits um das obere Ennstal, wo es in der ersten Hälfte des 8. Jahrhunderts zu kriegerischen Auseinandersetzungen zwischen Baiern und Slawen kam.[4] Die Oststeiermark, andererseits, galt bis ins 12. Jahrhundert hinein als Grenzgebiet zu Ungarn und bot aufgrund der durch Kriegsereignisse hervorgerufenen Verödung wenige Anreize für eine Besiedelung. Dieses Faktum hat für den Gratkorner Raum, wie in der Folge dargestellt wird, eine gewisse Bedeutung.

Archäologische Zeugnisse, die dem Frühmittelalter zuzuordnen wären, fehlen aus Gratkorn bislang völlig. Dies mag beim derzeitigen Stand der Mittelalterarchäologie in der Steiermark weiter nicht verwundern.[5] Lediglich aus Straßengel ist ein interessanter frühmittelalterlicher Grabfund bekannt, auf den ich weiter unten näher eingehen werde.

Anhand von Untersuchungen am überlieferten Namensgut werden sich jedoch mannigfaltige konkrete Aussagen über Jahrhunderte treffen lassen, die sich nur spärlich - und im Falle Gratkorn gar nicht - anhand "gegenständlicher" Quellen wie Bodenfunde oder Urkunden dokumentieren. Dabei wird es notwendig sein, besonders bei der Interpretation der Siedlungs- und Flurnamen, auf lokale siedlungsspezifische Komponenten (wie topographisch - biologische Gegebenheiten, Rodungen, Trockenlegungen oder Kultivierungen) zu achten. Keinesfalls freilich dürfen wir davon ausgehen, daß sich der Raum Gratkorn den ersten slawisch - karantanischen Siedlern in seiner uns heute bekannten Form zeigte. Lassen sich derart also wichtige Hinweise zur Geschichte der frühen Besiedelung dieser Region gewinnen, so sollten sie lediglich als solche angesehen werden, solange ein endgültiger Beweis nicht zu führen ist. Denn allzu berechtigt ist noch die Kritik, "daß nach wie vor viele Historiker glauben, daß sie sich nicht um die archäologischen Funde, Befunde und Datierungen zu kümmern brauchen. Dieser Entwicklung ist Einhalt zu gebieten."[6]

Ich bitte den Leser, nachstehende Ausführungen unter diesem Aspekt zu verstehen.

1 F. Posch, 1980, S. 23.
2 D. Kramer, 1986, S. 22.
3 F. Posch, 1964, S. 87f.
4 F. Posch, 1980, S. 23ff.
5 „Von Emanzipation und allgemeiner Anerkennung der Mittelalterarchäologie in der Steiermark kann zum gegenwärtigen Zeitpunkt [1992] keine Rede sein; wenn überhaupt, konnte sie bisher nur ansatzweise betrieben werden." D. Kramer, 1992c, S. 41.
6 D. Kramer, 1992c, S. 43.

Frühe Besiedelung

Slawische Landnahme und deutsche Kolonisation

Bei den ersten slawischen Siedlern handelte es sich um eine landwirtschaftlich orientierte Bevölkerung, die aus ihrer alten Heimat, den Sumpfgebieten des oberen Dnjepr, um die Mitte des 6. Jahrhunderts an die untere Donau gewandert war. Hier gelangten die Slawen unter die Herrschaft der Awaren und wanderten mit diesen, nach Abzug der Langobarden, in Pannonien ein. Innerhalb von kaum 30 Jahren hatten sie sich über ganz Binnennorikum verbreitet.[1]

Die neue Heimat der eingewanderten Slawen nannte man Karantanien, das Volk, die Karantaner, bestand großteils aus freien Bauern. Die einzelnen Gaue unterstanden Fürsten; über das gesamte Gebiet herrschte ein Herzog, dessen Sitz die nördlich Klagenfurt gelegene Karnburg war. Das karantanische Herrschaftsgebiet umfaßte das heutige Bundesland Kärnten, Osttirol, den Salzburger Lungau, und Enns-Pongau, die Steiermark ohne die Oststeiermark, den Süden von Ober- und Niederösterreich bis zum Austritt der Flüsse ins Alpenvorland. Dazu kam die heute slowenische Untersteiermark bis ins Savetal, jedoch ohne Pettau.[2]

Über die politischen, sozialen, wirtschaftlichen und religiösen Verhältnisse bei diesen "Alpenslawen" herrscht großteils Dunkel. Es ist anzunehmen, daß das Volk in Sippenverbände gegliedert war, die jeweils von einem "Supan" geleitet wurden. Dieser Supan scheint auch später noch als Dorfmeister oder Dorfrichter auf.[3] - Noch 1390 ist in einem Verzeichnis der zur Marchfutterabgabe pflichtigen Bauern des Stiftes Rein für das Amt Eggenfeld ein Suppan bezeugt, der sechs Quartale Marchfutter dient.[4] Die Bevölkerung war großteils einer bäuerlichen Lebensweise verhaftet. Gepflanzt wurden Weizen, Hafer und Gerste; an Haustieren züchtete man Rinder, Schweine, Ziegen, Schafe und vor allem Geflügel.

Um 750 waren die Slawen noch nicht zum Christentum bekehrt; für diese Zeit besitzen wir in der Conversio Bagoariorum et Carantanorum eine wertvolle Quelle zur Missionierung der Slawen und entscheidenden politischen Umwälzungen: Die Einwanderung von Slawen in die Ostalpenländer mußte zu einer Konfrontation mit den benachbart von ihnen siedelnden Baiuwaren führen. Diesen gelang vorerst die Abwehr der Slawen, doch mußten sie 595 eine schwere Niederlage gegen Slawen und Awaren hinnehmen. Ein weiterer Zusammenstoß fand um 610 bei Aguntum statt. Nach einer wechselvollen Entwicklung erfolgte 711/712 ein letzter awarischer Vorstoß über die Enns. Doch als die Awaren 741 versuchten, die Herrschaft über die Karantanerslawen zu erlangen, richteten diese ein Hilfeersuchen an die Baiuwaren. Die "Bekehrungsgeschichte der Karantaner und Slawen"[5] berichtet, daß daraufhin die Baiuwaren gemeinsam mit den Karantanerslawen die Awaren besiegt hätten. Die Baiuwaren, so die "Conversio", "erschienen eilends, vertrieben die Hunnen, versicherten sich der Karantanen und unterwarfen sie und in gleicher Weise ihre Nachbarn dem Dienst für die [fränkischen] Könige."[6]

Als Geiseln hatten die Bayern Cacatius, Sohn Herzog Boruts, und Ceitumar, seinen Neffen, mitgenommen. Nach dem Tod Boruts (751) mußten die Baiuwaren Cacatius auf Befehl des Frankenkönigs Pippin in die Heimat entlassen. Cheitumar, der im Kloster Chiemsee, ein Eigenkloster von St. Peter in Salzburg, erzogen wurde, kehrte ebenfalls nach Karantanien; zurück. In seiner Begleitung befand sich der Priester Majoran, Neffe von Cheitumars Erzieher Lupo. Die von Salzburg ausgehende Missionierung der Karantanerslawen hatte begonnen.[7]

772 erlangten die Bayern definitiv die Herrschaft über Karantanien; zwar blieb der slawische Herzog, er wurde jedoch von den Bayern eingesetzt. Im Zuge der Absetzung des Bayernherzogs Tassilo (788) wandte sich Karl der Große auch gegen die Awaren, schlug sie vernichtend und dehnte sein Reich bis an die Donau aus. Das heutige Österreich südlich der Donau, Kärnten, die Steiermark und Westungarn standen nun unter der Leitung eines fränkischen Grafen. Der Karantanerherzog wurde nach der Niederschlagung eines Slawenaufstandes (822) endgültig durch einen fränkischen Graf ersetzt. Aus diesem Jahr 822 stammt auch die erste Grundschenkungsurkunde an einen deutschen Grundherrn. Unter König Ludwig dem Deutschen, Enkel Karls des Großen, vollzog sich in der Steiermark die erste "deutsche Kolonisation". Hauptsächlich in die Ober- und Mittelsteiermark wanderten deutsche Siedler ein, die gegenüber der eingesessenen slawischen Bevölkerung vorerst wohl in der Minderheit blieben. 859 wird der erste deutsche Grundherr innerhalb der heutigen steirischen Landesgrenze genannt.[8]

1 H. Pirchegger, 1949, S. 13.
2 Nach H. Wolfram, 1987, S. 346 und H. Wolfram, 1995, S. 301.
3 Dazu: F. Krones, 1897, S. 435ff; H. Baltl, 1986, S. 57; LGU, LXXXIV (Einleitung Alfons Dopsch).
4 LGU, S. 309.
5 Conversio.
6 Conversio, S. 43.
7 Vgl. H. Dopsch, 1982, S. 60 und H. Wolfram, 1987, S. 249ff.
8 F. Posch, 1964, S. 89 und F. Posch, 1980, S. 26f.

Die ersten Gratkorner Siedler

Betrachtet man die Verteilung der slawischen Siedlungsnamen in der Steiermark, so läßt sich daraus schließen, daß Flußtäler und Niederungen in der Regel bevorzugt, die Hochtäler der Berge und Alpen gemieden wurden.[1] Slawische Siedlungs- und Flurnamen sind in der Steiermark in unterschiedlicher Intensität feststellbar.[2] Auffallend sind zumindest die Konzentrationen slawischen Namensgutes im Aichfeld, in den Tälern der Enns und Mürz sowie im Murtal. Auch im Gratkorner Becken kann man durchaus von einer Konzentration slawischen Namensgutes sprechen. In der Oststeiermark haben sich slawische Siedlungs- und Flurnamen aufgrund der Ungarneinfälle zu Ende des 9. Jahrhunderts nur spärlich erhalten, auch auf dem Grazer Feld ist ihre Zahl gering. Bereits vor geraumer Zeit wurde in der Einbuchtung nördlich von Graz um Andritz und St. Veit eine Schichte slawischer Siedlungsreste festgestellt, "da gerade dieses Gebiet wegen der Abgelegenheit sich als Siedlungsgebiet besonders eignete."[3]

Wie auch immer, das Problem der "Alpenslawen" soll in Bezug auf Gratkorn wertfrei und objektiv erörtert werden. Insofern stellt die Frage "Deutsche oder Slawen" gar kein Problem dar. Solange nicht aussagekräftigere archäologische Funde und Befunde vorzuweisen sind, werden auch die Aussagen des Historikers zu diesem Thema zweifelsohne ein gerüttelt Maß an Unsicherheiten enthalten.

Doch ist da die Fülle des Namensgutes, die weiterhelfen kann: zahlreiche hochmittelalterliche Urkunden nennen Personennamen slawischer Provenienz in Gösting und Rein: Mogoy de Gestnich (1190), Stano (1042), Trevino (1042), Pilgrimus cognomine Vlagoy (1259), Cunegoi, Dobrucha, Gelen, Lewblinus, Slauze, Hainricus Slawch und Zobucha (alle 14. Jh.).[4] Auch vermögen (wenn auch keine slawischen) Bodenfunde über die frühe Besiedelung des Gratweiner/Gratkorner Beckens einigen Aufschluß zu geben:

Am 30. März 1857 stießen Teichgräber des Stiftes Rein beim Verlegen von Brunnenröhren auf dem Straßengler Kirchberg, innerhalb der Umfassungsmauern von Kirche und Propstei, in knapp anderthalb Fuß (etwa 0,47 m) auf ein menschliches Skelett. "Der Schädel und die kleineren Knochen waren ganz zerfallen, und

"Gruss aus Maria Strassengel" aus dem Jahre 1905. Auf dem Kirchberg wurde am 30. März 1857 ein Grab aus dem 10. Jh. n. Chr. gefunden. Zusammen mit der Urkunde vom 20. November 860 ergeben sich daraus interessante Rückschlüsse auf die frühmittelalterliche Besiedlung des Gratkorner Beckens. (Sammlung Horst Ziegler)

1 F. Krones, 1878, S. 18; F. Lochner v. Hüttenbach, 1976.
2 Vgl. dazu M. Trummer, 1997, S. 19ff.
3 Vgl. F. Posch. 1941, S. 394f. Wenn B. Mader, 1983, S. 185 jedoch feststellt, sie fehlten auf dem Grazer Feld gänzlich, so kann ich diese Auffassung nicht teilen. Man denke an Fernitz, Wagnitz oder Windorf.
4 O. Kronsteiner, 1975, S. 122.

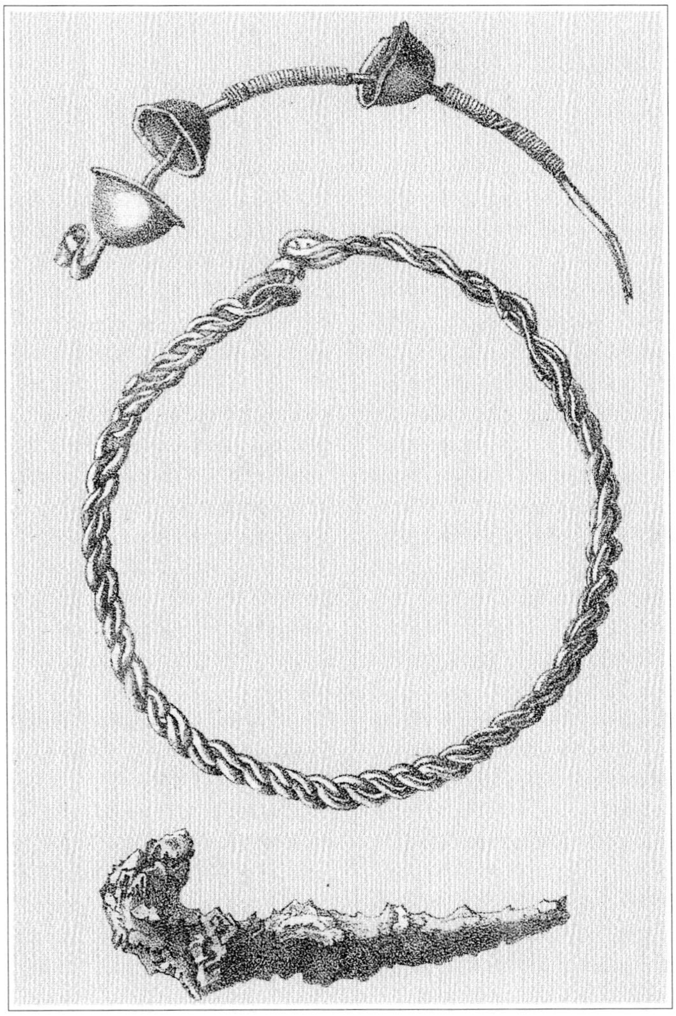

Grabfunde (10. Jh. n. Chr.) vom Straßengler Kirchhügel. "Der Schädel und die kleineren Knochen waren ganz zerfallen, und die Röhrbeine sehr morsch. Dabei lagen mehrere Metallsachen: zwei Ohrgehänge, zwei Armringe, ein Draht mit drei Glöckchen und ein stark verrostetes hakenförmiges Eisenstück."
Die Funde werden im Landesmuseum Joanneum, Abteilung für Vor- und Frühgeschichte (Inv. 6385, 7002, 7005 und 6384) aufbewahrt. Das hakenförmige Eisenstück, vielleicht der Rest einer Eisenfibel, befindet sich nicht im LMJ. (K. Weinhold, 1858.)

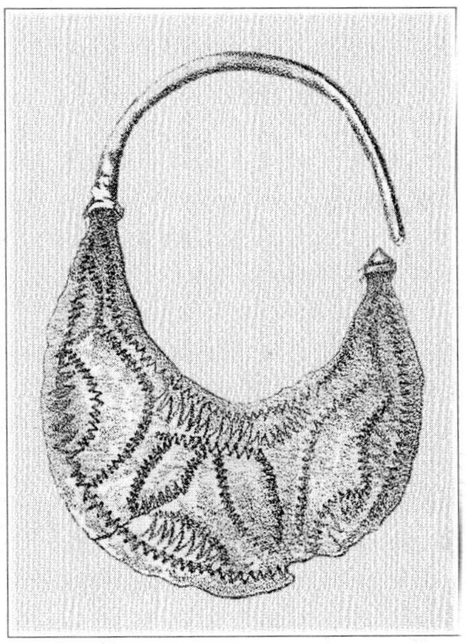

die Röhrbeine sehr morsch. Dabei lagen mehrere Metallsachen: zwei Ohrgehänge, zwei Armringe, ein Draht mit drei Glöckchen und ein stark verrostetes hakenförmiges Eisenstück."[5] Dieses Grab war wohl eines von vielen, die einst der regen Bautätigkeit am Kirchhügel zum Opfer fielen.

Die enge Beziehung des Fundmaterials zu den Köttlacher Funden (Horizont Köttlach II), unter anderem zum Gräberfeld Pristava in Bled, liefert eine Datierung, die "unbestreitbar in den Zeitrahmen des 10. Jahrhunderts zu setzen ist [...]."[6] In diesem Grab jedoch die letzte Ruhestätte einer Slawin zu sehen[7], halte ich für reine Spekulation. Bereits 1858 erklärte K. Weinhold: "Über das Volk läßt sich nur mutmaßen. Stammt das Grab noch aus heidnischer Zeit, so war nach den gegebenen Verhältnissen die darin Begrabene eine Slavin; gehörte es christlicher Zeit an, so könnte auch eine Deutsche darin bestattet sein."[8] Wenn derartige Funde, besonders wenn sie in Gegenden mit slawischen Ortsnamen vorkommen, gerne als rein slawisch gedeutet werden, so wird dabei verdrängt, "daß die Bestattungsweise in diesen Gräberfeldern an spätmerowingisches Brauchtum, und nicht slawisches Brauchtum anknüpft."[9] Der Name Straßengel selbst dürfte aus dem Slawischen stammen und von Straza (= Wacht, Warte) herzuleiten sein.[10]

Auch der nähere Umkreis ist reich an frühmittelalterlichen Funden.[11] In Deutschfeistritz wurde eine Eisenschmelze mit Herdanlagen aus dem 10. Jahrhundert nachgewiesen[12], frühmittelalterliche Körpergräber sind aus Waldstein und Peggau - Hinterberg bekannt[13], aus Gösting Scherbenfunde, die in das 8. bis 11. Jahrhundert weisen[14], ebenso aus Peggau[15]. Es ist nicht anzunehmen, daß der Raum Gratkorn isoliert als weißer Fleck innerhalb dieses Siedlungsraumes zu gelten hat.

5 K. Weinhold, 1858, S. 140. Vgl. auch A. Gasparitz, 1895, S. 53 , W. Modrijan, 1963, S. 80f und W. Modrijan, 1975, S. 35f. Die Funde werden im Landesmuseum Joanneum, Abteilung für Vor- und Frühgeschichte (Inv. 6385, 7002, 7005 und 6384) aufbewahrt. Das hakenförmige Eisenstück, vielleicht der Rest einer Eisenfibel, befindet sich nicht im LMJ.

6 V. Sribar - V. Stare, 1978/79, S. 212. Keinesfalls ist das Straßengler Grab in das 6. Jahrhundert zu datieren, so zu lesen unter anderem in einem aktuellen Kirchenführer einer Kunthistorikerin. (M. Gerstenberger, 1985, S. 50, Anmerkung 2.) - M. Gerstenberger hätte sich getrost an K. Weinhold, 1858, S. 149 halten können, der schon seinerzeit feststellte, daß "nichts für ein höheres Alter spricht" und das Grab "frühestens dem 8. Jahrhundert" zuschreibt. In der aktuellen Chronik der Gemeinde Judendorf-Straßengel wird der Gipfel der Unvernunft erreicht: "Die heidnische Grabstätte stammt aus der römisch-karantanischen [sic!] Zeit", heißt es dort.

7 Wie etwa M. Gerstenberger, 1985, S. 50.

8 K. Weinhold, 1858, S. 149. D. Kramer, 1989, S. 7 bemerkt zur Frage "deutsch oder slawisch": "Eine ethnische Zuordnung der mit diesen Gegenständen in den fraglichen Regionen Bestatteten ist mit archäologischen Methoden kaum möglich und läßt sich aller Wahrscheinlichkeit nach mit anthropologischen Methoden nur in vereinzelten Sonderfällen klären." Vgl. dazu auch D. Kramer, 1996, S. 58ff.

9 D. Kramer, 1994, S. 70.

10 B. Mader, 1986, S. 94f.

11 Dazu vgl. auch W. Modrijan, 1963, S. 47ff.

12 B. Mader, 1986, S. 139.

13 B. Mader, 1986, S. 149; D. Kramer 1990, S. 151f. W. Artner, 1997.

14 B. Mader, 1986, S. 140.

15 B. Mader, 1986, S. 145f. Zum Gebiet Peggau und Umgebung vgl. besonders auch W. Modrijan, 1966/67, S. 5 - 19.

"Wo das Korn gut gerät..."

- Zur Bedeutung des Namens "Gratkorn"

Weit verbreitet unter der Bevölkerung des Gratkorner Beckens ist die Ansicht, der Name Gratkorn erkläre sich aus dem Umstand, daß hier das Korn gut gerate, der Name Gratwein aus jenem, daß dort der Wein gut gerate. Weil Weinbau hier längst nicht mehr betrieben wird, dürfte diese volksetymologische Deutung bereits seit geraumer Zeit tradiert werden. Sie ist zwar nett erdacht, dennoch schlichtweg falsch.[1]

Tatsache ist es, daß mit der Gründung der Gratkorner Papierfabrik im frühen 19. Jahrhundert und ihrer Entwicklung sich das gesamte wirtschaftliche und soziale Gefüge der Region änderte. Jahrhundertealte, bis ins Mittelalter zurückreichende Strukturen fanden ein jähes Ende. St. Stefan, bis dahin Zentrum der Gemeinde, verlor mit der Expansion der Papierfabrik fortschreitend an Bedeutung, reziprok dazu entstand im Umfeld der Papierfabrik, beiderseits der Reichsstraße (Post- und Kommerzialstraße, heute Bruckerstraße - Grazerstraße), die dominierende Industriesiedlung mit dem Namen Gratkorn. Heute versteht man darunter ein etwa halbkreisförmiges Gebiet, das, beginnend an der Mur, nach Osten hin ansteigt und vom Hausberg, St. Stefan und Brunn begrenzt wird.

Es ist bezeichnend, daß auf offiziellen Briefköpfen der Papierfabrik bis zum ersten Drittel dieses Jahrhunderts nicht der Name Gratkorn aufscheint sondern der Firmenname mit dem Zusatz "...bei Gratwein". - St. Stefan war zu unbedeutend und weit entfernt, Gratkorn noch zu jung und unbekannt. In Gratwein befand sich zudem die Eisenbahnstation, über die der Großteil der Rohstoffe bezogen und die Produkte ausgeliefert wurden. Dieser Zusatz "bei Gratwein" hatte übrigens Tradition, denn das aus regionaler Sicht mehr oder minder unbedeutende St. Stefan wird bereits 1478 mit dem erläuternden topographischen Zusatz "vnder dem Lug gegen Greydwein vber" versehen.[2] Andere frühe Nennungen konkretisieren die Lage des kleinen Dorfes und der Kirche St. Stefan mit "ob Endricz" (1390), "ob Graetz bey der Muor" (1407), "bey dem Lueg" (1434) oder gar "bey Friesach" (1429).[3] Den Namen Gratkorn trägt die Gemeinde überhaupt erst seit 17. März 1907.[4] Bis dahin, seit Einführung der Gemeindeverfassung und Konstituierung der Ortsgemeinden im Jahre 1849, hatte die Gemeinde den amtlichen Namen St. Stephan (St. Stefan) am Gratkorn geführt. Der Name Gratkorn selbst erscheint, und das ist bemerkenswert, in seiner frühesten Nennung erst 1449 als Flurname auf, und zwar bezeichnet er konkret die Lage des Ortes St. Stefan als "s. Stephan in Krakorn"[5], bezieht sich also auf ein keinesfalls exakt einzugrenzendes Gebiet. "In" Gratkorn, auch "zu" Gratkorn kommt vor, bezeichnet somit ursprünglich ein Gebiet, in dem Kirche und Dorf St. Stefan liegen.

Die Slawistin B. Mader stellt lediglich lapidar fest: „*krak- + dt. -aren zu krak- ?"[6]

Ein interessanter Interpretationsversuch (R. Baravalle und ihm folgend P. Cede) schlägt die Ableitung vom slawischen "gradec" oder "gradice" vor, was eine mehr oder minder ausgedehnte

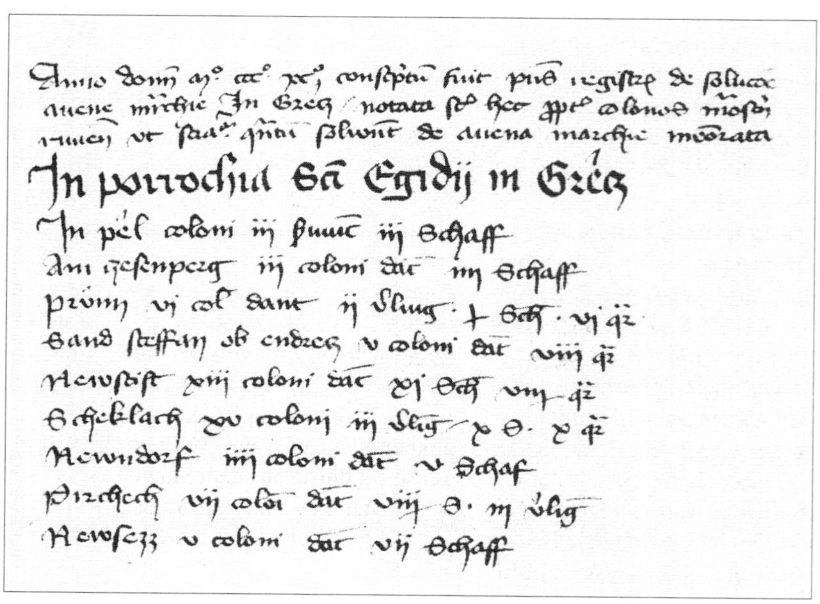

Erste Nennung St. Stefans (8. Zeile v. o.) im Jahre 1390. (Marchfutterregister von 1390, pag. 1, Stiftsarchiv Rein.)

1 Auch der Name der Stadt Graz (er ist slawischer Herkunft und bezeichnet eine Burg) wird in der "Volksetymologie" ähnlich abgeleitet. So hätte ein munter dahinzimmernder Siedler aus Bayern einem Slawen auf die Frage nach seinem Tun erklärt, hier werde eine Stadt gebaut. "G'rät's, so g'rät's", hätte der Bayer seine Arbeit weiters kommentiert Vgl. H. v. d. Sann, 1920, S. 1.

2 Gratweiner Urbar (AR) 1486; OB, S. 439.

3 OB, S. 439.

4 Erlaß der k. u. k. Statthalterei Graz vom 17. März 1907. AG.

5 OB, S. 439.

6 B. Mader, 1983, S. 43 und B. Mader, 1986, S. 36. B. (Maders Arbeit möge jedoch mit Vorsicht genossen werden. Sie zeichnet sich, so K. Spreitzhofer, 1987, S. 299, durch einen "sorglose[n] Umgang mit Quellen und Literatur" aus.)

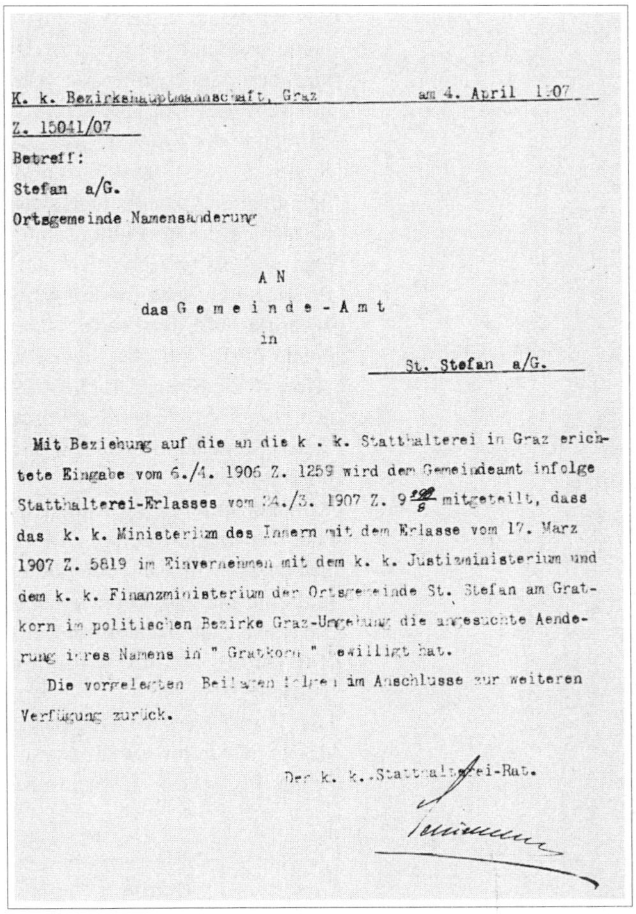

K. k. Bezirkshauptmannschaft, Graz am 4. April 1907

Z. 15041/07

Betreff:

Stefan a/G.

Ortsgemeinde Namensänderung

A N

das G e m e i n d e - A m t

in

St. Stefan a/G.

Mit Beziehung auf die an die k . k. Statthalterei in Graz erichtete Eingabe vom 6./4. 1906 Z. 1259 wird dem Gemeindeamt infolge Statthalterei-Erlasses vom 24./3. 1907 Z. 9 $\frac{99}{8}$ mitgeteilt, dass das k. k. Ministerium des Innern mit dem Erlasse vom 17. Marz 1907 Z. 5819 im Einvernehmen mit dem k. k. Justizministerium und dem k. k. Finanzministerium der Ortsgemeinde St. Stefan am Gratkorn im politischen Bezirke Graz-Umgebung die angesuchte Aenderung ihres Namens in " Gratkorn " bewilligt hat.

Die vorgelegten Beilagen folgen im Anschlusse zur weiteren Verfügung zurück.

Der k. k. Statthalterei-Rat.

4. April 1907: Die k. k. Bezirkshauptmannschaft Graz teilt der Gemeinde die Genehmigung der Namensänderung von "St. Stefan am Gratkorn" in "Gratkorn" mit. (AG)

Befestigungsanlage bezeichnet.[7] Den Wortteil -korn könnte man vom altslawischen "gora" ableiten, was einen Berg, auch ein bergiges, bewaldetes Gebiet, bezeichnet.[8] Gratkorn (grad-gora) wäre somit als "Burgberg" zu verstehen. Umso verlockender bietet sich diese Deutung natürlich an, wenn wir dabei an den einstmals befestigten Hausberg denken. So verlockend auch ich diese These finde, - sie ist unhaltbar.

Nach neuesten Erkenntnissen sind drei mögliche Deutungen in Betracht zu ziehen.[9] Die eine geht davon aus, daß es sich um einen Personennamen handelt. Folgen wir dieser These, sie wird erstmals von K. Kniely vertreten[10], dann bestünde die Wahl zwischen dem deutschen "Gracco" und - dies die zweite These - dem slawischen „grak" oder "krok" (= Rabe). In beiden Fällen wäre das heutige Gratkorn eine Verdumpfung für "Grakaren", was Kniely seinerseits als "bei den Leuten des Grak (Gracco)" interpretiert. (Die These, die Alpenslawen hätten keine Ortsnamen aus Personennamen gebildet[11], ist ohnehin zweifelhaft.)

Schließlich käme noch das slawische "krak" in Betracht, was den Flußarm bezeichnet, in Betracht. Diese Deutung wäre vor allem im Hinblick auf die Lage an der Mur, bzw. auf einen eventuell alten Flußarm im Bereich südlich des Hausberges von Relevanz.

Daß der Name Gratkorn aus dem Slawischen stammt, kann zumindest vermutet werden. Eine Interpretation in diesem Sinne wird durch den Umstand unterstützt, daß sich im Gratkorner Becken nicht nur zahlreiche weitere slawische Siedlungs- und Flurnamen nachweisen lassen, auch in Urkunden des 11. bis 14. Jahrhunderts werden in Gösting und Rein, wie oben erwähnt, zahlreiche Slawen in nicht unprominenter Stellung namentlich genannt.

Zu den divergierenden Schreibweisen ("Krakorn", "Krackarnn" etc.) sei angemerkt, daß sich das geschriebene Deutsch bis ins 19. Jahrhundert durch ein kaum vorhandenes orthographisches Regelsystem auszeichnete. Während des Mittelalters und auch nachher wurde ein Name so niedergeschrieben, wie ihn der Schreiber - und der war nur in seltenen Fällen ein Einheimischer - gerade verstand.

Im steirischen Raum tritt Gratkorn als Flur- oder Siedlungsname mehrmals auf. 1249 wird der Siedlungsname "Grackerer" bei Stainz als "villa Grakorn" erstmals urkundlich genannt.[12] Als "der Graker" wird die Krakau bei Murau erstmals genannt.[13] 1395 nennt eine Urkunde das Dorf "Grakorn" zwischen Kalsdorf und Wagnitz, südlich von Graz. Um 1450 erscheint dieses Dorf in der Schreibung "Krackarnn prope Wegniez", beziehungsweise als "Grockoren".[14] Und schließlich nennt eine Quelle aus dem Jahre 1407 eine "hueb am Grakor", also das Gehöft "Kroker" westlich von Graz.[15]

Gratkorn und das westlich der Mur gelegene Gratwein werden, alleine schon wegen der Namensähnlichkeit, oft miteinander in Zusammenhang gebracht. Auf die kuriose volksetymologische Deutung der Namen (Gratkorn und Gratwein - wo Korn und Wein gut geraten) wurde bereits hingewiesen. In Wirklichkeit aber leitet sich auch Gratwein vom slawischen "grad(ice)" (= Befestigung, Burg) ab. 1138 wird Gratwein als "Gradewin" erstmals urkundlich genannt.[16] Es führt seine Wurzel auf das slawische "gradovína" zurück, was die Gegend um eine Burg bezeichnet.[17]

Die frühe Besiedelungsgeschichte läßt sich anhand solcher Beispiele freilich nicht darstellen, höchstens ihre Komplexität vermag damit angedeutet und das Interesse des Lesers für diese Thematik geweckt werden. Das Namensgut des Raumes Gratkorn soll daher in seiner Gesamtheit kurz einer Betrachtung unterzogen werden.

7 R. Baravalle, 1961, S. 187 und P. Cede, 1984, S. 29.
8 F. Miklosich, 1886, S. 73.
9 F. Lochner v. Hüttenbach, 1996, S. 96 - 98.
Herrn Dr. Karl Spreitzhofer vom Steiermärkischen Landesarchiv danke ich sehr herzlich für wertvolle Hinweise zu dieser Thematik.
10 K. Kniely, 1928.
11 So E. Klebel, 1940, S. 38f.
12 OB, S. 225.
13 OB, S. 111.
14 OB, S. 225.
15 OB, S. 225.
16 OB, S. 226.
17 F. Krones, 1878, S. 41 und K. Kniely,1928.

Slawische Topomyme in Gratkorn

Als überhaupt erster Siedlungsname innerhalb der Grenzen der heutigen Marktgemeinde wird um 1050 das Dorf Friesach am Nordende der KG Friesach - St. Stefan als "ad Fresah" urkundlich genannt.[1] Dieses Dorf wurde also in einem Flußtal angelegt, was als typisch (nicht nur) für eine slawische Siedlung bezeichnet werden kann.[2] Der Name dürfte auf das slawische "Breza", die Birke, zurückzuführen sein.[3] Als "Fresah" wurde dieser Name somit ins Deutsche übernommen.

Anhand sprachwissenschaftlicher Gesetzmäßigkeiten können jedoch zwei Phasen, eine ältere und eine jüngere, der Übernahme slawischen Namensgutes ins Bairische unterschieden werden:

Die Form "Fresah" (Friesach: "b" zu "f") kann somit der jüngeren Phase der Übernahme (etwa 8. bis Mitte 10. Jahrhundert) zugeschrieben werden. Dies gilt analog für das 1265 erstmals urkundlich genannte "Vrezwitz"[4] (Freßnitz: slaw.: breza/Birke zu Vrezwitz). Als weiteres Beispiel wäre die ebenfalls 1265 erstmals genannte Petschen ("Peschen" von slaw.: *pekt/Fels[5]) anzuführen. Der Lausbichler hingegen, erstmals 1360 als "der Lauspuchel"[6] genannt, scheint noch der ersten Phase anzugehören (slaw. "luza"/Sumpf zu laus-[7]).

Dies jedoch nur als kleine Kostprobe aus der historischen Sprachwissenschaft. Ein Gemeinsames zeichnet das als slawisch in Betracht zu ziehende Namensgut in Gratkorn jedenfalls aus: Alle Namen bezeichnen eine bestimmte biologische oder topographische Besonderheit:

Betrachtet man die topographische Verteilung dieser Namen, so deckt sie sich mit den eingangs getroffenen Feststellungen. Slawische Siedlungs- und Flurnamen finden sich in erster Linie entlang von Wasserläufen (Murtal, Rötschgraben und Dult), einzig der Weiler Jasen liegt auf einem Höhenrücken. Die chronologische Reihenfolge der urkundlichen Nennungen vermag übrigens wenig auszusagen, denn nur ein Bruchteil der Urkunden blieb erhalten.

Name	Erste Nennung	Form	Wurzel	Bedeutung
Friesach	ca. 1050	Fresah	breza	Birke
Dult	1223	Thulgen	dul	Vertiefung
Freßnitz	1265	Vrezwitz	breza	Birke
Petschen	1265	Peschen	pec	Fels
Lausbichel	1360	Lauspuchel	luza	Sumpf
Rannach	1364	Raenich	ravno	flach
Rötsch (-bach...)	1367	Retsch	reka	Fluß
Zauchen	1395	Zauchen	sucha	trocken
Jasen	1400	Jassen	jasen	Esche
Pakarisch	1450	Pakarisch	paka	Anhöhe

1 StUB I, Nr. 58, S. 67.
2 F. Krones, 1878, S. 18; F. Lochner v. Hüttenbach, 1976.
3 F. Krones, 1878, S. 20, 33, 40 und B. Mader, 1986, S. 23f.
4 OB, S. 194.
5 OB, S. 29. B. Mader, 1986 verzeichnet diesen Namen, wie so viele andere, nicht, obwohl sie den Anspruch erhebt, "alle alpenslawischen Toponyme der Steiermark zu erfassen" (S. 5). Der Name darf jedoch analog zu B. Mader, 1986, S. 69 (Nr. 349) bzw, S. 74 (Nr. 381 - 383) gedeutet werden.
6 OB, S. 298.
7 F. Miklosich, 1886, S. 177. (B. Mader, 1983 und 1986 scheint auch dieser Name entgangen zu sein.)

Die "duo loca ad Strazinolun" des Jahres 860 und die frühe Besiedlung

Am 20. November des Jahres 860 schenkte in Matighofen König Ludwig der Deutsche auf Bitten des Erzbischofs Adalwin von Salzburg der Salzburger Kirche 41 Höfe, die bereits früher dem Erzstift als Lehen übertragen worden waren.[1] Als 40. Besitzung in dieser Reihe werden "ad Strazinolun duo loca", also zwei Gegenden bei Straßengel, genannt. Die Lokalisierung des ersten Gutes stößt auf keine Probleme. Es erstreckte sich vom heutigen Gratwein bis zur Burg Helfenstein, die Mur bildet die östliche Grenze.[2]

Die Lokalisierung des zweiten bei Straßengel gelegenen Besitzes stieß vorerst auf Desinteresse, dann auf Schwierigkeiten, weil in der Umgebung von Straßengel weitere Besitzungen der Salzburger Kirche für diese Zeit nicht direkt nachweisbar sind. Erst Fritz Posch konnte nach eingehenden besitzgeschichtlichen Untersuchungen die Frage nach dem zweiten Salzburger Hof beantworten.

In einer Urkunde vom 26. November 1223 bestätigt Erzbischof Eberhard II. dem Kloster Rein die Schenkung von Gütern zu "Prunne" und "Thulgen", also Brunn und Dult, seitens des Ministerialen "Haertwic de Prunne".[3] Aus der Tatsache der ausdrücklichen Bestätigung dieser Schenkung seitens des Salzburger Erzbischofs geht hervor, daß es sich dabei mit großer Wahrscheinlichkeit um ursprünglichen Salzburger Besitz handelt, der vom Salzburger Ministerialen Hartwig von Brunn dem Stift Rein übertragen wird.[4]

Eine genaue Lokalisierung dieses Besitzes bleibt (und schon gar ohne archäologische Funde / Befunde) problematisch, "da der Name Dult den ganzen Umkreis des Dultbaches, also das gesamte Tal, zu umfassen scheint (...)."[5]

Im Reiner Urbar von 1395 (AR) werden im Amt Eggenfeld, hier wurde der Reiner Besitz in der Dult und bei Brunn verwaltet, in "Proen" (Brunn) die Hofstatt Faber sowie zwei weitere Untertanen verzeichnet. Der eine, Vllein Gruezer, zinste zu St. Ägydius für seine halbe Hube ein halbes Talent, ein gewisser Soergl zinste für seine halbe Hube eine halbe Mark, darüberhinaus 16 Pfennig für die Arbeiter am Palmsonntag, zu Pfingsten ein Faschingshuhn und 40 Eier zu Ostern. In der "Dullg" (Dult) lieferte Nyckla von einem Hof (curia) zu Ägydius fünf Schilling, zu Ostern 40 Eier, zwei Faschingshennen sowie 40 Pfennig.

Mit Recht stellt sich die Frage[6], ob dies denn der gesamte vom Ministerialen Hartwig dem Stift gewidmete alte Salzburger Besitz von 860 ist. Auch stellt sich die Frage, was es mit den 1337[7] von den Brüdern Heinrich und Hermann von Kranichberg zu einem Seelgerät nach Rein gewidmeten Gütern "in der Dulgen", sie umfaßten immerhin die damals bedeutende Summe von sechs Mark, auf sich hatte. Nach dem Montforter Urbar von 1410 (Landesarchiv) besaß auch die Herrschaft Stadeck zwei Hofstätten und eine Hube in der

Der Name Straßengel stammt wahrscheinlich vom slawischen "straza" (Warte, Aussichtspunkt) und wird bereits 860 erstmals urkundlich genannt. Mit einem der "duo loca ad Strazinolun" (zwei Gegenden bei Straßengel) ist die Dult gemeint. Photographie um 1900. (Sammlung Horst Ziegler)

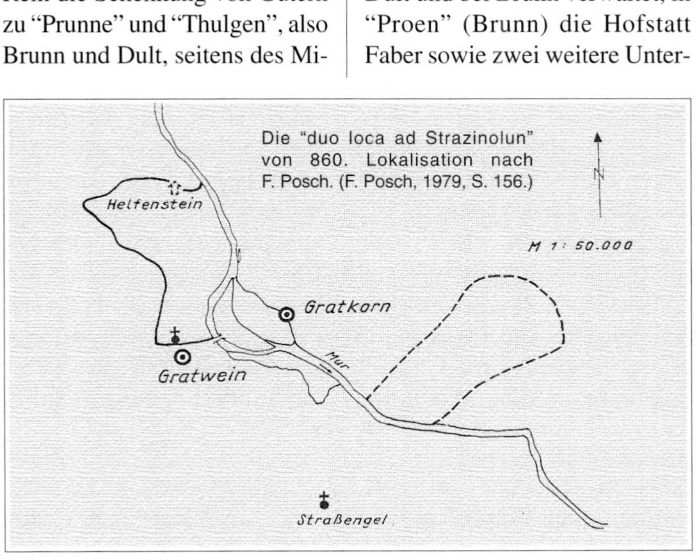

Die "duo loca ad Strazinolun" von 860. Lokalisation nach F. Posch. (F. Posch, 1979, S. 156.)

1 StUB I, Nr. 7, S. 10f.
2 F. Posch, 1961, S. 256f und F. Posch, 1979, S. 156ff.
3 StUB II, Nr. 208, S. 298. Vgl. auch A. Lang, 1937. I, Nr. 71, S. 104.
4 F. Posch, 1979, S. 163.
5 F. Posch, 1979, S. 164.
6 Ebenda.

Die Dult vom Schraußberg nach Westen um 1965. Am 20. November des Jahres 860 schenkt in Matighofen König Ludwig der Deutsche auf Bitten des Erzbischofs Adalwin von Salzburg der Salzburger Kirche 41 Höfe, darunter "ad Strazinolun duo loca", also zwei Gegenden bei Straßengel. Bei einer dieser Besitzungen handelt es sich um die Dult, die dann in einer Urkunde vom 26. November 1223 erstmals direkt genannt wird. (LMJ, Bild- und Tonarchiv, PL 33906.)

Dult, weiters bevogtete sie hier einen Hof und sechs Hofstätten, in Brunn drei Huben und zwei Hofstätten. Gehörten auch diese Güter zum alten Salzburger Besitz, muß er große Teile von Brunn und der Dult umfaßt haben. Das Vorhandensein Salzburger Besitzes in diesem Raum läßt uns darüberhinaus die Gründung der Mutterpfarre Gratwein für das 9. Jahrhundert annehmen, ebenso wird die deutsche Besiedlung dieses Gebietes in das späte 9. Jahrhundert zu datieren sein. Die durchgehende Christianisierung dieses Raumes muß somit um die erste Hälfte des 9. Jahrhundert erfolgt sein, zumal auch Ernst Klebel vermutet, daß es um 860 bereits einen organisierten Zehentbezirk, also eine Pfarre, in Straßengel / Gratwein gegeben haben müsse.[8]

Aus den wenigen erhaltenen gebliebenen schriftlichen Quellen dieser Zeit läßt sich die Vergabe von Königsgut an königstreue Freie ab den ersten Jahrzehnten des 9. Jahrhunderts ableiten. Für den Gratkorner Raum vermuten manche Forscher, daß Höfe wie der Brunnhansl, Lippenjackl, Dultbauer, Eisbacher und Grillbauer damals entstanden.[9] Spezielle fluranalytische Untersuchungen und archäologische Befunde könnten darüber Auskunft geben.

Die Ansiedelung süddeutscher Einwanderer, die einen neuen Kultivierungsschub eingeleitet hatten und im übrigen mit bodenständigen slawischen Siedlern problemlos auskamen, fand mit der vernichtenden Niederlage des baierischen Heerbannes gegen die Ungarn in der Schlacht bei Preßburg (907) ihr Ende. Die karolingische Ostmark hörte praktisch zu existieren auf. Die gesamte Oststeiermark, somit alle östlich des steirischen Randgebirges liegenden pannonischen und karantanischen Gebiete, standen unter dem Einfluß ungarischer Reiter- und Nomadenvölker. Die Grundherren und Geistlichen dieses Gebietes wurden getötet oder verschleppt, die Dörfer östlich Nestelbachs (860 als "Nezilinpah" erstmals urkundlich genannt[10]) fielen vermutlich der Verwüstung zum Opfer. Eine Besiedelung dieses waldreichen Gebietes erfolgte seitens der Ungarn nicht, häufige Plünderungszüge verhinderten jedoch vorerst jede weitere deutsche Besiedelung.[11]

In der Obersteiermark, die weiterhin unter karantanisch-bayrischer Verwaltung stand, konnte die deutsche Siedlungstätigkeit im beschränkten Maße weitergeführt werden. Als die weitest vorgeschobenen Siedlungspunkte erscheinen 927 St. Lorenzen im Mürztal und das Gebiet um die heutige Stadt Bruck an der Mur.[12] Wie F. Posch aus dem in der Folge noch mehrheitlich auftretenden slawischen Namensgut schließt, wird es sich dabei eher um ein "allmähliches Einsickern deutscher Siedler handeln."[13]

Das Murtal zwischen der Mündung der Mürz in die Mur ("Muorizakimundi") und Gösting zählte somit zum Grenzgebiet des Reiches gegen Ungarn. Sind die slawischen Siedlungs- und Flurnamen in der Oststeiermark merklich dünn gesät, so ist das auf die Verwüstungen der Ungarneinfälle zurückzuführen. Der verhältnismäßig hohe Anteil slawischer Namen, der sich in Gratkorn erhalten hat, legt die Vermutung nahe, daß mit einem vollständigen Abbruch der Siedlungstätigkeit hier nicht zu rechnen ist.[14]

Eine Grenze im heutigen Sinne existierte nicht, doch darf wohl die Mur als solche angesprochen werden. Während der ersten Hälfte des 10. Jahrhunderts kam östlich der Mur die planmäßige Siedlungstätigkeit jedenfalls zum Erliegen. Jedoch darf angenommen werden, "daß sich im ganzen Lande, besonders natürlich in Rückzugsgebieten, slawische wie deutsche Siedler gehalten haben, wenn auch die deutsche Verwaltung für ein halbes Jahrhundert ausgeschaltet war."[15]

7 LA, Urkunde 2114a. Vgl. auch A. Gasparitz, 1895, S. 16.
8 Siehe dazu H. Pirchegger, 1936, S. 111 (Anm. 30).
9 P. Cede, 1984, S. 31.
10 StUB I, Nr. 7, S. 11.
11 Vgl. F. Posch, 1980, S. 29 und O. Pickl, 1956, S. 8f.
12 StUB I, Nr. 17, S. 20f. Vgl. auch O. Pickl, 1956, S. 8.
13 F. Posch, 1980, S. 29f.
14 Vgl. F. Lochner v. Hüttenbach, 1976. S. 8.
15 F. Posch, 1964, S. 90.

Der zweite deutsche Siedlungsschub

48 Jahre nach der folgenschweren Niederlage der Bayern bei Preßburg besiegte im Jahre 955 Otto der Große die Ungarn auf dem Lechfeld, südlich Augsburg. Die Vertreibung der Steppen- und Nomadenvölker aus dem Gebiet zwischen Theiß und Donau gelang vorerst nicht. Aus diesem Grunde errichtete der König einen südöstlichen Markengürtel zum Schutz gegen die Ungarn. Unter anderem zählten zu diesem Markengürtel die Mark an der mittleren Mur, die Mark an der Drau und die Mark an der Sann.[1]

Die für die Sicherung nach dem Osten hin wichtigste Mark war die Mark an der mittleren Mur, häufig auch karantanische Mark genannt. Urkundlich ist diese Mark erstmals 970 faßbar[2], doch dürfte ihre Errichtung mit Sicherheit bald nach dem Sieg über die Ungarn (955) erfolgt sein. Diese karantanische Mark erstreckte sich von der Kor- über die Gleinalpe bis zur Wasserscheide Mur / Raab und von der Kalten Rinne ober Röthelstein südwärts nach Ehrenhausen bis zum Poßruck.[3] Als Zentrum dieser Mark fungierte die vermutlich auf dem Wildoner Schloßberg gelegene Hengistburg.

Interessant für die Besiedlungsgeschichte Gratkorns ist in diesem Falle die Ostgrenze der karantanischen Mark. Sie erstreckte sich entlang der Wasserscheide zwischen Mur und Raab, östlich Gratkorn, etwa entlang der Linie Greith - Ritzendorf - Amstein - Schöckl - Klamm - Rinnegg - Niederschöckl. Der Waldgürtel dieses Höhenzuges, der die Wasserscheide zwischen Mur und Raab bildet, trug damals den Namen "Predel" ("mons predel").[4] In zahlreichen Flur- und Siedlungsnamen ist die Bezeichnung dieser alten Grenze bis heute erhalten geblieben, so in Ober-/Unterprethal (Kapfenstein bei Feldbach), in Pretul (Langenwang bei Mürzzuschlag) und Preding (Krottendorf bei Weiz).[5] Prethal und Pretul sollen slawischer Herkunft sein und bezeichnen einen Paß oder Übergang, Preding leitet sich aus dem slawischen Wort für "vorne" ab. Der Name "Präbichl", östlich von Gratkorn zwischen Hoher Rannach und Semriach, stamme ebenfalls aus dem Slawischen und bezeichne eine windige Stelle, einen Durchzug.[6]

Diese verhältnismäßig kleinräumige Mark dürfte 991 erstmals bis zur Lafnitz erweitert, nach einer Niederlage gegen die Ungarn im Jahre 1030 wieder an den mons Predel zurückgenommen worden sein. Der Ungarnfeldzug König Heinrichs III. von 1043 konnte die Ostgrenze schließlich an der Lafnitz fixieren, die Oststeiermark und das Pittener Gebiet kamen zur Mark.[7]

Die Ostgrenze der Karantanermark, die auch als Ostgrenze des Reiches diente, verlief somit bis 1043 nur fünf bis zehn Kilometer östlich Gratkorn. Die Verteidigung dieser Ostgrenze wurde aber sicher an der westlichen Murseite aufgebaut, weil der Mur strategisch weit mehr Bedeutung zukam. In diesem Bereich entstand eine Kette von Beobachtungsposten und Warnstationen.[8] Lediglich der Grazer Schloßberg bot den einzigen bedeutsamen Verteidigungspunkt östlich der Mur. Auf dem Gratkorner Hausberg, dem letzten Ausläufer des

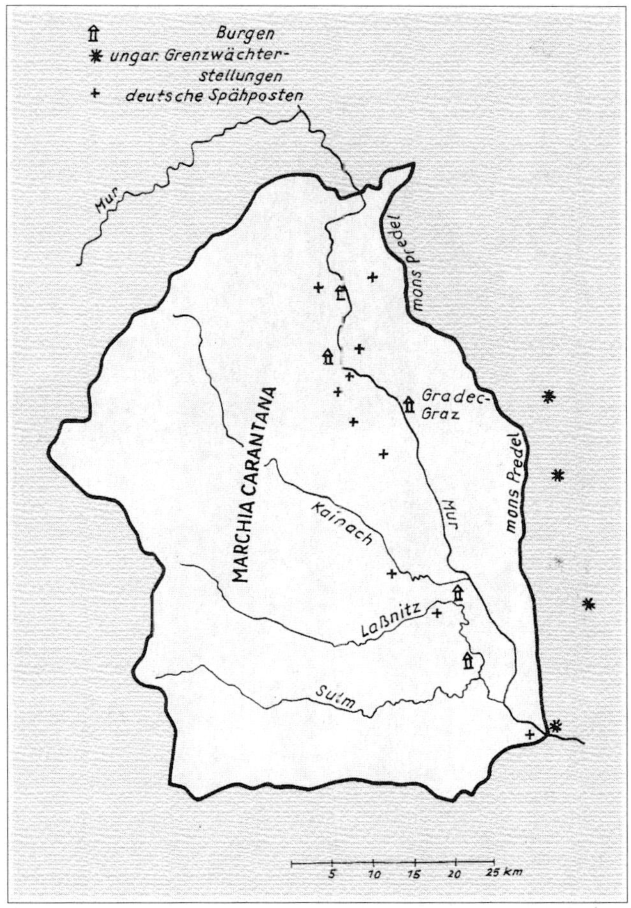

Die Karantanermark 955 - 1043. (F. Posch, 1978, S. 70.)

Eggenberges, so wird vermutet, bestand ein Spähposten.[9] Er ist weder durch schriftliche Quellen noch durch archäologische Funde nachgewiesen. Für den Straßengler Kirchhügel wird ein solcher Beobachtungsposten vor 860 angenommen, bezeichnet doch das slawische "straza" eine Wacht, Warte oder einen Punkt mit besonders guter Aussicht.[10]

Besitzgeschichtliche Studien zeigen, daß in diesen unruhigen Zeiten südlich Gratkorn östlich der Mur keine Grundvergabungen erfolgten. Daraus ist zu schließen, daß vorerst östlich der Mur nicht planmäßig gesiedelt wurde. "Zwischen der Mur und der Ostgrenze der Mark, dem mons Predel,

1 Vgl. F. Posch, 1941, S. 400ff und F. Posch, 1980, S. 30f.
2 Vgl. StUB I, Nr. 25, S. 29.
3 Vgl. F. Posch, 1980, S. 31 und F. Posch, 1986, S. 50ff.
4 Dazu F. Posch, 1964, S. 92.
5 B. Mader, 1983, S. 100, 102 und B. Mader, 1986, S. 75ff.
6 B. Mader, 1986, S. 74.
7 Vgl. F. Posch, 1986, S. 51.
8 F. Posch, 1978, S. 71f.
9 F. Posch, 1980, S. 32.
10 B. Mader, 1986, S. 94f und F. Miklosich, 1886, S. 293.

Der alte Hof des vulgo Has(e)lbauer im Freßnitzviertel, Bau-Parz. Nr. 13, Haus-Nr. 44 alt (Freßnitz Nr. 20), ehemals Untertan der Grundherrschaft Rabenstein. Die Photographie stammt von Viktor von Geramb. (Archiv BDA Graz)

lag also ein Vorfeld, das zwar zur Mark gehörte, aber vorläufig weder vom König an einen Grundherrn übergeben noch in die Besiedlung einbezogen wurde, da es offenbar allzusehr unter der Kontrolle des Feindes lag." [11]

Die Besiedlung der Mark erfolgte zögernd, solange die Ostgrenze als unsicher galt. Nachdem diese Grenze jedoch im Jahre 1043 bis zur Lafnitz vorgeschoben worden war, erreichte diese zweite deutsche Kolonisationsphase um 1050 ihren Höhepunkt.[12] Die sukzessive Besiedelung erstreckte sich jedoch bis ins 13. Jahrhundert.

Während dieser letzten Siedlungsetappe erfolgten die meisten planmäßigen Rodungen im heutigen Gemeindegebiet.

Siedlungstätigkeit und Kultivierung des Bodens stießen bis ins Bergland vor, wo sie sich in der Form von Einzel- und Einödhöfen besonders in den Katastralgemeinden Freßnitzviertel, Forstviertel und Gratkorn / St. Veit ob Graz spiegeln. Mit der Errichtung von Einödhöfen erfolgte gleichzeitig die Kultivierung des Bodens in Form von Einödfluren. Siedlungen und Fluren wurden in der Folge planmäßig angelegt. Im Gratkorner Raum überwogen Einzelhöfe deutlich, lediglich Eggenfeld, Friesach, Wörth und St. Stefan entwickelten sich im Laufe des Mittelalters zu Dörfern. In der Gemengelage dieser alten Dorffluren hatte jeder Bauer je einen Anteil an einer größeren Anzahl in sich gleichwertiger Flurgebiete (Parzellen), wobei eine große Zahl schmaler, langgestreckter und schwer zu bewirtschaftender Ackerstreifen entstand. Die Flurbereinigung löste durch Feldzusammenlegungen dieses System auf.

Generell lassen sich also für das Gebiet der Gemeinde Gratkorn folgende Siedlungstypen und Flurformen feststellen: In der KG Kirchenviertel treffen wir aus das Kirchdorf St. Stefan, bzw. auf eine dörfische Siedlungsform mit neuzeitlichen Erweiterungen und auf Reihensiedlungen entlang der Hauptstraße. Eggenfeld, Wörth und die Jasen sind Weiler; in den höheren Lagen östlich des Gratkorner Beckens dominieren Einzel- oder Einödhöfe.

Als Flurform herrschte im Kirchenviertel vor der intensiven Verbauung die Block- und Streifenflur vor. Östlich davon überwiegt die neuzeitliche Blockgemengeflur, auch ursprüngliche Blockgemengeflur bzw. ursprüngliche und neuzeitliche Einödblockflur lassen sich feststellen. Zwischen Hausberg und Friesach treffen wir ursprünglich auf die Gewannflur, die als typische Kolonialform der "deutschen Landnahme" bezeichnet werden kann. Das zum Dorf gehörende Land wurde dabei in zahlreiche Riede geteilt, wobei jedes dieser Gewanne in schmale, lange, streifenförmige Parzellen unterteilt wurde. Innerhalb des einzelnen Gewanns gehörte in der Regel jede Parzelle einem anderen Besitzer; die zu einem Hof gehörenden Grundstücke waren in zahlreichen Gewannen über die gesamte Markung verstreut. Dazu gehörte die Allmende, der gemeinsame Besitz, der von allen Dorfgenossen als Weide genutzt wurde. Diese sogenannte "Riemen - Parzellierung" beseitigte man in der Neuzeit durch Flurzusammenlegungen.[13]

Die Allmende konnte vermehrt oder vermindert werden, wie einem Rechtsakt aus der Mitte des 15. Jahrhunderts zu entnehmen

11 F. Posch, 1978, S. 72ff. Vgl. auch F. Posch, 1980, S. 33.

12 F. Posch, 1964, S. 93.

13 FK 890 (Kirchenviertel), FK 375 (Friesach - St. Stefan), FK 381 (Forstviertel), FK 357 (Forstviertel), FK 2015 (Schattleiten) (LA). Vgl. auch M. Sidaritsch, 1925, S. 16f; W. Leitner, 1976, S. 10.

ist: Zu St. Peter 1456 übergab Christian Dörer, Kaplan der Luciakapelle auf der Burg Peggau, mit "rechte Kaufbrief. [...] der ganzen gemain zu Wörth, ihm und allen ihren erben, mein Auen gelegen bey der Murr unter Wörth, und davon man Järlichen zu St. Merthen Tag, einen jeden Capellan zu Pöggau, 80. pfening lands wöhrung in Steyr gibt, und sollen auch nichts einfang darauf machen, sondern daß es bleibe ein Auen auß von alters, das die ganze gemain ihr vich weiden solle darauf, und sollen mir, und allen meinen nachkummen darvon gehorsamb, und gewertig sein, als andere meine holden, di ein der Meß gestifftet sein, sie sollen auch die obgenante Auen ihnen haben, und niessen, als der Kauffrecht ist in dem land zu Steyer, und habent mir darum geben ein Summa Gelts, daran mich wol beniegt hat, und des zur urkundt gib ich dem Brief besiglet, mit des edlen vesten Wolf Stadler der zeit pfleger zu Peggau anhangenen Insigl [...]."[14] Zu Beginn des 19. Jahrhunderts wurden von den Dörfern Eggenfeld, Wörth und Friesach noch insgesamt 36 ha als Allmende genutzt.[15]

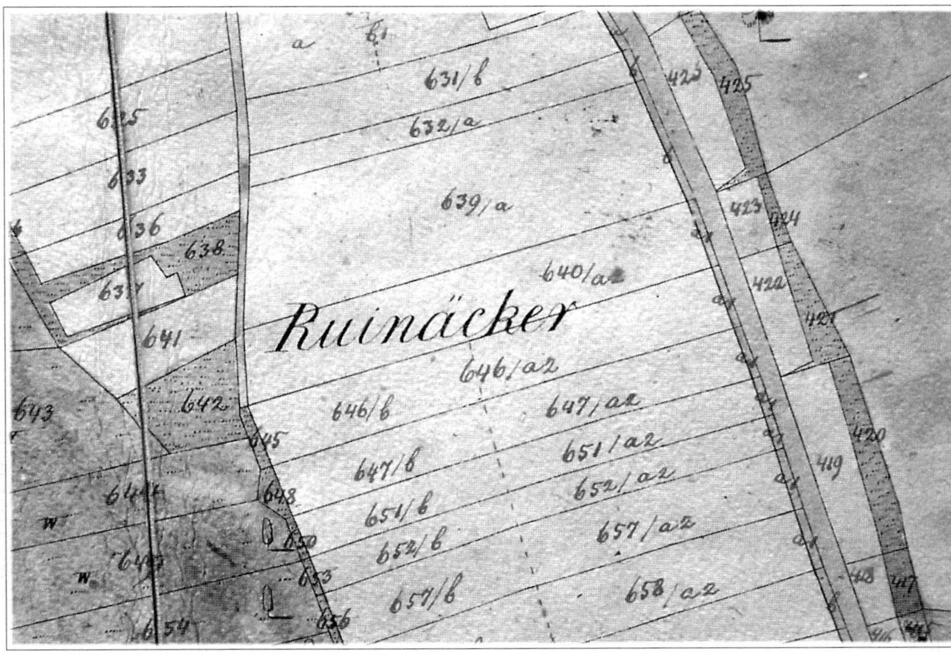

Die "Ruinäcker" (Reinäcker) in der KG Friesach-St. Stefan, zwischen Eggenfeld und Hausberg, nach der Katasteraufnahme von 1823 (mit Ergänzungen bis tw. 1850). Besonders gut ist hier die Gewannflur zu erkennen. (AG / FK)

Um die Mitte des 11. Jahrhunderts galt das heutige Gemeindegebiet als sicherer Siedlungsraum, der nicht mehr den Gefahren von Ungarneinfällen ausgesetzt war. Die deutschen Siedlungsschübe um 1010/20 und um 1050 trugen jedoch keineswegs den Charakter einer "Eindeutschung" gewaltsamer Art. Bestimmte Gegenden bewahrten vermutlich noch über längere Zeit ihren slawischen Charakter, wenn sich auch der deutsche Bevölkerungsanteil durch die kontinuierliche Neugründung von Dörfern und Höfen erhöhte. Eine sich auf Gösting beziehende Urkunde aus dem Jahre 1042 vermag über die ethnischen Verhältnisse im Gratkorner Becken wohl einen Hinweis zu geben. Auf den zwei königlichen Huben "in loco Gestnic", welche König Heinrich III. dem Markgrafen Gottfried schenkt, sitzen nämlich bei Gösting ausschließlich Untertanen mit slawischen Namen: Wengei, Stano, Trevino und Obolom.[16]

Bis lange nach 1050 wird für den Raum Gratkorn eine deutsch - slawische Mischbevölkerung anzunehmen sein, wobei die Frage nach der Quantität slawischer Siedler und der Rolle des "slawischen Elementes" offen bleiben muß. Seit der ersten deutschen "Kolonisation" standen sie freilich unter deutscher Oberhoheit, zumal sich die Slawen nicht zu einem längerwährenden staatlichen Organismus zusammenschließen konnten, sieht man vom (historisch ohnehin schwer faßbaren) Großreich des fränkischen Kaufmannes Samo im zweiten Viertel des 7. Jahrhunderts ab.[17]

Im Laufe des Mittelalters verschwanden slawische Relikte zusehends, sodaß wir heute in erster Linie auf die Interpretation des slawischen Namensgutes angewiesen sind, um ein wenig Licht auf den Ablauf slawischer Besiedlung und die Assimilation an die deutschen Einwanderer zu werfen. Gerade in der Dauer dieser Assimilation aber ist der Beweis dafür zu sehen, "daß keine slawische Bevölkerung ausgesiedelt wurde, daß nirgends gewaltsam germanisiert wurde und daß nur der friedliche Landesausbau durch die deutsche Kolonisation die dünnsiedelnden Slawen in die Minderheit gebracht und schließlich assimiliert und eingeschmolzen hat."[18]

14 ADS, III, S. 812.
15 FK 890, 375, 381, 357; P. Cede, 1984, S. 114.
16 StUB, I, Nr. 52, S. 60.
17 H. Wolfram, 1987, S. 95.
18 F. Posch, 1980, S. 98.

Gösting war, nach Peggau, die für Gratkorn wichtigste Grundherrschaft. Etwa 15 Prozent der Gratkorner Bauernhöfe waren der Herrschaft Gösting untertänig. Nach dem Theresianischen Kataster hatte die Herrschaft Gösting Vogteiholden bei St. Stefan (Urbar Nr. 484 - 493), in der Velgau (494 - 498), in der Grussau (499 - 501) und in der Dult (502 - 507).Liegt die frühe Geschichte der Burg Gösting auch im Dunkel, so bedeutend ist ihre Rolle für die Kolonisierung des Landes.

Hans Pirchegger und Fritz Posch leiten den Namen vom slawischen "gostinca" (Herberge) ab, Fritz Posch vom slawischen "gozd" (Bergwald). Ein Abkomme der Aribonen, der Hochfreie Swigger, hätte die Burg erbauen lassen, nach der er sich im Jahre 1138 erstmals nannte. Die Sage vom "Jungfernsprung" ist wohl jedem Gratkorner bekannt. Der Name ist, so Reiner Puschnig, "auf eine volksetymologische Umdeutung der altslawischen Benennung einer vorchristlichen Kultstätte zurückzuführen". Auch bei Siebenbrunn soll, so Franz Leskoschek, ein altes Heiligtum bestanden haben.

1723 brannte die Burg Gösting nach einem Blitzschlag aus. 1843/44 brach man Teile der Ruine ab, um billiges Baumaterial für den Eisenbahnbau zu gewinnen. 1925 konstituierte sich der "Verein zur Erhaltung der Ruine Gösting" und begann mit ersten Restaurierungsarbeiten. Der Burgenverein Gösting, der heute unter der fachkundigen Leitung des Landeskonservators Hofrat Dipl. - Ing. Dr. Friedrich Bouvier steht, hat sich zum Ziel gesetzt, "die Burg Gösting als kulturelles Erbe auch kommenden Generationen in einem gesicherten baulichen Zustand zu hinterlassen."

Die Photographien stammen aus den Jahren 1900 bis 1923. (Sammlung Horst Ziegler und Ingo Mirsch)

Grundherrschaft, Landwirtschaft und Verwaltung im mittelalterlichen Gratkorn

Beträgt der Anteil der in der Landwirtschaft beschäftigten Gratkorner heute nur mehr wenige Prozente, so darf nicht vergessen werden, daß bis zu Beginn des 19. Jahrhunderts knapp 100 Prozent der Bevölkerung Bauern waren. Es ist daher gerechtfertigt, einen Blick auf die historische Entwicklung des Bauerntums in Gratkorn zu werfen.

Mit der Inbesitznahme des Landes durch den deutschen Adel erfolgte die Christianisierung der Slawen und die Einführung der für das Mittelalter so typischen Lehens- und Feudalordnung. Doch trotz aller Rücksichtnahme auf die ansässige slawische Bevölkerung war das grundherrschaftliche Wirtschaftssystem alleine mit den vorhandenen Slawen nicht realisierbar. Daher wurden Bauern aus den Stammesherzogtümern in den neu gewonnenen Gebieten angesiedelt. Sie hatten das ihnen zugewiesene Land zu roden, zu kultivieren und zu bebauen, weiters dem Grundherrn bestimmte Abgaben zu leisten. Diese Bauern (Hörige, Hintersassen, Holden) saßen auf Huben (mansus), die zwischen 9 und 90 Joch (3,1 bis 31 ha) umfassen konnten.[1]

In Gratkorn begann die deutsche Besiedlung mit der (bereits behandelten) Schenkung König Ludwigs des Frommen im Jahre 860. Der König schenkte Land ("Königsland") in der Dult der Salzburger Hochkirche. Die Ungarneinfälle (907 - 955) werden die hier siedelnden Bauern jedoch bald wieder vertrieben haben. So wundert es auch nicht, daß erst nach dem Vorschieben der Ostgrenze der Karantanermark für das Gratkorner Becken im Jahre 1042 die Schenkung zweier Königshuben bei Gösting an Markgraf Gottfried nachweisbar sind.[2] Peggau, Gösting und Rein waren in der Folge jene Grundherrschaften, die maßgeblich die Besiedlung Gratkorns steuerten. Der Besitz einzelner Grundherrschaften konnte über weite Gebiete hin stark zersplittert sein, wie es später im Raume Gratkorn der Fall war. Betrachten wir zum Beispiel das Stift Rein als Grundherrschaft: Die Zisterziensermönche hatten jenen Besitz, den sie nicht in Eigenregie bewirtschaften konnten und der in einiger Entfernung von ihrem Kloster lag, an Untertanen verpachtet. Als Rechtsform finden sich hier Freistift, Erb- oder Kaufrecht. Dafür hatten die "Holden", die Untertanen, der Grundherrschaft Abgaben zu entrichten. Diese Abgaben konnten in Geld- oder Naturalzins bestehen, in Robotleistungen, in bestimmten Abgaben bei bestimmten Tätigkeiten oder gar bei einem Todesfall. Ich werde später darauf zurückkommen. Jedenfalls aber lasteten diese Abgabenverpflichtungen stets auf einem bestimmten Gut, nicht auf einer Person. Bedürfnisse des Grundherren, Leistungsvermögen von Bauer und Boden sowie Handel und allgemeine Marktsituation bestimmten Art und Höhe der Abgaben.[3] Die Untertanen Reins im Gratkorner Raum lieferten ihren Zins zu Egidi (1. September), Michaeli (29. September), Martini (11. November) und zu Georgi (24. April) ab.[4]

Die mittelalterlichen Grundherrschaften verzeichneten ihren Besitz und die Abgabenleistungen der ihnen Untertänigen in Urbaren, Vorläufer der

Darstellung verschiedener handwerklicher Tätigkeiten im Reiner Musterbuch aus dem beginnenden 13. Jahrhundert. (Codes Vindobonensis 507, Österreichische Nationalbibliothek, Wien)

modernen Grundbücher. Urbare gliedern sich prinzipiell in Ämter, das sind die kleinsten Verwaltungseinheiten grundherrschaftlicher Verwaltung. Ihre Namen erhielten diese Ämter vom zentralen Ort des von ihnen verwalteten Gebietes. In diesem Ort saß auch der Amtmann, der Verwaltungsträger der Grundherrschaft.

Bereits für 1390 ist in einem Verzeichnis der zur Marchfutterabgabe pflichtigen Bauern des Stiftes Rein für das Amt Eggenfeld ein Suppan bezeugt, der sechs Quartale Marchfutter dient.[5]

Nach dem Urbar D des Stiftes Rein aus dem Jahre 1395 bestanden im Raum Gratkorn zwei Reiner Ämter, Eggenfeld und das "Officium prope foramen", also das Amt bei der Höhle, gemeint ist der Hausberg mit der Zigeunerhöhle. Ein Reiner

1 H. Pirchegger, 1936, S. 472.
2 StUB I, Nr. 52, S. 60f.
3 Vgl. dazu A. Mell, 1892, S. 135 - 225; A. Mell, 1893, S. 140 - 211.
4 Vgl. dazu A. Gasparitz, 1886, S. 103ff.

Abgaben an die Grundherrschaften erfolgten ursprünglich in Naturalien: Käse, Eier, Korn etc. Die Kornabgaben an Rein wurden im Granarium (Kornspeicher) und in den mittelalterlichen Wirtschaftsgebäuden des Stiftes gelagert. Aufnahme von Univ. Prof. Dr. Anton Mell um 1890. (Sammlung Gasthaus Pucher, Rosa Faninger)

Verwaltungsbeamter für dieses Amt ist 1395 nicht bezeugt, wohl aber einer für das Amt Eggenfeld. Er heißt Nycolaus und bekleidet das Amt eines Suppans. Über die Herkunft und Funktion dieser Suppane wurde viel geforscht. Man darf davon ausgehen, daß ein Suppan als Dorfvorsteher im Bereich slawischer Dorfgründungen fungierte, so vermutlich auch in Eggenfeld.[6] Der Begriff der "Suppania" als dörflicher Amtsbezirk findet sich besonders gut in einer Urkunde aus dem Jahre 1207 belegt. Darin ist die Rede von einem Dorf (Brizlausdorf vor Pettau), das in zwei Suppanien zerteilt worden war.[7] Eine weitere Urkunde aus dem Jahre 1277[8] beleuchtet ein Rechtsverhältnis, wie es auch den Eggenfelder Suppan zur Herrschaft Rein ausgezeichnet haben mag: Der Suppan Stinko von Hermannsdorf (Hermanetz bei Friedau) verpflichtet sich, all seine Güter sogleich preiszugeben, wenn er ohne Erlaubnis und Einverständnis der Grundherrschaft sich bei Lebzeiten ihrem Dienste zu entziehen versuchte oder sich in das Untertänigkeitsverhältnis eines anderen Herrn begeben würde. Überdies sei er als Suppan verpflichtet, allen anderen der Grundherrschaft nicht anschließenden Besitz zu verkaufen und den Ertrag in deren Gebieten in Grundstücken anzulegen.

Auch der Suppan in Eggenfeld hatte innerhalb des Dorfes und des Amtes unter den stiftseigenen Untertanen für Friede und Ordnung zu sorgen, die Interessen der Grundherrschaft zu vertreten und ihren Besitz zu mehren.[9] Darüber hinaus ist für den Eggenfelder Suppan zu vermuten, daß sein auch noch im Spätmittelalter mit wichtigen Aufgaben versehenes Amt als eine Art gewählter Dorfvorsteher auf eine örtliche Einheit zurückgeht.[10] Der Suppan fungierte also im mittelalterlichen Eggenfeld in erster Linie als Wirtschaftsbeamter der Grundherrschaft, dem neben der Aufsicht über das grundherrschaftliche Gut und die Vereinnahmung der Abgaben auch gewisse Kompetenzen in der Rechtsprechung zukamen.[11] Suppane bekamen in der Regel von der Grundherrschaft als Entschädigung für ihre Dienste Erleichterungen bei den Abgaben zuerkannt. Nicht selten verfügten sie über eine abgabenfreie Hube, Halbhube oder zumindest Acker, manchmal hatten sie sogar Anteil an den Abgaben der Untertanen. Zwar ist für den Eggenfelder Suppan keine solche Bevorrechtung im Urbar D verzeichnet, doch ist eine solche Amtsentschädigung mit großer Wahrscheinlichkeit anzunehmen.[12]

Die Oberaufsicht über die Reiner Verwaltungsämter, so auch Eggenfeld und Foramen (Lueg), übte der Oberkellerer des Stiftes aus, unterstützt wurde er vom Unterkellerer. Zweimal jährlich hatten sie die Ämter aufzusuchen, nahmen von den Verwaltungsbeamten - wie vom Eggenfelder Suppan - Abgaben und Zinse in Empfang und schlichteten Streitigkeiten.[13] Hatten

Grundherrschaft Stift Rein. Das 1129 gegründete Zisterzienserstift auf einer Lithographie des Johann Vincenz Reim um 1845. (J. V. Reim, Nr. 345)

5 LGU, S. 309.
6 Vgl, S. Walter, 1969, S. 267ff.
7 StUB II, Nr. 87, S. 134f.
8 StUB II, Nr. 87, S. 134f
9 Vgl. dazu F. Krones, 1897, S. 435ff.
10 H. Baltl, 1986, S. 57.
11 Vgl. auch: LGU, LXXXIVff. (Einleitung Alfons Dopsch)
12 M. Winkler, 1977, S. 82.
13 Vgl. A. Gasparitz, 1886. 103 - 144.
14 Reiner Urbar D von 1395, S. 98, AR.
15 L. Grill, 1970, S. 171.
16 M. Winkler, 1977, S. 29.
17 O. Pickl, 1950, S. 99.

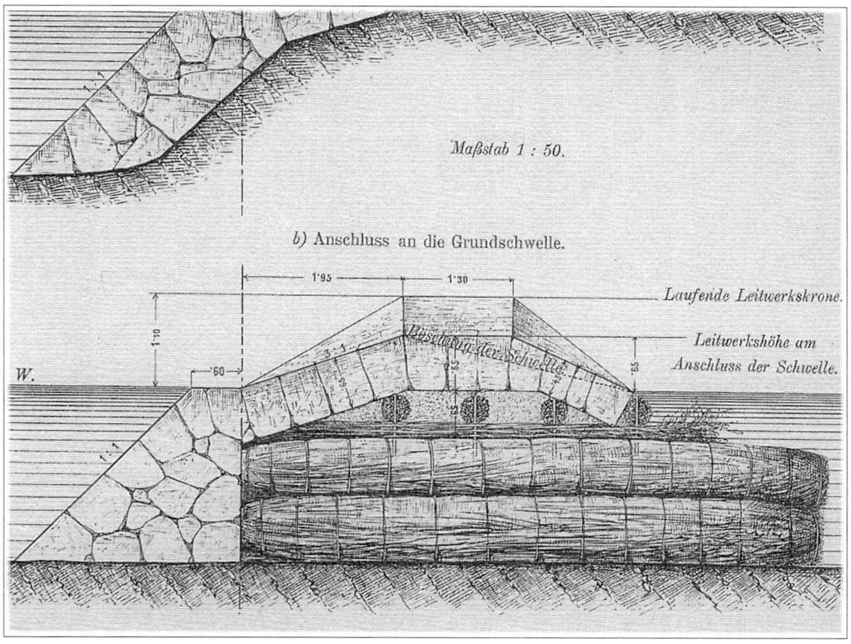

Bereits im Mittelalter richteten Überschwemmungen verheerende Schäden in Gratkorn an. Die Grundherrschaften reagierten darauf mit verminderten Zinsforderungen. Darstellung der in der Periode 1874 - 1891 durchgeführten Arbeiten der Mur-Regulierung in Steiermark [...]. Wien 1894. Durchschnitt eines Leitwerkes mit Sinkwalzen bei mehr als 1,60 m Wassertiefe. Bei den Arbeiten der Murregulierung 1874 und 1875 verdienten sich viele Gratkorner ein Zubrot. (UB / SS)

Feuer, Unwetter oder sonstige Naturgewalten die Ernte vernichtet, so verzichtete die Grundherrschaft in der Regel auf Abgaben oder hob lediglich einen verminderten Zins ein. Im Reiner Urbar D von 1395 ist eine solche Vorgangsweise für die "curia prope Lueg" bezeugt, nämlich wegen "desolationem factam per Muram", also wegen Verwüstungen der hochwasserführenden Mur.[14]

In den verwaltungs- und sachbezogenen Ämtern erhielt das Reiner "Officium pitancie camerarii" 1395 aus dem Gratkorner Raum lediglich aus der Dult von vier Huben und einer Hofstatt Abgaben. Diese Abgabenleistungen blieben jedoch ausschließlich für Ehrentrunk und Ehrenspeise des Konvents reserviert.

Das Reiner Urbar D von 1395 verzeichnet für das heutige Gemeindegebiet die zwei Verwaltungsämter Eggenfeld und ein Amt beim Zigeunerloch ("Officium prope foramen").

Innerhalb des Amtes Eggenfeld, im Original "Officium Ekkenveld" genannt, besaß Rein im Jahre 1395 elf Huben, acht Hofstätten, einen Acker, zwei Wiesen, einen Hof und einen Baumgarten. Jedes dieser Güter war an einen Bauern verpachtet, Rein verfügte 1395 über 24 untertänige Bauern im Amt Eggenfeld.

Dieses Amt Eggenfeld umfaßte ein weitaus umfangreicheres Gebiet als lediglich das heutige Dorf Eggenfeld. Bei diesem Amt Eggenfeld wurde der Reiner Besitz von Friesach bis zu Dult verwaltet. Speziell lagen die Zinsgüter wie folgt verteilt: sechs Hofstätten in Wörth ("Werd"); eine Hofstatt, ein Acker, eine Wiese, sechs Voll- und drei Halbhuben in Eggenfeld; ein Hof in der Dult ("Dullgen"); eine Hofstatt, eine halbe Hube und eine Wiese in Brunn ("Pruen"); eine Hube in Friesach ("Friesäch").

Von den genannten Wiesen war eine, die an der Mur gelegene, lange Zeit unter dem Namen "Mönchswiese" bekannt. Die Forschung vermutet, daß diese Wiese auf eine Grangie hindeutet, weiters sei an dieser Stelle, bei der Felsenhöhle des Luegberges nämlich, "der Landungsplatz für die murabwärts geflößten Waren der Abtei" Rein zu vermuten.[15]

Nachgewiesen konnte weiters werden, daß sich in Brunn lediglich eine halbe, keinesfalls eine ganze Hube befand. Man sieht zudem im Zusatz "cum area" (mit Fläche) sehr deutlich ein Zusammenwachsen zweier Gehöfte zu einer neuen Zinseinheit.[16]

Beim zweiten Reiner Amt von 1395 handelt es sich um das "Officium prope foramen". Dieses Amt wurde wahrscheinlich nach der Höhle (lat.: foramen) im Hausberg, dem Zigeunerloch, so benannt. In diesem Amt verzeichnet das Urbar D 23 Hofstätten, 16 Äcker, eine Wiese, eine Hube, 35 Weingärten, zwei Höfe, eine Fabrica (Werkstätte, Handwerker) und ein Navigium (Floß, Überfuhr). 46 Untertanen hatten hier Abgaben zu leisten: ein Hof und eine Hofstatt bei Lueg ("prope Luegg"); ein Hof, ein Acker und eine Wiese beim Trattenhof ("Crottenhoff"); zwei Hofstätten zu Velgau; ein Acker am "Rosenperg"; zwei und 13 öde Weingärten im Hofbach

Eggenberg (links), Hausberg und Hohe Rannach, von Gratwein aus gesehen. Photographie um 1910. (AG)

18 R. Baravalle - W. Knapp, 1936-1943. II/1, S. 7.

19 Detailiert: Lueg: 2 Hofstätten, 1 Hube, 12 Äcker, 1 Wiese, 1 Hof, 1 Weingarten; Eggenfeld: 1 Hofstätte, 8 Huben, 7 Äcker, 1 Wiese, 1 Hof, 1 Mühle, 1 Weingarten; Dult: 6 Hofstätten, 1 Hube, 1 Hof, 1 Weingarten; Freßnitz: 1 Hofstätte, 3 Weingärten; Wörth: 2 Hofstätten, ½ Hube; Brunn: 1 Hube; Velgau: 1 Hofstätte. (Vgl. M. Winkler, 1977, S. 101.)

20 M. Winkler, 1977, S. 116.

Jedes Dorf verfügte einst über seine eigene Mühle, wohin die Bauern ihr Korn zum Mahlen brachten. Die Müller genossen, wohl wegen ihrer einschichtigen Lage, nicht immer den besten Ruf. Die Jasenmühle (Bau-Parz. Nr. 20 in der KG Freßnitzviertel, Haus-Nr. 46 alt, 22 neu) in ihrem Zustand 1995. (Foto I. Mirsch)

("ym Hofpach"); zwei Weingärten "ym Czental"; ein Weingarten "ym Czeltengraben"; eine Hofstatt und fünf Weingärten in der Zauchen ("ym Czauchen"); eine Hube in Freßnitz ("an der Fresewitz"); eine Hofstatt am Eggenberg; vier Hofstätten auf der Rannach ("ym Renich"); sechs Weingärten am Hausberg. Interessant an dieser Aufzählung ist die "fabrica", von der das Stift den Zins erhielt. Hier wohnte der "Smied"; die "fabrica" war also eine Schmiede. Weiters von Interesse ist jenes "navigium", worunter man im allgemeinen eine Überfuhr und hier jene über die Mur versteht.[17]

Die alten Lueger Güter (Burg Lueg auf dem Hausberg), dies sei hier noch erwähnt, hatte Rein von Matza, der Witwe Ottos von Lueg, erhalten. Sie vermachte im Jahre 1362 ihre Besitzungen unterhalb der Burg dem Stift. Bereits 1342 und 1343 hatte Gerung Lueger Güter zu Lueg an Rein verkauft.[18]

Das Reiner Urbar von 1454/61 (AR) verzeichnet im Raum Gratkorn das Amt "Schimpl". Aus diesem Amt waren dem Stift Rein 13 Hofstätten zinspflichtig, weiters elfeinhalb Huben, 19 Äcker, zwei Wiesen, drei Höfe, eine Mühle, sechs Weingärten und ein Garten. Dieser Besitz lag bei Lueg, in Eggenfeld, in der Dult, in Freßnitz, Wörth, Brunn und in der Velgau.[19]

Dieses Amt Schimpl, dessen Name rätselhaft bleibt, umfaßte die Güter des alten Amtes Eggenfeld und Teile des Foramen-Amtes. Vergrößern konnten die Zisterzienser die Zahl ihrer Güter, so M. Winkler[20], am Lueg und in der Dult. In den übrigen Orten des Amtes Schimpl ging die Zahl der Besitzungen zurück. "Aus einer Beilage im Urbar E, die offensichtlich ein Nachtrag ist, können wir für die Dult die Besitzentwicklung verfolgen. Waren um 1460 in Dult 6 Hofstätten, 1 Hube, 1 Weingarten und 1 Hof - 1395 gab es nur 1 Hof - so werden Jahre später 4 Huben und 1 Hofstatt im Besitz der Reiner Mönche bezeugt, d. h. also, daß die alten bereits zu neuen größeren Besitzeinheiten verwachsen sind."[21]

Im Zuge der Mittelbeschaffung für die Türkenkriege führte Ferdinand I. 1529 die Quart, besser bekannt unter der "Türkensteuer" ein. Auch Rein hatte den vierten Teil des Wertes seiner Güter, Gülten und Einkommen für die Verteidigung des Reiches aufzubieten. Dies wurde freilich erst durch die Veräußerung von Besitz möglich, wovon auch die Güter Reins in Gratkorn betroffen waren. Weiters wurden 1543 in den Ämtern Semriach und Eggenfeld Besitzungen mit einer Gült von 53 Pfund, drei Schilling und 16 ½ Pfennig mit Graf Georg von Montfort gegen Gülten auf der Pack und in Modriach getauscht. Die Grafen von Montfort, damals Besitzer der Herrschaft Peggau, konnten derart ihren Besitz in Gratkorn vermehren.

Das Reiner Urbar von 1572 gliedert den Besitz des Stiftes in Gratkorn wieder in zwei Ämtern auf, nämlich in Eggenfeld und Semriach.[22] Das Amt Schimpel scheint nicht mehr auf, das Amt Eggenfeld umfaßt nun einen Teil dieses Amtes. Nicht mehr nachweisen lassen sich Reiner Güter in der Dult und in Brunn. Lueg zählt nun zum Amt Semriach, hier ist ein starker Besitzrückgang festzustellen. Am Polzegg, das vermutlich in der Freßnitz zu lokalisieren ist, sind die drei Weingärten verschwunden, ebenso in Wörth die halbe Hube. In Eggenfeld erfolgte vermutlich eine Besitzkonzentration, die Anzahl der Weinkulturen wurde zudem von einer auf acht erhöht.

Über die weitere Entwicklung informiert das Reiner Urbar von 1646. Rein gebietet im Amt Eggenfeld über sechs Hofstätten, zwei Huben, vier Äcker, zwei Wiesen und zehn Weingärten, weiters über eine Leite.[23] Bei Lueg (Amt Semriach) ist lediglich mehr ein Holz verzeichnet. An diesen Besitzungen Reins, die sich im Laufe der Entwicklung auf Eggenfeld konzentriert hatten, änderte sich seit dem 16. Jahrhundert wenig.

Zu jener Zeit saßen unfreie Bauern auf den Huben. Sie waren an die Scholle gebunden, konnten ihren Wohnsitz nicht frei wählen, waren zu Abgaben und Dienst-

21 Ebenda.
22 Eggenfeld: 2 Hofstätten, 2 Huben, 2 Äcker, 1 Hof, 8 Weingärten; Wörth: 2 Hofstätten; Polzegg (?): 1 Hofstätte. Amt Semriach: 1 Gut bei Lueg. (Vgl. M. Winkler, 1977, S. 145.)
23 Eggenfeld: 3 Hofstätten, 2 Huben, 3 Äcker, 2 Wiesen, 8 Weingärten, 1 Leiten; Wörth: 2 Hofstätten; Pierrach (?): 1 Acker; Polzegg: 1 Hofstätte, 1 Weingarten. (Vgl. M. Winkler, 1977, S. 168f.)

Feldarbeit (Grasmahd) in St. Stefan um 1890.
(Sammlung Gasthaus Pucher, Rosa Faninger)

leistungen für den Grundherrn verpflichtet. Der Ausdruck "Leibeigene" traf dennoch nicht auf sie zu. Den Mittelpunkt der Wirtschaftsverwaltung bildete der Herrenhof, auf dem der Grundherr oder sein Verwalter saßen. Der Hof und das umliegende Land wurden von den untertänigen Bauern bewirtschaftet.

Der Ackerbau wurde im mittelalterlichen Gratkorn als Wechsel zwischen Sommer-, Winter- und Brachfeld betrieben. Der Bauer teilte seine Ackerfläche in drei Teile und bebaute sie im genannten Rhythmus (Dreifelderwirtschaft). Anhand der mittelalterlichen Urbare, - eine Art Besitz- und Steuerverzeichnis, Vorläufer der Grundbücher -, lassen sich die damals in Gratkorn üblichen Anbauprodukte feststellen.

Weizen, Spelz, Roggen, Korn und Hafer fallen als die am häufigsten vertretenen Getreidesorten auf. Ebenso für Gratkorn bezeugt ist der Anbau von Bohnen, Mohn, Rüben, Kraut und Erbsen. Erst ab der Mitte des 18. Jahrhunderts sind Leinsamen, Hanf, Mais und Kartoffel nachweisbar.

Intensiv wurde im mittelalterlichen Gratkorn der Weinbau betrieben, 1265 reicht das Anbaugebiet bis Frohnleiten.[24]

Das Reiner Urbar D von 1395 berichtet im Amt "prope foramen" (Amt Lueg) über Weingärten im heutigen Gemeindegebiet. 15 solcher Weingärten bestanden damals "ym Hofpach", jedoch standen 13 von ihnen zu diesem Zeitpunkt öde. Zwei Weingärten verzeichnet das Urbar "ym Czental", einen "ym Czeltengraben", fünf "ym Czauchen" (Zauchen) und sechs am Hausberg. Insgesamt bestanden in Gratkorn damals 29 Weingärten, die an Rein zinsten. Für die Eintreibung des Weinzehents aus der Gegend um Eggenfeld war der Reiner Amtmann zuständig.

Das Reiner Urbar von 1454/61 (AR) verzeichnet unter dem Amt "Schimpl" (Gratkorn) sechs Weingärten, ein Weingarten ist um diese Zeit in der Dult bezeugt.

Im Reiner Urbar von 1572 scheint das Amt Schimpel nicht mehr auf, das Amt Eggenfeld umfaßt nun einen Teil dieses Amtes. Am Polzegg, das vermutlich in der Freßnitz zu lokalisieren ist, sind die drei Weingärten verschwunden. In Eggenfeld erfolgte eine Besitzkonzentration, die Anzahl der Weinkulturen wurde von einer auf acht erhöht.[25] Im Urbar von 1646 verfügt Rein im Amt Eggenfeld über zehn Weingärten.[26] Um 1822 wurde innerhalb der Grenzen des ehemaligen Bezirkes Peggau einzig im Gratkorner Freßnitzviertel Weinbau betrieben. Hier standen Weinkulturen auf einer Fläche von etwa 4.200 Quadratmetern.[27]

Kühe und Ochsen versorgten den Bauern einerseits mit Fleisch und Milch, andererseits dienten sie als Zugtiere für Egge, Pflug und Wagen. Der Viehbestand hielt sich dennoch in Grenzen, das Pferd blieb auch in Gratkorn während des Mittelalters bis in die frühe Neuzeit ein in erster Linie den wohlhabenderen Schichten vorbehaltenes Tier.

Der Boden war nicht Eigentum des Bauern. Er erhielt ihn vom Grundherrn geliehen und mußte dafür bestimmte Abgaben entrichten. Dieses von den Untertanen bewirtschaftete Land hieß Rustikalland, das Dominikalland mußte von den Untertanen in Form von Robotleistungen bebaut werden. Für die Katastralgemeinden Freßnitzviertel und Forstviertel betrug um 1750 diese Robotverpflichtung bis zu drei Monate jährlich. Zu höherer Robot waren die Bauern aus dem Kirchenviertel und aus Friesach verpflichtet.[28]

Der Grundzins bildete den Großteil der Abgaben. Er wurde in Form von Naturalabgaben (Weizen, Hühner, Eiser, Käse u.s.w.) geleistet, später erfolgte eine Umwandlung in Geldzins. Neben diesen Abgaben hatte man

24 H. Pirchegger, 1936, S. 482.
25 Vgl. M. Winkler, 1977, S. 145.
26 Vgl. M. Winkler, 1977, S. 168f.
27 C. Schmutz, 1822, S. 406.
28 G. Pferschy - H. Purkarthofer, 1976, S. 21.

den Kirchenzehent zu leisten, mußte Straßen und Wege instandhalten, Abgaben für Dorfrichter und Amtmann leisten, um nur die wichtigsten von der Obrigkeit ausgehenden Belastungen zu nennen.

An den Landesfürsten hatte man das Marchfutter zu leisten, verzeichnet sind die Abgaben der Gratkorner in den landesfürstlichen Gesamturbaren. Wichtig für die mittelalterliche Wirtschafts- und Besiedlungsgeschichte Gratkorns sind jene von ca. 1265/67, ca. 1390, von 1414, 1479, 1483 und 1493. Vermerkt werden in diesen Urberen die Hafereinkünfte, die alljährlich vom Marschallamte zu Graz in den Getreidespeicher des Landesfürsten flossen, um dadurch im Kriegsfalle, so der ursprüngliche Zweck, über ausreichende Futtervorräte für die Pferde zu verfügen. - Als Maß diente der "Grazer Vierling" ("virlingus"), beziehungsweise das Schaff ("scaphium"). Ein Schaff entspricht zwei Virling weniger ein Quartale, umgerechnet entspricht ein Schaff etwa 26 4/9 Liter.[29]

1265/67 flossen also aus Gratkorn nachstehende Erträgnisse dem Marschallamt Graz zu:[30]

	[Pfarre Gratwein]	
34	Lueg	"Item de Foramine 2 sca."
44	Wörth	"Item in Werde 8 virl."
49	Eggenfeld	"Item in Ekchenvelde 10 virl."
50	Velgau	"Item in Velegan unum virl."
51	Brunn	"Item in Prunne 3 virl."
52	Eggenberg	"Item in Ekchenperge 3 ½ virl."
53	Friesach	"Item in Frisaca 10 virl. et 4 hube vacant quidam nobilis habet unam."
54	Freßnitz	"Item in Vrezwitz 8 virl."
55	Auengraben nördlich Freßnitz	"Item in Nazzau 8 virl."
56	Hollackner	"Item in Horlachen 3 virl."
60	Pail	"Item in Peuol 15 sca., quorum Volcmar recipit 8 indebite."
62	Dult	"Item in Talge 3 virl., quorum Volcmar 1 recipit indebite."
63	Petschen	"Item super Peschen 3 virl."
64	Forst	"Item in Foveis 1 virl."

	[Pfarre St. Ägydius]	
1	Pail	"In Pel coloni 3 serviunt 3 schaff."
3	Brunn	"Prünn 6 coloni dant 2 virl. ½ sch. 6 qr."
4	St. Stefan	"Sand Steffan ob Endrecz 5 coloni dant 8 qr."

	[Pfarre Gratwein]	
8	Eggenfeld	"Ekkenveld 12 coloni 16 qr. 8 virl."
9	Haselleitgraben	"In der Hasenleiten 1 colonus 3 qr."
10	Zauchen	"Ym Czauchen 2 coloni dant 2 virl."
12	Hofbacher	"Am Hof 3 s."
13	Harregger	"Hardekk 4 coloni dant 3 sca. 4 qr."
14	Grußaubauer	"Grussau 2 coloni dant 2 virl."

Ein kurze Zeit später unter Herzog Albrecht I. entstandenes Gesamturbar (um 1280/95) wirft mehr Licht auf den in der Pail und in der Dult genanten Volkmar: "Item d. Volchmarus ½ tal., idem de 15 hubis in Pewel 48 den., idem de molendino [Müller] 12." - Volkmar besaß also ausgedehnte Güter in der Dult und der Pail, dies wird durch seine Schenkung von Weinzehenten in der Pail an das Stift Rein im Jahre 1277 bestätigt.[31]

In Graz selbst war Volkmar freilich kein Unbekannter. Er tritt seit etwa 1258 an dominanter Stelle im politischen Leben der Stadt Graz auf, 1261 und 1268 ist er als Stadtrichter bezeugt.[32] Die schwankenden politischen Verhältnisse ausnützend, hatte er es verstanden, auch in Gratkorn widerrechtlich Güter an sich zu bringen. Das Urbar von 1265/67 vermerkt, er beziehe seine Einkünfte unrechtmäßig ("indebite").

Um 1280/95 bezieht übrigens auch das Stift Rein Abgaben aus Eggenfeld und Wörth, nämlich zehn Virling aus Eggenfeld und zwei Schaff aus Wörth.[33]

Interessant am Marchfutterregister von etwa 1390 scheint einmal der Umstand, daß Pail, Brunn und St. Stefan als innerhalb der Grazer Stadtpfarre St. Ägydius gelegen verzeichnet werden, alle anderen Gegenden werden der Pfarre Gratwein zugeschrieben.[34]

Weiters verzeichnet dieses Register unter den zur Marchfutterabgabe pflichtigen Bauern des Stiftes Rein folgende Personen aus Eggenfeld: "Primo suppan 6 qr. - Leutolt Winkler 2 qr. - Ffridel Cogler, Nikel Peter, Nikl Rot, Hensel Poenl, quilibet [1 virl.] Stephan Wirs, Wülfing Suneder de Friesach, quilibet 1 virl. Hensil Part aidem, Leutold Sengerl quilibet 2 qr."[35]

29 LGU, CXXXVII und R. Klimpert, 11972, S. 302.
30 LGU, S. 133 - 135.
31 A. v. Muchar, 1844-1874. Bd. 5, S. 401.
32 F. Popelka, 1959f, Bd. 1, S. 57.
33 LGU, S. 275.
34 LGU, S. 289 und 306f.
35 LGU, S. 309 und LGU, S. 320f und 552 - 554.

Die ältesten Gratkorner Flur- und Siedlungsnamen

(vor 1500)

1 Au (ca. 1300)
Das Dorf Au liegt 1100 m nördlich Gratwein am westlichen Murufer. Der Name, als "Owe" um 1300 im sogenannten Rationarium Styriae (Kopie im Landesarchiv) erstmals urkundlich genannt, scheint auch für das Gebiet der ehemaligen Murauen bis Eggenfeld und Wörth (KG Friesach-St. Stefan) gegolten zu haben; etwa 1000 m nordöstlich Eggenfeld liegt der Aubauer. Das mittelhochdeutsche "ouwe" bezeichnet ein von Wasser umflossenes Land, eine Insel oder Halbinsel. Die Au nördlich Gratwein wird um 1375 als "die Awe", 1481 und 1486 als "die Aw" genannt.[1]

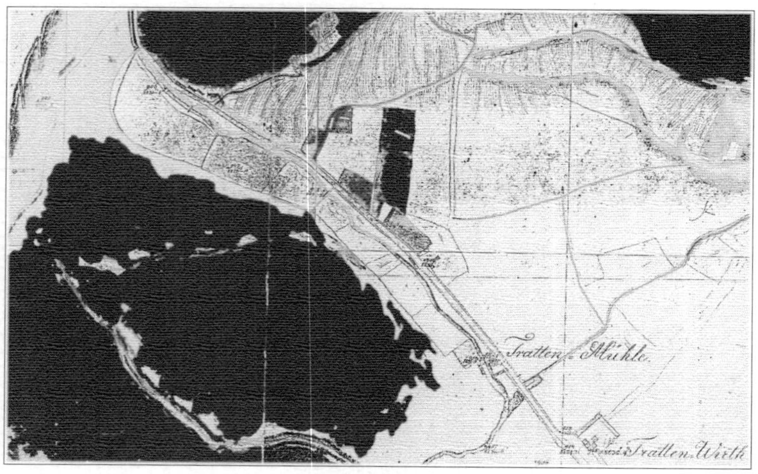

Dort, wo heute pulsierendes Leben herrscht, befanden sich bis um 1830 lediglich der Trattenwirt, die Trattenmühle und wenige kleinere Bauernhäuser. Links oben die Mur und der Hausberg, zwischen Straße und Mur zweigt der alte Mühlgang ab. Das heutige Betriebsgelände der KNP - Leykam ist eine von Murarmen durchzogene Aulandschaft. (LA)

2 Au (1453)
1453 wird die "Augea" in einer Urkunde (Landesarchiv) erstmals genannt, 1472 erscheint sie als "die Aw in s. Steffans pharr". Eine präzise Lokalisierung ist schwer möglich, zumal im Mittelalter Augebiete bei Wörth, Eggenfeld und südlich des Hausberges bestanden. Zahn setzt diese Nennung von 1453 mit der Au "westlich nächst St. Stefan" (KG Kirchenviertel) gleich, wo sich heute die Papierfabrik befindet.[2]

3 Bich(e)l (1346)
500 m westlich von St. Stefan ist im Franziszeischen Kataster der "Bichl" eingetragen. Dieser Bichel wird in einer Urkunde (AR) von 1346 als "der Puechel pei Velgaw" genannt, was auf die unmittelbare Nachbarschaft der ehemaligen Wehranlage Velau, bzw. des Siedlungsgebietes, dessen Name sich von der unmittelbar dabei gelegenen Burg Velgau herleitet, hinweist. Der "Bühel" bezeichnet im Steirischen einen mehr oder minder ausgedehnten Hügel.[3]

4 Bogenhof (ca. 1400)
Das Gehöft liegt in der Katastralgemeinde Gratkorn-St. Veit ob Graz, 1600 m nordwestlich des Dorfes St. Veit. Es wird um 1400 im Montforter Urbar (Landesarchiv) als "Pagendorff" (?!) urkundlich genannt.[4]

5 Brunn (-boden, -leithen) (1223)
Die Häusergruppe Brunn liegt etwa 900 m südöstlich von St. Stefan in der Katastralgemeinde Kirchenviertel. In einer in Admont ausgestellten und im AR aufbewahrten Urkunde Erzbischof Eberhards II. von Salzburg vom Jahre 1223 wird dem Kloster Rein die Schenkung von Gütern in der Dult und "in Prunne" bestätigt. Diese Schenkung erfolgte seitens des Ministerialen Haertwic de Prunne; seinen Wehrbau, der bei Brunn zu suchen sein wird, kennen wir nicht. 1390 wird die Gegend als "Prvenn in parochia s. Egidii in Grecz" genannt, 1395 als "Proen", 1441 als "Prunn", 1449 als "Prunn bey der Muer gegen Vnser lieben Frawen kirchen Strassindel vber", 1450 als "Prenn", 1486 als "Prun" und um 1555 als "Prun in s. Stephans Pharr ob Andritz ob Graetz bey der Muer".
Das mittelhochdeutsche "brunne" bedeutet soviel wie "Quelle, Quellwasser, Brunnen". Die "(Brunn)leithen" bezeichnet eine jäh ansteigende Wiese, bzw. einen Acker mit beträchtlicher Neigung.
Vermutet werden darf, daß sich bereits die Urkunde von 860 ("ad Strazinolun duo loca") auf das Gebiet Brunn/Dult bezieht, ohne diese Namen aber zu nennen. Die Besiedelung von Brunn dürfte jedoch mindestens bis ins 9. Jahrhundert zurückreichen.[5]

6 Büchelhopfer (1486)
Im Gratweiner Urbar von 1486 wird dieses Gehöft als "am Puehel bei s. Steffan" genannt.[6]

7 Burgstaller (1456)
Etwa 1600 m südöstlich des Weilers Jasen liegt, in der Katastralgemeinde Gratkorn-St. Veit ob Graz, der Burgstallerhof, der 1456 in einer Urkunde (Landesarchiv) erstmals als "am Purkstal" erwähnt wird. Das "burcstal" bezeichnet im Mittelhochdeutschen den Standort einer Burg, beziehungsweise die Burg selbst, diese Bedeutung kommt dem Burgstall auch im Steirischen zu. Die Existenz einer Befestigungsanlage im Umfeld des Burgstallers konnte bislang noch nicht nachgewiesen werden.[7]

1 ÖK 163; OB, S. 14; M. Lexer, 1986, S. 156.
2 ÖK 164; OB, S. 14.
3 ÖK 164; FK 890; OB, S. 75; Th. Unger, 1903, S. 127.
4 ÖK 164; OB, S. 51.
5 ÖK 164; OB, S. 72; StUB II, Nr. 208, S. 298; StUB I, Nr. 7, S. 10f; M. Lexer, 1986, S. 27; Th. Unger, 1903, S. 434.
6 ÖK 164; OB, S. 77.
7 ÖK 164; OB, S. 82; M. Lexer, 1986, S. 82; Th. Unger, 1903, S. 130.

8 Cheppelekk (um 1400)

Um 1400 wird dieser heute abgekommene Flurname im Montforter Urbar (Landesarchiv) als "am Cheppelekk in der Velgaw" erstmals urkundlich genannt. Es dürfte damit eine topographische Besonderheit im unteren Felbergraben (Katastralgemeinde Forstviertel) bezeichnet werden, das mittelhochdeutsche "keppel" ist ein Diminutiv zu "Kappe".[8]

9 Dult (1223)

An der Grenze der Katastralgemeinden Kirchenviertel, Freßnitzviertel und Gratkorn-St. Veit, etwa 1700 m östlich St. Stefan, liegt die Rotte Dult. Sie wird in einer Urkunde (AR) vom 26. November 1223 erstmals genannt. Erzbischof Eberhard II. von Salzburg bestätigt darin dem Kloster Rein die Schenkung von Gütern "in Prunne et in Thulgen", also bei Brunn und in der Dult. Es sei aber darauf hingewiesen, daß die Dult bereits 860 besiedelt war, zumal eines der in der Urkunde vom 20. November 860 genannten Gebiete ("ad Strazinolun duo loca") die Dult umfaßte.

Das Mittelhochdeutsche bezeichnet mit "tult" oder "dult" den Jahrmarkt, beziehungsweise ein kirchliches Fest. Daran wird im vorliegenden Fall weniger zu denken sein, weil in der Dult niemals eine Kirche bestand. Im steirischen Wortschatz existiert hingegen die "Dule" ("Düle"), ausgesprochen als "Duln" oder "Düln", in der Bedeutung von "Riß im Boden, Vertiefung, Bodeneinsenkung". Dieses Dialektwort sei-

Die Höfe vulgo Brunnhansl, Lippenjakl, Maurerpflödl, Reissenzaum und Steinsimon (KG Kirchenviertel, Beginn der Dultstraße) nach der Katasteraufnahme von 1823 (mit Ergänzungen bis tw. 1850). (AG / FK)[7]

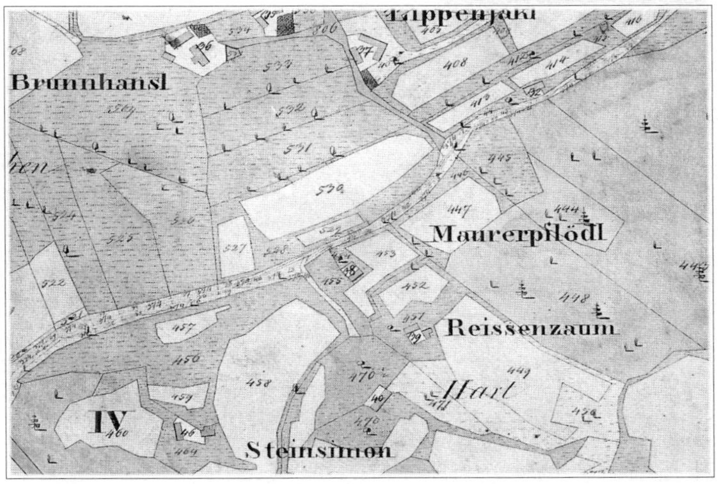

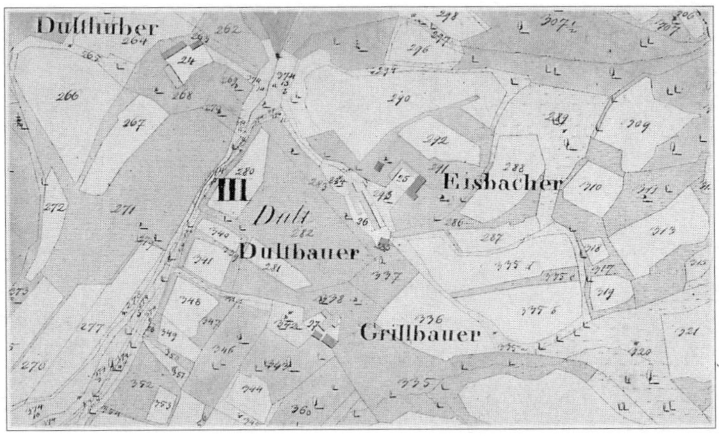

Die Höfe vulgo Dulthuber, Dultbauer, Eisbacher und Grillbauer in der Dult nach der Katasteraufnahme von 1823 (mit Ergänzungen bis tw. 1850). (AG / FK)

Das Kloster (Altersheim) in der Dult, mit Fisch- und Badeteich um 1920. (LMJ, Bild- und Tonarchiv, PL 51779.)

8 ÖK 164; OB, S. 92; M. Lexer, 1986, S. 106.

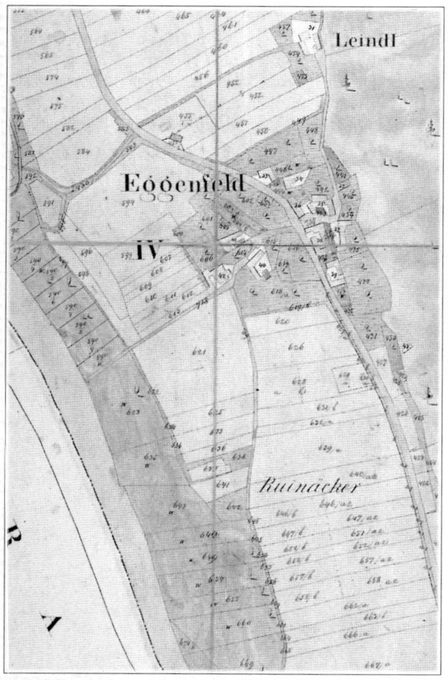

Das Dorf Eggenfeld auf der Katasteraufnahme von 1823 (mit Ergänzungen bis tw. 1850): Bauparz. Nr. 33: Gregorbauer, 34: Wegmacher, 35: Hahnjakl, 36: Eggenfeldwirt, 37: Bartlbauer, 38: Eggenfeldwirt, 39: Kristabauer, 40: Winter, 41: Eggenfeldstrobl, 42: Simonbauer. (AG / FK)

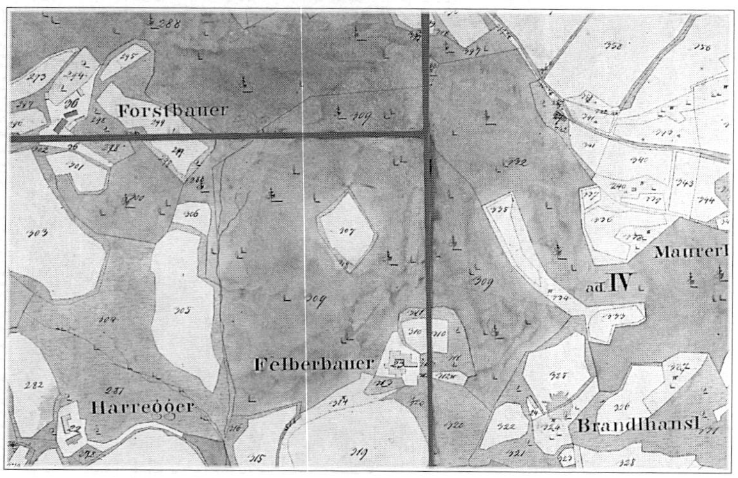

Vulgo Forstbauer, Harregger, Felberbauer und Brandlhansl in der KG Forstviertel nach der Katasteraufnahme von 1823 (mit Ergänzungen bis tw. 1850). (AG / FK)

nerseits wurzelt im slawischen "dul" (bzw. "dol"), was mit "Grund" oder "Senkung, Tal" zu übersetzen ist. Diese slawische Wurzel des Namens "Dult" möchte ich in Erwägung ziehen. Weitere urkundliche Nennungen vor 1500 existieren 1265 als "Talge", 1337 als "die Dulge", 1395 als "die Dulgg", "die Gulg", "Dulge prope Foramen vltra s. Stephanum", um 1460 als "im Dulcz" und 1486 als "die Dulg".[9]

10 Eggenberg (1342)
Der Eggenberg, der die Nordwestgrenze der Katastralgemeinde Kirchenviertel bildet, wird 1342 urkundlich(Landesarchiv) erstmals als "das Lueg an dem Ekhenberge" genannt. Das mittelhochdeutsche Verb "ecken" bedeutet soviel wie "hervorstehen".[10]

11 Eggenfeld (ca. 1140)
In einer Urkunde (Landesarchiv), die in die Jahre um 1140 zu datieren ist, wird ein "Adalberto de Ecchenuelt" genannt. Das Dorf liegt etwa 1500 m nördlich des Hausberges an der alten Reichsstraße in der Katastralgemeinde Friesach-St. Stefan. Um 1145 wird Eggenfeld als "Echenuelde" genannt, 1147 als "Ekkenuelt". In der zweiten Hälfte des 12. Jahrhunderts scheint es als "Ekenuelde" auf, dann 1207 als "Ekkinveld", 1260 als "Ekenuelde", 1265 als "Eckhenveld", um 1375 als "Ekkenveld", 1395 als "Ekenveld" und 1486 als "Egkhenfelden" bzw. Ekhenfeldperg". 1555 erfolgt die Nennung als "Egkhenveld ob dem Lueg bey der Muer vndter Pecca in s. Steffans pharr ob der Anndritz ob Grätz".[11] (Vgl. auch Nr. 10)

12 Enzengraben (1414)
Der "Enczengraben" wird im Jahre 1414 (Urbar des landesfürstlichen Marchfutteramtes, AR) erstmals urkundlich genannt. Zahn lokalisiert den Enzengraben "nächst St. Stephan", nordöstlich des Dorfes.[12]

13 Felbergraben (-bach, -bauer)
(Siehe gesondertes Kapitel Velgau)

14 Foramen
Siehe "Lueg", "Hausberg".

15 Forstbauer (1265?)
Etwa 500 m südwestlich des Weilers Jasen liegt in der Katastralgemeinde Forstviertel der Forstbauer. In einer Nennung aus dem Jahre 1265 (Landesfürstliches Urbar) als "in Foveis" sieht P. Cede den frühesten Nachweis des Forstbauern. Dezidiert wird dann im Montforter Urbar (Landesarchiv) von etwa 1400 vom "Vorst" gesprochen. Das lateinische "fovea" wird mit "Grube" übersetzt, sodaß in diesem Falle vielleicht eine frühe Nennung des "Grubenbauer" (siehe diesen) vorliegt. Der Name "vorst" leitet sich vom Mittehochdeutschen ab und bezeichnet den Wald.[13]

16 Forst (-viertel) (1453)
Die Katastralgemeinde Forstviertel leitet sich vom Flurname "Forst" (siehe "Forstbauer) ab, 1453 wird "Forst" urkundlich (Urkunde, Landesarchiv) genannt, 1486 erfolgt die nennung als "vnderm Vorst".[14]

17 Freßnitz (-viertel) (1265)
Erstmals genannt wird die "Vrezwitz" im "Rationarium Styriae" von 1265 (Kopie im Landesarchiv), sie bezeichnet ursprünglich den Bereich der Senke zwischen Gastbauerkogel und Koinerberg, nordöstlich des Haselleitgrabens. Der Name ist slawischer Herkunft und leitet sich von "breza" ("briza"), die

9 ÖK 164; StUB I, Nr. 7, S. 10f; StUB II, Nr. 208, S. 298; OB, S. 153; F. Krones, 1878, S. 24; Th. Unger, 1903, S. 182; M. Lexer, 1986, S. 233.; Steirisches Wörterbuch, 1994, S. 46; W. Brunner, 1994, S. 20. (B. Mader, 1986 verzeichnet die Dult nicht als slawischen Siedlungsnamen.)
10 ÖK 164; OB, S. 321; M. Lexer, 1986, S. 35.
11 ÖK 163;StUB I, Nr. 189, S. 200; OB, S. 160.
12 ÖK 164; OB, S. 169.
13 ÖK 164; OB, S. 190; C. J. Brandtner, 1980, S. 4; P. Cede, 1984, S. 41; Th. Unger, 1903, S. 248f; M. Lexer, 1986, S. 296.
14 ÖK 164; OB, S. 190.

Bei der Schaffung der Steuer- und Konskriptionsgemeinden bzw. Katastralgemeinden wurde die Grenze zwischen den Katastralgemeinden Friesach/St. Stefan und Friesach mitten durch das Dorf Friesach gezogen. Der nördliche Teil gehört zur MG Peggau, der südliche zur MG Gratkorn. Bauparz. Nr. 1: Rossfranz (Franzbauer), 2: Papst, 3: Brunnblas, 4: Brunnhansl, 5: Brunnpeter (-jakl), 6: Kröpfl, 9: Steindl, 10: Steindl - Haarstube. (Katasteraufnahme von 1823 mit Ergänzungen bis tw. 1850.) (AG / FK)

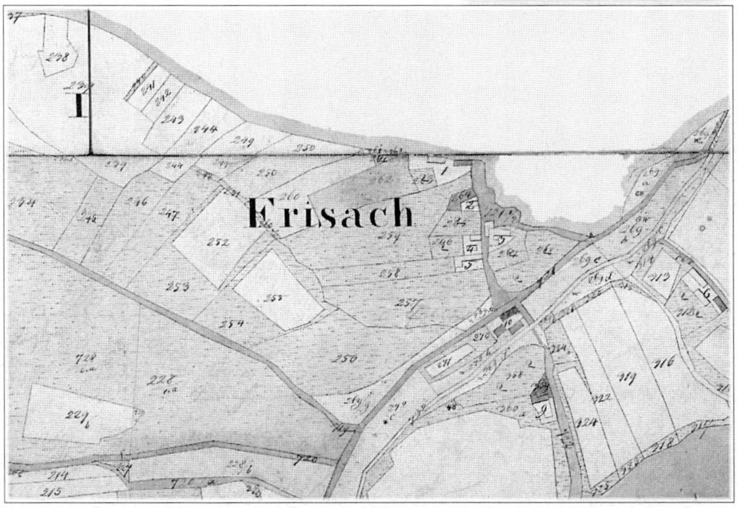

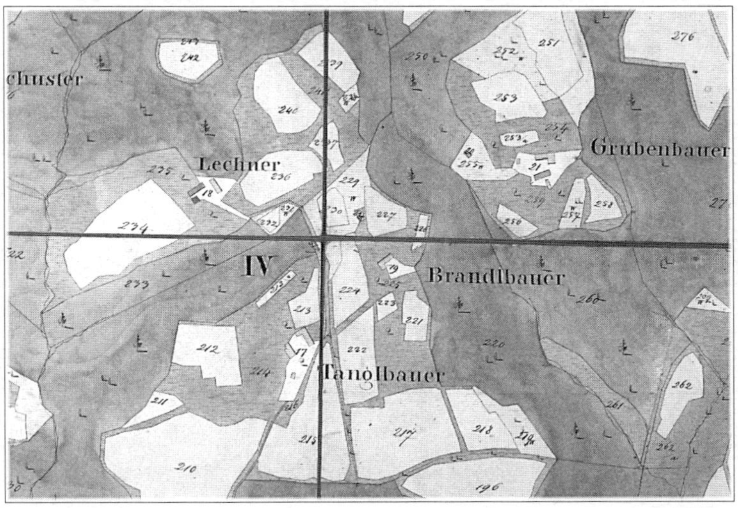

Vulgo Lechner, Tanglbauer, Brandlbauer und Grubenbauer in der KG Forstviertel nach der Katasteraufnahme von 1823 (mit Ergänzungen bis tw. 1850). (AG

Birke, ab. Weitere Nennungen erfolgen 1348 als "Vresnitz", "Fresnitz", 1395 als "an der Fresenitz", 1407 als "die Fresnytz", 1450 als "Fredwitz" und 1486 als "die Fresnitz".[15]

18 Friesach (Unter-) (ca. 1050)
Am Nordende der Katastralgemeinde Friesach-St. Stefan liegt das alte Dorf Friesach. Genannt wird es in einer um 1050 ausgestellten Urkunde (Landesarchiv), in der Erzbischof Balduin von Salzburg mit den beiden Vollfreien Waltfried und Eppo Güter zu Kapell bei Arnfels eintauscht und ihnen dafür Zehente erläßt. Dem Vollfreien Eppo erläßt er Zehente in Peggau, "Algeristeti" und "ad Fresah". Dieser Name leitet sich vom slawischen "breza" ("briza"), die Birke (vgl. Freßnitz), ab. Weitere Nennungen erfolgen 1265 als "Frisaca", 1318 als "Friesach", 1353 als "Vriesach nider Peccach" und 1436 als "dorf Friesach im landt Steyer".[16]

19 Geierkogel (1486)
Der Geierkogel in der Katastralgemeinde Gratkorn-St. Veit ob Graz, etwa 900 m südlich der Hohen Rannach gelegen, wird im Gratweiner Urbar von 1486 (AR) als "am Khogel in Raenach" erstmals urkundlich genannt. Der mittelhochdeutsche "kogel" (auch "gugele", "gugel" oder "kugel") stammt vom mittellateinischen "cuculla" und bezeichnet eine Art Kapuze. Das Steirischekennt die "Gugelhaube". In diesem Falle bezeichnet der Kogel eine haubenförmige Erhebung.[17]

20 Gratkorn (1449)
"Gratkorn" diente bis zum Beginn des 20. Jahrhunderts nicht als Siedlungsname. Den Namen Gratkorn trägt die Gemeinde überhaupt erst seit 17. März 1904. Bis dahin, seit Einführung der Gemeindeverfassung und Konstituierung der Ortsgemeinden im Jahre 1849, hatte die Gemeinde den amtlichen Namen St. Stephan (St. Stefan) am Gratkorn getragen. Lange nachdem das Dorf St. Stefan 1390 im Montforter Urbar (Landesarchiv) genannt wird, erscheint in einer Urkunde des Jahres 1449 (Landesarchiv) "s. Stephan in Krakorn", also St. Stefan im (bei) Gratkorn. Im Gratweiner Urbar von 1486 (AR) wird St. Stefan wieder mit dem Zusatz "zu Krakorn gegen Gredwein vber" näher lokalisiert, ebenso in einer Urkunde von 1491. Heute bestehen zwei Siedlungen: das alte Dorf St. Stefan (am Gratkorn) und die Industriesiedlung Gratkorn. Auf die Etymologie wurde bereits detailliert eingegangen.[18]

21 Gruber (Grubenbauer) (1360)
Das in der Katastralgemeinde Forstviertel liegende Gehöft, etwa 500 m südwestlich des Felberbauern, wird in einer Urkunde (Landesarchiv) von 1360 als "die Grueb" erstmals genannt. Die mittelhochdeutsche "gruobe" bezeichnet eine Grube oder einen Steinbruch. Weitere Nennungen erfolgen 1414 als "in der Grub", 1479/80 als "in der Grub" und um 1555 als "Grueb in s. Steffans Pharr ob der Andritz ob Graetz gegen der Muer".[19]

22 Grussach (-au, -bauer) (1370)
600 m südlich des Felberbauern liegt in der Katastralgemeinde Freßnitzviertel der Grusabauer. In einer Urkunde aus dem Jahre 1370 (Landesarchiv) wird das Ghöft als "in der Grussaw" erstmals urkundlich genannt. Eine weiterer Nennung "Grussaw" erfolgt um 1400, 1486 verzeichnet man "Grussaw" und "Grussa", 1487 "Grussau".[20]

15 ÖK 164; OB, S. 194; F. Krones, 1878, S. 20; B. Mader, 1986, S. 24 (Freßnitz bei Gratkorn fehlt).
16 ÖK 163, 164; OB, S. 195; StUB I, Nr. 58, S. 66f; F. Krones, 1878, S. 20 u. 40; B. Mader, 1986, S. 23f.
17 ÖK 164; OB, S. 205; Th. Unger, 1903, S. 313; M. Lexer, 1986, S. 78.
18 ÖK 164; OB, S. 439; Erlaß der k. u. k. Statthalterei Graz vom 17. März 1907, AG.
19 ÖK 164; OB, S. 239; M. Lexer, 1986, S. 77.
20 ÖK 164; OB, S. 241.

Neben dem Gsullbauer besteht der Höchwirt (Bauparz. Nr. 29), er hat den alten Vulgonamen Höchmotzl (-natzl). An der Weggabelung der vulgo Brunnsimmerl (heute als Graf eingetragen) und Holzlakner (auch Horlachner oder Hollackner). (Katasteraufnahme von 1823 mit Ergänzungen bis tw. 1850.) (AG / FK)

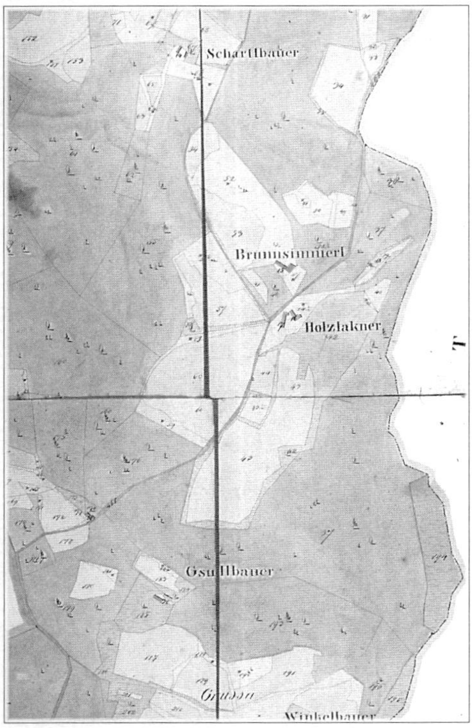

"Hart, der Eisenbahn abwärts rechts." Lithographie von Josef Kuwasseg, 1844. Unter Hart wird das Gebiet des linken Murufers bezeichnet, etwa von der Mündung der Dult bis zum Pailgraben. (J. Kuwasseg, 1844. Nr. 32.)

23 Gsöll (-bichler) (1487?)
In unmittelbarer Nähe des Hofes vulgo Burgstaller befand sich der 1487 (Gratweiner Urbar, AR) erstmals genannte"Zelpüchler am Rannach". Der Hof befand sich in der Katastralgemeinde Gratkorn - St. Veit ob Graz.

24 Gsu(o)ll (-bauer) (ca. 1430)
Der Gsullbauer liegt etwa 800 m östlich des Felberbauern in der Katastralgemeinde Freßnitzviertel. Um 1430 (Urbar Teufenbach, Kopie im Landesarchiv) wird die Gegend erstmals als "ym Geschol (in der Grussaw)" genannt. Das mittelhochdeutsche "gesol" bezeichnet eine Pfütze oder eine Lacke. 1486 und 1487 erfolgen Nennungen als "im Gschol".[21]

25 Hagendorn (1475)
Eine Urkunde aus dem Jahre 1475 (Landesarchiv) nennt erstmals die Gegend "im Hagendorn in der Awen in s. Steffans pharr". Bei dem "Hagedorn" handelt es sich um das bereits dem Mittelhochdeutschen bekannte Weiß- oder Hagedorn, ein Heckenbaum. Zu lokalisieren wird diese Gegend im Bereich der ehemaligen Murauen im Grenzbereich der Katastralgemeinden Kirchenviertel und Gratkorn-St. Veit sein. Der Haggenbauer liegt bei Schattleiten.[22]

26 Haritz (-graben, -bach, -bauer) (1395)
Der Haritzgraben erstreckt sich von Unterfriesach in südöstlicher Richtung bis in die Katastralgemeinde Forstviertel, wo wir auf den Hof vulgo Haritzhiesel treffen. Erstmals genannt wird die Haritz im Reiner Urbar von 1395 (AR) als "in der Herres". Um 1430 ist die Haritz als "in der Hoerrocz", 1445 als "in der Hurrocz", 1486 als "die Haritz" (bzw. "die Heritz") und 1487 als "in der Heritzen" überliefert.[23]

27 Harregger (1390)
Zwischen Felberbauer und Grubenbauer befindet sich in der Katastralgemeinde Forstviertel der Harreggerhof. Seine erste urkundliche Nennung erfolgt im Jahre 1390 (Urbar des Marchfutteramtes im AR) als "Hardekk". Das mittelhochdeutsche "hart" bezeichnet neben einem festen Sandboden auch den Wald; diese Bedeutung trifft hier wohl zu. In zusammengesetzen Ortsnamen bedeutet "-hard(-t)-" entweder "steiniger Boden" oder "Heideboden ohne Anbau". 1486 erfolgt die Nennung als "am Hardeckh", was dahingehend zu interpretieren ist, daß der Hof an einem vorspringenden Waldstück liegt. Um 1555 wird der Hof als "Hardegkh in s. Steffans Pharr ob der Andritz" genannt.[24]

28 Hart(d) (1345)
Der Name Hart wird in einer Urunde aus dem Jahre 1345 (Landesarchiv) als "in dem Harde in dem Hofpach" (Hofbach bei der alten Burg Lueg) erstmals urkundlich genannt. Das mittelhochdeutsche "Hart" ("Hard") bezeichnet - neben einem festen Sandboden - weitaus häufiger den Wald schlechthin. Das Steirische kennt "Hart" in der Bedeutung einer mit Gestrüpp bewachsenen Fläche.[25]

29 Hart(d) (1371)
Neben dem abgekommenen Flurnamen "Hart im Hofbach" wird mit "Hart" auch die Gegend 800 m südlich der Dult bezeichnet, an der Grenze zwischen den Katastralgemeinden Kirchen-

21 ÖK 164; OB, S. 242; M. Lexer, 1986, S. 66.
22 ÖK 164; OB, S. 247; M. Lexer, 1986, S. 79.
23 ÖK 164; OB, S. 253.
24 ÖK 164; OB, S. 253; Th. Unger, 1903, S. 328; M. Lexer, 1986, S. 82.
25 ÖK 164; OB, S. 250; Th. Unger, 1903, S. 328; M. Lexer, 1986, S. 82.

Vulgo Hassler, Freßnitzhansl, Grabenschuster, Thomabauer und Fröhlich nach der Katasteraufnahme von 1823 (mit Ergänzungen bis tw. 1850). (AG / FK)

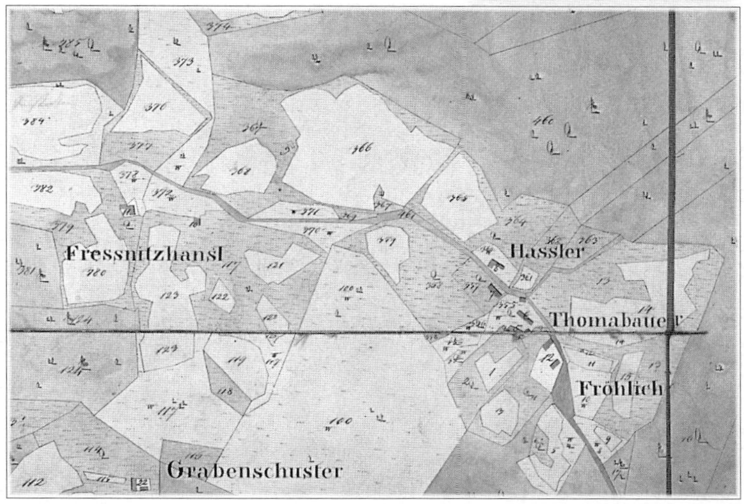

viertel und Gratkorn - St. Veit ob Graz. 1371 wird dieses "Hard ze Ober Enderecz in der gegent" erstmals urkundlich genannt (Landesarchiv). Um 1400 ist die Nennung "ym Hart" überliefert, 1487 "Hard in s. Veits pharr", ebenfalls 1487 "aus dem Hard in s. Veits pharr".[26]
Zu den Interpretationen von "Hart" siehe Nr. 28.

30 Haslach (1487)
Mit der "Hasla" wird vermutlich jene Gegend bezeichnet, in der sich der Hof des vulgo Has(s)ler (siehe Nr. 31) befindet. Die Bezeichnung "im Haslach" wird im Reiner Urbar von 1487 (AR) erstmals urkundlich genannt.[27] Zur Bedeutung siehe Nr. 31.

31 Hassler (1486)
Zwischen Gastbauerkogel, Rötschgraben und Haselleitgraben liegt in der Katastralgemeinde Freßnitzviertel das Gehöft Has(s)ler, dessen erste Nennung als "im Haslach" 1486 im Gratweiner Urbar (Stiftarchiv Rein) erscheint. Der mittelhochdeutsche "haselboum" ("haselnuz") bezeichnet die Haselstaude. Das Steirische kennt den "Haslachwald" als einen Wald mit vielen Haselstauden.[28]

32 Hausberg (1395, bzw. 1202, 1265)
Der Hausberg fällt als letzter Ausläufer des Eggenberges am Nordrand der Katastralgemeinde Kirchenviertel jäh nach Westen, zur Mur hin, und nach Norden steil ab. Durch seine Beschaffenheit und Lage war der Hausberg über Jahrtausende prädestiniert für Siedlungen wie zu Verteidigungszwecken.
Erstmals indirekt urkundlich genannt wird der Hausberg als solcher in einer Urkunde (Landesarchiv) von 1202 und im "Rationarium Styriae" von 1265 (Kopie im Landesarchiv). Die Urkunde von 1202 nennt einen "Ott von Lueg", was sich auf die Burg Lueg am Hausberg bezieht, die Nennung von 1265 betrifft das lateinische "Foramen", was mit "Loch", "Öffnung" oder "Gang" zu übersetzen ist und mit Sicherheit die heutige Zigeunerhöhle bezeichnet.
Ausdrücklich ist vom "Hawsperig" erstmals im Reiner Urbar von 1395 (AR) die Rede. Das mittelhochdeutsche "hus" oder "hous" bezeichnet nämlich nicht allein das Haus im heutigen Sinne, es meint ein festes, gemauertes Haus, was im Mittelalter durchaus als Seltenheit gilt. Schließlich kann sich das mittelhochdeutsche "h(o)us" auch auf eine Wehranlage oder Burg beziehen, was in diesem Falle zutrifft. Gemeint ist nämlich dabei die mittelalterliche Wehranlage Lueg, wie auch das Urbar der Pfarre Gratwein von 1486 die Bezeichnungen "Hausberg" und "Lueg" ("bey dem Lueg oder am Hawsperg") gleichrangig verwendet. Derartige Hausberge sind in der Steiermark zahlreich bekannt und weisen in der Regel auf das Vohandensein eines Wehrbaues hin. (Vgl. auch Kapitel "Lueg")[29]

Gratwein, im Hintergrund der langgezogene Eggenberg, rechts der Hausberg (1924/25). (Sammlung I. Mirsch)

33 Hofbach (-er) (1345, 1390)
Der Hofbachgraben, heute Hofgraben, erstreckt sich zwischen Höllgraben, Hausberg und Eggenberg in Richtung Südwesten; 1345 wird in einer Urkunde (Landesarchiv) "der Hofpach" erstmals genannt. 1395 scheint dieser großteils in der Katastralgemeinde Friesach - St. Stefan gelegene Graben wieder als "Hofpach" auf, 1414 als "Hoffpach", 1450 als "Hofpach prope Lueg" und 1486 wieder als "Hofpach". Ein Gehöft "am Hof" im Hofbachgraben wird 1390 erstmals urkundlich genannt. (Vgl. auch Kapitel "Velgau")[30]

26 ÖK 164; OB, S. 250; M. Lexer, 1985, S. 82.
27 ÖK 164; OB, S. 255.
28 ÖK 164; OB, S. 255; Th. Unger, 1903, S. 330f; M. Lexer, 1986, S. 82.
29 ÖK 163; OB, S. 256 u. 321; StUB II, Nr. 57, S. 98; M. Lexer, 1986, S. 96.
30 ÖK 164; OB, S. 269 u. 268.

Die Höfe vulgo Hofbacher und Grabenannerl an der Nordseite des Hausberges nach der Katasteraufnahme von 1823 (mit Ergänzungen bis tw. 1850). (AG / FK)

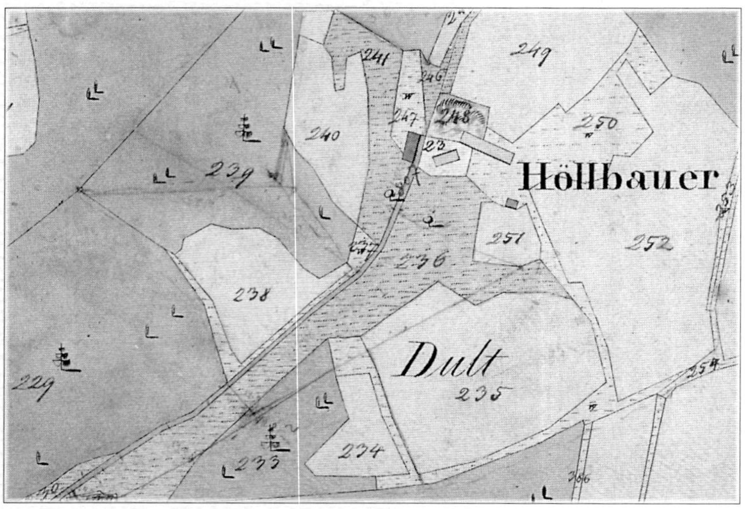

Der vulgo Höllbauer in der Dult nach der Katasteraufnahme von 1823 (mit Ergänzungen bis tw. 1850). (AG / FK)

34 Höll (-bauer) (1395)

Der in der Katastralgemeinde Kirchenviertel 700 m östlich St. Stefan gelegene Höllbauer leitet seinen Namen von der 1395 im Reiner Urbar (AR) erstmals genannten "Hell ym Zauchen" ab. Als "Hölle" bezeichnet das Steirische einen eher abgeschiedenen Platz in einer steinigen Gegend. Die "Zauchen" (siehe ebendort) ihrerseits ist auf eine slawische Wurzel zurückzuführen und bedeutet soviel wie "trocken". Bei der "Höll" handelt es sich also um einen abgeschiedenen, trockenen Platz. Weitere urkundliche Nennungen stammen aus dem Reiner Urbar von 1450 ("die Höll") und dem Reiner Urbar von 1487 ("die Höll vnder s. Stephan"). Die "Höll" als Flurname ist heute abgekommen, der alte Höllbauer zählt zur Rotte Dult.[31]

35 Hollackner (Hallackner, Holzlackner) (1265)

500 m nordöstlich des Höchwirtes liegt in der Katastralgemeinde Freßnitzviertel der Hollackner. Dieser Hof wird im "Rationarium Styriae" von 1265 (Kopie im Landesarchiv) erstmals als "Horlachen" urkundlich genannt. Im Mittelhochdeutschen steht die "hor" oder "hore" für den kotigen Boden, den Schmutz, die "lache" bezeichnet eine Pfütze oder Lacke. Das Steirische kennt die "Horlake" in der Bedeutung von "Kotlache" und "Sumpf". Der "Horlachner" siedelte demnach auf sumpfigen Boden.

1424 wird der Hof als "an der Horlachen obs Luegs" genannt, 1486 als "an der Harlackhen".[32]

36 Jasen (ca. 1400)

Auf dem den Felbergraben im Nordosten abschließenden Höhenrücken liegt in der Katastralgemeinde Forstviertel der Weiler Jasen. Seine erste gesicherte Nennung erfolgt als "Jassen" im Montforter Urbar (Landesarchiv) aus den Jahren um 1400. Hierbei handelt es sich um die slawische "jasenu", die Esche, auch heute noch zahlreich im Umfeld des Weilers Jasen anzutreffen. Als Siedlungs- und Flurname ist die Jasen (bzw. Jasnitz) in der Steiermark vielfach bezeugt.

P. Cede vermutet, der Weiler Jasen werde bereits im Landesfürstlichen Gesamturbar von 1265 irrtümlich als "Nazzau" genannt, A. Dopsch hingegen vermutet die Lage der "Nazzau" im "Auengraben bei Freßnitz". 1486, im Urbar der Pfarre Gratwein (AR), wird der Weiler Jasen als "Jassna" und "Jassua" genannt, imUrbar des Klosters Rein von 1487 (AR) scheint er als "Jasna" auf.[33]

37 Kamp(e)l (1487)

Am Südfuß des Weißeggs liegt der Hof des vulgo Kampl. Dieser wird im Gratweiner Urbar von 1486 (AR) erstmals als "Khempel" genannt. Das Steirische bezeichnet mit "Kamp" ein durch Umfriedung gegen Einlauf des Viehes geschütztes Gründstück in einer bewaldeten Gegend; auch wird darunter ein eisernes Werkzeug, der Kampel, verstanden, das zum Niederhalten des Strohes beim Häckselstock dient.[34]

38 Kefergraben (-bauer) (1450)

Der Keferbauer im Kefergraben in der Katastralgemeinde Forstviertel, etwa 400 m östlich des Felberbauern, wird im Reiner Urbar von 1450 (AR) erstmals als "der Chefergraben" genannt.[35]

39 Lausbichler (1360)

In einer Urkunde (Landesarchiv) us dem Jahre 1360 wird erstmals

31 ÖK 164; OB, S. 272; Th. Unger, 1903, S. 353; F. Krones, 1878, S. 31; B. Mader, 1983, S. 131 u. 148.
32 ÖK 164; OB, S. 249; M. Lexer, 1986, S. 92; Th. Unger, 1903, S. 356.
33 ÖK 164; OB, S. 278; F. Krones, 1878, S. 21; B. Mader, 1983, S. 50; P. Cede, 1984, S. 38f; A. Dopsch, 1910, S. 134.
34 ÖK 164; C. J. Brandtner, 1980, S. 4; Th. Unger, 1903, S. 375f.
35 ÖK 164; OB, S. 85.

Die Höfe vulgo Stepflbauer, Grussachbauer, Hauselbauer, Rohueber, Horinschbauer und Winkelbauer in der KG Freßnitzviertel nach der Katasteraufnahme von 1823 (mit Ergänzungen bis tw. 1850. (AG / FK)

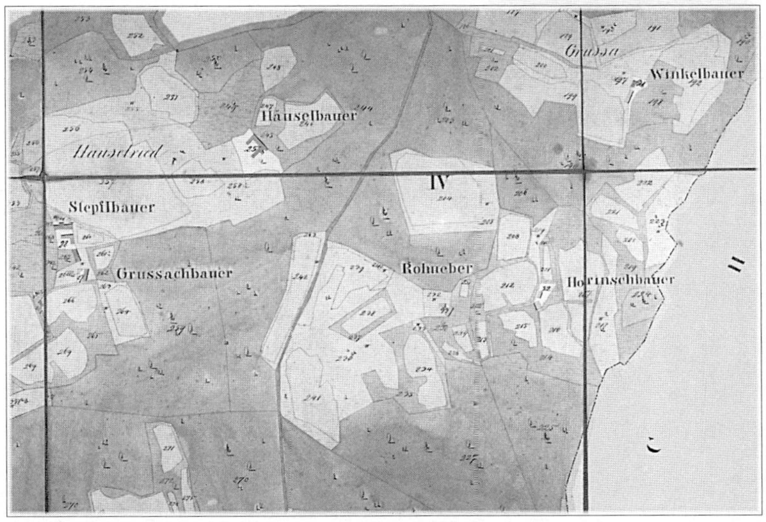

Der vorbildlich restaurierte Bauernhof vulgo Hollackner (KG Freßnitzviertel Nr. 16). Bereits im Jahre 1265 wird ein Hof in der "Horlachen" erstmals urkundlich genannt. (Foto I. Mirsch)

"der Lauspuhel" genannt. Wir finden ihn bei Eggenfeld, in der Katastralgemeinde Friesach - St. Stefan. 1486 nennt das Gratweiner Urbar (AR) den Hof "am Lauspuhel", 1487 findet sich im Reiner Urbar (AR) die Bezeichnung "am Lawspuhl". Der Name stammt aus dem Slawischen und leitet sich von "luza", (Sumpf), ab. Der Lausbichel bezeichnet also einen ziemlich feuchten Bichel.[36]

40 Leiten (1395)
1395 wird die Leiten als "in der Leithen" im Reiner Urbar (AR) erstmals urkundlich genannt. Mit "Leiten" wird zu diesem Zeitpunkt der Südabhang des Hausberges benannt, wie ja der Name Leiten allgemein für einen steil abfallenden Berghang, für steil abfallende Wiesen und Äcker, im steirischen Wortschatz häufig verwendet wird.
In den Grenzen der Katastralgemeinde Kirchenviertel existieren in der "Schußleithen" (ehemalige Sandbank in der Mur an der Südostgrenze der KG Kirchenviertel) und in der "Brunnleiten" (siehe Brunn) zwei weitere -leiten-Namen.[37]

41 Leiten (-peter) (1395)
Etwa 500 m östlich des Dorfes Eggenfeld ist der Hof des vulgo Leitenpeter zu lokalisieren. Der Flurname selbst (siehe 41.) lautet "in der Leiten" (Reiner Urbar, AR); er drückt somit die Lage des Hofes in einer Berglehne (Abhang) aus. Die "Leite" bezeichnet also die Lage des Hofes am Westabhang des Eggenberges.[38]

42 Linshalmer (ca. 1430)
Als "yn Linshalben" wird im Teufenbacher Urbar von etwa 1430 (Kopie im Landesarchiv, HS 3180) der volgo Linshalmer erstmals urkundlich genannt. Der Hof liegt bereits in Schirmleiten, wenige Meter östlich der Gemeindegrenze, in Stattegg. 1486 wird der Hof als " im Linczhaim in s. Steffans pharr", beziehungsweise als "Linshalmer" erwähnt. Von 1487 existiert einen Nennung als "im Lyncz".[39]

43 Lu(e)g (1202)
Lug, besser unter Lueg bekannt, hieß der Wehrbau, der einst den westlichsten Teil des Gratkorner Hausberges krönte und von dort aus in strategisch günstiger Lage (worauf der Name ja hindeutet) das Murtal kontrollierte. Der Wehrbau ist heute abgekommen und nur mehr für den Fachmann sind im Gelände die einstigen Lagen von Bergfried, Wohngebäude, Ringmauer und Graben zu erkennen.
Am 13. Dezember 1202 gewährte Herzog Leopold IV. von Österreich und III. von Steiermark dem Kloster St. Lambrecht gewisse Gerichtsrechte. Auf der in Graz ausgestellten Urkunde (Insert 1371 Stiftsarchiv St. Lambrecht, Kopie im Landesarchiv) testieren zahlreiche "ehrbare Zeugen", darunter auch ein "Ott von Lueg". Nach den zwei "foramen"-Nennungen von 1265 (Rationarium Styrie, HHSta Archiv Wien, Kopie im Landesarchiv) und 1271 (Urkunde, Landesarchiv), - sie bezeichnen die Burg Lueg -, wird 1287 erstmals das "castrum dictum Luoge", also die Burg, genannt. Weiters wird "das Lueg an dem Ekhenperge" in einer Urkunde (Landesarchiv) aus dem Jahre 1342 explizit erwähnt. Im Reiner Urbar von 1395 (AR) sind "Foramen" und "Lueg" nebeneinander belegt, 1434 heißt es in

36 ÖK 163, 164; OB, S. 298; B. Mader, 1983, S. 71.
37 ÖK 163, 164; OB, S. 301; Th. Unger, 1903, S. 434.
38 Ebenda.
39 ÖK 164; OB, S. 313f; C. J. Brandtner, 1980, S. 4.

Der Weiler Jasen mit den Höfen vulgo Stelzer (Bauparz. Nr. 28), Simonmayr (29), Lanzbauer (Lenzbauer) (30), Jasenirgl (Dorffranz) (31), Feibl (32), Ferstl (34) und Jasenweber (Müllerwirt) nach der Katasteraufnahme von 1823 (mit Ergänzungen bis tw. 1850). (AG / FK)

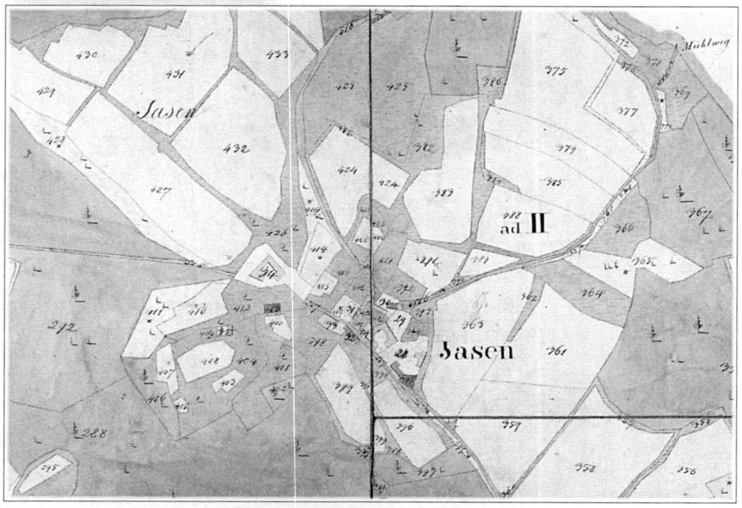

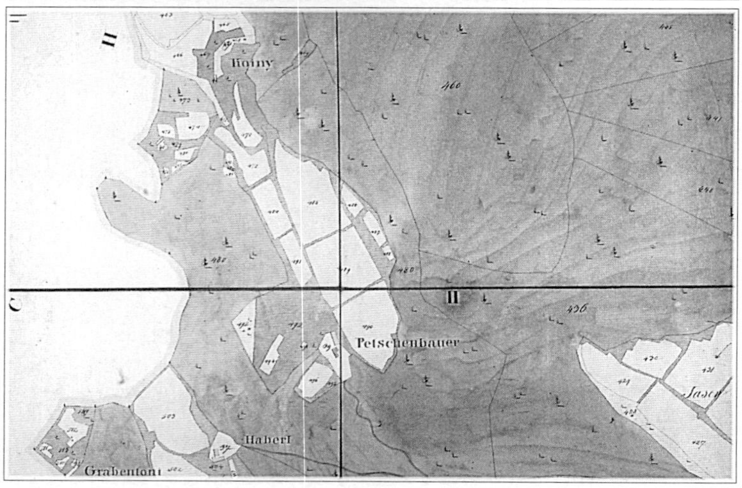

Petschenbauer, Grabentoni, Haberl, und Koiny. (Katasteraufnahme von 1823 mit Ergänzungen bis tw. 1850.) (AG / FK)

einer Urkunde (Landesarchiv) wieder "in dem Lueg", 1462 in einer Urkunde (Landesarchiv) "bey dem Lueg an der Muer". Das Gratweiner Urbar von 1486 (AR) verzeichnet "das Lug". Bereits früh dürfte Lueg verfallen sein, denn in den folgenden Quellen wird die Burg nicht mehr erwähnt, wohl aber vermerkt das Reiner Stiftsurbar von 1470 ein Amt "bey dem Lueg", während bereits 1486 der Hausberg mit "dem Lueg" gleichgesetzt wird. Die Reste der Burg werden von Bauern abgebrochen und weiterverwendet worden sein.[40] (Siehe dazu auch das einschlägige Kapitel vorliegender Arbeit.)

44 Luegmühle (1486)

Die am Fuße des Hausberges in der Katastralgemeinde Kirchenviertel gelegene Luegmühle wird 1486 als "Müller bey dem Lueg" im Gratweiner Pfarrurbar (AR) erstmals genannt.[41]

45 Mitteregger (1395)

Der Hof des vulgo Mitteregger liegt etwa 1 km nordöstlich von St. Stefan in der Katastralgemeinde Freßnitzviertel. Im Reiner Urbar von 1395 (AR), wird er erstmals als "am Mitterekk" urkundlich genannt. Das mittelhochdeutsche "mitter-" weist auf etwas in der Mitte liegendes hin, das mittelhochdeutsche Verb "ecken" bedeutet soviel wie "hervorstehen". Der Name wäre also derart zu interpretieren, daß der daß der Hof in der Mitte eines in den Wald vorstehenden Rodungsgebietes liegt.
Um 1400 (Montforter Urbar, Landesarchiv) wird der Hof als als "am Mitterekk" genannt, 1414 (Marchfutterurbar, AR) als "Miterekg" und 1486 (Gratweiner Urbar, AR) als "im Mittereckh".[42]

46 Nockbauer (=Stock-) (1450)

Der Nockbauer, manchmal auch Stockbauer genannt, liegt etwa 900 m nordwestlich des Felberbauern in der Katastralgemeinde Forstviertel. Dieser wird im Jahre 1450 (Reiner Urbar, AR) als "im Stockach" erstmals urkundlich genannt. Als "Stock (-ach)" bezeichnet das Steirische einen Holzschlag mit vielen Baumstümpfen und Wurzelstöcken. Im Mittelhochdeutschen steht das Verb "stocken" (auch "stöcken, stücken") für "ausreuten, roden, mit Grenzpfählen versehen".[43]

47 Ofenbauer (1450)

Der Ofenbauer in Schattleiten, Katastralgemeinde Gratkorn - St. Veit ob Graz, wird im Reiner Urbar von 1450 (Reiner Urbar) als "im Ofen" erstmals urkundlich genannt. Das mittelhochdeutsche "oven" bezeichnet neben dem Ofen auch die Felsnische oder den Fels. Im Steirischen steht der "Ofen" für eine Felswand, eine Nische in Felswänden oder für einzeln stehende große Felsen im Hochgebirge.[44]

48 Pail (-graben, -mühle) (1265)

Etwa einen Kilometer östlich der Siedlung Dult befindet sich die Häusergruppe Pail, beziehungsweise der nach Süden und beim Bogenhof nach Westen führende Pailgraben, Katastralgemeinde Gratkorn - St. Veit ob Graz. Genannt wird die Pail erstmals im Rationarium Styriae von 1265 (Kopie im Landesarchiv). Im Mittelhochdeutschen bedeutet die "peile" soviel wie Stroh. In zusammengesetzten Formen kommen dem Wort verschiedene Bedeutungen zu. Weitere Nennungen erfolgen um 1300 ("Pewel"), 1304 ("Paul"), um 1400 ("Pell"), 1414 ("Päll, Pael"), um 1460 ("Pel"), und 1487 ("Paell"). Die Nennung "Pevl" von 1302 ist in ihrer Lokalisierung umstritten.[45]

40 ÖK 163, 164; OB, S. 321; StUB II, Nr. 57, S. 96ff; A. Gasparitz, 1895, S. 9; Th. Unger, 1903, S. 444; R. Baravalle - W. Knapp, 1936-1943. II/1, S. 5 - 7; H. Ebner, 1981, S. 116f.
41 ÖK 163, 164; C. J. Brandtner, 1980, S. 3.
42 ÖK 164; OB, S. 339; M. Lexer, 1986, S. 143.
43 ÖK 164; OB, S. 359; Th. Unger, 1903, S. 579; M. Lexer, 1986, S. 212.
44 ÖK 164; OB, S. 367; M. Lexer, 1986, S. 157; Th. Unger, 1904, S. 482.
45 ÖK 164; OB, S. 21; M. Lexer, 1986, S. 158; Th. Unger, 1903, S. 62.

Das Dorf Jasen in Richtung Höchwirt / Rannach um 1890, aufgenommen vom berühmten Historiker Univ.-Prof. Dr. Anton Mell. Der Standort des Fotografen dürfte im Bereich vulgo Ferstl / Jasenweber-Müllerwirt gelegen haben, das weiße Gebäude im Hintergrund gehört zum vulgo Feibl.
(Lokalisierung und Vulgarnamen laut Franziszeischem Kataster)
(Sammlung Gasthaus Pucher, Rosa Faninger)

49 Pakarisch (um 1450)
Der Flurname "am Pakarisch" bei St. Stefan wird im Reiner Urbar von um 1450 (AR) erstmals genannt. Dieser Name, dessen genaue Lokalisierung zweifelhaft ist, stammt vermutlich aus einer (nicht überlieferten) slawischen Wurzel. Das slowenische "paka" bedeutet soviel wie "Anhöhe".[46]

50 Petschen (1265)
Der Petschenbauer liegt 600 Meter westlich des Felberbauern in der Katastralgemeinde Forstviertel. Die Petschen selbst wird im Rationarium Styriae von 1265 (Kopie im Landesarchiv) erstmals als "Peschen" genannt, der Name (auch "Pötschen") stammt vom slawischen "pec" und bezeichnet eine Felsklippe, beziehungsweise einen Fels. Weitere Nennungen erfolgen 1486 als "im Poetschen" und 1487 als "am Potschen".[47]

51 Rannach (1364)
Der Name Rannach wird erstmals im Jahre 1364 in einer Urkunde (Landesarchiv) als "in dem Raenich in Sembriacher gegent" genannt. Die (Hohe) Rannach nimmt heute den nördlichen und östlichen Teil der Katastralgemeinde Freßnitzviertel ein, der dicht bewaldete Berg erreicht eine Höhe von 1018 Meter. Etwa 1.900 Meter von der Einmündung des Haselleitgrabens entfernt liegt, in nordöstlicher Richtung, etwa 350 Meter vom Rötschgraben entfernt, der alte Rannachbauer.
Das Wort "Rannach" selbst ist slawischer Herkunft und leitet sich von "ravno", ("rovno") ab, was als "eben, flach" zu übersetzen ist. Mit der Hohen Rannach wird also eine relativ hoch (auf einem Berg) liegende Ebene bezeichnet.
Weitere Nennungen stammen aus den Jahren 1380 ("im Ranach"), 1395 ("im Renach"), um 1400 ("Revnach", "am Rannoch", im Rennach"), um 1430 ("im Raena"), 1450 ("Renach") und 1486 ("am Raenach in s. Veits pfarr").
Die Bezeichnung "Rannachgraben" führen heute zwei Gräben, einer 400 Meter nördlich des Gastbauerkogels und einer 1.300 Meter nördlich der Hohen Rannach. Ein gleichlautender Flur- und Siedlungsname liegt etwa 2,8 Kilometer südlich der Hohen Rannach, 1.500 Meter nordwestlich Statteggs.[48]

52 Rötsch (1367)
Der Rötsch- oder Retschgraben bildet die Nordgrenze der Katastralgemeinden Friesach - St. Stefan, Forstviertel und Freßnitzviertel, zugleich jene der Marktgemeinde Gratkorn nach Norden überhaupt. Die erste Nennung erfolgt in einer Urkunde von 1367 (Landesarchiv) als "in der Retsch". Die Wurzel dieses Wortes liegt im slawischen "reka" oder "rieka" ("Fluß"), beziehungsweise in der Deminutivform "recica" ("kleiner Fluß, Bach"). 1395 wird die Rötsch als "die Echsch", "die Eczchs" und "die Reczchs" genannt, um 1430 als "in der Retsch", 1432 als "die Retsch in Sembriacher pfarr", 1486 als "die Resch" und 1487 als "die Ratschs".[49]

53 Schattleiten (1494)
Der Flurname Schattleiten bezieht sich auf die Abhänge (vgl. "Leiten") eines östlich Harts gelegenen Höhenrückens in der Katastralgemeinde Gratkorn - St. Veit ob Graz. 1494 wird im St. Lambrechter Urbar, Amt Biber (Stiftsarchiv St. Lambrecht) die Schattleiten erstmals als "Schatleutten" genannt.[50]

46 ÖK 164; OB, S. 19; B. Mader, 1983, S. 90.
47 ÖK 164; OB, S. 29; F. Krones, 1878, S. 25; B. Mader, 1983, S. 91 und 98.
48 ÖK 164; OB, S. 379; F. Krones, 1878, S. 26; B. Mader, 1983, S. 110.
49 ÖK 164; OB, S. 385; F. Krones, 1878, S. 22; B. Mader, 1983, S. 111 und 114.
50 ÖK 164; OB, S. 416.

Trattenmühle, Trattenwirt (/-hof) und das Haus des Überführers nach der Katasteraufnahme von 1823 (mit Ergänzungen bis tw. 1850). An der Trattenmühle führt der alte Mühlgang vorbei; die Post- und Kommerzialstraße ist rot eingezeichnet. (AG / FK)

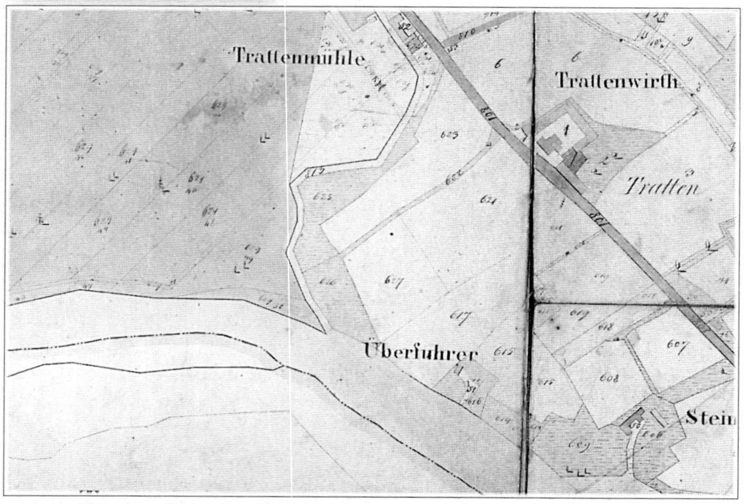

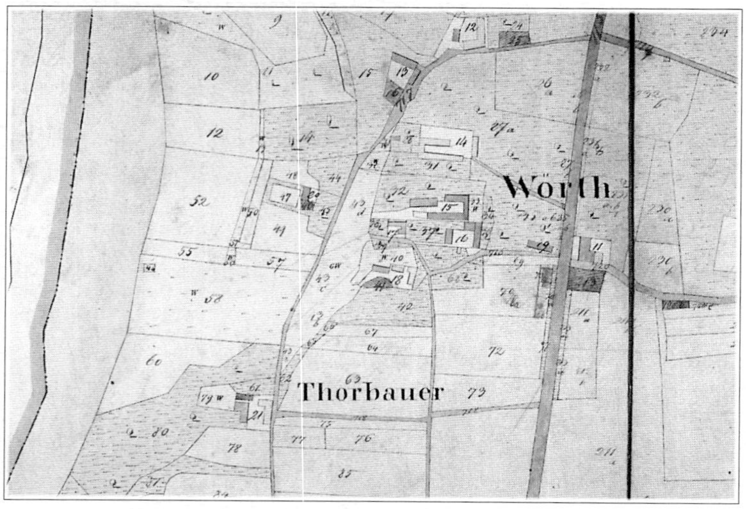

Das Dorf Wörth in der KG Friesach nach der Katasteraufnahme von 1823 (mit Ergänzungen bis tw. 1850). Bauparz. Nr. 11: Wörthwirt, 12: Hansbauer (Wörthannerl), 13: Kolmanbauer, 14: Griebler, 15: Mayerhisl, 16: Sanz, 17: Wörthschneider, 18: Pfisterer, 20: Kügerlschuster, 21: Thorbauer. (AG / FK)

54 Schrauß (1450)

Der Schraußberg liegt etwa 700 Meter nördlich der Pail in der Katastralgemeinde Gratkorn - St. Veit ob Graz. 1450 wird er als "der Schraucz" ("Schrauncz") erstmals im Reiner Urbar (AR) genannt. Die "Schrause" bezeichnet im Steirischen die Schraube. Der vulgo Schraußbauer liegt in der Katastralgemeinde Gratkorn-St. Veit ob Graz, etwas nördlich der Dult.[51]

55 St. Stefan (1390)

Das Kirchendorf St. Stefan, ein Kilometer nordöstlich der Industriesiedlung Gratkorn, bildete bis zu Ende des 19. Jahrhunderts den Mittelpunkt der Gemeinde. Mit der Expansion der Papierfabrik und dem Entstehen der Industriesiedlung verlor St. Stefan sukzessive an Bedeutung, am 17. März 1904 wurde die Gemeinde offiziell von St. Stefan am Gratkorn in Gratkorn umbenannt.

Die alte Kirchensiedlung "s. Steffan ob Endricz in parochia s. Egidii in Grecz" wird 1390 in einem Urbar des landesfürstlichen Marchfutteramtes (AR) erstmals urkundlich genannt. Der Name leitet sich von der dem heiligen Stefan geweihten Kirche ab. Eine Siedlung bestand hier freilich bereits lange Zeit vor der Errichtung dieses Gotteshauses. Weitere urkundliche Nennungen erfolgen 1395 ("s. Stephanus"), 1407 ("das dorff s. Stephan ob Graeetz bey der Muor"), 1414 ("s. Stephan ob Endritz"), 1422 ("s. Steffan bey der Muer ob Gretz"), 1429 ("— bey dem Lueg"), 1449 ("s. Stephan in Krakorn"), 1467 ("s. Steffan ob Graecz"), 1478 ("— vnder dem Lug gegen Greydwein vber"), 1478/80 ("— ob Andritz"), 1486 ("— zu Krakorn gegen Gredwein vber") und 1491 ("— enhalb der Muer von Reun aus"). 1499 wird St. Stefan, und dies ist bemerkenswert, als "s. Stephanus in Wagran" urkundlich genannt.[52]

(Siehe auch das entsprechende Kapitel zur Kirchengeschichte.)

56 Steinbauer (ca. 1400)

Der vulgo Steinbauer in der Katastralgemeinde Kirchenviertel, etwa 1.100 Meter südwestlich von St. Stefan, zwischen Mur und alter Reichsstraße gelegen, wird um 1400 im Urbar der Grafen von Montfort (Landesarchiv) als das Gehöft "am Stain" erstmals urkundlich genannt. Eine weitere Nennung erfolgt 1486 ("am Stain").[53]

57 Tang(e)lbauer (ca. 1375)

Etwa 1 Kilometer südwestlich des Felberbauern, in der Katastralgemeinde Forstviertel, liget der Tang(e)lbauer, bzw. der Tang(e)lried. Um 1375 erfolgt die erste Nennung im Reiner Kastenbuch (AR) als "am Tangel". Das mittelhochdeutsche "tengelen" bedeutet soviel wie "klopfen, hämmern". Im Steirischen versteht man unter "tangeln" das Aushämmern oder Schärfen. Andererseits bezichnet das "Tangelholz" im Steirischen ganz allgemein das Nadelholz. Dieser Interpretation möchte ich den Vorzug geben.

1486 erfolgen Nennungen als "am Dangel" und "am Tangel", auch von 1487 ist die Nennung "am Tangel" überliefert.[54]

58 Tratten(hof) (1395)

Der Trattenhof, an der alten Reichsstraße etwa 900 Meter südwestlich von St. Stefan gelegen, wird vermutlich 1395 erstmals urkundlich genannt. Im Franziszeischen Kataster scheint an dieser Stelle der Flurname "Tratten" auf, so wird im Steirischen ein bei der Dreifelderwirtschaft ausgespartes, unbebautes Ackergut bezeichnet, das mit Holz nicht beschüttet und mit Gras nicht so schlecht bewachsen ist, sodaß es zur Weide ver-

51 ÖK 164; OB, S. 430; Th. Unger, 1904, S. 556.
52 ÖK 164; OB, S. 439; C. J. Brandtner, 1980, S. 14; Erlaß der k. u. k. Statthalterei Graz vom 17. März 1907. AG.
53 ÖK 164; OB, S. 441.
54 ÖK 164; OB, S. 125; Th. Unger, 1904, S. 141; M. Lexer, 1986, S. 225.

"St. Stephan, der Eisenbahn abwärts links" Lithographie von Josef Kuwasseg, 1844. Im Vordergrund rechts der Trattenhof an der alten Post- und Kommerzialstraße. (J. Kuwasseg, 1844. Nr. 6.)

wendet werden kann. Die Wortwurzel liegt im mittelhochdeutschen "trat", beziehungsweise im slawischen "trata", was in beiden Fällen die Wiese oder Viehweide bezeichnet. In diesem Bereich befanden sich 1823 der vulgo Trattenschmidt, der Trattenwirt und die Trattenmühle. Der 1395 genannte Trattenhof dürfte mit dem späteren Trattenhof/-wirt identisch sein.[55]

59 St. Veit (1373)
Der Name der Katastralgemeinde St. Veit (Gratkorn - St. Veit ob Graz), die erst seit 21. Oktober 1938 zum Gemeindegebiet zählt, stammt vom gleichnamigen, in Graz/Andritz gelegenen Dorf her. Dieses wird 1373 in einer Urkunde (Landesarchiv) erstmals als "s. Veit pei Weinczuerl" genannt. Der heilige Veit (Vitus) gilt als frühchristlicher Märtyrer der Diokletianischen Verfolgung. Er zählt seit dem MA zu den 14 Nothelfern. Sein Fest wird am 15. Juni begangen, er fungiert unter anderem als Patron für Kesselschmiede, Bierbrauer, Winzer, Apotheker, Bettnässer, Hirten, Hunde und Besessene.[56]

60 Velgau (1136)
(siehe gesondertes Kapitel Velgau)

61 Wagram (1499)
Im Jahre 1499 wird St. Stefan als "s. Stephanus in Wagran" in einer Urkunde (Diözesanarchiv) genannt. Der Name Wagram, der "Wagrein" im steirischen Wortschatz, bezeichnet eine Senke zum Flußufer hin. Diese Bezeichnung für die Murterrasse westlich St. Stefan hat sich jedoch bis heute nicht erhalten.[57]

62 Weidenboden (-feld) (1486)
Das abgekommene Gehöft Weidenboden in der Katastralgemeinde Kirchenviertel wird 1486 als "Weidenpoden" und "Widenfeld" erstmals im Gratweiner Urbar von 1486 (AR) urkundlich genannt. Der Hof dürfte im Bereich zwischen Mur und Reichsstraße zu lokalisieren sein. Das mittelhochdeutsche "bodem (boden)" bezeichnet einen Grund oder ein Areal, die "wide" entspricht unserer weißen Weide, dem steirischen Weider(ich). Dementsprechend wird 1487 der "Weiderpoden" genannt.[58]

63 Winckelbauer (ca. 1400)
In der Grussau (Katastralgemeinde Freßnitzviertel) liegt der vulgo Winckelbauer. Das Gehöft wird um 1400 als "im Winkel" erstmals urkundlich im Montforter Urbar (Landesarchiv) genannt. Als "der winkel" wird im Mittelhochdeutschen ein abseits gelegener Raum oder Ort bezeichnet.[59]

64 Wörth (1147)
Etwa 700 Meter südwestlich des Dorfes Friesach liegt das Dorf Wörth, 1147 in einer Urkunde (Landesarchiv) erstmals genannt. Der "werde" oder "wert" bezeichnet im Mittelhochdeutschen eine Insel. Eine gleichlautende Nennung erfolgt 1265. Um 1300 wird "Werd" genannt, 1372 "Werd bey der Muer", ebenso 1395 und um 1430, dann 1456 "Woerth bey der Muer" und 1491 "Werd in s. Stephans pharr enhalb der Muer".[60]

65 Zauchen (1395)
Die "Hell im Zauchen" wird im Reiner Urbar von 1395 (AR) erstmals genannt. Der Name stammt aus dem Slawischen, slaw. "sucha" bedeutet "trokken".[61] (Siehe auch "Höll-".)

66 Zegganeller (1487)
Der "Zickhernelder", ein in der Katastralgemeinde Kirchenviertel am Fuße des Hausberges gelegener Einzelhof, wird 1487 erstmals im Gratweiner Pfarrurbar (AR) erstmals erwähnt.[62]

55 ÖK 164; OB, S. 439; Th. Unger, 1903, S. 164; M. Lexer, 1986, S. 230; F. Krones, 1878, S. 34; B. Mader, 1983, S. 138.
56 ÖK 164; OB, S. 175; F. Attems - J. Koren, 1992, S. 130f.
57 ÖK 164; OB, S. 439; Th. Unger, 1903, S. 615.
58 ÖK 164; OB, S. 439; M. Lexer, 1986, S. 24; Th. Unger, 1903, S. 624.
59 ÖK 164; OB, S. 501; M. Lexer, 1986, S. 323.
60 ÖK 163; OB, S. 493; M. Lexer, 1886, S. 314.
61 ÖK 164; OB, S. 272 (vgl. auch 514); B. Mader, 1983, S. 148 und 131.
62 ÖK 164; OB, S. C. J. Brandtner, 1980, S. 3.

Velgau - eine verschollene Burg?

1292 wird ein "Leutoldus" aus dem Geschlecht der Velgauer genannt, jetzt zum Dienstmann der Pfannberger herabgesunken. - "Ruine Pfannberg, der Eisenbahn abwärts links." Lithographie von Josef Kuwasseg, 1844. (J. Kuwasseg, 1844. Nr. 10.)

Um die zwei bedeutenderen Gratkorner Wehrbauten, Velgau und Lueg, ranken sich nicht nur unter der einheimischen Bevölkerung Sagen und Legenden, auch der Wissenschaft geben diese beiden Burgen beizeiten nicht wenige Rätsel auf. Bei Velgau ist bislang nicht einmal die Lage gesichert, Lueg wird häufig mit der Burg Lueg ins Land bei Semriach verwechselt. Es ist somit gerechtfertigt, eingehender auf diese beiden interessanten Wehrbauten einzugehen.

In einer im Siftsarchiv Rein aufbewahrten Urkunde, die Otakar III. im Jahre 1136 für das Kloster ausstellt, scheinen in der Zeugenreihe "Helmbreht de Lobenich et frater eius Rvdeger de Velgowe"[1] als angesehene Dienstmannen des Markgrafen auf. Darauf baute R. Baravalle die Theorie auf, Rüdiger stamme somit aus dem Geschlecht der Lobminger. Helmbrecht, der Bruder Rüdigers, wäre ein Dienstmann der Traungauer, der Teile des Eppensteiner Besitzes bei Lobming geerbt hätte. Helmbrecht und Rüdiger wären Söhne des aus der Gegend um Trofaiach stammenden Vollfreien Udalrichs von Graz, Befehlshaber der Grazer Burg. [2] Mittlerweile hat sich jedoch herausgestellt, daß die Urkunde eine Fälschung ist; somit ergeben sich "auch für eine Verwandtschaft der Lobminger mit denen von Velgau, die in der Fälschung angedeutet wird, [..] keinerlei Anhaltspunkte."[3]

1164 erscheint dann - immer unter der Zeugenreihe - "Dietrich de Velgowe" in einer Reiner Schenkungsurkunde Markgraf Otakars IV. auf[4], um 1165 wird in einem Admonter Codex ein "Rudolf de Velgow" genannt.[5] 1179 beurkundet Markgraf (im Jahr darauf schon Herzog) Otakar IV. die Übertragung des Dorfes Kalsdorf bei Graz an das Stift Rein. In der Zeugenreihe dieser im AR aufbewahrten Urkunde scheint "Otto de Velgowe" auf, gleich nach ihm übrigens ein "Ilsungus de Prunnen", vermutlich Brunn zwischen der Dult und St. Stefan.[6]

Auch in einer im AR aufbewahrten Urkunde, diesmal aus dem Jahre 1209, scheint ein "Swikerus de Velgov" in der Zeugenreihe auf.[7] Demselben Swiker begegnen wir auch in einer Reiner Urkunde aus dem Jahre 1211.[8] 1292 wird noch ein "Leutoldus" aus dem Geschlecht der Velgauer, jetzt zum Dienstmann der Pfannberger herabgesunken, genannt; dieser erscheint nochmals am 25. Oktober 1322.[9] In dieser Urkunde bestätigen die Brüder Geiselherr und Ott von Lueg den Verzicht der Gertrude und ihrer beiden Söhne Ulrich und Leutold von Velgau zu Gunsten des Stiftes Göß auf mehrere Güter. In dieser Urkunde erscheint das Geschlecht der Velgauer letztmals namentlich auf.

Bereits die Nennung von 1265 im Landesfürstlichen Gesamturbar[10] ("Velegan") bezeichnet ein nicht näher umrissenes Gebiet, ähnlich verhält es sich bei der Nennung in einer Reiner Urkunde vom 13. August 1271: Volkmar von Graz beurkundet, daß er dem Kloster Rein zwei Teile Zehente "in villis Strazindel, Velgowe et culture circa lapidem, qui foramen dicitur"[11] für eine Weingabe an den Konvent schenkt. Hier also wird mit Velgau ziemlich sicher das Gebiet um das spätere Dorf St. Stefan bezeichnet. Das "circa lapidem, qui foramen dicitur" (der "Stein, der Höhle genannt wird") bezieht sich wohl auf den Hausberg und die Zigeunerhöhle.

1 StUB I, Nr. 172, S. 173.
2 Vgl. StUB I, Nr. 172, S.171; F. Popelka, 1959f. Bd. 1, S. 51f.; R. Baravalle - W. Knapp, 1936-1943. II/1, S. 220. "Adalrich" bei R. Baravalle, 1961, S. 187.
3 H. Schuller - Axentowicz, 1974, S. 146.
4 StUB I, Nr. 484, S. 452.
5 StUB I, Nr. 492, S. 458.
6 StUB I, Nr. 601, S. 570.
7 StUB II, Nr. 101, S. 158.
8 StUB II, Nr. 117, S. 177.
9 Urkunde, LA; vgl. auch R. Baravalle - W. Knapp, 1936-1943. II/1, S. 6f.
10 LGU, S. 133ff.
11 StUB IV, Nr. 423, S. 252.
12 Originalurkunde im AR.

Hofrat Univ.-Prof. Dr. Anton Mell (7. Juni 1865 - 14. Dezember 1940), einer der verdienstreichsten steirischen Historiker, verbrachte in den 90er Jahren des 19. Jahrhunderts häufig seine Urlaube in St. Stefan. Mell wanderte viel in Gratkorn, fertigte Photographien an und beschäftigte sich als erster 1894 mit der Geschichte der Burg Velgau, die er beim Felberbauern zu lokalisieren glaubte. (LA)

Interessant erscheint weiters eine Urkunde vom 25. Juli 1346, in welcher Otto der Lueger, seine Frau und Wolfger mit seinem Sohn Ull eine Schenkung an Rein vornehmen. Gegenstand dieser Schenkung ist eine Hofstatt, "die da leit auf dem puchel pey Velgaw"[12] mit acht dazugehörenden Äckern. A. Mell sieht in dieser Hofstatt jenen Ort, wo einst Velgau stand.[13]

Die Nennungen nach 1346: Velgaw[14], 1395: Velgow[15], ca. 1400: Velgaw[16], ca. 1450: Weldgaw[17] - beziehen sich nicht mehr auf das Geschlecht der Velgauer direkt, sie bezeichnen ein mehr oder minder ausgedehntes Gebiet um St. Stefan.

Ernste Probleme bereitet nun die genaue Lokalisierung der Burg Velgau, geht man nicht mit R. Baravalle - W. Knapp, 1936-1943 konform, die es für nicht ausgeschlossen halten, "daß die Velgauer [...] sich abwechselnd von Lueg und von Velgau nannten und im 13. Jahrhundert die Bezeichnung Lueg auf ihre Burg Velgau übertrugen."[18] Weiters vertritt Baravalle die Ansicht, der 1159 genannte "Ruodiger de Luge" sei identisch mit dem 1165 genannten "Rudolf de Velgow".[19]

Ganz so sicher schien sich Baravalle 1961 dann nicht mehr zu sein, denn nun lokalisiert er die Burg vermutlich "auf der letzten kleinen Kuppe eines vom Hausberg nach Südosten ziehenden Rückens, der am Nordwestende der Kirchenortschaft St. Stefan [...] mit verhältnismäßig steilen Hängen bei der Mündung eines kleinen Tales in die Mur abfällt." Das Fehlen jeder Spur dieser Wehranlage erklärt Baravalle durch ihre Lage auf Kulturboden.[20]

Peter Cede, ein profunder Kenner der Siedlungsgeographie, vertritt 1984 die These "von der Lage der Burg am Ende des Felbergrabens im Bereiche des Felberbauern".[21] Bestätigt sieht er diese Theorie durch eine Nennung von 1265 ("in Velegan"), weiters durch die - vermeintliche - Tatsache, daß der Felbergraben im Mittelalter auch als "Hofbachgraben" genannt würde und das Anwesen des Felberbauern mit der Bezeichnung "am Hof" ident wäre.[22]

So verlockend diese Interpretation sein mag, - sie findet sich bereits beim ehemaligen Gratkorner Pfarrer C. J. Brandtner 1980[23], der offensichtlich A. Mell folgte -, so problematisch ist sie. "[...] daß der Felbergraben im Mittelalter auch als 'Hof'bachgraben genannt wird und das Anwesen des Felberbauern mit mit der Bezeichnung 'am Hof' ident ist", - das ist schlichtweg Erfindung. Unter einigermaßen unklaren Nennungen (1345: "der Hofpach", 1395: "der Hofpach", 1414: "Hoffpach")[24] findet sich nämlich auch eine im Reiner Urbar C von 1450: "Hofpach prope Lueg"[25], der Hofbach bei Lueg. Es handelt sich somit um den Hofbach nahe der alten Burg Lueg. Die Österreichische Karte und die Bodenkarte, Kartierungsbereich Graz Nord[26], zeigen, daß dieser Hofbach(graben) auch heute noch existiert, nämlich im südwestlichsten Teil der KG Forstviertel, über 2 km Luftlinie vom Felberbauern entfernt. Der Franziszeische Kataster von 1823[27] verzeichnet zudem an der Mündung des Hofbachgrabens den vulgo Hofbacher. Das ist der "Hof im Hofbach" des Marchfutterregisters. Wie der Bach, so leitet auch dieses Anwesen seinen Namen von der ehemaligen Burg Lueg auf dem Hausberg ab. Ebenso irrt Brandtner, wenn er den "Hoff in der Grussaw" (ca. 1430) mit Velgau = Felberbauer gleichsetzt.[28]

Der Felberbauer trägt seinen schönen Namen vielmehr von dem mittelhochdeutschen "velwer" oder "velber", dem Weidenbaum also.[29] Der mittelhochdeutsche "velber" existiert zwar in der Hochsprache nicht mehr, doch kennt das Steirische (und die Gratkorner Bauern) sehr wohl noch den "Felber" oder "Felser", die salix alba, die Weiße Weide. Beim Felberach handelt es sich um ein Weidengestrüpp, bzw. um einen zusammenhängenden Bestand an Weiden. Aus den Zweigen der Salweide schnitzte man die "Felberpfeife" und mit dem "Felberkreuzel", das auch aus der Salweide geschnitzt wird, besteckte der Bauer zu Ostern die zum Hof gehörenden Fluren. - An den Weiden wächst der "Felberschwamm", beim "Felberstaurich" handelt es sich um ein Weidengebüsch, der

13 A. Mell, 1894, S. 86.
14 LA, Urkunde.
15 Reiner Urbar D, AR.
16 Montforter Urbar, LA.
17 Reiner Urbar v. 1450, AR.
18 R. Baravalle - W. Knapp, 1936-1943. II/1, S. 6.
19 StUB I, Nr. 402, S. 387 und Nr. 492, S. 458.
20 R. Baravalle, 1961, S. 187.
21 P. Cede, 1984, S. 44.
22 Ebenda, S. 45.
23 C. J. Brandtner, 1980, S. 3f.
24 OB, S. 269.
25 Reiner Urbar C, 29, AR.
26 ÖK 164; ÖBK 164-1S.
27 FK 70, Friesach, LA.
28 Bei diesem Hof handelt es sich vielmehr um den 1370 (Urkunde, LA) erstmals genannten Bauernhof "in der Grussaw", den Grussa(ch)bauern.
29 M. Lexer, 1986, S. 266.

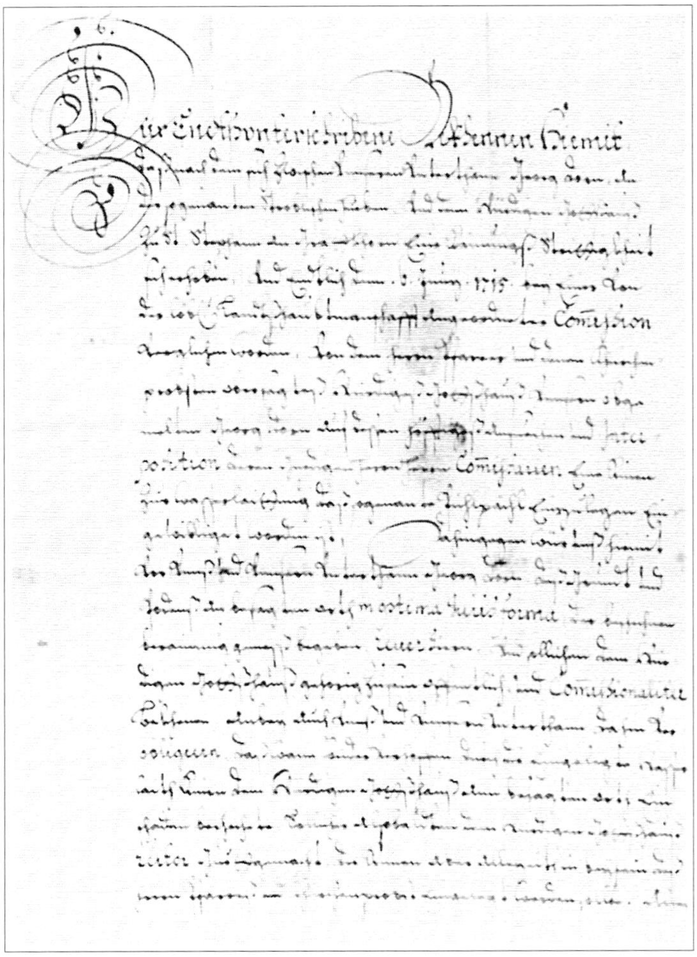

Kontrakt vom 6. Juni 1715, betreffend eine Wasserleitung zum Pfarrhaus. Die heutige Schreibung "Picklbach" ist unrichtig, es handelt sich, wie Zeile 11 belegt, um das "Pichlbächl" beim Bichl. Hier lag der "Bichl", auf ihm vermutlich die Burg Velgau. (APG)

"Felberstock" bezeichnet den Weidenbaum.[30]
Betrachtet man den Baumbestand des Felbergrabens, insbesondere den Baumbestand zwischen Felberbauer und Jasen, so ist festzustellen, daß der bestehende Mischwald auch heute noch zum Teil aus Weiden und Eschen besteht. Diesem Umstand trugen also nicht nur die deutschen Siedler Rechnung (Felber = Weide), auch die slwischen Siedler des frühen Mittelalters nannten den Höhenrücken knapp nördlich des Felberbauern "Jasen" und "jasenu" ist die slawische Bezeichnung für die Esche.[31]
Als Flur- und Siedlungsname ist der Felber, die Weide, in der Steiermark hinreichend bezeugt. Der "Hubmann im Felber", südöstlich Obdach, wird 1424 erstmals genannt; die "Felber", eine Gegend nordwestlich Voitsberg, tritt 1491 erstmals urkundlich in Erscheinung; "am Felber", südöstlich Voitsberg, wird 1494 genannt; der "Felberbauer", nordwestlich Pöllau, findet 1396 Erwähnung; das "Velberdorff", nordwestlich Tüffer,heute Slowenien, 1448; der "Velberhof", nordöstlich Birkfeld, scheint erstmals um 1400 auf; "Felbern", südlich Graz, wird 1386 genannt; "Felbern", nordwestlich Rohitsch am Donati, heute Slowenien, im Jahre 1436.[32] Der Felberbauer und die Burg Velgau sind also nicht zwingend gleichzusetzen.
Doch zurück zur Lokalisierung der Burg Velgau. Eine wichtige, bislang für Velgau unbeachtete Hilfe bietet die Urkunde (AR) vom 25. Juli 1346.[33] Ott der Lueger, seine Frau Matz und Wolfker mit seinem Sohn Uell übergeben dem Stift Rein eine Hofstätte auf dem Bühel bei Velgau ("der Puechel pei Velgaw") mit acht dazugehörigen Äckern, die sie von Gerung dem Lueger erkauft hatten. - An die 400 Klafter (etwa 760 m) westlich von St. Stefan ist im Franziszeischen Kataster der "Bichl" eingetragen, - bei dieser dem Stift Rein übergebenen Hofstätte handelt es sich also um den vulgo Hausbergschneider, im Franziszeischen Kataster auf Bauparzelle 60 eingetragen[34] und, als einziger im Gebiet des Bichls, dem Stift untertänig. Die Päposition "pei" (nicht "in"!), die hier verwendet wird, bedeutet im Mittelalter soviel wie "bei, um, an, auf".[35] All diese Tatsachen weisen auf die unmittelbare Nachbarschaft der Wehranlage Velau (erst 24 Jahre vorher wird ein Velgauer das letztemal genannt), bzw. des Siedlungsgebietes, dessen Name sich von der unmittelbar dabei gelegenen Burg Velgau herleitet, hin. (Nebenbei läßt diese Urkunde auf eine enge genealogische Beziehung zwischen den Velgauern und Luegern schließen.)
Die von J. Zahn vorgenommene Lokalisierung des "Bichels" ("südöstlich s. Stephan a. Gratkorn"[36]) entspricht darüberhinaus nicht den Tatsachen, zumal der 500 m nordwestlich St. Stefan aus dem Höllgraben in das Gratkorner Becken heraustretende Bach meine Theorie von der Lokalisierung Bichl / Velgau untermauert. Dieser Bach, heute "Picklbach" genannt, wird in einem Kontrakt aus dem Jahre 1715 als "das sogenante Pichlpächl"[37] bezeichnet. Die Lage des Bichels ist somit eindeutig festgestellt, ein gewichtiger Anhaltspunkt für die Lokalisierung der Burg gegeben. Zwei Straßen, sie führen treffend den Namen "Am Bichl" führen zum ehemaligen Standort der Burg. Nach dem Niedergang der Velgauer und ihrer Burg, aus welchen Gründen auch immer[38], blieb ihr Name lediglich im Siedlungsnamen ("Velegan"[39]) einige Zeit erhalten.

30 Th. Unger, 1903, S. 218f.
31 F. Miklosich, 1886, S. 100.
32 OB, S. 178.
33 Vgl. dazu auch A. Weis, 1884, S. 104.
34FK 890, Kirchenviertel, Bauparzellenprotokoll.
35 M. Lexer, 1986, S. 21.
36 OB, 75.
37 AG, vermischte Akten.
38 R. Baravalle, 1961, S. 188 vermutet wirtschaftliche Gründe. Aufgrund der wenigen und nicht einträglichen zur Burg gehörenden Güter wäre diese nicht mehr zu halten gewesen. Deshalb hätten die Velgauer andere Dienste angenommen.
39 LGU, S. 133ff.

Die Burg Lueg auf dem Gratkorner Hausberg

Von der Ferstelhöhe des Eggenberges aus streicht ein schmaler, steilhangiger Rücken nach Südwesten. Ehe er in felsigen Abbrüchen zur Mur hin abbricht, erhebt er sich zu einer Rückfallskuppe, die heute Hausberg (466 m) genannt wird[1].

Der Gratkorner Hausberg wird als "Hawsperig" erstmals im Reiner Urbar D von 1395 (AR) genannt.[2] Im Gratweiner Urbar von 1486 (AR) findet sich die Gleichsetzung vom Hausberg und Lueg. Derartige Hausberge deuten in der Regel auf Befestigungsanlagen hin, bezeichnet doch das mittelhochdeutsche "hus" oder "hous" ein festes Haus, eine Befestigung oder burgartige Anlage.[3] Hausberge mit Wehranlagen oder Überresten solcher befinden sich unter anderem bei Wildon, Bruck an der Mur, Kapfenberg, Kindberg, Frondsberg, Graz, Hoheneck und Hohenwang.

Auf dem Gratkorner Hausberg befand sich die alte Wehranlage derer von Lueg, oft verwechselt mit der Ruine Lueginsland bei Semriach, die ja ebenfalls auf einem Hausberg steht.[4] Für die Errichtung einer Burg auf dem Gratkorner Hausberg war vermutlich die Verlegung des Hauptverkehrsweges zwischen Graz und Frohnleiten an das östliche Murufer im 12. Jahrhundert ausschlaggebend. Der Wehrbau konnte so das Murtal an einer strategisch äußerst günstigen Stelle sperren und einen wichtigen Handelsweg kontrollieren.[5] Am 13. Dezember 1202 scheint in einer von Herzog Leopold VI. (III.) in Graz ausgestellten Urkunde erstmals "Otto de Luoge", auch als "Otto von Lueg" genannt, auf.[6] Ein "Otto de Luog" erscheint auch in einer von Herzog Leopold VI. (III.) am 16. Juli 1214 in Graz ausgestellten Urkunde.[7] Im Landesfürstlichen Gesamturbar von 1265 ist dann von einem "Foramen"[8], also der Höhle, die Rede; gemeint ist das Zigeunerloch und wohl auch Lueg. 1271 wird Lueg ähnlich umschrieben, nämlich mit "lapidem, qui foramen dicitur", der Stein, der Höhle genannt wird.[9] Am 16. Februar 1277 wird ein "munitionem dictam Luoge" genannt (Urkunde, Landesarchiv). Am 27. März 1287 wird die Burg in einer Urkunde (AR) als "castrum dictum Lueger" genannt. Das Urbar D des Stiftes Rein überliefert wieder eine Urkunde von 1285 folgenden Inhaltes: "Pillungus Luegner et uxor convenerunt ad dies suos ex speciali gratia ab abbate Raynoldo ii mansus dacz Werde pro i marca singulis annis in festo Egidii solvenda"[10], - kurzum: dieses Geschäft mit Rein schlossen Pillung der Lueger und seine Frau ab.

1293 findet sich ein "Heugel vom Lueg" als Zeuge in einer Urkunde (AR), am 2. Februar 1294 (Urkunde AR) testiert er zugleich mit Chunrat, am 22. Juli 1294 nennt er sich, auch als Zeuge in einer Reiner Urkunde (AR) "Hauch vom Lueg", vom 6. Dezember 1294 existiert eine Urkunde mit Pillunch und Geiselher, beide Lueger. Im Regestenteil des Reiner Urbars D (AR) wird 1296 "Sophya Lugerynne", Witwe des älteren Hugo von Lueg, genannt, sie verkauft eine Hube zu Friesach dem Stift Rein.

Eine Reiner Urkunde (AR) vom 16. April 1297 nennt "Heuglein vom Lueg" als Schwager Seifrieds von Waldstein, weiters scheinen Pillunch und Geiselher auf. Am 10 August 1297 übergibt "Hertnid von Wildon" dem Kloster Rein 2 Mark als Seelgerät für seinen "lieben und getreuen Diener Heuglein vom Lueg". Im Regestenteil des Urbars D (AR) verzichtet Pillunch von Lueg im Jahre 1298 zugunsten Reins auf Güter zu Wörth. In genannter Quelle wird für 1308 ein "Chunrat Lueger" überliefert.

Der Rücken des Hausberges, gesehen von der alten Reichsstraße nach Süden. Rechts neben der Stromleitung, im Bereich der deutlich sichtbaren Erhebung, stand die Burg Lueg. (Foto I. Mirsch)

1 ÖK 163, 164.
2 AR, Urbar D, S. 99.
3 San Marte, 1867, S. 255; M. Lexer, 1986, S. 96. Vgl. auch W. Schmid, 1922, S. 40ff; O. Piper, 1994, S. 3.
4 So z. B. haben J. Kalchberg, 1816. Bd. IX, S. 154 und J. A. Janisch, 1878-1885. Bd. II, S. 139, Daten und Fakten von Lueginsland bei Semriach und Lueg bei Gratkorn miteinander vermischt, was seine Nachwirkungen in örtlichen Gendarmerie- oder Schulchroniken zeigte. Bis Ende 1994 war auf einer am Marktgemeindeamt Gratkorn angebrachten Tafel sogar zu lesen, daß Eggenfeld seine Burg Lueg hatte. Soviel Phantasie brachte nicht einmal Janisch auf. - Auf die Problematik der zwei Hausberge (Gratkorn und Semriach) und der zwei Burgen Lueg weist auch A. Sikora, 1961 hin. Bereits A. Gasparitz, 1895, S. 9 hatte eindeutig die Lage Luegs "auf dem Hausberge bei St. Stefan am Gratkorn" bestimmt. (Zur Forschungsgeschichte vgl. auch die Rezension O. Lamprechts. In: BlHk 35, 1961, S. 125f.)
5 Vgl. O. Pickl, 1980, S. 342f; H. Ebner, 1981, S. 116f.
6 StUB II, Nr. 57, S. 97f. Die Nennung von 1159 (StUB I, Nr. 402, S. 387) halte ich für nicht auf Lueg bei Gratkorn bezogen.
7 StUB II, Nr. 130, S. 201.
8 LGU, 133f.
9 StUB IV, Nr. 423, S. 252.
10 AR, Urbar D, Regesten II. In der Folge vgl. auch A. Weis, 1884, S. 102 - 105.

Kaiser Friedrich III., hier auf dem "Vorauer Kaiserbild" von etwa 1460, soll - der Legende nach - anläßlich einer Reise nach Graz auf der Burg Lueg übernachtet haben. (nach BlfHk 65, 1991, S. 3.)

Interessant ist dann eine Urkunde vom 5. Oktober 1322 (Landesarchiv). Hier ist erstmals das Wappen eines Luegers (Geiselher) überliefert, nämlich ein fünffach gezinnter Sparren im spitzen Schild. Das runde Siegel (Durchmesser: 3,2 cm) weist, beginnend mit einem Kreuzzeichen über der Mitte der linken Schildhälfte, die Umschrift auf: + S GEISELhERI DE [LUE]G.[11]
Am 18 März 1323 vergewissert sich Konrad Windischgräzer, Verweser des Landeshauptmannes Ulrich von Walsee, im Auftrage des Landesfürsten über die Grenze zwischen den Reiner und Göstinger Wäldern bei Judendorf. Unter anderem werden von ihm zu dieser Sache Geiselher von Lueg, der Alte, einvernommen, unter den Zeugen finden sich Geiselher, Ottel und Gerunch die Lueger (Urkunde, AR).
In einer Reiner Urkunde (AR) vom 11. November 1340 verkaufen Geiselher der Lueger mit seinen Schwestern Kunigunde und Mathilde ihrem Vetter Ott und seiner Frau Mathilde den Acker an der Niederen Wegscheide.
Als Dienstmannen der Grafen von Pfannberg kommen die Lueger im 14. Jahrhundert wiederholt vor. Weitere Nennungen der Lueger in Kurzform:
1343: Gerung Lueger verkauft einen Wald im Hofbach (Regestenteil Urbar D, AR);
20. März 1345: Ulrich der Silberknol und Niklas der Tampekch verkaufen mit Einwilligung ihrer FrauenGertraud und Kunigunde und deren Schwester Mathilde, Geiselhers Töchtern, dem Stift Rein 30 Grazer Pfennige auf einem Wald "in dem Harde daz gelegen ist in dem Hofpach. Ich Ulrich mit meinem anhangenden Insigel und Nyclas, der nicht aygens Insigel hat, mit unser paider Swager Geyselhers, von des vordern daz Guet chomen ist, anhangenten Insigeln." (Urkunde, LA);
23. April 1346: Ott der Lueger erwirbt einen Acker beim "Cental". (Urkunde, AR);
25. Juli 1346: Ott der Lueger und seine Frau Mathilde ("Matz") und Wolfker mit seinem Sohn Uell begaben das Stift Rein mit einer Hofstätte auf dem Bühel bei Velgau und mit acht dazugehörenden Äckern, die sie von Gerung dem Lueger erkauft hatten. (Urkunde, AR) - Ott der Lueger verwendet ein Wappen wie Gieselher, die Umschrift auf dem Siegel lautet: "OTLINI LVEGARI.[12]
1346: "Gerungus Lueger profitetur, quod Otto Lueger et Wolfger de Lueg dederunt nobis aream gelegen auf dem puchil pey Velgow voluntate eius accedente, et resignat omne ius, quod sibi videbatur competere in eadem." (Regestenteil des Urbars D, AR);
25. Juli 1346: Diese Urkunde (AR) siegelt Ullein (Ulrich) für seinen Vater Wolfger. Als Wappen erscheint diesmal ein Tierrumpf mit langem, geknotetem Schwanz in einem spitzen Schild. Umschrift: VLRICI WOLFGERI DE LV[EG].[13]
21. Oktober 1348: Peter der Freie

11 E. Bruckmüller, 1975, S. 63; J. Kraßler, 1968, S. 58.
12 E. Bruckmüller, 1975, S. 63.
13 E. Bruckmüller, 1975, S. 63f.

von Semriach verkauft dem "erbern man Wolfgero von dem Luege" ein Gut an der "Vreswitz" (Freßnitzviertel). (Urkunde, AR)
24. Juni 1351: Friedrich der Chlemme, Bürger zu Bruck an der Mur, und seine Frau "Halmey, Wolfgers tachter von dem Luegg" pachten vom Kloster Rein eine Hube zu Pachern bei Bruck. (Urkunde, AR);
1. September 1356: Gottfried, der Amtmann von Seiersberg, verkauft Heinrich dem Pirnschrott eine Gült von neun Schilling, die gelegen sind "daz dem Lueg", und zwar sieben Schilling von dem Hofe, auf dem "Wolfger weilent" gesessen hatte. (Urkunde, AR);
etwa 1362 gibt Mathilde Lugerin ("Matza Lugerynn") einen Acker im "Cental". (Regestenteil des Urbars D, AR);
ebenfalls um 1362 übergibt "Matza Lugeryn" einen Teil der Burg ("partem castri") und andere Güter. (Regestenteil des Urbars D, AR);
1362: Mathilde Luegerin übergibt dem Stift Rein mehrere Güter "prope Lueg" (bei Lueg). (Regestenteil des Urbars D, AR);[14]
1365: Peter von Fürstenfeld und Konrad Lenbücher tauschen mit dem Stift Rein "quodquod habuerunt prope Lueg, quod fuit Friderici Lueger" gegen Sparbersbach und andere Güter. (Regestenteil des Urbars D, AR);
Bei dem Geschlecht der Lueger handelte es sich offenbar um Pfannberger und Wildoner Dienstmannen, die als Burggrafen auf Lueg am Gratkorner Hausberg eingesetzt waren. Verwandt waren die Lueger unter anderem mit den Waldsteinern, Teufenbachern und Silberknoll, vielleicht auch mit den Kainachern, Plankenwartern und Steinbergern.[15] Ihr Geschlecht zerstob ab dem ausgehenden 14. Jahrhundert in alle Winde, manche wurden augenscheinlich Bürger, manche Bauern, manche Linie starb wohl aus. Lebendig blieb die verlassene Burg vorerst im Amt Lueg (Stiftsurbar von 1470, AR), außerdem in den Vulgonamen des Hofbachers und Luegschusters.[16] Weiter lebte die Erinnerung an Lueg auch im örtlichen Sagengut, denn noch heute weiß man in Gratkorn zu berichten, einst wäre die Burg Lueg durch einen unterirdischen Gang mit den Burgen Helfenstein (Gratwein/Harter Wald-Waldsteiner Hausberg) und Lueginsland (bei Semriach) verbunden gewesen. Tatsache ist es auch, daß der Name Lueger bis ins letzte Jahrhundert hinein in St. Stefan / Gratkorn als Familienname weiterlebte, denn der Reiner Pater Anton Weis kannte 1884 selbst noch einen alten Jagdgehilfen dieses Namens, der von St. Stefan nach Rein übergewandert war. Die Gratkorner Träger dieses Namens meinten, ihre Ahnen hätten einst einem adeligen Geschlecht angehört.[17]
Im Reiner Totenbuch[18] kommen relativ wenige Mitglieder des Geschlechtes der Lueger vor. Vermerkt sind lediglich die Sterbetage von Anna de Foramine (23. Mai), Giselher de Foramine (11. August), Hugo de Foramine (20. Oktober) und Matze Luegerin (28. September). Jedoch gibt es im Regestenteil des Urbars D, II. R. vor XVIII, (AR) einen Hinweis auf den Begräbnisort derer von Lueg: "Anniversarium Lugerin et sepultura ipsius habetur extra cancellum cappelle omnium sanctorum". Die letzte Ruhestätte der Matze (Mathilde) von Lueg befand sich demnach in der alten (nicht mehr bestehenden) St. Georgskirche, die vorher als Allerheiligenkapelle bekannt war. Sie befand sich vor dem Kloster und war für Laien reserviert, im Jahre 1300 wurde bei ihr ein Zubau für die Gruft der Wildonier errichtet.[19]
Recht schnell wohl dürften die Überreste der Burg von den Bauern aus der Nachbarschft als Baumaterial abgebrochen worden sein. Vermeinten Baravalle/Knapp 1936 - 1943 noch, am Waldboden des Hausberges "Spuren eines Grabens feststellen und Mauerreste unter dem Boden spüren" zu können, so fand Baravalle knapp 20 Jahre danach (1961) auf der Kuppe "spärliche Mauertrümmer" sowie "Spuren des Halsgrabens, der Wehrmauer, die einen ziemlich engen Hof umschloß, eines viereckigen Bergfrieds und [Spuren] von Wohngebäuden"; wieder 20 Jahre danach (1981) stellte H. Ebner neben Grabensspuren auch "Mauerreste" von Bergfried, Ringmauer und Wohngebäude fest.[20]
Die Archäologische Landesaufnahme (ALA) sieht aufgrund der Bodenmerkmale in der Burg Lueg eine durch einen Abschnittsgraben im Osten gesicherte Turmburg.[21]
Über die genaue Anlage der Burg könnten nur archäologische Untersuchungen Auskunft geben. Wer jedoch die finanzielle und personelle Lage der dafür zuständigen Stellen kennt, wird diesem Ansinnen derzeit wohl kaum eine Chance einräumen.

14 Vgl. dazu auch A. Gasparitz, 1895, S. 11.
15 E. Bruckmüller, 1975, S. 63.
16 FK 890, Kirchenviertel, Bauparzellenprotokoll, LA.
17 A. Weis, 1884, S. 101f.
18 Zitiert nach A. Weis, 1884, S. 105.
19 Vgl. A. Gasparitz, 1895, S. 11; K. Amon, 1979, S. 33f.
20 R. Baravalle - W. Knapp, 1936-1943. II/1, S. 5f; R. Baravalle, 1961, S. 159; H. Ebner, 1981, S. 117.
21 ALA Gratkorn 674-222/1.

Gratkorner Edelhöfe

Eine besondere Stellung kam im Mittelalter den Edelhöfen zu. Sie wurden vom Adel an Dienstmannen übergeben, oft mit der Intention, daß diese Höfe und die Dienstmannschaft eine wehrhafte Funktion erfüllten.

Eine um das Jahr 1140 in Admont ausgestellte Urkunde[1] überliefert einen gewissen "Adalberto de Ecchenuelt ministeriali Guntheri", also Adalbert von Eggenfeld, ein Ministeriale Gunthers. Um 1145 wird derselbe Adalbert von Eggenfeld im Zuge eines Gütertausches genannt.[2] 1147 scheint "Adelbertus de Ekkeuelt" letztmals als Zeuge in einer in Rein ausgefertigten Urkunde Markgraf Otakars V. auf.[3]

Ein "Ilsungus de Prunnen", also Ilsung von Brunn, wird 1179 genannt.[4] Es ist zu vermuten, zumal Ilsung unmittelbar nach Otto von Velgau in der Zeugenreihe dieser Reiner Urkunde aufscheint, daß es sich hierbei um Brunn zwischen der Dult und St. Stefan handelt. Erzbischof Eberhard II. von Salzburg bestätigt dann im Jahre 1223 dem Kloster Rein die Schenkung von Gütern in der Dult und "in Prunne".[5] Diese Schenkung erfolgte seitens des Ministerialen "Haertwic de Prunne"; die genaue Lage seines Hofes, der bei Brunn zu suchen sein wird, kennen wir nicht.

Eggenberg.
der Eisenbahn abwarts rechts.

Schloß Eggenberg, 1844. Paul W. Roth nimmt an, daß das Geschlecht der Eggenberger vom Hausberg / Eggenberg stammt. Heute sind im Schloß unter anderem die archäologischen Sammlungen untergebracht, wo die bedeutenden Funde aus der Gratkorner Zigeunerhöhle zu besichtigen sind. (J. Kuwasseg, 1844. Nr. 75.)

Ein weiterer Edelhof kann in Friesach vermutet werden. 1302 und 1304 nennen sich nämlich Ottel und Heinrich "die Friesacher", Robert Baravalle schließt daraus auf einen Edelhof in Friesach, der im 14. Jahrhundert zum Bauernhof herabgesunken sei.[6]

Interessant ist auch der vulgo Burgstaller, etwa 1600 m südöstlich des Weilers Jasen. Der Burgstallerhof, der 1456 in einer Urkunde (Landesarchiv) erstmals als "am Purkstal" erwähnt wird, weist auf den Standort einer Burg hin. Die Existenz einer mittelalterlichen oder gar vorgeschichtlichen Befestigungsanlage im Umfeld des Burgstallers konnte bislang nicht nachgewiesen werden; interessant ist jedoch ein Hinweis in einer Gerichtsbeschreibung aus dem Jahre 1767. Die dort erwähnte, ganz in der Nähe des Burgstaller liegende "mauer am Fuchskogl" könnte durchaus als Rest einer Wehranlage zu deuten sein.[7] Nachforschungen darüber sind im Gange.

R. Baravalle vermutet noch einen befestigten Hof oder Wehrbau der Stadecker (1303: Friedrich von Stadeck oder von Jazzing) im Bereich des Weilers Jasen.[8] Das "Jazzing" bei Baravalle wird sich meines Erachtens eher auf das Kumberger "Jazzing" (heute: Jassing) beziehen.[9]

Schließlich sei in diesem Zusammenhang auch noch darauf hingewiesen, daß die Herkunft des Geschlechtes der Eggenberger (Schloß Eggenberg bei Graz) aus dem Raum Gratkorn (Eggenberg) sehr wahrscheinlich erscheint: Ottokar der Stadler und seine Familie verkauften im Jahre 1360 den Dominikanerinnen unter anderem Huben und Hofstätten zu Lueg. Hier saßen auch "Nykel an dem Ekchenberg" und "Leupold an dem Ekchenperg".[10] Paul W. Roth nimmt nun an, daß einer von den beiden als Vorfahre Ulrichs von Eggenberg anzusehen ist.[11] - Sollte der erste Eggenberger also ein Gratkorner gewesen sein?

1 StUB I, Nr. 189, S. 200.
2 StUB I, Nr. 727 (als 220a), S. 718f; vgl. auch R. Baravalle, 1961, S. 149.
3 StUB I, Nr. 261, S. 271f.
4 StUB I, Nr. 601, S. 570.
5 StUB II, Nr. 208, S. 298.
6 R. Baravalle, 1961, S. 151.
7 ÖK 164; OB, S. 82; M. Lexer, 1986, S. 82; Th. Unger, 1903, S. 130; Gerichtsbeschreibungen 185. Vgl. auch R. Baravalle, 1961, S. 148.
8 R. Baravalle, 1961, S. 156.
9 Siehe OB, S. 278.
10 LA, Urkunde 2765 vom 27. November 1360.
11 Diese Meinung wurde von P. W. Roth, 1993, S. 50 - 54 vertreten, blieb aber nicht unwidersprochen (H. P. Naschenweng, 1995, S. 106 - 122; P. W. Roth, 1996, S. 58 - 59.).

KIRCHENGESCHICHTE

DIE CHRISTIANISIERUNG

Mit der Gründung der Pfarre Gratwein im 10. / 11. Jahrhundert kann erstmals von einer Organisation kirchlichen Lebens im Raum Gratkorn gesprochen werden. Mit der Inkorporation der Pfarre Gratwein zu Rein im Jahre 1607 kam auch St. Stefan zum Zisterzienserstift. Die Gratweiner Pfarrkirche zum heiligen Rupert ist eine sehenswerte spätgotische Hallenkirche. Die Photographie, vom Gratkorner Murufer nach Westen, entstand um das Jahr 1900. (Sammlung Horst Ziegler)

Das Eindringen des Christentums in Norikum unterlag keinem einheitlich fortschreitenden Prozeß, dieser Vorgang gliederte sich in die "römische Mission", die etwa bis zum Slaweneinfall zu Ende des 6. Jahrhunderts währte, und in die Slawenmission, die in Zusammenhang mit den politischen Interessen Bayerns zu sehen sind, wobei ihre Anfänge ziemlich genau in die Mitte des 8. Jahrhunderts zu datieren sind. Die "römische Mission" mit ihren Zentren Virunum, Teurnia, Celeia und Juenna ist für unser Thema nicht relevant, zumal eine frühchristliche Kultanlage in der Steiermark nicht nachweisbar ist. Lediglich aus Flavia Solva ist ein frühchristlicher Fingerring aus dem ausgehenden vierten Jahrhundert bekannt.[1] Mag sich die neue Religion in manchen Siedlungszentren vorerst durchgesetzt haben, so hielt man in der Provinz um so beharrlicher am Heidentum fest. Lediglich der Umstand, daß durch das Gratkorner / Gratweiner Becken ein bedeutender Verkehrsweg führte gibt zur Vermutung Anlaß, daß die Bewohner zumindest vom Hörensagen die neue Religion kannten. Realität ist jedenfalls, daß auf heute steirischem Gebiet noch keine frühchristliche Kultanlage bekannt ist. So "wissen wir auch nicht, was bei uns gegen Ende des 6. Jahrhunderts durch die rigorosen Eingriffe in das alpenländische Volkstum durch die Awaren und Slawen vernichtet worden ist. Nach 590 hört ja für 160 Jahre jegliche Nachricht über das Christentum in Noricum auf."[2] - Zumindest darin sind sich Archäologen und Historiker einig.

Die Bekehrungsgeschichte der Baiern und Karantanen ("Conversio Bagoariorum et Carantanorum") berichtet von einem Hilfeersuchen des Slawenfürsten Borut an Bayern, ihm gegen die andrängenden Awaren zu helfen. Die Baiern halfen in der Tat, unterwarfen jedoch auch die karantaner Slawen und entsandten sogleich den Bischof Modestus, begleitet von vier Priestern und einem Diakon, zwecks Missionstätigkeit nach Norikum.[3]

Um 750 erfolgen diese ersten Salzburger Missionsversuche in Norikum, von 796 datiert die erste Abgrenzung der Missionsgebiete Salzburgs und Aquileias, 811 wird die Drau als definitive Grenze zwischen dem Patriar-

1 E. Hudeczek, 1988, S. 53.
2 W. Modrijan, 1971a, S. 310; H. Dopsch, 1981, S. 160.
3 Conversio, S. 43ff.

Diözesankarte des Bistums Seckau, Pfarre St. Stefan, aus dem Jahre 1886. (UB / SS)

chat Aquileia und dem Erzbistum Salzburg festgelegt.[4]
Das Erzbistum Salzburg besaß bereits vor dem Jahre 860 ausgedehnteren Besitz im Gratkorner Becken, die "ad Strazinolun duo loca"[5], darunter das Gebiet Dult / Brunn. Wenn wir auch über keine direkten Missionierungstätigkeiten unterrichtet sind, so liegt es nahe, solche anzunehmen. Die Theorie aber, daß - aufgrund der Nennung von 860 - die Gründung der Pfarre Gratwein bereits im 9. Jahrhundert erfolgt sein mußte[6] und bereits zu diesem Zeitpunkt das Gratkorner Becken kirchlich organisiert war, sollte man differenziert betrachten: Bei allen anderen in dieser Urkunde genannten Höfen - und es sind derer 40 - wird, sofern eine Kirche in unmittelbarer Nähe vorhanden ist, diese auch erwähnt. Eine Kirche beim Straßengler Königshof wird nicht erwähnt und es scheint fraglich, ob zwischen 860 und dem Ungarneinfall von 894 eine Kirche oder gar Pfarre errichtet wurde.[7]
Bis 1043 galt de facto die Mur als Ostgrenze des Reiches, eine Besiedlung erfolgte nur zögernd. Erst aus einer um das Jahr 1066 ausgestellten Urkunde läßt sich die Existenz einer Gratweiner Urpfarre erschließen. In dieser Urkunde werden die Grenzen der Pfarre Adriach (heute Pfarre Frohnleiten) mit dem Röthelstein im Norden und Steindorf (gegenüber Badl / Peggau) im Süden angegeben.[8] - Hier grenzte die Adriacher Pfarre an die Pfarre St. Martin in Feistritz, die ihrerseits mit großer Sicherheit als Tochterkirche von Gratwein gegründet worden war.
In der Eigentumsübertragung an das Kloster Rein vom 22. Februar 1138 scheint ein gewisser "presbyter Wolftriglo" auf, der für seine Gründe in Langwiesen (Reintal) mit solchen in Gratwein entschädigt wird.[9] Wolftriglo ist zweifellos der Gratweiner Pfarrer. In diesen Kontext paßt auch die Aussage des Gratweiner Pfarrers Nikolaus Dastenda aus den Jahren um 1432[10], die Pfarre Gratwein sei um einiges älter als das Stift Rein. Kurzum: Mit der Gründung der Pfarre Gratwein, zwischen 955 und 1066, kann erstmals von einer Organisation kirchlichen Lebens im Raum Gratkorn gesprochen werden.

4 Vgl. dazu C. Fräss-Ehrfeld, 1984, S. 70ff.
5 StUB I, Nr. 7, S. 10f.
6 So C. J. Brandtner, 1979, S. 166; P. Cede, 1984, S. 47; C. J. Brandtner, 1991, S. 43.
7 Vgl. dazu auch F. Posch, 1979, S. 163.
8 StUB I, Nr. 68, S. 78.
9 StUB I, Nr. 175, S. 175.
10 A. Weis, 1886, S. 5 und Beilage XI.

Zur Geschichte der Kirche und Pfarre St. Stefan

Die Kirche von St. Stefan, Mittelpunkt des alten Kirchweilers, liegt auf 394 m am Ostrand des Gratkorner Beckens. Im Marchfutterregister von 1390 wird erstmals das Dorf, damit auch die Kirche, als "sand steffan ob Endrecz"[1] genannt. Die Bausubstanz wie die Ausstattung der Kirche lassen sich unterschiedlichen Stilepochen zuordnen; auf einige wesentliche Elemente soll, ehe die Geschichte behandelt wird, kurz eingegangen werden.[2]

Chor: Es handelt sich um einen zweijochigen gotischen Chor mit 3/8 - Schluß, wobbei das Westjoch noch mit einem gotischen Kreuzrippengewölbe aus dem 14. Jahrhundert versehen ist; der runde Schlußstein weist ein Blattornament auf. Im Zuge von Außenrestaurierungsarbeiten im Jahre 1985 wurde an der Südseite des Chorteiles ein schlecht erhaltenes Freskofragment freigelegt, das durch die Ostwand des Sakristeizubaues unterbrochen, aber im Bereich der Baunaht weiter zu verfolgen ist. Das 0,5 Quadratmeter große Freskofragment wurde unter größt möglicher Schonung des Bestandes mit Neuverputz überdeckt. Das Ostjoch ist mit einer Ringtonne versehen, der Chorschluß innen ausgerundet; der Fronbogen rundbogig und leicht eingezogen, das Fronbogenkreuz stammt aus dem 17. Jahrhundert. Ein auf barocken Konsolen knieender Donatus in der Art des Jakob Peyer ist dem dritten Viertel des 18. Jahrhunderts zuzuschreiben, eine Pieta dem 18. Jahrhundert. Der Taufstein ist dem Barock zuzuordnen, um 1700. Die Hängeleuchter aus Glas stammen aus der Mitte des 18. Jahrhunderts. Der Marmorboden wurde 1977 aus der sogenannten "Alten Sakristei" des Stiftes Rein hierher übertragen.

Hochaltar: Der Hochaltar ist mit 1803 datiert, das Ölgemälde des heiligen Stephanus (Steinigung) stammt aus der zweiten Hälfte des 17. Jahrhunderts. Die Altarkrone, über den Wolken und von Engeln umgeben, ziert, umgeben von Engeln, die figurale Darstellung der Dreifaltigkeit. Beiderseits der Altarsäulen (Halbsäulen) finden sich Statuen der Märtyrer St. Florian (rechts) und St. Pankraz (links).

Langhaus: Es ist dreijochig, mit einem Kreuzgratgewölbe auf Gurten, weiters mit einfachen Wandpfeilern. Vermutlich im 17. Jahrhundert setzte man die Mauern des Kirchenschiffes um jeweils 180 cm hinaus, die Kirche wurde neu eingewölbt. Sämtliche Fenster gehören dem Barock an, die Scheiben stammen von Ferdinand Koller (1905). Die Seitenaltäre wurden 1809 errichtet, am rechten befindet sich das Bild des heiligen Donatus, ebenfalls 1809. Am linken ist eine Verkündigung in der Art des Matthias Schiffer dargestellt.

Westempore: Sie besteht aus einem Kreuzgratgewölbe auf Rundsäulen, die Holzbrüstung ist vorgezogen und geschwungen. Die Orgel wurde 1885 von Carl Billich errichtet.

Alte Sakristei: Sie befindet sich südlich des Chores, ist kreuzrippengewölbt und mit einem gotischen Westportal versehen. Ein Rosenkranzbild ist bezeichnet mit "Fr. Krainer pin.[xit] 1846".

Turm: Der Westturm ist eingestellt und mit einem achtseitigen Spitzhelm versehen.

Donatuskapelle: Die ehemalige Donatuskapelle südlich des Turmes wurde unter Pfarrer P. Edmund Peimbauer (1745 - 1749) errichtet und laut Inschrift 1856 neu hergestellt. Später erfolgte die Umwandlung zur Krieger-

Der Innenraum der Pfarrkirche St. Stephan um 1900. Bei der Umgestaltung (vor 1974) wurden Teile der Inneneinrichtung (u. a. die Kanzel, rechts, mit Schalldeckel) vernichtet. (Archiv BDA Graz)

gedächtniskapelle, heute fungiert sie als Beichtkapelle. Die Wandmalereien stammen von Toni Hafner.

Zwar existieren Vermutungen, daß die Kirche erheblich älter sei als es die erste Nennung von 1390 nahelegt[3], doch möchte ich zunächst die Fakten referieren. Als solche sind in erster Linie die Angaben im Visitationsprotokoll der Pfarren und Klöster aus den Jahren 1544/1545 zu betrachten: "Sant Stephanns pharr bey der Muer ob Grätz. Die Stifter diser pharr sein die graven von Mondtfortt und Lennghaimer,

1 LGU, S. 306.
2 Grundlagen: BDA-Akten, Landeskonservatorat für Steiermark; Dehio, 1982, S. 143; R. List, 1976; C. J. Brandtner, 1991; H. Schweigert, 1979, S. 458 u. 485.
3 C. J. Brandtner, 1991, S. 112 glaubt "Teile des spätromanischen Kirchenbaues" zu erkennen und meint, die Kirche sei "sicher weit älter als die ersten urkundlichen Nennungen es uns aufzeigen." Von Teilen eines spätromanischen Kirchenbaus ist dem Bundesdenkmalamt nichts bekannt, eigene Nachforschungen in dieser Hinsicht blieben ergebnislos.

Innenraum der Pfarrkirche St. Stephan (in Richtung Orgelemphore) um 1900. Die Orgel (1885) stammt von Carl Billich. (Archiv BDA Graz)

auch Weissnegkh gewest."[4] Sollten diese Angaben im Visitationsprotokoll zutreffen, die Montforter also die Gründer der Kirche sein, so fiele dieses Ereignis zwischen 1373 und 1390 (erste Nennung der Kirche). 1373 deshalb, weil sich in diesem Jahr Johanna von Pfannberg und ihre Tochter Margarethe (sie besaß Peggau) mit den Grafen Wilhelm und Hugo von Montfort -Bregenz vermählten. Bis 1596 hatten die Montforter die Herrschaft Peggau und damit Güter in Gratkorn inne.[5]

Margarethe von Pfannberg dürfte eine sehr gläubige Frau gewesen sein, denn sie, die erste Gemahlin Hugos von Montfort, erbaute vor 1389 die Margarethenkirche in Peggau. Bemerkenswert dabei ist, daß auch in diesem Fall dem heiligen Stefan besondere Bedeutung zugemessen wurde, denn "ungefaehrlich trey wochen nach Sanct Margreten ist St. Stephan erfindung tag, alwo den negsten Sontag darnach wird bey diser Kuerchen [Margarethakirche] Kuerchweich gehalten, [...]."[6] - Interesse erweckt erstens der Termin des Kirchweihfestes einer Margarethakirche (Sonntag nach Stephani), weiters, daß hier nicht - wie üblich - der 26. Dezember als Gedenktag für den heiligen Stefan gilt, sondern der 3. August, an dem der Legende nach die Gebeine des Heiligen entdeckt wurden. Auch in St. Stefan / Gratkorn feiert man am 3. August das Patroziniumsfest. An diesem Tag wurde das Fest ursprünglich von den Lateinern gefeiert.[7]

Schließlich sei bei diesen Betrachtungen zum Stefans-Patrozinium in Gratkorn eines weiteren Montforters - ausgerechnet mit dem Namen Stefan - gedacht, der, direkt oder indirekt, ebenfalls an der Gründung der Stefanskirche in Gratkorn beteiligt gewesen sein könnte: Stefan von Montfort, verstorben 1437, der Bruder Hugos, stiftete 1436 ein Benefizium in der Frohnleitener Katharinenkirche. Im selben Jahr hatte er Stadeck zu Lehen erhalten.[8] Als Herren von Stadeck pflegten die Montforter auch zu St. Veit enge Beziehungen. So erscheint, noch vor den Laien ritterlichen Standes, als erster Zeuge für das Vermächtnis des Grafen Stephan von Montfort 1437 der Pfarrer von St. Veit eilends in Peggau.[9]

Fest steht nach all diesen Überlegungen nur, daß im Jahre 1390 die Kirche St. Stefan bereits bestand. Ob ein Vorgängerbau existierte, ob dieser von den Velgauern oder Luegern als Eigenkirche initiiert wurde, ob es auf Velgau oder Lueg Kapellen gab, das muß Spekulation bleiben, solang archäologische Funde und Befunde sowie kunstgeschichtliche Untersuchungen zum Baualter ausstehen.

Den ersten Hinweis auf die Stellung St. Stefans als Pfarre überliefert eine Mitte des 19. Jahrhunderts angelegte Urkundensammlung des Reiner Stiftsarchivars Pater Alanus Lehr. Im Jahre 1453 wird ein "plebanus ad S. Steffanum ultra flumen muram"[10] genannt, also ein Geistlicher bei Sankt Stefan jenseits der Mur. Dies ist der erste urkundliche Nachweis einer Pfarre St. Stefan. Diese Pfarre umfaßte die heutigen Katastralgemeinden Kirchenviertel, Freßnitzviertel, Forstviertel und Friesach-St. Stefan. Die nördliche Pfarrgrenze verlief durch Friesach, die südliche deckte sich wohl mit dem Dultbach als Peggauer Gerichtsgrenze. Unklarheiten gab es lediglich über die Nordgrenze. Genaueres darüber erfahren wir aus einem Friesach betreffenden Grenzstreit des Jahres 1523:

"Wuer Johann Abt zu Rain, bekhennen vor unß und unsere nachkummen ofentlich mit dem brief, und thuen kunt allen, den er fuerkambt oder verloesen

4 R. K. Höfer, 1992, S. 211.
5 ADS, III, S. 801ff; R. Baravalle, 1961, S. 166; H. Ebner, 1981, S. 127.
6 ADS, III, S. 809. Zur Baugeschichte vgl. auch Dehio, 1982, S. 354.
7 O. Wimmer, 1959, S. 452.
8 H. Grote, 1877, S. 120; ADS, III, S. 803f; R. Baravalle, 1961, S. 180.
9 Kop. 5556a (LA); vgl. auch K. Amon, 1980, S. 86.
10 A. Lehr, II, S. 393.

Pfarrkirche St. Stefan (Turm) um 1965. (Archiv BDA Graz)

wird, daß vorkommen seind die Zechleit zu S. Margarethen ob den Dorf zu Pekach, und die zu S. Stephan in Gradkorn, und gaben unß zu vernehmen, daß zwischen ihnen ichtes irrung und zwietracht hielten wegen der pfarrschidung, daß das dorf Friesach in der leidigen Pest von Gsoell-briester in Gradkorn were eroettet worden, so sonsten uralters gegen Pekach gepfart gewessen, und jezher in kriegs laufen noch von S. Stephan gepfart wurde. Item wurde ungleich abgenohmen, theilß gaben gar nichts mehr, [...]."[11] - Ein Geistlicher aus St. Stefan hatte also während Kriegs- und Pestzeiten, gemeint ist wohl die Zeit um 1480, die Betreuung Friesachs übernommen. Der Reiner Abt Johannes IV. Lindenlaub entschied wie folgt: "[...], also haben wir auf vil raeden und widerraeden den entschidt gethan, und sie verraint, daß kinftig die leichen von dorf gen S. Stephan zu bestaetten verbleiben, darvon sie die samblung versbrochen; dem pfarrer zu widerkehren wir den schaden, daß er seine pfrinden erhalten kan, und ist begniegt worden, lauth der bekantnuß, so urbari ist."[12]

Gotisches Sakristeiportal der Kirche St. Stefan. (Foto I. Mirsch)

Schließlich legt der Reiner Abt die Südgrenze der Pfarre Peggau / Deutschfeistritz, also die Nordgrenze der Pfarre St. Stefan, fest: "[...] an Sembriach weg hinein biß an Roetßbach, und fuerbaß zuruck nacher Bach biß an Billemach und Oberfriesach zur Marter und unterndorf zur neuen Marter und gradt uebers Feld gen der Radl mill."[13]

St. Stefan wurde um 1450 als "Ewiges Vikariat" aus der Pfarre Gratwein ausgeschieden, ohne jedoch die Zugehörigkeit zu Gratwein zu verlieren. Über die Kirche und Pfarre von St. Stefan übte die Pfarre Gratwein Vogteirechte aus, auch stand das Vorschlagsrecht für den Pfarrvikar, der schließlich durch den Bischof von Seckau bestätigt wurde, der Mutterpfarre Gratwein zu. An dieser Situation änderte sich nichts bis zu Beginn des 17. Jahrhunderts. Im Zuge eines Tausches übergab der Erzbischof von Salzburg am 28. April 1607 die Pfarre Gratwein dem Stift Rein, bereits am 6. April hatte der Reiner Abt Matthias Gülger dafür das Kloster der Zisterzienserinnen in Friesach in Kärnten an den Salzburger Erzbischof abgetreten.[14] Durch diesen Tausch erfuhr die Pfarre Gratwein, eine der Urpfarren des Landes und seit 1436 Sitz des Archidiakons der Unteren Mark, eine empfindliche Herabsetzung. Mit der Aufnahme in den Reiner Klosterverband wurde Gratwein auf die Stufe eines Pfarrvikariates gestellt. Es verlor alle Untertanen an Rein, den Pfarrzehent, weiters die Patronats- und Präsentationsrechte. Die Tochterpfarren, so auch St.

11 ADS, III, S. 811f.
12 Ebenda.
13 Ebenda.

Seit 28. April 1607 gehört das Pfarrvikariat St. Stefan zum Stift Rein. - Das Stift um 1870. (Ansichten, 1870. S. 203.)

Stefan, wurden in der Folge mit Reiner Ordensgeistlichen besetzt.
Territoriale Veränderungen für die Pfarre St. Stefan brachte 1782 die Pfarregulierung Kaiser Josephs II. mit sich. Während ein Großteil der Pfarre Gratwein in sieben Pfarren aufgesplittert wurde, erhielt das Vikariat St. Stefan von der Pfarre St. Veit 17 Häuser in Schattleiten.
Streitigkeiten mit der Pfarre Deutschfeistritz führten im Jahre 1929 zur Abtrennung von zwei Häusern an diese.[15]

Seine wirtschaftliche Absicherung erfuhr das Pfarrvikariat St. Stefan in erster Linie durch die Kirchengült, eine kleine Grundherrschaft, die bescheidene Zinserträge abwarf. Die Pfarrgült besaß im Gegensatz zu einer weltlichen Grundherrschaft keine Burg, keine Gerichtsbarkeit, keinen Wildbann etc. Die Gült bezeichnet in diesem Fall die Summe aller Leistungen, die von den untertänigen Bauern der Pfarre, dem Pfarrhof oder dem Pfarrer erbracht werden mußten. In St. Stefan waren dies die Pfarrgült und die Kirchengült.[16]
Die Kirchengült St. Stefan betrug 1730 (bzw. 1758) ein Pfund, fünf Schilling 12 ¾ Pfennig Rustikale, zwei Gulden, fünf Schilling 28 Pfennig Dominikale. Dazu kamen 20 Tage Robotleistung mit Kost. Zum Pfarrhof gehörten 24 Joch, 1427 Quadratklafter (75.512 Quadratmeter) Grundbesitz, im einzelnen dienten im Jahre 1832 (FK) folgende Höfe der Kirche oder dem Pfarrhof:

vulgo Dorfweber
Kirchenv., Bau-Parz. Nr. 13
Kirchengült St. Stefan

Payrbauer (Paarbauer)
Kirchenv., Bau-Parz. Nr. 20
Pfarrhof St. Stefan

Zaufenweber
Kirchenv., Bau-Parz. Nr. 21
Pfarrhof St. Stefan

Leitenpoldl
Kirchenv., Bau-Parz. Nr. 61
Pfarrhof St. Stefan

Bergjörgl
Forstv., Bau-Parz. Nr. 2
Kirchengült St. Stefan

Sternschuster
Forstv., Bau-Parz. Nr. 14
Kirchengült St. Stefan

Zur Pfarrhofgült dienten sechs Untertanen mit einem Pfund, einem Schilling, 28 Pfennig. Weitere Einkünfte des Pfarrvikariates setzten sich aus den Stolgebühren für Gottesdienste und andere geistlichen Leistungen, dem Beichtkreuzer für die Osterbeichte, dem Zehent und aus diversen Naturalabgaben zusammen.

Im Jahre 1763 umfaßte die Pfarrpfründe folgenden Grundbesitz:

1. Die "Leiten", auch "Baumgarten" genannt, der Obstgarten hinter dem Pfarrhof. Diese Leiten bestand wohl aus einem kleinen Akker, dem nachmaligen Hausgarten, und einer dazugehörigen Wiese.
2. Das kleine "Stiftsäckerl bei dem alten Birnbaum", zwischen dem Kogleracker und dem Pucheracker gelegen, wahrscheinlich der Friedhofsacker unter dem Stallgebäude.
3. Der "Kreuzacker" beim Donatikreuz, der bereits damals des öfteren durch Unwetter versandet wurde.
4. Der "Wagneracker" nächst der Reichsstraße.
5. Der "Zaufenacker".
6. Die "Zaufenwiese" brachte 1 ½ Fuhren Heu.
7. Die "große Wiese" warf drei Fuhren Heu ab.
8. Zur Pfründe gehörte auch ein kleiner Wald, aus dem jährlich etwa sechs Klafter Brennholz für den Eigenbedarf geschlägert werden konnten, ohne diesen jedoch völlig abdecken zu können. Der Viehbestand des Pfarrhofes belief sich durchschnittlich auf ein Pferd, zwei Ochsen, drei Kühe, bzw. auf höchstens zwei Kühe und vier Ochsen. betreut wurde dieser Wirtschaftskörper von einer Köchin, zwei Dienstmägden und zwei Knechten. Das Einkommen des damaligen Pfarrvikars bestand aus der Naturalsammlung, die jedoch nie zur Gänze abgeführt wurde, weiters aus den Stolgebühren, aus den Beichtkreuzern und aus den Erträgnissen der Grundstücke.

14 Urkunde, AR, ediert bei A. Weis, 1886, S. 77f. Vgl. dazu auch C. J. Brandtner, 1979, S. 175f.
15 C. J. Brandtner, 1979, S. 176; C. J. Brandtner, 1980, S. 10f u. 13f.

"SIGIL[LUM] PAR[OCHIA] S[ANCTI] STEPHANI IN GRADTKORN" aus dem Jahre 1794. (APG)

Schmerzhafte Muttergottes (Stein, Beginn 18. Jh.) auf dem alten Friedhof von St. Stefan. (Foto I. Mirsch)

Die Naturalsammlung brachte dem Pfarrer im Jahre 1763 204 Maßl (1254,6 l) Korn, 173 Eier und 274 Stück Käse, bzw. das entsprechende Ablösegeld. Das Maßl Korn entsprach dabei 24 Kreuzern, 13 Stück Eier drei Kreuzern und das Stück Käse 13 Kreuzern. Die Gesamtsumme hätte sich demnach auf 48 Gulden sechs Kreuzer für Korn, drei Gulden 63 Kreuzer für Eier und 35 Gulden 62 Kreuzer für Käse, - zusammen also 88 Gulden 21 Kreuzer belaufen müssen. Tatsächlich waren jedoch nur 28 Gulden 36 Kreuzer für Korn und 13 Gulden für Käse und Eier, zusammen also 41 Gulden 36 Kreuzer, also nicht einmal die Hälfte, zu verzeichnen. Nach altem Brauch hatte übrigens der Schulmeister im Bergland für die Einbringung der Naturalabgaben zu sorgen, in der Ebene erledigte dies der Pfarrer von St. Stefan selbst. Lediglich die Garben hatte auch hier der Schulmeister einzubringen. Der Zehent trug dem Pfarrer etwa 90 bis 100 Schober (ein Schober entsprach etwa 60 Getreidegarben) an Weizen, Hafer und Korn ein, was einem Geldwert von etwa 60 Gulden entsprach. Dieser Zehent kam ursprünglich dem Stift Rein zu, er wurde jedoch vom Stift als "gratiale pro honestiori sustentiane" überlassen, was in etwa einem Sondervermögen des Pfarrers entsprach. Laut einer Rektifikation trugen die zum Pfarrhof gehörenden Grundstükke 45 Gulden und 45 Kreuzer ein. Die Stolgebühren, ausgenommen Ämter und Messen, betrugen 35 Gulden, Einkünfte aus dem Beichtkreuzer 21 Gulden. Den Beichtkreuzer erhielt der Beichtvater hauptsächlich bei der Osterbeichte.

Das durchschnittliche Einkommen eines Pfarrvikars in St. Stefan gliederte sich um die Mitte des 18. Jahrhunderts somit wie folgt auf:

Beichtkreuzer
21 Gulden

Stolgebühren
35 Gulden

Kornsammlung
28 Gulden 36 Kreuzer

Eier- und Käsesammlung
13 Gulden

Ertrag aus Grundstücken
45 Gulden 45 Kreuzer

Zehent
60 Gulden

Um die weiteren wirtschaftlichen Grundlagen des Pfarrhofes sicherzustellen, war der Pfarrer zum Abschluß von Verträgen berechtigt, die eine ausreichende Versorgung des Pfarrhofes mit Wasser, Holz etc. gewährleisteten. So etwa wurde im Jahre 1796 zwischen dem Pfarrer Benedikt Hochkofler und den Bauern Andreas Dorn (vulgo Kirchenstrobl) und Thomas Staudegger (vulgo Diwaldschneider) ein Vertrag abgeschlossen, der die Wassernutzungsrechte des Pfarrhofes regelte. Die beiden Bauern verpflichteten sich zur Errichtung eines Brunnens und zur Verlegung der Brunnenröhren bis zum Pfarrhof. Dafür mußte Andreas Dorn anstatt zwei gehäufter "Grazer Maßeln" Korn und zwei Käselaibe jährlich nur ein Maßel Korn an den Pfarrer abzuführen; Thomas Staudegger anstatt eines gehäuften Maßels Korn und zwei Laiben Käses nur die zwei Käselaibe.
Mit den Reformen des Jahres 1848 und mit der Auflösung der Grundherrschaften, änderten sich auch die wirtschaftlichen Grundlagen des Pfarrvikariates St. Stefan. Im Jahre 1878 wurde die Pfarr- und Mesnersammlung durch Geldabgaben abgelöst. Jeder Grundbesitzer hatte, je nach Größe und Ertrag seines seines Bodens, einen festgesetzten Betrag zu entrichten. Dieses System wurde, vereinfacht ausgedrückt, erst durch die Einführung des Kirchenbeitrages abgelöst.

16 In der Folge: APG; DA; C. J.

Die Reiner Pfarren bis 1786.
(C. Brandtner, 1979, S. 182)

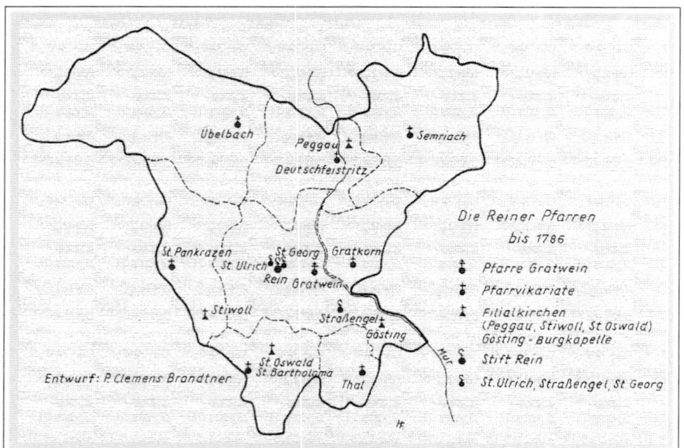

Die Reiner Pfarren seit 1786.
(C. Brandtner, 1979, S. 182)

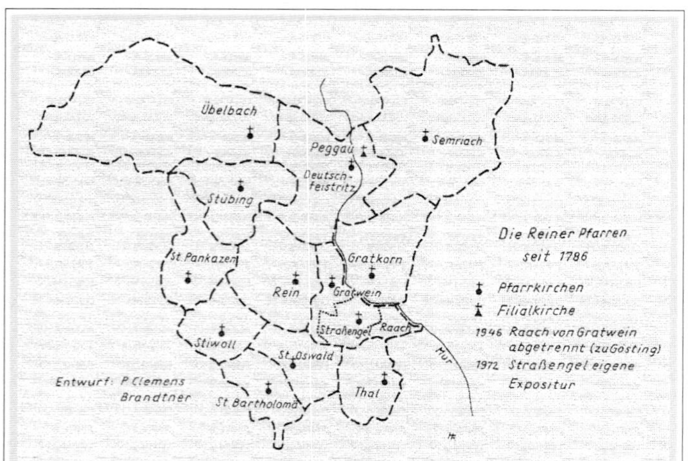

Die Pfarrvikare von St. Stefan

1468	Peter
1508	Kaspar
1528	Wolfgang Raster
1542	Niklas Hopfner
1545	Michael Schnyppel
1592 - 1601	Michael Khulbmair
1601 - 1614	Johann Jakob Schober
1630	Rupert Eckhart
1637	Christoph Suter
1639	Christoph Feldner
1643	Mathias Petrus Fartigung
1664	Johann Friedrich Schaller
1664 - 1667	Wolf Beixer
1667	Otto Steiner
1670 - 1679	Engelbert Suppan
1676	Johann Flamic
1679 - 1683	Johann Flamic
1687	Wilhelm Gruber
1683 - 1694	Udalrich Tugaschl
1694 - 1697	Wilhelm Gruber
1697 - 1707	Johannes von Kuelbrunn
1707	Udalrich Tugaschl
1707 - 1713	Rudolf von Pranckh
1713	Nivard Pekl
1713 - 1717	Alanus Wierth
1717 - 1724	Amand von Rettenfeldt
1724 - 1726	Anselm Vogl
1726 - 1733	Cölestin Tanzenberg
1733 - 1735	Ägid Härmb
1735 - 1745	Amand von Rettenfeldt
1745 - 1749	Edmund Paimbauer
1749 - 1753	Amadeus Mausenberger
1753 - 1757	Josef Spitzhofer
1757 - 1760	Bernhardin Lux
1760 - 1771	Bonifaz Sembler
1771 - 1795	Chrysostomus Hinteregger
1795 - 1800	Benedikt Hochkofler
1800 - 1810	Gerarde Angelis
1810 - 1812	Nivard Schwarz
1812 - 1814	Eugen Zauchenberg
1814 - 1841	Franz Mayerhofer
1841 - 1849	Ferdinand Emmert
1849 - 1853	Rudolf Stangl
1853 - 1856	Josef Winterleitner
1856 - 1873	Anselm Schreiber
1873 - 1875	Columban List
1875 - 1888	Isidor Summer
1888 - 1893	Leopold Pöschl
1893 - 1904	Viktorin Kodritsch
1904 - 1919	Kajetan Baumhackl
1919 - 1927	Maximilian Hasiba
1927 - 1947	Konrad Varjacic
1947 - 1950	Altman Dehmer
1950 - 1951	Ivo Wirthmann
1951 - 1955	Odilo Ronig
1955 - 1973	Eberhard Katzbauer
1973 - 1979	Josef Ilias
1979 - 1982	Clemens Brandtner
seit 1982	Paulus Kamper

Am 11. Dezember 1960 erfolgte die Weihe der evangelischen Kirche Gratkorn. Bis dahin war der evangelische Gottesdienst in einer Baracke der Papierfabrik abgehalten worden. (AG)

Söhne von steirischen Adeligen und hohen Beamten, die an protestantischen deutschen Hochschulen studiert hatten, brachten die Grundlagen der Lehre des Reformators Martin Luther ins Land. Schnell hatte ein Großteil der steirischen Adeligen die neue Lehre angenommen und auch das Volk erwartete sich nicht zuletzt soziale und wirtschaftliche Verbesserungen. Die katholische Kirche wandte sich freilich gegen die neuen Lehren und schickte vorerst eine Kommission aus, um die Lage im Land zu erkunden.[1]

Am 14. Juli 1528 kam die Visitationskommission nach St. Stefan ("Sand Steffan"). Dort waren der Vikar Wollffgang Rasoris, Michael Schnyppel, die Amtmänner Reuprecht Gälee, Hanns am Hoff und Mert Anglar sowie die Zechmeister Wallthasar am Puhel und Peter in der Awn erschienen. Die Kommission stellte rein gar nichts fest und notierte ins Protokoll: "haben khain irrung glauben halben und den gemain abschidt."[2]

So könnte man also meinen, daß in St. Stefan die Lehren Martin Luthers nicht den geringsten Anklang gefunden hätten. Ein Blick in die umliegenden Pfarren und besonders in die Pfarre Gratwein, zu der St. Stefan damals gehörte, bietet ein anderes Bild, sodaß der Verdacht nahe liegt, die Kommission wäre entweder einem Schwindel aufgesessen oder sie hätte aufgrund ihrer übereilten Arbeitsweise einiges übersehen. In Gratwein, der Mutterpfarre von St. Stefan, bekannte etwa der Vikar Yppolitus Hiettennstainer, daß er selbst "etlich tractatl des Lutherß kaufft hab" [3]. Gleiches gab auch ein Gesellenpriester zu Protokoll. Und in Sankt Veit am Aigen (heute Pfarre Graz - St. Veit) wollte gar der Pfarrer "nit gesteen, das er wider die jungkhfraw Maria nach wider das gepet der tagzeyt predig habe."[4] Weiters kam zutage, daß der in der ganzen Umgebung bekannte Grazer lutherische Prediger Herr Prokop Huschimhey in St. Veit predigte. Zahlreiche weitere Personen gaben Aussagen zu Protokoll, die doch auf ein manifestes reformatorisches Element im Gratkorner / Gratweiner Becken schließen lassen.[5]

Nach wechselvollen Perioden, die hier nicht näher zu erläutern sind, holte Ferdinand II., im streng jesuitischen Geist erzogen, im Jahre 1598 zum ersten großen Schlag gegen die Protestanten aus. Am 16. und 17. März des Jahres 1600 hielt sich eine Reformationskommission innerhalb der Herrschaft Peggau auf. über Aktivitäten in St. Stefan verraten die Quellen nichts. In Peggau jedenfalls verfuhr man folgend: "[...] und weil zu Becka [Peggau] ein Lutherische Capell an die Catholische Kirchen angebaut worden, haben sie solche eingefellt und zerstöret. Inn dem Fürstlichen marckt Fronleutten, seynd sie bemeldten tag einkom-

1 Vgl. E. Ch. Gerhold, 1996, S. 15ff.
2 VP 1528, pag. 69 (S. 187).
3 VP 1528, pag. 66' (S. 181).
4 VP 1528, pag. 71 (S. 190).
5 VP 1528, pag. 71ff (S. 190ff).

men, und folgenden, welcher war der 17. Matij, die Burgerschafft, nach gehaltner Bischofflicher Exhortation [Ermahnung], examiniert [geprüft], beaydigt, und mit angehendigter Instruction versehen. Unnd der Sectischen Bücher über die 200. stuck in Brandt gesteckt."[6]
Um 1620 war das Schicksal in der Steiermark endgültig besiegelt.
Lassen sich auch durch schriftliche Quellen Protestanten in Gratkorn kaum nachweisen, so verdient in diesem Zusammenhang ein am 25. und 26. März 1872 in der Gemeinde St. Stefan am Gratkorn, KG Kirchenviertel, getätigter archäologischer Fund Beachtung. In etwa 0,9 m Tiefe kamen in West - Ost - Orientierung fünf Skelette mit Beigaben aus dem 16. bis 18. Jahrhundert zutage, nämlich "1 kleines Medaillon mit Glasscheiben, dazwischen ein Papierstreifen mit dem Johannis-Evangelium bedruckt, mehre[re] blaue Glasperlen, alles mit Menschengerippen und Nägeln gefunden nächst der Gratweiner [!] Papierfabrik, Geschenk der Directon von Leykam-Josephsthal."[7]
Laut Archäologischer Landsaufnahme befände sich der Fundort beim "vulgo Bachschuster, Haus Nr. 2"[8]. Dies entspricht nicht den Tatsachen, der Fundort ist beim vulgo Bergschuster, auch Lueggschuster genannt, (Bauparz. Nr. 68), zu lokalisieren, der genau an den alten Werkskanal grenzt.[9]
Es könnte jedenfalls gut möglich sein, daß diese Gräber als Reste eines protestantischen Friedhofes anzusprechen sind.
Nach den Epochen des Geheimprotestantismus und der Toleranz brachte erst das "Protestantenpatent" von 1861 die Gleichberechtigung der Protestanten. Im Jahre 1899 feierte der Grazer Pastor Eckardt in der alten Werksrestauration der Papierfabrik den ersten protestantischen Gottesdienst, am 11. Dezember 1960 erhielt Gratkorn - mit damals etwa 400 Protestanten - eine protestantische Kirche, zu deren Eröffnung sogar Vizekanzler DDr. Bruno Pittermann erschienen war. Nachdem Pastor Gerhold aus Graz, seit 1987 Superintendent der Diözese A. B. Steiermark und Vizepräsident der Generalsynode der Evangelischen Kirche A. und H.B. in Österreich, die Schlüssel zur Kirche dem Ortsgeistlichen Koch aus Peggau übergeben hatte, hielt man den Einzug und vollzog die Weihe.[10]

6 J. Rosolenz, 1607, S. 43. Darauf bezieht sich auch A. J. Caesar, 1802, S. 47 und 80f.
7 J. J. 1872, 1873, S. 29.
8 ALA/Gratkorn 674-222/2
9 FK 163 (LA).
10 E. Ch. Gerold - J. G. Haditsch, 1996, S. 182 u. 185f; E. Hütter, 1960.

Das Überfuhrunglück

Die alte Überfuhr beim heutigen Überfuhrweg. Beim Kentern einer solchen "Plätte" am 18. Mai 1875 verloren hier 98 Menschen ihr Leben. (LMJ, Bild- und Tonarchiv, PL 11468)

Der wohl schwerste Unglücksfall in der Geschichte der Gemeinde ist eng mit der Kirchengeschichte verbunden und ereignete sich im Verlauf der Pfingstprozession vom 18. Mai 1875. Beim Übersetzen über die leicht howasserführende Mur kenterte das Floß, wobei 98 Menschen in den Fluten den Tod fanden. Das Grazer Volksblatt vom 21. Mai schildert den Hergang des Unglücks ausführlich in Manier der Sensationsberichterstattung:

"St. Stefan am Gratkorn, 19. Mai. (Orig.-Korr.) Ueber das schreckliche Unglück, welches die hiesige Wallfahrerschaar bei ihrer Überfahrt über die Mur am 18. d. M. getroffen hat, theile ich Ihnen mit, was ich theils von Augenzeugen, theils von solchen, welche sich gerettet, erfahren habe. Ich selbst war nicht dabei.

Die Prozession, welche um halb 7 Uhr von St. Stefan auszog, war zahlreicher als sonst. Die Bewohner der hiesigen Gegend haben eine besondere Vorliebe für Straßengel, daher wurde diese Kirche auf ihren Wunsch auch diesmal als Ziel der Wallfahrt ausersehen. Wegen des kurzen Weges wurde schon seit längerer Zeit jedesmal von der Wallfahrerschaar die in der Nähe der Murmühle befindliche 'Überfuhr' benützt. Obgleich der Wasserstand diesmal ein ziemlich hoher war, dachten doch die wenigsten an eine Gefahr.

Bereits hatten zwei Abtheilungen, worunter sich auch der Herr Kaplan mit zwei Ministranten befand, mittelst des auf zwei Kähnen ruhenden Fahrzeuges die Mur übersetzt. Beim dritten Einsteigen entstand ein Gedränge, die aufgestellte Dienstmannschaft vermochte es nicht zu hindern, daß bei weitem mehr Personen einstiegen, als nach der Vorschrift gestattet war. Wie zuversichtlich behauptet wird, soll dann das Fahrzeug von fremder Hand voreilig vom Lande gelöst worden sein, bevor noch das Ruder richtig gestellt war. Die Kähne kamen in eine Stellung, in welcher die Wasserfluthen den stärksten Druck ausübten. Kaum einige Klafter vom Ufer entfernt, senkte sich auch schon das Fahrzeug an der vorderen Seite, und ließ viel Wasser in die Kähne eindringen. 'Zurück' hieß es; doch im nächsten Augenblicke brach in Folge der Überladung und des eingeströmten Wassers unter weithin hörbarem Gekrache eine von den starken Ufersäulen. Das Fahrzeug sinkt noch tiefer, macht sich von dem aus der Befestigung gerissenen Drahtseile los und wird schnell abwärts getrieben. Welche Verwirrung, welcher Schrecken und Jammer auf dem Wasser und an den Ufern da herrschte, läßt sich nicht beschreiben. Der Hilferuf und das Jammergeschrei von Kindern, zumeist Mädchen und Erwachsenen, wurde weithin bis in die Kirche von Straßengel gehört.[!]

Die am Ufer Stehenden möchten zu Hilfe eilen, allein bis sie auf Umwegen dem Flusse folgen, sind die Unglücklichen schon ihren Blicken entschwunden. Nur einem Fleischergesellen von Judendorf gelingt es, auf einem Gespanne die Weinzierlbrücke rechtzeitig zu erreichen, wo von den Daherschwimmenden mehrere mittelst Stricken und einer Leiter gerettet wurden.

Die auf dem Fahrzeug Befindlichen, bis zu den Händen hinauf im Wasser stehend, fest aneinander geklammert, alle betend, mitten in der Schaar der Herr Pfarrer, mochten stets von der Hauptströmung fortgerissen, ungefähr eine Viertelstunde weit abwärts getrieben haben, als das Fahr-

1 Grazer Volksblatt vom 21. Mai 1875.

Beim Gratkorner "Überfuhrunglück" am 18. Mai 1875 erwies sich die Weinzöttelbrücke als lebensrettend: "Wem es gelang, der erfaßte einen Balken, oder klammerte sich an die Ruderstange; viele stürzten in die Fluthen, mehrere fuhren in den mit Wasser gefüllten Kähnen bis zur Weinzierlbrücke, wo diese an einem Joche aufgehalten wurden."
(Sammlung Horst Ziegler)

zeug plötzlich einen heftigen Stoß erhielt. Jetzt gingen seine Dielen und Balken nach allen Seiten auseinander. Wem es gelang, der erfaßte einen Balken, oder klammerte sich an die Ruderstange; viele stürzten in die Fluthen, mehrere fuhren in den mit Wasser gefüllten Kähnen bis zur Weinzierlbrücke, wo diese an einem Joche aufgehalten wurden.
Unter denen, welche sich mittelst eines Balkens nach fast zweistündigem Kampfe mit den Wasserfluthen , wobei sie zu wiederholtem Male in die Tiefe gerissen wurden, retteten, befindet sich der Herr Pfarrer, welcher in der Nähe des Steinbruches bei Schattleiten an das Ufer gelangte. Lange Zeit hatten sich an seinem Halse Kinder angeklammert, bis sie von den Wellen weggeschwemmt wurden. Zwei Personen retteten sich noch zugleich mit ihm. Haarsträubend soll es für die noch Lebenden gewesen sein, als sie bereits zu beiden Seiten neben sich die Leichname, Kopf und Füsse abwärts gekehrt, schwimmen sahen.
Die Zahl der Todten und Geretteten ist bis zur Stunde, wo ich dieses schreibe, Donnerstag, 20. Mai, noch nicht konstatirt. Einige meinten daß bei 30 Personen gerettet worden, und gegen 80 Personen, hauptsächlich Frauen und Mädchen den Tod gefunden hätten. In der hiesigen Gegend wurden 10 Leichen aus dem Wasser gezogen, wovon 9 in St. Stefan in Gratwein [!] beerdigt wurden. Aus dem Pfarrhofe fanden 3 Personen den Tod. Aus einem Hause Vater und Mutter, aus einem anderen 3 Töchter, aus einem dritten die Mutter von 7 zurückgelassenen Kindern.
Welche Stimmung nach solchem Unglücke unter der Bevölkerung herrscht, kann sich Jedermann leicht vorstellen. Hoffen wir, daß sowohl die christliche Nächstenliebe das hereingebrochene Elend nach Kräften mildern als auch die Resultate der eingeleiteten Untersuchung die Gemüther in etwas beruhigen werden."[1]

Von den 150 Wallfahrern, die sich zum Zeitpunkt des Unglücks auf der Fähre befanden, fanden 101 den Tod in der Mur. In der Folge wurden gegen den Pfarrer von St. Stefan, Pater Columban List, zahlreiche Vorwürfe erhoben. Auf Verwunderung stieß in erster Linie die Tatsache, daß, noch dazu bei hohem Wasserstand, nicht die lediglich 1 Kilometer entfernte Brücke beim Fischerwirt benutzt wurde. Die amtliche Untersuchungskommission fand jedenfalls kein schuldhaftes Verhalten des Pfarrers, ein Teil der Opfer wurde am alten Friedhof in St. Stefan, neben der Kirche, begraben, - der Tag ging als schwärzester in der Geschichte St. Stefans in die Annalen ein.

Wegkapellen, Bildstöcke, Wegkreuze und Bildbäume[1]

Name	Lage	Geschichte
Mathesbauer - Kapelle	Dorf Friesach	1866 (nach älterem Vorgängerbau) errichtet, 1958 restauriert. Tonnengewölbe, Fenster neugotisch, Dachreiter mit zwei Glocken. Altarbild: Gottesmutter Maria. Statuen: Marienstatue, hl. Josef, hl. Leonhard; Standbilder der hl. Florian und Antonius von Padua. Vortragskreuz und zwei Brautkronen (Erinnerung an Überfuhrunglück v. 18. Mai 1875)
Bartlbauer - Kapelle	Eggenfeld / vulgo Bartlbauer	Alte Dorfkapelle. Türmchen mit zwei Glocken. Altarbild: Muttergottes mit Kind.
Faibl - Kapelle	Weiler Jasen	1888 von Franz und Cäcilia Perl (vulgo Faibl) errichtet. Vorgängerbauten: um 1750 Kreuz unterhalb des Hofes Faibl ("Kreuzacker"); 1790 erster Kapellenbau durch Bartholomäus Faibl, 1859 restauriert, 1870 Zubau des Turmes mit Glocke. Große Glocke von Johann Preitler vulgo Lenzbauer. Geweiht unter dem Titel "Maria, die Hilfe der Christen". Altarstatue, Pestheilige (Schutzpatrone) Rochus und Sebastian, Evangelisten Johannes und Markus (alle vor 1790).
Lourdes - Kapelle	Dult (beim Kloster)	Weihedatum 14. Juni 1913. Gemauert und mit Türmchen (Glocke) versehen. Darstellung der Lourdes - Grotte in der Kapelle, Statue der Gottesmutter, davor Bernadette.
Wegkapelle Wörth	Wörth / Lindenhof	19. Jahrhundert. Neugotische Elemente. Über kleinem Altar Relief der Marienkrönung, umgeben von sieben Engeln. Holzstatuen der hll. Rochus und Sebastian.
Wegkapelle Hollackner	Freßnitzviertel	Vermutlich 1893 errichtet. Statue der Maria mit Kind, Statuen der hll. Florian und Antonius.
Wegkapelle Hauslbauer	Freßnitzstraße, Kreuzung Weißeggerhof - Hauslbauer	Gegenwärtige Kapelle (größerer Bau mit offenem Vorraum) 1950 aus Dankbarkeit für glückliche Heimkehr aus dem Krieg errichtet. Gedenkstätte für die Gefallenen der Umgebung.
Wegkapelle Kampl	Gehöft vulgo Kampl	Errichtung um 1910. Kleiner Altar mit Statue der Schmerzensmutter.
Wegkapelle Dorn	Gehöft vulgo Dorn	Dem Typus nach ein Bildstock. Geschnitzte Kreuzigungsgruppe.
Lourdes - Waldkapelle (Wegkapelle)	Dult, zwischen ehemaligem Männerkloster und vulgo Reinisch. 1938 errichtet.	Darstellung der Lourdesgrotte mit Muttergottesstatue.
Wegkapelle	Haus Kirchenviertel 40 (Dult)	Ursprünglich vermutlich Dreifaltigkeitskapelle oder der schmerzhaften Muttergottes und den hll. Rochus und Sebastian geweiht.
Donatus - Wegkapelle	Donatiweg / Anton Kamper Weg	Barockzeitlicher Bau. Geweiht dem Wetterpatron Donatus. Kreuz, Statuen und Bilder im Innenraum. Zekaneller - WegkapelleKapellenweg Ursprünglich dem "Herrgott auf der Wies" geweiht. Am Altar Statue Maria mit dem Kind.
Wegkapelle Lanz	Gehöft vulgo Lanz, Forstviertel 13.	Einfache Kapelle ohne Apsis. Lourdesstatue als Hauptbild.

Wegkapellen, Bildstöcke, Wegkreuze und Bildbäume[1]

Name	Lage	Geschichte
Bildstock Luckner	Hauswirtschaftsschule Friesach	Vermutlich über einem Pestgrab errichtet
Bildstock Friesach	vor Haus Rumpl	Zwei Marienstatuen in Mauernische
Bildstock Wörth	zwischen den Brunnenanlagen der Stadtwerke, Feldbauerweg	Erstes Drittel 17. Jh.? Ehemals: Hauptnische: Kreuz mit schmerzhafter Mutter Gottes, darunter Grablegung. Seitennischen: hl. Stefan und hl. Donatus.
Bildstock Depner	Eggenfeld, Haus Depner	1920 von Mathias Hasenhüttl errichtet. Tafeln mit Namen der Gafallenen der beiden Weltkriege.
Bildstock Finster	Gratkorn, Grazerstraße gegenüber Gendarmerie	"Finsterkapelle". 1955 um drei Meter zurückversetzt. In der Nische ein Kreuz.
Bildstock Ritter	Haus Ritter an der Dultstraße	"Klostermarterl". Pfeiler mit Tabernakel und Marienbild. Um 1912 von den Barmherzigen Schwestern des Dultklosters als Dank für einen glücklich verlaufenen Verkehrsunfall.
Bildstock Dult	Dultstraße vor Kloster	"Dult - Marterl" zum Gedenken an den am 11. Mai 1956 verunglückten Verwalter Franz Lang. Pfeiler mit aufgesetztem Tabernakel und Kreuz.
Bildstock Dultfriedhof	nFriedhofseingang Dult	1978 von Frau Skalla errichtet. Hölzerner Bildstock mit Muttergottesbild.
Bildstock Kreuzschuster	an der Pfarrgrenze beim Kreuzschuster	Auf alten Grenzstein zurückzuführen? Nische mit Kreuz; linke Nische hl. Florian, rechte Maria mit Kind.
Bildstock Kogler	beim vulgo Kogler	Bildstock in zwei Stockwerken. Obergeschoß links hl. Petrus mit Hahn und Schlüssel, in der Mitte hl. Dreifaltigkeit, rechts Bischof (hl. Martin?) mit bittendem Mann. Untergeschoß: links Josef mit Kind; Mitte: Maria mit Kind, hl. Anna, hl. Joachim, hl. Barbara (?); rechts: Frau, hl. Florian (?).
Bildstock Rinnerhofer	Rinnerhofer, am Bach, auch "Bäckenkreuz"	Vermutlich Pesterinnerungskreuz, früher mit Darstellung der Kreuzesabnahme sowie der pestheiligen Sebastian und Rochus. Heute Darstellung der Stadt Jerusalem und des hl. Geistes.
Bildstock Gschirregger	Straße beim vulgo Gschirregger	?
Bildstock Sommer	Gemeindestraße gegenüber Hof Sommer	Hauptnische, Grabnische und kleine Nische im Giebel. Früher Darstellung der Kreuzabnahme und Grablegung.

Außer diesen sakralen Bauten befinden sich auf Gemeindegebiet noch zahlreiche Wegkreuze und Bildbäume, die bei C. Brandtner, 1980, S. 34 - 36 ausführlicher dargestellt sind.

1 Aufstellung nach C. Brandtner, 1980, S. 26 - 36.

Die Kapelle auf der Jasen, um 1965.
(Archiv BDA Graz)

Positive Beispiele der Denkmalpflege in Gratkorn:
Die Kapelle beim vulgo Hollackner und vulgo Graf (Freßnitzviertel) vor der Renovierung.
(Aufnahme um 1965) ... und heute. (Archiv BDA Graz und Foto I. Mirsch)

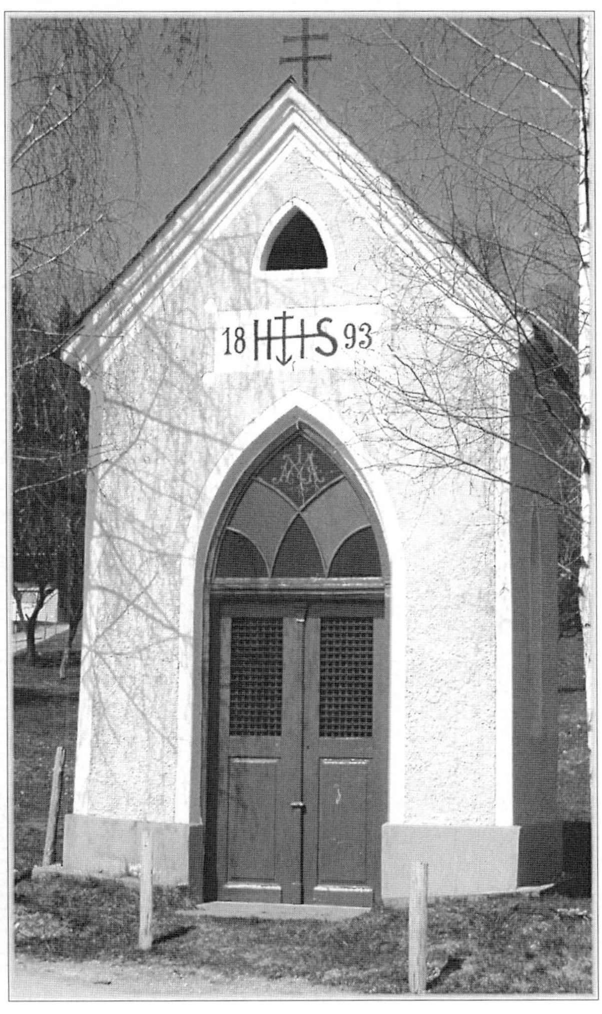

Fensterscheiben der Pfarrkirche, 1905 von Ferdinand Koller angefertigt. (Archiv BDA Graz)

Gratkorner Bildstöcke. (Archiv BDA Graz und Foto Ingo Mirsch)

SITTEN, BRÄUCHE UND SAGEN

WELTLICHE BRÄUCHE

Dem kirchlichen Leben kam über Jahrhunderten die größte Bedeutung zu, erst die Industrialisierung Gratkorns dämmte diese - auch volkskundlich interessanten - Traditionen empfindlich ein. Nur mehr wenige alte Bräuche, kirchliche oder weltliche, wobei die Abgrenzung nicht immer eindeutig vorzunehmen ist, haben sich erhalten. Es ist nicht zuletzt Aufgabe einer Ortsgeschichte, diese Traditionen der Vergessenheit zu entreißen, sie darzustellen und ihren Stellenwert in einem vormals vorwiegend agrarisch strukturierten Gemeinwesen aufzuzeigen.

Frontalansicht des vulgo Felberbauer (vom Felbergraben in Richtung Norden) nach der großen Renovierung im Jahre 1941. (Sammlung Fam. Gredler vulgo Felberbauer)

Eine Quelle aus dem Jahre 1820 schildert den Mittelsteirer, wozu "der Gratkorner" zu zählen ist, als große, starke Natur, die sich durch reiches, dunkles Haar, lebhafte, braune Augen und eine fröhliche Miene auszeichnet, weiters strotze besonders das weibliche Geschlecht "von Fülle der Gesundheit."[1] Doch die derart gerühmten Vorzüge dieses "Mustersteirers" gerieten - bereits seit dem frühen 19. Jahrhundert - durch den nivellierenden Einfluß der Stadt Graz sowie durch die steigende Zahl von Industriearbeitern kontinuierlich in Vergessenheit. Ein Bezirksvertretungssekretär stellt 1868 fest, der Charakter der hier lebenden Menschen wäre "in Folge des häufigen Verkehrs mit den Bewohnern der nahen Landeshauptstadt schon mehr modifizirt und daher schwer wahrheitsgetreu zu schildern, - doch kann Redlichkeit, Natürlichkeit und Offenheit ihnen nicht abgeläugnet werden, nur springen sie nicht immer scharf genug in die Augen, [...]."[2] Der von Vorurteilen sichtlich geplagte Schreiber dieser Zeilen äußert sich weiter: "Im Punkte der Reinlichkeit steht auch das hiesige Landvolk noch ziemlich schwach, am schwächsten aber in bezug auf die Reinigung des Körpers. Mancher Bauer bekömmt nach den ersten Kindesbädern im Mulderl kein Wasser mehr auf den Leib, wenn er nicht etwa im Taumel süßen Weines in einen Wassergraben plumpst." Die Mädchen, so der Bezirksvertretungssekretär weiter, pflegten sich wenigstens am Ostersamstag in Wannen zu baden.

Der damalige Sekretär der Landwirtschaftsgesellschaft, Hlubek, wußte wieder zu berichten, der Menschenschlag dieser Gegend wäre gutmütig, aber "an alten Vorurtheilen klebend, ist der Landmann auch hier wie anderswo schwer eines Besseren zu belehren, jedoch den Befehlen der geistlichen und weltlichen Obrigkeit gehorsam, auch dann, wenn er das Gute seiner Folgsamkeit nicht eben ganz einsieht. Das Neue nimmt er nur dann an, wenn er durch mehrjährige Erfahrung davon überzeugt worden ist."[3]

Am schlechtesten aber kommen die Bewohner des Gratkorner Beckens in einer Schrift von 1840 weg, wo es heißt: "[Der] Bewohner der Dörfer, welche der Stadt Graz näherliegen, ist boshaft, verschmitzt und hartnäckig, von Gastfreundschaft ist keine Spur. Insbesondere ist die Unsittlichkeit bereits soweit gediehen, daß Dirnen den Burschen den Weg zu ihnen selbst ersparen; Bewohner dieses Bezirkes sind leicht beleidigt, ohne zur Versöhnung und andererseits nur zur Erkenntniß [sic] ihrer Schuld gebracht werden zu können. Die häufigsten Vergehungen wären demnach: Diebstahl, Raufhändel und Unsittlichkeit, ja Unzucht."[4]

Neben derart übertriebenen, doch heiter zu lesenden Schilderungen bieten sich auch Einblicke in reale Lebenssituationen, so etwa in die Wohnverhältnisse während der Mitte des 19. Jahrhunderts: "Die Wohnung, sowie die Oekonomie-Gebäude bestanden früher allgemein, und zum Theile noch jetzt, aus Holz, mit Stroh, Schindeln oder Brettern gedeckt und mit Steinen untermauert. Doch machen in neueren Zeiten die hölzernen Häuser überall schönen gemauerten Gebäuden mit Ziegeldächern Platz, so daß manche Dörfer wie Märkte aussehen, und hie und wieder sogar ein Stockwerk emporragt. - Die Rauchstuben werden mei-

1 A. Schumacher, 1820.
2 I. Ramsauer, 1868, 16.
3 F. X. Hlubek, 1860, S. 60.
4 Materialsammlung Georg Göth, LA.

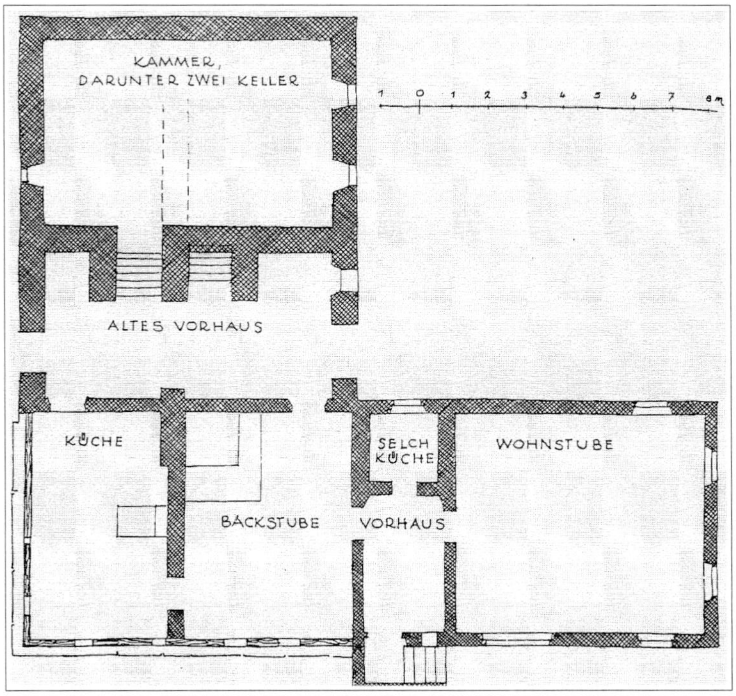

Grundriß des Felberbauern in Gratkorn: Küche und Backstube bildeten einst die Rauchstube, die später durch eine Zwischenmauer unterteilt wurde. Bei dem alten Vorhaus handelt es sich um die "Labn". 1743 wurde rechts an die alte Rauchstube der Teil mit dem neueren "Vorhaus", der Selchküche und Wohnstube angebaut. (W. v. Semetkowski, 1941, S. 96.)

stens beseitigt, in den noch bestehenden Holzgebäuden die Fenster vergrößert und gemauerte Küchen angebaut."[5]
Ich möchte an dieser Stelle in aller Kürze die Form und Baugeschichte wenigstens eines Gratkorner Bauernhofes streifen. Es handelt sich um den vulgo Felberbauer (Familie Gredler[6], Forstviertel 22), einer der interessantesten Gratkorner Höfe, der schon früh das Interesse der Wissenschaft erregte.[7]
Einerlei, ob nun der Felberbauer auf die alte Burg Velgau zurückgeht oder nicht, so dürfte, obgleich Verzierungen an drei Stellen die Jahreszahl 1640 ausweisen, die bestehende Bausubstanz aus der zweiten Hälfte des 16. Jahrhunderts stammen. Das im Jahre 1541 angelegte Reiner "Stifturbar" weist den Hof bereits als Neubau aus und auch der Tragbalken beim Eingang zur ehemaligen Wein- und Obstpresse des Hofes trug die Jahreszahl "16XXVI", also 1626.
Das ältere Gebäude mit den Maßen von etwa zehn mal acht Metern ist aus größeren und kleineren Bruchsteinen zusammengefügt und weist eine Grundmauerhöhe von bis zu drei Metern auf. 1743 kam das Hofgebäude, ein Teil aus Holz, der andere aus Stein, hinzu, wobei der hölzerne Bau die Fortsetzung des alten Hofes bildet. Der Grundriß des Hofes zeigt also - mit dem alten Wohnhaus von 1640, ohne den Zubau von 1743 - die dreiseitige Gruppierung um einen Innenhof, was den Einfluß des oststeirischen Vierseithofes nahelegt.

Frontansicht des alten Hofes aus dem Jahre 1894. (A. Mell, 1894, S. 84, Fig. 2.)

Der um 1940 aufgenommene Hofgrundriß zeigt (vernachlässigt man den Zubau von 1743) die dreiseitige Gruppierung um einen Innenhof, was dem Einfluß des oststeirischen Vierseithofes im Schöckelgebiet entspricht. (W. v. Semetkowski, 1941, S. 93.)

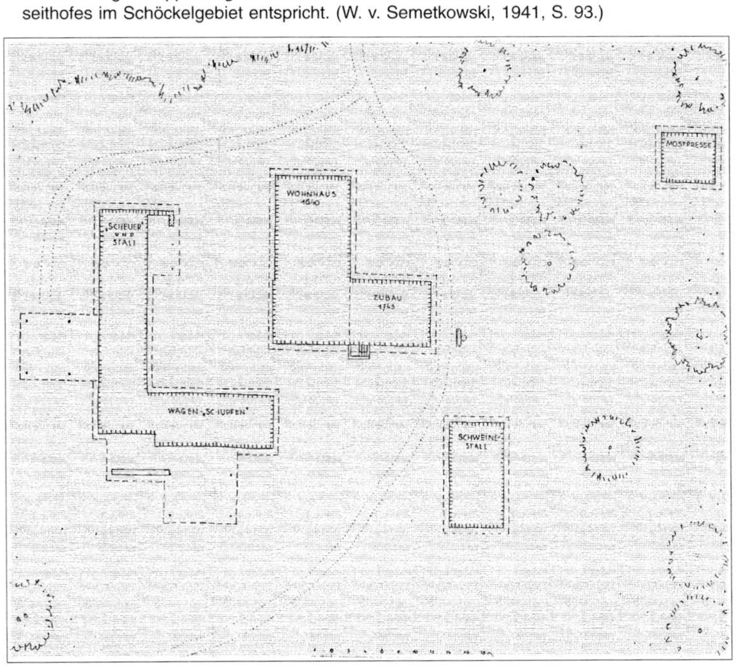

5 Ebenda, S. 16f.
6 Ich danke der Familie Gredler herzlich für ihre bereitwillige Mithilfe und Gastfreundschaft.
7 A. Mell, 1894, S. 83 - 87; W. v. Semetkowski, 1941, S. 83 - 97.

Frontansicht des renovierten Hofes im Jahre 1941. (Sammlung Fam. Gredler vulgo Felberbauer)

Älterer Teil des Wohnhauses (datiert 1640) vor dem Umbau von 1941. (Sammlung Fam. Gredler vulgo Felberbauer)

Walter von Semetkowski stellte die Entwicklung des Hofes folgend dar: "Küche und Backstube zusammen bildeten die einstige Rauchstube, die später durch die Zwischenmauer unterteilt wurde. Das 'alte Vorhaus' ist die ehemalige 'Labn', von der zwei kleine Stiegen in die Kammer und in den darunterliegenden Keller führen. Möglicherweise ist die gesamte Mauerung 1640 an die Stelle einer noch älteren Blockzimmerung getreten. 1743 wurde rechts an die alte Rauchstube der Flügel mit dem neueren 'Vorhaus', der Selchküche und Wohnstube angebaut."[8]
Zumal ich weder die Kompetenz noch Fähigkeit für hauskundliche Forschungen besitze, sei es bei diesen Feststellungen belassen. Dem an dieser Materie interessierten Leser möchte ich jedoch unbedingt den Besuch des Österreichischen Freilichtmuseums Stübing nahelegen, das ja in unmittelbarer Nähe der Gemeinde Gratkorn beheimatet ist.[9]
Die bäuerliche Nahrung bestand in der Mitte des 19. Jahrhunderts vorwiegend aus Milch- und Mehlspeisen, "aber nicht so übermäßig geschmalzen, wie im Oberlande". Fleisch wurde unter der Woche selten, höchstens bei schwerer Feldarbeit gegessen. "Der Mais gibt die Hauptnahrung durch den sogenannten türkischen Sterz, welcher entweder mit Speck, Haket, Rindschmalz oder Kürbisöl geschmalzen, oder mit Milch, Rahm oder Schwammsuppe begossen wird. Wo der Haiden gedeiht, ist auch der Haidesterz üblich." - Der Obstmost diente als Hauptgetränk, "so daß in manchen Häusern dem Wasser zu wenig zugesprochen wird."[10] Wirtshäuser wurden von den Bauern überhaupt seltener besucht, "da die meisten ihren Haustrunk, Most oder Wein, den sie selbst erzeugen, im eigenen Keller haben."[11]
Über die im Raum von St. Stefan / Gratkorn vorherrschende Tracht berichtet eine Quelle aus dem Jahre 1753: "Was das Baurn Volckh um die Statt Gräz herum liegenden orthen betrifft, kan man sich die Rechnung von selbsten machen, daß sie sich in guten stand befinden müssen, massen ein solcher, es seye Mann oder Weib sich bey dem Marcktgehen viel ehender etwaß zu guten thuen kann, weilen er alles, ihme wächset, bey der Statt zu Geld machen kann. Das Manns Volckh gehet in Steyerischer Teutscher Kleidung, die Weibspersohnen, von denen bauren rede ich, haben sommer und winter leinene Kleidung an; die brust vorne offen, wie die Manns-persohnen und achten die Kälte nicht viel und tragen keine Bundschuhe wie die Ober-Steyrer. Es sind auch die Mannsbilder Kleidung so eingerichtet, daß schier jede pfarr ein andere trägt, welches bey den Processionen sehr gut stehet; da dann eine Pfarr graue, die andere braune, die dritte grüne, die 4the rothe Röckh von groben Tuch träget, und so ein jeder anderst, und sollen nur die Aufschläg geändert seyn. In manchen Kirchspiel tragen auch die verheurathe Weibsleuth lange Manns-Röckh wie hier oben in der Figur zu sehen. Sie seynd aber mit grünnen oder blauen Bändern rundum eingefasset. Die ledigen Mägdlein haben auch bey Processionen ihren unterschied und zieren ihre Haar, jede Pfarr mit anderfärbigen Bändern, dass es nicht übel zu sehen."[12]
Um 1860 hatte die ursprüngliche Tracht bereits einiges an Originalität verloren. Die Tracht des Gratkorners wies fast keine Ei-

8 W. v. Semetkowski, 1941, S. 96.
9 Vgl. V. H. Pöttler, 1985.
10 I. Ramsauer, 1868, S.17f.
11 F. X. Hlubek, 1860, S. 61.
12 J. Ch. A. Fyrtag, 1753, II., S. 156f.

Rückseite des Hofes (Kammer, darunter zwei Keller, datiert 1640) im Jahre 1894. (A. Mell, 1894, S. 84, Fig. 3.)

Rückseite des Hofes in den 30er Jahren. Rechts der ursprüngliche, 1640 datierte Hof; links der Zubau von 1743. (Sammlung Fam. Gredler vulgo Felberbauer)

gentümlichkeiten mehr auf und war von der allgemeinen Tracht der Bewohner des Bezirkes nicht mehr zu unterscheiden: "Enge Tuchhosen mit hohen Stiefeln oder lange weite Beinkleider (Pantalons) und kurze Jacken, beide gewöhnlich von dunklerer Färbung, eine lange blumige Kattunweste mit zahlreichen grossen, eiförmigen, glänzenden, dicht aneinander gereihten Knöpfen, ein blaues Vortuch, und ein nicht ungewöhnlich geformter Bauernhut bilden seine Kleidung, die sich mehr und mehr der bürgerlichen kleiner Landstädte nähert."[13]

Im Jahre 1892 hatte sich das Bild derart verändert, daß ein Chronist anmerkt, in diesem Gebiet fehle "die Tugend zähen Festhaltens an der Eigenart seiner Väter, an den alten Sitten und Bräuchen, der Tracht u.s.w. Die jungen Mädchen und Frauen huldigen sehr gerne der Mode; das Beispiel der Städterinnen wirkt eben zu verlokkend. Bei den Männern kommt die neusteirische Tracht, das moosgrüne Röckel, die graue Hose und der grüne Hut, immer mehr in Aufschwung."[14] Schon Ignaz Ramsauer hatte 1868 ein Verschwinden der roten Brustflecke, grünen Röcke, kurzen Lederhosen und blauen Strümpfe festgestellt.

Wenn Ende des 19. Jahrhunderts behauptet wird, es hätten sich nur mehr wenige alte Bräuche im Raum St. Stefan erhalten, so waren diese - aus heutiger Sicht - doch recht zahlreich. Einige wenige seien geschildert:[15]

Anläßlich der Taufe erhielt einst der kleine Gratkorner von seinem Paten einen "Krösenthaler", gerne trug man ihn um den Hals, um das Gekröse. Die Hebamme erhielt eine Taufjause, der Geistliche einen Geldbetrag und die Wöchnerin einen Korb mit Weißgebäck. Starb jemand im Dorf oder in der Nachbarschaft, so wurde die Totenwache gehalten. Bekannte und Nachbarn versammelten sich im Sterbehaus, wo sie beteten und sangen, bisweilen beim Kartenspiel die Zeit vertrieben. Auch das Totenmahl durfte nicht fehlen.

Zahlreiche Hochzeitsbräuche erfreuten sich in St. Stefan jahrhundertelang größter Beliebtheit: Anläßlich der Brautwerbung erschien der Werber mit seinem "Bittelmann"bei den Eltern der Braut. Der Bittelmann leitete die Werbung sodann durch einen vorgetäuschten Viehhandel, etwa um ein schönes Kalb, ein. Schließlich lenkte er geschickt auf das eigentliche Thema über, wobei er Familie und Haus des Werbers über alle Maßen lobte. Stieß die Werbung auf Gehör, so schritt man zur "B'schau"; darunter waren gegenseitige Besu-

13 F. X. Hlubek, 1860, S. 60.
14 H. v. d. Sann, 1892, S. 7.
15 In der Folge, wenn nicht anders angemerkt, nach H. v. d. Sann, 1892, S. 7 - 14.

Jahreszahl 1640 über dem ursprünglichen Eingang des Hofes vulgo Felberbauer. (A. Mell, 1894, S. 85, Fig. 4.)

Jahreszahl 1640 auf der Giebelseite des Hofes vulgo Felberbauer. (A. Mell, 1894, S. 87, Fig. 5.)

che in Begleitung eines engen Verwandten zu verstehen, um Realitäten, Immobilien und Lebensumstände des künftigen Partners in Augenschein zu nehmen. Bei Verwandten und Paten sprach der Bräutigam selbst die Einladung zur Hochzeit aus, die übrigen Gäste lud der Bittelmann oder der Spielmann, der erste unter den Musikanten.

Am Festtag selbst fand die Gruppe, die die Braut abholen wollte, das Haus versperrt, dann erschien eine "falsche", häßliche Braut. Nach gespielter Entrüstung und einigen besänftigenden Gläsern Weines holte der Bräutigam selbst die Braut. Die Kranzeljungfrau behütete sodann den Bräutigam, der Brautführer die Braut vor Entführungsversuchen. Nach feierlicher Trauung in der Kirche begab man sich ins Gasthaus, freilich nicht ohne Hindernisse. Nichtgeladene Burschen, die "Pransterer", sperrten den Weg mit einem Seil, quergelegte Baumstämme zeigten eine Maut an; dies alles galt es in Wein oder Geld abzulösen. Im Gasthaus spielten die Musikanten auf, für den Wirt geziemte es sich, die ganze Zeit über an der Tafel zu sitzen.

Das "Kranzelabtanzen", das auch im Wirtshaus stattfand, wies im Raume Gratkorn / Andritz einstmals eine interessante Ausformung auf: Seltsam geformte Gugelhupfe, nach innen ausgehöhlt, wurden mit Kerzen besteckt, diese angezündet und den Kranzeljungfrauen aufgesetzt. Sie tanzten damit und überreichten schließlich das Gebäck der Braut, die es mit nach Hause nahm. Auch die Variante war bekannt, daß der Wirt die Gugelhupfe nach dem Tanz zerkleinerte und den Gästen vorsetzte.

Mancherlei Bräuche sind im Umfeld der gegenseitigen Hilfeleistungen bei bäuerlichen Arbeiten bekannt, sie besitzen meist heiteren Charakter. Besonders zur Zeit der Heuernte, beim Getreideschnitt, Brecheln oder "Woazschälen" traf man sich, erzählte Geschichten unterschiedlichen Wahrheitsgehaltes und knüpfte nicht selten zarte Bande. Nach der gemeinschaftlichen Arbeit lud der betreffende Bauer manchmal zu Speis und Trank, wobei sich "Zwetschkenpfeffer", ein Mus aus dürren Pflaumen, großer Beliebtheit erfreute. Für die Mäd-

chen gab es nicht selten ein eigenes Gericht, nämlich eine Schüssel voll Kraut, in der sich der Schweif eines Ferkels verbarg. Dem Mädchen, das als erstes mit der Gabel in den Schweif stach, stand noch im gleichen Jahr eine Heirat bevor.

Mit dem Fremden wußte man gar seltsame Späße zu treiben. Man erzählte ihm Geschichten über einen sagenhaften "Trapphahn", versah den ungläubig Staunenden mit einem "Buckelkorb" und führte ihn in ein entlegenes Waldstück. Nach vielen guten Ratschlägen, wie der - natürlich nicht existierende - Trapphahn zu überlisten sei, schlich sich der Ortskundige davon. Traf der Gefoppte nach Stunden wieder im Ort ein, wurde er von allen tüchtig ausgelacht.

Diese und ähnliche Foppereien, unter denen der Ortsunkundige auch heute noch beizeiten zu leiden hat, finden ihre Ursache nicht selten im überheblichen und für den Bauern meist schwer verständlichen Verhalten mancher Städter. Bereits Ende des 19. Jahrhunderts machten sich leicht dekadente Züge beim Schöckel-Tourismus bemerkbar. Die "Erste Steiermärkische Gebirgs-Transport-Unternehmung" des Alois Greul sorgte zum Beispiel 1892 dafür, daß man für sechs Gulden mittels einer Sänfte und zwei Tragtieren bequem auf den Gipfel befördert wurde.[16] Was mochten sich die Gratkorner Bauern und Industriearbeiter beim Anblick eines solchen Touristen damals wohl gedacht haben?

Straßengel und das Gratkorner / Gratweiner Becken um 1840; im Vordergrund die alte Post- und Kommerzialstraße etwa beim heutigen Kanzelsteinbruch und die Mur mit ihren Nebenarmen. In Siebenbründl, am westlichen Murufer, soll der Sage nach ein "heidnisches" Heiligtum bestanden haben. Das Pärchen im Vordergrund ist in der damals in Gratkorn üblichen Tracht gekleidet. (G. Schreiner, 1843, nach S. 496.)

Der Obstmost diente den Bauern als Hauptgetränk, "so daß in manchen Häusern dem Wasser zu wenig zugesprochen wird", wie ein Kenner des Bezirkes im 19. Jahrhundert kritisierte. Wirtshäuser würden von den Bauern überhaupt seltener besucht, "da die meisten ihren Haustrunk, Most oder Wein, den sie selbst erzeugen, im eigenen Keller haben." (Ortus sanitatis, um 1500.)

16 H. v. d. Sann, 1892, S. 101f.

Historische Bauernhäuser in Gratkorn. (Sammlung Gasthaus Pucher - Rosa Faninger)

"Dorfleben" um die Jahrhundertwende. (Sammlung Gasthaus Pucher - Rosa Faninger)

Kirchliche Bräuche

Straßengel, vom slawischen straza (Wacht, Warte), erfreut sich als Wallfahrtsort auch bei den Gratkornern großer Beliebtheit. Photographie aus dem Jahre 1916. (Sammlung Horst Ziegler)

Eine solche Wallfahrt nach Straßengel kostete im Jahre 1875 nicht weniger als 98 Gratkornerinnen und Gratkornern das Leben, als das Floß wegen Überladung sank. Ansichtskarte aus dem Jahre 1904. (Sammlung Horst Ziegler)

St. Stefan, der Erzmärtyrer, wurde der Legende nach im Zuge eines Streites zwischen griechischen und hebräischen Christen nahe des Damaskustores in Jerusalem erschlagen, im Jahre 415 sollen seine Gebeine gefunden worden sein. Stefan gilt als erster Märtyrer der Christenheit, - Maurer, Schneider, Zimmerleute, Steinmetze und Pferde beschützt er, viele Bräuche entwickelten sich um seine Person. In Gratkorn kannte man bis ins 19. Jahrhundert das Stefanireiten. Dabei ritt der Bauer am 26. Dezember des Morgens oder des Abends mit einem geschmückten Gaul über seine Felder; ihre Fruchtbarkeit sollte dadurch erhöht, Hagel und Unwetter gebannt werden. Mit Pferd und Wagen fuhr die gesamte Familie sodann auf Verwandtenbesuch. Weiters beliebt war das Stefaniwasser, mit dem Felder und Ackerraine besprengt wurden. Am Stefanitag trugen die Kirchgänger gerne eine Flasche Wasser bei sich, der Bauer oder der Großknecht trugen ein größeres Gefäß aus Ton oder Zinn, weiters ein Stück Salz mit sich, um es vom Priester nach der Predigt weihen zu lassen. Es galt als verlässliches Mittel gegen Teufel und Hexerei.[1]

Als ein traditioneller Höhepunkt kirchlichen wie weltlichen Brauchtums galt in St. Stefan der Kirchtag, das Fest zu Ehren des Kirchenpatrons. Zwar finden wir den Festtag des Heiligen im Kalender am 26. Dezember verzeichnet, doch wird in St. Stefan sein Namensfest am 3. August begangen, am Tage der Auffindung seiner sterblichen Überreste. Während des 18. Jahrhunderts beging man das Kirchweihfest in St. Stefan am zweiten Sonntag nach Michaeli, also am zweiten Sonntag nach dem 29. September. Quellen aus dem 17. Jahrhundert beweisen aber, daß dies wohl eine Ausnahme war. In einer Urkunde vom 2. März 1693 erfahren wir, daß an Sonn- und Feiertagen, besonders aber beim Kirchtag zu St. Stefan am 3. August, in Hütten, die an die Friedhofsmauer angebaut waren, sowie auf dem "Kirchenplätzel" Kramerwaren, Bot, Obst und dergleichen feilgeboten wurden.[2] Hier schlossen Bauern Geschäfte ab, es herrschte buntes Treiben.

Ernster ging es in der Kirche zu. Am Hochaltar der Pfarrkirche St. Stefan befindet sich ein goldener und reich verzierter Tabernakelaufbau. An seiner höchsten Stelle liegt das Buch mit den sieben

1 Legenda aurea, 58 - 65 und 532 - 537; APG; J. Krainz, 1892, S. 13; Th. Unger, 1903, S. 571f. Vgl. auch C. J. Brandtner, 1991, S. 112f; F. Attems - J. Koren, 1992, S. 119f.

2 APG, Vereinbarung vom 2. März 1693 zwischen dem Abt vom Rein und dem Prälat von Vorau bez. Kirchtag in St. Stefan.

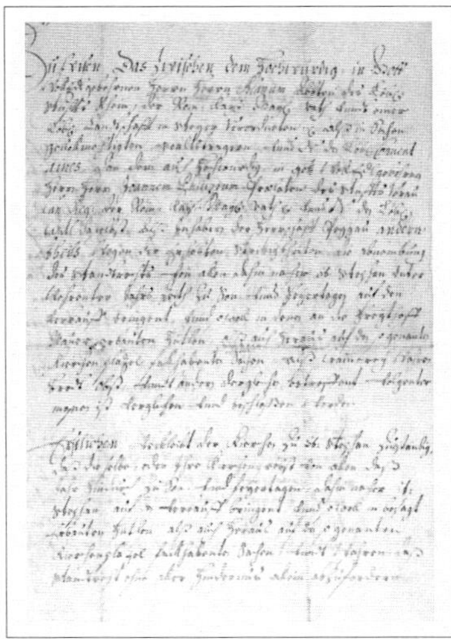

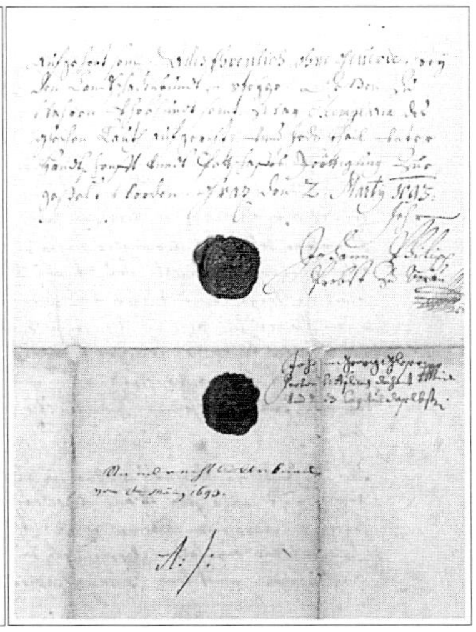

Kontrakt zwischen dem Reiner Abt Alanus Matt und Johann Philipp, Prälat des Stiftes Vorau als Inhaber der Grundherrschaft Peggau, über die Feilbietung von Kramerwaren, Brot und Obst in den dafür erbauten Hütten am "Kirchenpläzel" zu St. Stefan. (Graz 1693, erste und letzte Seite) (APG)

Siegeln, obenauf das Lamm Gottes. Dieses Lamm wird je nach Zeit des Kirchenjahres durch das Jesukind, die Schmerzhafte Muttergottes, den auferstandenen Heiland oder den Heiligen Geist ausgewechselt.[3]
Auf eine über 250jährige Tradition blickt auch die Verehrung des heiligen Donatus in Gratkorn zurück. Es war Pater Amand Rettenfeld, Pfarrer von St. Stefan 1735 bis 1745, der zur Ehre dieses Wetterpatrons - sein Namensfest feiert er am 30. Juni - auf freiem Feld eine Kapelle errichten ließ und hier seine Verehrung begründete. Besonders bei den Bauern war Donatus ein beliebter Heiliger, den man bei heranziehenden Unwettern und Hagel anrief, der aber auch für ein gutes Gedeihen der Feldfrüchte sorgen sollte. Unter dem Pfarrer Edmund Paimbauer (1745 - 1749) erfolgte dann die Errichtung der Donatikapelle, die in der Folge überregionale Beliebtheit erlangte. Begehrt waren die Donatibilder, die zu Hunderten gedruckt wurden. Josef II. untersagte schließlich die Wallfahrten zu diesem Heiligen, weil er meinte, dem Aberglauben Einhalt gebieten zu müssen. Die Kapelle konnte jedoch 1856 unter Mithilfe der Pfarrgemeinde revitalisiert und am 13. Juli 1856 neu geweiht werden.[4]
Pater Clemens Brandtner, Pfarrer von St. Stefan 1979 bis 1982, stellt die weitere Geschichte der Donatikapelle wie folgt dar: "Die Donatikapelle besaß einen geweihten Altar und eine Statue des hl. Donatus (jetzt im Presbyterium). An den beiden Seitenwänden sind die beiden Dienstbotenpatrone, nämlich St. Isidor und St. Notburga, aufgemalen. Isidor betet vor dem Kreuz, während ein Engel den Pflug führt. Notburga wird in der Szene gezeigt, wie sie gerade die Sichel in die Luft wirft. Im Jahre 1975 ließ Pfarrer P. Josef Ilias den Eingang an der Westseite zumauern. Aus der Kapelle wurde ein Beichtraum. Das halbkreisförmige Fenster des Künstlers Adolf Osterider stiftete 1976 die Marktgemeinde Gratkorn. Von links nach rechts wird dargestellt ein Adler mit einem Ölzweig und Kreuz (Major-Hackher-Kaserne), Stierkopf mit Blüte (Freßnitzviertel, Schwesternkloster, Tierzucht), Waldgebiet mit Schlag und Aufforstung (Forstviertel), Leykamwappen mit Löwe, Hammer und Zahnrad (Sinnbild für den wirtschaftlich wichtigsten Betrieb - die Leykam Mürztaler AG, Symbol der Arbeiterschaft), Egge und Pflug (Eggenfeld), Ähre, Sichel, Blüte und Wasser (Friesach, landwirtschaftliche Haushaltungsschule, Wasserwerk für Graz). Diese Bilder gruppieren sich symbolisch um den Kirchturm von St. Stefan."[5]
Am Donatisonntag, dem Sonntag nach dem heiligen Ulrich, war der Andrang der Gläubigen in St. Stefan so groß, daß zumindest drei bis vier Geistliche zur Absolvierung von Messen und Beichten erforderlich waren, der erste Gottesdienst begann um 6 Uhr. Um 8 Uhr zogen die Bewohner der einzelnen Viertel in die Kirche ein, darauf folgten die Predigt und der Umgang mit den vier Evangelien, bzw. das Hochamt.
Eine Gottesdienstordnung aus der Barockzeit[6] zeigt die einstige Vielfalt des Kirchenjahres: Nicht weniger als 31 gebotene Feiertage verzeichnen die Quellen. In der Regel begann an Sonn- und Feiertagen der Gottesdienst um 8 Uhr 30, ausgenommen von Ostersonntag bis Michaeli (8 Uhr). Sonntage, an denen keine Vesper, Litanei oder Prozession stattfand, waren für die Christenlehre reserviert; der Pfarrer befragte Kinder um ihre religiösen Kenntnisse. An Kirchenfeiertagen sind der Nikolaustag (6. Dezember), der Vinzentag (22. Jänner), der Pauli-Bekehrungstag (15. Jänner), der Blasiustag (3. Februar), der Agathatag (5. Februar), der Valentinstag (14. Februar), der Georgstag (23. April), das Fest Mariaheimsuchung (2. Juli), der Ulrichstag (4. Juli), der Martinitag (11. November), Maria Opferung (21. November) und der Katharinatag (25. November) zu nennen. Zudem gingen von der Pfarrkirche St. Stefan jährlich 16 Prozessionen aus, darunter nach St. Leonhard bei Graz, Straßengel, Thal, St. Florian ob Straßgang, St. Veit ob Graz, St. Martin in Deutschfeistritz, Semriach, Gratwein, St. Peter bei Graz, Peggau, Mariahilf, Maria Fernitz und nach Maria Schnee bei den Karmeliten am Graben. Nach St. Stefan kamen Prozessionen von St. Veit, Gratwein, St. Peter, St. Leonhard, Gratwein, Semriach und Peggau.

3 C. J. Brandtner, 1991, S. 114.
4 APG; C. J. Brandtner, 1991, S. 115f.
5 C. J. Brandtner, 1991, S. 116.
6 Erstmals publiziert bei C. J. Brandtner, 1991, S. 116 - 121.

Sagen

Zwar erfreuen sich im Gebiet der Marktgemeinde Gratkorn manche Sagen auch heute noch eines gewissen Bekanntheitsgrades, doch ist ihre Anzahl vergleichsweise gering zu dem, was noch im 19. Jahrhundert die Großeltern den Enkeln überlieferten. Mit dem drastischen Rückgang der Landwirtschaft im Gemeindegebiet ist nun auch das regionale Sagengut seiner traditionellen Überlieferung weitgehend beraubt. Vormals kannte jedes Gratkorner Kind die unterschiedlichsten Sagen von Andritz bis Peggau, von Rein bis zum Schöckel. Auf dieses Sagengut, das nicht unmittelbar mit Gratkorn zu tun hat, möchte ich hier nicht näher eingehen, der interessierte Leser sei auf die einschlägige Literatur[1] verwiesen. An dieser Stelle seien lediglich jene Sagen erwähnt, die direkt mit Gratkorn in Bezug stehen.

Eine wohl sehr alte Sage berichtet von "Trümmer[n] und Denksteine[n] aus der Römerzeit"[2], die auch in St. Stefan am Gratkorn beobachtet worden seien. Neben dem "Römerweg" auf den Schöckelkopf soll eine Verbindung des Tales mit St. Stefan bestanden haben.[3]

Der Bereich um die "Weinzödl - Brücke" war bei den Murschiffern wegen seiner Stromschnellen (links unter der Brücke) gefürchtet. Man erzählte sich allerlei grausame Geschichten und begann bereits auf der Höhe von Gratkorn zu beten. Das Bild stammt von Conrad Kreuzer. (Sammlung Horst Ziegler)

Die Erinnerung an die Burg Lueg lebt im örtlichen Sagengut weiter, denn noch heute wissen die wenigen Bauern im Kirchenviertel zu berichten, einst wäre die Burg Lueg durch einen unterirdischen Gang mit den Burgen Helfenstein bei Gratwein und Lueginsland bei Semriach verbunden gewesen.[4] - Derartige Sagen existieren in der Steiermark zahlreich und beruhen, wie bei Schloß Oberthal, manchmal sogar auf historischen Tatsachen.[5]

Im Gebiet zwischen Mur, Kanzel, Weinzöttl und Schattleiten hätten sich, so weiß es die Sage, im Mittelalter allerlei Verbrecher und Geächtete herumgetrieben. Kaufleute wie Murschiffer wären von ihnen oft überfallen worden und viele von ihnen hätten mit den Türken gemeinsame Sache gemacht.[6]

Als besonders geheimnisumwoben gilt seit jeher der Schöckel; so wäre es ein Wunder, wenn nicht auch in Gratkorn eine alte Sage damit in Zusammenhang stünde. Wollte man wissen, ob des Tages über ein Gewitter kommt, brauchte man nur in früher Morgenstunde zur 'Linzhalmer Lacke' (vulgo Linshalmer, Linzholmer) wandern oder diese von einem günstigen Standpunkt aus zu beobachten. Es ist dies ein kleiner Teich auf der Rannach, der für die Bewohner der Umgebung als verlässlicher Wetterprophet galt. Wenn sich nämlich im Sommer am Morgen über dieser Lacke Nebel zeigte und vor Sonnenaufgang noch nicht verschwunden war, so galt tagsüber das schlechte Wetter als sicher. Verschwand der Nebel beim Aufgehen der Sonne, so verkündete dies einen prachtvollen Tag.[7]

Eine andere Sage handelt über die wilde Jagd und betrifft den Bereich Rannach - Rötschgraben - Augraben. Um Mitternacht hätten die hier lebenden Menschen schon oft viele Tierstimmen und Menschengejammer in der Luft vernommen. Eine Hausbesitzerin, die einmal den Spuk hörte,

1 H. v. d. Sann, 1892, S. 14ff; H. v. d. Sann, 1911 [Nachdruck 1995]; F. A. Brauner, 1966 und 1932; E. Münzer, 1990, S. 42 - 62.
2 H. v. d. Sann, 1892, S. 110.

Das Rannachhaus auf der Hohen Rannach (1018 m) in den 30er-Jahren. (AG)

Bei der "Weinzödl - Brücke", sie wird 1559 erstmals erwähnt, wuschen die Gratkorner einst Gold, wenn auch mit wenig Erfolg. Seit dem frühen 18. Jahrhundert überquerte hier die Kommerzialstraße Wien - Triest (Brucker Straße / Grazer Straße in Gratkorn) die Mur. Als "Weinzierl" bezeichnete man übrigens den Winzer; bis ins 19. Jahrhundert hinein wurde an den Abhängen des Admonter - Kogels (wie auch am Hausberg) Weinbau betrieben. Die Brücke wurde 1953 abgetragen. (Sammlung Horst Ziegler)

bemerkte, wie sich ihr Haushund ängstlich verkroch. Auch einem Knecht, er war gerade von seiner im Rötschgraben wohnenden Geliebten auf dem Heimweg, begegnete die wilde Jagd. In seinem Übermut soll er gerufen haben: "Schickt's mir a Fleisch z'haus!" Als der Bursche daheim ankam, fand er vor seiner Haustür einen halbverwesten Hasen. Sooft er das Aas vergrub, am nächsten Tag lag es stets wieder an derselben Stelle. Erst nachdem der Vorfall einem Geistlichen gebeichtet und eine Messe gezahlt war, fand der Hase seinen Frieden.[8]

Beschließen möchte ich dieses Kapitel mit einem Exkurs über Volksmedizin, wobei die Grenzen zum medizinischen Aberglauben bisweilen überschritten werden. Es haben sich bis ins 19. Jahrhundert hinein interessante alte Bräuche erhalten, von denen jene genannt weden sollen, die nur hier anzutreffen sind.

Zog sich die Geburtsprozedur eines kleinen Gratkorners allzu sehr in die Länge, so hob die Hebamme die Gebärende an den Füßen empor und schüttelte sie. Sodann siedete man sieben Eier und gab das Sudwasser der Kreisenden zu trinken (dieser Brauch ist auch von den Südslawen überliefert).

Gedieh der kleine Gratkorner in den ersten Lebensjahren nicht nach Wunsch, mischte man hierorts Lerchen-, Tannen- und Fichtennadeln ins Bad. Gegen Epilepsie wußte sich der Gratkorner zu schützen, indem er Menschenknochen brannte, zu Pulver stieß und davon zweimal täglich eine Dosis schluckte. Als Alternative dazu konnte ein Totenschädel in frischem Wein angesetzt werden. Nach drei Tagen erfolgte die Abseihung, dreimal täglich hatte der Epileptiker davon zu trinken. Und wer sich gegen Wölfe schützen wollte, der trug einen Strauß Kranewitt am Hut. Solches half angeblich auch bei Schwindelgefühl.[9]

3 Ebenda, S. 20. - Der Name "Leber(n)" läßt zumindest den Archäologen aufhorchen. Die römische Stadt Lewer soll sich von der Hub bis auf die Leber erstreckt haben, über Jahrhunderte sollen längs der Straße die Schutthaufen von den Häusern zu sehen gewesen sein. Beim Griesacker, so erzählte man sich, bestand der Stadtplatz. Ebenda, S. 63.
4 Überliefert bei A. Weis, 1884, S. 101f.
5 Siehe W. Brunner, 1994, S. 351.
6 Überliefert bei H. v. d. Sann, 1892, S. 15.
7 Ebenda, S. 21.
8 Ebenda, S. 15.
9 V. Fossel, 1889, S. 54, 84, 91 u. 136.

FRANZISZEISCHER KATASTER (1823)

Das Gratkorner Becken, von Gratwein aus aus gesehen, 1919. (LMJ, Bild- und Tonarchiv, PL 51806)

Zur Grundherrschaft Schloß Planckenwarth waren bis 1848 die Höfe vulgo Grussa(ch)bauer im Freßnitzviertel und vulgo Steindl in der Katastralgemeinde Friesach untertänig. (G. M. Vischer, 1681.)

Kaiser Franz II., seit 1804 Kaiser Franz I. von Österreich, ordnete durch sein "Allerhöchstes Patent" vom 23. Dezember 1817 die Vermessung der gesamten Monarchie an.[1] Ausgehend vom Schöckl ("Schöckl - Koordinaten") wurde das Herzogtum Steiermark zwischen 1820 und 1830 im Maßstab 1:2.880 vermessen, wobei sich dieser Maßstab aus dem alten Klaftermaß erklärt. Im Rahmen dieses nach dem Kaiser benannten "Franziszeischen Katasters" wurden die Katastralgemeinden Kirchenviertel, Friesach - St. Stefan, Forstviertel und Freßnitz (alle im Grazer Kreis / Bezirk Peggau gelegen) im Jahre 1823 Parzelle für Parzelle vermessen. Über die KG Gratkorn - St. Veit existiert keine eigene Katastralaufnahme von 1823, weil diese KG erst 1938 gebildet wurde. 1823 grenzte die KG Schattleiten an die KG Kirchenviertel und KG Freßnitz; Schattleiten wurde 1849, wie St. Stefan, eigene Gemeinde.

Die Aufnahme des Katasters wurde im Bereich Gratkorn von den Herren Neuhofer und Winter (KG Kirchenviertel), Bernhardt und Krippel (KG Friesach - St. Stefan und KG Forstviertel) und Bock und Krippel (KG Freßnitz) durchgeführt. In der Realität ging das folgend vor sich: Von einer mehrköpfigen Grenzkommission wurden die Grenzen der Katastral- oder Steuergemeinden abgeschritten und beschrieben. In dieser Katastralgemeinde wurden sodann, unter Beteiligung der jeweiligen Besitzer, alle Bau- und Grundparzellen vermessen. Bei den Vulgar- und Flurnamen waren die Landvermesser freilich auf die Angaben der Einheimischen angewiesen und weil sie als Ortsfremde des Dialektes nicht mächtig sein konnten, schlichen sich oft Fehler ein. Diese fanden Aufnahme in den Kataster und setzen sich bis in die heute gültige offizielle "Österreichische Karte" fort. Zum Beispiel: Der Bauer neben der Post- und Kommerzialstraße sprach das Wort "Chaussee" (= Landstraße) wohl nicht ganz korrekt aus und so trug der Landvermesser "Schussleithen" in den Plan ein. Oder: Die zwischen Eggenfeld und Hausberg liegenden Äcker gehörten zur Grundherrschaft Rein. Der Bauer in Eggenfeld sprach im Dialekt aber sich nicht "Reinäcker" und so trug der Landvermesser "Ruinäcker" in seinen Plan ein. Oder: Die Jasen wurde als solche kartiert, der Jasenmüller aber, wie auch heute noch im Dialekt üblich, als "Josenmüller". Vulgarnamen wurden von den Grundvermessern so niedergeschrieben, wie sie es verstanden oder zu verstehen glaubten. All diese Tatsachen möge der Leser bei der Lektüre der folgenden Listen bedenken, wenn der eine oder andere Vulgarname seltsam anmutet.

Am Ende der Vermessungsarbeiten traf man sich nochmals bei der zuständigen Bezirksherrschaft, also im Amtshaus zu Peggau, und der Vertreter der Bezirksherrschaft sowie die Gemeinderichter (bzw. Ausschußmänner) unterzeichneten

1 Vgl. dazu F. Allmer, 1976, S. 87ff; G. Fasching - F. Wawrik, 1989, S. 115ff.

Die Burg Rabenstein (Altburg / oberes Haus) bestand vermutlich bereits im 12. Jahrhundert; im 14. Jahrhundert wurde der heutige Bau errichtet. Im Jahre 1823 waren 16 Gratkorner Bauern der Grundherrschaft Rabenstein untertänig. Rabenstein wird heute von seinen Besitzern sorgsam gepflegt, Schloßkonzerte und Ritterspiele laden zum Besuch ein. (Sammlung I. Mirsch)

die vorläufige Grenzbeschreibung. So lassen sich für das Jahr 1822 folgende Dorfrichter in Gratkorn nachweisen: Mathias Reissinger (vulgo Trattenwirt) im Kirchenviertel, weiters Philipp Dorn (vulgo Pucher), Johan[n] Häntl (Handl) vulgo Brunnhansel, Franz Rinner (vulgo Annerlhansel) und Johann Weber als Ausschußmänner; Sebastian Grundner (vulgo Felberbauer) war Gemeinderichter im Forstviertel, er unterzeichnete mit einem Kreuz, konnte also nicht lesen und schreiben.

Der Huberbauer, Bau-Parz. Nr. 5 in der KG Kirchenviertel, Haus-Nr. 19 alt, 62 neu, bis 1848 den Dominikanern in Graz und der Herrschaft Gösting untertänig. Foto um 1965. (Archiv BDA Graz)

Um das Jahr 1200 wurde die Burg Pfannberg im Aftrag der Hochfreien von Peggau, die sich ab 1237 Grafen von Pfannberg nannten, erbaut. 1400 wird Pfannberg als Lehen des Stiftes Göß bezeichnet, dann scheinen wieder die Peggauer das Lehen über die Burg erhalten zu haben. In Gratkorn war lediglich der vulgo Schusterlipp in der KG Freßnitzviertel der Grundherrschaft Pfannberg untertänig. - Ruine Pfannberg um 1910. (Sammlung I. Mirsch)

KG Kirchenviertel

Nr.	Besitzer 1823	Vulgoname	Stand	Grundherrschaft	Haus-Nr. [alt = ()]	Art
1	Reisinger Mathias	Trattenwirt	Ganzbauer	Peggau Amt Eggenfeld Nr. 20.	43 (14)	Wohn/Wirtschaftsgebäude
2	Rinner Joseph	Annerhansl-Keusche	1/2 Bauer	Pfarrhofgült St. Stefan Nr. 5a.	24 (67)	Wohn/Wirtschaftsgebäude
3	Lausbichler Anton	Lausbichlergast	Bauer	Gösting Nr. 61 Amt St. Stefan.	11 (13)	Wohngebäude
4	Dorn Andreas	Kirchenstrobl	1/2 Bauer	Gösting Nr. 62 Amt St. Stefan.	18 (64)	Wohn/Wirtschaftsgebäude
5	Knapp Joseph	Huberbauer, (Huben-)	1/4 Bauer	Dominikaner Nr. 9, Gösting Nr. 71.	19 (62)	Wohn/Wirtschaftsgebäude
6	Dorn Andreas	Kirchenstrobl	1/2 Bauer	Gösting (s. o.)	18 (64)	Wohn/Wirtschaftsgebäude
7	Stadtegger Thomas	Diwald-Schneider	1/8 Bauer	Peggau Amt Eggenfeld Nr. 30.	17 (60)	Wohn/Wirtschaftsgebäude
8	Pfarrhof		1/8 Bauerngrund	Rein	1 (59)	Wohn/Wirtschaftsgebäude
9	Kirche			Rein	2 (59)	Kirche und Freydhof
10	Friedl Franz	Diwald, (Tirwald)	1/8 Bauer	Rein Nr. 1009 Amt St. Stefan.	5 (56)	Wohn/Wirtschaftsgebäude
11	Dorn Philipp	Pucher	Ganzbauer	St. Dionysen Nr. 53, Pfarrkirche St. Stefan Nr. 9, Rein Nr. 1015.	6 (55)	Wohn/Wirtschaftsgebäude
12	Eichner Juliana	Schul-Meisterin	Schul-Lehrerin	Rein 1012a Amt St. Stefan.	4 (57)	Wohn/Wirtschaftsgebäude
13	Mo(c)k Joseph	Dorfweber	1/4 Bauer	Kirchengült St. Stefan Nr. 10.	7 (54)	Wohn/Wirtschaftsgebäude
14	Purkharthofer Joseph	Schneider-Hansl	1/8 Bauer	Hl. Geist Spital Nr. 3.	8 (53)	Wohn/Wirtschaftsgebäude
15	Knöbl Anton	Bachbauer	Ganzbauer	St. Dionysen Nr. 54.	9 (52)	Wohn/Wirtschaftsgebäude
16	König Franz	Bachschuster (Chirurg)	1/8 Bauer	Oberthal Berg 306.	10 (51)	Wohn/Wirtschaftsgebäude
17	Knöbl Anton	Bachbauer	Ganzbauer	St. Dionysen Nr. 54.	11 (52)	Wohngebäude
18/1	Weber Johann	Kögler	Bauer	Hl. Geist Spital Nr. 1.	18 (47)	Wohngebäude
18/2	Weber Johann	Kögler	Bauer	Hl. Geist Spital Nr. 1.	12 (47)	Wirtschaftsgebäude
19	Weber Johann	Kögler	Bauer	Hl. Geist Spital (s. o.)	12 (47)	Wohn/Wirtschaftsgebäude
20	Akerl Christian	Payrbauer (Paarbauer)	1/8 Bauer	Pfarrhof St. Stefan Nr. 1.	15 (46)	Wohn/Wirtschaftsgebäude
21	Neuhold Ignatz	Zaufenweber	1/8 Bauer	Pfarrhof St. Stefan Nr. 2.	16 (45)	Wohn/Wirtschaftsgebäude
22	Strausser Andreas	Höllbauer-Keusche	1/8 Bauer	(Hl. Geist Spital) / Peggau Amt Eggenfeld nr. 24.	44 (43)	Wohngebäude
23	Strausser Andreas	Höllbauer	1/8 Bauer	Hl. Geist Spital Nr. 6.	45 (43)	Wohn/Wirtschaftsgebäude
24	Hütter Joseph	Dulthuber	3/4 Bauer	Peggau Amt Eggenfeld Nr. 36.	47 (42)	Wohn/Wirtschaftsgebäude
25	Fürpast Jakob	Eisbacher	1/4 Bauer	Gösting Nr. 119.	48 (41)	Wohn/Wirtschaftsgebäude
26	Hausegger Michel	Dultbauer	3/4 Bauer	Gösting Nr. 118.	49 (40)	Wohn/Wirtschaftsgebäud
27	Kogler Anton	Grillbauer	1/4 Bauer	Gösting Nr. 120, 129 1/2, 131.	50 (39)	Wohn/Wirtschaftsgebäude
28	Je(ö)chlinger Johann	Dultannerl	1/8 Bauer	Gösting 118 1/2, Waldstein Nr. 587.	51 (38)	Wohngebäude
29	Kogler Anton	Grillbauer		Gösting (s. o.)	(39)	Mühle
30	Kogler Anton			Gösting (s. o.)	(39)	Wohngebäude
31	Klökl Joseph	Körblbauer (Kreuzhansl)	1/8 Bauer	Rein	13 (72)	Wohn/Wirtschaftsgebäude
32	Findler Peter	Brunnpeter (-schuster)	1/8 Bauer	Peggau Amt Eggenfeld 32a.	54 (35)	Wohn/Wirtschaftsgebäude
33	Dorn Simon	Lippjakl	1/8 Bauer	Gösting Nr. 76 Amt St. Stefan.	53 (33)	Wohngebäude
34	Kniepeiss Bartholomäus	Vierling	3/4 Bauer	Weyer Nr. 189/1.	55 (32)	Wohn/Wirtschaftsgebäude
35	Mayer Anton	Brunntoni, (Krummtomerl)	3/4 Bauer	Peggau Amt Eggenfeld Nr. 29, 28c.	56 (31)	Wohn/Wirtschaftsgebäude
36	Handl Johann	Brunnhansl	1/2 Bauer	Peggau Amt Eggenfeld Nr. 32.	57 (30)	Wohn/Wirtschaftsgebäude
37	Dorn Simon	Lippenjakl (-simmerl)	1/8 Bauer	Gösting Nr. 76 Amt St. Stefan.	53 (33)	Wirtschaftsgebäude

Nr.	Besitzer 1823	Vulgoname	Stand	Grundherrschaft	Haus-Nr. [alt = ()]	Art
38	Kollmann Joseph	Maurerpflödl, (Brunnmaurer)	1/8 Bauer	Hl. Geist Spital Nr. 7.	58 (29)	Wohn/Wirtschaftsgebäude
39	Zimmermann Mathias	Reissenzaum		Weyer Nr. 191/2.	59 (28)	Wohn/Wirtschaftsgebäude
40	Ferstl Simon	Grabenbauer (Kreuzwirt)	1/8 Bauer	Peggau (Amt Eggenfeld nr. 13).	60 (27)	Wohn/Wirtschaftsgebäude
41	Starz Stephan	Leitenschuster	1/8 Bauer	Gösting Nr. 121 1/3.	74 (23)	Wohngebäude
42	Feibl Vinzenz	Hühnerzenz	1/8 Bauer	Gösting Nr. 11 1/4, 39.	72 (24)	Wohngebäude
43	König Johann	Schusterhansl	1/8 Bauer	Gösting Nr. 10 3/4.	75 (25)	Wohngebäude
44	Ströhmer Michl	Spitzweber	1/8 Bauer	Gösting Nr. 115 1/2.	73 (22)	Wohngebäude
45	Stradner Anton	Rauscherl	1/8 Bauer	Gösting Nr. 132 1/2 a.	69 (21)	Wohn/Wirtschaftsgebäude
46	Schenk Simon	Steinsimon (Steinsimma, -simmerl)	1/4 Bauer	Gösting Nr. 114.	61 (26)	Wohn/Wirtschaftsgebäude
47	K. K. Weg Direktion	(Wegmacher)		Peggau	63 (20)	Wohngebäude
48	Knöbler Anton	Schafferwirt (Schäferwirt)	Bauer	Peggau Amt Eggenfeld Nr. 35.	64 (19)	Wohn/Wirtschaftsgebäude
49	Strohmayer Mathias	Blasbauer (Peterhandl)	Bauer	Peggau Amt Eggenfeld Nr. 37.	65 (18)	Wohngebäude
50	Hausegger Joseph	Steinbauer	1/4 Bauer	Peggau Amt Eggenfeld Nr. 28.	66 (16)	Wohn/Wirtschaftsgebäude
51	Handl Johann	Überführer	1/8 Bauer	Rein Nr. 999, 1017a, 1021, Peggau Amt Eggenfeld Nr. 21.	67 (15)	Wohn/Wirtschaftsgebäude
52	Eisel Anton	Trattenmühle (-müller)	1/4 Bauer, Müller	Peggau Amt Eggenfeld Nr. 17.	40 (12)	Wohn/Wirtschaftsgebäude
53	Reisinger Mathias	Grafenschneider	Bauer	Peggau Amt Eggenfeld Nr. 21a.	42 (13)	Wohngebäude
54	Pucher Johann	Trattenschmidt	1/4 Bauer	Peggau Amt Eggenfeld Nr. 22.	39 (11)	Wohn/Wirtschaftsgebäude
55	Pucher Johann	Trattenmühle		Peggau (s. o.)	40 (11)	Wirtschaftsgebäude
56	Mixner Mathias	Grünwirt	1/8 Bauer	Peggau Amt Eggenfeld 17b, 38.	38 (10)	Wohn/Wirtschaftsgebäude
57	Schippinger Joseph	Wagner (-wirt)	1/8 Bauer	Peggau Amt Eggenfeld Nr. 39.	37 (9)	Wohngebäude
58	Fürpast Joseph	Zekeneller (Zeggerneller)	Ganzbauer	Peggau Amt Eggenfeld Nr. 25, Gösting Nr. 76a.	36 (8)	Wohn/Wirtschaftsgebäude
59	Grundner Jakob	Kainz(en)bauer	1/8 Bauer	Peggau Amt Eggenfeld Nr. 18.	27 (1)	Wohngebäude
60	Grundner Jakob	Schneider (Hausberg-)	1/8 Bauer	Rein (Kirche St. Stefan nr. 2).	26 (69)	Wohn/Wirtschaftsgebäude
61	Arztmüller Leopold	Leitenpoldl	1/8 Bauer	Pfarrhof St. Stefan Nr. 4.	28 (71)	Wohn/Wirtschaftsgebäude
62	Schalk Simon	Woll-Schneider	1/8 Bauer	Peggau Amt Eggenfeld Nr. 16.	21 (63)	Wohn/Wirtschaftsgebäude
63	Tüchler Joseph	Paulitsch	Ganzbauer	Peggau Amt Eggenfeld Nr. 26.	34 (7)	Wohn/Wirtschaftsgebäude
64	Tüchler Joseph			Peggau (s. o.)	34 (7)	Wohngebäude
65	Reisinger Mathias	Trattenwirt	Ganzbauer	Peggau	29 (5)	Wohngebäude
66	Baader Johann	Zimmermannhansel (-seppl)	1/8 Bauer	Peggau Amt Eggenfeld Nr. 23.	30 (4)	Wohngebäude
67	Hassler Anton	Leitentoni	1/8 Bauer	Liebenau (Messendorf Nr. 9).	31 (3)	Wohngebäude
68	Pohl Ignatz	Lueg(g)schuster, Bergschuster	1/8 Bauer	Peggau Amt Eggenfeld Nr. 18a.	33 (2)	Wohngebäude
69	Schalk Johann	Kainzenbauer	1/4 Bauer	Peggau Amt Eggenfeld Nr. 18.	32 (1)	Wohn/Wirtschaftsgebäude
70	Rinner Franz	Annerhansl	1/2 Bauer	Peggau Amt Eggenfeld Nr. 27.	23 (66)	Wohn/Wirtschaftsgebäude
71	Dorn Peter	(Pichl-) Hopfer	Ganzbauer	Gösting Nr. 64 Amt St. Stefan, Kirche St. Stefan Nr. 8, Pfarrhof St. Stefan Nr. 3, Rein Nr. 1017.	25 (68)	Wohn/Wirtschaftsgebäude

KG Fressnitzviertel

Nr.	Besitzer 1823	Vulgoname	Stand	Grundherrschaft	Haus-Nr. [alt = ()]	Art
1	Grundner Johann	Gastbauer (Koglvoitl)	Wirt und Müller	Peggau	5, (31)	hölzernes Wohngebäude
2	Eisenberger Johann	Ran(n)achbauer	Ganzbauer	Peggau	7 (33)	Wohngebäude, Hofraum
3	Eisenberger Johann	Ran(n)achbauer - Keusche		Peggau	8 (34)	Wohngebäude
4	Steingruber Andrä	Gastbauer - Keusche	Wirt und Müller	Peggau	6 (32)	Wohngebäude
5	Krinner Peter	Thomabauer	Ganzbauer	Peggau, Amt Friesach Nr. 21	11 (29)	Wirtschafts-gebäude
6	Krinner Peter			Peggau	11 (29)	Wohngebäude
7	Taibinger Ignatz	Has(s)ler	1/2 Bauer	Rabenstein Nr. 110, 130; Waldstein Nr. 488.	12 (28)	Wohngebäude
8	Taibinger Ignatz			Rabenstein (s. o.)	12 (28)	Wirtschaftsgebäude
9	Grundner Mathias	Fröhlich (Frerla)	1/2 Bauer	Peggau	10 (30)	Wohngebäude
10	Taibinger Ignatz		1/2 Bauer	Rabenstein (s. o.)	12 (28)	Wirtschaftsgebäude
11	Handl Johann	Fressnitzhansl	Keuschler	Peggau, Amt Friesach Nr. 21b. Hofräume	15 (26)	Wohn/Wirtschaftsgebäude,
12	Grundner Mathias	Fröhlich	1/2 Bauer	Rabenstein Nr. 130.	10 (30)	Wohn/Wirtschaftsgebäude
13	Tächler Lorenz	Has(e)l-Bauer	1/4 Bauer	Rabenstein Nr. 110.	44 (20)	Wohn/Wirtschaftsgebäude
14	Tippl Jakob	Schartlbauer (Schattl-)	Keuschler	Peggau Amt Friesach Nr. 34a, Rabenstein Nr. 110/1.	22 (19)	Wohn/Wirtschaftsgebäude
15	Schönbacher Joseph	Brunnsimmerl (Graf)	1/2 Bauer	Peggau Amt Friesach Nr. 31.	26 (18)	Wohngebäude
16	Schinnerl Johann	Holzlakner (Hollackner)	Ganzbauer	Neuschloß (Gössergült Nr. 38)	25 (16)	Wohngebäude
17	Schinnerl Johann			Neuschloß (s. o.)	25 (16)	Wirtschaftsgebäude
18	Schinnerl Johann	Hollackner-Keusche		Neuschloß	27 (17)	Wohngebäude
19	Hausegger Philipp	Schusterlipp	Keuschler	Pfannberg	45 (21)	Wohngebäude
20	Beer Georg	Jasenmüller	Müller	Peggau Amt Friesach Nr. 35a, Rein Nr. 1005.	46 (22)	Wohngebäude
21	Mayrole Peter	Fressnitzpeter (-toni)	Keuschler	Rabenstein Nr. 133, Peggau Amt Friesach Nr. 40/1.	21 (23)	Wohngebäude
22	Zierler Johann	Grabenschuster	1/4 Bauer	Rabenstein Nr. 131.	20 (24)	Wohn/Wirtschaftsgebäude
23	Grundner Joseph	Grundner	Ganzbauer	Peggau Amt Friesach Nr. 21c, 30.	17 (25)	Wohngebäude
24	Grundner Joseph			Peggau (s. o.)	17 (25)	Wirtschaftsgebäude
25	Kniepeiss Mathias	Häuselbauer	1/2 Bauer	Gösting	34 (10)	Wohn/Wirtschaftsgebäude
26	Hiedn Johann	Kampl	Ganzbauer	Peggau Amt Friesach Nr. 36.	38 (6)	Wohn/Wirtschaftsgebäude
27	Schalk Joseph	Grussa(ch)bauer	1/4 Bauer	Plankenwarth Nr. 268.	36, 37 (7)	Wohn/Wirtschaftsgebäude
28	Tüchler Stephan	Stepflbauer (Steffl-)	1/2 Bauer	Rein Nr. 1010, Amt St. Stefan.	35 (8)	Wohn/Wirtschaftsgebäude
29	Sauseng Mathias	Höchnatzl (-motzl), (Höchwirt)	Keuschler	Peggau Amt Friesach Nr. 29a, Rein Nr. 1020b.	28 (15)	Wohngebäude
30	Prugger Joseph	Gsullbauer	1/4 Bauer	Peggau Amt Friesach Nr. 29.	30 (14)	Wohn/Wirtschaftsgebäude
31	Harrer Johann	Winkelbauer	3/4 Bauer	Gösting Nr. 123.	31 (13)	Wohn/Wirtschaftsgebäude
32	Zimmermann Andrä	Horinschbauer (Horeis-, (Hornis-)	1/4 Bauer	Gösting Nr. 122.	32 (12)	Wohn/Wirtschaftsgebäude
33	Fürpass Vinzenz	Rohueber (Weißegger-hof)	1/4 Bauer	Gösting Nr. 126.	33 (11)	Wohn/Wirtschaftsgebäude
34	Essinger Johann	Handl-Keusche	Ganzbauer	Gösting Nr. 124.	40 (4)	Wohn/Wirtschaftsgebäude
35	Essinger Johann	Handl		Gösting (s. o.)	41 (5)	Wohn/Wirtschaftsgebäude

Nr.	Besitzer 1823	Vulgoname	Stand	Grundherrschaft	Haus-Nr. [alt = ()]	Art
36	Essinger Johann			Gösting (s. o.)	40 (4)	Wohn/Wirtschaftsgebäude
37	Hütter Joseph	Dult- /Felber-mühle	Bauer	Peggau	47 (42)	Mühle
38	Handl Johann	Dorn	Ganzbauer	Messendorf Nr. 4, Kirche St. Stefan Nr. 7.	3 (2)	Wohn/Wirtschaftsgebäude
39	Handl Mathias	Mitteregger	1/4 Bauer	Messendorf Nr. 11, Gösting Nr. 130, Rein Nr. 1016.	1, 2 (1)	Wohn/Wirtschaftsgebäude

Papierfabrik und Siedlung Gratkorn im ersten Drittel des 19. Jahrhunderts, rechts im Vordergrund der Hof vulgo Paulitsch. Der Hof war "Ganzbauer", also relativ begütert, und der Herrschaft Peggau Amt Eggenfeld Nr. 26. untertänig. (Repro: tvn-Fotogruppe Gratwein Hubert Fink.)

KG Forstviertel

Nr.	Besitzer 1823	Vulgoname	Stand	Grundherrschaft	Haus-Nr. [alt = ()]	Art
1	Kainz Mathias	Schmidtblasbauer (Blasbauer)	1/4 Bauer	Weyer Nr. 159/5.	10 (12)	Wohn-/Wirtschaftsgebäude
2	Schicker Georg	Bergjörgl	1/8 Bauer	Kirchengült St. Stefan Nr. 1.	14 (9)	Wohn/Wirtschaftsgebäude
3	Jechlinger Jacob	Rucker	1/8 Bauer	Peggau Amt Eggenfeld Nr. 41.	15 (10)	Wohn/Wirtschaftsgebäude
4	Förstl Blasius	Bergblas(l)	1/8 Bauer	Gösting Nr. 72.	13 (8)	Wohn/Wirtschaftsgebäude
5	Knapp Mathias	Haritzhiesel (Harras-), (-peter)	1/8 Bauer	Peggau Amt Friesach Nr. 22.	2 (2)	Wohn/Wirtschaftsgebäude
6	Grundner Stephan	Stockbauer (Nock-)	1/8 Bauer	Peggau Amt Friesach Nr. 38.	16 (36)	Wohn/Wirtschaftsgebäude
7	Grasch Peter	Teibinger (Pappelteibinger)	3/4 Bauer	Peggau Amt Friesach Nr. 41, Gösting Nr. 67, Stainz Nr. 290.	3 (3)	Wohn/Wirtschaftsgebäude
8	Grasch Peter	(Teibinger-Keusche)		Peggau (s. o.)	4 (4)	Wohngebäude
9	Neuhold Leopold	Ladenschuster (La(h)nschuster)	1/8 Bauer	Weyer Nr. 160b.	5 (5)	Wohngebäude
10	Zirler Balthasar	Stockenbergweber (Eggenbergweber)	1/8 Bauer	Oberthal Nr. 302.	6 (6)	Wohn/Wirtschaftsgebäude
11	Jäger Simon	Sommer	1/8 Bauer	Peggau Amt Eggenfeld Nr. 3.	7 (7)	Wohn/Wirtschaftsgebäude
12	Lichtenegger Peter	Gschireger	1/4 Bauer	Oberthal Nr. 300, 304.	8 (11)	Wohn/Wirtschaftsgebäude
13	Kogler Anton	Grillbauer (Laus-, Lanzbichler)	Ganzbauer	Gösting Nr. 61, Amt St. Stefan.	11 (13)	Wohn/Wirtschaftsgebäude
14	Hoppaus Jacob	Sternjakl (-schuster)	1/8 Bauer	Kirchgült St. Stefan Nr. 5.	45 (14)	Wohngebäude
15	Fürpass Ignatz	Pirner	1/4 Bauer	Gösting Nr. 65, Amt St. Stefan.	43 (15)	Wohn/Wirtschaftsgebäude
16	Handl Anton		Ganzbauer	Gösting Nr. 66 Amt St. Stefan.	42 (20)	Wohngebäude
17	Krail Joseph	Tang(e)lbauer	1/4 Bauer	Hl. Geist Spital Nr. 2.	41 (17)	Wohn/Wirtschaftsgebäude
18	Hassmann Johann	Le(r)chner	1/4 Bauer	Stainz Nr. 289.	39 (18)	Wohn/Wirtschaftsgebäude
19	Stachl Peter	Brand(l)bauer	1/4 Bauer	Oberthal Nr. 203.	38 (19)	Wohn/Wirtschaftsgebäude
20	wie 16			Gösting	(20)	Haurstubn
21	wie 16	Grubenbauer		Gösting	38 (20)	Wohn/Wirtschaftsgebäude
22	Grundner Sebastian	Harregger	3/4 Bauer	Peggau Amt Friesach Nr. 14.	34 (21)	Wohn/Wirtschaftsgebäude
23	Grundner Sebastian	Felberbauer (Velgaubauer)	1/8 Bauer	Rein Nr. 1008 Amt St. Stefan, Gösting Nr. 25.	32 (23,22)	Wohn/Wirtschaftsgebäude, Gasthaus
24	Schönbacher Jacob	Brandlhansl (Brandlpeter)		Waldstein Nr. 585.	47 (24)	Wohn/Wirtschaftsgebäude
25	Weiss Anton	Kefer	1/2 Bauer	Rein Nr. 1020 Amt St. Stefan.	31 (25)	Wohn/Wirtschaftsgebäude
26	Wartbichler Johann	Maurerhansel (-franzl)	1/8 Bauer	Rein Nr. 1011 Amt St. Stefan.	30 (26)	Wohn/Wirtschaftsgebäude
27	Steyrer Johann	Hofbauer (Mairhansl), (Höchbauer)	1/8 Bauer	Rabenstein Nr. 135/1, 136/2.	46 (27)	Wohn/Wirtschaftsgebäude
28	Zötsch Georg	Stelzer	1/4 Bauer	Rabenstein Nr. 136.	29 (28)	Wohn/Wirtschaftsgebäude
29	Kniepeiss Johann	Simonmayr (Simmermar)	1/2 Bauer	Peggau Amt Friesach Nr. 34.	28 (29)	Wohn/Wirtschaftsgebäude
30	Preidler Georg	Lanzbauer, (Lenz-)	1/2 Bauer	Rabenstein Nr. 134, 135, Ruhefeld Nr. 120.	27 (32)	Wirtsch. u. Wohngebäude
31	Mayrhofer Johann	Jasenirgl, (Dorffranz)		Oberthal Nr. 101b.	26 (31)	Wohngebäude
32	Erdklinger Georg	Feibl	1/8 Bauer	Rein Nr. 1011 Amt St. Stefan.	25 (30)	Wohngebäude
33				Rein (s. o.)	25 (30)	Wohngebäude

Nr.	Besitzer 1823	Vulgoname	Stand	Grundherrschaft	Haus-Nr. [alt = ()]	Art
34	Ferstl Michael	Ferstl	Ganzbauer	Peggau Amt Friesach Nr. 35.	22 (33)	Wohn/Wirtschaftsgebäude
35	Zweyer Jacob	Jasenweber, (Müllerwirt)	1/8 Bauer	Oberthal Berg 305.	24 (34)	Wohn/Wirtschaftsgebäude
36	Gressbauer Georg	Forstbauer	1/8 Bauer	Gösting Nr. 116.	17 (35)	Wohn/Wirtschaftsgebäude
37	Kleinhäupl Johann	Haberl	1/4 Bauer	Peggau Amt Friesach Nr. 40.	18 (37)	Wohn/Wirtschaftsgebäude
38	Blümel Anton	Grabentoni	1/8 Bauer	Peggau Berg 11.	1 [illegible]1)	Wohn/Wirtschaftsgebäude
39	Sauseng Leopold	Petschenbauer, (-peter, Haritztoni) (Pötschen-)	Ganzbauer	Peggau Amt Friesach Nr. 39.	19 (38)	Wohn/Wirtschaftsgebäude
40				Peggau Berg 5.	21 (39)	Wohngebäude
41	Hoppaus Georg		1/8 Bauer	Peggau	20 (41)	Wohngebäude
42		Koiny (Koiner)		Peggau Amt Friesach Nr. 37.	20 (40)	Wirtschaftsgebäude

Der Huberbauer, Bau-Parz. Nr. 5 in der KG Kirchenviertel, Haus-Nr. 19 alt, 62 neu, bis 1848 den Dominikanern in Graz und der Herrschaft Gösting untertänig. Foto um 1965. (Archiv BDA Graz)

KG Friesach/St. Stefan

Nr.	Besitzer 1823	Vulgoname	Stand	Grundherrschaft	Haus-Nr. [alt = ()]	Art
1	Fuchspüchler Simon	Rossfranz (Franzbauer)	Ganzbauer	Messendorf Nr. 1.	50 (4)	Wohn/Wirtschaftsgebäude
2	Egger Urban	Papst	1/8 Bauer	Peggau Amt Friesach Nr. 56.	47 (5)	Wohngebäude
3	Hofer Blasius	Brunnblas	1/8 Bauer	Peggau, Amt Friesach Nr. 5	45 (8)	Wohn/Wirtschaftsgebäude
4	Moser Joseph	Brunnhansl	1/8 Bauer	Peggau, Amt Friesach Nr. 9.	46 (6)	Wohn/Wirtschaftsgebäude
5	Amhofer Peter	Brunnpeter (-jakl)	1/8 Bauer	Peggau, Amt Friesach Nr. 12.	44 (7)	Wohn/Wirtschaftsgebäude
6	Grundner Elisabeth	Kröpfl	3/4 Bauer	Peggau, Amt Friesach Nr. 11.	38 (3)	Wohn/Wirtschaftsgebäude
7	Faderl Anton	Petschenannerl (-schneider)	1/8 Bauer	Peggau, Amt Friesach Nr. 10.	36 (2)	Wohn/Wirtschaftsgebäude
8	Pauser Andre	Petschenannerl (-nikl)	1/8 Bauer	Peggau, Berg 7.	37 (1)	Wohn/Wirtschaftsgebäude
9	Zach Sebastian	Steindl	Ganzbauer	Plankenwarth Nr. 258.	42 (11)	Wohn/Wirtschaftsgebäude, Gasthaus
10		(Steindl-Haarstube)			(10)	
11	Pilz Thomas	Wörthwirt	Ganzbauer	Rabenstein Nr. 113, Waldstein Nr. 495	41 (13)	Wohn/Wirtschaftsgebäude
12	Förstl Johann	Hansbauer (Wörthannerl)	1/8 Bauer	Rabenstein Nr. 111.	32 (14)	Wohn/Wirtschaftsgebäude
13	Fragner Peter	Kolmanbauer	3/4 Bauer	Peggau, Amt Friesach Nr. 45.	33 (15)	Wohn/Wirtschaftsgebäude
14		Griebler		Rabenstein Nr. 115, Gösting Nr. 63.	29 (17)	
15	Esler Mathias	Mayerhisl	Ganzbauer	Rabenstein Nr. 112.	26 (18)	Wohn/Wirtschaftsgebäude
16	Huber Stephan	Sanz	Ganzbauer	Rabenstein Nr. 114, Waldstein Nr. 617.	25 (19)	Wohn/Wirtschaftsgebäude
17	Krempl Simon	Wörthschneider	1/8 Bauer	Peggau, (Rein Nr. 339a Amt Eggenfeld).	27 (21)	Wohngebäude
18	Aichbauer Georg	Pfisterer	1/2 Bauer	Peggau, Amt Friesach Nr. 19.	24 (20)	Wohn/Wirtschaftsgebäude
19						
20	Stegmüller Joseph	Kügerlschuster (Kiegerl-)	1/8 Bauer	Peggau, Amt Friesach Nr. 55.	34 (22)	Wohn/Wirtschaftsgebäude
21	Prügger Max	Thorbauer	Ganzbauer	Rein Nr. 993 Amt Eggenfeld.	21 (24)	Wohn/Wirtschaftsgebäude
22	Hasiwa Jacob	Zenzwirt (Thorbauer)	1/8 Bauer	Messendorf Nr. 6a/ (Peggau).	20 (25)	Wohngebäude
23	Hebenstreit Andre	Auenbauer	1/4 Bauer	Peggau Amt Eggenfeld Nr. 14.	19 (26)	Wohn/Wirtschaftsgebäude
24	Blümel Georg	Blüml	1/8 Bauer	Peggau Amt Eggenfeld Nr. 5.	18 (27)	Wohn/Wirtschaftsgebäude
25	Hasiwa Jacob	Zenzlwirt	1/8 Bauer	Peggau Dom 27.	17 (28)	Wohn/Wirtschaftsgebäude
26		Maurer		Rein Nr. 1001, Peggau Berg 20.	16 (29)	
27						
28	Fuchs Mathias	Eggenfeldwirt	Ganzbauer	Rein	15 (18)	Wirtschafts- u. Wohngeb.
29		Stampler		Peggau Berg 20/1, Rein Nr. 339c.	14 (32)	Wohngebäude
30	Preindler Mathias	Leitenpeter (-matz)	1/8 Bauer	Peggau Amt Eggenfeld Nr. 40.	13 (33)	Wohn/Wirtschaftsgebäude
31	Sauseng Sebastian	Leindl	3/4 Bauer	Rein Nr. 992 Amt Eggenfeld, Peggau Amt Eggenfeld Nr. 7, Kirche St. Stefan Nr. 11.	12 (34)	Wohn/Wirtschaftsgebäude
32	Fuchs Mathias	(Eggenfeldwirt)	Ganzbauer	Peggau Amt Eggenfeld Nr. 8, 11, 12.	9	Wirtschaftsgebäude
33	Hirzman Lorenz	Gregorbauer	1/8 Bauer	Peggau Amt Eggenfeld Nr. 2.	8 (37)	Wohn/Wirtschaftsgebäude

Nr.	Besitzer 1823	Vulgoname	Stand	Grundherrschaft	Haus-Nr. [alt = ()]	Art
34	k. k. Wegdirection	(Wegmacher)		Peggau	6 (36)	Wohn/Wirtschaftsgebäude
35	Zötsch Andre	Hahnjakl	1/2 Bauer	Peggau Amt Eggenfeld Nr. 6.	11 (35)	Wohngebäude
36	Fuchs Mathias	Eggenfeldwirt	Ganzbauer	Peggau Amt Eggenfeld Nr. 8, 11, 12.	9 (41)	Wirtschaftsgebäude
37	Hasenhütl Michael	Bartlbauer	1/2 Bauer	Peggau Amt Eggenfeld Nr. 9.	10 (42)	Wohn/Wirtschaftsgebäude
38	Fuchs Mathias	Eggenfeldwirt	Ganzbauer	Peggau Amt Eggenfeld Nr. 8, 11, 12.	9 (41)	Wohn/Wirtschaftsgebäude
39	Waltesgruber Ulrich	Kristabauer	1/4 Bauer	Peggau Amt Eggenfeld Nr. 10.	4 (43)	Wohn/Wirtschaftsgebäude
40	Dorn Georg	Winter	1/2 Bauer	Peggau Amt Eggenfeld Nr. 1.	5 (40)	Wohn/Wirtschaftsgebäude
41	Zötsch Georg	(Eggenfeld)-Strobl	1/4 Bauer	Peggau Amt Eggenfeld Nr. 15.	7 (38)	Wohn/Wirtschaftsgebäude
42	Schicker	Simonbauer	3/4 Bauer	Rein Nr. 995 Amt Eggenfeld.	6 (39)	Wohn/Wirtschaftsgebäude
43	Gemeinde Eggenfeld			Peggau Amt Eggenfeld Nr. 19 1/2.	3 (44)	Haarstube
44	Zötsch Karl	Hofbacher	1/8 Bauer	Oberthal Berg 299.	1 (45)	Wohn/Wirtschaftsgebäude
45	Egger Andre	Grabenannerl (-toni)	1/8 Bauer	Hl. Geist Spital Nr. 10.	2 (46)	Wohn/Wirtschaftsgebäude

"Schloß Weier, der Eisenbahn abwärts rechts." Der Grundherrschaft Weyer waren in der KG Kirchenviertel der vulgo Vierling und der vulgo Reissenzaum untertänig, im Forstviertel der vulgo (Schmidt)blasbauer und der vulgo Ladenschuster. Lithographie von Josef Kuwasseg, 1844. (J. Kuwasseg, 1844. Nr. 38)

VON DER FRÜHEN NEUZEIT BIS 1914

PEGGAU ALS MITTELPUNKT DER VERWALTUNG

"Pegga ohnweit Graetz, ein uraltes Schloß, dessen Ueberbleibsel noch zu sehen sind; das neuere klebt an einem Felsen, gleich einem Schwalbenneste; und hat ehemals eigene Herren gehabt, die im 11. und 12 ten Jahrhunderte in Steyermark lebten."[1]

Der vom bedeutenden steirischen Historiker Aquilin Julius Caesar 1773 derart romantisch beschriebenen Burg Peggau kam für den Raum Gratkorn über Jahrhunderte eine zentrale Bedeutung zu. Bei der Aufhebung der Grundherrschaften im Jahre 1848 waren noch über 46 Prozent der Hausnummern der Herrschaft Peggau untertänig, jahrhundertelang übte Peggau die Gerichtsbarkeit aus, war die Burg Peggau Zentrum von Verwaltung, Wirtschaft und Recht.

Vermutlich zu Beginn des 12. Jahrhunderts wurde die Burg von den Freien von Peggau, sie waren mit den Grafen von Zeltschach und den Grafen von Rein verwandt, erbaut. Rudolf I. von Peggau (ca. 1100 bis 1148), Sohn des Grafen Ernst von Zeltschach (genannt 1060 bis 1088), nannte sich "von Peggau", um 1050 waren Güter bei Peggau, darunter auch solche "ad Fresah" (bei Friesach), von einem Edlen Eppo an die Zeltschacher gekommen.[2] Ein "Roudolf des Peka" wird um 1135 erstmals urkundlich genannt.[3] Mitte des 13. Jahrhunderts traten die Pfannberger das Erbe der Grafen von Peggau an, - die Burg wurde zerstört, nachdem Bernhard von Pfannberg als Angehöriger einer Adelsverschwörung gegen König Ottokar von Böhmen entdeckt wurde. Nach Vertreibung der Böh-

Burgruine Peggau um 1900. Das "Gschloß oder Vesten Pekach" war zu Ende des 16. Jahrhunderts eine blühende und die für Gratkorn wichtigste Grundherrschaft, die - nach einer Berechnung Herwig Ebners - einen Wert von etwa 97.749 Gulden repräsentierte. 1652 kam die Herrschaft in den Besitz des Chorherrenstiftes Vorau. (Sammlung Horst Ziegler)

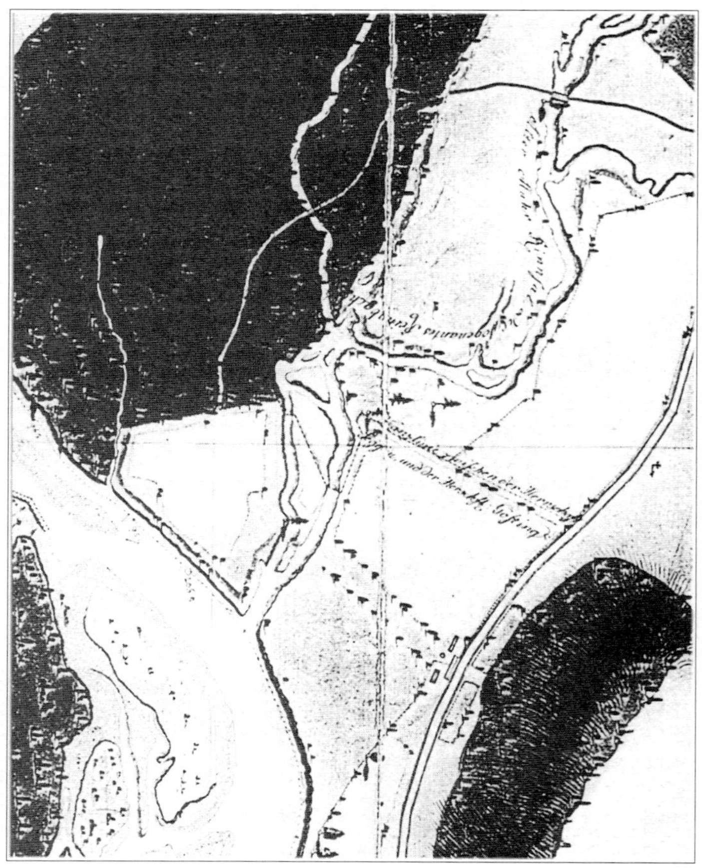

Auf der sogenannten "Murstromkarte" ist zwischen unregulierter Mur und Reichsstraße (Grazerstraße) die "Gränzlinie zwischen der Herrschaft Peggau und der Herrschaft Gösting" eingezeichnet. Oben neben der Straße das Dultkreuz, an dem Verbrecher aus dem Peggauer Burgfried dem Grazer Büttel zur Hinrichtung übergeben wurden. (LA)

1 ADS, II, S. 79.
2 StUB I, Nr. 58, S. 67.
3 StUB I, Nr. 151, S. 156. Vgl. folgend

Die Burg Peggau ("Pecha in fazzia") um 1600. (J. Clobucciarich 1601 - 1605, LA)

men aus der Steiermark 1276 erhielt Bernhard Peggau zurück und baute die Burg wieder auf, er starb 1288. Sein Sohn, Ulrich Graf von Pfannberg, erhielt 1278 zur freieigenen Feste Peggau einen Burgfried verliehen. Der dazugehörende Grundbesitz umfaßte auch landesfürstliches und salzburgisches Lehen.

1362, nach dem Aussterben der Pfannberger, forderten die Grafen von Cilli das Erbe; zu Ende des 14. Jahrhunderts war Peggau infolge einer Heirat im Besitz der Montforter. Diese wohnten vorwiegend auf Pfannberg und ließen Peggau durch ihre Dienstmannschaft verwalten. 1430 erhielt Peggau ein Landgericht verliehen.[4]

Seit 1590 unternahmen die Montforter Versuche, die verschuldete Herrschaft Peggau zu verkaufen. Die Veräußerung von Gütern zur Bewältigung der Schulden beeinträchtigte in der Folge die Geschlossenheit des Besitzes. Nach einer 1596 durchgeführten Schätzung betrug der Gesamtwert der verschuldeten und in Unordnung geratenen Herrschaft 97.749 Gulden. Die Einnahmen aus den Geld- und Naturalzinsen der Untertanen betrugen 302 lb. 6 ß. 3d., dies entsprach einem Kapitalwert von über 37.845 Gulden.

Der Herr von Scherffenberg nahm die Herrschaft 1595 in Pacht, 1596 gebot Freiherr Paul von Eibiswald über die Herrschaft, also auch über die Gratkorner. Als dessen Sohn wegen seines protestantischen Glaubens die Steiermark verlassen mußte, verkaufte er die Herrschaft an seinen Vetter Georg Amelreich. 1649 übernahm der wieder zum katholischen Glauben übergetretene Paul Hartmann von Eibiswald die Herrschaft, verkaufte sie aber am 3. Juni 1652 an das Stift Vorau, in dessen Eigentum sich die Burgruine, Grundbesitz sowie einige Jagd- und Fischereirechte noch heute befinden.[5]

Die gesamte Herrschaft, also auch die nachmaligen vier ursprünglichen Gratkorner Katastralgemeinden, wurden von der Burg Peggau aus verwaltet. Als diese immer baufälliger wurde, zogen die Verwalter 1804 in das im Ort befindliche Amtshaus um. Zur Herrschaft selbst dienten damals 214 Häuser, deren Erträgnisse für die Herrschaft mit 2044 Gulden und 13 Kreuzern Dominikale sowie 234 Gulden und 54 Kreuzern Rustikale in fünf Ämtern im Urbar der Herrschaft verzeichnet waren. Untertanen hatte Peggau in folgenden Gegenden:

Buchberg
Peggau
Freßnitz
Prebühel
Friesach
Rehberg
Hinterberg
Schattleiten
Kirchenviertel
Schönberg
Königgraben
Markt Semriach
Laas
Thoneben
Marktviertel
Vordere Dürnau
Mauritzerviertel
Wenisbuch
Neudorf bei Peggau
Windhof
Oberneudorf
Mixnitz
Unterneudorf
Schlaggraben

Mit der Errichtung der Werbbezirke im Jahre 1770 fielen der Herrschaft Peggau weitreichende Aufgaben wie u. a. die Straßenüberwachung, das Schulwesen, die Steuereintreibung und Rekrutierung von Soldaten zu. Von Peggau aus wurden somit zwei Märkte und fünfzehn Gemeinden verwaltet. Dieses 4000 Einwohner zählende Gebiet umfaßte eine Fläche von 90,9252 Quadratkilometern. 31,57% davon waren Äcker, 17,73% Wiesen, 2,48% Weiden, 0,0046% Weingärten und 48,21% Wald. Im gesamten Peggauer Bezirk gab es zu Beginn des 19. Jahrhunderts 162 Pferde, 953 Ochsen, 1045 Kühe und 1620 Schafe.[6]

H. Ebner, 1981, S. 127ff und R. Baravalle, 1961, S. 164 - 167.
4 R. Baravalle, 1961, S. 166f.
5 H. Ebner, 1981, S. 128.
6 C. Schmutz, 1822, S. 103f.

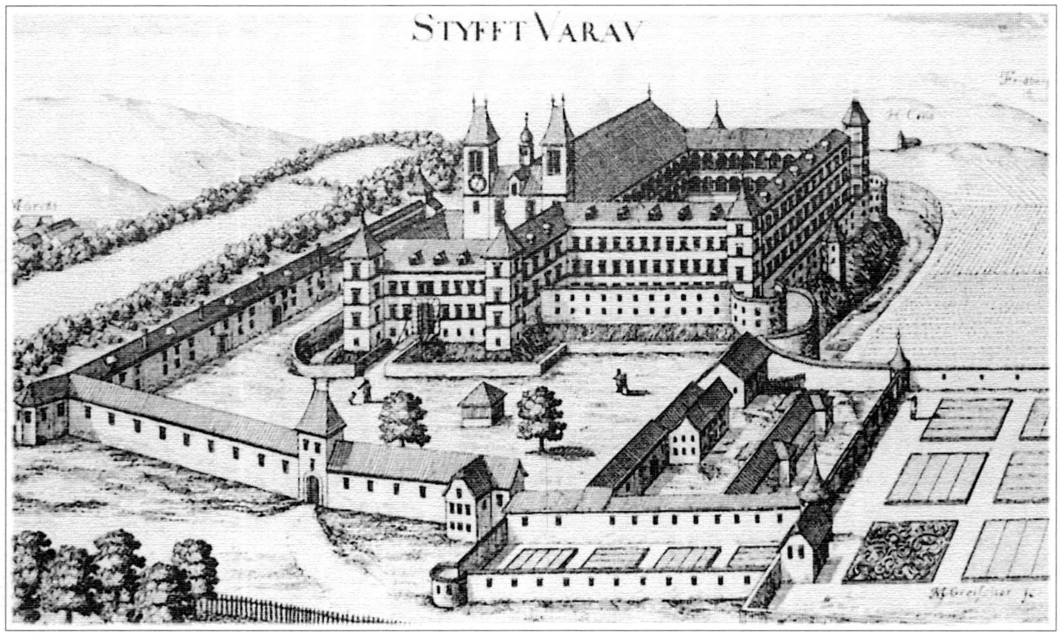

Das Stift Vorau in der Mitte des 17. Jahrhunderts. Paul Hartmann von Eibiswald verkaufte die für den Raum Gratkorn so bedeutende Herrschaft Peggau am 3. Juni 1652 an das Stift Vorau. (G. M. Vischer, 1681.)

Auf den Anteil des Gratkorner Gebietes daran wird weiter unten gesondert eingegangen.

Mit der Grundentlastung, der Aufhebung der patrimonalen (grundherrschaftlichen) Gerichtsbarkeit und der Konstituierung der vorerst mit begrenzter Autonomie ausgestatteten Gemeinden verlor Peggau seine für Gratkorn überragende Bedeutung. Am 7. September 1848 endete die Gehorsamspflicht der Gratkorner Untertanen gegenüber der Grundherrschaft Peggau, zu diesem Zeitpunkt im Besitz des Stiftes Vorau. Die bis dahin aus dem persönlichen Untertansverband resultierenden Abgaben wurden ersatzlos aufgehoben. Dies bedeutete also den Wegfall der Todesfallsabgabe, des Abfahrtsgeldes, der Waisendienste, des Heimfalssrechts, der herrschaftlichen Weide- und Jagdrechte, des Schankrechts und der Robotleistung zu Jagdzwecken.

Nach der Aufhebung des grundherrschaftlichen Untertänigkeitsverhältnisses und der grundherrschaftlichen Gerichtsbarkeit wurde mit dem Patent vom 17. März 1849 ein provisorisches Gemeindegesetz erlassen.[7] Die Gemeinde Gratkorn, bestehend aus den Katastralgemeinden Kirchenviertel, Freßnitzviertel, Forstviertel und Friesach - St. Stefan war geboren.

"Umgebung von Gratz, Nr. 7"; die Bezirke Peggau und Gösting. Karte um 1800. (UB / SS)

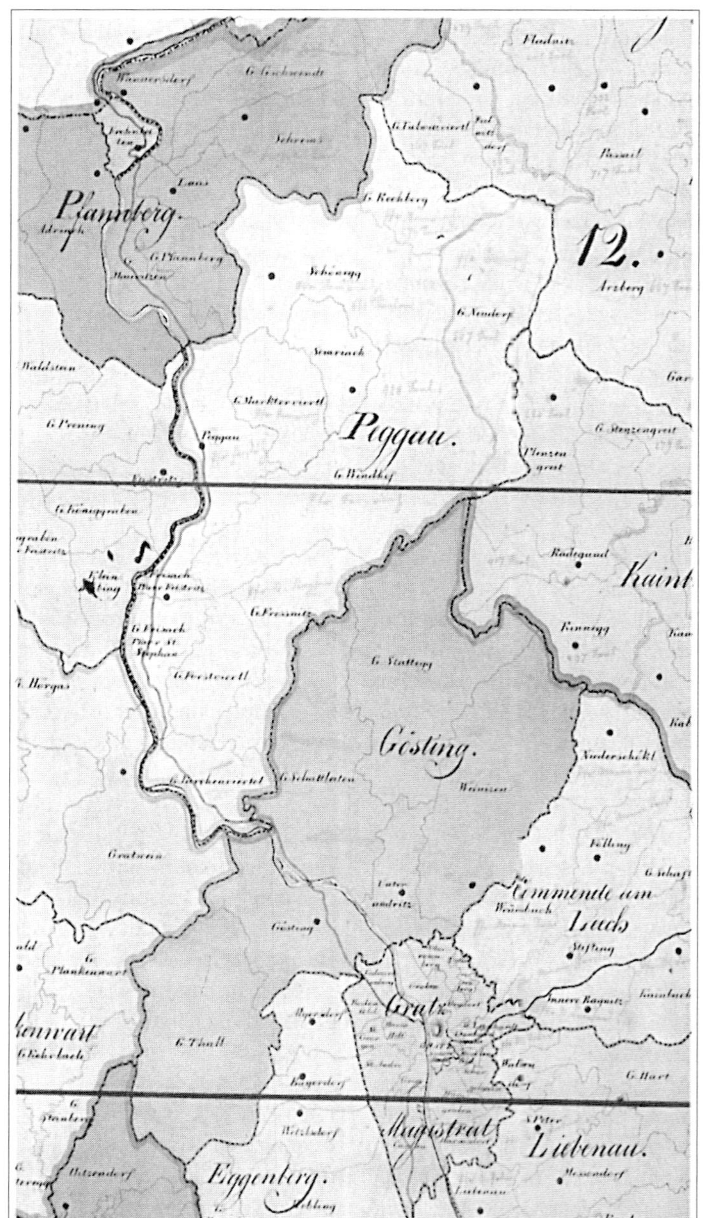

7 Kundgemacht im Reichsgesetzblatt 203, Nr. 170.

Gerichtsbarkeit und Recht

Das wichtige Hoheitsrecht der Gerichtsbarkeit hatte der Landesfürst als Nachfolger des Grafen erhalten, der im frühen Mittelalter als Vertreter des deutschen Königs auch dieses Recht innegehabt hatte. Der steirische Markgraf, der Leiter der Mark an der mittleren Mur, die knapp nach dem Sieg über die Ungarn nach 955 errichtet worden war, hatte in der Folge die vier Grafschaften in der in der Obersteiermark und die Pettauer Mark erworben. Dies waren die Grenzen der Steiermark im Jahre ihrer Erhebung zum Herzogtum 1180.

Innerhalb dieses Territoriums übte der Herzog die oberste Gerichtsbarkeit aus, die er aber in der Folge als gewinnbringendes Lehen an große Adelsgeschlechter, dann auch an kleinere Grundherrschaften, verlieh. Mancherorts hatten sich im Laufe der Zeit, oft noch vor der Jahrtausendwende, die Grundherren sogar eigenständig die Kompetenzen über geringere, auf ihrem Grund sich zutragende Rechtsfälle erworben.[1] Eine Gewaltentrennung war dabei natürlich nicht gegeben.

Die Grundherrschaften selbst ließen die Rechtssprechung durch ihre "Beamten" versehen. Damit verbundenes Ansehen und Einnahmen aus Strafen und Gerichtsgebühren verhalfen manchen Grundherrschaften zu einer verstärkten Machtposition. Im Gegensatz dazu führte dies sukzessive zu einem Machtverlust des Landesfürsten, weil sich eben jener Partikularismus einer zentralen Verwaltung und Vereinheitlichung des Rechts entgegensetzte. Vor der Verleihung geschlossener Burgfriede (solcher Gebiete also, in denen die jeweilige Grundherrschaft die Gerichtsbarkeit ausübte) besaßen einige Herrschaften die Hochgerichtsbarkeit über Land und Untertanen. Bei der häufigen Streuung des Besitzes einzelner Herrschaften führte dies bis 1848 zu einigermaßen komplizierten und konfusen Verhältnissen.[2]

Im Jahre 1748 bestanden in der Steiermark (Grenzen vor 1918) nicht weniger als 138 Landgerichte und 255 Burgfriede, 99 davon allein in Mittelsteier. Die Grundherren, es waren ihrer über 1000, besaßen das Dachtraufenrecht, sie übten also innerhalb eines ihnen untertänigen Hauses, soweit die Dachtraufe reichte, die niedere Strafgerichtsbarkeit aus. Die bürgerliche Gerichtsbarkeit sicherte den Herrschaften durch die Einhebung von Taxen bei Verkäufen, Heiraten und Todesfällen ein ansehnliches Einkommen.[3]

Trotz zahlreicher Versuche einer Reformierung und Vereinheitlichung dieses zersplitterten Rechtssystemes führte die Intention Kaiser Josefs II., der bereits die Aufhebung der grundherrschaftlichen Gerichtsbarkeit anstrebte, in der Steiermark lediglich zur Aufhebung der Burgfriede. Erst die Reformen von 1848/49 führten in der Folge zur "Verstaatlichung" der Rechtspflege.

Wenden wir uns nun unserem Untersuchungsgebiet zu und stellen wir die Frage nach den Rechtsverhältnissen in Gratkorn vor 1848, soweit sie die vier alten Katastralgemeinden betreffen. Es wurde bereits dargelegt, welch bedeutende Rolle die Grundherrschaft Peggau für den Raum Gratkorn spielte. Die Grafen von Pfannberg als Herren von Peggau verfügten im weiteren Umkreis ihrer Burg über ausgedehnten Grundbesitz und eine Reihe von Untertanen. Außerdem hatte sich Graf Bernhard von Pfannberg im Zuge des Streites um die Kaiserkrone zwischen Ottokar Przemysl von Böhmen und Rudolf I. von Habsburg an die Seite des Habsburgers gestellt. Nach einer Adelsverschwörung zerstörte Ottokar sogar die Burg Peggau, nahm Bernhard in Haft und zog die Burg Pfannberg ein. Nach der Vertreibung der Böhmen aus dem Lande und in der Folge des "Reiner Schwures" führender steirischer Adeliger, die sich an die Seite Rudolfs stellten, wurden die Parteigänger Rudolfs für

Nach dem endgültigen Sieg des Habsburgers über Ottokar von Böhmen erhielten die Grafen von Peggau 1278 zu ihrer freieigenen Burg einen Burgfried verliehen Die Burg Peggau um 1825. Lithographie von Karl Joseph Kuwassegg. (J. F. Kaiser, 1825. Nr. 213.)

1 H. Baltl, 1986. S. 62f.
2 Vgl. H. Pirchegger, 1946. S. 30.
3 Vgl. H. Pirchegger, 1946, S. 30f.

Der Bereich Eggenfeld / St. Stephan in Gradkorn auf der Theresianisch - Josefinischen Landesaufnahme[6] („Josefinische Kriegskarte"), letztes Drittel 18. Jahrhundert. Gegenüber vom Hausberg (Bildmitte), am jenseitigen Murufer, ist die Richtsstätte („Gericht") eingezeichnet. Hier wurden die vom Landgericht Rein - Gratwein verurteilten Verbrecher hingerichtet. Gratkorn gehörte zum Gerichtsbezirk Peggau, die Mur bildete die Grenze. (Kriegsarchiv Wien)

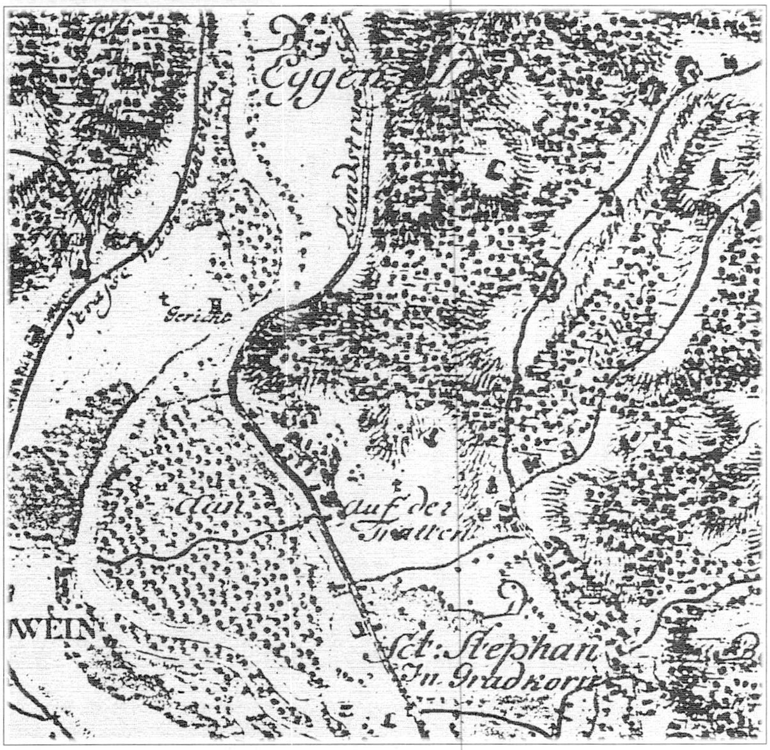

ihre Treue belohnt. Nach dem endgültigen Sieg des Habsburgers über Ottokar von Böhmen erhielten die Grafen von Peggau 1278 zu ihrer freieigenen Burg einen Burgfried verliehen.[4]

Über die Grenzen und den Umfang des Peggauer Burgfriedes, was einem Gerichtssprengel gleichkommt, unterrichten das landesfürstliche Lehensurbar sowie diverse Bereitungsakten, die angelegt wurden, wenn die Gerichtsgrenzen der Herrschaft abgeritten wurden, um ihren Verlauf zu bestätigen oder neu festzulegen.

Anläßlich der "purkfrits - berainung" im Jahre 1621 entstand folgendes aufschlußreiches Protokoll über den Grenzverlauf des Peggauer Burgfriedes: "Der herrschaft Peggau purkfrits - berainung hebt sich an in Padl an der Muehr bei dem Müllpach auf ein steig nach dem rigl gar auf bis ein marchstain und dan durch den walt und rigl auf alle höch bis in Sauzipf bei der alten Khollgrueben volgents in Raucheggraben und hinauf in die höch an Prunegg und beßer hinauf gegen ainen stainkogl über, der Sembriachisch ist, von denen hinumb bis auf einem weeg beim Langen gehaag in der auen hinauf beim Nollpichl bis auf die Taschen und stainen creüz an der weegschaiden und dan der rechten landstraßen nach, die auf Sembriach gehet, hinauf den Holzschuechhof und hindurch den ridl nach zu der alten vesten Lueginslandt genant, die noch Sembriachisch ist und hindurch auf die Sandgrueben, von der Sandgrueben gleich zu tall abwerts auf die Khalterünen und nach dem fahrweeg hinaus bis an den ursprung des Retschpach, alsdan verer durch auf bis auf den ausgeworfnen rainstain unter dem Puechhof. An stat dises rainstain ist ein creütz erpaut worden, da dreier herrn gericht und freiheiten aneinander stoßen. Verner aufwerts zu der Stadlwisen, dan zu der Raingrueben, weiter zu dem Fuxkhogl und Fuxthall zu den Dultbach, nach demselben auswerts zu dem creüz bei dem Vnckhenstain gegen st. Steffan über, dan auswerts zu der Muehr, nach der Muehr oder auffart aufwerts in den Padl zu den Müllpach, da sich diser purkfrid angefangen."[5]

Der Burgfried der Herrschaft Peggau erstreckte sich also vom Mühlbach bei Badl in Richtung Ruine Lueg (bei Semriach, nicht zu verwechseln mit Lueg am Hausberg), verlief dann über den Fuchskogel bei der Hohen Rannach entlang des Dultbaches zur Mur und dieser aufwärts bis Badl. Die vier alten Gratkorner Viertel lagen somit im Burgfried Peggau, das Gebiet südlich der Linie Fuchskogel - Dultbach zählte bereits zum Burgfried Aigen.

Die exakte Bestimmung dieses für unsere Thematik interessantesten Teiles der Peggauer Burgfriedsgrenze ist anhand einer Grenzbeschreibung im Landesfürstlichen Lehensurbar von 1767 möglich. Bei der "mauer am Fuchskogl" trat der Grenzverlauf in die heutige KG Gratkorn - St. Veit ob Graz ein; sie verlief weiters "neben dem Peggauerwald über das egg und Zollbichlers [vulgo Gsöllbichler] grund ab bis in den Ringgraben, von dem Ringgraben aus nach dem waßerlauf bis in den Dultbach und nach denselben ab und ab bis zu den hölzern creuz, von dannen nach der landstraßen ab bis auf den st. Ulrichsbrunn oder Unkenstein gegen Siebenprün über, von dannen hinaus bis in die halbe Muhr, nach halber Muhr auf und auf bis wiederum in dem Padl, da der Mühlbach in die Muhr flüst.[7]

Über den Fuchskogel führte die Gerichtsgrenze also zum Zollbichler. Dieser Hof, der heutige Gsölbichler, wird 1487 im Urbar des Stiftes Rein erstmals urkundlich genannt. Gleich neben diesem Hof liegt der Burgstaller, 1456 erstmals urkundlich als "am Purkstal"[8] genannt. Der Name steht offen-

4 H. Ebner, 1981, S. 127; R. Baravalle, 1961, S. 166.

5 Grenzbeschreibung des Landgerichtes Graz von 1621, Blatt 18a, 18b (LA); Gerichtsbeschreibungen S. 184.

6 Der Vorschlag für diese Bezeichnung stammt von G. Fasching, F. Wawrik, 1989, S. 128.

7 Landesfürstliches Lehensurbar von 1767, S. 117f (LA); Gerichtsbeschreibungen, S. 185f.

sichtlich in Zusammenhang mit einer alten Burgstelle oder zumindest mit der Burgfriedsgrenze. Der Grenzverlauf selbst änderte sich im Laufe der Zeit geringfügig.

Durch den Ringgraben, dessen Bächlein nach kurzer Zeit in den Dultbach mündet, verlief die Gerichtsgrenze dem Dultbach entlang, bis dieser die alte Reichsstraße (Hauptstraße) schneidet. Darauf zog sich die Grenze noch etwa 500 m entlang der alten Reichsstraße in Richtung Graz, winkelte kurz vor dem heutigen Fischerwirt in Richtung Mur hin ab und zog der Mur entlang stromaufwärts bis zur Einmündung des Mühlbaches bei Badl. Die innerhalb dieses Gebietes begangenen Verbrechen fielen somit in die Zuständigkeit der Peggauer Gerichtsbarkeit.

Das mittelalterliche Recht kannte zwei wichtige Arten der Gerichtsbarkeit, die hohe und die niedere. Die hohe Gerichtsbarkeit, die den privilegierten Landgerichten zukam, auch Blut- oder Malefizgerichtsbarkeit genannt, übte eine umfassende zivil- und strafrechtliche Kompetenz über alle Bewohner des Sprengels aus. Im Laufe der Entwicklung grenzte sich die Kompetenz des Landgerichtes auf die Verfolgung und Verhandlung aller in seinem Gerichtssprengel begangener schwerer Strafsachen (bzw. bestimmter Zivilsachen) ein. Das Gericht wurde von der Grundherrschaft als "Landgerichtsherrschaft" geführt. Die mit der Landgerichtsherrschaft ausgestatteten Grundherr-schaften (bzw. Städte, Märkte) besaßen das Recht, Fälle zu behandeln, die mit dem Ausfließen von Blut verbunden waren ("Blutgerichtsbarkeit"). Dazu zählten alle Verbrechen, die mit dem Tod bestraft wurden, so der heimtükkische Mord, schwerer oder wiederholter Diebstahl, Brandstiftung und Notzucht. Weiters zählten dazu Straftaten, die mit schweren Körperstrafen geahndet wurden, so Totschlag, Raub, einfacher Diebstahl, Hausfriedensbruch und bestimmte Wertgrenzen überschreitende Delikte.

Der hohen Gerichtsbarkeit stand die niedere gegenüber. Die Niedergerichte, auch als Burgfriede bezeichnet, waren - aufgrund der Weiterentwicklung ihrer alten Kompetenz aufgrund der Immunität der Grundherrschaft - für alle nicht landgerichtlichen Strafsachen zuständig, soweit sich diese unter ihren Untertanen auf grundherrlichem Boden zutrugen. Besonders bei den großen alten Grundherrschaften verwischten sich die Grenzen zwischen hoher und niederer Gerichtsbarkeit stark, sodaß manche Burgfriede, die nominell lediglich die niedere Gerichtsbarkeit innehatten, gelegentlich selbst als Landgerichte bezeichnet wurden.[9]

Die niedere Gerichtsbarkeit erhielt die Herrschaft Peggau, wie oben ausgeführt, im Jahre 1278. Sie übte diese in jenem Gebiet aus, das innerhalb der Linie Badl - Luegg - Rannach - Dult - Mur lag. 1430 erhielt Graf Hermann von Montfort, als Inhaber der Herrschaft Peggau, von Herzog Friedrich zur Burg Peggau das Gericht über "alle Frevel", also die hohe Gerichtsbarkeit, Land- oder Blutgerichtsbarkeit verliehen. Peggau gehörte demnach zu den großen Grundherrschaften, die innerhalb ihrer Grenzen die hohe und niedere Gerichtsbarkeit ausüben durften. Als einzige Bedingung wurde der Herrschaft Peggau auferlegt, es müßten fünf Männer aus der Gemeinde zur Urteilsfindung herangezogen werden, wenn Amtmann und Richter über die Verhängung der Todesstrafe zu urteilen hätten.[10]

Ein durchgehender Bestand der Hochgerichtsbarkeit läßt sich für Peggau jedoch nicht nachweisen.

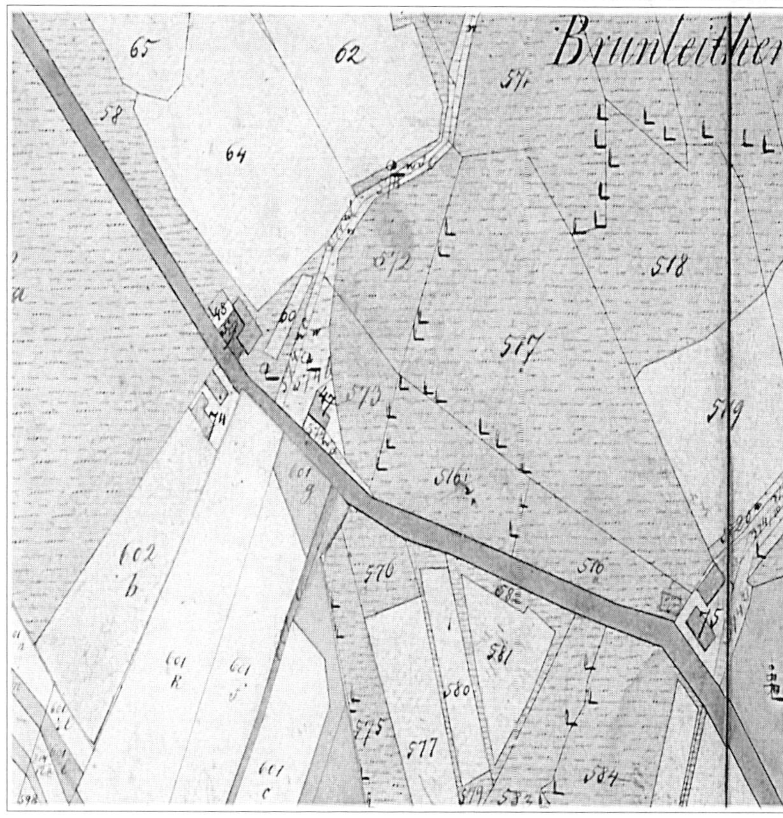

Zwischen den Bauparzellen 47 (altes Wegmacher - Haus) und 74 überquert die Post- und Kommerzialstraße den Dultbach (heute Kreuzung Harter Straße / Grazer Straße). Hier stand einst ein Holzkreuz, bei dem die Verbrecher aus dem Peggauer Burgfried dem Grazer Landrichter übergeben wurden. (Katasteraufnahme von 1823, mit Ergänzungen bis tw. 1850.) (AG / FK)

8 Urkunde, LA; OB, S. 82.
9 Vgl. H. Baltl, 1986, S. 105 und H. Pirchegger, 1946, S. 30f.
10 R. Baravalle, 1961, S. 166f.

Strafen des mittelalterlichen Rechts und Arbeiten des Henkers aus einem Schmähbrief des Jahres 1464. (Hist. Archiv d. Stadt Köln)

In der Beschreibung der Grenzen des Landgerichtes Graz aus dem Jahre 1621 heißt es nämlich, daß "aus disem purkfrid [.] die mallefizpersanen [Malefizpersonen = Verbrecher, die der hohen Gerichtsbarkeit unterstehen] dem landgericht Gräz bei dem creüz neben des Vnckhenstain, wie gebreuchig, ubergeben" werden.[11] 1767 wird das Pegauer Gericht als "burgfried und gericht" bezeichnet, jedoch im Sprengel des Landgerichtes Waldstein liegend,[12] C. Schmutz vermerkt 1822, daß bei der Herrschaft Peggau das zum Markt Semriach gehörende Landgericht verwaltet werde.[13]

Der genaue Standort des oben erwähnten Holzkreuzes kann anhand einer weiteren Quelle bestimmt werden. Aus dem landesfürstlichen Lehensurbar von 1767 erfahren wir, daß die Burgfriedgrenze hinab "bis zu den hölzern creuz, von danen nach der landstraßen ab bis auf den st. Ulrichsbrunn oder Unkenstein gegen Siebenprün über" verläuft.[14] Das Holzkreuz stand genau dort, wo der Dultbach die alte Reichsstraße kreuzte. Hier war jener Ort, wo die dem Landgericht in Graz zu überantwortenden Schwerverbrecher dem Beauftragten des Grazer Landrichters zu übergeben waren. Auf der Grazer Richtstätte wurden die Todesurteile vollstreckt, die Verhöre wurden, wie unten geschildert, auf der Burg Peggau durchgeführt.

Solche Wegkreuze oder Bildstöcke, aus Holz oder gemauert, markieren häufig alte Gerichtsgrenzen. In manchen Fällen kann auch an eine Verbindung von Kult- und Rechtsort mit vor- oder frühgeschichtlichen Gräbern gedacht werden;[15] im Falle des Dultkreuzes scheint dieser Gedanke nicht abwegig, denkt man an den unmittelbar benachbarten "Haiden Berg" mit den eingangs erwähnten Grabfunden in der Umgebung des vulgo Harthopfer.

Die damaligen Verhältnisse werden besser anhand eines konkreten Rechtsfalles deutlich: Durch die Nähe der Reichsstraße (Grazer / Brucker Straße) tauchte auch im friedlichen Dörfchen St. Stefan von Zeit zu Zeit so manch unliebsamer Gast auf. Als anläßlich des Kirchtages im Jahre 1694 allerlei Verkaufsbuden vor der Kirche standen und die Krämer dort ihre Waren ausriefen, versuchte ein Ortsfremder, ein zum Verkauf angebotenes Messer zu stehlen. Der Täter wurde ergriffen, auf die Burg Peggau gebracht und "examiniert" (befragt). Weil der Spitzbube weder zu einem Geständnis noch zu weiterreichenden Aussagen zu bewegen war, warf man ihn kurzerhand für zwei Tage in die "Keichen", also ins Gefängnis. Nach Verbüßung der Haft wurde der Übeltäter noch an den Pranger gestellt und daraufhin des Burgfriedes verwiesen.[16] Der Peggauer Pranger aus dem 18. Jahrhundert ist noch erhalten und steht heute an der Grenze der Gärten Peggau Nr. 38 und Nr. 39. Es handelt sich um eine runde, ziegelgemauerte Säule mit profilierter Deckplatte, darauf eine eingemauerte eiserne Kugel. An der nördlichen Seite sind noch Reste einer eisernen Befestigungstülle sichtbar, weiters eine Öse und ein Mauerloch.[17]

Doch nicht jeder, der im friedlichen St. Stefan straffällig wurde, kam so billig davon. Zwar ereignete sich selten ein größeres Verbrechen, aber ein schwerwiegender Fall ist z. B. für den 10. Februar 1687 überliefert: Auf frischer Tat ertappt hatte man den 15 oder 16 Jahre alten Peter Schattenhalmb, geboren bei St. Veit ob Graz. Der Jugendliche war bereits acht Wochen vorher für einige Tage in die "Keichen" geworfen worden, weil er im Peggauischen Burgfried einen Diebstahl begangen hatte. Kurz danach überführte die Justiz Schattenhalmb eines weiteren Diebstahls. Er wurde "auf dem Pugl gebrennt", also gebrandmarkt, und des Burgfrieds verwiesen.

Als sich der jugendliche Gewohnheitsdieb zum drittenmal bei einem Diebstahl ertappen ließ, wanderte er sofort in den Arrest; die Untersuchung nahm ihren Lauf. Nach eingehender "Examinierung" wurde Peter

11 Grenzbeschreibung des Landgerichtes Graz von 1621, Blatt 18a, 18b (LA); Gerichtsbeschreibungen, S. 184.
12 Landesfürstliches Lehensurbar von 1767 (LA); Gerichtsbeschreibungen, S. 185.
13 C. Schmutz, 1822, S. 103.
14 Landesfürstliches Lehensurbar von 1767 (LA); Gerichtsbeschreibungen, S. 186.
15 H. Baltl, 1957, S. 55f.
16 GBAR(Peggau) 4346, fol. 35 (LA).
17 H. Baltl, 1957, S. 98, Nr. 237. Auch die Peggauer Freiung von 1785 ist noch vorhanden, sie wurde sechs Wochen vor und nach St. Margareta (20. Juli) am Pranger ausgesteckt. (Ebenda, S. 77, Nr. 106.)

So uneinheitlich sich das mittelalterliche Strafrecht zeigte, so einfallsreich war es: Auspeitschung, Verstümmelung, Enthauptung und Ausschleifung. (Jacobus de Voragine, Legenda aurea. Köln 1485.)

Schattenhalmb um den 10. Februar 1687 beim Dultkreuz dem Abgesandten des Grazer Landrichters übergeben, in die Hauptstadt gebracht und "mit dem Schwerdt zu Grätz auf dem Plaz justificiert"[18], kurzum: enthauptet.

Derartig schwere Kriminalfälle ereigneten sich im Gemeindegebiet selten, obwohl, wie den Quellen zu entnehmen ist, die Jugendkriminalität hoch war. Die meisten Übeltäter kamen mit einer Geldstrafe, dem Pranger oder mit ein paar Tagen Arrest davon, nicht innerhalb des Burgfrieds seßhafte Personen erhielten eine Art Aufenthaltsverbot.

Strenge Ahndungen erfuhren auch Verstöße gegen die kirchlichen Moralgebote. 1721 zum Beispiel ist "des Läutschbauern bruder, Plankhenwarth underthan mit namben gotthart wolf wegen begangener Unzucht in Purkhfried gestraft wordn zu 1 Schilling 30 Pfennig."[19] Die Herrschaft Peggau besaß also damals in ihrem Burgfried die Gerichtsbarkeit über alle Personen niederen Standes, auch wenn es sich um Angehörige anderer Grundherrschaften handelte.

Das, was für die jeweilige Grundherrschaft Recht war, mußte den Untertanen einmal jährlich im Taiding verlesen werden. Jede Herrschaft hatte ihr eigenes Recht und eigene Sanktionen. Dieses Recht war in einem Rechtsweistum, im Taiding, verzeichnet. Weil ein spezielles Taiding der Herrschaft Peggau nicht erhalten ist, soll ein Blick in die Taidinge anderer, für Gratkorn ebenfalls bedeutende Herrschaften geworfen werden.

Das Banntaiding der Herrschaft Stift Rein aus dem 17. Jahrhundert wendet sich vorerst generell gegen alle Aktivitäten, welche die Ruhe in ihrem Gebiet stören konnten. "[...] so sollen alle raufhändl, palgen, schlagen, injuri, gotslöstern, huererei, ehebrecherei, mort, raub, dieberei und alle andere unzucht, wie dieselben ain namen haben mechten, allerdings verbotten und abgestelt sein."[20] Für schwere Delikte galt die Todesstrafe, geringere Vergehen konnten durch Geld gesühnt werden. Detailliert wird im Banntaiding der Herrschaft Waldstein beschrieben: "Item so einer ainen schlecht mit der faust und legt den daumb nit in die faust, so ist er von jeden finger fällig ein march pfennig."[21] Das Pfannberger Banntaiding sieht für die Vergewaltigung einer Jungfrau als Strafe vor: "Welcher ein jungfrau schwecht oder notzwangt ist dem gericht verfallen 32 Pfund Pfennige, darzue sich mit der person und irer freundschaft zu vertragen schuldig."[22] Wer jedoch nicht in der Lage war, die teilweise sehr hohen Strafgelder zu bezahlen, der verlor häufig ein Auge, die Hand oder ein Ohr. Den Wiederholungstäter traf, wie oben am Beispiel Schattenhalmbs gezeigt, stets die ganze Härte des Gesetzes.

Infolge der weitreichenden wirtschaftlichen Interessen der

18 GBAR(Peggau) 4346, fol. 19 (LA).
19 GBAR(Peggau) 4346, fol. 114v (LA).
20 Taidinge, 1881, S. 367.
21 Taidinge, 1881, S. 356.
22 Taidinge, 1881, S. 340.

Die Folter diente - auch auf der Burg Peggau als für Gratkorn zuständiges grundherrschaftliche Gericht - als Mittel der Wahrheitsfindung. Derartige Methoden wurden erst 1776 abgeschafft. Körperliche Strafen, wie das öffentliches Ausprügeln, blieben erhalten. Das Bild aus der "Constitutio" zeigt den "aufgezogenen" Inquisiten, der zur Erlangung eines Geständnisses mit Kerzen gebrannt wird. (Constitutio Criminalis Theresiana, 1769, Fig. IV, Latus II.)

Grundherrschaften, die gleichzeitig als Gerichtsherren fungierten, schenken die Taidinge dem, was wir heute Wirtschaftsverbrechen nennen würden, besonderes Interesse. An erster Stelle sind hier wohl die Eingriffe in die Jagd- und Fischereirechte zu nennen, weiters die Nutzungsrechte am Wald. Jedes unbefugte Sammeln von Holz oder gar das Fällen von Bäumen wurde streng geahndet. Das Banntaiding der Herrschaft Pfannberg verkündet: "Rott- und schwarzwild ist verpotten zu schiessen bei straff leib und lebens."[23] Das Reiner Banntaiding gebietet darüberhinaus, es dürfe sich "in den wäldern [.] kein unterthan der nicht von der grundtherrschaft darzue bestellt ist forthin mit püxen, stachel, noch andern geföch bei grosser leibstraff nit finten lassen."[24] Die Sorge des Reiner Stiftes um seinen Wildbestand ging sogar soweit, daß den Untertanen verboten wurde, Gaisen zu halten, weil "dadurch das wiltprädt vertriben wierdt."[25]

Besonderen Schutz genoß die Wohnstatt des Menschen. Das Haus galt als besonders geschützter Rechtsbereich und "welcher einer dem andern in seinem haus und unter dem tachtraif mit blosser wöhr, hakken, tschäkän oder andern waffen überlauft, der soll dem gerichtsherrn zechen dukaten in golt, und der die hant angelegt, schlecht und bluetrisig macht, am leib und guet andern zum exempl nach erkantnus der herrschaft zu Rhein gestraft werden."[26]

Besonderes Augenmerk legten die Grundherrschaften auch darauf, daß die Bewirtschaftung des Bodens und damit auch die Steuerleistungen der Untertanen als gesichert galten. Es wurde bereits an anderer Stelle darauf hingewiesen, daß eine Leibeigenschaft in der Steiermark nie existierte; im ausgehenden Mittelalter besaßen die Bauern bereits beschränkte Eigentums- und Verfügungsrechte am Boden, den sie bewohnten und bebauten. Dennoch sollte, so das Reiner Banntaiding, "kein unterthon kein grunt, es sei weingarten, wisen oder äcker, ohne vorwissen der grundtherrschaft nit verkaufen, versezen oder verwesslen. wel-

23 Taidinge, 1881, S. 339.
24 Taidinge, 1881, S. 369.
25 Taidinge, 1881, S. 368.
26 Taidinge, 1881, S. 367.

Der alte Friedhof bei der Kirche St. Stefan um 1890. Vor der Kirche, am Friedhof, gab es noch im Jahre 1618 eine Schandbühne, wo Bewohner, die sich eines kleineren Vergehens schuldig gemacht hatten, öffentlich zur Schau gestellt wurden. (Sammlung Gasthaus Pucher, Rosa Faninger)

cher darwider thuet, der soll gestraft werden und das gruntstück der obrigkeit haimbgefallen sein."[27]

Die freie Wahl des Wohnsitzes kam für den Untertan ebenfalls nicht, beziehungsweise nur unter erschwerten Umständen, in Frage, denn, so das Reiner Banntaiding, Arbeit gäbe es in der Heimat genug: "ohn vorwissen der grundtherrschaft soll kein sohn oder tochter auß dem lant bei verlierung ihrer erbschaft und gerechtigkeit ziechen, so sie auf des gotshauss grünten haben, dan sie finden im lant Steier dienst genueg; etliche auß ihnen laufen von ihren vatter und mueter, helfen ihnen ihre erkauften grund nit arbeiten, darnach komben sie im wünter widerumben zu ihnen, verzörn den eltern das ihrig so ainer lang erspart und erarbeit hat, innen selbst den vatter nichte darvon. und wo solches erfunden wierdt daß der vatter daß gestatt, soll gleichfahls gestraft werden."[28]

Die freie Wahl des Wohnsitzes wurde zwar durch die Reformen Kaiser Josefs II. etwas erleichtert, gewisse Beschränkungen blieben jedoch bis zu den Reformen von 1848/49 bestehen. Noch in der die Steiermark betreffenden Verordnung aus dem Jahre 1782 heißt es: "Nur haben diejenigen, die von ihren Herrschaften wegziehen und sich anderswo ein Haus ankaufen, oder als Inwohner niederlassen wollen, ebenfalls den unentgeltlichen Entlaßschein zu begehren, um dadurch, daß sie von der vorigen grundobrigkeitlichen Pflicht entlassen sind, zu bewähren. Damit jedoch die Gründe zum Nachtheile des allgemeinen Feldbaues nicht unbestellt bleiben, so ist dem angesessenen Unterthan der Abzug nicht eher gestattet, bis er einen anderen tauglichen Landwirth auf seinen Grund gestellt hat."[29]

Am Schluß dieses Kapitels sei noch auf eine Besonderheit hingewiesen, die - offensichtlich unrechtmäßig aber doch - bei der Kirche in St. Stefan bestand. Vor der Kirche, am Friedhof, gab es nämlich eine Schandbühne, wo Bewohner, die sich eines kleineren Vergehens schuldig gemacht hatten, öffentlich zur Schau gestellt wurden. Die kirchliche Obrigkeit zeigte sich damit offensichtlich nicht einverstanden und verlangte anläßlich der Visitation von 1618 (DA) die Abtragung der Schandbühne. Sie dürfte beim großen Kreuz am alten Friedhof bestanden haben, denn dort sah man beizeiten auch einen Hausvater, einen Totenschädel in der Hand haltend, stehen. Derart bestraft wurde er, wenn aufgrund seines Verschuldens ein Hausgenosse ohne Sterbesakramente verschieden war.[30]

Mit der Aufhebung der grundherrschaftlichen Gerichtsbarkeit und der Einführung der neuen, grundsätzlich auch heute noch gültigen Gerichtsorganisation, wurden die vier alten Gratkorner Katastralgemeinden vom Bezirk Peggau losgelöst und dem Gerichtsbezirk Graz - Land zugeteilt. Mit der Errichtung der Bezirkshauptmannschaften im Jahre 1850[31] begann der Verwaltungsbezirk Graz - Umgebung seine heutige Form anzunehmen. Am 19. Mai 1868 wurde der Bezirk Graz - Umgebung geschaffen, bestehend aus den vormaligen Bezirken Umgebung Graz, Frohnleiten und (bis 1890) Voitsberg.[32]

27 Taidinge, 1881, S. 371.
28 Taidinge, 1881, S. 371.
29 Zitiert nach R. Peinlich, 1881, S. 103.
30 Visitationsprotokoll 1618 (DA); Pfarrchronik St. Stefan; C. Brandtner, 1980, S. 44 und 57.
31 Vgl. F. Posch, 1970, S. 61ff.
32 Gesetz vom 19. Mai 1868 (Durchführungsverordnung vom 10. Juli 1868); Erlaß des Ministers des Inneren vom 23. August 1891 / Allerhöchste Entschließung vom 2. November 1890 / in Kraft getreten am 1. Oktober 1891. Vgl. G. P. Obersteiner, 1993, S. 105.

Türken, Heuschrecken und Pest

Nachdem das Gratkorner Becken seit der Verschiebung der Ostgrenze (1122) nicht mehr unter den Einfällen der Ungarn zu leiden gehabt hatte, lassen sich keine direkten feindlichen Bedrohungen nachweisen. Auch die Türkeneinfälle des späten 15. Jahrhunderts zeigten vorerst keine direkten Auswirkungen, sieht man von erhöhten Steuerleistungen zur Verteidigung des Landes ab.

Meister der Votivtafel von St. Lambrecht, um 1430: Kampf christlicher Reiter gegen die Türken. (G. Biedermann, 1982, Abb. 6 u Kat. - Nr. 12.)

Umso drastischer zeigte sich die Not im Jahre 1480 dem ganzen Land: Türken fielen, aus Kärnten kommend, über Neumarkt ins Murtal ein; Pest und Heuschrecken fügten dem Land ungeheuren Schaden zu. Zwar besitzen wir keine Quellen, die auf Gratkorn direkt Bezug nehmen, doch möge eine Aufzeichnung des Marktschreibers von Mureck einen Eindruck von einem solchen Heuschreckeneinfall vermitteln: "Von weitem sah ihr Flug aus wie eine düster aufsteigende, schwarze Rauchwolke. Als sie herankamen, verfinsterten sie die Sonne durch ihre unermeßliche Zahl. Das Geräusch des anfliegenden dichten Schwarmes und die drohende Vernichtung aller Feldfrüchte verursachten in der Bevölkerung Furcht und Schrecken. Wo sich die Tiere niederließen, verzehrten sie alles bis auf den Grund. Ihre Farbe war auf der Oberseite braun und grau, auf der Unterseite fleischrötlich und gelb. Sie hatten zwei größere und zwei kleinere Flügel und gelbe Füße; der Leib war fingerlang und einen halben Finger dick. Diese schrecklichen Gäste ließen sich so zahlreich nieder, daß sie auf den Wiesen und Äckern halbschuhhoch lagen und von den Bäumen, auf denen sie saßen, brachen armdicke Äste ab. [...] Wenn sie nicht vertrieben worden wären, würden vom Heiden, von der Hirse und vom türkischen Weizen, und was sie sonst Grünes antrafen, nicht viel übrig geblieben sein."[1]

Zwischen dem Jahr 1000 und 1499 lassen sich in der Steiermark etwa 50 Hungerszeiten, 23 Jahre mit Viehseuchen, 13 Türkeneinfälle und 60 Pestperioden nachweisen. Noch katastrophalere Ausmaße erreichten Seuchen beizeiten im 16., 17. und 18. Jahrhundert. Besonders durch die Nähe der Reichsstraße und den dadurch bedingten Durchzugsverkehr konnten Seuchen in Eggenfeld, Wörth und Friesach Fuß fassen. Die Einzelhöfe des Berglandes waren wegen ihrer weniger exponierten Lage kaum von Seuchen betroffen.

Die einschlägigen Marchfutterregister aus dem 15. Jahrhundert lassen nicht auf verheerende Pestepedemien in Gratkorn schließen, denn nur sehr selten wird ein Hof als "öd", also verödet bezeichnet. Andere Quellen beweisen aber, daß Gratkorn von der Pest durchaus nicht unbe-

1 Zitiert nach F. Brauner, 1953, S. 77.
2 ADS, III, S. 811f.
3 R. Peinlich, 1878, S. 63 (Fußnote 1).

Pestkreuz beim Feldbauerweg, zwischen Eggenfeld und Wörth. (Foto I. Mirsch)

Pest, Lepra (der Holzschnitt zeigt eine Lepraschau), Cholera und andere Seuchen machten im Mittelalter und der frühen Neuzeit auch vor Gratkorn nicht Halt. In Friesach und im Rötschgraben forderte die Pest nachweislich Opfer; nicht näher bestimmbare Seuchen wüteten in Gratkorn um 1640, 1690/1700, um 1730 und um 1820/1830. (H. v. Gersdorf, Feldtbuch der Wundarzney. Straßburg 1528.)

rührt blieb: ein Pfarrer aus St. Stefan rettete - vermutlich 1480 - das Dorf Friesach aus großer Pestnot[2] und die seit dem Jahre 1630 im Pfarrarchiv St. Stefan erhaltenen Sterbematriken weisen immer wieder Mortalitätsspitzen auf, die nur durch Hungersnöte oder Seuchen zu erklären sind. Pesttote wurden aber, soferne sie in einem Massengrab außerhalb des Friedhofes begraben wurden, nicht in die kirchlichen Sterbebücher eingetragen.[3] Ein solcher Pestfriedhof könnte neben der Reichsstraße beim Hausberg bestanden haben, doch wäre ebenso ein protestantischer Friedhof in Betracht zu ziehen. (Vgl. dazu die einschlägigen Ausführungen beim Thema "Protestantismus".)

Trotzdem lassen sich in der Neuzeit einzelne Seuchen in Gratkorn direkt nachweisen. Im Jahre 1680 drang die Pest bis in die Gegend von Andritz vor, weiters wütete die Seuche in einigen Häusern des Rötschgrabens.[4] Derartige gravierende Ereignisse hinterlassen vielfältige Spuren. In der Steiermark existiert noch eine stattliche Anzahl von Pestsäulen, wovon insbesondere jene in der Umgebung von Graz häufig in das Jahr 1680 zu datieren sind. "Je näher die Errichtung solcher Säulen dem Mittelalter steht, desto zierlicher ist ihre Form, da sie, aus Stein gehauen, schlanker und edler gestaltet werden konnten, als es ein Bau aus Mauerziegeln, wie er der späteren Zeit eignet, zuläßt. Das Eigenthümliche haben sie aber alle miteinander gemein, daß auf einem Sockel eine schlankere Säule und auf dieser ein darüber hinausstrebendes Kapital ruht, dessen mäßige Dachhaube von einem Kreuze, nicht selten einem Doppelkreuze, gekrönt wird. Die Höhe derselben beträgt meistens 3, aber auch 4 und 5 Meter."[5]

Solche Säulen bestehen auch in Gratkorn, mehr oder minder weit von Siedlungen entfernt, bisweilen auf einem künstlich angelegten Hügel; noch häufiger inmitten einer Wiese, an einer Wegkreuzung, bzw. an einem "Dreispitz", wo drei Wege ein Dreieck bilden.

Von den Gratkorner Kapellen dürfte die Mathesbauer - Kapelle in Friesach auf ein ursprüngliches Pestkreuz zurückgehen. Zwar trägt die Kapelle die Jahreszahl 1866, doch bezieht sich dies nur auf den Neubau nach dem großen Friesacher Dorfbrand von 1865. Die alte Kapelle stand einige Meter unterhalb. Diese Kapelle diente als Sammelpunkt für Prozessionen, die an Bittagen und am Donatifest nach St. Stefan durchgeführt wurden. Weiters diente die Kapelle bei der Feldersegnung als Station und, was für unsere Thematik von Belang ist, am Dreifaltigkeitssonntag führte eine Prozession von dieser Kapelle zum Pestkreuz, also eine Petsprozession.[6]

Auch anstelle der Wörth - Kapelle beim Lindenhof dürfte ursprünglich als Pestvotivkreuz errichtet worden sein, wenn auch der gegenwärtige Bau erst aus dem 19. Jahrhundert stammt. In Verbindung mit der Pest wird die Kapelle in erster Linie durch das Kreuz mit zwei Querbalken sowie durch die hier verehrten Pestheiligen Rochus und Sebastian gebracht.

Auch die Hauslbauer - Kapelle (Freßnitzstraße, Kreuzung

4 R. Peinlich, 1878, S. 77 u. 117.
5 Vgl. R. Peinlich, 1878, S. 533.
6 C. Brandtner, 1980, S. 26. Auch die folgenden Informationen stammen aus einer von C. Brandtner publizierten Umfrage über die Gratkorner Wegkapellen, Bildstöcke etc., die er von Mitgliedern des Pfarrgemeinderates hatte durchführen lassen.

Rechts der "Jungfernsprung", darunter die alte Reichsstraße mit der Weinzöttelbrücke. Am felsigen Abhang des Admonterkogels bestand einst, so die Sage, eine "Türkenschanze". Von hier aus hätten die Türken auch Raubzüge nach Gratkorn unternommen. (Ansichtskarte um 1903) (Sammlung Horst Ziegler)

Hauselbauer - Weißeggerhof) könnte ihre Entstehung der Erinnerung an die Pest verdanken. Ursprünglich bestand hier ein rechteckiger Bildstock, der, so die mündliche Tradition, zur Pestzeit errichtet wurde.
Die in der Dult (Kirchenviertel Nr. 40) bestende Kapelle soll einst die Heiligen Rochus und Sebastian beherbergt haben, bildliche Darstellungen lassen sich jedoch nicht mehr erkennen. In diesem Falle würden die Heiligen wieder auf eine Pestkapelle hinweisen.
Bei der alten Hauswirtschaftsschule in Friesach finden wir das Luckner - Kreuz, ein Pfeiler mit quadratischem Grundriß und Nische. Dieses Kreuz, bei dem Feldersegnungen stattfinden, gilt ebenfalls als Pestkreuz, vielleicht sogar mit Pesttotengräbern. Auch der Bildstock in Friesach gilt als Pestkreuz, doch dürfte seine Entstehung - laut C. Brandtner - in anderen Ursachen zu suchen sein.

Zwischen den Brunnenanlagen des Grundwasserwerkes der Grazer Stadtwerke befindet sich das restaurierungsbedürftige Wörther Pestkreuz. Noch 1980 konnte C. Brandtner das Kreuz wie folgt beschreiben: "In der Hauptnische ist ein Kreuz aufgemalen. In der darunterliegenden Nische dürfte die 'Grablegung' sich befunden haben. Die beiden Nischen an den Breitseiten sind flacher als die Nischen der Vorderseite. Es sind noch einige Reste von Malereien sichtbar. Links dürfte die Steinigung des Stefan und rechts Donatus abgebildet gewesen sein."[7] Dieser Bildstock könnte in Zusammenhang mit den Pestseuchen von 1630/34 in Friesach zu sehen sein.
Beim sogenannten Bäckenkreuz, auch Rinnerhoferkreuz genannt, findet sich ebenfalls das charakteristische Kreuz mit den zwei Querbalken (Kardinals- oder Patriarchenkreuz). "Die Form der Nische ist so gestaltet, daß drei Abteilungen entstehen. In der Mitte sieht man im Hintergrund die Stadt Jerusalem, darüber die Darstellung des Hl. Geistes." Früher dürften in diesem Bildstock die Kreuzesabnahme sowie die Petsheiligen Sebastian und Rochus vorhanden gewesen sein.
Auch die Faibl - Kapelle auf der Jasen verdankt ihre Entstehung einer Seuche, wenn auch einer Viehseuche. Die Entstehungszeit dürfte demnach in die zweite Hälfte des 18. Jahrhunderts zu setzen sein.
Von den zahlreichen Türkeneinfällen, von denen die Steiermark im 15. und 16. Jahrhundert heimgesucht wurde, war das Gratkorner Becken durch jenen von 1532 stark betroffen. Eine "Türkenschanze" soll am Südhang des Admonter Kogels gestanden haben. 1532 sollen die Türken das Plateau des Admonterkogels als Lagerplatz benutzt und zur besseren Verteidigung eine Mauer errichtet haben. Von hier aus hätten die Türken ihre Raubzüge untenommen und auch die Gratkorner beraubt. Einheimische hätten jedoch das Lager gestürmt und die Türken vom Plateau vertrieben. So jedenfalls weiß es die Sage zu berichten.[8]

7 C. Brandtner, 1980, S. 32.
8 H. v. d. Sann, 1892, S. 22; F. A. Brauner, 1966, S. 84.

FRANZOSENKRIEGE

In der Zeit der Franzosenkriege wirkte sich die Nähe der Reichsstraße nicht selten negativ auf St. Stefan aus. Im März des Jahres 1797 hatte Napoleon Bonaparte Tirol unterworfen, schließlich drang er nach Innerösterreich vor. Über den Neumarkter Sattel kamen die Franzosen in die Steiermark, am 7. April 1797 marschierten sie in Leoben ein. Die österreichischen Truppen unter Erzherzog Karl zogen sich nach Bruck zurück, auch Graz wurde von den österreichischen Truppen geräumt. Am 18. April 1797 unterzeichnete Napoleon in Bruck den "Vorfrieden von Leoben", doch der Abzug der Franzosen brachte einige Probleme mit sich.

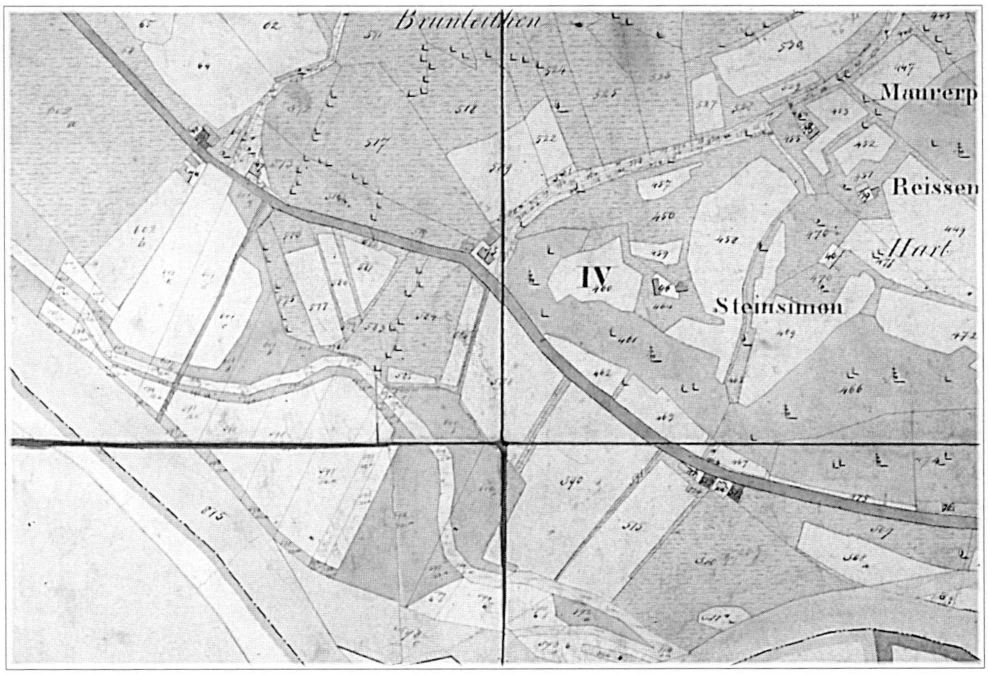

Vulgo Steinsimon in der KG Kirchenviertel nach der Katasteraufnahme von 1823 (mit Ergänzungen bis tw. 1850). (AG / FK)

Der Amtmann Kogler aus St. Stefan wurde am 24. April 1797 von durchziehenden französischen Soldaten vor der Steinwand beim vulgo Steinfranzl / Steinsimon (KG Kirchenviertel) erschossen. Dieser Vorfall erregte damals unerhörtes Aufsehen und Sigismund Graf von Auersperg notierte in seinem Tagebuch: "Um 10 Uhr (Vormittags desselben Tages) [24. April 1797] erhielten wir die traurige Nachricht von einem Mord, der von einem beiläufig 60 Mann starken Zuge französischer Volontairs bei der Steinwand, ¼ Stunde ober der Weinzettelbrücke, verübt worden war. Das unglückliche Opfer war der Amtmann Kogler aus dem Dorfe St. Stefan. Er war mit 6 oder 7 Bauern auf das Geschrei, dass sich in einem Hause an der Steinwand erhoben hatte, zu Hilfe geeilt. Er war ohne Gewehr und entfloh, als er die Uebermacht der Franzosen ersah. Er ward im Fliechen [Flucht] erschossen und sein Körper hier gerichtlich untersucht und begraben. Die Stimmung des Volkes über diesen Vorfall grenzte an Verzweiflung. Es war der erste vorsetzliche Mord, der von den Franzosen in dieser Umgegend begangen worden war."[1]

Durch den Mord an ihrem anscheinend beliebten Amtmann waren die Gratkorner Bauern in Wut geraten und es bedurfte nur noch eines auslösenden Momentes, um zur Rache zu schreiten. Am 28. April 1797, also vier Tage nach dem Mord am Amtmann Kogler, marschierte ein französisches Detachement friedlich von Bruck in Richtung Graz. Die Bauern aus Gratkorn und Umgebung erhielten davon Kunde und das Schicksal nahm seinen Lauf. Die tapferen Gratkorner stürmten beim Wirtshaus Thomahahn in Friesach auf die 80 französischen Soldaten ein und masakrierten etwa 60 von ihnen. Graf Auersperg in seinem Tagebuch: "Der Oberst der [Grazer] Bürger Cavallerie, Herr Dobler, ritt augenblicklich mit einigen Mitgliedern dies[es] Corps dahin. Er fand von den reconvalescenten französischen Soldaten nicht mehr als 18 Mann, die übrigen waren gedödtet, oder in die Mur gesprengt worden, wo sie alle ertranken. Der [französische] Oberste Beranger, bisheriger Platz Kommandant in Leoben, hatte das Detachement geführt; er hatte 3 schwere Wunden, jedoch keine tödlichen; eine Kugel war ihm durch die Hutstolpe gegangen. Oberst Dobler rettete ihn und die noch übrigen 18 Mann mit eigener Lebensgefahr aus den Händen der durch vorhergegangene Plünderungen aufgebrachten Bauern, die ihren Verlust nun durch Mord und Raub an unschuldigen friedlich auf der He[e]rstrasse ziehenden Frankreichern rächneten [rächten]. Das Gepäck des Obersten, seine Pferde und Schriften wur-

1 APG (Sterbematriken), Chronik Gratkorn (HS im AG) und J. Kratochwill, 1880, S. 168f.

Der vulgo Tomahahn in Friesach. Dem vorzüglichen Gasthof kam bei den Franzosenkriegen 1809 große Bedeutung zu. Aufgebrachte Gratkorner Bauern masakrierten hier am 28. April 1797 an die 60 bewaffnete französische Soldaten. (Foto I. Mirsch)

den durch die Thätigkeit der Bürgerwache gerettet, und hieher gebracht, der Unglückliche selbst in Pflege des Wundarztes übergeben, man versorgte ihn auf die seinen Umständen angemessene Weise."[2] Zehn Tage darauf war der französische Oberst wieder marschfähig und verließ schnellen Fußes und voller unliebsamer Erinnerungen an Gratkorn die Steiermark.

Lange Zeit wußte man sich in St. Stefan und in der weiteren Umgebung folgende - wahre - Geschichte von einem fahnenflüchtigen Franzosen zu erzählen, der lange Zeit beim vulgo Tomahahn in Friesach Zuflucht gefunden hatte. Alexander de Lannoy, nach eigenen Angaben aus einem heruntergekommenen französischen Adelsgeschlecht stammend, war 1805 zur Armee eingezogen worden. 1807 dessertierte er mit sechs Kameraden in der Nähe von Triest und gelangte in die Steiermark. De Lannoy fand vorerst Arbeit in der Steinkohlengrube und Alaunfabrik bei Parschlug, dann verdingte er sich beim Wirt Josef Winter vulgo Tomahahn in Friesach.[3]

Als die Franzosen im Jahre 1809 vor Friesach standen, packte nicht etwa den Desserteur Lannoy die Angst. Die Wirtsleute flüchteten und Lannoy mußte die Gastwirtschaft führen. Als Soldaten des 81. Infanterie-Regimentes die Gaststube frequentierten, wurde Lannoy trotz einer wohldurchdachten italienischen Maskerade zwar erkannt, doch von einem menschenfreundlichen französischen Leutnant verschont. Nach der Heirat mit einer gewissen Marie vom Bogenhof in St. Gotthardt und weiteren Reisen starb Lannoy im Jahre 1867 im sogenannten Winzerhaus des vulgo Faltl - Steffel in St. Veit.[4] Ein Nachkomme de Lannoys, Franz Delanoy, scheint in den 20er Jahren als Pächter des Anwesens Forstviertel Nr. 26 auf. Johann Delanoi, ebenfalls ein Nachfahre des tapferen Soldaten, lebt in Gratkorn, am Brunnboden 14.

2 J. Kratochwill, 1880, S. 174.
3 Der vulgo Tomahahn ist auch heute noch ein vorzüglicher Gasthof und liegt wenige Meter nördlich der Gemeindegrenze, an der Hauptstraße, in Friesach.
4 Vgl. Lannoy, 1888 und H. v. d. Sann, 1892, S. 28 - 30.

Bäuerliches Leben, Landwirtschaft und Verwaltung im 17., 18. und 19. Jahrhundert

Während des 13. und 14. Jahrhunderts waren freie und unfreie Bauern zu einem relativ homogenen Stand verschmolzen, zum "armen, gemeinen Mann". Beinahe alle Bauern waren Untertanen von Grundherrschaften oder Gülten, nur wenigen gelang der Schritt in die Freiheit.

Die vier alten Steuer-, später Katastralgemeinden, Kirchenviertel, Friesach, Forstviertel und Freßnitzviertel existieren seit 1770 und gehörten bis 1848 zum Bezirk der Grundherrschaft Peggau. Der Amtmann der größten im Bezirk gelegenen Grundherrschaft, in diesem Falle Peggau, hatte nicht nur die Interessen der Grundherrschaft zu wahren, er hatte im Auftrage des Staates für verwaltungstechnische Belannge und die Sicherstellung der Infrastruktur zu sorgen und war dem Kreishauptmann unterstellt.

In diesem Jahr 1770 wurde mit der Schaffung der Werbbezirke die Grundlage der modernen Verwaltung gelegt. Der Werbbezirk Peggau umfaßte die Pfarren Semriach und St. Stefan, also zwei Märkte und 15 Gemeinden, in denen eine noch größere Anzahl von Grundherrschaften begütert war. Folgende Aufgaben hatte Peggau in Gratkorn zu erfüllen: "Ihre Pflicht ist es, die von dem Kreisamte, wozu sie gehoeren, erhaltenen Currenden, auch sonstige Auftraege in Vollzug zu bringen, und solche auch den uebrigen Jurisdictionen ihres Bezirks (Magistraten und Dominien) zur Vollziehung mitzutheilen; sie sind gleichsam die ersten politischen Instanzen."[1] Der Name Werbbezirk stammt übrigens von der Aufgabe, die Aushebung der Rekruten durchzuführen. "Werb-" meint das Anwerben von Soldaten.

Die Verpflichtungen der Gratkorner Untertanen gegenüber den Grundherrschaften waren nach wie vor in Urbaren aufgezeichnet. Diese Urbare sind für

Ruine Peggau um die Mitte des 19. Jahrhunderts. (C. Reichert, 1863 – 1866.)

den Gratkorner Raum gut erhalten[2], wenn auch manche Herrschaften nicht immer die

Vom Amtshaus der Bezirksherrschaft Peggau aus wurde bis 1848 auch Gratkorn verwaltet. Bis zum Jahre 1804 saßen die vom Stift Vorau eingesetzten Verwalter, darunter auch der Vater des berühmten Freiherrn von Prokesch - Osten, auf der Burg, dann zogen sie ins Amtshaus. Die Burg verfiel nach 1804 rasch. (Foto E. Kolle)

1 J. C. Kindermann, 1798, S. 361.
2 Vgl. Urbare, I, II, III.

Siegel der Herrschaft Peggau vom Jahre 1796. (APG)

notwendige Sorgfalt bei der Führung der Urbare an den Tag legten. So befanden sich die Urbare der für Gratkorn wichtigsten Grundherrschaft, Peggau, zu Ende des 16. Jahrhunderts in einem kritikwürdigen Zustand.[3] An einigen ausgewählten Beispielen seien die Verpflichtungen sowie die materiellen Verhältnisse der Gratkorner Bauern im 17., 18. und 19. Jahrhundert geschildert.

Die auf dem Gebiet der vier alten Katastralgemeinden lebenden Bauern gehörten um das Jahr 1822 nicht weniger als 17 verschiedenen Grundherrschaften an. Die von mir erarbeiteten Tabellen stellen den relativen Anteil der Grundherrschaften an den Untertanen und Grundparzellen der vier Katastralgemeinden zu diesem Zeitpunkt dar.

Siegel der Herrschaft Gösting aus dem Jahre 1796. (APG)

3 H. Pirchegger, 1946, S. 33f und R. Baravalle, 1961, S. 167.

1823 in den vier KG begüterte Grundherrschaften (Grund- und Bauparzellen in Prozent)

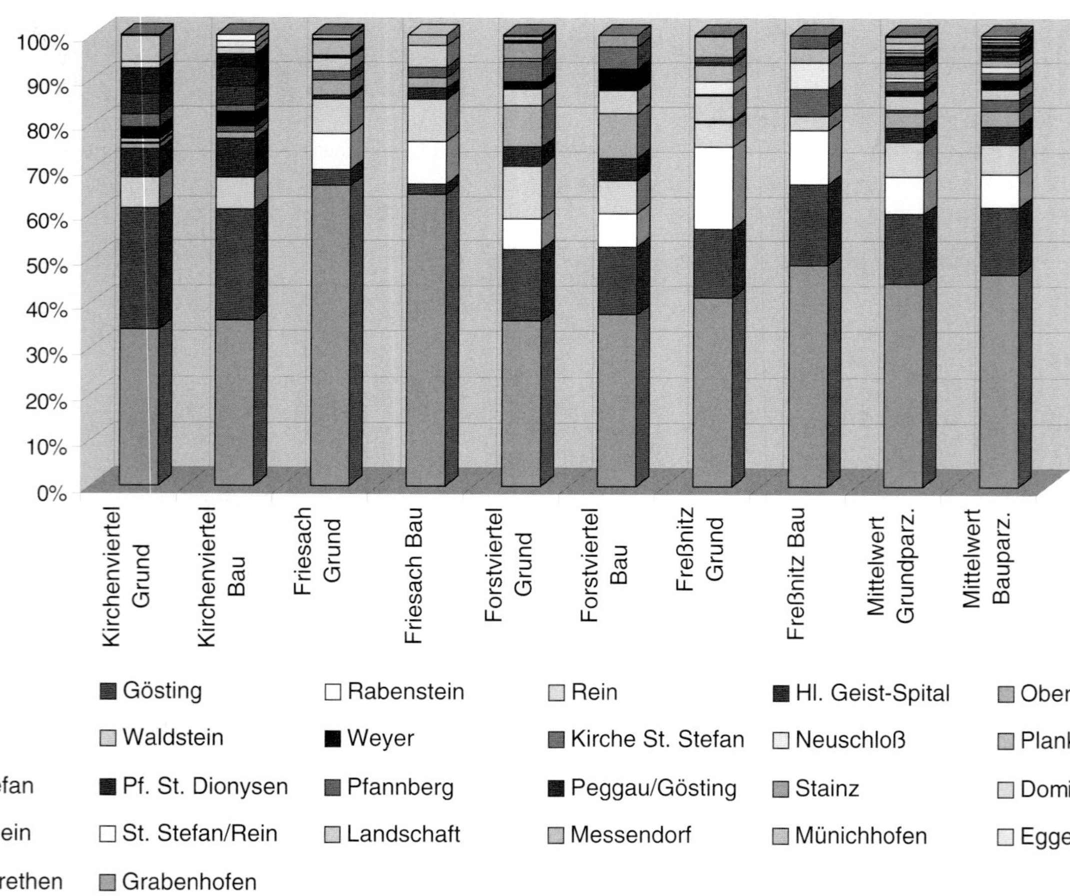

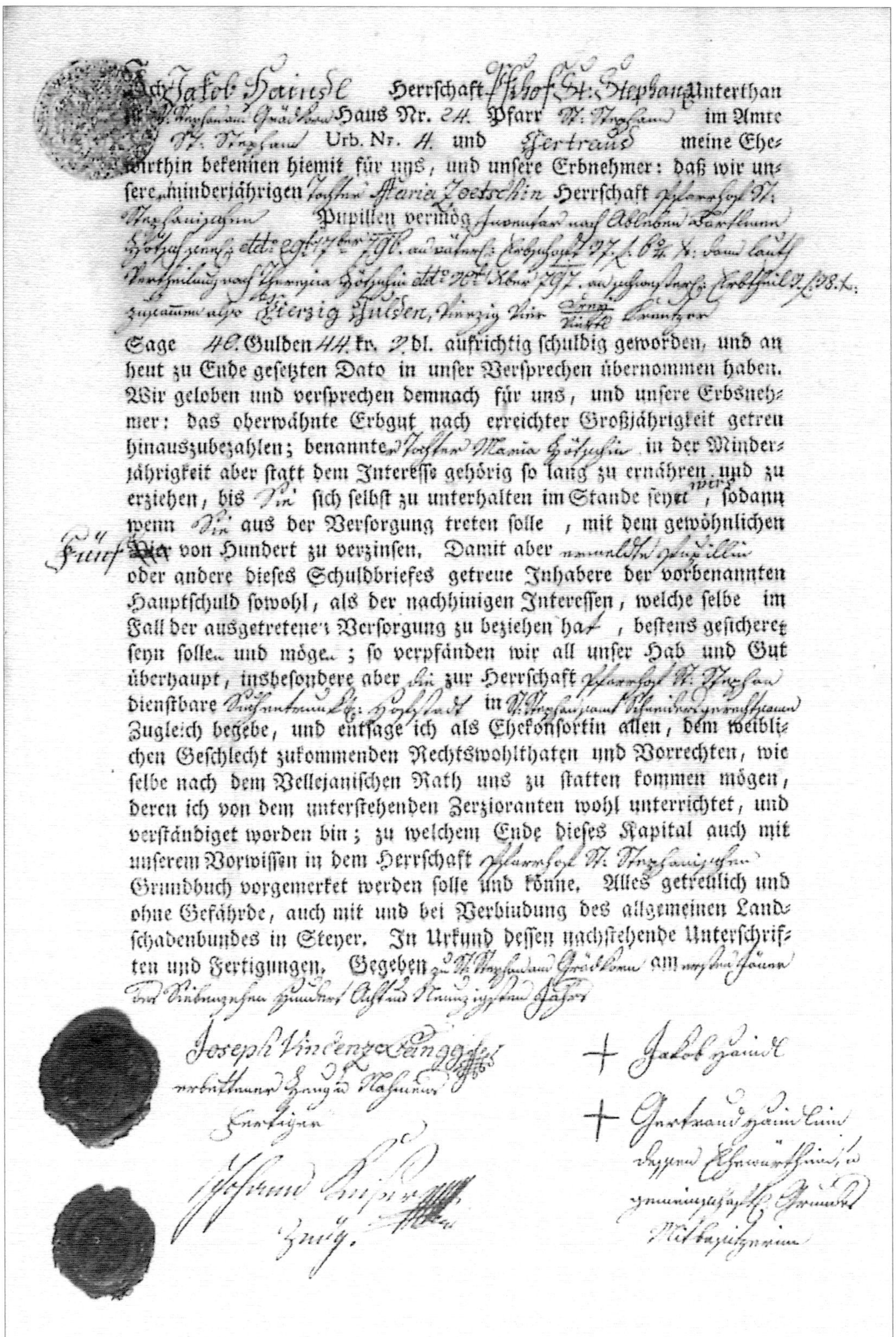

Ich Jakob Haindl Herrschaft Pfhof St. Stephan Unterthan [illegible] Haus Nr. 24. Pfarr [illegible] im Amte [illegible] Urb. Nr. 4. und Gertraud meine Ehewirthin bekennen hiemit für uns, und unsere Erbnehmer: daß wir unsere minderjährigen Tochter Maria Zoetschin Herrschaft [illegible] Pupillen vermög [illegible]

zusammen also Vierzig Gulden, [illegible]

Sage 40. Gulden 44. kr. 2. dl. aufrichtig schuldig geworden, und an heut zu Ende gesetzten Dato in unser Versprechen übernommen haben. Wir geloben und versprechen demnach für uns, und unsere Erbsnehmer: das oberwähnte Erbgut nach erreichter Großjährigkeit getreu hinauszubezahlen; benannte Tochter Maria [illegible] in der Minderjährigkeit aber statt dem Interesse gehörig so lang zu ernähren und zu erziehen, bis sie sich selbst zu unterhalten im Stande seyn wird, sodann wenn sie aus der Versorgung treten solle, mit dem gewöhnlichen ~~Vier~~ Fünf von Hundert zu verzinsen. Damit aber [illegible] oder andere dieses Schuldbriefes getreue Inhabere der vorbenannten Hauptschuld sowohl, als der nachhinigen Interessen, welche selbe im Fall der ausgetretenen Versorgung zu beziehen hat, bestens gesichert seyn solle und möge; so verpfänden wir all unser Hab und Gut überhaupt, insbesondere aber [illegible] zur Herrschaft [illegible] dienstbare [illegible] in [illegible] Zugleich begebe, und entsage ich als Ehekonsortin allen, dem weiblichen Geschlecht zukommenden Rechtswohlthaten und Vorrechten, wie selbe nach dem Vellejanischen Rath uns zu statten kommen mögen, deren ich von dem unterstehenden Zerzioranten wohl unterrichtet, und verständiget worden bin; zu welchem Ende dieses Kapital auch mit unserem Vorwissen in dem Herrschaft [illegible] Grundbuch vorgemerket werden solle und könne. Alles getreulich und ohne Gefährde, auch mit und bei Verbindung des allgemeinen Landschadenbundes in Steyer. In Urkund dessen nachstehende Unterschriften und Fertigungen. Gegeben [illegible] am [illegible]

Joseph Vincenz [illegible] [illegible]

+ Jakob Haindl

+ Gertraud Haindlin [illegible]

[illegible] Zeug.

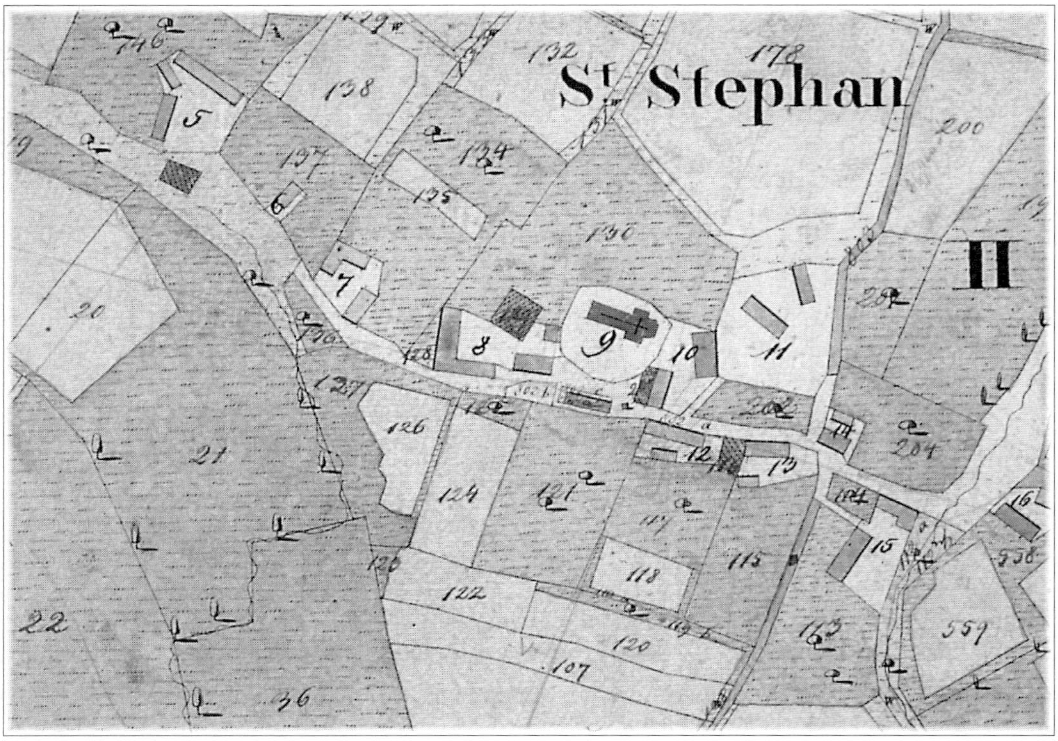

Das Dorf St. Stefan nach der Katasteraufnahme von 1823 mit Ergänzungen bis tw. 1850. Bauparz.Nr. 5: Huberbauer, 6: Kirchenstrobel, 7: Diwaldschneider, 8: Pfarrhof, 9: Kirche, 10: Diwald, 11: Pucher, 12: Schulmeister, 13: Dorfweber, 14: Schneiderhansl, 15: Bachbauer, 16: Bachschuster (Chirurg). (AG / FK)

Demnach hat die Grundherrschaften Peggau (46,6 % der Untertanen, 44,4 % der Parzellen) als die weitaus bedeutendste im Untersuchungsgebiet zu gelten, weitab Gösting (15 % der Untertanen und 15,5 % der Parzellen). Weiteren 15 Grundherrschaften kommt eine geringere Bedeutung (0,3 bis 7,2 % der Untertanen) zu. Auffallend ist weiters die relative Geschlossenheit der Peggauer Untertanen in der KG Friesach (64,2 % der Untertanen, 66,1 % der Parzellen), wogegen im Kirchenviertel 14 Grundherrschaften (gegenüber neun in Friesach) eine weitgehende Zersplitterung bewirken.

Grundsätzlich gliederte sich das Land des Grundherren in Dominikalland und Rustikalland. Erstes hatte der Grundherr in unmittelbarem Besitz zurückbehalten und ließ es mittels Frondienste bewirtschaften, zweites war an die untertänigen Bauern gegen Zins ausgegeben. Gemäß den Angaben des Franziszeischen Katasters von 1823[4] herrschte in Gratkorn, wie allgemein in der Steiermark, der Rustikalbesitz vor. Insgesamt umfaßte das heutige Gemeindegebiet im Jahre 1823 etwa 3344,2622 ha an landwirtschaftlich genutzter Fläche. Lediglich etwa 408 ha davon galten als Dominikalbesitz, 87,8 % der landwirtschaftlich genutzten Fläche waren also im Besitz von Bauern. Der Ausdruck "Besitz" gilt in diesem Fall natürlich lediglich mit Einschränkungen, denn die uneingeschränkte Verfügungsgewalt über den Boden erhielt der Bauer erst 1848.

Von den 408 ha Dominikalland entfielen etwa 348 ha auf die Grundherrschaft Peggau. Davon befanden sich 68 ha in der KG Kirchenviertel, 28 ha in der KG Forstviertel und 252 ha in der KG Freßnitzviertel. Ansonsten verfügten nur die Grundherrschaften Stift Rein über 15 ha Dominikalbesitz und Gösting über 9 ha Dominikalbesitz in der KG Kirchenviertel. 36 ha wurden von den Dörfern Eggenfeld, Wörth und Friesach als Allmende genutzt.[5]

Die Leistungen der Untertanen an die jeweilige Grundherrschaft setzten sich vorerst aus Naturalabgaben, später aus Geldabgaben und Robotleistungen zusammen. Nach der Theresianischen Steuerrektifikation wurden auch die Gratkorner Bauern - gemäß ihrer materiellen Lage - in Ganz-, Dreiviertel-, Halb— und Viertelbauern eingeteilt. Wer mindestens 21 Gulden und 30 Kreuzer an Grundsteuer bezahlte, galt als Ganzbauer. Unter dem Viertelbauer, der mindestens fünf Gulden und 22 ½ Kreuzer zu bezahlen hatte, rangierten nur noch Keuschler, Bergler und Weinzierl.[6]

Vergleichen wir vorerst die vier alten Katastralgemeinden des Untersuchungsgebietes, so stoßen wir bereits hier auf grundlegende Unterschiede zwischen den beiden Katastralgemeinden des Murtales und den Katastralgemeinden des Berglandes, hier anhand des Vergleiches Friesach - Freßnitzviertel dargestellt.

	Friesach	Freßnitzviertel
Ganzbauern	16	7
Dreiviertelbauern	6	1
Halbbauern	7	6
Viertelbauern	5	8
Achtelbauern	27	0
Keuschler etc.	0	4

4 Grundparzellenprotokolle: FK 890 (Kirchenviertel), FK 375 (Friesach - St. Stefan), FK 381 (Forstviertel), FK 357 (Forstviertel), FK 2015 (Schattleiten) (LA).
5 Siehe dazu auch P. Cede, 1984, S. 114.
6 H. Pirchegger, 1966, S. 38.

Weitere Hinweise zur materiellen Lage der Bauern im Untersuchungsgebiet liefern unter anderem die Grundbücher der Herrschaften, der Franziszeische Kataster und die Akten über die Ablösung der Naturalsammlung für Pfarrer und Mesner von St. Stefan. Die daraus ablesbaren gravierenden Unterschiede finden ihre Ursache in erster Linie in der geographischen Lage der vier Gemeinden.
Die ersten genauen Werte über die Situation im Raum Gratkorn sind aus dem Jahre 1822 überliefert.[7] Das Freßnitz- und Forstviertel waren mit 79,7 und 65,7 % Waldbestand gegenüber dem Kirchenviertel mit 15,6 % und Friesach mit 10,3 % Waldbestand nur zu einem geringen Teil gerodet. Bezogen auf die vier damaligen Steuer- (bzw. Katastral-) gemeinden lebten 64 % der Bevölkerung in den beiden Vierteln des Murtales, aber nur 36 % in den beiden Vierteln des Berglandes, obwohl die beiden Viertel des Berglandes 58 % der Gesamtfläche aller vier Katastralgemeinden einnahmen. Dementsprechend betrug die Einwohnerzahl in den Vierteln des Murtales 57,3 Einwohner pro km^2, jedoch nur 25,2 Einwohner pro km^2 in den beiden Vierteln des Berglandes. 62 % der Höfe lagen im Kirchenviertel und in Friesach.
Noch deutlicher spiegelt der Viehbestand diese ungleichen Verhältnisse. Zehn Pferden in den Vierteln des Berglandes standen 69 in den zwei Vierteln des Murtales gegenüber, wo die Reichsstraße, die Ansiedlung von Schmieden und Wagner und in der Folge die Papierfabrik schon früh Anreize für Pferdezucht und Fuhrwerksdienste boten. Pferde bieten an sich einen Indikator für die materielle Lage, weil den ärmeren Bauern in der Regel Ochsen, manchmal auch Kühe, als Nutztiere für die landwirtschaftliche Arbeit dienten. Pferde, die in jener Zeit außerordentlich teuer waren, konnten sich lediglich die materiell bessergestellten Bauern des Kirchenviertels und Friesachs leisten. 49 % aller Pferde der vier alten Katastralgemeinden gab es in Friesach, das waren 24 % aller Pferde des Bezirkes Peggau überhaupt! Die Tatsache, daß sich im Jahre 1822 nur 26 der 188 Ochsen in Friesach befanden, zeigt weiters den relativen Wohlstand dieser Katastralgemeinde.

Kulturflächen, Bevölkerung und Viehbestand in den vier Katastralgemeiden (1822)

	Kirchenviertel	Friesach	Forstviertel	Freßnitzviertel
Fläche	100%	100%	100%	100%
Äcker	26,73%	38,32%	20,12%	11,27%
Wiesen	20,29%	15,6%	10,52%	6,46%
Weiden	14,76%	10,89%	3,66%	2,47%
Weingärten	0	0	0	0,0453%
Wald	38,22%	35,19%	65,7%	79,72%
Höfe	73	66	45	39
Wohnparteien	72	61	38	32
Bevölkerung	393	285	196	184
Bewohner / Hof	5,38	4,32	4,35	4,72
Pferde	30	39	1	9
Ochsen	52	26	64	46
Kühe	97	78	45	40
Schafe	25	67	10	66

7 Die folgenden Daten beruhen auf C. Schmutz, 1822.

Werfen wir nun einen Blick auf die konkreten Lebensverhältnisse eines Gratkorners im ausgehenden 18. Jahrhundert. Aus dem Protokoll der Verlassenschaftsverhandlung des am 26. Februar 1788 verstorbenen Anton Ottaker, Schmiedemeister auf der Tratten, Kirchenviertel Nr. 39, Untertan der Herrschaft Peggau, lassen sich dessen Lebensumstände rekonstruieren. Anton Ottaker hinterließ eine Witwe (Anna) und drei Kinder im Alter von acht, sechs und zwei Jahren. Im Nachlaß befanden sich diverse Urkunden und Schriftstücke.

Die Behausung selbst, die sogenannte Schmiedegerechtigkeit, wurde auf 750 Gulden geschätzt. Ein Acker, nach Peggau dienstbar, und eine "Weingartenleiten", zur Pfarrhofgült St. Stefan dienstbar, stellten einen Wert von je 80 Gulden dar. Neben Saatgut und Getreide im Wert von 25 Gulden besaß der Schmied Anton Ottaker zwei Kühe und ein Schwein. Die Familie konnte sich also mit Nahrungsmitteln notdürftig selbst versorgen.

Das Inventar gewährt Einblick in die Lebensgewohnheiten und die Ausstattung an Hausrat. Ebenerdig lag die bescheidene Schmiede, darüber die ebenso bescheidenen Wohnräume. Hier befanden sich unter anderem drei Betten, wohlgemerkt für zwei Erwachsene und drei Kinder. Die Familie verfügte über drei Kästen, zwei Tische, über zwei alte Truhen und eine neue, über drei Schmalzkübel, 30 Pfund Fleisch, Wein, Grieß, über einen Krautbottich und ein Mehlfaß, weiters über einfaches altes Zinn und diverses einfaches Geschirr. In der Schmiede besaß Anton Ottaker einige Werkzeuge, Beile und Hämmer, sowie einiges Metall. Nach Abzug aller Taxen, Steuern, Abgaben, des Sterbegeldes etc., was zusammen 537 Gulden ausmachte, blieben vom Gesamtwert (1316 Gulden) noch 779 Gulden übrig.[8] Anton Ottaker lebte mit seiner Familie in den Verhältnissen des armen, gemeinen Mannes.

Nach dem Tod der Anna Teißbacher auf der Trattenschmidschen Behausung, der Herrschaft Peggau untertänig, mit dem Zulehen aber zur Pfarrkirchengült St. Stefan dienstbar, wurde deren Behausung durch die "Schätzmänner" Johann Handl (vulgo Dorn) und Philipp Dorn (vulgo Pucher) am 19. Jänner 1818 auf 300 Gulden geschätzt. An Einsaat waren zwei Viertel Korn im Wert von 30 Gulden vorhanden. Der Witwer, Anton Teißenbacher, hatte ein Laudemium, also eine Besitzwechselabgabe in der Höhe von 10 Prozent zu entrichten, und zwar vorerst nur zur Hälfte, weiters die Hälfte der Taxe für den Schirmbrief, ein Schutzbrief und eine Urkunde über die Grundleihe; weiters war eine "Grundbuchumschreibungstaxe" zu entrichten. Das machte zusammen 17 Gulden 30 Kreuzer aus. An weiteren Abgaben fielen an: Für die Errichtung der Schätznote 45 Kreuzer, für deren Ausfertigung 15 Kreuzer, für die Protokollierung 10 Kreuzer und für deren Abschrift 4 Kreuzer. Am 7. März 1819, also knapp über ein Jahr nach dem Tod seiner Frau, starb Anton Teißbacher. Er lebte in derart ärmlichen Verhältnissen, daß er bis zu diesem Zeitpunkt die Taxen in der Höhe von 18 Gulden 44 Kreuzer noch nicht hatte bezahlen können.[9]

Werfen wir nun einen Blick auf die Verhältnisse in einem Bauernhof im an sich gutsituierten Friesach. Am 18. Juni 1801 verstarb Maria Schönbacherin, Ehegattin des Georg Schönbacher, Peggauer Untertanin, Urbar - Nr. 54, Amt Friesach. Maria Schönbacherin, Bäuerin auf der sogenannten Zwölferhube, hinterließ bei ihrem Ableben sieben Kinder im Alter von zwei, fünf, neun, zwölf, vierzehn und 20 Jahren.

8 GBAR(Peggau) 4349, fol. 221ff (LA).
9 Schätznote vom 19. Jänner 1818 (APG).

Die Zwölferhube wurde, mit den Grundstücken, auf 650 Gulden geschätzt. Auf den zu diesem Hof gehörenden Äckern baute man Weizen, Korn, türkischen Weizen (Mais), Bohnen, Feldbohnen, Haiden, Leinsamen, Werch, Hanf und Kraut an. Der Viehbestand setzte sich aus zwei Pferden, einer Melkkuh, zwei Zuchtkälbern, drei Schweinen und sieben Schafen zusammen. Am Hof widmete sich man dem Ackerbau; die Viehzucht diente in erster Linie dem Eigenbedarf. Die zwei Pferde, die vor Pflug und Wagen gespannt wurden, lassen auf bescheidenen Wohlstand schließen; die ärmeren Bauern spannten Ochsen oder gar Kühe vor den Pflug.
Wieder gewährt die Auflistung der Fahrnisse, des beweglichen Inventars, Einblick in das bäuerliche Leben dieser Zeit. An grundlegenden landwirtschaftlichen Geräten waren zwei Fuhrwägen, ein Handkarren, zwei Leiterwägen, ein Schubkarren, drei Eggen und ein Pflug vorhanden. An Werkzeugen besaß man eine Zugsäge, zwei Schleifsteine, drei Tangelzeuge, dreizehn Hacken, eine Säge, fünf Mistgabeln, zwei eiserne Rechen, drei eiserne Schaufeln, zehn Sicheln, weiters Nägel, Hobel und andere Geräte. 24 Getreidesäcke standen zur Verfügung, fünf Tragkörbe, zwei Schmalzkübel, Rührkübel, Essigfässer und zwölf Milchreindeln.
Nach Abzug von 778 Gulden Schulden und 45 Gulden Gebühren, Taxen etc. betrug der Wert der Zwölferhube 1003 Gulden. Die Hälfte davon stand dem Witwer Georg Schönbacher zu, die zweite Hälfte konnte unter den sieben Kindern aufgeteilt werden[10]

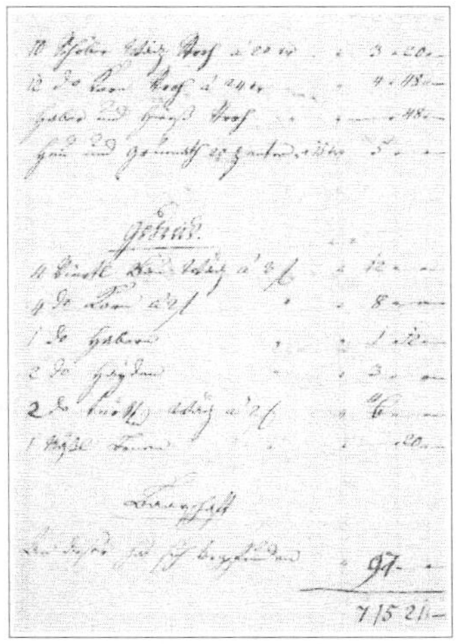

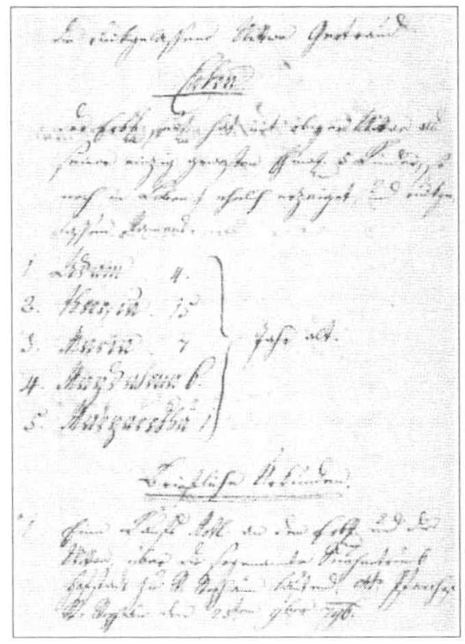

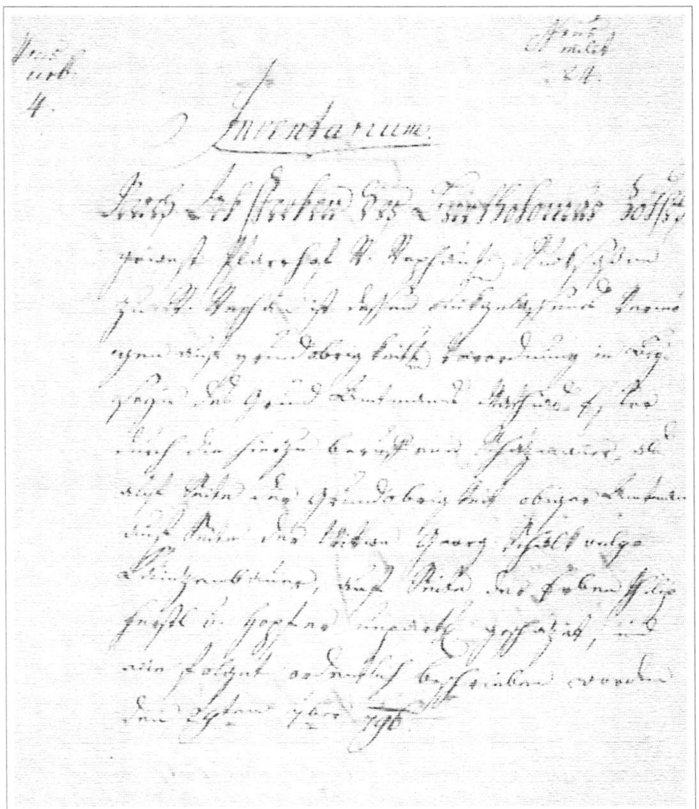

Inventar nach Ableben des Bartholomäus Zötsch, aufgenommen am 29. September 1796. Zötsch besaß ein Pferd, eine Kuh, fünf Schweine und eine Geiß. (APG)

Aus diesen wenigen exemplarischen Beispielen gewinnen wir ein Bild, das in groben Zügen für Jahrhunderte Gültigkeit besessen hatte. Die materielle Situation der Bauern änderte sich mit der Errichtung und Expansion der Papierfabrik insoferne, als die ohnehin bessergestellten Bauern des Kirchen- und Friesachviertels im Fuhrgewerbe einen weiteren materiellen Anreiz fanden, bzw. in irgendeiner Form (Schmied, Gastwirt etc.) an der Entwicklung der Fabrik profitierten. Mit der steigenden Zahl an Fabriksarbeitern erweiterte sich gleichzeitig der Absatzmarkt für bäuerliche Produkte.
Die Grundentlastung und die Aufhebung der patrimonalen (grundherrschaftlichen) Gerichtsbarkeit im Zuge der Reformen von 1848 brachte den Bauern die völlige Unabhängigkeit vom Grundherrn. Für die bisher den Grundherrschaften geleisteten Dienste, Steuern und Abgaben hatten Entschädigungen bezahlt zu werden. Für alle Natural- und Geldabgaben wie auch für Zehente und für alle Arbeitsleistungen des Bauern an den Grundherrn war nach einem komplizierten Berechnungsschlüssel Ersatz zu leisten.[1]
Kein Ersatz war zu leisten für alle jene Rechte, die dem Untertanenverband selbst, dem Schutzverhältnis, der grund-

10 GBAR (Peggau) 4353, fol. 642ff (LA).
11 Detailiert bei F. X. Hlubek, 1860, S. 119ff.

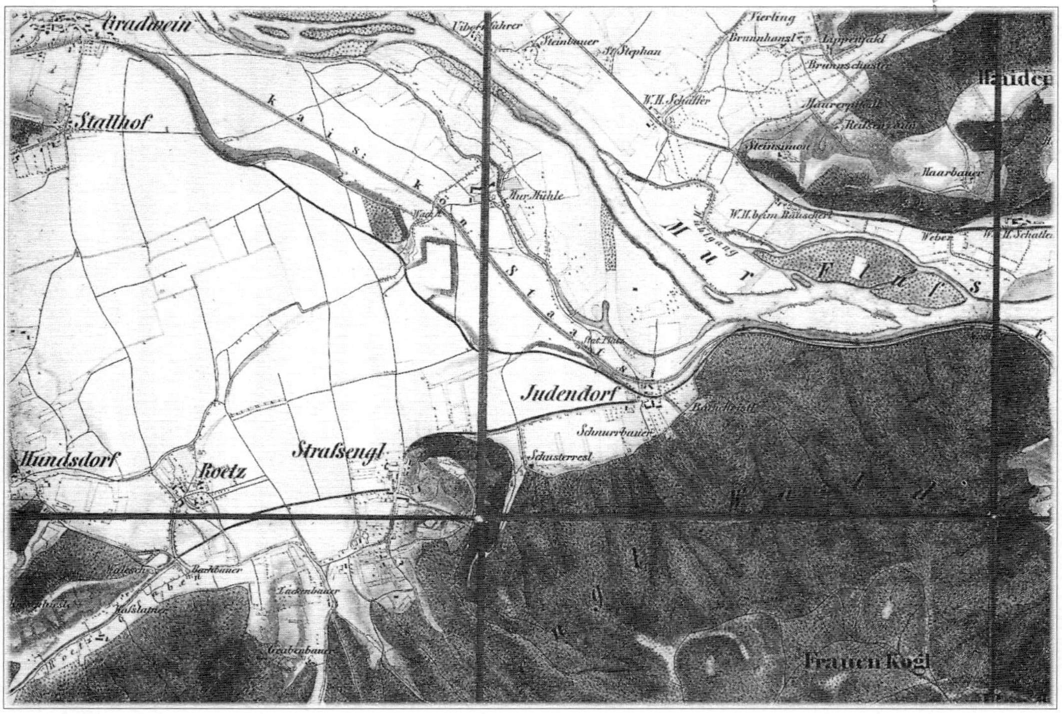

Das südliche Gratkorner / Gratweiner Becken mit dem Murdurchbruch um 1850. Man beachte den alten Murverlauf, den Verlauf der alten Post- und Kommerzialstraße (Wienerstraße) sowie die diversen Objekte und Hofnamen. (Sammlung I. Mirsch.)

herrschaftlichen Gerichtsbarkeit (obrigkeitliches Jurisdiktionsrecht) und der Dorfherrlichkeit entstammten. Ein Drittel dieser Summe hatte der Bauer innerhalb von 20 Jahren zu bezahlen, ein Drittel übernahm der Staat, ein Drittel hatte die Grundherrschaft selbst zu tragen. So erhielt das Stift Vorau als Inhaber der Grundherrschaft Peggau 56.628 Gulden und 30 Kreuzer an Entschädigung, die Kirchengült St. Stefan am Gratkorn erhielt 565 Gulden und 10 Kreuzer.[12]

Diese "Befreiung" stellte die Gratkorner Bauern wie die hier ehemals begüterten Grundherrschaften vor neue Probleme. Die Eigenverantwortlichkeit für ihre wirtschaftliche Existenz war für die Bauern ungewohnt. "So wurde die Bauernbefreiung auslösendes Moment für den spürbaren und sichtbaren Niedergang des Bauerntums in seiner alten Form."[13]

Deutlich kommt der Unterschied in der materiellen Lage der Gratkorner Bauern in den Kirchenabgaben des Jahres 1878 zum Ausdruck. In diesem Jahr wurde die Naturalsammlung für den Pfarrer und Mesner von St. Stefan durch eine Geldsammlung abgelöst. Nachstehende Tabelle[14] beweist, daß sich das Gefälle zwischen den Gemeinden des Murtales und jenen des Berglandes verstärkt hatte. Im Kirchenviertel und in Friesach wohnten die begüterten Bauern, im Forst- und Freßnitzviertel die minder begüterten. Dieses Grundmuster deckt sich mit jenem von 1822.

12 F. X. Hlubek, 1860, S. 150f.
13 G. R. Burkert, 1993, S. 158.
14 APG, Ablösung der Kirchenabgaben (1878).

Kirchenabgabe 1878 / Abgabe der Grundbesitzer gemäß ihrer materiellen Lage
(Anzahl der Bauern nach Steuerklassen in den vier Katastralgemeinden)

Gulden

(Steuerklasse)	**Kirchenviertel**	**Friesach**	**Forstviertel**	**Freßnitzviertel**
1 - 10	2	1	1	0
11 - 20	9	7	0	0
21 - 30	14	8	17	14
31 - 40	5	9	0	0
41 - 50	5	12	5	4
51 - 60	1	1	0	0
61 - 70	1	1	0	0
71 - 80	1	1	0	0
81 - 90	4	3	3	1
91 - 100	1	0	0	0

St. Stefan am Gratkorn.

Hans Rinner's Einkehrgasthof zum „Grünwirt".
Haltestelle
für Radfahrer.

EXKURS: FRÜHE SCHULGESCHICHTE

Die allgemeine Schulpflicht und eine staatlich beeinflußte Bildungspolitik existieren in der Steiermark seit Einführung des Schulzwanges im Jahre 1781 und dem Inkrafttreten der Schulverfassung von 1806. Vom Mittelalter bis zum Inkrafttreten des Reichsvolksschulgesetzes von 1869 lag das Schulwesen in erster Linie in den Händen der Kirche, 1869 ging dieser Aufgabenbereich an den Staat über.

Über die Anfänge des Unterrichtswesens in St. Stefan, die in jedem Falle von der Kirche ausgingen, geben uns die Quellen keinen Aufschluß. Als erster Lehrer an der Pfarrschule St. Stefan kann in einem Übergabsinventar aus dem Jahre 1598 Elias Winter nachgewiesen werden.[1] Über die Qualität des Unterrichts zu dieser Zeit schweigen die Quellen, doch dürften sich die in Bildungssachen erfahrenen Reiner Zisterzienser, die seit 1607 für die Pfarre Gratkorn zuständig waren, stets sorgsam um die Bildungseinrichtungen gekümmert haben.

Es scheint so, als hätten vorerst Geistliche, meistens aber die Mesner, den Unterricht in der Pfarrschule versehen. Erstmals wird mit Ignatz Weiß ein "Ludimagister" in St. Stefan genannt. Er versah seinen Dienst zur vollen Zufriedenheit. Am 3. Februar 1773 meldet dann Pfarrer Chrysostomus Hinteregger, die Anstellung eines Schulmeisters wäre nicht erforderlich, weil der Pfarrschulmeister selbst alle Kinder der Pfarre unterrichten könne.[2]

Eine Schulordnung für die Volksschulen (Trivialschulen) wurde von Kaiserin Maria Theresia bereits 1774 erlassen. 1777 erschien dann der "Kern des Methodenbuches, besonders für den Landschulmeister in den kaiserlich-königlichen Staaten". Demnach hätten Kinder mit Erreichung ihres sechsten Lebensjahres die Schule zu besuchen, in der sie, Mädchen und Buben gemeinsam, eine zweiklassige Grundschule zu absolvieren hätten.[3]

In der Theorie handelte es sich hierbei um durchaus beachtenswerte Bestrebungen des Staates, jedem Untertan, gemäß den Idealen der Aufklärung, eine elementare Schulbildung angedeihen zu lassen. Doch auf dem Land sah die Realität anders aus. Die eben zitierte Stellungnahme des Pfarrers Chrysos-tomus Hinteregger, der Pfarrschulmeister könne leicht alle Kinder alleine unterrichten, kann auch so interpretiert werden, daß nur wenige Kinder die Schule besuchten. Nach dem Schulstandesausweis von 1805[4] gingen nämlich lediglich 19 Kinder aus St. Stefan, Schattleiten und Eggenfeld zur Pfarrschule. Viele Bauern konnten oder wollten nicht auf die Arbeitskraft ihrer Kinder verzichten.

Albert Anker: Zustände in einer steirischen Dorfschule um die Mitte des 19. Jahrhunderts. (Nach F. Posch, 1988.)

Der Unterricht bestand, folgt man dem Methodenbuch von 1777, in erster Linie aus dem Religionsunterricht und dem Erwerb grundlegender Kenntnisse des Lesens, Schreibens und Rechnens. Das Schuljahr gliederte sich in die Sommer- und Winterschule, wobei die Sommerschule auf dem Lande von Ostern an vier Monate dauerte, die Winterschule vom 1. Dezember bis Ende März. Während der Erntezeit ruhte der Unterricht für drei Wochen, damit die Kinder beim Einbringen der Ernte helfen konnten. Unterrichtet wurde vormittags und nachmittags mit Ausnahme der Sonn- und Feiertage. Oft rein theoretisch blieb die Forderung, daß

1 C. J. Brandtner, 1980, S. 73.
2 DA, Schulsachen Gratkorn, 3. 2. 1773.
3 Methodenbuch, 1777, S. 7f.
4 DA, Schulsachen Gratkorn, Schulstandesausweis 1805.

Bis ins 19. Jahrhundert hinein wurden die Gratkorner Kinder von manchen Lehrern mit Ochsenziemern, Peitschen und ähnlichen Geräten traktiert. Erziehungsphilosophie: "Wer seinen kindern ubersicht Irem mutwil, und sie stroffet nicht demselben zu letzst vil leides geschicht". (S. Brant, Das Narren Schyff, 1494.)

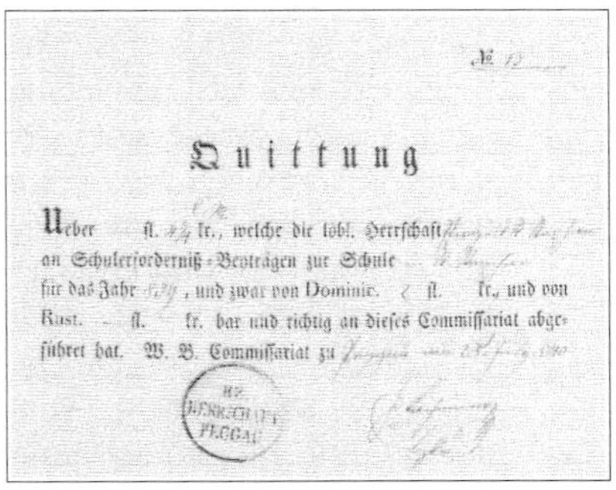
Quittung

Ueber fl. kr., welche die löbl. Herrschaft an Schulerforderniß-Beyträgen zur Schule für das Jahr, und zwar von Dominic. fl. kr., und von Rust. fl. kr. bar und richtig an dieses Commissariat abgeführet hat. W. B. Commissariat zu

Als Bezirksherrschaft war Peggau auch für die Erhaltung der Gratkorner Schule zuständig. (APG)

junge Menschen bis zum 20. Lebensjahr bei "zwo Wiederholungsstunden an den Sonntagen nach dem Mittagsgottesdienste in der ordentlichen Schule vornämlich im Sommer von dem Schulmeister unter Aufsicht des Pfarrers oder seines Vikarius gehalten werden".[5]
Noch weit ins ausgehende 19. Jahrhundert hinein erscheinen in von Gemeindebürgern unterzeichneten Urkunden anstatt der Unterschriften Kreuze auf; ein Beweis dafür, daß elementare Schulbildung nicht als selbstverständlich galt.
Von den namentlich bekannten ersten Schulmännern, die in St. Stefan unterrichteten, ist biographisch wenig bekannt. Erst Simon Eichner, Lehrer von 1780 bis 1815, tritt, wenn auch nicht gerade positiv, aus der Anonymität hervor. Er schreckte durch seine rohen Umgangsformen sogar die Kollegenschaft ab, denn 1815 weigerte sich Ferdinand Prates aus Deutschlandsberg, eine Stellung als Gehilfe des Schulmeisters Eichner in St. Stefan anzutreten. Der Reiner Dechant sah sich daraufhin zur Stellungnahme veranlaßt, daß Eichner nicht gerade als gebildet bezeichnet werden könne und seine Gehilfen mit wenig Anstand und Aufmerksamkeit behandle.[6]
Mißstände schienen damals im Lehrerstand überhaupt häufig gewesen zu sein, manche Lehrer musizierten nächtelang in Gasthäusern, manche wurden straffällig, andere traf man überhaupt nur im Ausnahmefall nüchtern an. Zu erklären dürfte dies wohl in erster Linie mit der tristen finanziellen Situation der damaligen Lehrerschaft sein: so verdiente der Gratkorner Lehrer Mathias Zimma im Jahre 1851 jährlich 66 Gulden, davon mußte er noch seinen Gehilfen bezahlen. (Der Gulden hatte 60 Kreuzer, im Jahre 1851 kostete ein Kilogramm Butter 48 Kreuzer; Mathias Zimmas Jahreseinkommen entsprach somit dem Gegenwert von 82,5 kg Butter, davon erhielt der Gehilfe einen Teil.) - Unter diesen Umständen ist es verständlich, wenn der Lehrer nebenbei Mesnerdienste versah, als Organist tätig war, und sich durch Musizieren in Wirtshäusern oder auf Hochzeiten ein Nebeneinkommen verschaffte. Häufig hatten die Lehrer, wie der Lehrer von St. Stefan, auch Anteil an der jährlichen Naturalsammlung.[7]
Werfen wir einen Blick auf Erziehungsmittel und Erziehungsmethoden um 1800. Aus nachfolgenden Verboten kann geschlossen werden, welche Strafen bis 1777 - und bei Rohlingen wie Simon Eichner sicher auch nachher - gang und gäbe waren:
"Da der Leib bei den meisten Schülern sehr zart ist, und daran gewisse Theile sehr leicht zu beschädigen sind; da es auch Schüler gibt die ehrliebend sind, so sind in den Schulen folgende Strafinstrumente, und Strafen zu gebrauchen verboten. 1. Ochsenziemer, Stöcke, Peitschen, Patzen [Schläge in die offene Hand]. 2. Ohrfeigen, Stöße, Schläge mit der Faust, 3. Haareisen [Haarreißen], Knien, Ohrenzwicken."[8]
Erlaubt sind hingegen: "1. Die Rute für kleine und mittlere Schüler. 2. Geschmeidige Stökkel für größere Schüler, durch Vermehrung der Streiche wird die Strafe vergrößert. 3. Beraubung angenehmer Dinge."[9]
Das alte Schulgebäude befand sich bis 1815 zwischen der Friedhofsmauer und dem vulgo Diwald (Bauparz. Nr. 10), nun, im April 1815, wurde das alte Schulhaus eingerissen und es sollte mit dem Neubau begonnen werden. Uneinigkeiten zwischen der Grundherrschaft Peggau und dem Stift Rein führten jedoch zur Verzögerung des Baus. Als dann am 16. April 1817 Franz Fauland, Lehrer aus St. Johann bei Herberstein, seinen Dienst als Lehrer, Mesner und Organist von St. Stefan antrat, konnte man ihm weder ein Schulhaus noch eine Wohnung zur Verfügung stellen. Daran sollte sich während der folgenden Jahre nichts ändern. Für das neue Schulhaus, das 1823 fertiggestellt war, hatte in erster Linie das Stift Rein (mit 43 Prozent der Baukosten) als Patron der Schule aufzukommen. Weitere Beiträge hatten die einzelnen Grundherrschaften, je nach der Anzahl ihrer Unterta-

5 Methodenbuch, 1777, S. 4, 7 u. 9.
6 DA, Schulsachen Gratkorn, 26. 4. 1815.
7 Vgl. dazu H. Geringer, 1970, S. 81ff.
8 Methodenbuch, 1777, S. 125.
9 Ebenda.

Grabstein der Schulmeistersgattin von St. Stefan, Katharina Zimma (1806 – 1868). (Foto I. Mirsch)

nen, zu leisten. Auf der Herrschaft Peggau lasteten 13 Prozent, auf Rabenstein 10,7, auf Gösting 6,8, auf Liebenau 6,4 Prozent und der Rest auf zwölf weiteren Grundherrschaften.

Um das Jahr 1824 wurde auch die Friesacher Gemeindeschule in Wörth gegründet. 1852 waren 84 Häuser hier eingeschult.[10]

Der Lehrer in St. Stefan Franz Fauland wird als eifriger Mann beschrieben, dennoch vermochten sich die Schüler unter seiner Obhut nur mangelhaftes Wissen anzueignen. 1825/26, die Schülerzahl war inzwischen auf 112 angestiegen, half Caspar Schraußer (vgl. vulgo Schraußbauer in der KG Gratkorn-St. Veit ob Graz) für ein Jahr aus, dann trat Cajetan Glettler als Gehilfe ein. Seitdem Fauland nicht mehr alle über 100 Schüler allein unterrichten mußte, verbesserten sich auch die Leistungen.[11]

Am 25. August 1851 verstarb Franz Fauland, am 12. November 1851 begann Mathias Zimma seine Tätigkeit als Lehrer, auch er kam nicht ohne Gehilfen aus. Vier Jahre später entsprach der Pfarrsprengel dem Schulsprengel, auch Schattleiten, obwohl damals noch nicht zum Gemeindegebiet gehörig, war Teil des Schulsprengels St. Stefan. 1855 besuchten aus 168 Häusern 147 Kinder die Pfarrschule, 47 den Wiederholungsunterricht, 1857 belief sich die Schülerzahl auf 151 Kinder. Mathias Zimma erhielt aufgrund seiner hervorragenden pädagogischen Leistungen den Titel "Musterlehrer" verliehen. Der hochbetagte Zimma hatte bis zum Erlaß des Reichsvolksschulgesetzes 1869 - zeitweise sogar ohne Gehilfen - 151 Kinder zu unterrichten.[12]

Im Jahre 1860 besuchten 165 Schüler die Werktagsschule, 37 die Sonntagsschule. Bei zwei Lehrern kamen 101 Schüler auf einen Lehrer, die gesamte Gemeinde zählte damals 1524 Einwohner.[13] 1868, am Vorabend des Reichsvolksschulgesetzes weist der Schulsprengel der Pfarrschule (Trivialschule) St. Stefan 139 schulpflichtige Kinder auf, alle 139 Kinder besuchen die Werktagsschule. (Im gesamten Bezirk Umgebung-Graz kamen zu diesem Zeitpunkt rund 90 Prozent der Kinder der Schulpflicht nach.) Zum Besuch der Wiederholungsschule waren 38 Kinder verpflichtet, 33 kamen ihrer Schulpflicht nach. Für den Unterricht stand ein eigenes Schulgebäude zur Verfügung, in dem ein Lehrer und ein Unterlehrer unterrichteten. Als Schulrepräsentant fungierte bereits ein Schulkonkurrenzausschuß. Die von der Gemeinde St. Stefan erhaltene Schule in Friesach verfügte über einen Lehrer. Er hatte 46 Kinder in der Werktagsschule zu unterrichten, 13 besuchten die Wiederholungsschule. Schulrepräsentant war die Gemeinde St. Stefan am Gratkorn.[14]

Schulklasse der Volksschule Friesach um 1925. (LMJ, Bild- und Tonarchiv, RF 52305.)

St. Stefan um 1927: Volksschule, Gemeindeamt mit Altersheim und Kirche. (LMJ, Bild- und Tonarchiv, PL 51785.)

Die "Kaiser Jubiläums - Volksschule Gratkorn" unmittelbar nach ihrer Fertigstellung. (Sammlung Horst Ziegler)

Lehrer der Pfarrschule St. Stefan bis 1869[15]

1598	Elias Winter
1618	E. Wildt
1634 - 1637	Mert Zötsch
1667 - 1670	Hans Hofer
1670 - 1717	Peter Rauchegger
1717 - 1723	Peter Rauchegger (jun?)
1723 - 1768	Ignatz Weiß
1768 - 1774	J. Puresch
1774 - 1780	Franz Teutschl
1780 - 1815	Simon Eichner (Lehrer)
	Gehilfen: Georg Weigl (ab 1780),
	Joseph Purkarthofer (bis 1815)
1816 - 1817	Franz Jaritz (Provisor)
1817 - 1851	Franz Fauland (Lehrer)
	Gehilfen: Caspar Schraußer (1825 - 1826),
	CajetanGlettler (ab 1826), Ferdinand Jaritz (vor 1849),
	Jakob Bolwai (1849 - 1850), Anton Nowak (1850 - 1851)
1851	Anton Novak (Provisor)
1851 - 1869	Mathias Zimma (Lehrer)
	Gehilfe: Anton Kormann (um 1860)

10 C. J. Brandtner, 1980, S. 79.
11 DA, Schulvisitationen Rein, Prüfungsrelationen 1830, 1836 u. 1846.
12 DA, Schulsachen Gratkorn 12. 11. 1851 und Ausweis 18. 8. 1855.
13 F. X. Hlubek, 1860, S. 375.
14 I. Ramsauer, 1868, S. 48f.
15 DA, Schulsachen Gratkorn. Vgl. auch C. J. Brandtner. 1980, S. 73ff; H. Geringer, 1970, S. 348f.

"Weinzierl - Brücke und St. Gotthardt, der Eisenbahn abwärts rechts." (J. Kuwasseg, 1844, Nr. 36)

"Strassengel, der Eisenbahn abwärts rechts." (J. Kuwasseg, 1844, Nr. 31)

"Gradwein, der Eisenbahn abwärts rechts." (J. Kuwasseg, 1844, Nr. 33)

"Ruine Peggau und die Taschen, der Eisenbahn abwärts links." (J. Kuwasseg, 1844, Nr. 7)

"Schloß und Ruine Gösting, Cholera - Kapelle, der Eisenbahn abwärts rechts." (J. Kuwasseg, 1844, Nr. 30)

"Peggau der Eisenbahn abwärts links." (J. Kuwasseg, 1844, Nr. 8)

Papierfabrik und Arbeiterleben

Der Bereich vom Hausberg / Zigeunerhöhle (links oben) bis zur Trattenmühle nach der Katasteraufnahme von 1823 (mit Ergänzungen bis tw. 1850). Auf Bauparz. Nr. 73 ist die erste Papierfabrik, zwischen altem Mühlgang und erstem Werkskanal, nachgetragen. Bauparz. Nr. 56: Rinner vulgo Grünwirt; Bauparz. Nr. 58: vulgo Zekeneller. (AG/FK)

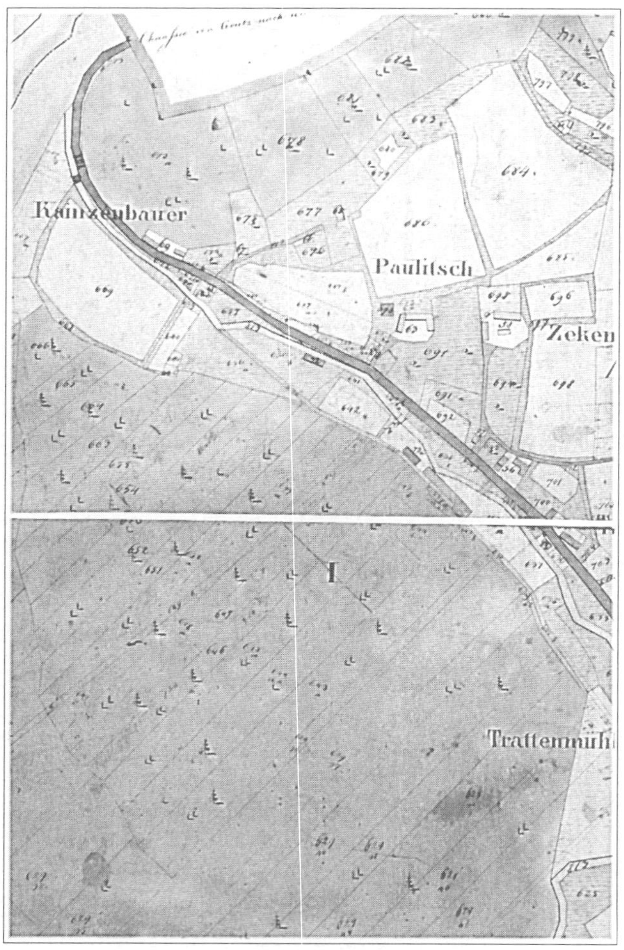

Die überragende Bedeutung, die der Papierfabrik, heute KNP Leykam Gratkorn, seit mehr als eineinhalb Jahrhunderten für die Geschichte des Gratkorner Beckens zukommt, rechtfertigt es, vorerst auf die Entwicklung dieses Unternehmens näher einzugehen. Ich möchte in der Folge aufzeigen, daß in diesem Falle ein Industriebetrieb nicht nur die wirtschaftlichen, sozialen und siedlungsgeographischen Wandlungserscheinungen bestimmt - Peter Cede konnte es eindrucksvoll nachweisen -, sondern darüberhinaus mittel- und unmittelbar die politische Geschichte des Raumes Gratkorn bis in die Gegenwart hinein entscheidend beeinflußt.

Die Kunst der Papierherstellung gelangte aus China, wo sie bereits im ersten vorchristlichen Jahrhundert bekannt war, um das achte nachchristliche Jahrhundert über die arabischen Handelswege in den Orient. Über das arabisch - maurische Spanien fand die Kunst des Papierschöpfens im 12. Jahrhundert ihren Weg nach Sizilien. Im italienischen Raum begann das Papier ab dem späten 13. Jahrhundert das Pergament, eine speziell behandelte Tierhaut, als Beschreibstoff zu verdrängen. Der österreichische Raum wurde bis zum Ende des 15. Jahrhunderts mit venezianischem Papier versorgt. Dann konnten die neuerrichteten Papiermühlen im Wiener Becken, im Alpenvorland, St. Pölten und Steyr den heimischen Bedarf decken. Schon zu Beginn des 16. Jahrhunderts ist in der Leuzendorfer Au nördlich Graz eine Papiermühle nachweisbar.[1]

Über das Gründungsjahr der Gratkorner Papierfabrik bestehen divergierende Meinungen. Offizielle Publikationen der Papierfabrik und O. Pickl geben das Jahr 1828 an[2], Peter Cede nennt einen gewissen Karl Gleber (Cleber) als den Mann, der die Papierfabrik 1839 gegründet hätte[3], die alte Gemeindechronik gibt den Herbst 1838 an[4] und in diversen Notizen zur Geschichte der Marktgemeinde[5] wird ein Herr Kloiber genannt, der die Papierfabrik im Jahre 1839 gegründet haben soll. - Nachforschungen in älteren Quellen lassen jedenfalls die Vermutung zu, daß bereits zu Beginn des 19. Jahrhunderts in der am alten Mühlgang gelegenen Trattenmühle, direkt an der Reichsstraße, Papier geschöpft wurde.[6]

Auch über die frühen Besitzverhältnisse herrscht etwas Unklarheit. Cede zufolge besaß Karl Gleber (Cleber) die Papierfabrik bis zum Juni 1844, als sie Joseph Krüger - Schuh um 6000 Gulden ersteigerte. Bereits im Februar 1847 verkaufte er sie an Benedikt Ziegler, der mit Jakob Syz einen Gesellschaftervertrag abschloß.[7] P. Roth zufolge befand sich die Papierfabrik schon im Jahre 1840 im Besitz des Josef Kriegler - Schuch, der als vierter steirischer Unternehmer in seinem Betrieb eine Dampfmaschine einsetzte. Demnach war der Kessel vor 1840 von Karl Cleber aufgestellt worden.[8]

Im Jahre 1849 erhielt die Papierfabrik die Landesfabriksbefugnis, nachdem sie im März 1848 in den bürgerlichen Handelsstand aufgenommen worden war. Anläßlich von Erhebungen über den Umfang der Papiermühle wurde im Juni 1849 ein Protokoll angefertigt, das über die maschinelle Ausstattung sowie über den Arbeitsablauf Auskunft gibt. Im Hauptgebäude wurden Hadern und alte Lumpen übernommen, gelagert und sortiert. Nach dem Aufkochen dieser Masse wurde diese mit Leim und Farbe behandelt, gebleicht und in einer Papiermaschine weiterverarbeitet, dann erfolgte noch ein Trocknungsvorgang mittels in Zylinder geleiteten Dampfes. Das Pressen und Glätten des Papiers stand am Ende des Produktionsvorganges, an dem im Jahre 1849 insgesamt etwa 58 Personen beteiligt waren. Die Tagesproduktion an Papier belief sich damals auf etwa 500 kg.[9]

1 F. Tremel, 1966, S. 176.
2 O. Pickl, 1963, S. 48; Th. Graff - St. Karner, 1985, S. 254.
3 P. Cede, 1984, S. 262f.
4 E. Hütter, 1960ff.
5 Fragmente zur Geschichte der MG Gratkorn, verm. verfaßt von Hilde Kamper (AG).
6 GBAR (Peggau); vgl. auch P. Cede, 1984, S. 262.
7 P. Cede, 1984, S. 263.
8 P. W. Roth, 1973, S. 246 und 250.
9 Vgl. R. Hoffmann, o. J.

Papierherstellung um 1840: "Ansicht der Papiermaschine in der k. k. priv.[ilegierten] Maschinen Papierfabrik des Herrn Friedrich Lenk in Grätz." Lithographie von Alexander Maschek. (Fabriksbilder-Atlas, XI. und XII. Lieferung, 1842. Tafel II.)

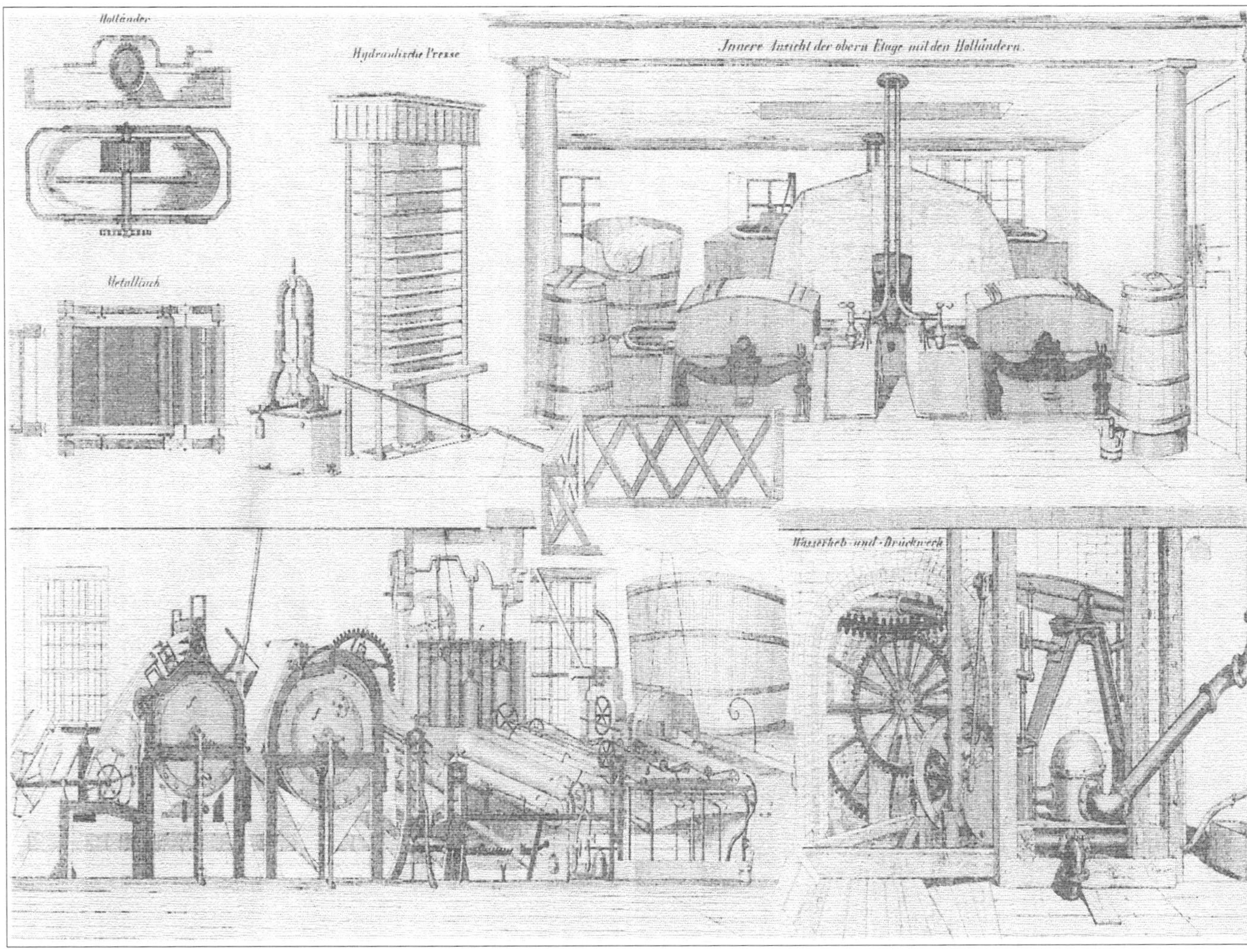

Jakob Syz, der im Jahre 1850 um 100.000 Gulden die Fabrik von Benedikt Ziegler erworben hatte, sorgte für einen forcierten Ausbau des Unternehmens. Syz betrieb übrigens noch 1857 in Eisbach einen Kohlenabbau, bei dem 24 Mann beschäftigt waren. In einem Firmenverzeichnis der "Gratzer Handels- und Gewerbekammer" aus diesem Jahr wird die Papierfabrik noch als "Ziegler & Comp." bezeichnet, Syz scheint als Gesellschafter auf.[10] Der rührige Mann erregte seinerzeit auch als Politiker einiges Aufsehen, 1871 bis 1874 gehörte er dem Abgeordnetenhaus des österreichischen Reichsrates an; mit Adalbert Swoboda, dem Redakteur der Grazer Tagespost, verursachte er im Herbst 1878 durch Indiskretionen einige Aufregung im Abgeordnetenhaus.[11] Außerdem war Syz von 1869 bis 1871 Obmann der Bezirksvertretung Umgebung Graz, einer zwischen Landtag und Gemeinden stehenden Institution.[12]

Im Jahre 1852 produzierten 73 Arbeiter 4800 Zentner Papier. Ein Jahr darauf beschäftigte die Papierfabrik des Jakob Syz 84 Mitarbeiter, die 500 Tonnen Papier herstellten. Der Maschinenpark umfaßte acht Holländer, zwei Dampfmaschinen zu je 16 PS, eine Papiermaschine, eine Turbine und zwei Wasserräder.[13]

Um die Mitte des 19. Jahrhunderts bedingte die rasche industrielle Entwicklung, die auch in der Papierindustrie den Einsatz erheblicher finanzieller Mittel erforderte, den Zusammenschluß einzelner Familienunternehmen zu einer Rechtsform. Erst dadurch wurde es möglich, die zur technischen Ausstattung eines

10 StAHK, 1859, S. 6f u. 324f.
11 C. v. Wurzbach, 1880, Bd. 41, S. 102.
12 Vgl. I. H. Joherl, 1905, S. 322ff.

Jacob (von) Syz baute die Papierfabrik 1847 bis 1870 aus; von 1869 bis 1871 fungierte er zudem als Obmann der Bezirksvertretung Umgebung Graz, dann als Reichsratsabgeordneter. (I. Joherl, 1905, nach S. 328.)

Das sogenannte Syzhaus in der Grazerstraße. Aufnahme aus den 30er-Jahren. (Sammlung J. Kopsche)

Unternehmens notwendigen Kapitalmengen aufzubringen. Am 24. September 1869 gründeten Anton Hauser, Eduard Ritter von Haider und Eduard von Klemensievicz unter Mitwirkung der Steiermärkischen Escompte - Bank die "Leykam - Actien - Gesellschaft für Papier- und Druckindustrie" mit einem Gesellschaftskapital von zwei Millionen Gulden. Dieser Zusammenschluß hatte weiters zum Ziel, alle im Raum Graz liegenden Papierfabriken zu erwerben und sie mit den Grazer Druckereien zu vereinigen. Vorerst erwarb diese Gesellschaft die Papierfabrik, Buchdruckerei und den Zeitungsverlag der Firma "Andrä Leykam's Erben" in Graz und die Firma Pock (Buchdruckerei, Lithographie, Drucksorten-, Bücher- und Zeitschriftenverlag) in Graz. Außerdem schlossen sich die Papierfabriken in Josefsthal und Görtschach bei Laibach sowie die Holzschleiferei in Zwischenwässern mit der Leykam AG zusammen. Unter der Bedingung, daß diese Gesellschaft auch die Papierfabrik des Jakob Syz erwerben werde, ließen sich die Besitzer der Papierfabrik Josefsthal mit 1,3 Millionen Gulden abfinden. Die Verhandlungen mit Jakob Syz gestalteten sich vorerst schwierig, weil dieser unannehmbare Ablöseforderungen stellte. Schließlich akzeptierte er den Verkaufpreis von 400.000 Gulden, der ihm zur Hälfte in bar, zur Hälfte in Aktien entrichtet wurde. Jakob Syz fungierte außerdem als erster Präsident der Gesellschaft, die sich am 20. September 1870 neuerlich als "Actien - Gesellschaft für Papier- und Druckindustrie Leykam - Josefsthal" mit dem Sitz in Wien (Wien I, Parkring 2) registrieren ließ. Die Zentraldirektion, unter Albin Lenk als Direktor, befand sich in Graz und nahm am 1. November 1870 ihre Tätigkeit auf.[14]

Es bietet sich hier die Gelegenheit, einen kurzen Blick auf die Gemeinde St. Stefan am Grat-

13 R. Hoffmann, o. J.; P. W. Roth, 1973, S. 252.
14 R. Hoffmann, o. J.; Th. Graff - St. Karner, 1985, S. 256.

Die Papierfabrik vormals Jacob Syz, B. Ziegler & Co. im Jahre 1853. Signiert und datiert: "Joh. Passini, 1853". (Leykam 1925)

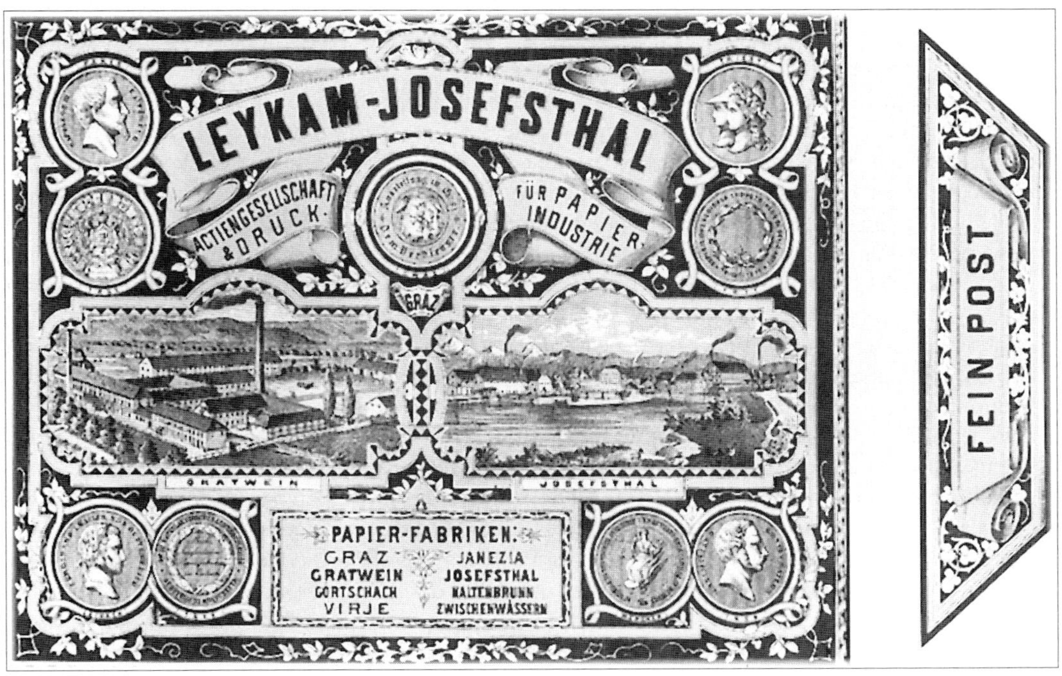

Die Papierfabriken der Leykam-Josefsthal in Gratwein (!) und in Josefsthal (r.). Vignette aus dem zweiten Drittel des 19. Jahrhunderts. (LMJ, Bild- und Tonarchiv, RF 49739.)

korn im Jahre 1885 zu werfen. Die gesamte Gemeinde erstreckte sich über 2.593,250 ha, in 209 Häusern wohnten 1.536 Menschen, 746 männlich und 790 weiblich. (1868: 208 Häuser, 1.184 Menschen, 583 männlich, 601 weiblich). St. Stefan selbst bestand aus 17 Häusern, man verfügte über einen Wundarzt, eine zweiklassige, gemischte Volksschule und ein Armeninstitut.[15]

Durch die Expansion der Papierfabrik verfügte St. Stefan am Gratkorn auch sehr früh über eine Freiwillige Feuerwehr. Drei Jahre nach der Übernahme des Betriebes durch die Leykam - Josefsthal AG, 1873, wurde unter dem ersten Hauptmann Carl Winter eine Werksfeuerwehr gegründet. Eine pferdebespannte Handdruckspritze zählte zu den ersten Fahrzeugen, im Jahre 1900 wurde ein neues "Requisitenhaus" errichtet. Die Freiwillige Feuerwehr Gratkorn - Markt wurde 1902 von Volksschuldirektor Jakob Wöhrer gegründet. Dem Gemeindearzt Dr. Moritz Fischereder, der an seine Lieblingspatienten Fotos von sich mit markigen deutschnationalen Sprüchlein verteilte, war schließlich die Gründung einer selbständigen Rettungsabteilung im Jahre 1912 zu verdanken.[16]

Mit der Gratkorner Papierfabrik als Rückgrat entwickelte sich der Konzern bis zum Ausgang des 19. Jahrhunderts zum führenden Unternehmen in der Papier- und Zellstoffindustrie. 1883 beschäftigte die Gratkorner Papierfabrik bereits 650 Personen, die täglich an die 5.000 kg feinsten Schreib- und Bücherpapiers erzeugte; der Export ging hauptsächlich in die Türkei, nach England und Deutschland. Um diese Zeit standen bereits zwei Papiermaschinen mit 32 Holländern, zwei Hadernschneidmaschinen, sechs

15 J. A. Janisch, 1885, Bd. III, S. 961f.
16 Vgl. G. Treffer, o. J., S. 224.

Hadernkocher, vier Wasserpumpen mit einer Leistung von 540 Litern pro Minute, elf Kalander, sechs hydraulische Pressen, zwei Wasserturbinen, drei Dampfmaschinen und sechs Dampfkessel mit je 5 bar in Verwendung. Mit der Entwicklung des Herstellungsverfahrens von Papier aus Sulfitzellstoff (1878) begann sich die Papierindustrie auf den Rohstoff Holz umzustellen. 1884 ging in der Gratkorner Papierfabrik die erste Zellstoffabrik in Betrieb, bestehend aus einer Holzputzerei, einer Kiesheizerei, einer Kocherei, einer Bleicherei, Entwässerungsmaschinen und einer weiteren Papiermaschine. Um das Jahr 1890 arbeiteten etwa 1260 Personen in der Papierfabrik, die einen Wert von etwa 1,2 Millionen Gulden repräsentierte, was beinahe der Hälfte des Wertes der gesamten Aktiengesellschaft entsprach.[17]

Nach längeren Vorbereitungen wurde der Druck- und Verlagsbereich am 24. April 1883 mit der Eintragung der Leykam AG in das Handelsregister aus der Leykam - Josefsthal AG herausgelöst. Diese Ausgliederung der Drucksparte fand ihre Ursache in erster Linie in der weitgehenden Spezialisierung des Gratkorner Werkes. Die drei großen Papiermaschinen dienten in erster Linie der Erzeugung von Fein- und Kartonpapier. Eine interne Vereinbarung legte außerdem fest, daß sich die Leykam - Josefsthal AG nicht in der Druckbranche betätigen werde, um nicht die ausgegliederte Leykam AG, die sich ausschließlich im Druck- und Verlagsbereich betätigte, zu konkurrenzieren. Im Jahre 1887, - inzwischen war der Kaiser höchstpersönlich zu einer Werksbesichtigung erschienen -, produzierten die drei Papiermaschinen bereits an die 12.000 kg feinster Papiere.

Die Expansion der Papierfabrik hatte eine Zuwanderung von Arbeitern aus allen Teilen der Monarchie ausgelöst. 1984 entdeckte Peter Cede im Archiv der Leykam - Mürztaler AG einen "Ausweis der Fabriks - Angestellten" aus der Mitte des 19. Jahrhunderts. Nachfolgende Grafik beruht auf den von Peter Cede erhobenen Daten:[18]

Im Jahre 1875 arbeiteten in der Papierfabrik der AG Leykam - Josefsthal 258 Menschen, davon 100 Männer, 85 Frauen und 100 Jugendliche (Mädchen) über 14 Jahre.[19] Der hohe Anteil an Frauen ist für den Bereich der Papierindustrie signifikant. Waren im Jahre 1890 lediglich 14,58 Prozent der steirischen Industriearbeiter Frauen, so arbeiteten 16,45 Prozent davon (1205 Frauen) in der Papierindustrie.[20]

Auch über die soziale Lager der Gratkorner Papierarbeiter existieren zahlreiche frühe Quellen. Die fehlende staatliche oder innerbetriebliche Krankenvorsorge veranlaßte die Arbeiterschaft schon bald zur Gründung sogenannter Fabrikskassen, die auf freiwilliger Basis Beiträge einhoben, um im Bedarfsfalle in Not geratene Arbeiter unterstützten zu können. Neugründungen wurden den Arbeitern jedoch 1854 verboten.

Die Gewerbeordnung von 1854 verpflichtete Betriebe mit mehr als 20 Beschäftigten zur Gründung eigener Fabrikskassen, die

Herkunft der Fabriksarbeiter zwischen 1851 und 1861 (Werte in %)

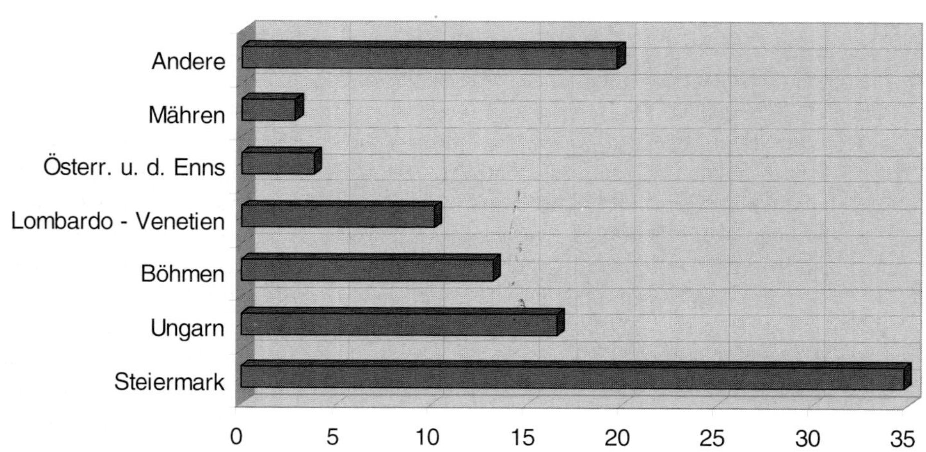

17 AG; R. Hoffmann, o. J.
18 Vgl. P. Cede, 1984, S. 304ff.
19 StJBA, 1876 - 1891.
20 Vgl. K. M. Schmidlechner, 1983, S. 39 - 41.
21 Vgl. K. M. Schmidlechner, 1983, S. 143ff.
22 K. M. Schmidlechner, 1983, S. 146; I. Mirsch, 1989, S. 14.
23 VgHk, 1882.
24 H. Mang, 1969, S. 11.

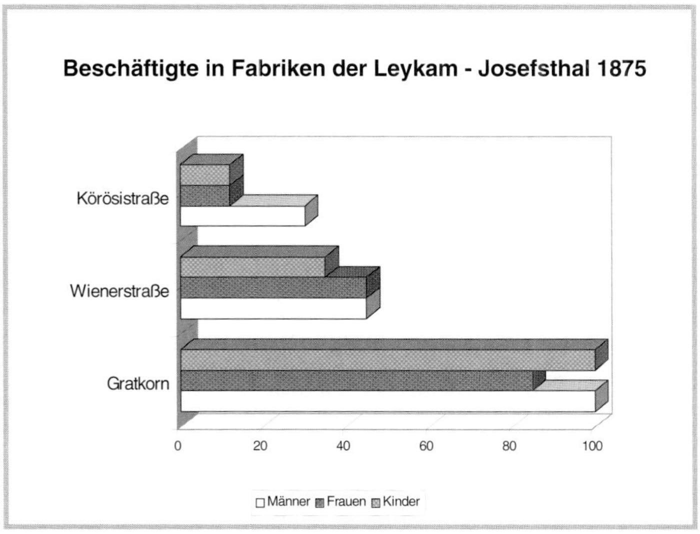

Unternehmer ihrerseits waren zu Beitragszahlungen nicht verpflichtet. Ihre Beitragspflicht fand erst im Jahre 1883 eine gesetzliche Verankerung.[21] Schon vor 1868 bestand in der Fabrik eine Fabrikskasse dieser Art ("Fabrikskasse der k. k. privilegierten Maschinen - Papierfabrik des Herrn Jakob Syz in der Gemeinde Kirchenviertel bei Gratwein"), in welche die Mitgliedsbeiträge der Arbeiter flossen, um bei Unglücksfällen oder Krankeit als Unterstützung zu dienen.[22]

Um 1869 waren die Unterkunft und die Beheizung kostenlos. Die Fabrik kaufte die Lebensmittel ein und gab sie zum Selbstkostenpreis an die Arbeiter weiter. Die Mitgliedschaft bei der Krankenunterstützungskasse galt als verpflichtend. Im Jahre 1878 zählte die Krankenkasse der AG Leykam - Josefsthal für Papier und Druck 533 Mitglieder. Für einen Beitrag von zwei Prozent des Lohnes gewährte diese Krankenkassa über einen Zeitraum von höchstens sechs Wochen eine maximale Unterstützung von 30 Prozent des Lohnes.[23]

Das Krankenversicherungsgesetz wurde erst im Jahre 1888 eingeführt; in diesem Jahr trat die Papierfabrik der 1868 gegründeten "Arbeiter - Kranken- und Invalidenkasse" bei. Diese Institution kann als Vorläufer einer politischen Organisation der Arbeiter betrachtet werden, zumal ihre Gründung seitens des Grazer Arbeiter - Bildungsvereines "Vorwärts" erfolgt war. Das Prinzip bestand darin, daß Unternehmer wie Arbeiter zu gleichen Teilen wöchentlich zwischen sieben und zehn Kreuzer einbezahlten. Bei befristeter Arbeitsunfähigkeit bekam der betreffende Arbeiter zwischen 40 und 90 Kreuzer täglich als Unterstützung ausbezahlt. Diese Unterstützung währte höchstens 26 Wochen, danach erhielt man, wieder für längstens 26 Wochen, die Hälfte des zustehenden Betrages.[24]

Erwähnenswert scheint mir, daß die anderen Betriebe des Konzernes Leykam - Jofesthal einer völlig von Gratkorn divergierenden Regelung des Krankenvorsorgeproblems unterlagen. Dort wurden den Arbeitern einheitlich zwei Prozent des Lohnes abgezogen und als Vorsorgebeitrag einbehalten. Dafür erhielten die Arbeiter im Krankheitsfalle lediglich für die Dauer von sechs Wochen 30 Prozent des Lohnes ausbezahlt. Die Sonderstellung der Gratkorner Papierfabrik ist jedoch damit zu erklären, daß dieses Unternehmen erst im Jahre 1870 von der Leykam - Josefsthal AG erworben wurde. Die unter dem Vorbesitzer Jakob Syz getroffenen Regelungen wurden dabei zum großen Teil übernommen.

Die hygienischen und sanitären Verhältnisse am Arbeitsplatz waren dennoch denkbar schlecht. Bei den Berufskrankheiten dominierte die sogenannte Hadernkrankheit, also der Milzbrand.

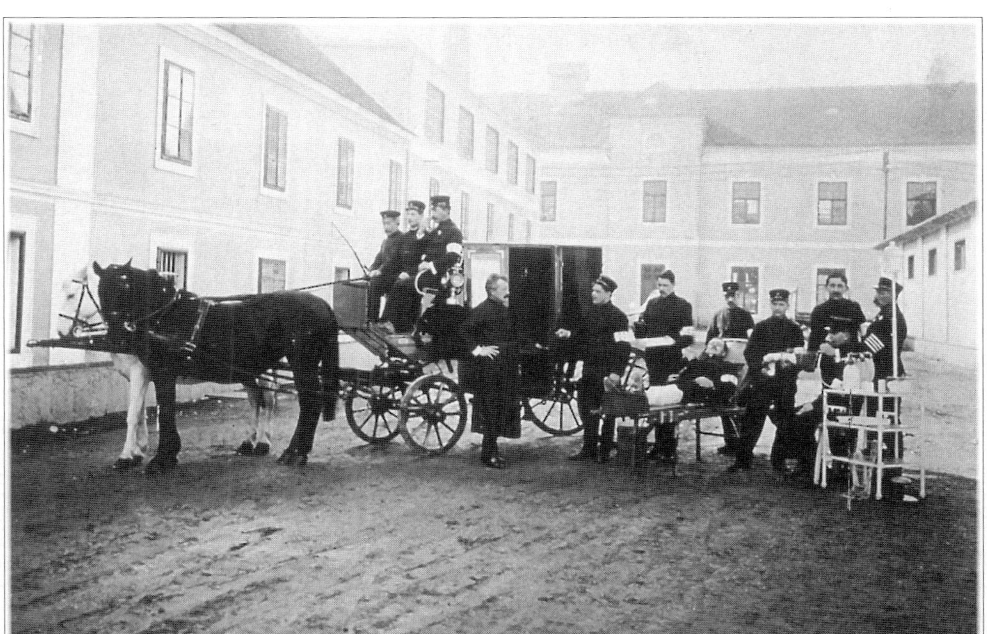
Übung der Rettungsabteilung der Papierfabrik in ihrem Gründungsjahr 1912. (Sammlung Horst Ziegler)

Dieser trat in der Gratkorner Papierfabrik besonders häufig auf, weil die zur Papiererzeugung angelieferten Hadern, die teilweise aus Grazer Krankenhäusern stammten, nicht oder nur unzureichend desinfiziert wurden. Die Arbeiterinnen des Hadernsaales waren von dieser Krankheit am schlimmsten betroffen. Weiters litten die Arbeiter der Papierfabrik häufig unter Tuberkulose, deren Ursache bei den Halb- und Ganzzeugholländern, Maschinen zur Papiererzeugung, lag. Verätzungen kamen aufgrund der Verwendung kalkhältigen Staubes in der Causterisierung der Strohstoffabteilung vor.[25]

Im Jahre 1875 arbeiteten über 31 Prozent der steirischen Papierarbeiter im Gratkorner Werk der Leykam - Josefsthal AG.[26] Dieser Wert erhöhte sich bis zum Jahre 1890 auf 56,6 Prozent.[27] Die Gratkorner Papierfabrik war zu diesem Zeitpunkt die mit Abstand bedeutendste des Kronlandes Steiermark und zählte zu den wichtigsten papiererzeugenden Betrieben Europas.

Mit der Entdeckung der Herstellung von Papier aus Sulfitzellstoff (1878) begann sich die Papierindustrie auf den Rohstoff Holz umzustellen. Ab 1884, mit der Inbetriebnahme der ersten "Zellstofflinie" und dem Beginn der Herstellung von Papier aus Sulfitzellstoff in der Gratkorner Papierfabrik, verloren zumindest der Milzbrand, Ruhr und Typhus an Schrecken, weil Hadern in immer geringeren Maßen zur Papierherstellung verwendet wurden. Vor Einführung des Sulfitverfahrens hatte die Paperfabrik über 3400 Tonnen Hadern pro Jahr verarbeitet.

Für das Jahr 1884 ist abermals eine detaillierte Aufstellung sämtlicher Arbeitsbereiche nebst der Entlohnung überliefert:[28]

	min. / max. Stundenlohn in Kreuzern (1884)
Arbeiter / -innen im Papiersaal	3 - 5 / 5 - 10
Kalandersaalarbeiter / -innen	3 - 5 / 5 - 10
Kesselheizer	5 - 10
Kesselwärter	5 - 10
Handwerker in der Papierfabrik	5 - 10
Arbeiter am Holländer und Arbeiter an der Papiermaschine bei der Erzeugung von Pappendeckel, Strohpapier und Dachpappe	5 - 10
Taglöhner in der Cellulosefabrik	5 - 10
Holzarbeiter, Maschinenarbeiter, Maschinisten und Schlosser	5 - 10 / 10 - 15
Papierschneider	5 - 10
Arbeiter am Kocher	5 - 10
Holzschleifer	5 - 10
Pappenmaschinarbeiter	5 - 10
Vorschneider	10 - 15
Maschinenwärter	10 - 15
Jugendliche in Cellulose- und Papierfabriken	3 - 5 / 5 - 10

1259 Arbeiter und Arbeiterinnen, darunter ein zeitweise zwischen 40 und 50 Prozent schwankender Anteil an Jugendlichen und Kindern, gingen einer Beschäftigung nach, die zu den gesundheitlich riskantesten in der Industrie zählten. In einem Ausweis über den aktuellen Beschäftigtenstand aus dem Jahre 1889 stuft die Direktion der Papierfabrik folgende Tätigkeiten als besonders gefährlich ein:

Tätigkeit	Anzahl
Cellulosekocher	13
Dampfkesselarbeiter	40
Zimmerleute und Maurer	16
Binder und Pflasterer	4
Kupfer- und Kesselschmiede	10
Bleilöter	4
Biletschneider	12
Betriebsbeamte	7
Transport- und Magazinarbeiter	67

Insgesamt stufte die Direktion also 173 Arbeiter, 14 Prozent des Gesamtbeschäftigtenstandes, als besonders gefährdet ein. Diese Anzahl dürfte eher unter- als übertrieben sein, denn man erachtete es als nicht notwendig, etwa die Chlorkalkmüller, Chlorkalkauflöser, die Beschäftigten bei den Spalt- und Zerkleinerungsmaschinen und bei bei den Bandsägemaschinen in diese Kategorie aufzunehmen.

Neben den "alltäglichen" Arbeitsunfällen erregten Explosionen der Dampfkessel das größte Aufsehen. Diese Dampfkessel dienten (und dienen) der Herstellung von Dampf, der einerseits über Generatoren zur Erzeugung von elektrischer Energie genutzt wird, andererseits zum Eindampfen des Papiers dient. Weil diese Dampfkessel

25 Siehe BGl, 1888, S. 43.
26 StJBA, 1876 - 1891.
27 StBHK, 1895, S. 285f.
28 V. Pogatschnigg, 1885, S. 16ff; StHB, 1893, S. 918.

Am 9. Dezember 1896 fand in der Papierfabrik eine gewaltige Kesselexplosion statt. Dabei wurden der Heizer Anton Kidric, der Heizergehilfe Andreas Sluga, der Heizergehilfe Franz Skerlonik, Aufseher Franz Schlögl, Heizergehilfe Franz Jud, Kesselheizer Johann Wagner sowie Franz Niklecz und Franz Gader schwer verletzt. (Archiv Leykam)

mit Kohlefeuerung, sehr hohen Dampfdrucken und entsprechend hohen Temperaturen arbeiteten, konnten Betriebsstörungen Explosionen mit verheerenden Auswirkungen zur Folge haben. Eine der schwersten Kesselexplosionen in der Geschichte der Gratkorner Papierfabrik ereignete sich am 9. Dezember 1896; sie forderte vier Tote und ebensoviele Schwerverletzte. Ich gebe den diesbezüglichen internen Bericht der Direktion hier gekürzt wieder: "Mittwoch, den 9. Dezember 1896, um 4 Uhr früh, hat in der Papierfabrik der A. G. Leykam - Josefsthal eine schwere Kesselexplosion stattgefunden, bei welcher acht Heizer mehr oder minder schwer verletzt wurden. Um die vierte Morgenstunde wurden die Beamten der Fabrik und die Bewohner der Umgebung durch einen fürchterlichen Krach erschreckt. Unheil ahnend, eilten der Leiter der Fabrik, Agsten, die Ingenieure und die Beamten herbei. Sie brauchten nicht lange Umschau zu halten, denn das auf der rechten Seite vom Fabrikskanal gelegene Maschinenhaus glich in seinem mittleren Teile einer Ruine. Das Dach war gänzlich zerfetzt, die Mauer zerfallen, und ringsum zerschlagene Ziegel und Schutt. Am entsetzlichsten gestaltete sich das düstere Bild der Zerstörung, als die Mannschaft der Fabriksfeuerwehr acht Menschen, die jammerten und schrien, forttrug.

Es waren um die kritische Stunde acht Heizer beim Kessel 8 beschäftigt. Aus bisher unaufgeklärter Ursache explodierte der Kessel plötzlich und der ausströmende heiße Dampf verbrühte buchstäblich die Hände und Gesichte der Armen. Einige von ihnen haben auch an anderen Körperteilen, so auch an der Brust, an den Füßen, in den Weichen und am Bauche schwere Verletzungen erhalten. Das Fleisch hing vom Leibe, einzelne Knochen waren blosgelegt, Bärte und Wangen zum Teil verkohlt, kurz ein schauerliches Bild des Jammers und des Elends. Die Herren Ärzte Dr. Reiter und Dr. Langmann leisteten den Unglücklichen die erste ärztliche Hilfe. Zugleich wurde die Rettungsabteilung der freiwilligen Feuerwehr in Graz um Hilfeleistung ersucht, welche auch sofort zwei Rettungswagen und

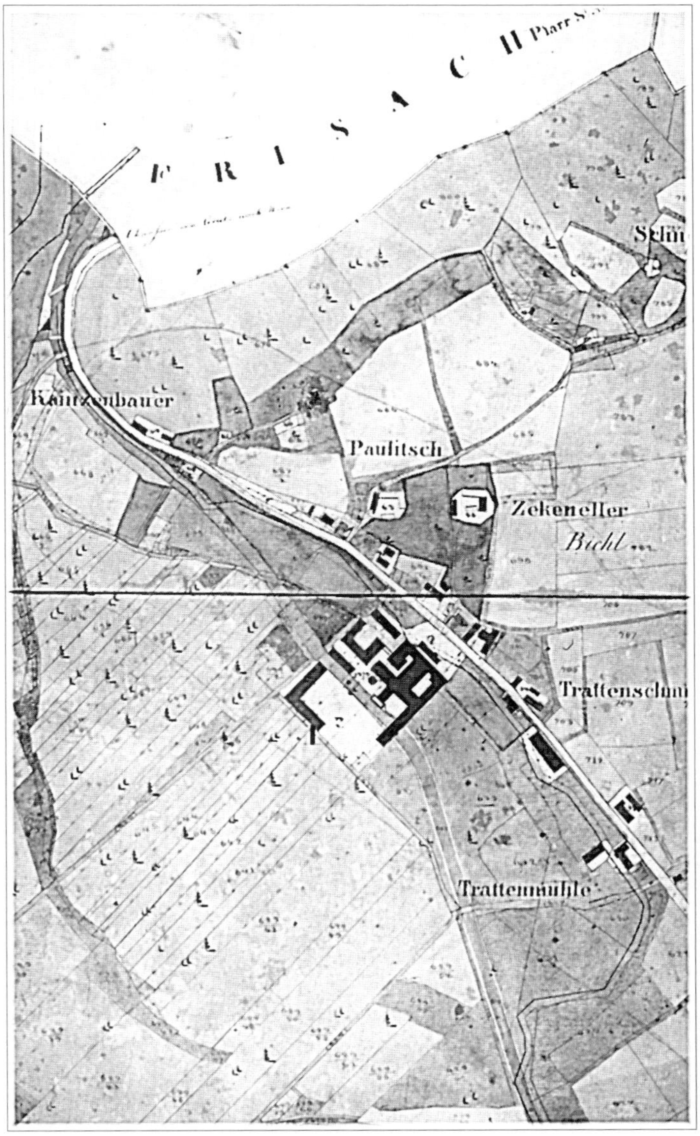

Die Papierfabrik um etwa 1870. Der alte Mühlgang ist bereits zugeschüttet und der Werkskanal errichtet. (AG/FK)

Die Bekohlungsanlage und Verladebrücke der Papierfabrik im Jahre 1924. (Leykam 1925)

eine größere Anzahl von Ärzten und Sanitätern nach der Unglücksstelle entsandte. Die Schwerverletzten wurden in den beiden Rettungswagen in das allgemeine Krankenhaus nach Graz überführt. Um halb 12 Uhr erschien die Gerichtskommission um den Lokalaugenschein vorzunehmen. Die Kommission bestand aus den Herrn Untersuchungsrichter Dr. Kerschbaum, Statthalter Oberingenieur Pirner, Gewerbeinspektor Taus und Schriftführer Dr. Reiter.

Von den acht Heizern wurden sechs an den Händen, im Gesichte, an den Füßen und am Unterleib sehr schwer verletzt, so daß wenig Hoffnung auf ihr Aufkommen vorhanden ist. Es sind dies der 37 Jahre alte Kesselheizer Anton Kidric, Witwer, zuständig nach Sauerbrunn bei Pettau; der 36 Jahre alte ledige Heizergehilfe Andreas Sluga, zuständig nach Trennenberg bei Cilli; der 19 jährige ledige Heizergehilfe Franz Skerlonik, nach Skala, BH Windisch - Graz zuständig; Franz Schlögl, Aufseher im Kesselhause, 42 Jahre alt, verheiratet, Vater von vier Kindern, zuständig nach Also - Rönök in Ungarn; dann Franz Jud, Heizergehilfe, 39 Jahre alt, nach Felsö - Rönök zuständig und verheiratet; Johann Wagner, Kesselheizer, 36 Jahre alt, zuständig nach Weiterfeld bei Radkersburg, ledig. Noch zwei (Personen) erhielten Verletzungen durch Verbrühungen, aber nur in solchem Grade, daß sie in häuslicher Pflege belassen werden konnten. Es sind dies der 30 jährige Franz Grader, Vater von zwei Kindern, geb. zu Strem, Bez. Güssing, und der 30 jährige Franz Niklecz, geb. zu Neustift, Bez. Güssing, Vater von einem Kinde.

Die Firma erleidet einen Schaden von 20.000 Gulden.

Die drei bei der Kesselexplosion am schwersten verletzten Heizer sind durch den Tod am 9. Dezember 1896 erlöst worden. Um 11 Uhr nachts starben der Kesselwärter Franz Schlögl und der Heizer Andreas Kidric in fast bewußtlosem Zustande. Um 5 Uhr früh, den 10. Dezember 1896, ist Andreas Sluga seinen Wunden erlegen. Johann Wagner ist am 9. und Franz Jud am 10. Dezember im Krankenhaus in Graz gestorben. Franz Skerlonik blieb am Leben und arbeitet wieder in der Fabrik."[29]

Die Arbeitszeit in der Papierfabrik betrug in den 80er Jahren des 19. Jahrhunderts 11 bis 12 Stunden täglich, 365 Tage pro Jahr. Es kam vor, daß jugendliche Hilfsarbeiter (unter 14 Jahren) auch in der Nachtarbeit eingesetzt wurden. Wieder gewinnen wir durch reichhaltiges Quellenmaterial ein recht genaues Bild von den Arbeits- und Lebensverhältnissen. Im Jahre 1890 arbeiteten in der "Papierfabrik der Aktiengesellschaft Leykam - Josefsthal für Papier- und Druckindustrie" 1259 Arbeiter, davon 670 Männer, 573 Frauen, sieben männliche und neun weibliche Lehrlinge. Die Jahreslohnsumme betrug 352.920 Gulden, was einen durchschnittlichen Lohn von 76 Kreuzern pro Tag pro Arbeiter entspricht. Der Mindestlohn betrug 60 Kreuzer Tageslohn für Arbeiter, 40 Kreuzer für Arbeiterinnen. Hilfsarbeiter verdienten 65 bis 80 Kreuzer täglich, das Maschinenpersonal 80 bis 85 Kreuzer, Frauen im Papiersaal 30 bis 50 Kreuzer, Hollandmüller einen Gulden und 20 Kreuzer, Maschinführer einen Gulden und 60 Kreuzer, Saalmeister einen Gulden und 45 bis einen Gulden und 90 Kreuzer.[30]

29 Abschrift eines internen Berichtes der Direktion der Papierfabrik im AG.
30 AG; vgl auch I. Mirsch, 1989, S. 16.

Dampfturboaggregat in der kalorischen Kraftzentrale (Kessel 11). Fotografie von 1924. (Leykam 1925)

Diese Zahlen vermögen an sich wenig über ihre reale Wertigkeit auszusagen, daher setze ich sie in Relation zu den damaligen Nahrungsmittelpreisen.

Wie lange mußte ein Gratkorner Arbeiter im Jahre 1890 für ein Kilogramm des betreffenden Nahrungsmittels arbeiten:

Arbeitsstunden für 1 kg des Lebensmittels

	Preis pro kg in Gulden (1890)	Hilfsarbeiter (0,065 Gulden)	Maschinenpersonal (0,08 Gulden)	Frauen im Papiersaal (0,03 Gulden)	Maschinführer (0,16 Gulden)
Rindfleisch	0,92	14,15	11,5	30,67	5,75
Schaffleisch	0,92	14,15	11,5	30,67	5,75
Kalbfleisch	0,89	13,69	11,13	29,67	5,56
Schweinefleisch	0,67	10,31	8,38	22,33	4,19
Fisch	0,6	9,23	7,5	20	3,75
Schweineschmalz	0,65	10,00	8,13	21,67	4,06
Butter	1,1	16,92	13,75	36,67	6,88
Speiseöl	1	15,38	12,5	33,33	6,25
Mehl	0,150	2,31	1,88	5	0,94
Reis	0,280	4,31	3,5	9,33	1,75
Salz	0,09	1,38	1,13	3	0,56
Zucker	0,36	5,54	4,5	12	2,25
1 Semmel	0,012	0,18	0,15	0,4	0,075
Weißbrot	0,080	12,31	1	2,67	5
Schwarzbrot	0,135	2,08	1,69	4,5	0,84
Bohnen	0,140	2,15	1,75	4,67	0,88
Erbsen	0,270	4,15	3,38	9	1,69
Linsen	0,340	5,23	4,25	11,33	2,13
Bier	0,180	2,77	2,25	6	1,13
Wein	0,440	6,77	5,5	14,67	2,75
Kaffee	2,965	45,62	37,06	98,83	18,53

Dampfturboaggregat in der kalorischen Kraftzentrale (Kessel 11).
Fotografie von 1924. (Leykam 1925)

Arbeitsaufwand Gratkorner Arbeiter
in Stunden für 1 kg des Lebensmittels im Jahre 1890

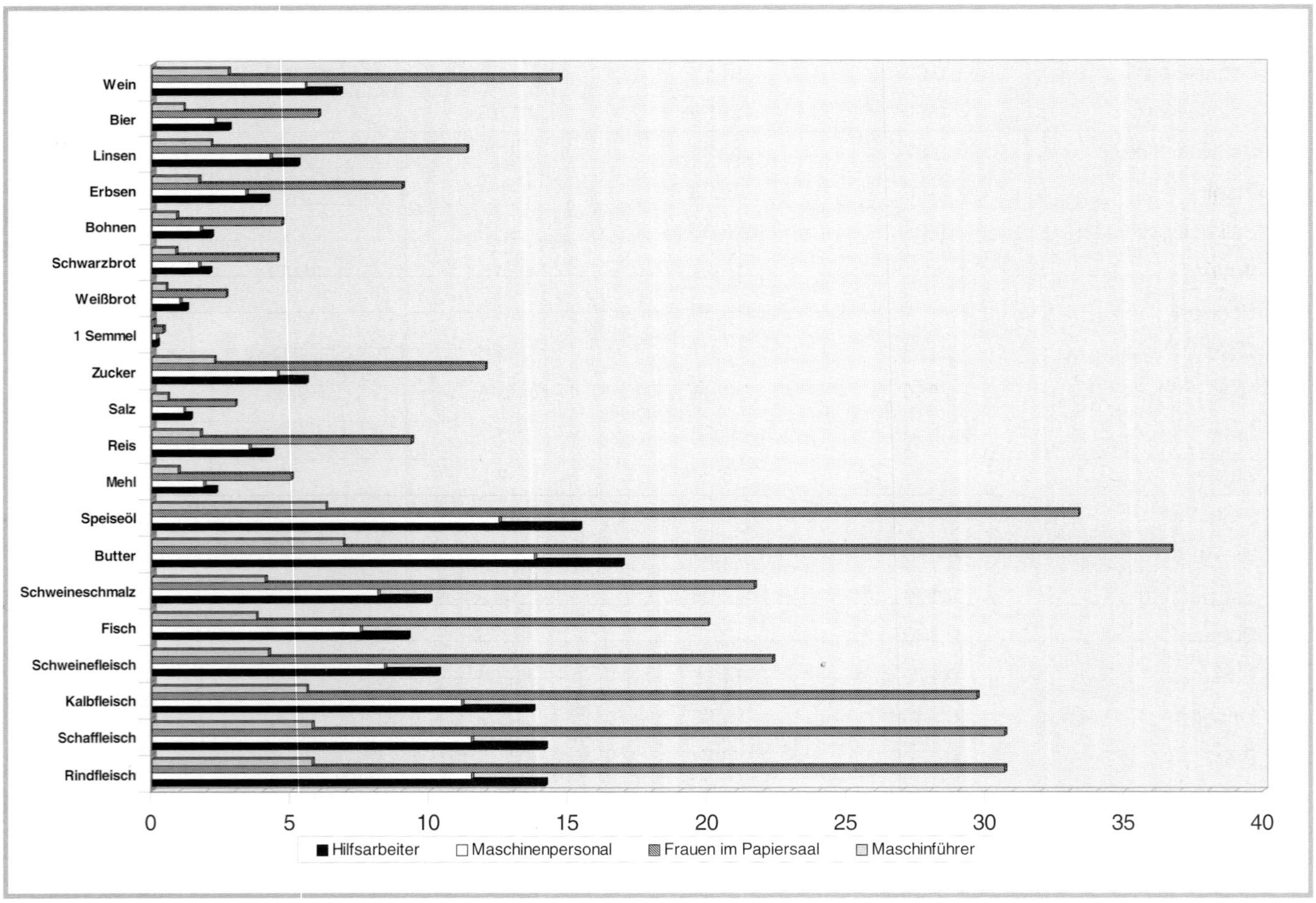

Kesselfundamentierung beim Kessel 11 im Jahre 1924. (Leykam 1925)

Das Porto für einen Inlandsbrief bis 20 Gramm im Ortsverkehr betrug zu diesem Zeitpunkt drei Kreuzer. Für eine Stunde Arbeit in der Papierfabrik erhielt somit eine Frau eine Briefmarke zu drei Kreuzern. Dies entspricht im Vergleich zu heute: Etwa 7 Schilling Stundenlohn für eine Frau im Papiersaal. Derartige Umrechnungen sind freilich problematisch, weil die Preise der einzelnen Waren nicht proportional zueinander gestiegen sind und so Umrechnungen anhand der heutigen Preise kein korrektes Bild liefern können. Würden wir den Vergleich anhand des Bierpreises ziehen (1 Krügerl im Gasthaus heute 30 ÖS), so würden 36 Kreuzer für ein Liter Bier 60 Schilling entsprechen, drei Kreuzer Stundenlohn für die Frau im Papiersaal entsprächen also 5 Schilling Stundenlohn, wenn in diesem Falle der Bierpreis als Basis dient. Es läßt sich jedenfalls die Aussage treffen, daß der Mindeststundenlohn einer Frau in der Gratkorner Papierfabrik im Jahre 1890 unter umgerechnet zehn Schilling lag.

Diese Fakten führen zum Schluß, daß den Gratkorner Arbeitern die Gründung einer Familie nur dann möglich war, wenn zumindest beide Ehepartner über ein Einkommen verfügten; meist mußten die Kinder bereits seit frühester Jugend ebenfalls einem Erwerb in der Fabrik nachgehen. Eine nach heutigen Erkenntnissen gesunde und ausgewogene Ernährung war diesen Arbeitern nicht möglich. Das niedere Einkommen und die entsprechenden Lebensmittelpreise zwangen zu einer einseitigen, kohlehydrat-

Bekohlungsanlage und Schrägaufzug bei der kalorischen Kraftzentrale (1924). (Leykam 1925)

Frauen beim Holzsortieren um 1955. (Sammlung K. Thannen)

Die Papiermaschine 6 um 1960. Rechts Franz Neubauer, Maschinführer auf der PM 6. (Sammlung K. Thannen)

reichen, fett-, eiweiß- und vitaminarmen Ernährung. Nur etwa 30 Prozent der Gratkorner Arbeiter verdienten (theoretisch) viel Geld, daß ihnen eine vom gesundheitlichen Standpunkt akzeptable Ernährung möglich gewesen wäre. 70 Prozent der Arbeiter sahen sich von den finanziellen Mitteln her nicht in der Lage, sich und ihre Familien zumindest qualitativ zufriedenstellend zu ernähren.

Eine Arbeiterfamilie mußte zwischen 52 und 57 Prozent des Realeinkommens für die Ernährung aufwenden. Weil Einsparungen am ehesten bei der Nahrung möglich waren, "war es durchaus keine Seltenheit, daß ein Taglöhner anstatt der als für eine gesunde Ernährung notwendig erachteten 70 kg Fleisch pro Jahr lediglich 4 - 5 kg verzehrte, 120 kg - 150 kg Brot anstatt 320 kg, dafür aber bis zu 350 kg Kartoffeln."[31]

Wenn sich diese Aussagen auf Taglöhner beziehen, die ihrerseit nicht die Masse der steirischen Arbeiter darstellten, so treffen sie doch auf die Papierindustrie verstärkt zu. Gerade in der Papierindusrie nämlich stellten die Taglöhner einen üerproportional hohen Anteil, weil der Bedarf an qualifizierten Arbeitskräften in der Papierindustrie lange Zeit nicht in dem Maß gegeben war wie in anderen Sparten. Die Quellen deuten darauf hin, daß der Anteil an Taglöhnern unter den Arbeitern der Papierfabrik um die Mitte des 19. Jahrhunderts sogar bis zu 70 Prozent betragen hatte.[32]

Ziehen wir zudem die Entwicklung der Löhne und Preise zwischen 1875 und 1890 in Betracht, so zeigt sich, daß einzelne Nahrungsmittel für den Arbeiter der Papierfabrik nahezu unerschwinglich teuer wurden. Mußte ein Taglöhner im Jahre 1875 für ein Kilogramm Rindfleisch 17 Stunden arbeiten, so hatte sich dieser Aufwand bis 1890 auf 30 Stunden gesteigert. Teuerungen und vergleichsweise minimale Reallohnerhöhung wirkten sich naturgemäß auf die Kindersterblichkeit, Tuberkuloseanfälligkeit und verschiedene andere Krankheiten aus.

Die Entwicklung der Papierfabrik zwischen dem Jahr 1870 und der Jahrhundertwende führte in der Gemeinde, trotz der schwierigen Lebensverhältnisse der Arbeiter, zu einem enormen Bevölkerungsanstieg. Mit dem Ende der Wanderarbeiter ließen sich die meisten der zugezogenen Arbeiter im Umfeld der Papierfabrik (KG Kirchenviertel) nieder. Nebenstehende Tabelle beinhaltet die Werte für die Katastralgemeinde Kirchenviertel von 1822 bis 1910, als Vergleich werden die Werte der übrigen drei alten Katastralgemeinden angegeben.[33]

Die Arbeitersiedlung beiderseits der Grazer Straße / Brucker Straße (Reichsstraße) entstand und bald schon begann diese neue Siedlung viele historische Funktionen des Kirchdorfes St. Stefan, bislang Zentrum der Gratkorner Bekkens östlich der Mur, zu übernehmen. Die Industriesiedlung wurde allgemein Gratkorn genannt und ihr Bedeutungsgewinn schlug sich schließlich am 4. April 1907, gemäß Erlaß vom 24. März 1907, in der Änderung des Gemeindenamens von St. Stefan am Gratkorn in Gratkorn nieder.

31 K. M. Schmidlechner, 1979, S. 96.
32 "[...] andererseits fällt auf, daß mehr als 70 % der Beschäftigten bereits nach kurzer Zeit das Arbeitsverhältnis gelöst haben." P. Cede, 1984, S. 304.
33 Nach C. Schmutz, 1822 und Volkszählungen (Quelle: StaZA).

Bevölkerungsentwicklung 1822 - 1910

Jahr	Kirchenviertel	Forstviertel	Freßnitzv.	Friesach
1822	393	196	184	285
1869	729	271	203	333
1880	1307	286	187	368
1890	2476	278	195	351
1900	3132	255	198	334
1910	3419	258	208	347

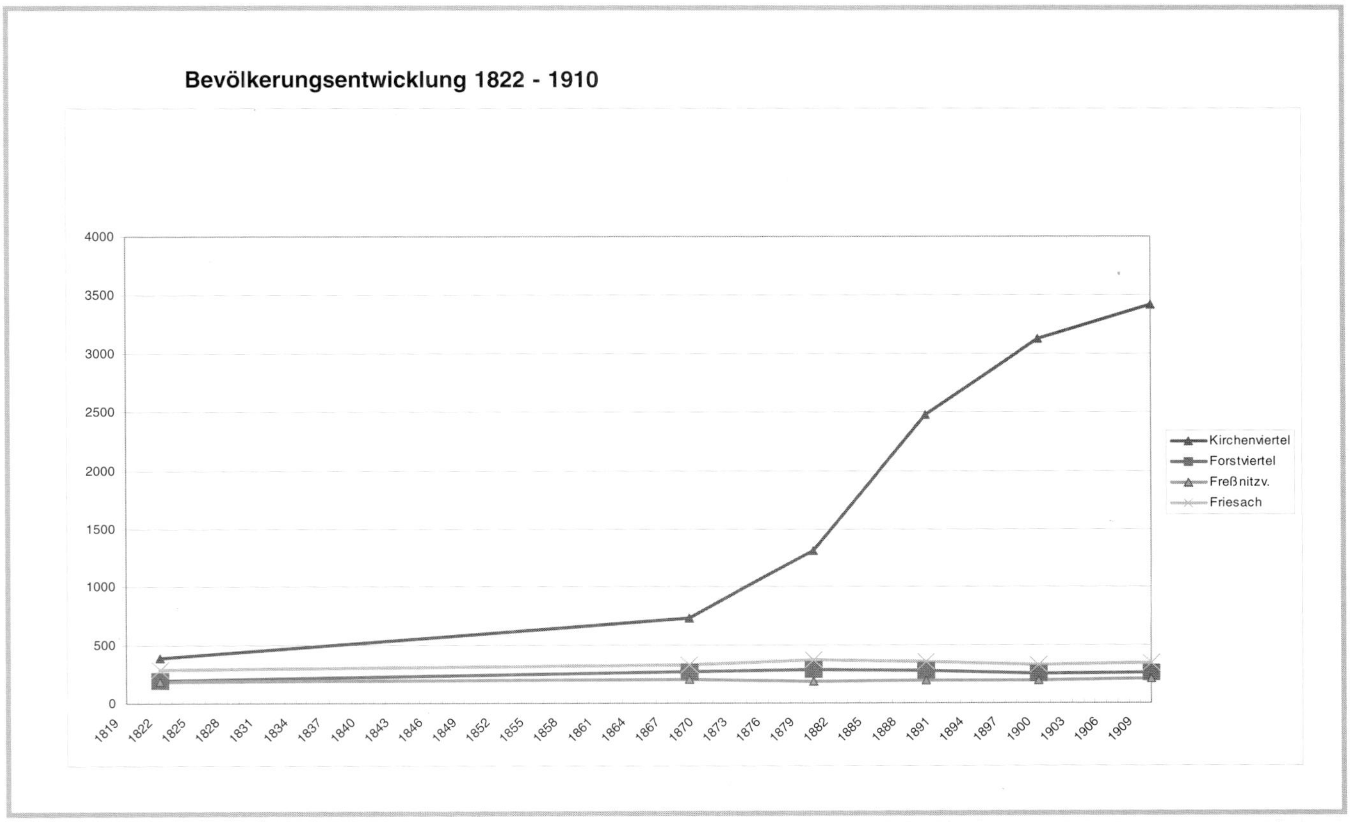

Arbeiter der Papierfabrik in den 50er-Jahren. (Sammlung K. Thannen)

Die Papierfabrik vom Hausberg in Richtung Gratwein gesehen. Die handkolorierte Ansichtskarte stammt aus den Jahren um 1900. (Archiv BDA Graz)

St. Stefan, im Hintergrund die Industriesiedlung. Handkolorierte Ansichtskarte aus den Jahren vor 1912. (Sammlung Ing. H. Barwinek)

Hadern - Magazin um 1920. (Archiv Leykam)

Arbeiterinnen und Arbeiter vom Hadernsaal. (Sammlung K. Thannen)

Die Arbeiterinnen vom Hadernsaal um 1940. (Sammlung K. Thannen)

Rastrier - Saal um 1930. (Archiv Leykam)

Papier - Holländer um 1930.
(Archiv Leykam)

Der Oberwsserkanal während des Baues (1923/24). Die Trogwände werden betoniert. (Leykam 1925)

Baugrube der Wasserkraftzentrale vor Beginn der Grundwasserabsenkung (1923/24). (Leykam 1925)

Baugrube für das Wasserkraftwerk (1923/24). (Leykam 1925)

Montage eines Generators (Einbau des Rotors) im Wasserkraftwerk (1924). (Leykam 1925)

Der kleine Holzentladekran in Tätigkeit (1924). (Leykam 1925)

Die Wasserkraftzentrale im Bau, 1923/24. (Leykam 1925)

Dampfturboaggregat im Kesselhaus, 1924. (Leykam 1925)

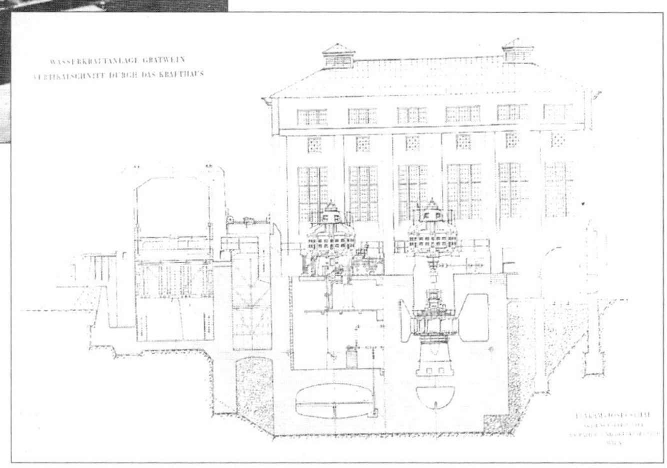

Gleichenfeier beim Wasserkraftwerk, 1924. (Leykam 1925)

Papiermaschine 7 (Foto: K. Thannen)

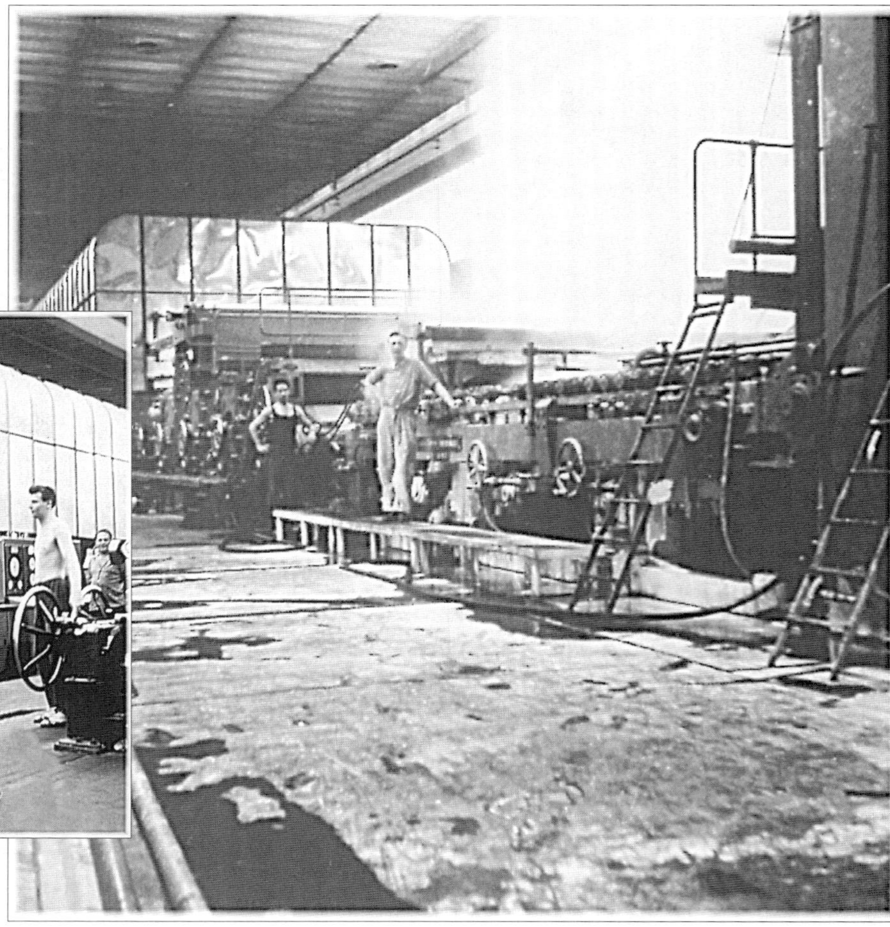

Kurt Thannen am Schaltpult der Papiermaschine 6. (Foto K. Thannen)

Der große Holzkran um 1950. (AG)

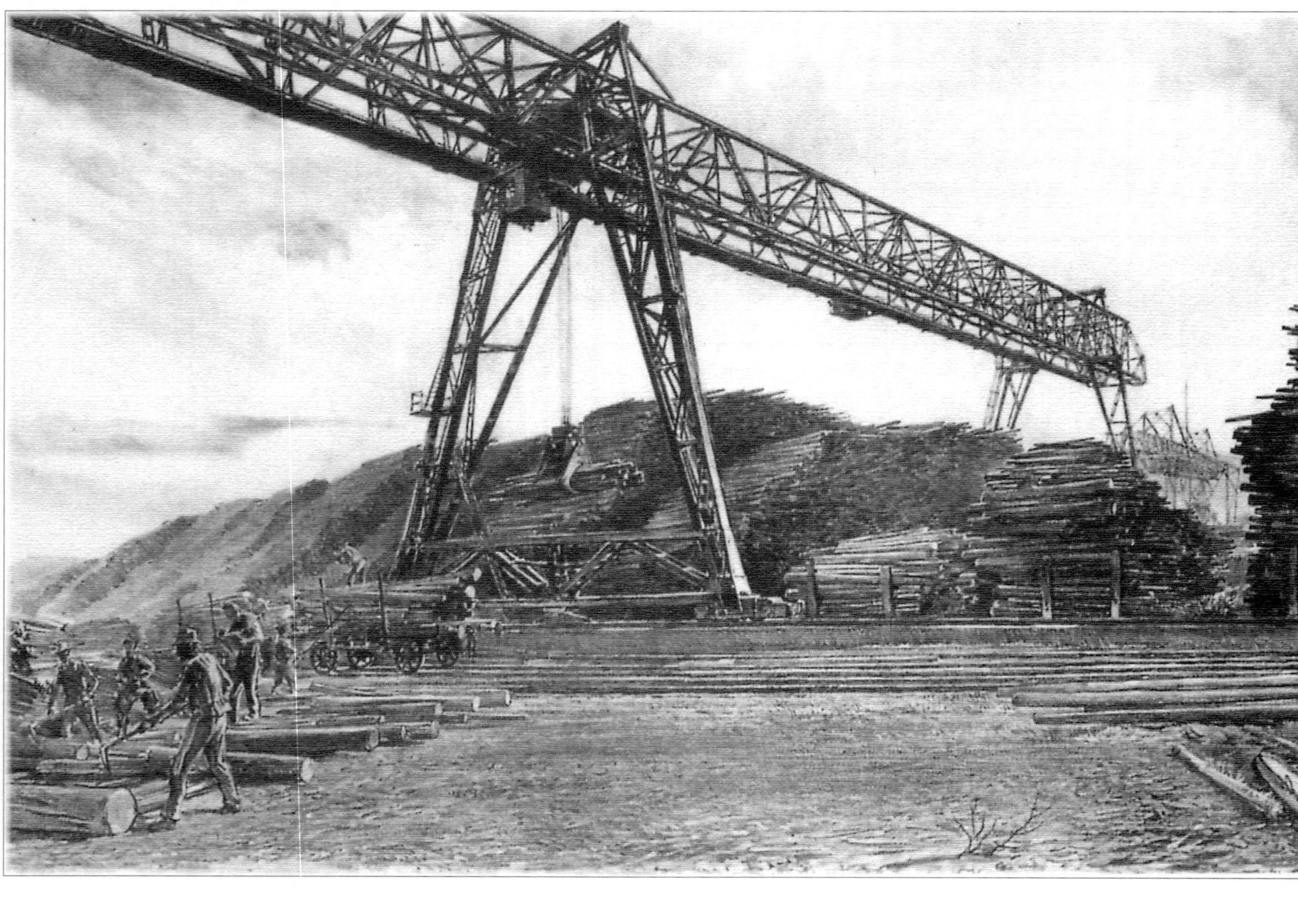

Papiermaschinen 6 und 7. (Foto: K. Thannen)

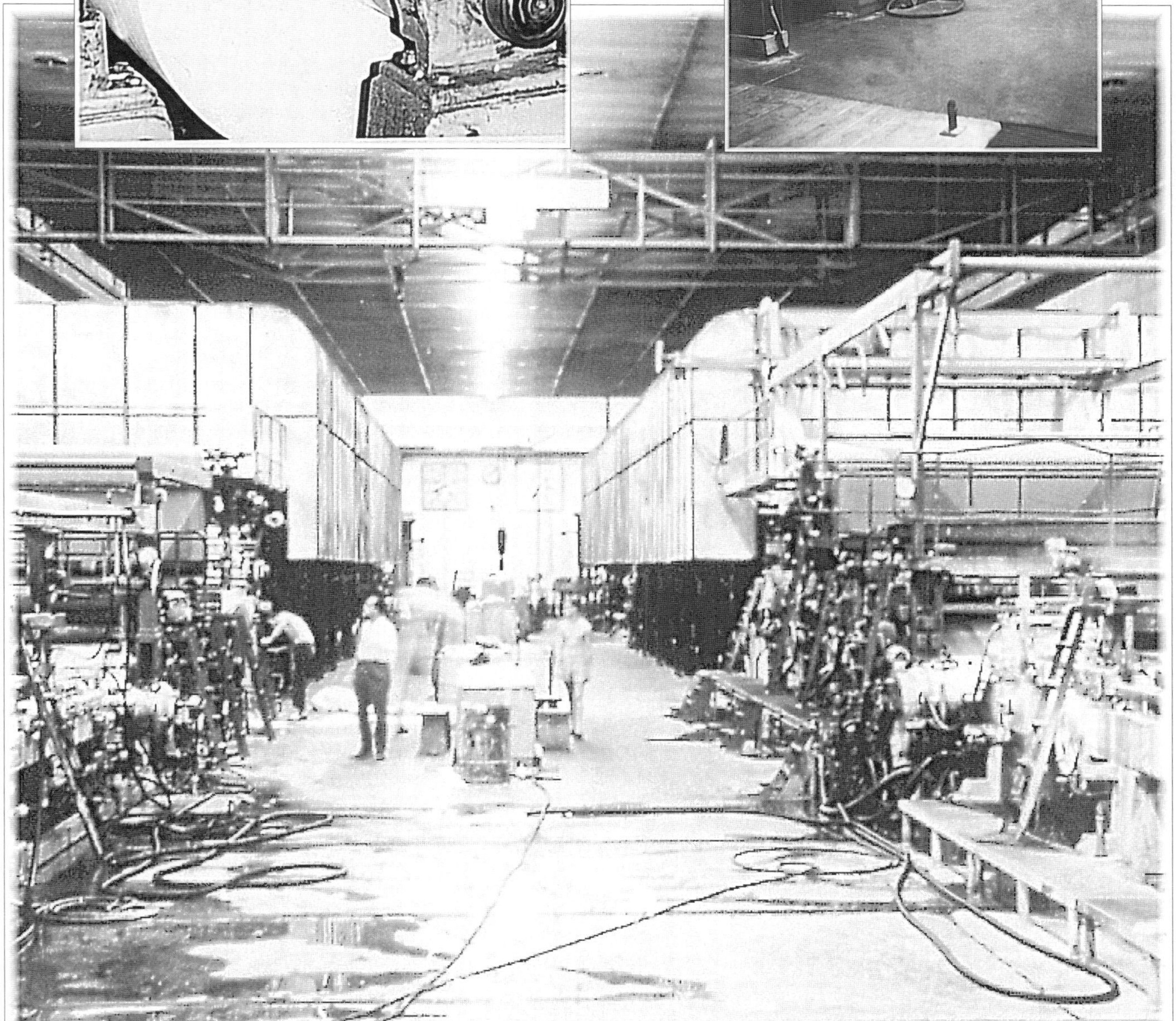

VOM KALK, DEM TONI UND KEINEM SAURIER

BEIM HEIZEN HABEN NICHT NUR DIE STEINE GEGLÜHT ...

"Geheizt haben wir drei Tage und drei Nächte. Das war schon eine schwere Arbeit. Aber sie war auch lustig. Eine Geselligkeit haben wir schon gehabt, wenn die jungen Maderln uns bei der Nacht besuchten."[1]

Lanz Ambros war als gestandener Bursch noch dabei, wenn sein Onkel Anton den Ofen befeuerte. Versteckt und abseits der Straße liegt im Gebiet der hinteren Freßnitz ein Denkmal an eine Zeit, in der es den Bauern vorbehalten war, den für das Bauen notwendigen Kalk zu erzeugen. Das Kalkbrennen war für die Bauern am Ostrand der Alpen ein bedeutender Nebenerwerbszweig, der vielen von ihnen Arbeit und Brot brachte, und ihnen die Möglichkeit bot, die vorhandenen Kalkgesteine und das unverkäufliche Holz aus ihren Wäldern nutzbringend zu verwerten.

"Ich war beim Brennen in den 30er Jahren noch dabei. Wir haben gern geholfen, weil dafür kriegte man Geld. Für das Stauderziehen bekamen wir drei Schilling, wenn man über Nacht geheizt hat, dann bekam man sogar fünf Schilling. Mit fünf Schilling hat man ein schönes Sonntagshemd bekommen, ein sogenanntes Seidenbast, mit drei Schilling bekam man ein Wärterhemd, ein Hemd für wochentags."

Biegt man beim Schartlbauer direkt in den Wald ab, dann erreicht man den Kalkofen nach etwa 30-minütigem Anstieg. Geschützt durch die umliegenden Bäume ist er heute noch fast vollständig erhalten. Der Ofen selbst besteht aus einem zylindrischen Schacht, mit feuerfesten Ziegeln ausgemauert, von drei Meter Tiefe und zwei Meter Durchmesser. Beheizt wurde der Ofen durch eine dreieckige Öffnung, die mit einem Metallrahmen gegen Einsturz abgesichert war. Die Vorbereitungen zum Brand waren umfangreich. Man mußte einerseits genügend Holz herbeischaffen, andererseits sollten die Kalksteine auch fachgerecht zugerichtet werden.

"Aus den Schlägerungen im Winter blieb viel Abfall für's Verheizen übrig. Das waren zum Beispiel Birken- oder Fichtenstauden. Wir haben dann den Wald zusammengeputzt und die Stauden zum Ofen geschafft. Das waren schon über 40 Ochsenfuhren, was da zusammengekommen ist. Zusätzlich zu diesen Stauden haben wir dann auch noch fünf bis sechs Meter Holz verheizt. Auch die Steine mußten wir herschaffen, weil rings um den Ofen nicht genügend vorhanden waren. So sind wir halt mit der Scheibtruhe gefahren, und bald wurden unsere Arme immer länger, wir waren damals erst 12 oder 13 Jahre alt, aber auf das Trinkgeld haben wir uns schon gefreut."

Kalkbrennen war harte Männerarbeit. Mit Steinbohrern, Meißel und Schlägel, die bis zu 15 Kilo wogen, begannen sie die Gewölbesteine zu richten: große Steine wurden entsprechend gespalten, auf der einen Seite spitz, auf der entgegengesetzten breit, wie sie zur Einwölbung des Heizraumes notwendig waren. Flache Steine, sogenannte Plattbrocken, wurden rings um die Innenseite des Ofens zur lotrechten Flußmauer aufgestellt. So konnten beim Brennen die Flammen nach oben züngeln. Hatte man eine Höhe von 50 cm erreicht, so begann man mit dem Schlichten der Ansatzsteine, die etwas länger und dicker waren als die Plattlbrocken. So entstand allmählich ein Gewölbe, daß nicht nur fest und stabil sein mußte, damit es die Last der darüber geschichteten Steine tragen konnte, sondern auch locker ge-

Kalkbrennen war bis ins erste Drittel unseres Jahrhunderts bäuerliches Handwerk. Der Ofen im Freßnitzviertel ist noch fast vollständig erhalten. (Sammlung Samitsch)

Das dreieckige Heizloch war mit einem Metallrahmen verstärkt, um so gegen Einsturz abgesichert zu sein. Im Hintergrund ist die gemauerte Wand des Ofens zu erkennen. (Sammlung Samitsch)

nug, um so Hohlräume für die durchschlagenden Flammen frei zu lassen. Die Schichten der Gewölbesteine wurden nun immer weiter gegen die Mitte des Schachtes gerückt, sodaß letztendlich eine Art Pyramide entstand, die rund einen Meter aus dem Ofen herausragte. Den Schlußstein nannten die Brenner "König", er wurde zu einem Dreieck geschnitten und mit der Spitze nach unten aufgesetzt. War das Gewölbe errichtet, so begann man mit dem Legen des Holzes.

"Das war Aufgabe des Heizers, da durften wir Buben nur zureichen. Er hat dann ein Gerüst aufgebaut, und zwischen die Hohlräume des Gewölbes die Birken- und Fichtenstauden gesteckt. Die sind dann relativ schnell abgebrannt, und mit ihnen auch die kleineren Steine. So entstanden kleine Schornsteine, durch die der Rauch dann nach oben abziehen konnte. Das war wie eine Belüftung."

Zwischen 8000 und 9000 kg Kalk wurden bei jedem Brennen erzeugt. Dies reichte dann für mehrere Jahre, sodaß nur bei Bedarf geheizt wurde.

"Da wurde dann Post gemacht, daß wieder gebrannt wird. Das letzte Mal war's halt im 34er Jahr. Eine Gaudi war das schon, aber auch harte Arbeit. Zwei, der Chef und ein Helfer, haben geheizt. Dafür wurde sogar ein Bett neben den Ofen in eine Vertiefung gestellt. Die haben sich dann immer nach ein paar Stunden abgelöst. Die blieben die ganzen drei Tage Heizer. Wir Burschen brachten das Holz. Zuerst konnte man die Stauden ja vor den Ofen schmeißen, später mußte man sie dann schon zu zweit von weiter her ziehen. Man wechselte sich auch ab, die einen am Tag, die anderen bei Nacht. Geheizt wurde ununterbrochen, das gab es nicht, daß man sagte 'Geh' wart' ma' noch eine Viertelstunde', es wurde ständig nachgeschoben. Das Essen wurde uns heraufgebracht. Manchmal kamen auch die Maderln uns besuchen, und nicht nur mit Singen hielten wir uns dann wach und vertrieben uns die Zeit."

Es erforderte viel Erfahrung, um zu wissen, wann der Kalk fertig gebrannt war. Auch mußte man die Hitze im Ofen ständig kontrollieren, denn war sie zu gering, dann drohten die untersten Schichten abzukühlen, und der Ofen wäre ausgegangen.

"Einen erloschenen Ofen konnte man nicht wieder anheizen. Da war die ganze Müh' umsonst. Deshalb war der Heizer und sein Gehilfe auch immer beim Ofen. Die haben schon gewußt, wie man es richtig angeht. Wenn man in den Ofen hineinschaute, dann sah man kleine weiße Sternderln, so ähnlich, wie wenn man zum Himmel schaut. Das war ein Zeichen, daß der Kalk reif war, und man mit dem Ausheizen beginnen mußte. Dafür verwendeten wir wieder Scheiterholz, und nach vier bis fünf Stunden war man fertig. Dann kühlte der Ofen einen Tag lang aus. Nun kamen die Interessenten, die einen Kalk bestellt hatten, und holten ihn mit ihren Fuhrwerken ab, oder der Höchwirt, der Rath, hat es den Bauern mit seinem Fuhrwerk zugestellt, sollten nämlich die Bauern kein eigenes besitzen."

In weiterer Folge mußte der Kalk gelöscht werden. Dabei wird dem Kalk gerade soviel Wasser zugeführt, wie er chemisch binden kann. Dies war eine gefährliche Arbeit, weil enorme Hitze frei wurde.

"Da mußte man aufpassen, daß man sich dabei nicht verbrannte. Es mußte immer genug Wasser drinnen sein, der Kalk rauscht ja gleich so, das brodelte und kochte im Trog. Da konnte man nicht hineingreifen, weil das Wasser so heiß wurde. Man rührte dann mit einem Rechen um, damit sich alles auflöste, dann schüttete man das ganze in die Kalkgrube. Der nicht gebrannte Schotter wurde dann dabei aussortiert. Regnen durfte es dabei nicht, da mußte man die Radltruhe abdecken, weil einem sonst das Fahrzeug abgebrannt wäre. In der Grube sollte der Kalk dann ein Jahr rasten, dabei mußte immer eine Schicht Wasser über dem Kalk sein, damit der Kalk schön fett bleibt."

Kalk wurde im bäuerlichen Haushalt immer gebraucht. Man verwendete ihn zum Ausweißen der Wände, oder vermischt mit Mörtel zum Mauern und Ausbessern der Gebäude. Die zurückbleibende Asche im Ofen wurde als Dünger auf die Felder und Wiesen gebracht. Mit der industriellen Erzeugung von Kalk in der Mitte des vorherigen Jahrhunderts starb auch allmählich ein ursprünglich bäuerliches Handwerk aus. Kalk wurde nur mehr vereinzelt und für die regionale Umgebung gebrannt. Und die Maderln treffen ihre Buam heute auch woanders.

1 Interview Ambros Lanz vlg. Tomabauer, geb. am 3. Dezember 1915, Altbauer. Weitere in diesem Kapitel zitierte Passagen stammen ausschließlich aus diesem Gespräch.

Ein Bummerl zum Überleben

Die Zwischenkriegszeit hat uns in Österreich alles an wirtschaftlichen Problemen gebracht, woran man nur denken kann:
Eine Inflation, wie man sie weder vorher noch nachher erlebt hat, eine Arbeitslosigkeit, die ohne Beispiel war, ein so unausgeglichenes Budget, daß man schließlich sogar der Überwachung durch einen ausländischen Kontrolleur zustimmte, nicht zuletzt ein Außenhandelsdefizit, das der jungen Republik schwer zusetzte.
Der wirtschaftliche Überlebenskampf der Menschen wirkte sich aber auch auf den gesellschaftlich - moralischen Bereich aus. Die Inflation war eine "Entwertung aller Werte".[1]
Man bekam für sein Geld und auch für seine Arbeit nicht mehr den vorher vereinbarten Gegenwert. Geschäftsleute, die nicht flexibel genug auf die veränderten Rahmenbedingungen reagierten, kamen unter die Räder, andere wiederum konnten auch über Nacht ein Vermögen machen.

Der Schicker Toni war einst ein reicher Holzhändler in Gratkorn. Eine holzgeschnitzte Darstellung eines Mannes erinnert noch im Schankzimmer des Gasthauses Pucher an ihn. Sie zeigt ihn allerdings als Kartenspieler, denn das war seine letzte Berufung in einem bewegten Leben, in einer bewegten Zeit. Durch die unruhige und unklare wirtschaftliche Lage verlor er zuerst sein Geld, der Ausweg im Kartenspiel und im Suff zerrüttete auch seine Familie. Er wurde zum Berufsspieler, der Einsatz seiner Spiele war das Essen für einen Tag, es waren für ihn Bummerln zum Überleben.
Rosa Fanninger ging damals gerade in die Schule, als die Tragödie um den einst angesehenen Mann ihren endgültigen Lauf nahm.

"Der Schicker Toni ist immer auf einer Bank neben dem Kachelofen im Gastzimmer gesessen, der hat dort seinen ganzen Tag verbracht. Als wir von der Schule heimgekommen sind, da rief er uns schon freudig entgegen: 'Spielen wir doch ein Bummerl! Spielen wir doch ein Bummerl!' Wir haben aber den Vater fragen müssen, ob wir mit ihm überhaupt spielen durften. Der Vater sah es eigentlich nicht gerne, wenn wir mit ihm zusammen waren. Aber er hatte Mitleid mit dem armen Mann, und ließ uns unseren Spaß. Für den Toni aber war es eine Möglichkeit, etwas zum Essen zu bekommen, weil Geld hatte er damals ja keines mehr. Und dann haben wir halt um eine halbe Semmel gespielt. Er hat uns dann bis Sechse schreiben lassen, und dann hat aber er doch immer gewonnen. So haben wir halt zwei Bummerl gespielt, und er hat so wieder eine Semmel zum Essen gehabt. Gewohnt hat er damals beim Trinkl drinnen.[2]
Einmal hat er seine Miete nicht zahlen können, da haben sie seinen langen schwarzen Bart ausgespielt. Das Los hat zwanzig Groschen gekostet, der, der den Bart gewonnen hat, hat mit ihm machen können, was er wollen hat. Das war für die Leute eine richtige Hetz, viele haben ihm ein Stückerl herausgeschnitten, bis schließlich auch sein letzter Stolz verschwunden war. Er war darüber sehr gekränkt und ist dann nach Graz gezogen, um nicht weiter den Hohn der Übrigen spüren zu müssen. Als ich ihn dann in Graz als Bettler auf der Murbrücke sitzen sah, hat er ganz fürchterlich gezittert und sich vor uns geniert. Er hat so traurig geschaut."[3]

Hans Teibinger ließ dann das oben erwähnte Bild des kartenspielenden Schicker Toni schnitzen, als Andenken an einen guten Bekannten, aber auch als letztes Ehrenmal einer treuen Seele, weil er hat ja täglich gespielt, **"Eine Partie 66"**.

Eine gesellige Runde beim Gasthaus Pucher, Schicker Toni als vierter von rechts blickt eher traurig und griesgrämig. Die Freude der anderen konnte ihn nicht begeistern. (Sammlung Hauslbauer)

1 D. Stiefel. 1984, S. 68.
2 Felberstraße 5
3 Interview Rosa Fanninger, geb. am 20. August 1921, Altwirtin.

Ein Flintstone auf der Jasen

Eine fast unbemerkte Höhle, abseits der Wanderwege war sie für den Brennseppl Schlafstätte. Rechts sieht man noch die verkohlte Felswand, in diesem Bereich hatte er seine Feuerstelle. (Sammlung Samitsch)

Er hieß nicht Fred. Auch hatte er keinen Saurier als Haustier, höchstens Ratten und Bewohner des Erdreiches. Auch Wilma gab es nicht, sie konnte ihn deshalb auch nicht vor die Tür setzen. Er hauste ja schließlich in einer Höhle. Jene, die ihn gekannt hatten, nannten ihn Brennseppl. Er war einsam, lebte zurückgezogen. Er fristete sein Dasein. Eigentlich fiel er niemandem auf, deshalb weiß man auch nicht so genau, wann er nach Gratkorn gekommen ist.

"Es muß so im 35er Jahr gewesen sein. Da ist er unten eingezogen. Der war sicher kein Gratkorner." berichtet Katharina Stelzl, die Haselbäuerin im Freßnitzviertel.[1] "Er war ein Walzler, ein Umageher halt, so wie das früher halt war."

Die Walz - in vielen Liedern besungen, in vielen Bildern verewigt, gehörte jahrhundertelang zum wichtigsten Brauchtum des Handwerks: wer nicht gewandert war, konnte nirgends Meister werden. Walzler waren Burschen, die nach Romantik rochen. Sie waren begehrt, als Arbeiter bei den Bauersleuten, als Liebhaber bei den Dirnen. Der aus der Werkstattenge und der Bevormundung seines Arbeitgebers ausbrechende junge Mann wurde so zum Symbol für ein ungebundenes und freies Leben. Aber sie waren auch oft erschütternde Zeugnisse, aus denen Not und Entbehrung, Arbeitslosigkeit und Verelendung der Fahrenden sprach.

"Er hat halt nirgends einen Platz bekommen. Es waren damals schlechte Zeiten. Da hat er es sich dann hinten unten in der Höhle bequem gemacht."

Diese Höhle befindet sich unter dem Haselbauer östlich der Jasenmühle. Sie liegt versteckt und geschützt abseits der Wanderwege. Bislang blieb sie wissenschaftlich unentdeckt[2], nur die Bauern in der näheren Umgebung wissen von ihrer Existenz. Lanz Ambros, der alte Tomabauer, kennt sogar ihren Namen:

"Frauenloch haben wir zu ihr gesagt, weil ursprünglich hausten da ja Frauen drinnen. Irgendwann im Mittelalter wurden ein paar Klosterschwestern aus ihrer Heimat in Frankreich vertrieben, das waren nämlich Hexen, und die kamen dann bis nach Gratkorn und versteckten sich in dieser Höhle."[3]

Ob diese Geschichte am Scheiterhaufen endete, bleibt unbestätigt ...
Gleich am Eingang zu seinem steinigen Domizil hatte der Brennseppl seine Feuerstelle, daneben war sein Bett aus Stroh, um in kalten Tagen die Wärme des Feuers zu spüren. War er also ein wirklicher "Fred Feuerstein"?

"Der hat keine langen Haare gehabt, hat ganz normal ausgeschaut. Er war ganz ein harmloses Mandl, da hat man keine Angst haben brauchen bei ihm. Ich weiß gar nicht, ob er einmal verheiratet war oder nicht. Wie er da gewohnt hat, da war er allein. Da wäre ihm keine geblieben. Ich hätte mich auch nicht getraut",

weiß die Haselbäuerin, die damals gerade 16 Jahre alt war. Ungebunden und frei, ein Aussteiger, ein Lebens-Künstler könnte man meinen. Sein Handwerk war bei den Bauern nicht gefragt, wohl aber seine künstlerischen Erzeugnisse. Aus dem Werkstoff Holz schuf er verzierte Stiele für Besen oder Schaufeln, die brandverzierten Bilderrahmen gaben ihm schließlich auch seinen Namen: Brennseppl.

1 Interview Katharina Stelzl vlg. Haselbauer, geb. am 15. April 1921, Altbäuerin. Weitere zitierte Passagen stammen - sofern nicht anders angegeben - ebenfalls aus diesem Gespräch.
2 Auch im Standardwerk über die steirischen Höhlen ist sie nicht zu finden. Vgl. Kusch,Heinrich. Zur kulturgeschichtlichen Bedeutung der Höhlenfundplätze entlang des mittleren Murtales. Frankfurt am Main 1996.
3 Int. Lanz.

Ein Flintstone auf der Jasen

Von den so zahlreich geschaffenen brandverzierten Gegenständen sind nur mehr wenige erhalten. Hier eines seiner wohl schönsten Stücke: ein Bilderrahmen, verziert mit Rosetten, Blättern und Blüten. Datiert mit 15. Juni 1936. (Sammlung Haselbauer)

"Aus den Haselstecken hat er Besenstiele gemacht, die Rinde hat er so geschickt heruntergeschält, daß der ganze Stecken zum Schluß dann verziert war. Er hat aber für seine Schnitzereien auch die jungen Escherl umgeschnitten, da hat er keinen Pardon gekannt. Gefragt hat er nie, wem der Wald gehört. Mit den Schnitzereien und vor allem mit den Brennereien hat er sich durch sein Leben gebracht."

Mit heißen Nägeln oder anderen spitzen Gegenständen schuf er so seine Kunstwerke. Bilderrahmen, verziert mit schwarzen Rosetten, Blumenwerk, Bögen und Vierecken waren seine Markenzeichen, die ihn auch für kurze Zeit im Ort berühmt werden ließen, ihm dadurch vielleicht auch - wenn auch nur bedingt - das Gefühl von Geborgenheit gaben.

"Das war schon ein gutes Geschäft mit den Rahmen und mit den Stekken. Da sind ja Leute gekommen, das glaubt man gar nicht. Samstag und Sonntag, da ist es umgegangen. Da sind die Leute von der Gegend gekommen. Aus Gratkorn und so. Viele sind halt neugierig gewesen und sind heraufgegangen. Da hat einer im Dorf unten gesagt, 'Da ist ein Steckenbrenner da hinten, der tut Steckenbrennen und macht Bilderrahmen, gehen wir einmal hin schauen'. Und dann sind die Leute heraufgekommen. Ein bißl eine Gaudi is' es auch immer gewesen. Die sind dann zu seiner Höhle gewandert, haben ihm bei der Arbeit zugeschaut, und manchmal haben's ihm auch etwas abgekauft."

Ein tragisches menschliches Schicksal wurde so zur Volksbelustigung, die wirtschaftlich harten Zeiten der 30er Jahre prägten damals wohl auch den Charakter der Menschen. Bald war es nämlich mit seiner "Berühmtheit" vorbei. Das Kuriosum von der Jasen war schnell besichtigt und noch schneller vergessen.

Die Rahmen und Stiele des Brennseppl fanden ebenso wenig Beachtung mehr wie auch er selbst aus den Köpfen der Menschen gewichen war. Nur die Haselbäuerin weiß mehr von seinem Schicksal:

"Als die Leut' nicht mehr zu ihm hinauf gekommen sind, da ist er halt mit seinen Stecken hausieren gegangen. Aber die Bauern haben ihm nur grad so viel abgekauft, daß er sein Essen hat zusammen gebracht. Hin und wieder hat er dann bei uns am Hof arbeiten geholfen, dafür hat er seine Mahlzeiten bekommen. Im Winter kam er auf einmal zu uns und fragte, ob er nicht im Stall schlafen könne. Das war damals ein kalter Winter im 37er Jahr. Verlangt haben wir damals natürlich nichts fürs Essen und Schlafen."

Ein Aussteiger in unserer heutigen Bedeutung war er sicher nicht, ein Lebens-Künstler war der damals etwa 50-jährige auf alle Fälle. Unbemerkt war er einst nach Gratkorn gekommen, unbeachtet verließ er den Ort auch wieder. Nur seine Rahmen und Stecken leben weiter.

Maria Rast (Kloster / Altenheim) in der Dult. (Sammlung H. Ziegler)

Ansichtskarte um 1890. (Sammlung H. Ziegler)

Ansichtskarte um 1900. (Sammlung Gasthaus Pucher, Rosa Faninger)

Politisches Leben um die Jahrhundertwende

Will man die Entwicklung politischer Strukturen innerhalb einer Gemeinde als Resultat sozioökonomischer Entwicklungen interpretieren, - und daran darf am Beispiel Gratkorn wohl kein Zweifel bestehen -, dann muß, unter Einhaltung aller fachlichen Kriterien, auch diesem Thema Raum gewidmet werden. Die Konzentration unserer Aufmerksamkeit auf die Gratkorner Industriearbeiterschaft im Bereich der Zeitgeschichte rechtfertigt sich dabei ganz einfach damit, daß die Geschichte der Gemeinde seit der Mitte des 19. Jahrhunderts ganz entscheidend von Arbeitern, dann von der Arbeiterbewegung und der Sozialdemokratie geprägt wurde und wird. Der überwiegende Teil der gegenwärtig Berufstätigen arbeitet im tertiären und sekundären Bereich, lediglich etwa ein Prozent im primären (landwirtschaftlichen) Bereich. Die Stimmenverteilung bei den letzten Gemeinderatswahlen im Jahre 1995 lautete 2532 SPÖ, 562 ÖVP, 555 FPÖ, 179 Die Grünen, 150 NL Winter und 68 Ampel/Schmid (62,28 : 13,89 : 13,72 : 4,42 : 3,71 : 1,68 %). Die im Bereich der Zeitgeschichte getroffene Auswahl an thematischen Schwerpunkten sei damit gerechtfertigt.

Die oben geschilderten Arbeits- und Lebensbedingungen führten früh zu einem Zusammenschluß der Fabriksarbeiter, wenn auch von einer politische Organisation im heutigen Sinne erst mit der Konsolidierung der Sozialdemokratischen Arbeiterpartei im Jahre 1889 gesprochen werden kann. Die Zuwanderung von Arbeitern aus allen Teilen der österreichisch - ungarischen Monarchie hatte Gratkorn aber schon früh in engeren Kontakt mit der Arbeiterbewegung und in der Folge mit sozialdemokratischem Gedankengut gebracht. Erste Informationen über die politische Orientierung der Gratkorner Papierarbeiter stammen aus den Jahren 1866/68. Zu dieser Zeit kam der "Arbeiterfrage" - zumindest nach Meinung der besitzenden Klassen - keine Bedeutung zu. Eine Grazer Tageszeitung bemerkt just in diesem Jahr: "Die nun auch in Österreich auftauchende Arbeiterfrage ist für uns hier doppelt interessant; denn an Arbeiter - Bevölkerung haben wir hier keinen Mangel, dennoch brauchen wir, solange die ererbten Einrichtungen dauern und an ihnen nicht gerüttelt wird, von jener Frage keine Angst zu haben; denn hier ist sie praktisch schon von Jahren her gelöst, zum Heil der Arbeiter, und sicher auch nicht zum Schaden der Herren."[1]

Das Kirchendorf St. Stefan, im Hintergrund der Hausberg und das Gratkorner Becken um 1890. Die Industriesiedlung befindet sich erst in den Anfängen. (Sammlung Gasthaus Pucher, Rosa Faninger)

Bis zum Jahre 1848/49 bestand die Gemeinde im heutigen Sinne nicht, erst mit dem kaiserlichen Patentmit vom 17. März 1849[2] und mit der Bildung der freien Ortsgemeinde St. Stefan kann von einer selbständigen Gemeindepolitik gesprochen werden. Aufgrund des damals geltenden Wahlrechtes war es den Arbeitern bis zum Jahre 1919 jedoch nicht möglich, mittels des Wahlrechtes auf die Gemeindepolitik Einfluß zu nehmen. Für den entsprechenden dritten Wahlkörper besaßen nur solche über 24 Jahre alten Gratkorner (mit Heimatschein) das Wahlrecht, deren Steuerleistung fünf Gulden pro Jahr überstieg.

Betrachten wir die Liste der Gemeindepolitiker aus dem Jahre 1850, so finden sich darin wohl zehn Bauern, vier Wirte, zwei Müller, ein Chirurg (darunter ist zur damaligen Zeit ein Wundarzt zu verstehen) und ein Pfarrer, aber kein Arbeiter.

Daran sollte sich vorerst nichts ändern. Im Jahre 1890 wies die Gemeinde St. Stefan am Gratkorn 3.300 Einwohner auf. 1.259 Gratkorner, also 38 Prozent der Gesamtbevölkerung, arbeiteten in der Papierfabrik. Außer diesem Prozentsatz waren auch die landwirtschaftlichen Arbeiter (Holzknechte, Taglöhner etc.) sowie die Knechte und Mägde, wie die Frauen überhaupt, ohne Wahlrecht. Die "unteren" Bevölkerungsschichten hatten, nach Meinung der herrschenden Schichten, nicht zu politisieren und wenn, dann hätten sie, wie es spätere Vorfälle im Zuge der Reichsratswahlen zeigen werden, mit der Meinung ihrer Dienstherren konform gehen müssen.

1 Grazer Volksblatt vom 25. Jänner 1868.
2 Reichsgesetzblatt 203, Nr. 170.

Ein rares Bilddokument vom historischen Streik der Gratkorner Papierfabriksarbeiter. Es handelte sich um den ersten bedeutenden Streik innerhalb dieser Branche in Österreich - Ungarn und Deutschland überhaupt. 18. bis 26. Mai 1890. (AG)

Im Jahre 1871 führte das 1868 neu verabschiedete Vereinsgesetz zur Bildung des Grazer Arbeiterbildungsvereines "Vorwärts". Dieser und ähnliche Vereine verfolgten, zumeist getarnt, politische Ziele der Arbeiterbewegung. Für die Gemeinde Gratkorn erlangte der 1889 gegründete Arbeiterbildungsverein für Graz und Umgebung an Bedeutung, wenn für das Jahr 1890 auch nur 180 Personen im gesamten Bezirk als Mitglieder nachweisbar sind.[3]

Auch die Gratkorner Arbeiterschaft bedurfte eines spürbaren äußeren Anlasses, um den Anstoß zu einem organisierten Auftreten zu erhalten. Beim internationalen Sozialistenkongreß in Paris im Jahre 1889 war der 1. Mai zum Feiertag für die arbeitende Klasse erklärt worden. Über den Arbeiterbildungsverein und die 1888/89 gegründete Sozialdemokratische Arbeiterpartei fand diese Nachricht ihren Weg zur Gratkorner Industriearbeiterschaft. Auch die Papierarbeiter wollten den 1. Mai 1890 feierlich als "Tag der Arbeit" begehen; allein die Direktion weigerte sich. Damit sah man den Anlaß zur Ausarbeitung eines umfassenden Forderungskataloges gegeben.

Am 5. Mai sprach daher eine Abordnung der Gratkorner Arbeiterschaft bei der Direktion vor und erhob folgende Forderungen: "1. die jährliche 1. Maifeier, so wie der Normtage; 2. 8 stündige Arbeitszeit; 3. 40% Lohnerhöhung; 4. Abschaffung der Accordarbeit; 5. doppelte Bezahlung der Überstunden und Sonntagsarbeit; 6. der Fabriksordnung gemäß die wöchentliche Lohnauszahlung, gegenwärtig alle 14 Tage."[4]

Nach der Ablehnung dieser Forderungen durch die Direktion der Leykam - Josefsthal AG traten die Fabriksarbeiter am 6. Mai 1890 in den Streik. Der oben zitierte Bericht der Unternehmensleitung bemerkt dazu, daß die Arbeiter "nur widerwillig und von den Agitatoren gedrängt die Arbeit verließen." An anderer Stelle dieses Berichtes wird den Arbeitern vorgehalten, sie hätten "ohne die Vertrauensmänner zu verständigen", also ohne offizielle Erlaubnis der Partei, den Streik begonnen. - Betrachten wir jedoch die von den Arbeitern erhobenen Forderungen, so zeigt sich ihre auffällige Deckungsgleichheit mit jenen der Sozialdemokratischen Arbeiterpartei und der Sozialistischen Internationale. "Auch die steirische Arbeiterschaft wurde vom Rausche der Verkündigung des Sozialistenkongresses von Paris erfaßt und die Forderungen nach dem Acht - Stunden - Tag, nach dem allgemeinen und geheimen Wahlrecht, nach einer Arbeiterschutzgesetzgebung und nach einem allgemeinen Weltfrieden wurden in das Bewußtsein aller getragen."[5]

Dem Streik der Gratkorner Papierarbeiter schien ein schnelles Ende beschieden, denn nur einige Stunden nach seinem Ausbruch nahmen die Arbeiter, aufgrund eines Versprechens der Direktion, sie würde die Forderungen zur Begutachtung in die Konzernzentrale nach Wien senden, die Arbeit wieder auf. Am 12. Mai aber lehnten die Arbeiter die nur teilweise entgegenkommende Antwort der Konzernleitung ab. Sie erklärten sich dennoch zu weiteren Verhandlungen bereit, setzten jedoch ein mit 18. Mai befristetes Ultimatum zur weitgehenden Erfüllung ihrer Forderungen fest. Nach Ablauf dieses Ultimatums traten die Arbeiter der Papierfabrik am 18. Mai 1890 um 12 Uhr in den Streik.

Über die weiteren Ereignisse berichten die Quellen:[6]

"18. Mai 1890: Es ist auch Hoffnung vorhanden, daß dieser Teil der Arbeiter die Arbeit bald wieder aufnehmen wird, zumal den zahlreichen Arbeitern, welche in den der Fabrik gehörenden Arbeitshäusern wohnen, infolge ihres ohne Kündigung erfolgten Austrittes, der Verlust des Quartieres bevorsteht." - Die Unternehmensleitung hoffte somit, daß sie durch diese Form der Erpressung den Streik beilegen könnte.

"Am 21. Mai 1890: Die Situation ist seit gestern unverändert geblieben. Die Fortsetzung der korporativen Umzüge wurde von der k. k. Bezirkshauptmannschaft verboten. Der Verwal-

3 K. M. Schmidlechner, 1983, S. 189.
4 Zeitgenössische Protokollabschrift der Leykam - Josefsthal nach Kormann, aufbewahrt in: AG.
5 S. Reichl, 1966, S. 48.
6 Zeitgenössische Protokollabschrift der Leykam - Josefsthal nach Kormann, aufbewahrt in: AG.

Der Trattenhof (Grazer Straße 11 - 13) wurde im Jahre 1890 zu einem Arbeiter-Wohnhaus der Leykam-Josefsthal AG umfunktioniert. Das historisch wertvolle Gebäude wurde in den 60er Jahren demoliert. (Archiv BDA Graz)

tungsrat erklärt sich außerstande, den gestellten Forderungen der Arbeiter zu entsprechen. Die österreichische Papierindustrie leidet seit Jahren sehr unter dem Druck der Steuerlast und der Überproduktion und muß alle Kräfte aufwenden, um exportfähig zu bleiben, da mit dem Aufhören des Exportes eine Katastrophe für die ganze Industrie unausbleiblich wäre. Die Bestrebungen der Arbeiter in dieser Industrie müssen daher aussichtslos bleiben, solange der 8-stündige Arbeitstag nicht gesetzlich und allgemein eingeführt ist."

Am 21. Mai verschärfte sich die Lage neuerlich: "22. Mai 1890. Gestern abends wurde den Arbeitern angekündet, heute morgens 9 Uhr werde die Lohnabrechnung stattfinden. Die Arbeiter erklärten, daß sie auch die Aufteilung der Fabrikskrankenkasse fordern, und daß sie nicht früher vom Platze weichen würden, als bis diese Forderung erfüllt werde. Da die Forderung dem Statut der Krankenkasse widerspricht, überdies anläßlich der infolge der Abrechnung vorzunehmenden Delogierung Ruhestörungen zu befürchten waren, so hat die politische Behörde Militärassistenz angesprochen und es ist heute um dreiviertel 8 Uhr morgens ein halbes Bataillon Belgier Infanterie mittels Seperatzuges nach St. Stefan abgegangen."

Die Gerüchtebörse blühte und Fabriksleitung bangte, daß die Arbeiterschaft Brandstiftungen plane und Gewalt anzuwenden bereit wäre. Diese Vermutungen entbehrten jeder Grundlage, auch als sich die Arbeiter am 23. Mai um halb 4 Uhr morgens vor dem Fabriksgebäude zu sammeln begannen: "Um 7 Uhr marschierte das Groß unter Vorantragung einer großen weiß - roten Fahne auf. Nun trat der Herr Bezirkskommissär Dr. Hussak in die Menge und forderte die Arbeiter dreimal auf, und zuletzt unter Androhung der Waffengewalt, auseinanderzugehen. Die Menge, bei 600 Männer und 300 Frauen, leistete dieser Aufforderung keine Folge. Dr. Hussak ließ nun die Gendarmerie vorrücken, welche die Menge zerstreute und dem Fahnenträger die Fahne wegnahm. Zwei Arbeiter, von denen der eine die Gendarmerie beschimpfte, der andere Widerstand leistete, wurden verhaftet. Als um viertel 9 Uhr das Halb - Bataillon unter dem Kommando des Oberstleutnants Adolf Schadek aufmarschierte, hatten sich wieder zahlreiche Arbeiter auf den Straßen gesammelt, welche das Militär mit Lärm empfingen. Unter denjenigen, welche das Militär verhöhnten, befand sich ein Mann in der Uniform des Eisenbahn - Regiments. Diesen ließ der Oberstlt. sofort aus der Menge herausfangen und in den Arrest setzen. Die Menge wurde durch die Truppen versprengt, worauf die Compagnien das Fabriksgebäude besetzten. Es wurden die nötigen Wachen aufgestellt und auf dem Cellulose-turm, von welchem man den ganzen Fabrikskomplex übersehen kann, ein Observationsposten eingerichtet."

Es kam in der Folge zu erneuten Verhandlungen zwischen der Direktion und der Arbeiterschaft. Zwei Arbeiter reisten sogar nach Wien, um direkt mit der Konzernleitung zu verhandeln.

Am 26. Mai 1890 war der Streik beendet. Der Verwaltungsrat hat-

Das Gasthaus Pucher um 1890, im Vordergund die heutige Felberstraße. Am 15. Mai 1890 versammelten sich hier Industriearbeiter, Landarbeiter und Bauern, um über die Streikbewegung in der Papierfabrik zu debattieren. (Sammlung Gasthaus Pucher, Rosa Faninger)

te den Arbeitern zwar keine generelle Lohnerhöhung bewilligt, einer Anhebung der Mindestlöhne jedoch zugestimmt; weiters wurde die Arbeitszeit von 11 bis 12 Stunden auf 10 Stunden pro Tag herabgesetzt. Die Direktion versprach die Errichtung neuer Arbeiterwohnungen und versicherte, sie werde sich für Erleichterungen beim Einkauf von Lebensmitteln einsetzen.

Diesem Streik der Gratkorner Papierarbeiter kommt zumindest in der Geschichte der steirischen Arbeiterbewegung eine bedeutende Rolle zu. Es handelte sich darüberhinaus um den ersten bedeutenden Streik innerhalb dieser Branche in Österreich - Ungarn und in Deutschland überhaupt. Die Gratkorner Papierfabrik war im zitierten Kormann - Bericht damals "nach der Zahl der Arbeiter die größte dieser Staaten." Umso erstaunlicher mutet es an, daß der Streik selbst sowie seine sozialgeschichtlich und politisch interessanten Begleitumstände in den (wenigen) Standardwerken zur Geschichte der steirischen Arbeiterbewegung ignoriert werden.[7]

Selbstverständlich lebten in der Gemeinde St. Stefan am Gratkorn des ausgehenden 19. Jahrhunderts nicht nur Arbeiter und Sozialdemokraten. Es stellt sich daher die Frage nach dem Verhältnis zwischen Arbeitern, bzw. Sozialdemokraten, und anderen sozialen Gruppen und politischen Strömungen.

Nach dem Kormann - Bericht bestand die Streikbewegung aus 600 Männern und 300 Frauen, insgesamt also 900 Gratkorner von insgesamt 3.300. Aus weiteren Quellen[8] ist bekannt, daß sich die streikenden Arbeiter am 15. Mai 1890, also während der Verhandlungsphase vor Ausbruch des Generalstreiks, in Anton Schraußers (vulgo Pucher) Gastgarten versammelten und - gerade das ist bemerkenswert - gemeinsam mit den "Bürgern" über die allgemeine Lage und die weitere Vorgangsweise berieten.

K. M. Schmidlechner stellt zur Organisierbarkeit der Arbeiterschaft nach lokalen Gesichtspunkten ganz zutreffend fest, daß in der Stadt zwischen Arbeitern und "Bürgerlichen" wesentlich größere Gegensätze bestanden als in ländlichen Gebieten. Das gegenseitige Ressentiment war wesentlich ausgeprägter, die negativen Komponenten der Industrialisierung in der Stadt offensichtlicher als auf dem Land."[9]

W. H. Schröder vertritt außerdem die Ansicht, daß "zu Arbeitern gewordene Einheimische sicherlich weiterhin in der Dorfgemeinschaft integriert blieben, bei den Zugewanderten dürfte eine Integration von Fall zu Fall verschieden gewesen sein und auch davon abhängig, ob es sich nur um einen zeitlich begrenzten oder ständigen Aufenthalt handelte."[10]

Diesbezügliche Überlegungen über die Situation in Gratkorn führen zu interessanten Ergebnissen. Gemäß einem "Ausweis der Fabriks - Angestellten"[11] aus den Jahren von 1851 bis 1861 stammten von den zwischen Juli 1851 und Ende 1860 insgesamt 591in die Fabrik eingetretenen Arbeitern lediglich 227 aus der Steiermark. Davon kamen acht aus dem Kirchenviertel und einer aus der KG Friesach. Es gab hier also keine "zu Arbeitern gewordene Einheimischen" sondern beinahe ausschließlich "Zugewanderte". Eine blutsmäßige Verbindung zwischen Papierarbeitern und einheimischen Bauern existierte also nicht. Diese Verbindungen existieren auch in der Gegenwart kaum. In dieser Hinsicht tritt "die eklatante Differenz zwischen der Katastralgemeinde Kirchen-

7 So bei M. Schacherl, 1932; S. Reichl, 1966; K. M. Schmidlechner, 1983;
8 Fragmentarische Aufzeichnungen zur Ortsgeschichte, vermutlich verfaßt von der Gemeindebediensteten Hilde Kamper um 1960 (AG).
9 K. M. Schmidlechner, 1983, S. 335.
10 Vgl. W. H. Schröder, 1978.
11 Auswertung durch P. Cede, 1984, S. 304ff (vgl. besonders 305).

St. Stefan am Gratkorn im Jahre 1906; links oben eine Spendenvignette (2 Heller) zugunsten der Verbindung "Carolina". Diese Postkarte steht in Zusammenhang mit einer in St. Stefan abgehaltenen Veranstaltung des deutschnationalen Vereines "Hammer", den die Direktion der Papierfabrik nach dem großen Streik von 1905 protegierte. (Sammlung Ing. H. Barwinek)

viertel und den übrigen noch um 1970 agrarisch orientierten Katastralgemeinden . demnach klar zu Tage."[12]

Es müssen also andere Motivationen dafür ausschlaggebend gewesen sein, daß bis in die 20er Jahre des 20. Jahrhunderts zwischen alteingesessenen Gratkornern und zugewanderten Arbeitern ein menschlich wie politisch gutes Einvernehmen herrschte: ich vermute, daß es soziale und materielle Komponenten waren, die Holzknechte, Kleinbauern, Keuschler, Taglöhner und Industriearbeiter vereinten. Diese "klassenüberschreitende Solidarität", wie ich sie bezeichnen möchte, manifestierte sich in Gratkorn in oft erstaunlicher Weise. Man traf sich gemeinsam beim "Pucher", ein Eisenbahner marschierte in Uniform beim Arbeiterstreik mit und anläßlich einer von Arbeitern in Gratwein abgehaltenen Wahlversammlung verhinderten Bauern und Holzknechte gemeinsam mit Arbeitern eine Sprengung der Versammlung durch einen politisierenden Pfarrer.[13]

Und als gerade sensationell ist es zu werten, daß anläßlich eines im Jahre 1908 geführten Prozesses der bürgerlich gesinnte Bürgermeister von St. Stefan, Mathias Hochstraßer (1899 - 1918), öffentlich Stellung für die Arbeiter nahm. Direktor Titel von der Papierfabrik hatte den Arbeitern verboten, ihre Waren bei den Geschäftsleuten einzukaufen und sie gezwungen, ihr Geld ausschließlich in der von der Papierfabrik betriebenen Kantine zu verbrauchen. Der Bürgermeister bezeugte diesen Mißstand, aber Direktor Titel wurde trotzdem freigesprochen.[14]

Der Weg zur Verbesserung der wirtschaftlichen und sozialen Lage dieser angesprochenen Gruppen konnte nur über die Erlangung des allgemeinen, freien und gleichen Wahlrechtes führen. Auch in diesem Punkt erwies sich der Gratkorner Streik von 1890 als Schlüsselereignis für die Aktivierung proletarischen Selbstbewußtseins und politischer - in diesem Falle sozialdemokratischer - Organisation.

Im Vorfeld der Reichsratswahlen von 1897 veranstaltete die Sozialdemokratische Arbeiterpartei im Bezirk zahlreiche Wahlversammlungen, darunter auch eine in Gratwein. Am 10. März 1897 erschienen Arbeiter der Papierfabrik und anderer Betriebe, Holzknechte und Landarbeiter gemeinsam auf dieser Versammlung. Arbeiter spendeten Geld für den sozialdemokratischen Wahlfonds, der Grazer Arbeiterwille veröffentlichte regelmäßig Spendenlisten.

Die Wahl fand schließlich am 12. März 1897 unter reichlich dubiosen Umständen statt. Millionen Arbeiter der Monarchie konnten 72 Abgeordnete wählen, ein Mandat für die fünfte Kurie erforderte 74.000 Stimmen; hingegen konnten die 5.000 Großgrundbesitzer 85 Abgeornete in den Reichsrat entsenden.[15]

Im ersten Wahlgang erreichte der sozialdemokratische Spitzenkandidat Johann Resel, erster Landesparteivorsitzender und Gründer des "Arbeiterwillens", 605 Stimmen. Der klerikale Universitätsprofessor Dr. Gutjahr 317 Stimmen und der Kandidat der Deutschen Volkspartei, Dengg, 306 Stimmen. Am 15. März fand die Stichwahl statt: Resel 684 / Dr. Gutjahr 442 Stimmen. Im gesamten Wahlkreis wurde Resel mit 21.047 gegen 18.134 Stimmen gewählt.[16]

Der "Arbeiterwille" berichtete in der Folge von zahlreichen Unzulänglichkeiten und Verstößen gegen das Wahlgesetz. Der Gratkorner Sodawasserfabrikant Schnabl zum Beispiel hatte seinen Arbeitern kurzerhand die Stimmzettel abgenommen und sie selbst ausgefüllt, - bestimmt hatte er nicht sozialdemokratisch gewählt.

In Gratkorn erhielt Resel 684 Stimmen, was auf den ersten Blick gering erscheint. Zu bedenken ist jedoch der Umstand, daß von den 1259 Papierarbeitern und -arbeiterinnen nur die über 24 Jahre alten Männer

12 P. Cede, 1984, S. 308f.
13 Vgl. I. Mirsch, 1989, S. 18.
14 Vgl. die entsprechenden Nummern des Arbeiterwillens und M. Schacherl, 1932, S. 251.
15 H. Mang, 1988, S. 229 und I. Mirsch, 1989, S. 18f.
16 Grazer Arbeiterwille vom 18. März 1897.

wahlberechtigt waren. Aus dem Umstand, daß etwa 670 männlichen Arbeitern in der Papierfabrik 684 Stimmen gegenüberstanden, kann auf eine weitgehende Identifizierung der Gratkorner Arbeiterschaft mit sozialdemokratischen Ideen geschlossen werden.

Schlechte Bezahlung, die lange Arbeitszeit, unzumutbare Verhältnisse am Arbeitsplatz und Repressionen allgemeiner Art seitens der Direktion bewirkten, besonders seit dem Amtsantritt des berüchtigten Direktors Titel, daß immer wieder Vertreter der örtlichen Papierarbeitergewerkschaft bei der Direktion vorsprachen.[17] So wurden die Arbeiter z. B. gezwungen, in der werkseigenen Kantine einzukaufen und ein Werkführer fand es lustig, über die Köpfer der Arbeiter hinweg seine Schießübungen zu absolvieren. Im Oktober 1905 überbrachte der Gewerkschaftler Ströbl wieder einmal der Direktion eine Liste von Wünschen der Fabriksarbeiter, wurde jedoch von Oberdirektor Titel abgewiesen; jeder Arbeiter solle seine Beschwerden selbst vorbringen. Die ersten zwei Arbeiter die das versuchten, zwei Vertrauensmänner der Holzarbeiter, bezahlten diesen Versuch mit ihrer Entlassung. Daraufhin traten die Holzarbeiter in den Streik. Der Gewerkschaftler Ströbl und Gewerkschaftssekretär Ausobsky verhandelten nun mit Obergewerbeinspektor Dr. Pogatschnigg, aber die Direktion hielt an der Kündigung der zwei Vertrauensmänner fest und verweigerte einigen Holzarbeitern die Arbeit.

Dies führte schließlich zum Streik aller 1600 Arbeiterinnen und Arbeiter, lediglich 100 von ihnen gingen kurz darauf wieder an die Arbeit. Gendarmerie besetzte das Werk und aus Wien reiste der Sekretär des Verbandes der Papierarbeiter zu Verhandlungen an. Doch die Direktion vertrat klare Standpunkte: kein Verkehr mit Vertrauensmännern, Lohnkürzungen bei Arbeitszeitverlängerung, Miete für bisher freie Werkswohnungen, Entzug des Quartiergeldes, Streichung der Kohlendeputate, keine Verpachtung von Grund zum Anbau von Gemüse, Herabsetzung der Akkord- und Taglöhne und Entlassung eines Teiles der Streikenden. Als Ausspruch des Direktors Titel wird überliefert, er wolle den Arbeitern damit "auf zehn Jahre die Lust zum Streiken austreiben".

Die Situation eskalierte. Die Direktion verlangte 84 Wohnungsräumungen, die bürgerliche Presse verbreitete Panik und verlangte die Entsendung von Militär nach St. Stefan. Statthalter Graf Clary vermittelte, es wurde neu verhandelt und schließlich gingen die Arbeiter, wohl auch aufgrund der Zunahme der Streikbrecher, wieder an die Arbeit. Aber Oberdirektor Titel brach sein Wort und nahm statt 60 bis 80 Entlassungen über 200 Aussperrungen vor.

Dadurch verunsichert wandten sich zahlreiche Arbeiter von der Gewerkschaft ab. Von 1600 Arbeitern gehörten nun lediglich 300 der Gewerkschaft an. Direktor Titel ging sogar soweit, daß er die Streikbrecher deutschnational organisieren ließ. Das Urteil des Sozialdemokraten Dr. Michael Schacherl:

"Der aldeutsche Reichsratsabgeordnete Franko Stein wurde von der Direktion nach St. Stefan berufen, der Antisemit erwies der Aktiengesellschaft, an deren Spitze der Jude Taussig stand, gern den Liebesdienst."[18]

Sozialdemokratische oder gewerkschaftlich organisierte Arbeiter wurden in der Folge entlassen, die Verwandtschaft mit

17 In der Folge vgl. die Ausgaben des Arbeiterwillens vom Oktober/November 1905.
18 M. Schacherl, 1932, S. 162.

Der Fischerwirt in Gratwein diente politischen Parteien aus Gratkorn - um 1900 besonders häufig den Sozialdemokraten - als beliebtes Versammlungslokal. Photographie um 1900. (AG)

Bootsfahrten beim Fischerwirt erfreuten sich um die Jahrhundertwende wachsender Beliebtheit. (AG und Sammlung Horst Ziegler)

einem Sozialdemokraten reichte dafür schon aus. Als die Direktion im Jahre 1906 eine Veranstaltung des alldeutschen politischen Vereines "Hammer" organisierte, führte dies zum Austritt von etwa 100 Arbeitern aus der Allgemeinen Arbeiterkrankenkasse.

Bei den Reichsratswahlen vom 14. Mai 1907 erreichte Resel in Gratkorn 354 Stimmen, der Deutschnationale Gürtler 172 und der Christlichsoziale Hopferwieser 104 Stimmen.[19] Gürtler, der Kandidat der "Deutschen Volkspartei", agitierte besonders eifrig in Gratwein und Gratkorn. Er erfreute sich massiver Unterstützung des Direktors der Papierfabrik, "des durch seinen Terrorismus gegen die Arbeiter berüchtigten Herrn Tittel"[20].

Trotz ihrer quantitativen Überlegenheit blieb es der Gratkorner Arbeiterschaft während der Monarchie versagt, auf kommunaler Ebene in die politischen Entscheidungsprozesse einzugreifen. Diese Situation sollte sich erst mit der Ausrufung der Republik (12. November 1918), beziehungsweise mit der Verwirklichung des allgemeinen, gleichen und freien Wahlrechtes und den ersten freien Gemeinderatswahlen (27. Juli 1919) ändern.

Zur Geschichte der politischen Bewegungen in Gratkorn gehört auch, und darauf sei abschließend ein kurzer Blick geworfen, die frühe Vereinsgeschichte. Aufgrund der bereits an anderer Stelle dargestellten raschen Entwicklung der sozialdemokratischen Arbeiterbewegung im Umfeld der Papierfabrik konstituierten sich in der Gemeinde St. Stefan am Gratkorn in den letzten beiden Jahrzehnten des 19. Jahrhunderts einige Vereine, die mehr oder minder offensichtlich die Interessen der sozialdemokratischen Arbeiterschaft vertraten. Bereits 1868 bestand eine Fabrikskasse, die der Krankenvorsorge diente. 1888/89 erfolgte der Beitritt zur "Allgemeinen steiermärkischen Arbeiter Kranken- u. Unterstützungs Cassa Graz" sowie im Juni 1889 die Errichtung einer Zahlstelle in Gratwein. Vor 1897 entstand die Gratkorner Ortsgruppe des "Allgemeinen Arbeiter - Rechtsschutz- und Gewerkschaftsvereines für Steiermark". Ihren Sitz hatte die Ortsgruppe in Reichels Gasthaus. Ebenfalls in diese Zeit fällt die Gründung der Ortsorganisation des "Gewerks-

Männergesangsverein Gratkorn, 26. Juni 1898. (AG)

Der Männergesangsverein der Papierfabrik im Jahre 1914. Mittelreihe 9. v. li.: Herr Hopfgartner, letzte Reihe 2. v. li.: Herr Heitra. (Sammlung K. Thannen)

Arbeitergesangsverein Gratkorn, 1922. Ganz links, sitzend, Bürgermeister Anton Kamper. (AG)

vereins der Arbeiterschaft der Papier- und Papierstoff - Industrie Österreichs". Auch dieser Verein hielt seine Zusammenkünfte in Reichels Gasthaus ab. Ebenfalls früh, im Jahre 1884, erfolgte die Gründung des Männergesangsvereines der Papierfabrik. Dieser Verein verfolgte klerikal - großdeutsche Tendenzen und befand sich später, in der Ersten Republik, am äußerst "rechten" Rand des politischen Spektrums. Gewichtige Differenzen mit sozialdemokratischen Vereinen waren somit unausbleiblich.
Die Vereinschronik des Männergesangsvereines, die in einer Abschrift teilweise erhalten ist, gibt Einblick in die politischen Gegensätze der jungen Republik auf kommunaler Ebene. So mußte der Verein im Jahre 1920 eine Sonnwendfeier abbrechen, weil die sozialdemokratische Arbeiterschaft auf Parolen wie "Hoch Kaiser Wilhelm" relativ gereizt reagierte. Die Gegensätze verschärften sich, als der Verein im Jahre 1937 unter der Leitung Jakob Wöhrers am "Deutschen Sängerbundfest" in Breslau teilnahm, das, so die Vereinschronik, der "Führer des Reiches Adolf Hitler durch seine Anwesenheit verschönte". Der so geschichtsträchtige Verein mußte seine Tätigkeit im Laufe des Zweiten Weltkrieges einstellen, wurde dann neu gegründet und beteiligte sich fortan unter dem Namen "Männergesangsverein Jakob Wöhrer mit Frauenchor" erfolgreich und unpolitisch am Gratkorner Vereinsleben.
Offensichtlich als Gegenpol zum Männergesangsverein der Papierfabrik gründete Gustav Novak, ein Gratkorner Sozialdemokrat der "ersten Stunde", im Jahre 1899 den Arbeitergesangsverein "Bruderbund" auf sozialdemokratischer Grundla-

19 Grazer Arbeiterwille vom ?? März 1907.
20 M. Schacherl, 1932, S. 217.

Ein seltenes Dokument zur Gratkorner Vereinsgeschichte: "Euer Wohlgeboren werden zu dem am 12. Jänner 1913 in Pucher's Gasthaus stattfindenden Balle der freiwill. Ortsfeuerwehr Gratkorn ganz ergebenst eingeladen. Anfang um 4 Uhr nachmittags. Eintritt 80 h [= Heller]. Musik: Die Werkskapelle Leykam-Josefsthal. Großer Glückshafen und a[ndere] Belustigungen." (Sammlung Gasthaus Pucher, Rosa Faninger)

Besonders Radfahrvereine (sozialdemokratische wie deutschnationale) besitzen in Gratkorn Tradition. Mitglieder des Steiermärkischen Arbeiter Radfahrer - Bundes, Ortsgruppe Gratkorn, um 1905. Der Arbeiter - Radfahrerbund "Zugvogel" Gratkorn wurde erst 1921 gegründet. (Sammlung Horst Ziegler)

ge, wie es der Chronik des "Leykam - Chors" zu entnehmen ist. Nach zweimaliger Auflösung des "Bruderbundes" gründeten einige ehemalige Mitglieder im Jahre 1921 den "Arbeitergesangsverein der Papierfabrik Gratkorn". Dieser Verein wurde 1978 in "Leykam - Chor" umbenannt.[21]

In das Jahr 1895 fällt die Gründung des Musikvereines St. Stefan bei (!) Gratkorn, der bis zum Jahre 1905 unter der Leitung Jakob Wöhrers stand. Der in seiner Gründungszeit deutschnational orientierte Verein wurde im Jahre 1923 als "Musikverein Gratkorn" unter dem Obmann Bürgermeister Anton Kamper neu ins Leben gerufen. Seit 1963 nennt sich der traditionsreiche Verein "Markt- und Werkskapelle Gratkorn".[22]

Zu Ende des 19. Jahrhunderts bestanden in St. Stefan am Gratkorn etwa neun Vereine, die sich politisch mehr oder weniger deutlich deklarierten und neben kulturellen oder sozialen auch politische Ziele verfolgten. Mit dem Stand von 1901 handelte es sich (ausgenommen die Feuerwehr) um folgende Vereine:

- Militärveteranenverein Adolf Blümel
- Arbeitergesangsverein "Bruderbund"
- Bienenzuchtverein
- Arbeiterradfahrverein
- Gewerkschaft der Arbeiter der Papierfabrik
- Männergesangsverein der Papierfabrik und des Ortes St. Stefan am Gratkorn
- Ortsgruppe des Deutschen Schulvereins
- Musikverein St. Stefan bei Gratkorn

Relativ unpolitisch ging es lediglich bei den Gratkorner Feuerwehren zu und bei der 1912 gegründeten Werksrettung des Roten Kreuzes in der Papierfabrik. Besondere Bedeutung kam im kommunalen Bereich den sozialdemokratischen Vereinen zu, weil sich diese den vielfältigen Problemen der zahlreichen Gratkorner Industriearbeiterschaft annahmen; auf die diversen gewerkschaftlichen Vereine und Vorsorgevereine wurde bereits hingewiesen. Mit dem Ende der Monarchie und einer liberalisierten Gesetzgebung wuchs besonders die Zahl dieser sozialdemokratisch orientierten Vereine in Gratkorn. Im Jahre 1921[23] erfolgte die Gründung des Arbeiter - Radfahrerbundes "Zugvogel" (heute ARBÖ), nachdem bereits ein örtlicher Vorgängerverein existiert hatte.

1922 wurde die Ortsgruppe der Kinderfreunde ("Sozialdemokratischer Erziehungs- und Schulverein Freie Schule Kinderfreunde") gegründet. 1923 erfolgte die Gründung der Ortsgruppe der Naturfreunde, 1924 entstand der "Arbeiter - Turn - und Sportverein", 1925 der "Freidenkerbund" und 1933 der Arbeiter - Feuerbestattungsverein "die Flamme". Die aus über 300 Mitgliedern bestehende Ortsgruppe des Republikanischen Schutzbundes entstand 1923.

Die politischen Ziele waren eindeutig: Insbesondere der Freidenkerbund verstand sich als eine Organisation, die dem Ar-

21 Vgl. K. Pöschl, 1988.
22 E. Hütter, 1960ff.
23 E. Staudinger, 1984, S. 165.

Der Gratkorner Arbeiterradfahrverein am 1. Mai 1924. Vorne sitzend, mit Trinkhorn: Josef Halbedl.
(Sammlung J. Kopsche)

Der Gasthof Rinner (unten links) diente der Gratkorner Ortsgruppe des "Steirischen Radfahrer - Gauverbandes" als Vereinslokal. Ansichtskarte aus den Jahren um 1910.
(Sammlung Horst Ziegler)

beiter den Weg zu neuen Lebensformen, zu neuen sozialen Grundwerten und kulturellen Aktivitäten weisen sollte, lediglich Konfessionslose konnten beim Freidenkerbund die Mitgliedschaft erlangen.
Auch im Gratkorner Freidenkerbund wurde viel diskutiert, Vorträge wurden veranstaltet und Treffen abgehalten. Die behandelten Themen erstreckten sich auf die Rolle der katholischen Kirche und ihr (nicht gerade gutes) Verhältnis zum Freidenkerbund, bzw. zur Sozialdemokratie; man diskutierte unter anderem über Darwins Evolutionstheorie, über die Milieutheorie, über Schwangerschaftsunterbrechung und Empfängnisverhütung. Die Gründung der Ortsgruppe erfolgte übrigens 1925 in Judendorf, wenig später nannte man die Ortsgruppe in "Judendorf - Gratwein - Gratkorn" um.[24]
Auch der Feuerbestattungsverein ("die Flamme") zählte zu jenen Organisationen, die stärker als andere Vereine der sozialdemokratischen Vereinslandschaft kulturbezogene Werthaltungen und weltanschauliche Grundsätze der Sozialdemokratie umzusetzen versuchten.
An Zeitkritik mangelte es jdenfalls bereits in den frühen 20er Jahren nicht. Auf dem Gebiet des Umwelt- und Naturschutzes sind die Gratkorner Naturfreunde seit 1923 tätig. Der "Arbeiter - Turn - und Sportverein" warnte schon damals vor der "Rekordhascherei und dem materiellen Gewinnstreben" im Sport und propagierte Erziehungsmethoden des Arbeiter-

24 Vgl. E. Staudinger, 1984, S. 142.

Der Freidenkerbund, Ortsgruppe Gratwein – Gratkorn – Judendorf, am 26. Juni 1927 bei der "Kulturfeier zum 7-fachen Wiegenfest". Die Aufnahme entstand zwischen Ganghaus und Maderhaus, hinter der ehemaligen Werksrestauration Feldbacher. Letzte Reihe, 5. von links: Mathias Pfeifer. Vorletzte Reihe, 2. von rechts: Emil Raschl. 4. Reihe von oben, 2. von links: Herr Hafner. 3. Reihe von unten, 4. von links: Frau Tscheinig, vereh. Marek. In der Mitte (älterer Herr mit Bart u. Krawatte): Obmann Lehrer Liebl. (Sammlung K. Thannen)

sports zur "Hebung des Gemeinsinnes und der Kameradschaft".[25]
Zu den traditionsreichsten sozialdemokratischen Vereinen zählen die "Kinderfreunde". Die Gratkorner Ortsgruppe wurde 1922 unter dem ersten Obmann Ludwig Vrecer gegründet, ihre Geschichte wurde erst unlängst in einer Festschrift[26] behandelt. Die Ziele dieses Vereines, wie sie 1923 definiert wurden, zeigen die sozialpolitische Brisanz und seien zum Verständnis der Entwicklung politischer Vereine nach 1934, bzw. 1938, zum Schluß dieses Kapitels kurz dargestellt: "Der Verein ist vor allem ein Elternverein. Sein Zweck ist es, das Proletariat zusammenzufassen, damit aus gemeinsamer Kraft das geistige und leibliche Wohl seiner Kinder und deren Entwicklung zu sozialistischem Denken, Fühlen und Wollen so gefördert werde, wie es dem einzelnen Elternpaar in der kapitalistischen Wirtschaftsordnung nicht möglich ist. Er führt auch den Kampf um die Freiheit der öffentlichen Schule. In diesem Sinne wendet er alle seine Mittel an, um die Trennung von Schule und Kirche sowie die Aufhebung aller Bildungsprivilegien zu erreichen. Daher fördert er die auf diese Ziele gerichtete Schulreform und wird einer Zertrümmerung der öffentlichen Schule in Bekenntnisschulen mit allen Mitteln entgegenwirken."[27]
Derart exponierte Vereine wurden bei politischen Umwälzungen genauso verfolgt wie die politische Opposition und die Geschichte dieser Verfolgung schlug oft seltsame Wege ein: Am 12. Jänner 1925 hatten Obmann Vrecer, sein Stellvertreter Bäck und der Kassier Mally im Namen der Gratkorner Kinderfreunde ein Grundstück erworben, auf dem der erste Kindergarten entstand. Nach dem Februaraufstand der Sozialdemokraten wurden alle sozialdemokratischen Vereine, so auch die Gratkorner Kinderfreunde, aufgelöst. Besitz und Vermögen wurden laut Bescheid der Bezirkshauptmannschaft Graz - Umgebung vom 9. Mai 1934 beschlagnahmt und aufgrund eines Vollstreckungsbescheides des Bundeskanzleramtes vom 17. August 1935 dem Eigentum der systemtreuen Vereinigung "Jung Vaterland" einverleibt. Nach dem "Anschluß" fiel der Grundbesitz der ehemaligen Kinderfreunde mit Bescheid des "Stillhaltekommissars für Vereine, Organisationen und Verbände" an die NSDAP / Hitlerjugend. Nach 1945 ging das Grundstück an den Staat Österreich, dann an den "Restitutionsfonds der sozialdemokratischen Organisationen" und schließlich 1949 an die Landesleitung Steiermark der Kinderfreunde.[28] - So spiegelt sich, einmal abgesehen von den moralischen Aspekten dieses "Falles", in der Geschichte eines Vereines die Geschichte von Epochen.

25 E. Staudinger, 1984, S. 133ff.
26 Erhältlich bei den Kinderfreunden Gratkorn.
27 Zitiert nach E. Staudinger, 1984, S. 136.
28 Sämtliches Aktenmaterial in Kopie im Archiv der Kinderfreunde Gratkorn.

Erster Ausflug des Freidenkerbundes Gratwein / Gratkorn / Judendorf nach Judendorf am 1. April 1928. (AG)

Das ehemalige Kinderfreundeheim Gratkorn (Kindergarten), eröffnet am 16. September 1973. (AG)

Der Kaiser in Gratkorn

Vom 1. Juli bis zum 11. Juli 1883 unternahm Kaiser Franz Joseph I. eine sogenannte Huldigungsreise durch die Steiermark. Den unmittelbaren Anlaß dazu bildeten die Feierlichkeiten zur 600jährigen Zugehörigkeit der Steiermark zum Haus Habsburg. Die Reise sollte die Beziehungen zwischen der Steiermark und dem Herrscherhaus stärken, weiters diente sie der Inspektion der staatlichen Verwaltung, wirtschaftlicher Betriebe und öffentlicher Einrichtungen. Im Laufe seiner Reise besuchte der Kaiser auch die seit dem Jahre 1870 im Besitz der Leykam - Josefsthal AG stehenden Papier- und Zellstoffabrik. Die nachstehende Rekonstruktion der Besuchsprogramme in Gratwein, Rein und Gratkorn gewährt nebenbei auch Einblick in das Verhältnis zwischen Arbeiterschaft und Monarchie.

Der Kaiser hatte Wien am 1. Juli 1883 mit dem Hofzug verlassen und erreichte Gratwein um 13 Uhr 30.[1] Kaiser Franz Josef "wurde in Mürzzuschlag vom Statthalter Baron Kübeck und dem Corpscommandanten FZM [Feldzeugmeister] Freiherr v. Kuhn erwartet und in Bruck vom Herrn Landeshauptmanne Dr. Moritz von Kaiserfeld und mehreren Herren Landesausschüssen empfangen." Reden wurden gehalten und der Kaiser antwortete, daß es ihn sehr freue, anläßlich des 600 jährigen Jubelfestes länger in der Steiermark verweilen zu können. Dann widmete er sich huldvoll den Landesausschüssen, bestieg den Zug und fuhr nach Gratwein.

Dieser Besuch wurzelt seinerseits in einem Ereignis, das am 19. September 1276 stattfand. An diesem Tag versammelten sich die einflußreichsten Vertreter des steirischen Adels im Kloster Rein, um ihre Loyalität gegenüber dem Hause Habsburg zu bezeugen und sich gegen den Widersacher Rudolf von Habsburgs, Przemysl Ottokar, zu wenden.[2] Der Besuch des Kaisers im Kloster Rein ist somit verständlich. Vorerst aber verweilte der Kaiser einige Zeit im dafür eigens herausgeputzten Gratwein, wo auch fast ganz Gratkorn staunend den Weg des Monarchen säumte. Auf der Straße nach Rein waren zwei Triumphbögen errichtet worden, der eine von

Mochte es auch zwischen den Klassen Spannungen geben, in der Treue zum Hause Habsburg waren sich Arbeiter und Bauern einig. - Johann Hopfer (vulgo Felberbauer) als Soldat, Kaiser Franz Josef und Kaiser Wilhelm. (Sammlung Fam. Gredler vulgo Felberbauer)

1 "Programm für die Reise Allerhöchst Seiner Majestät des Kaisers in Steiermark im Juli 1883" In: Grazer Volksblatt vom 3. Juli 1883 (Beilage).
2 StUB IV, Nr. 600, S. 356f.
3 Grazer Tagespost vom 2. Juli 1883 (Morgenblatt).

Ansichtskarte von St. Stefan (nach Osten) um 1910. (AG)

Baumeister Höller für die Bezirksvertretung Graz, der andere von der Leykam - Josefsthal AG. Beide Triumphpforten wurden von Inschriften gesäumt wie: "Willkommen im Steirerland" und "Heil dem Hause Habsburg".

In einem Originalbericht lautet es weiter: "Auf dem Bahnhofe von Gratwein, dessen Wartehalle in einen eleganten Salon umgewandelt worden war, hatten sich bereits lange vor der Ankunft des Hofzuges die Mitglieder der Bezirksvertretung Graz mit ihrem Obmanne Herrn Dr. Graf und dem Bezirkshauptmanne Herrn Dr. Lautner eingefunden. Ferner hatten vierzehn Feuerwehren, darunter jene von Hausmannstätten, Kalsdorf, Premstetten, Gösting, Puntigam, Steinfeld, Hitzendorf etc. Aufstellung genommen. Auch die Schuljugend von Gratwein und die dortige Geistlichkeit sowie jene von Straßengel und St. Stefan war erschienen. Ferner waren 59 Gemeindevertreter anwesend."[3]

Um etwa 13 Uhr 30 traf der Hofzug in Gratwein ein, die vor Aufregung fiebernde Knabenkapelle von St. Ulrich intonierte die Volkshymne ("Gott erhalte, Gott beschütze..."), der Kaiser stieg, umschwirrt von hohen Beamten, aus dem Zug, Hochrufe erschallten, Deputationen wurden begrüßt und Legionen von Kindern, Enkeln und Urenkeln konnten sich fortan an der immer und immer wieder erzählten Geschichte erfreuen, wie der Vater oder Großvater dem guten Kaiser in Gratwein die Hand reichen durfte.

Sodann "bestieg der Monarch unter lebhaften Hochrufen der Anwesenden die bereitstehende Equipage des Herrn Peter Reininghaus, um nach dem Stifte Rein zu fahren. Im ersten Wagen fuhren der Herr Bezirkshauptmann Dr. Lautner mit Herrn Dr. Graf, dann der Kaiser mit seinem Generaladjutanten Baron Mondel, dann Graf Taaffe [der Ministerpräsident] mit dem Statthalter Baron Kübeck, endlich die anderen Herren des Gefolges."[4]

Abermals ertönte das "Gott erhalte..." und der Kaiser wurde "am Kirchenportale vom Stifts - Convente unter unter feierlicher Begrüßung durch den hochw. Herrn Abt Vincenz empfangen und unter einem Baldachin, den der Gemeindevorstand und die Gemeinderäthe trugen, zum Hochaltare der Kirche geleitet, woselbst vom Stiftsabte das kirchliche Gebet verrichtet und der Pontificalsegen gegeben wurde."[5]

"Dann besuchte er [der Kaiser] die in einer Seitenkapelle gelegenen Gräber Ernst's des Eisernen und Ottokars V. Durch den Kreuzgang ging der Kaiser in den mit Fresken bedeckten Huldigungssaal, wo ein Thronsessel aufgestellt worden war. Der Kaiser zeichnete sich auch in das Gedenkbuch des Klosters ein. Nachdem der Monarch das Letztere besichtigt hatte, kehrte er nach Gratwein zurück. Die Pferde des Wagens, in welchem der Kaiser fuhr, waren durch die Pöllerschüsse scheu geworden und es mußte der Kaiser deshalb in einen anderen Wagen umsteigen."[6]

Nun stand der Besuch der Papierfabrik auf dem Programm. Zum Zeitpunkt des Kaiserbesuches produzierte die Gratkorner Papierfabrik der Leykam - Josefsthal AG bereits 1833 Tonen Papier, die Produktion von Zellstoff aus Holz lief gerade an. Die Anzahl von Beschäftigten war während des Zeitraumes 1874 - 1889 von 285 auf 1259 gestiegen.[7] Die Papierfabrik diente somit als "Vorzeigebetrieb" für das Herzogtum Steiermark und konnte schon aus diesem Grunde mit dem Besuch des Kaisers rechnen.

Der Originalbericht vermag die Stimmung eindrucksvoll zu vermitteln: "Es erfolgte nun der Besuch der Papierfabrik Leykam - Josefsthal bei Gratwein. Im Hofraume der Letzteren war ein großer Theil der Arbeiter und Arbeiterinnen aufgestellt. Die Decoration war eine ebenso geschmackvolle als reiche. Zahlrei-

4 Ebenda.
5 Grazer Volksblatt vom 3. Juli 1883.
6 Grazer Tagespost vom 2. Juli 1883 (Morgenblatt).
7 Vgl. P. Cede, 1984, S. 286 u. 300.

St. Stefan am Gratkorn gegen Osten. Handkolorierte Ansichtskarte um 1900. (Sammlung Gasthaus Pucher, Rosa Faninger)

che Fahnen flatterten von den Dächern der Gebäude. Triumphbögen waren errichtet und im Vestibule des Hauses standen unter üppigem Blumenschmuck die Büsten des Kaiserpaares. Die Fabriksarbeiter und Arbeiterinnen brachen beim Erscheinen des Kaisers in stürmische Hochrufe aus. Der Präsident der Actiengesellschaft Leykam - Josefsthal, Herr Jakob Syz, hielt an den Monarchen eine kurze Ansprache und lud ihn ein, die Fabriksräume zu besichtigen. Der Monarch erwiderte in freundlicher Weise und machte dann mit seinem Gefolge einen Rundgang durch die Räume der Fabrik, wo alle Maschinen in Thätigkeit waren. Der Kaiser verfolgte mit größtem Interesse die verschiedenen Stadien der Papierfabrikation und besichtigte auch die in einem Saale arrangirte prächtige Ausstellung der Firma Plentl. Auf eine Bitte des Präsidenten Herrn Syz zeichnete der Monarch seinen Namen in das Gedenkbuch ein. Graf Taaffe befand sich auch im Gefolge des Kaisers und legte gleichfalls viel Interesse für die Papierfabrikation an den Tag. Nach einem Rundgang durch die Fabrik verließ der Kaiser dieselbe und begab sich wieder auf den Bahnhof. Ein leichter Sprühregen ging nieder, als der Kaiser dorthin fuhr. Doch wölbte sich bald wieder ein blauer Himmel über dem festlich geschmückten Orte."[8]

Dieser blumigen Dartsellung des Kaiserbesuches können wir erstens die Tatsache entnehmen, daß die Papierfabrik als "bei Gratwein" liegend bezeichnet wird, obwohl die Ortsgemeinde St. Stefan am Gratkorn zu diesem Zeitpunkt bereits jahrzehntelang existierte. Auf die Ursachen wurde bereits eingegangen. Zweitens zeigt sich hier deutlich die Tatsache, daß die Arbeiterschaft, auch die sozialdemokratisch gesinnte, sich durchwegs kaisertreu zeigte. Es ware rauhe Gesellen, aber achtbare Männer, die loyal zum Kaiserhaus standen. Angestrebt wurden lediglich Reformen im Wahl- und Arbeitsrecht; das jedoch interpretierte der Staat als revolutionäre Ansinnen. Auch dieser Hintergrund muß bei der Darstellung der Geschichte der Gratkorner Papierarbeiter beachtet werden.

Die Reise des Kaisers im Jahre 1883 in die Steiermark sollte jedoch für zumindest einen Gratkorner dramatische Folgen nach sich ziehen. Im Februar 1884 wurden 22 Sozialdemokraten wegen der angeblichen Planung eines Attentatsversuches auf den Kaiser und wegen Hochverrates festgenommen und angeklagt. Nach einem Prozeß in Graz, der internationales Aufsehen erregte, wurden sämtliche Angeklagten bezüglich des Verbrechens des Hochverrates (gewaltsame Änderung der Regierungsform) für schuldig befunden; Attentatspläne auf den Kaiser hatte es nie gegeben und konnten daher nicht bewiesen werden. Auch der Schneidergehilfe Philipp Sleik aus St. Stefan wurde schuldig gesprochen und zu einer langjährigen Haftstrafe verurteilt.[9]

8 Grazer Tagespost vom 2. Juli 1883 (Morgenblatt).
9 Vgl.. Grazer Tagespost vom 12., 25. und 26. Juni 1884.

Reservat

Programm
für die
Reise Allerhöchst Sr. Majestät des Kaisers nach
Graz und Laibach
im Juli 1883.

Sonntag den 1. Juli. Wien–Graz (Südbahn, 28 Meilen, 5½ Fahrstunden.)

Früh 8 Uhr: Abreise.

Vormittags 11½ Uhr: Mürzzuschlag. Empfang durch den Statthalter und den Corps-Commandanten.

Vormittags 11¾ Uhr: Déjeuner im Waggon.

Nachmittags 1½ Uhr: Gratwein. Allerhöchster Besuch des Stiftes Rein, dann Besichtigung der Papierfabrik Leykam-Josefsthal.

Nachmittags 4 Uhr: Ankunft in Graz. Empfang am Bahnhofe durch den Landesausschuß, die Spitzen der Behörden und den Gemeinderath; hierauf beim Allerhöchsten Hoflager durch die Würdenträger, den Clerus, das Offizierscorps, die Behörden etc. etc.

Abends 6 Uhr: Diner.

Abends 8 Uhr: Serenade, Fackelzug.

Montag den 2. Juli. Graz.

Früh 8 Uhr: Hofamt.

Vormittags 10 Uhr: Allerhöchster Empfang im Hoflager der Huldigungs-Deputation, hierauf Aufwartung der Würdenträger, des Clerus, des Offiziers-Corps, der Behörden, Corporationen und Deputationen etc. etc.

Nachmittags 3 Uhr: Eröffnung der historischen und culturhistorischen Ausstellung.

Abends 6 Uhr: Diner.

Dienstag den 3. Juli. Graz.

Früh 7 Uhr: Revue der Garnison. Unmittelbar hierauf Allerhöchste Besichtigung der Cavallerie und Artillerie.

1937 vor dem Gasthaus Pucher, stehend v. l. n. r.: Florian Strohmaier, Peter Langmeier, Franz Fassmann (Vater der Peterlwirtin), Hans Teibinger, Frieda Harrer, Maria Teibinger, Herr Salmutter, Emil Müller (Müllerwirt), Franz Steinberger, Franz Baldauf.
Vordere Reihe v. l. n. r.: Herr Neubauer, Maria und Hans Teibinger. (alle Fotos: Sammlung Gasthaus Pucher, Rosa Faninger)

Erster Weltkrieg und Zwischenkriegszeit

Am Vorabend des Ersten Weltkrieges präsentierte sich Gratkorn als tadellos verwaltete Gemeinde. Auf kommunaler Ebene amtierten die reichsten Bauern als Bürgermeister, weil das Wahlrecht so gut wie die gesamte (sozialdemokratische) Arbeiterschaft ausschloß.[1] Mathias Hochstraßer war 1899 zum Bürgermeister gewählt worden, er sollte bis 1918 dieses Amt bekleiden und erfreute sich höchsten Ansehens.

Am 14. Mai 1907, bei den ersten freien Wahlen zum Reichsrat, mit dem heutigen Nationalrat entfernt vergleichbar, erhielt der Sozialdemokrat Johann Resel 354 Stimmen, der Deutschnationale Gürtler 172 Stimmen und der Christlichsoziale Hopferwieser 104 Stimmen. Zu kleineren politischen Auseinandersetzungen kam es in erster Linie zwischen Sozialdemokraten und Deutschnationalen, manchmal auch mit klerikal eingestellten Kreisen. Im Gemeinderat kam es zu einigen ruppigen Szenen, als die Deutschnationalen die Abberufung des Kaplans Benedikt Vidav und die Einsetzung eines "würdigeren deutschen Priesters" forderten. In der Industriesiedlung führten politische Differenzen zu handgreiflichen Auseinandersetzungen zwischen Deutschnationalen und sozialdemokratischen Arbeitern.

Im Jahre 1910 lebten im heutigen Gemeindegebiet, also unter Einschluß der KG Gratkorn - St. Veit, 4.373 Menschen. Über 1.200 davon arbeiteten in der Papierfabrik. Der rasche Bevölkerungsanstieg hatte zu zahlreichen Verbesserungen in der Ausstattung der Gemeinde geführt. 1897 wurde die Raiffeisenkasse Gratkorn errichtet, 1898 erfolgte die Eröffnung des Postamtes, im gleichen Jahr wurde Gratkorn an das Telegraphennetz angeschlossen. Schließlich hatte sich auch das Schulhaus als zu klein erwiesen, sodaß im Jahre 1908 die Schule (VS 1) neu gebaut wurde. In der Papierfabrik nahm die Direktion ständig Neubauten vor und führte neue Verfahren ein. 1901 konnte ein neues Heizhaus fertiggestellt werden und 1903 gingen zwei weitere Papiermaschinen in Betrieb. 1912 konnte die Chloranlage ihre Tätigkeit aufnehmen.

Am Abend des 28. Juni 1914 erschütterte die Nachricht von der Ermordung des Thronfolgerpaares die Gratkorner. Am 2. Juli 1914 passierte der Hoftrauerzug Gratwein und am 27. Juli 1914 erfolgte die Mobilisierung des Heeres. Dies führte dazu, das der Betrieb in der Papierfabrik kurzzeitig ganz eingestellt wurde. Im Laufe des Krieges starben 113 Gratkorner an den verschiedenen Fronten, 27 galten noch im Jahre 1922 als vermißt. Insgesamt wurden 1476 Gratkorner Männer zum Heer einberufen, was etwa 30 Prozent der Bevölkerung von 1914 ent-

Im Laufe des Ersten Weltkrieges starben 113 Gratkorner an den verschiedenen Fronten, 27 galten noch im Jahre 1922 als vermißt. Insgesamt wurden 1476 Gratkorner Männer zum Heer einberufen, was etwa 30 Prozent der Bevölkerung von 1914 entspricht. - Johann Hopfer (Pfeil), Angehöriger des K. u. k. Infanteriebataillons 4/87, auf der Pragarallspitze. Aus dem Text spricht die Sehnsucht nach der Heimat: "Liebe Eltern. Hir schike ich eine Fotografie. Wen ihr es erhaltet so bitte sofort die andword senden. Herzliche Grüßen von Sohn Hans. Auf ein Wiedersehen. 19. I. 1917" (Sammlung Fam. Gredler vulgo Felberbauer)

1 In der Folge, wenn nicht anders angemerkt, nach: Gemeinderatsprotokolle; R. Hofmann.o. J.; E. Hütter, 1960ff; I. Mirsch, 1989 und P. Cede, 1984.

Maiaufmarsch zu Beginn der 20er Jahre. Sozialdemokratische Vereine in der Grazer Straße, im Hintergrund der Hausberg. Vorne rechts Mitglieder des Arbeiter - Radfahrbundes. (AG)

spricht. In der Gemeinde kam es zu Engpässen in der Lebensmittelversorgung, die Bauern hatten unter den Zwangsablieferungen besonders zu leiden und sogar drei Kirchenglocken mußten aufgrund des Metallmangels zum Einschmelzen abgeliefert werden. Jeder pflanzte selbst soviel an, wie er konnte; die Hühner- und Kaninchenzüchter hatten Hochsaison.

Mit dem Tod Kaiser Franz Josefs I. am 21. November 1916 ging auch für die Gratkorner eine Epoche zu Ende. Offiziell abgeschlossen wurde sie mit dem Ende des Weltkrieges und der Ausrufung der Republik Deutsch - Österreich durch Staatskanzler Dr. Karl Renner am 12. November 1918.

Am meisten aber hatten die Papierfabrik und die dort beschäftigten Arbeiter unter den Folgen des Ersten Weltkrieges zu leiden. War schon in der Zeit von 1914 bis 1918 der Betrieb lediglich durch den Einsatz von Kriegsgefangenen aufrecht zu erhalten gewesen, so führte die Auflösung der Monarchie zum Verlust bedeutender Wirtschaftsräume und Absatzgebiete. Die Konzernleitung reagierte darauf mit der Einführung von Kurzarbeit und einer tiefgreifenden Modernisierung der Anlagen.

Mit dem Ende der Monarchie ermöglichte das geänderte Wahlrecht den politischen Einfluß der Gratkorner Sozialdemokraten auch auf kommunaler Ebene. Hans Rinner, vulgo Grünwirt, fungierte von 1918 bis 27. Juli 1919 als letzter Bürgermeister der "alten" Epoche. An diesem 27. Juli fanden in Gratkorn die ersten wirklich freien Gemeinderatswahlen, erstmals unter Beteiligung der Frauen, statt.

Metalle wurden während des 1. Weltkrieges zur gefragten Mangelware. Drei von den vier Glocken der Kirche in St. Stefan mußten abgeliefert werden; sie stammten aus den Jahren 1824, 1792 und 1793. Im Jahre 1922 wurden die Glocken ersetzt und 1940 wieder eingeschmolzen. (B. Denscher, 1987)

Das Ergebnis:
die Sozialdemokraten erhielten 1060 Stimmen, das bürgerliche Lager 609 Stimmen.

Wohnhäuser für die Beamten der Papierfabrik. Foto von 1924. (Leykam 1925)

Anton Kamper, Bürgermeister von 12. August 1919 bis 31. Juli 1933. (AG)

Gemeinderatswahl	1919	1924	1928	1932
Sozialdemokraten	1060	1586	1690	1349
Wirtschaftspartei	609	816	830	945
Kommunisten				102
NSDAP				136

Anton Kamper trat als erster freigewählter Bürgermeister der Gemeinde Gratkorn sein Amt an. Mit "Vater Kamper", wie er auch respektvoll genannt wurde, beginnt die ununterbrochene Reihe sozialdemokratischer Bürgermeister, sieht man von den Jahren 1934 bis 1945 ab, die durch ihr Engagement bedeutende Leistungen in der Kommunalpolitik initiierten.

Kamper wurde am 23. April 1867 in Hafning, Kreis Leoben, geboren. Nach der Absolvierung von fünf Klassen Volksschule arbeitete er als Eisenwalzer und kam in den Industriebetrieben des Mürztales, Bosniens und in deutschen Stahlwerken in Kontakt mit der Arbeiterbewegung. 1901 übersiedelte Kamper nach Mitterdorf, 1914 zog er nach Gratkorn, um einen Posten als Rechnungsführer der Allgemeinen Kranken- und Unterstützungskasse für Steiermark und Kärnten (Ortskrankenkasse für Steiermark) anzutreten.

In die Amtszeit Anton Kampers fielen grundlegende kommunale Entscheidungen. Aufgrund zahlreicher Interventionen der bisherigen Ortsgemeinde wurde Gratkorn am 10. Mai 1922 zur Marktgemeinde erhoben und mit einem eigenen Wappen ausgestattet. Die Namensänderung von St. Stefan am Gratkorn in Gratkorn war bereits im Jahre 1907 erfolgt.[2] Anläßlich der Feierlichkeiten zur Markterhebung hielt Bürgermeisterstellvertreter Ing. Fritz Heese eine Rede, in der er auch zur damaligen Situation der Gemeinde und zu den laufenden Planungen Stellung nahm. Viele Feststellungen

2 Eingabe an die k. k. Statthalterei in Graz vom 6. April 1906, bzw. Erlaß der Statthalterei vom 24. März 1907, Zl. 9 298/8; Erlaß des k. k. Innenministeriums vom 17. März 1907, Zl. 5.819.

Die von der Papierfabrik errichtete neue Wohnhausanlage im Jahre 1924. (Leykam 1925)

Gesamtansicht der Gratkorner Papierfabrik vom Jahre 1925. (Leykam 1925)

besitzen ungebrochene Aktualität: "Die territorial günstige Lage, die unmittelbare Nähe der Landeshauptstadt Graz müssen uns erkennen lassen, daß Gratkorn dereinst eine Grazer Vorstadt bilden wird und diese Voraussicht wird sich bereits mit dem Momente erfüllen, als das Straßenbahnprojekt Gösting bzw. Andritz - Gratkorn verwirklicht wird. Die Gemeinde Gratkorn wird sodann für viele, welche in der Landeshauptstadt ihrem Berufe nachgehen, ebenso aber wegen der schönen Lage für viele, welche einen angenehmen Landaufenthalt suchen, eine begehrte Ansiedlungsstätte werden. - Doch um nicht Zukunftsmusik zu machen, haben wir ja durch das Aufblühen unseres Industrieunternehmens den kolossalen Aufschwung in den letzten Jahren erkannt und wir können, wohin wir heute blicken, erkennen, dass der Geist des Fortschrittes unseres Industrieunternehmens nicht rastet und rostet, sondern dass sich in den letzten Jahren eine so bedeutende Bautätigkeit entwickelt, dass ernstlich daran gedacht werden muss, diese Bautätigkeit durch Anlegung geeigneter Verbauungspläne Rechnung zu tragen und die bauliche Entwicklung von Gratkorn auf städtischer Grundlage auszubilden, damit die nachfolgenden Generationen nicht Ursache haben, uns einstigen Gemeindevertretern vorzuwerfen: Ihr habt Eure Zeit nicht begriffen und nicht erkannt , was Eure Pflicht gewesen. - Wenn wir heute den kommunalen Anforderungen in dieser Beziehung nicht entsprechen würden, so begingen wir eine Unterlassung, die für die Gemeinde von schwerwiegendster Bedeutung wäre; wir könnten die Verantwortung nicht dafür tragen, wenn wir unsere Aufgaben nicht voll erfassen, daß seinerzeit mit grossen Mühen und finanziellen Opfern das wieder nachgebracht und eingeholt werden müsste, was wir heute versäumen. Und diese Absicht, dieses Prinzip der Gemeinde, an dem wir festhalten, ist wohl selbstverständlich mit großen und bedeutenden Opfern verbunden. Sie dürfen sich über diese Opfer nicht wundern, da wir Strassenzüge anlegen müssen, die erst im Laufe der Jahrzehnte zur Verbauung gelangen werden, was verursacht, dass die Einnahmen mit den Ausgaben nicht gleichen Schritt halten können, weshalb auch die Steuerkraft in erhöhtem Masse in Anspruch genommen werden muss."[3]

3 "Festrede gehalten von Bürgermeister - Stellvertreter Ing. Fritz Heese bei der Festsitzung des Gemeinderates Gratkorn am 24. September 1922 anlässlich der Erhebung der Landgemeinde Gratkorn zur Marktgemeinde", in AG.
4 Leykam, 1925, S. 60. Zu den Wasserkraftanlagen vgl. auch J. Schubert, 1926.
5 CGG.

Gratkorner Arbeiter beim Bau der Gemeindewasserleitung. (AG)

Die Wunden des Ersten Weltkrieges, so Heese weiter, wären fast verheilt, gegen das bestehende Elend gelte es energisch zu kämpfen.

In der Tat herrschte zu jener Zeit unter den Gratkornern bedrükkende materielle Not. Arbeitslosigkeit, mangelnde Ernährung, fehlende Bekleidung, Wohnungsnot und Brennstoffknappheit bildeten die größten Sorgen. Als Folge waren allein im Jahre 1932 zwei schwere Diphterieepidemien zu verzeichnen, bei der etwa zwei Drittel der Schulkinder erkrankten.

Die Papierfabrik und die Gemeinde reagierten unverzüglich auf die veränderten wirtschaftlichen Verhältnisse. Als für diese Zeit - auch in Hinsicht auf die Beschäftigungspolitik - wichtigstes Projekt der Leykam - Josefsthal AG muß der Bau der Wehranlage und des Elektrizitätswerkes in den Jahren 1921 bis 1925 genannt werden. Diese Projekte erregten international Aufsehen: "Die Aufgabe bestand sohin hauptsächlich darin, die erlittene Einbuße durch weitestgehende Intensivierung der Leistungen unter gründlichster Ökonomisierung der Betriebe wettzumachen. Der Großteil dieses Ausgleiches fiel naturgemäß dem bedeutendsten Konzernwerke Gratwein zu, das zum österreichischen Ausfuhrhafen Triest ebenso vorteilhaft situiert ist wie zum Verbrauchszentrum des Inlandes, der Bundeshauptstadt Wien, sowie Dank seinen Einrichtungen geeignet ist, hervorragende Qualitäten wie bedeutende Quantitäten zu bieten und an Stelle der vom Konzern abgesprengten Fabriken den Export zu übernehmen. Der Papierfabrik Gratwein kommt dabei als Überlegenheit zustatten, daß ihr eine große Zellulosefabrik angegliedert ist, die alle Sorten Zellulose für die feinen und feinsten Papiere, Kartons und Spezialitäten zu liefern vermag. Das Werk Gratwein, das über bestgeschultes, bewährtes Personal, reichste Erfahrung und leistungsfähige Maschinen verfügt, war daher gleichsam von vornherein dazu ausersehen, für die Erzeugung feiner und feinster holzfreier und hadernhältiger Papiere herangezogen zu werden. Die sechs Gratweiner [!] Papiermaschinen produzieren gegenwärtig etwa 1200 Waggons im Jahre. Das Werk weist weiters zwei große Kartonklebemaschinen, ansehnliche Bleichereien und Hadernhalbstoffanlagen auf, und es steht ihm eine eigene Chlorfabrik zur Seite."[4] Durchschnittlich boten diese Projekte während der wirtschaftlich schwierigen 20er Jahre laufend etwa 250 Arbeitern Beschäftigung.[5]

Im Jahre 1932 konnten durch Bauprojekte der Marktgemeinde sogar alle Arbeitslosen beschäf-

Zellulosefabrik der Leykam-Josefsthal AG in Gratkorn. Foto aus dem Jahre 1924. (Leykam 1925)

Die Wehranlage in Bau, 1923.
(Leykam 1925)

Hochwasser bei der Wehranlage, 1923. (Leykam 1925)

Wasserkraftzentrale, 1924. (Leykam 1925)

Oberwasserkanal und Vorhof zur hydraulischen Zentrale (Kraftwerk im Bau) zum Zeitpunkt der Betonierungsarbeiten. (Leykam 1925)

1924: Das Kraftwerk ist fertiggestellt. (Leykam 1925)

Holzschablonen für die Turbinensaugkrümmer. (Leykam 1925)

Das Gemeindeamt in St. Stefan wird fertiggestellt. Sitzend, dritter von rechts: Bürgermeister Anton Kamper. (Sammlung F. Stolz, Gratwein)

Das Marktgemeindeamt in St. Stefan, erbaut von Max Mord in den Jahren 1924 und 1925. Die Architektur deutet auf die Nähe zur Heimatschutzbewegung hin. (Aufnahme um 1965.) (Archiv BDA Graz)

tigt werden. In diesem und im folgenden Jahr erfolgte auch die Asphaltierung der Wiener- und Grazerstraße. Zu einem Streik kleineren Ausmaßes kam es lediglich am 3. Dezember 1932, als Arbeiter der Papierfabrik gegen drastische Lohnkürzungen protestierten.

Während der 20er und 30er Jahre wurde der Maschinenpark kontinuierlich modernisiert. 1924 nahmen zwei neue Kocher den Betrieb auf und die Aufbereitungsanlage wurde modernisiert, 1926 mußten die alte Entwässerungsmaschine abgetragen und die Kiesheizerei modernisiert werden. 1927: Einbau des zweiten Bleichholländers; 1929: Errichtung des neuen Säureturmes und Inbetriebnahme der dritten Entwässerungsmaschine in der Zellstoffabrik, Umbau der Kiesheizerei; 1930 - 1935: Modernisierung der Papiermaschinen; 1936/37: Modernisierung der Chloranlage.[6]

Als einer der maßgeblich an diesen Projekten Beteiligten ist Oberingenieur Rupert Sieber zu nennen, der von 17. Mai bis 25. November 1945 auch als sozialdemokratischer Bürgermeister der Marktgemeinde amtierte. Bereits in den 20er und 30er Jahren beeinflußte Sieber maßgeblich die infrastrukturelle Planung Bürgermeister Kampers. Als wichtige Projekte sind hier der Ausbau der kommunalen Wasserversorgung (Baubeginn im Herbst 1931) und die Errichtung des Altersheimes sowie des Gemeindeamtes zu nennen. Der Ausbau der kommunalen Wasserversorgung trug außerdem wesentlich zur Verbesserung der

6 R. Hofmann, o. J., S. 9ff.
7 CGG.
8 CGG.

Gründungsfest und Fahnenweihe des Kammeradschaftsbundes Gratkorn am 10. September 1933. (Sammlung Gasthaus Pucher, Rosa Faninger)

sanitären und hygienischen Verhältnisse bei.

Am 14. November 1922 faßte der Gemeinderat den Beschluß zum Bau eines Altenheimes, in dem auch die Amtsräume der Gemeindeverwaltung untergebracht wurden. Seit 1849 hatten die Gratkorner Bürgermeister in ihren Privathäusern amtiert, die Akten wurden in diversen Kästen und Kellern verwahrt. Um 1880 entstand das Gemeindeamt als "Gemeindestube" am Kirchplatz. Bei der Übersiedlung dieser alten Gemeindestube in das jetzige Gemeindeamt ging dann leider ein großer Teil des alten Aktenmateriales verloren (bzw. wurde vernichtet), was den Historiker heute traurig stimmen muß.

Neben den bewegenden politischen Ereignissen gab es in Gratkorn während der Ersten Republik auch Sensationen unpolitischer Art. Als eine davon ist der Besuch des Luftfahrtpioniers Dr. Hugo Eckener zu nennen, der Gratkorn am 2. Oktober 1926 einen Besuch abstattete. Zuvor hatte Eckener mit dem Luftschiff "Graf Zeppelin" eine Reise nach Amerika unternommen. "Von der Bevölkerung von Gratkorn wurde dem Dr. Eckener eine feierliche Begrüßung bereitet. Die Gemeindevertretung, Gendarmerie, alle Schulen, die Feuerwehren und überhaupt alle Vereine und die Musikkapelle der Marktgemeinde waren bei dieser Kundgebung vertreten. Durch eine rührende Ansprache dankte Dr. Eckener für die ihm dargebrachte Huldigung."[7]

Im Juli 1928 sorgte schließlich ein Vorfall in der Gemeindeverwaltung für einen handfesten Skandal. Der Gemeindesekretär Johann Gross hatte den für damalige Verhältnisse hohen Betrag von 4000 Schilling veruntreut. Wenige Monate danach wurde einer Diebesbande, die schon seit Jahren in der Papierfabrik Metall gestohlen hatte, das Handwerk gelegt. Ein Bauarbeiter, ein Schmied und ein Hilfsarbeiter hatten die Diebstähle begangen und das Metall einem Alteisensammler das Diebesgut verkauft. Daneben standen bereits damals Autounfälle auf der Tagesordnung. Die Jagdgesellschaft unter dem damaligen Obmann Johann Steinberger sorgte in regelmäßigen Abständen für Sensationen. Am 6. Jänner 1929 erlegte Friedrich Steinberger einen 98 kg schweren Eber.[8]

Die politisch instabilen und nicht gerade als demokratisch - republikanisch zu bezeichnenden Verhältnisse auf Bundesebene zeigten auch auf kommunaler Ebene ihre Wirkung, obwohl sich Bürgermeister Kamper stets um Ausgleiche bemühte. Auf Gemeindeebene kandidierten die Christlichsozialen im Rahmen der sogenannten Wirtschaftspartei, eine Koalition zwischen Christlichsozialen, Nationalem Wirtschaftsblock, Landbund und Heimatblock. Die Nationalratswahlen vom 9. November 1930 veranschaulichen - neben den vorher zitierten Gemeinderatswahlen - die politischen Verhältnisse der frühen 30er Jahre in Gratkorn.

Gratkorn: Nationalratswahlen 1930

	gesamt	männlich	weiblich
Wahlberechtigte	2742	1386	1356
Gültige Stimmen	2501 (100%)	1209	1292
Sozialdemokraten	1472 (58,86%)	740	732
Christlichsoziale	269 (10,76%)	92	177
Nationaler Wirtschaftsblock und Landbund	191 (7,64%)	93	98
Heimatblock	412 (16,47)	199	213
NSDAP - "Hitlerbewegung"	98 (3,92%)	49	49
Kommunistische Partei	50 (2 %)	32	18
Österr. Volkspartei (nicht identisch mit der ÖVP)	9 (0,36%)	4	5

Der Republikanische Schutzbund Gratkorn (paramilitärische Organisation der Sozialdemokraten) 1927 im Hof des Ochsenwirtes. 1. Reihe, 8. sitzend von links (Zivilist mit Hut und Bart): Bürgermeister Anton Kamper. 2. rechts neben Kamper: Betriebsratsobmann Christelli (?). 2. links neben Kamper: Herr Krebs (Schlosser). 3. rechts neben Kamper: Herr Sakovsek. Hinter Kamper: Herr Hafner. 1. Reihe, 5. sitzend von links: Werkführer Pfeifer. Rechts ober dem ganz links außen stehenden Zivilist: Herr Razborschek.
2. Reihe, 1. rechts sitzend neben Fahnenträger: Herr Unger. 2. Reihe, 4. sitzend von rechts: Anton Moder.
3. Reihe, 5. von links: Herr Motschnig. 3. Reihe, 6. von rechts: Mathias Pfeifer. 3. Reihe, 1. rechts: Herr Buttolo.
3. Reihe ober Kamper, 5. von links: Leonhard Walkner.
Vorletzte Reihe, 5. von rechts: Herr Kupljen. Vorletzte Reihe, 5. von links: Herr Leskovar. Vorletzte Reihe, 6. von links: Herr Vidalli. Letzte Reihe, 1. rechts: Herr Hren. Letzte Reihe, 3. von rechts (unter kleinem Fester): Fritz Neuhold. Letzte Reihe, 5. von links: Anton Brandstätter. Letzte Reihe, 3. von rechts: Herr Kupljen.
Aus dem rechten Fenster sehend der damalige Fleischhauerbursche Fabschitz. (Sammlung K. Thannen)

Die gravierenden politischen Gegensätze zwischen Sozialdemokraten und Christlichsozialen hatten zur Aufstellung bewaffneter paramilitärischer Formationen einzelner politischer Parteien geführt. Auch unter dem Eindruck der politischen Entwicklung in Italien, wo sich der Faschismus durchgesetzt hatte, war auf dem Parteitag der österreichischen Sozialdemokraten 1922 der Entschluß zur "Wehrhaftigkeit des Proletariates" gefaßt worden. 1923 erfolgte daher die Gründung des Republikanischen Schutzbundes, dem auf der politischen Gegenseite die Heimwehr, bzw. der Heimatschutz gegenüberstanden. Nach Erhebungen des Landesgendarmeriekommandos standen sich um die Jahreswende 1932/33 in Gratkorn 331 Schutzbündler 200 Heimatschützern gegenüber;[9] für politischen Zündstoff war somit gesorgt und es kam in Gratkorn zu so mancher handgreiflichen Auseinandersetzung zwischen den verfeindeten Lagern.

Die politischen Spannungen auf Bundesebene fanden in Gratkorn ihren Niederschlag. Am 15. Juli 1927 löste ein politisch motiviertes Gerichtsurteil ("Schattendorf - Prozeß") in Wien Unruhen vor dem Justizpalast aus. Aufgebrachte sozialdemokratische Arbeiter setzten den Justizpalast in Brand, worauf die einschreitende Exekutive 85 Arbeiter erschoß. Aus Solidarität trat die sozialdemokratische Arbeiterschaft der Gratkorner Papierfabrik am 16. Juli in den Streik. Tags darauf schritt man wieder zur Arbeit.[10]

Die Konflikte zwischen Heimwehr ("Hahnenschwanzler"), Heimatschützern und Schutzbundangehörigen begannen zu eskalieren. Am 24. März 1929 marschierten ausgerechnet im erzroten Gratkorn 2000 uniformierte Heimwehrangehörige auf. Gerade hatte auf der Wieser der Besitzerin Maria Rinner die Festversammlung begonnen, als die "marxistische Arbeiterschaft" (so die Gendarmeriechronik) auf der Wiese erschien. Pfeifkonzerte und Sprechchöre ("Arbeitermörder") lösten schließlich den Unmut der Heimwehr aus:

"Durch das aufreizende Vorgehen der Marxisten erbittert, sprangen mehrere Heimatschützer aus ihren Einteilungen

9 E. Staudinger, 1984, S. 177.
10 CGG.

Übung der Gratkorner Heimwehr am 26. November 1933.
Stehend: Rabl, Safran, Kreiner, Arlic, Moritz, Nauta, Csebits. Vorne: Messner, Hödl, Stangl, Silzer, Schappch. Hilfspolizisten (mit Mantel): Benedikt, Steinberger, Oswalder. (AG)

Franz Anderluchs Fleischhauerei und Einkehr-Gasthaus an der Hauptstraße, auch als "Ochsenwirt" (heute Grazerstraße 3) bekannt, um 1925. Anderluchs Gasthaus galt als Stammlokal des Republikanischen Schutzbundes. (Sammlung J. Kopsche)

und fielen über die Schreier her." Weil die "Marxisten", gemeint sind wohl die Sozialdemokraten, in der Minderzahl waren, bekamen sie die Mehrzahl der Schläge ab. Den 2000 Zusehern wurde etwas geboten: "Von der heimattreuen Bevölkerung Gratkorns wurden die Heimatschützer mit Jubel empfangen."[11] Etwa 500 sozialdemokratische Arbeiter forderten daraufhin unter Streikdrohung die Entlassung der in der Fabrik beschäftigten Heimatschutzangehörigen. Direktor Grimm lehnte ab und nach einigen Tagen hatten sich die Wogen geglättet.
Am 28. Juli demonstrierte der sozialdemokratische Republikanische Schutzbund seine Stärke; 1000 Mann marschierten auf. Die Schutzbündler sammelten sich am Bahnhof in Gratwein und marschierten sodann über den Hauptplatz Gratwein nach Gratkorn, wo auf dem Festplatz eine Versammlung abgehalten wurde. 30 (!) Gendarmeriebeamte sorgten in Gratkorn für Ruhe und Ordnung.[12]
Am 25. August 1929 reisten sogar 55 Gendarmeriebeamte nach Gratkorn. Anlaß dafür war eine Fahnenenthüllung der Sozialdemokraten, an der auch 168 uniformierte Gratkorner Schutzbündler und an die 1000 Sozialdemokraten teilnahmen. Angesichts dieser Übermacht beschränkte sich der Gratkorner Heimatschutz darauf, an diesem Tag im Freßnitzviertel eine Geländeübung abzuhalten.[13]
Auch die folgenden Versammlungen verliefen in geordeten Bahnen, sogar die Betriebsratswahl in der Papierfabrik am 30. Juli 1930. Ergebnis: 12 Mandate für die Sozialdemokraten, eines für die "unabhängige, antimarxistische Gewerkschaft". Die "Roten" trafen sich im Gasthaus Anderluh oder Schmiedbauer, die "Heimatschützer" bei Pucher oder Rinner. Solange niemand im Revier des anderen durch Provokationen auffiel, herrschte Friede. Ein Zwischenfall ereignete sich am 12. November 1931 anläßlich eines Wehrsporttages des Gratkorner Heimatschutzes: Peter Taibinger, vulgo Kirchenstrobel, brach sich ein Bein.
Ein - ausnahmsweise einmal unpolitisches - Großereignis gilt es für 5. Juli 1931 zu verzeichnen. Der Gratkorner Rad- und Motorsportverein "Kornähre 1904" der Turnerclub "Hercules" und die Turnverbindung "Körner" veranstalteten unter dem Ehrenschutz des Direktors der Papierfabrik, Ing. Hermann Grimm, einen Sporttag. Den Kern dieses Sporttages bildete eine sogenannte "Terrainfahrt rund um den Schöckl" von Gratkorn über Frohnleiten nach Schrems, Russenstraße, Passail, Weiz, Gschwendt, Bachwirt, Neues Faßl, Annagraben, St. Veit und Weinzöttl zurück nach Gratkorn.
Am 13. September 1931 eröffnete der "Pfrimer - Putsch" die Reihe der Aufstände und Putsche. Am Sonntag, 13. September 1931 gegen ¾ 4 Uhr erhielt der Obmann der Gratkorner Heimwehr, Gerhard Lendecke, Kassier in der Papierfabrik, die Verständigung, "daß die Heimwehr Alarm habe und zur Gänze, über Befehl des Heimwehrführers Dr. Walter Pfriemer [recte: Pfrimer] aus Judenburg,

11 CGG.
12 CGG.
13 CGG.

Die Gratkorner Heimwehr. (AG)

aufzubieten sei." Lendecke, Leiter der Heimwehren in Gratkorn, Gratwein und Judendorf, fuhr mit dem Motorrad nach Eggenfeld, Wörth und Friesach, wo er alle Heimwehrgruppen mobilisierte. Danach begab sich Lendecke zum Hof vulgo Gangl in Gratkorn 171 (damaliger Besitzer Johann Trinkl), wo die Heimwehr über ein geheimes Waffenlager verfügte und die eintreffenden Heimwehrmänner bis an die Zähne ausgerüstet wurden. Inzwischen begannen auch bei den Höfen vulgo Faibl auf der Jasen (Peter Köberl) und beim Sägewerk des Alfred Stangl hektische Aktivitäten, denn dort hatte die Heimwehr je ein Maschinengewehr versteckt. Schließlich begab sich die Heimwehr auf den Hausberg, wo unter der Führung von Heinrich Heyssler auch die Heimwehrleute aus Friesach, Wörth und Eggenfeld eintrafen. Eine Gruppe von etwa 50 Bewaffneten spähte also vom Hausberg aus ins Gratkorner Becken. Warum, das wußte freilich niemand so genau, denn "von dem beabsichtigten Putschversuch des Dr. Walter Pfriemer [recte: Pfrimer], der darin lag, die dermalige Regierung zu stürzen und sich als Diktator aufzuspielen, dürfte die hiesige Heimwehrgruppe wenig oder gar nichts gewußt haben [...]."[14] So zumindest die Darstellung der Gendarmerie, die sich im Umgang mit Heimwehr und Heimatschutz durch dezente Zurückhaltung auszeichnete. Die Gendarmerie Gratkorn wurde überhaupt erst von sozialdemokratischen Arbeitern verständigt, die mit einigem Schrecken meldeten, "daß sie oberhalb der Kirche Heimwehrleute in voller militärischer Ausrüstung trafen und daß auch der Hausberg besetzt sei."[15] - Nicht nur der war besetzt, auch die Brücke nach Gratwein wurde von Heimwehrleuten mit einem Maschinengewehr bewacht. - Die Gendarmerie unternahm dagegen nichts, lediglich der Arbeiterschaft kamen die Ereignisse reichlich verdächtig vor: "Gegen 12 h konnte sich der [Gendarmerie]Posten vergewissern, daß es in der Arbeiterschaft gähre, der [sozialdemokratische] Schutzbund bereits in einer Stärke von 300 Mann im Gasthause Schmiedbauer Bereitschaft halte" und Stimmen laut werden, die Heimwehr vom Hausberg herunterzuholen. Prominente Sozialdemokraten, darunter Bürgermeister Anton Kamper, sprachen am Posten vor und forderten das Einschreiten der Exekutive, widrigenfalls der Schutzbund den Hausberg stürmen werde. Diese Nachricht wurde von Gendarmen an die Heimwehr am Hausberg weitergeleitet; Augenblicke danach war der Hausberg leer. Anläßlich von in der Folge durchgeführten Hausdurchsuchungen wurden ein Maschinengewehr, vier Munitionsverschläge, sechs MG - Gurten mit 750 Patronen und drei Gurten mit 376 Patronen, etwa 1000 Mannlicher - Patronen, 31 Gewehre und weitere Ausrüstungsgegenstände aufgefunden.[16] - Kurzum, die ganze Aktion war stümperhaft organisiert und der damalige Landeshauptmann Dr. Rintelen, drei Jahre später selbst aktiv am Putsch der Nationalsozialisten gegen seinen Parteigenossen Bundeskanzler Dr. Dollfuß beteiligt, bezeichnete diesen Putsch wohl mit Recht als "b'soffene G'schicht".[17]

Im Gemeinderat herrschte relative Ruhe, was nicht zuletzt der Besonnenheit und dem ausgleichenden Wirken Anton Kampers zu verdanken war. Die Kandidatenlisten für die letzten Gemeinderatswahlen der Ersten Republik haben sich erhalten und liefern, außer bekannten Namen, weitere interessante Aufschlüsse zur Zeitgeschichte.

14 CGG.
15 CGG.
16 CGG.
17 F. Weissensteiner, 1990, S. 209.
18 Gemeindewahlbehörde Gratkorn, Zl. 2278/32, AG.

Vorerst ein Abdruck der Kandidatenliste, wie sie von 12. bis 20. April 1932 öffentlich zum Aushang gelangte.[18]

Sozialdemokraten Name, Beruf	Wirtschaftspartei Name, Beruf	NSDAP Name, Beruf	Kommunisten Name, Beruf
Kamper Anton, Pensionist	Jocher Franz, Verwalter	Haider Gottlieb, Vertreter	Draxler Mathias, Fabriksarbeiter
Heese Fritz, Ingenieur	Fragner Christian jun., Bauernsohn	Eibl Walter, Beamter	Salber Karl, Fabriksarbeiter
Schuster Heinrich, Schmied	Ferstl Ferdinand, Bauernsohn	Sametz Julius, Maschinistgehilfe	Brunner Karl, Fabriksarbeiter
Kirsch Marie, Fabriksarbeiterin	Handl Heinrich, Bauer	Steinberger Christian, Besitzersohn	Stadler Ferdinand, Fabriksarbeiter
Liebl Ferdinand, Lehrer	Kahrer Franz, Bauernsohn	Kaltenegger Johann, Elektriker	Siegl Josef, Fabriksarbeiter
Partbauer Wilhelm, Motorführer	Lendecke Gerhart, Beamter	Schreiner Franz, Beamter	Töscher Josef, Hilfsarbeiter
Stramschak Karl, Gendarmeriebeamter i. R.	Panzenböck Karl, Fabriksarbeiter	Ogorschek Johann, Beamter	Handl Peter, Hilfsarbeiter
Zötsch August, Zimmerer	Sattler Anton, Bauer	Pokorny Oskar, Former	
Fiala Johann, Meister	Steinberger Friedrich, Bauer		
Seidl Konrad, Friseur	Steinberger Johann, Bauer vulgo Dorn		
Kreps Johann, Kupferschmied	Stift Edgar, Bankbeamter i. R.		
Vrecar Ludwig, Fabriksarbeiter	Isker Leopold, Fabriksarbeiter		
Oswald Rudolf, Fabriksarbeiter	Steinberger Johann, Bauer Friesach 8		
Trojer Johanna, Hausfrau	Köberl Peter jun., Bauernsohn		
Hajner Karl, Fabriksarbeiter	Lanz Leopold, Bauer		
Sturz Karl, Fabriksarbeiter	Stanzl Alfred, Mechaniker		
Kogasser Johann, Fleischhauermeister	Roschitz Karl, Bauer		
Plahner Heinrich, Fabriksarbeiter	Ofner Franz, Bauer		
Blaikowitsch August, Heizer	Essinger Peter, Bauer		
Hiden Wilhelmine, Hausfrau	Trinkl Johann, Bauer		
Ersatz:	**Ersatz:**		
Sametz Franz, Beamter	Kniepeiß Johann, Bauer		
Kahr Emil, Fabriksarbeiter	Reicher Franz, Bauer		
Murk Josef, Schlosser	Jäger Michael, Bauer		
Pensold Rupert, Maurer	Winter Mathias, Bauer		
Lehrhofer Vinzenz, Fabriksarbeiter	Hasenhüttl Konrad, Bauer		
Beck Franz, Schlosser	Taibinger Ulrich, Landwirtschaftlicher Arbeiter		
Neuhold Josef, Fabriksarbeiter	Krinner Johann, Bauer		
Hofer Georg, Fabriksarbeiter	Taibinger Peter, Bauer		
Edthofer Johann, Fabriksarbeiter	Kleinhappl Josef, Bauer		
Kleffler Josef, Lagerhalter	Stegmüller Mathias, Bauer		
Steiner Josef, Sattler			
Hösch Rudolf, Fabriksarbeiter			
Melihen Anton, Hilfsarbeiter			
Schalk Johann, Bundesbahner			
Pinter Johann, Fabriksarbeiter			
Sakoschek Alois, Bleilöter			
[?]otzinig Johann, Dreher			
Blaukowitsch Johann, Maschinenführer			
Tscheinig Albert sen., Portier			
Haiter Anton, Deckelgießer			

Wilhelm Partbauer, sozialdemokratischer Bürgermeister vom 1. August 1933 bis 12. Februar 1934 und vom 7. Mai 1946 bis 18. April 1955, erhält am 10. Mai 1972 den Ehrenring der Marktgemeinde Gratkorn. (AG)

Besonders der Name Franz Sametz als erster Ersatzmann bei den Sozialdemokraten ist bemerkenswert, denn es handelt sich dabei um den nachmaligen NS - Bürgermeister. Weiters ist die Berufsaufteilung bei den einzelnen Parteien von Interesse sowie die Tatsache, daß einzig bei den Sozialdemokraten Frauen in die Wahlliste eingetragen wurden.

Nach den letzten freien Gemeinderatswahlen der Ersten Republik, am 24. April 1932, zogen folgende Mandatare in den Gratkorner Gemeinderat ein: Fritz Heese, Franz Jocher, Heinrich Schuster, Gerhart Lendecke, Maria Kirsch, Wilhelm Partbauer, Karl Stramschak, August Zötsch, Johann Fiala, Konrad Seidl, Johann Kreps, Ludwig Vrecar, Christian Fragner, Ferdinand Ferstl, Heinrich Handl, Franz Kahrer, Karl Panzenböck, Anton Sattler und Gottlieb Haider.[19] Die Mandatsverteilung lautete: 11 Sozialdemokraten, 8 Wirtschaftspartei, 1 Nationalsozialist.

Es blieb in erster Linie Gottlieb Haider, Gemeinderatsmitglied der NSDAP Gratkorn überlassen, für unschöne Szenen in der Gemeindestube zu sorgen. Am 6. Oktober 1930 hatte der Gemeinderat einstimmig beschlossen, "daß das sichtbare Tragen von Parteiabzeichen und Uniformstücken politischer Parteien und Korperationen jeder Art durch Mitglieder des Gemeinderates während Ausübung gemeinde-ämtlicher Pflichten wie auch für die Zuhörer bei Gemeinderatssitzungen verboten ist."[20]

Einzig Haider hielt sich nicht an diesen Beschluß und provozierte Unfrieden. Der Schatten des Nationalsozialismus stand im Raum.

19 Einladung zur Gemeinderatssitzung für 22. September 1932.
20 Bgm. Anton Kamper an die BH Graz - Umgebung (Zl. 6343 v. 9. November 1932).

AUSTROFASCHISMUS

Es gehört zur weitverbreiteten "Opfer - Theorie", daß Österreich erst am 13. März 1938 seine Freiheit verlor und damit das Ende der Republik vollzogen war. In Wirklichkeit begann das Sterben der Ersten Republik spätestens am 15. März 1933. An diesem Tag verhinderte die Staatspolizei auf Befehl der christlichsozialen Regierung Dollfuß die Wiedereinberufung des Parlamentes, das sich am 4. März aus nichtigen Gründen durch den Rrücktritt aller drei Parlamentspräsidenten zur Handlungsunfähigkeit verdammt hatte. Am 30. März 1933 verbot die Regierung den Republikanischen Schutzbund, Bundeskanzler Dr. Dollfuß näherte sich immer mehr dem italienischen Faschismus an, am 27. Mai 1933 traten schwerwiegende Wirtschaftssanktionen Hitler - Deutschlands ("Tausend - Mark - Sperre") gegen Österreich in Kraft. Am 11. September 1933 proklamierte Bundeskanzler Dr. Dollfuß den autoritären Ständestaat.

Bei all den wirtschaftlichen Problemen innerhalb der Gemeinde sah sich Bürgermeister Kamper in zunehmendem Maße mit einem für ihn untragbaren politischen Stil auf kommunaler Ebene konfrontiert. Zudem war Kamper, der im 66. Lebensjahr stand, bereits von einer schweren Krankheit gezeichnet, sodaß er sich zum Rücktritt entschloß. Am 15. August 1933 schrieb er "an den verehrlichen Gemeinderat in Gratkorn":
(siehe nebenstehender Brief)

Anton Kamper verstarb am 2. September 1935 in Graz. Nachfolger Kampers im Amt des Bürgermeisters wurde der Sozialdemokrat Wilhelm Partbauer, der sein Amt am 1. August 1933 antrat. Wilhelm Partbauer wurde am 2. April 1900 in Wöllersdorf (Wiener Neustadt) geboren und kam am 26. Juli 1920 nach Gratkorn. Vier Jahre danach heiratete Partbauer Helene Wohlleitner, bereits in seiner Heimat hatte er sich aktiv für die sozialdemokratische Partei engagiert.Partbauer, der dem Republikanischen Schutzbund sehr nahestand, ging mit dem politischen Gegner ungern Kompromisse ein. Mit einem Stimmenanteil von über 53 Prozent bei den letzten freien Gemeinderatswahlen verfügten die Sozialdemokraten in Gratkorn über eine solide Basis, trotzdem waren die Probleme nur schwer in den Griff zu bekommen. Die Papierfabrik hatte mit der Wirtschaftskrise zu kämpfen; der Beschäftigtenstand lag 1936 bei 968 Mitarbeitern, bereits 1889 war dieser Stand erreicht worden. Ende Juli 1937 sahen sich 124 Gratkorner dem Faktum der Arbeitslosigkeit gegenübergestellt.

Brief Bürgermeister Anton Kampers an den "verehrlichen Gemeinderat" anläßlich seines Rücktrittes. (Gratkorn, 15. August 1933): "[...] Es ist gewiß viel Mut und Aufopferung notwendig gewesen, um alle Aufgaben, die in der Nachkriegszeit gestellt waren, zu erfüllen. Aber solange ich gesund war, hat es mich immer mit Freude erfüllt, den Armen zu helfen und in der Not beizustehen und jedermann, wo es notwendig war, als Berater zu dienen. Ich hoffe, daß auch mein Nachfolger im gleichen Sinne sein Amt durchführen wird. Mit freundichen Grüßen Anton Kamper." (AG)

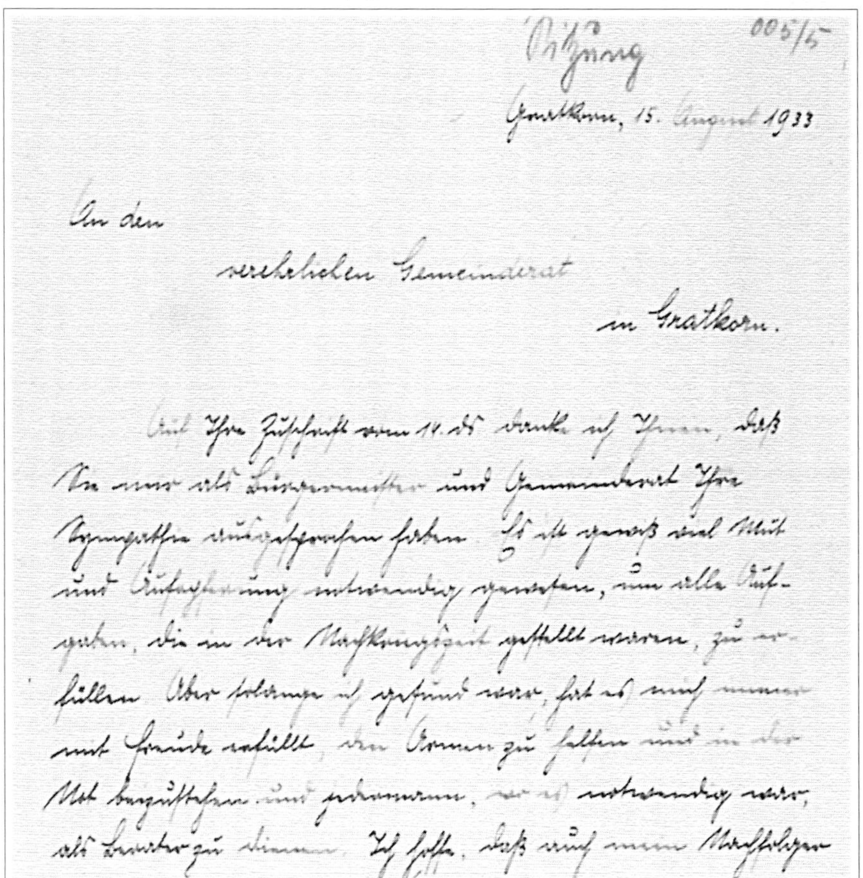

Sitzung 005/5

Gratkorn, 15. August 1933

An den
verehrlichen Gemeinderat
in Gratkorn.

Auf Ihre Zuschrift vom 14. d. M. danke ich Ihnen, daß Sie mir als Bürgermeister und Gemeinderat Ihre Sympathie ausgesprochen haben. Es ist gewiß viel Mut und Aufopferung notwendig gewesen, um alle Aufgaben, die in der Nachkriegszeit gestellt waren, zu erfüllen. Aber solange ich gesund war, hat es mich immer mit Freude erfüllt, den Armen zu helfen und in der Not beizustehen und jedermann, wo es notwendig war, als Berater zu dienen. Ich hoffe, daß auch mein Nachfolger im gleichen Sinne sein Amt durchführen wird.

Mit freundlichen Grüßen

Anton Kamper

Auf politischem Gebiet machte sich eine zunehmende Radikalisierung bemerkbar. Nach einer Serie von Sprengstoffanschlägen wurde die NSDAP in Österreich am 19. Juni 1933 aufgelöst, auch das Gemeinderatsmandat der NSDAP in Gratkorn wurde für ungültig, bzw. als ruhend erklärt. Die politischen Verhältnisse seien durch folgende Grafik dargestellt:

Nationalratswahlen 1930 / Gemeinderatswahlen 1932 (in Prozent)

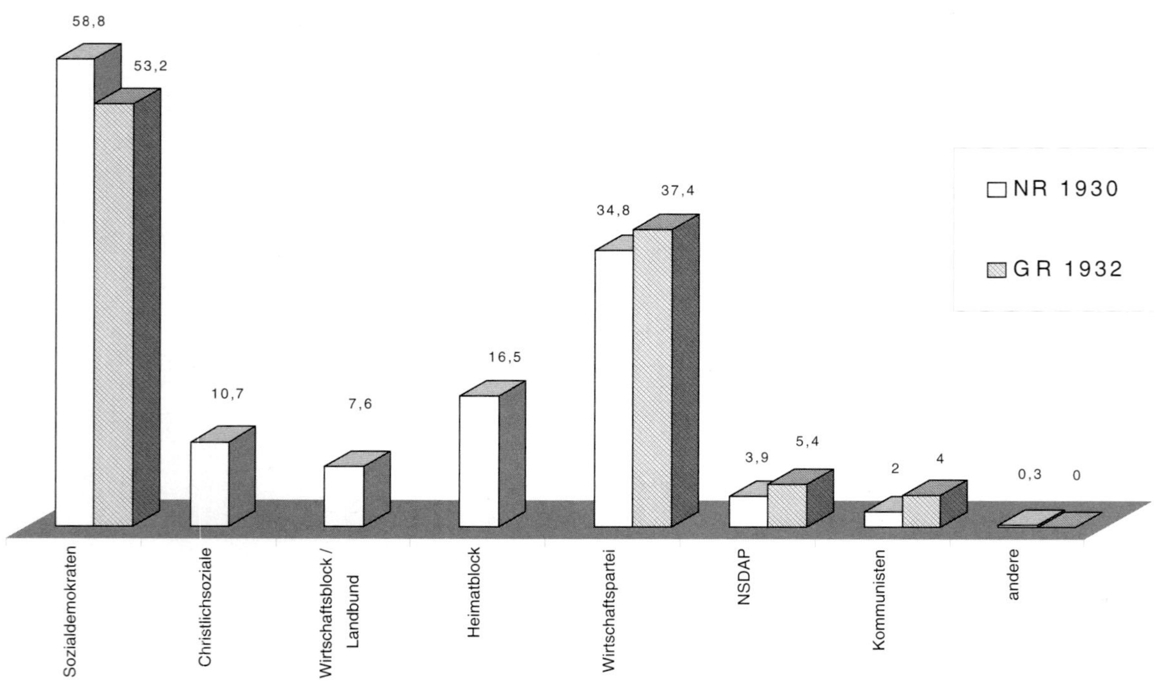

Wegen der zunehmenden Verschuldung infolge der angespannten Wirtschaftslage konnte die Gemeinde nur geringe Investitionen in Bauvorhaben tätgen, was sich auf die Lage am Arbeitsmarkt negativ auswirkte. Die Gemeinde half daher den am stärksten betroffenen Bevölkerungsteilen direkt: Kinder wurden mit Winterbekleidung, Schuhen und Nahrungsmitteln versorgt. An diesem Prinzip hielt auch die autoritäre Gemeindevertretung (nach dem Verbot der Sozialdemokratischen Partei im Februar 1934) fest. Bei der Winterhilfsaktion 1935/36 trug besonders die Arbeiterschaft dazu bei, Bedürftige zu unterstützen. Der Sammlungsertrag von 10.480 Schilling setzte sich u. a. aus 1.426 Schilling Gemeindemittel, 1.760 Schilling Bundesbeiträgen und 2.258 Schilling Spendengelder der Arbeiter zusammen. Organisierte Hilfsaktionen ähnlicher Art wurden von der Marktgemeinde bereits im November 1933 vorbereitet. Aus einer vertraulichen Mitteilung des (sozialdemokratisch ausgerichteten) Verbandes der steirischen Gemeinden und Bezirke an Bürgermeister Partbauer spricht das tiefe Mißtrauen, das zwischen den politisch verfeindeten Lagern herrschte. Im Schreiben wird darauf hingewiesen, daß die korrekte Verteilung der Bundesmittel aufgrund der politischen Situation gefährdet sei. "Abgesehen von der Gefahr der Verzettelung und Zersplitterung der Mittel können sich sehr leicht auch Streitigkeiten und Mißhelligkeiten ergeben, welche die ganze Arbeit zum Schaden der Bedürftigen gefährden." Bürgermeister Partbauer nahm daher Einfluß auf die Verteilung dieser Mittel. Am Morgen des 12. Februar 1934 löste eine Waffensuche im Linzer Arbeiterheim den bewaffneten Aufstand der Sozialdemokraten aus; der Bürgerkrieg war nicht mehr aufzuhalten. Organisiert war er jedenfalls denkbar schlecht - sogar die sozialdemokratischen Eisenbahner befolgten den Aufruf zum Generalstreik nicht - und so stand der Mißerfolg von Anbeginn an fest.

Der Republikanischer Schutzbund (RSchB Steiermark 31/IV) trug am 12. Februar 1934 auch in Gratkorn die Aufstandsbewegung der Sozialdemokraten. Das Foto entstand 1927. (AG)

Die Gratkorner Sozialdemokraten wurden von Koloman Wallisch, der sich mit seiner Frau per Auto auf dem Weg von Graz nach Bruck an der Mur befand, am Mittag des 12. Februar persönlich vom Beginn des bewaffneten Aufstandes unterrichtet.[1]
Laut Gendarmeriechronik unterrichtete Wallisch um 12 Uhr 45 persönlich den Fabriksarbeiter Josef Murk vom Beginn des Aufstandes und forderte ihn auf, seinerseits den Betriebsratsobmann Alois Sakoschek und Bürgermeister Partbauer zu verständigen. "Partbauer, Sakoschek, Murk und auch einige andere der Sozialdemokratie nahestehende Personen von Gratkorn haben sonach den Generalstreik ausgerufen und die Arbeiter der Fabrik aufgefordert, die Fabrik zu verlassen und sich zu den 5 neuen Häusern zu begeben, was auch erfolgte. Dort wurden dann Waffen und Munition ausgegraben und an die Arbeiter verteilt, worauf sie den Hausberg besetzten."[2]
Bis zum darauffolgenden Tag, "5 Uhr", hielten die Sozialdemokraten die Stellung am Hausberg. Von der Gendarmerie konnten später zwei Maschinengewehre, 40 Gewehre, 72 Stück Handgranaten und diverse Munition sichergestellt werden. - Viel hätten die Sozialdemokraten damit nicht anrichten können, denn: "Die strategischen Misserfolge der Gratkorner Arbeiter waren sicherlich darauf zurückzuführen, dass ihre Waffen, weil sie diese zumeist unter der Erde und in Kellern versteckt halten mussten, total verrostet, die Gurten der MG ganz morsch und die Handgranaten zum Großteil unbrauchbar waren. Dazu konnten die meisten mit dem Zeug gar nicht umgehen."[3]
Auch der "Heimatschutz" war nicht untätig geblieben. Zu Mittag des 13. Februar marschierten Feldbacher Heimatschützer durch Gratkorn in Richtung Pernegg / Bruck. Artillerie des Bundesheeres wurde kurzzeitig in Gratkorn stationiert, zog jedoch bald wieder ab. Lediglich in der Nähe des Hausberges gaben einige nervöse Heimatschützer Schüsse ab.
Dieser Gratkorner Heimatschutz, "bestehend aus seinem Kommandanten Gustav Nauta (Beamter der Fabrik) und 23 Mann, stellte sich dem Posten Gratkorn gleich zu Beginn des Putsches zur Verfügung. Seine Aufgabe bestand in der Verstärkung und Unterstützung des Postens. Am Dienstag den 13.II.1934 gegen Mittag besetzte die Gratkorner Heimwehr den Hausberg von Gratkorn, wo sie bis gegen Abend verblieb ...."[4] Danach rückte die Gratkorner Heimwehr nach Pernegg ab, der Gendarmerieposten Gratkorn erhielt 95 Heimwehrmänner aus St. Bartholomä als Verstärkung zugeteilt. Diese Truppe unter dem Gendarmerieinspektor in Ruhe Jungmaier rückte jedoch am gleichen Tag wieder ab.
Am 14. Februar, als der Zusammenbruch des Aufstandes besiegelt war, begannen Verhandlungen der Fabriksdirektion (Dir. Ing. Hermann Grimm) mit den streikenden sozialdemokratischen Arbeitern unter Betriebsratsobmann Alois Sakoschek. "Sakoschek vertrat die Ansicht, dass solange mit der Arbeit nicht begonnen werden kann, solange ringsumher Arbeiterblut fließe. Weitere Verhandlungen zeitigten sodann doch den Arbeitsbeginn für Donnerstag den 15.II.1934, da der Putsch schon zur Gänze niedergeschlagen war und ein weiteres Streiken zwecklos gewesen wäre. Bei der am Donnerstag erfolgten Arbeitsaufnahme wurden einige Arbeiter entlassen. Bei Arbeitsbeginn wurde der Betriebsrat Karl Stramschak, in welchem die Arbeiter einen Verräter erblickten, vor der Fabrik von Arbeitern zu Boden geschlagen. Diese Gelegenheit wurde gleich ausgenutzt und mit den befohlenen Verhaftungen bei Stramschak begonnen."[5]
Außer Stramschak wurden auch noch Bürgermeister Wilhelm Partbauer, Betriebsratsobmann Sakoschek und weitere 19 Sozialdemokraten verhaftet, gegen 62 Personen liefen Strafanzeigen wegen Aufruhrs. Sie wurden später über Auftrag der Staatsanwaltschaft Graz verhaftet und in das Anhaltelager Messendorf eingeliefert. Die Ironie des

1 Vgl. CGG, Februar 1934 und F. Zechner, 1984, S. 31.
2 CGG.
3 CGG.
4 CGG.
5 CGG.

Der Ständestaat wirbt nach dem fehlgeschlagenen Februaraufstand 1934 um die Arbeiterschaft. (AG)

Schicksals wollte es, daß sie dort oft mit illegalen Nationalsozialisten in Haft saßen. Zumindest darin waren sie sich einig: man kämpfte gemeinsam gegen den Ständestaat. Dieses Faktum sollte man bei der Beurteilung des Verhältnisses der Sozialdemokratie zum "Anschluß" nicht unberücksichtigt lassen.

In den folgenden Prozessen wurde Alois Sakoschek zu fünf Monaten, später zu neun Monaten schweren Kerkers, Alois Vrecar zu acht Monaten schweren Kerkers verurteilt.

Auch auf kommunaler Ebene endete nun die Verfassungskonformität. Am 13. Februar 1934 wurde der mit absoluter Mehrheit gewählte Bürgermeister Wilhelm Partbauer abgesetzt und Bezirkshauptmann Hofrat Dr. Rochelt beauftragte den christlichsozialen Bürgermeisterstellvertreter Franz Jocher telefonisch mit der kommissarischen Übernahme der Amtsgeschäfte. Sämtliche sozialdemokratischen Gemeinderatsmandate wurden am 16. Februar für ungültig erklärt. Die Sozialdemokratische Partei wurde am 12. Februar verboten, die ihr nahestehenden Vereine und Organisationen aufgelöst, Vermögenswerte beschlagnahmt. Die Kommunistische Partei war bereits am 26. Mai 1933 aufgelöst worden.

Mit Schreiben vom 20. Februar 1934 löste Landeshauptmann Dr. Anton Rintelen "in Handhabung des staatlichen Aufsichtsrechtes und zur Wahrung der Bundesinteressen" den Gemeinderat der Marktgemeinde Gratkorn auf und betraute Franz Jocher offiziell mit der einstweiligen Besorgung der Amtsgeschäfte des Bürgermeisters.[6] Am 27. März 1934 wurden als Beiräte Jochers "die Herren Peter Langmeier, Obmann des katholischen Bauernbundes, Johann Kleinhappel, Besitzer, Gustav Nauta, Fabriksbeamter, Rudolf Quass [recte: Quas], Fabriksbeamter, Johann Schwarz, Hausbesitzer und Johann Steinberger, Besitzer bestellt."[7] Es folgten "Säuberungen" unter den Gemeindebediensteten, wobei unnötige Härten vermieden werden sollten. Die Abteilung 4 des Amtes der Steiermärkischen Landesregierung am 1. März 1934 an das Gemeindeamt Gratkorn: "Ein energisches und rasches Durchgreifen ist notwendig, es muß aber jede willkürliche und jede durch eine augenblickliche Erregung beeinflußte Massnahme vermieden werden. Die Zugehörigkeit zur Sozialdemokratischen Arbeiterpartei vor ihrem Verbot darf für sich allein nicht den Anlaß geben, gegen den Beamten vorzugehen."[8]

Die päpstliche Enzyklika "Quadraghesimo Anno" (1931) propagierte eine ständische Gliederung der Bevölkerung und empfahl zumindest indirekt die Abkehr von der parlamentarischen Demokratie. Am 1. Mai 1934, am alten "Tag der Arbeit", trat in Österreich die neue Verfassung in Kraft, die mit den Worten begann: "Im Namen Gottes, des Allmächtigen, von dem alle Gerechtigkeit ausgeht, erhält das österreichische Volk für seinen christlich - deutschen Bundesstaat auf ständischer Grundlage diese Verfassung."[9]

Eine Woche vorher, am 24. Februar 1934, notierte der Gratkorner Pfarrer, Dr. Konrad Varjacic, in der Pfarrchronik: "An diesem Tage wurde ein Seelengottesdienst für die Gefallenen der Exekutive und der Wehrverbände, die im Kampfe gegen die rote Hydra gefallen waren, abgehalten. ... Herr Franz Jocher, der bewährte Kämpfer, wurde zum Regierungskommissär bestellt."[10]

Schließlich erneuerte die Landesregierung am 4. März 1935 den "Gemeindetag der Gemeinde Gratkorn" und ernannte dazu

6 Amt d. Stmk. LR, Abt. 4, Zl. 46 Ga 31/1 - 1934.
7 Amt d. Stmk. LR, Abt. 4, Zl. 4 - 46 Ga 31/5 - 1934. Vgl. auch BH - GU Zl. 1 Ga 44/4 vom 7. September 1934.
8 Amt d. Stmk. LR, Abt. 4, Zl. 4 Norm B 27/3 - 1934.
9 Vgl. dazu Ender, 1934.
10 Pfarrchronik, 24. Februar 1934.

die in folgender Tabelle genannten Personen. Ich zitiere diese Liste des Gratkorner Gemeindetages[11] deshalb so ausführlich, weil an ihr das Prinzip des "Ständestaates" deutlich sichtbar wird:

Vertreter der röm. - kath. Kirche	
Dr. Konrad Varjacic	Pfarrer
Vertreter des Schul-, Erziehungs- und Volksbildungswesens	
Leo Bönisch	Schuldirektor
Vertreter der Land- und Forstwirtschaft	
Franz Baldauf	Besitzer
Peter Langmaier	Besitzer
Johann Steinberger	Besitzer
Ferdinand Ferstl	Besitzer
Paul Hasenhüttl	Landwirtschaftlicher Hilfsarbeiter
Vertreter der Industrie und des Bergbaues	
Gustav Nauta	Beamter
Franz Jocher	Beamter
Rupert Sieber	Oberingenieur
Rudolf Quas	Beamter
Karl Schimek	Beamter
Otto Haider	Meister
Josef Presker	Maschinführer
Willibald Brandl	Dreher
Franz Mittre	Arbeiter
Karl Krottmaier	Maschinführer
Vertreter des Handels und Gewerbes	
Franz Rabl	Tischlermeister
Karl Harb	Gehilfe
Vertreter des öffentlichen Dienstes	
Karl Ruprecht	Schuldirektor

Stampiglie der Vaterländischen Front / Hauptgruppe Gratkorn. (AG)

Diese nicht frei gewählten sondern von der BH bestimmten Mitglieder des Gemeindetages "wählten" am 23. März 1935 Franz Jocher zum Bürgermeister. 19 Stimmzettel lauteten auf Jocher, ein Stimmzettel war leer.

Erster Bürgermeisterstellvertreter wurde Rudolf Quas, Ortsleiter und Hauptgruppenführer der "Vaterländischen Front" (19 Stimmen bei einer Enthaltung), zweiter Bürgermeisterstellvertreter wurde Peter Langmaier, Obmann des Katholischen Bauernbundes (19 Stimmen bei einer Enthaltung), Vierter Gemeinderat wurde Gustav von Nauta, Ortsleiter des Heimatschutzes (18 Stimmen, eine Stimme für Rudolf Quas, eine Stimmenthaltung).[12]

Die Geschicke der Gemeinde lenkte eine Gemeindevertretung, die verstärkten Druck auf politisch Andersdenenkende ausübte. Personen, die sich nicht öffentlich zum Ständestaat bekannten oder nicht der Vaterländischen Front angehörten, durften nicht mit Aufträgen der öffentlichen Hand rechnen. Ein Beispiel: Konrad Seidl, ein unauffälliger Friseur, der bislang im Altersheim betagten Menschen die Haare schnitt, erhielt am 20. Februar 1937 von Bürgermeister Jocher folgende Zuschrift: "Die hiesige Ortsgruppe des österr. Gewerbebundes hat wiederholt bei der Gemeinde Klage darüber geführt, dass Gewerbetreibende, welche der vaterländischen Front bezw. dem österr. Gewerbebund nicht angehören, trotzdem von der Gemeinde beschäftigt werden. Das Bürgermeisteramt wurde nunmehr auch vom Landesgewerbeverband für Steiermark bezw. vom Bezirksgewerbeverband auf den szt. Erlass der vaterländischen Front verwiesen, wonach öffentliche Arbeiten ausschliesslich jenen Gewerbetreibenden zugeteilt werden dürfen, welche ihre vaterländische Einstellung einwandfrei nachweisen können.

11 BH - GU, Zl. 1 Ga 44/16 vom 4. März 1935. (AG)

12 Protokoll, aufgenommen am 23. März 1935 bei der konstituierenden Gemeindetagssitzung im Saale des Altersheimes der Marktgemeinde Gratkorn. (mit beiliegender Liste der Gemeindetagsmitglieder).

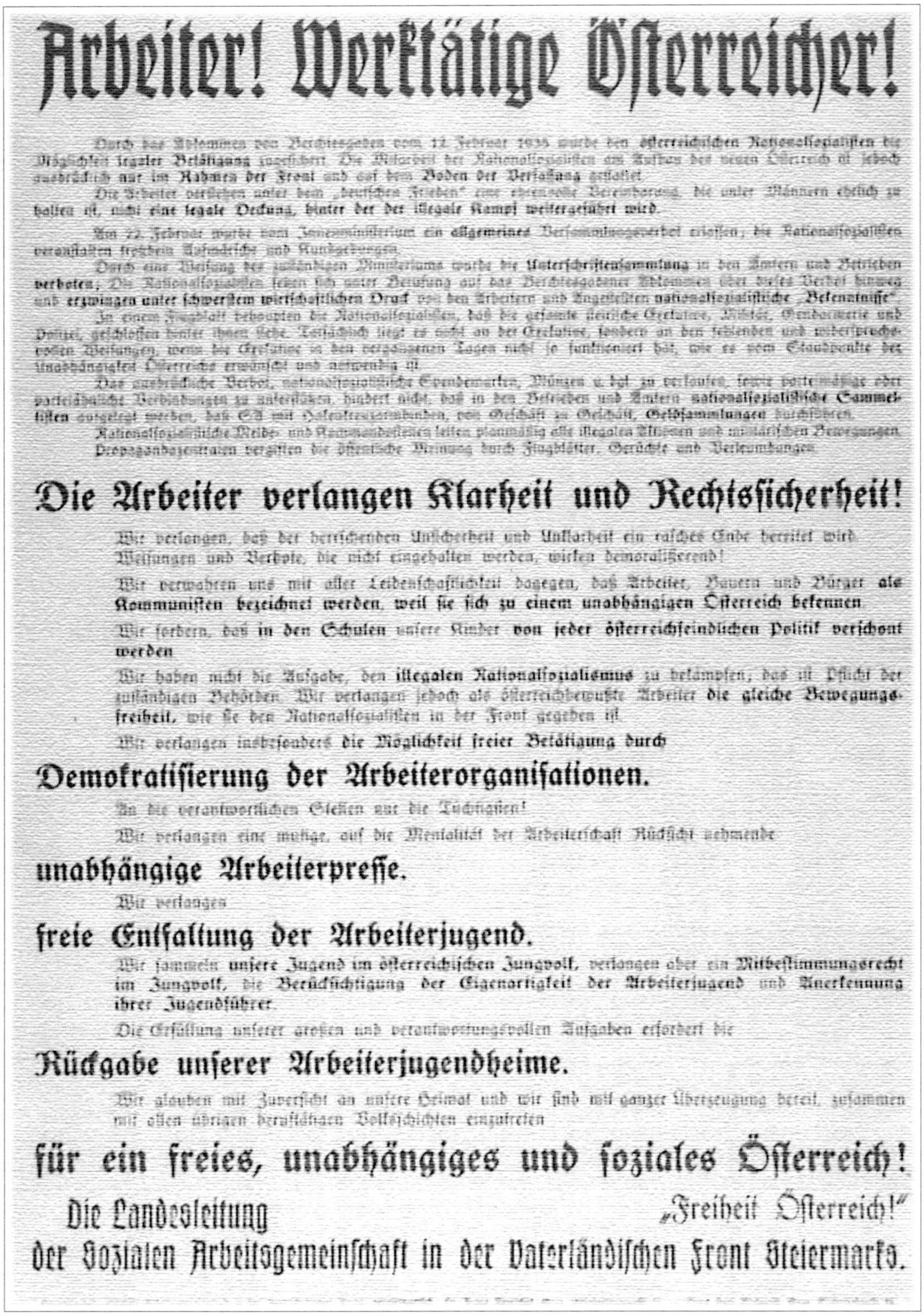

Arbeiter! Werktätige Österreicher!

Durch das Abkommen von Berchtesgaden vom 12. Februar 1938 wurde den **österreichischen Nationalsozialisten die Möglichkeit legaler Betätigung** zugesichert. Die Mitarbeit der Nationalsozialisten am Aufbau des neuen Österreich ist jedoch ausdrücklich **nur im Rahmen der Front** und auf dem **Boden der Verfassung** gestattet.

Die Arbeiter verstehen unter dem „deutschen Frieden" eine ehrenvolle Vereinbarung, die unter Männern ehrlich zu halten ist, nicht **eine legale Deckung, hinter der der illegale Kampf weitergeführt wird.**

Am 22. Februar wurde vom Innenministerium ein **allgemeines** Versammlungsverbot erlassen, die Nationalsozialisten veranstalten trotzdem Aufmärsche und Kundgebungen.

Durch eine Weisung des zuständigen Ministeriums wurde die **Unterschriftensammlung** in den Ämtern und Betrieben **verboten.** Die Nationalsozialisten setzen sich unter Berufung auf das Berchtesgadener Abkommen über dieses Verbot hinweg und **erzwingen unter schwerstem wirtschaftlichen Druck** von den Arbeitern und Angestellten **nationalsozialistische „Bekenntnisse".**

In einem Flugblatt behaupten die Nationalsozialisten, daß die gesamte staatliche Exekutive, Militär, Gendarmerie und Polizei, geschlossen hinter ihnen stehe. Tatsächlich liegt es nicht an der Exekutive, sondern an den fehlenden und widerspruchsvollen Weisungen, wenn die Exekutive in den vergangenen Tagen nicht so funktioniert hat, wie es vom Standpunkte des unabhängigsten Österreichs erwünscht und notwendig ist.

Das ausdrückliche Verbot, nationalsozialistische Spendemarken, Münzen u. dgl. zu verkaufen, sowie parteimäßige oder parteiähnliche Verbindungen zu unterhalten, hindert nicht, daß in den Betrieben und Ämtern **nationalsozialistische Sammellisten** aufgelegt werden, daß SA mit Hakenkreuzarmbinden, von Geschäft zu Geschäft, **Geldsammlungen** durchführen.

Nationalsozialistische Melde- und Kommandostellen leiten planmäßig alle illegalen Aktionen und militärischen Bewegungen. Propagandazentralen vergiften die öffentliche Meinung durch Flugblätter, Gerüchte und Verleumdungen.

Die Arbeiter verlangen Klarheit und Rechtssicherheit!

Wir verlangen, daß der herrschenden Unsicherheit und Unklarheit ein rasches Ende bereitet wird. Weisungen und Verbote, die nicht eingehalten werden, wirken demoralisierend!

Wir verwahren uns mit aller Leidenschaftlichkeit dagegen, daß Arbeiter, Bauern und Bürger **als Kommunisten bezeichnet werden, weil sie sich zu einem unabhängigen Österreich bekennen.**

Wir fordern, daß **in den Schulen** unsere Kinder **von jeder österreichfeindlichen Politik verschont werden.**

Wir haben nicht die Aufgabe, den **illegalen Nationalsozialismus** zu bekämpfen, das ist Pflicht der zuständigen Behörden. Wir verlangen jedoch als österreichbewußte Arbeiter **die gleiche Bewegungsfreiheit,** wie sie den Nationalsozialisten in der Front gegeben ist.

Wir verlangen insbesonders **die Möglichkeit freier Betätigung durch**

Demokratisierung der Arbeiterorganisationen.

An die verantwortlichen Stellen nur die Tüchtigsten!

Wir verlangen eine mutige, auf die Mentalität der Arbeiterschaft Rücksicht nehmende

unabhängige Arbeiterpresse.

Wir verlangen

freie Entfaltung der Arbeiterjugend.

Wir sammeln **unsere Jugend im österreichischen Jungvolk,** verlangen aber ein **Mitbestimmungsrecht im Jungvolk,** die **Berücksichtigung der Eigenartigkeit der Arbeiterjugend** und **Anerkennung ihrer Jugendführer.**

Die Erfüllung unserer großen und verantwortungsvollen Aufgaben erfordert die

Rückgabe unserer Arbeiterjugendheime.

Wir glauben mit Zuversicht an unsere Heimat und wir sind mit ganzer Überzeugung bereit, zusammen mit allen übrigen berufstätigen Volksschichten einzutreten

für ein freies, unabhängiges und soziales Österreich!

„Freiheit Österreich!"

Die Landesleitung
der Sozialen Arbeitsgemeinschaft in der Vaterländischen Front Steiermarks.

Der "Ständestaat" versuchte, die Arbeiter in die "Vaterländische Front" zu integrieren. In Gratkorn gleichen sich die Sozialdemokraten rein äußerlich an, verfolgen jedoch ihre Ziele weiter. (Flugblatt, verteilt in Gratkorn um 1935) (AG)

Nachdem Sie Ihren Beitritt zum österr. Gewerbebund bisher unterlassen haben, obwohl Ihnen dies wiederholt nahegelegt wurde, ist die Gemeinde nicht mehr in der Lage, Sie als Friseur im Altersheim weiterhin zu beschäftigen."[13]

Andererseits ernannte die Gemeindevertretung im Juli 1935 Otto von Habsburg, Sohn des letzten Kaisers, zum Ehrenbürger von Gratkorn und richtete folgendes Schreiben an "Seine Majestät Kaiser Otto": "Wenn im Umsturzjahre 1918 den geschworenen Feinden von Staat und Kirche infolge der sich beim Kriegsende überstürzenden Ereignisse gelungen war, unsere christliche und kaisertreue Bevölkerung vor die vollendete Tatsache der Entthronung des Allerhöchsten Kaiserhauses zu stellen, ohne sie vorher um ihre Willensmeinung zu befragen, so ist doch, Gott sei Dank, die Zeit gekommen, wo das österreichische Volk sich der mit demagogischen Mitteln betriebenen, gewissenlosen Hetze bewußt wird und von dem absoluten Willen erfüllt und durchdrungen ist, das damals begangene schwere Unrecht der Erlassung der Ausnahmsgesetze gegen das Haus Habsburg und die Verbannung der kaiserlichen Familie gutzumachen."[14]

13 AG, Zl. 768 / 1937.
14 AG.

Bereits in den 30er Jahren häuften sich auf der alten Brucker- / Grazerstraße die Unfälle. Das Bild zeigt ein am 1. Dezember 1935 in Wörth von der Straße abgekommenes Steyr - Personenauto. (CGG)

Die Reminiszenz an einstige Größe und Macht sollte dem Staat, der längst schon den Boden jeder demokratisch - republikanischen Verfassung verlassen hatte, auch auf Gemeindeebene eine zweifelhafte Identität verleihen. Die Realität sah anders aus. Im Juli 1937 waren in Gratkorn 124 Menschen arbeitslos.[15] Über 60 Schulkinder verfügten über keine Schuhe[16], mindestens 62,6 Prozent der Wahlberechtigten[17] verfügten über keine Möglichkeit, ihre politische Meinung frei zu äußern; dutzende Sozialdemokraten, Nationalsozialisten und Kommunisten saßen in Graz - Messendorf und in Wöllersdorf (Niederösterreich) in Haft.

Die Sozialdemokraten, bzw. jene, die es nach dem Februar 1934 noch waren, wählten nicht den Weg des offensichtlichen Widerstandes. Sie verstanden es, dem Ständestaat mit weitaus wirkungsvolleren Mitteln zu begegnen; sie unterwanderten das System: "Im allgemeinen kann hier gesagt werden, dass die früheren Sozialdemokraten durchwegs Mitglieder der Vaterländischen Front sind und dadurch eigentlich früher in die Vertretungskörper und wieder zu ihrer früheren Stellung kamen. Nicht alles mag da ehrlich zugehen. Vielmehr erweckt es den Anschein, dass die Soz. Dem. es verstanden, auf solche Art legal zu einer Position zu kommen, die ihnen die alten Stellen wieder einräumt und unter dem Schutze der Regierung bzw. der V.F. [Vaterländischen Front]. Die V. F. Leitung in Gratkorn scheint ganz besonders auf dieses plumbe Manöver der Roten hineingefallen zu sein, denn heute [1937] gibt es nur mehr noch Amtswalter der V. F., die früher Soz. Dem. waren."[18]

Dazu kam noch, daß zwischen Bürgermeister Jocher und dem Leiter der Vaterländischen Front, Quas, ständiger Zwist herrschte. Noch am 23. Februar 1938 forderte der christlichsoziale Bürgermeister Franz Jocher die Amtsenthebung des Vizebürgermeisters Quas, "da doch Herr Quas, wie ja bekannt sein dürfte, damals die Gemeindetagsmitglieder mit List dazu bewogen hatte, ihre Mandate zurückzulegen, damit der Gemeindetag aufgelöst würde, um vor allem mich als Bürgermeister zu stürzen. Die ganze Sache kam einem ungesetzlichen Putschversuch gleich ...."[19] - Die Gratkorner Kommunalpolitiker des Ständestaates putschten also, zur Freude der politischen Gegner, gegen sich selbst.

15 Namentliche Auflistung im AG.
16 Verzeichnis der in der Sitzung vom 17. 11. 1937 für die Beteilung mit Schuhen ausgewählten Kinder, AG.
17 Ergebnis der letzten freien Gemeinderatswahl (1932) in Gratkorn: 53,2% Sozialdemokraten, 5,4% NSDAP, 4% Kommunisten. Diese drei Parteien waren seit 1933, bzw. 1934, verboten.
18 CGG.
19 Schreiben Bürgermeister Jochers an die Landeshauptmannschaft für Steiermark vom 23. Februar 1938 (Konzept, AG).

Nationalsozialismus und Zweiter Weltkrieg

Der nachmalige Ortsgruppenleiter der NSDAP Schreiner, hier als Mitglied einer Laientheatergruppe um 1926. (AG)

Gratkorn ist eine traditionell "rote Hochburg" und so dürfte nicht zuletzt aus diesem Grunde eine detailliertere Betrachtung des Verhältnisses der Arbeiterschaft, aber auch anderer sozialer Gruppen, zum Nationalsozialismus von Interesse sein. Eines jedoch vorweg: Innerhalb der politischen Diskussion mögen bei gegenseitigen Schuldzuweisungen pseudohistorische Argumentationen die Oberhand gewonnen haben. Das dabei herrschende intellektuelle Niveau erreicht in schöner Regelmäßigkeit einen bemerkenswerten Tiefstand.[1] Halten die einen eine Diskussion für überflüssig, so sprechen die anderen von einer "historisch weißen Weste der Sozialdemokratie in Österreich"[2].

Solcherart Geschichte darzustellen erachte ich für unseriös und ich fühle mich generell folgender Arbeitsweise verpflichtet: "Geschichtsforschung soll Fakten vermitteln und damit Verstehen ermöglichen. Zu verurteilen steht uns nicht zu, denn auch unsere Zeit ist voll von Intoleranz, Mißgunst und Ausgrenzung, wenn auch mit anderen, aber nicht weniger inhumanen Methoden."[3]

Viele der in der Folge genannten Personen, egal welcher Partei zugehörig, bekleideten damals öffentliche Ämter oder agierten zumindest soweit in der Öffentlichkeit, daß eine namentliche Nennung keine Verletzung einer Privatsphäre darstellen kann.

Der Verlust des Ersten Weltkrieges, die Auflösung des Habsburgerreiches und die damit einsetzende Identitäts- und Wirtschaftskrise hatten bereits 1918/19 zu einem weitgehenden Mißtrauen in die Lebensfähigkeit der Ersten Republik geführt. Bereits damals propagierte der erste Staatskanzler, Dr. Karl Renner, den Anschluß an Deutschland und rief die Republik "Deutsch-Österreich" aus. Otto Bauer, 1918/19 Staatssekretär für Äußeres und sozialdemokratischer Chefideologe: "[...] das arme Gebirgsland der Alpen kann die Riesenlast, die das Erbe der Großmachtpolitik eines 50 - Millionen - Reiches ist, nicht tragen. Auf uns selbst gestellt, lebensunfähig, können wir nur in einem größeren Verband die Möglichkeit erlangen, uns allmählich wieder emporzuarbeiten [...]."[4] Julius Deutsch, Führer des Republikanischen Schutzbundes: "In der Gründungszeit der ersten Republik war es in Österreich fast allgemeine Überzeugung, daß der neu entstandene Staat wirtschaftlich nicht lebensfähig sei."[5] Auch die Sozialdemokratie war zudem nicht unbelastet von deutschtümelnden, antisemitischen und rassistischen Theorien. Es findet sich die Idee der geschichtslosen slawischen Nation in den Schriften Otto Bauers wieder und noch manifester hielt sich in der österreichischen Sozialdemokratie das Bild vom überlegenen geistigen Deutschland, als dessen Teil man sich verstand.[6] Noch 1965 schrieb der Parteivorsitzende der Sozialdemokraten und Bundespräsident Adolf Schärf in seinen Memoiren über "Österreichs Erneuerung" ganz offen: "Ich verhehle es auch heute nicht: seitdem ich die Geistesschätze des deutschen Volkes kennen- und liebengelernt habe, habe ich immer geträumt, meine Heimat wäre nicht Österreich, sondern Weimar."[7]

Zudem wurzeln wesentliche Bereiche der NS - Ideologie auf österreichischem Boden und es ist weiters Tatsache, daß bei der Umsetzung von ideologisch - verbaler Gewalt in physische Gewalt überproportional viele Österreicher ihren Beitrag zu den Massenmorden des Nationalsozialismus leisteten. Der Nationalsozialismus kam nicht wie ein Frühlingssturm ins Land und vernichtete kein republikanisch - demokratisches Staatswesen. Ein bereits bestehendes diktatorisches System wurde im Namen der "großen, deutschen Volksgemeinschaft" lediglich durch ein anderes, vermeintlich besseres, ersetzt.

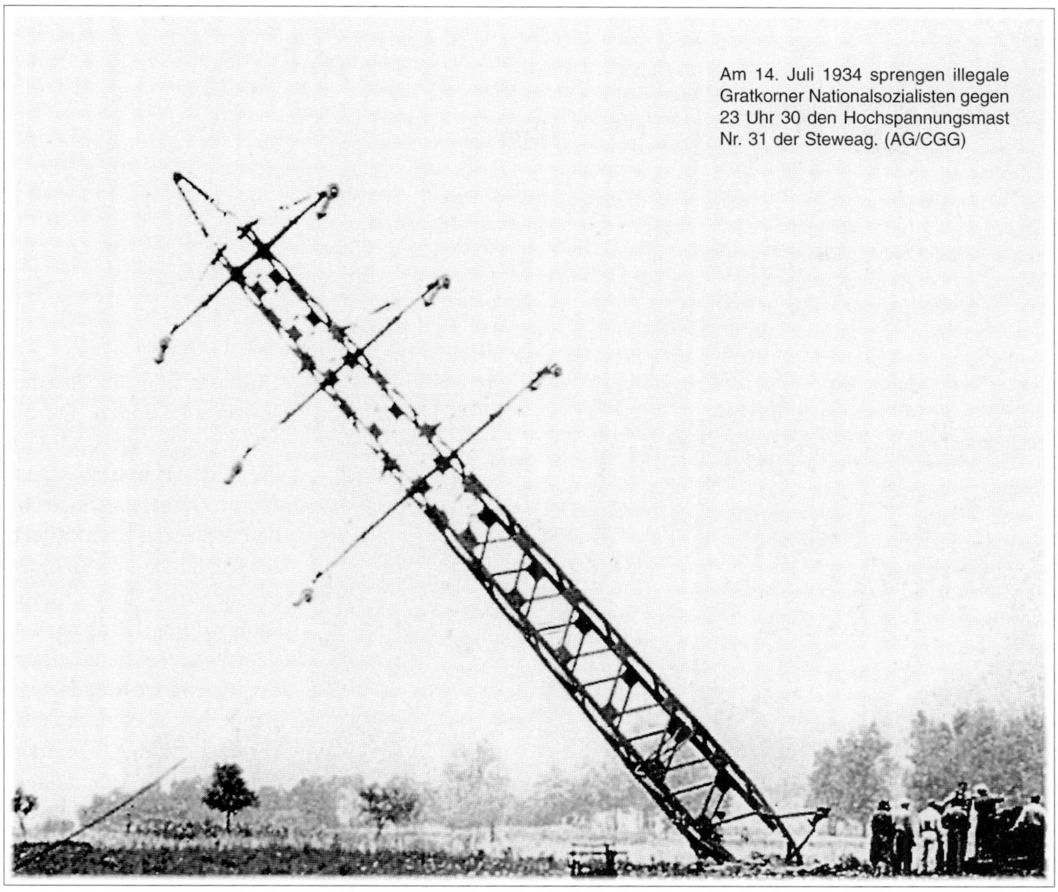

Am 14. Juli 1934 sprengen illegale Gratkorner Nationalsozialisten gegen 23 Uhr 30 den Hochspannungsmast Nr. 31 der Steweag. (AG/CGG)

Für die meisten Menschen der 30er Jahre war diese Entwicklung nicht sichtbar, nur allzu willig verschloß man die Augen. "Das Aufkommen von Wehrverbänden in den zwanziger Jahren, Republikanischer Schutzbund, Steirischer Heimatschutz und die Heimwehren, führte zum Kampf um die Straße und zu wachsender Polarisierung. [...] Ein neues Element kam durch das Aufkommen der Nationalsozialisten um 1930 ins Spiel. Ihr fanatischer Erfolgsglaube, auf Dynamik aufgebaute Werbung und Kampfwille gewannen viele und stellten das politische System in einer Zeit großer Not, der Arbeitslosigkeit und Wirtschaftskrise radikal in Frage."[8]

Diese Voraussetzungen trafen in Gratkorn, wie ich im vorhergehenden Kapitel darzustellen versuchte, durchaus zu. Mit der Gründung der österreichischen NSDAP am 29. August 1926 bildeten sich auch in der Steiermark erste Ortsgruppen der Partei. Die Organisation der Gratkorner Ortsgruppe erfolgte ab 1926 und dürfte 1929 abgeschlossen gewesen sein.

In der Kommunalgeschichte spielte die NSDAP vorerst eine geringe Rolle. Bei den Nationalratswahlen von 1930 kam sie in Gratkorn auf 3,9 Prozent der gültigen Stimmen, dieser Prozentsatz erhöhte sich bis zu den Gemeinderatswahlen 1932 auf 5,4 Prozent. Nach dem Verbot der NSDAP im Juni 1933 fielen die zumeist jugendlichen Gratkorner Parteigenossen durch das Anbringen von Wandmalereien, das Hissen von Fahnen auf Schornsteinen, das Abbrennen von Feuern in Hakenkreuzform, durch einschlägige Wimpel auf den Fahrrädern und durch spezifische Kleidung auf.

Der nachmalige Oberschulrat Max Mathans, seit 1. Mai 1933 selbst Parteimitglied im Alter von 21 Jahren, erinnerte sich Jahrzehnte später: "In den Jahren zwischen 1934 und 1938 sollte am Hausberg zu Propagandazwecken ein Hakenkreuz abgebrannt werden. Am Geburtstag Hitlers [20. April] sollte diese Aktion stattfinden, die jedoch an die Gendarmerie verraten wurde. Der Postenkommandant schickte einen Gendarm als Spitzel, der sich aber zur Jause einladen ließ und vollkommen betrunken zum Posten zurückkehrte. Inzwischen brannte in der Finsternis das von den Nationalsozialisten am Hausberg angezündete Hakenkreuz."[9]

Am 8. Juli 1934 dehnte die Regierung Dollfuß die Todesstrafe auf Sprengstoffanschläge aus. Dies konnte die verbotenen politischen Parteien jedoch nicht daran hindern, durch manch zweckentfremdete aber umso spektakulärere Handhabung von Explosivstoffen ihren Unmut zu äußern. Am 14. Juli 1934 wurde

1 Im Zuge der Diskussionen über die Haltung Haiders zur Waffen-SS und die Unstimmigkeiten über die Wahl des dritten Nationalratspräsidenten im Jänner 1996 zog Landesschulratspräsident Univ.-Prof. Dr. Bernd Schilcher, Mitglied des Wissenschaftlichen Beirates der Josef Krainer Akademie, die an sich entwürdigende Form der Diskussion vollends ins Lächerliche ("Anti-Arier-Ausweis"). SPÖ – Landesgeschäftsführer Karl Heinz Herper stellte daraufhin fest, Schilchers Diktion unterscheide sich durch nichts mehr von jener Haiders und meint, die ÖVP hätte sich "geistig bereits aufgegeben". [Soviel zur allseits üblichen Form der Diskussion] In: Standard vom 20./21. Jänner 1995. S. 4.

2 Abg. z. Landtag Dr. Kurt Flecker in der 2. Sitzung der 13. Legislaturperiode des Steiermärkischen Landtages am 23. Jänner 1996.

3 W. Brunner, 1994, S. 16.

4 Zitiert nach F. Weissensteiner, 1990, S. 44.

5 J. Deutsch, 1947, S, 81.

6 Dazu: S. Heinisch, 1988, S. 100.

7 A. Schärf, 1965, S. 19f. Dieser Standpunkt steht im engen Bezug zu Otto Bauers Meinung von der deutschen Sozialdemokratie als der Wahrerin des kulturellen Erbes der Goethezeit und der Errungenschaften der Revolution von 1848/49.

8 G. Pferschy, 1984, S. 45f.

9 Aufzeichnungen OSR Max Mathans (GA); vgl. auch I. Mirsch, 1989, S. 38.

10 So die Meinung Dr. Arthur Seyß - Inquarts, österr. Nationalsozialist und Minister in der letzten Regierung Schuschnigg, wegen Kriegsverbrechen in Nürnberg hingerichtet. (Zitiert nach G. M. Gilbert. Nürnberger Tagebuch. Gespräche der Angeklagten mit dem Gerichtspsychologen. (Frankfurt am Main 1962). S. 370.)

1934 wurde von illegalen Nationalsozialisten oder Kommunisten das Transformatorenhäuschen bei der Stanzelmühle zu sprengen versucht. (AG/CGG)

um 23 Uhr 30 der Hochspannungsmast Nr. 31 hinter dem Peterlwirt gesprengt, gleich darauf flog ein Eck des Transformators bei der Stanzelmühle in die Luft. Einerlei, ob diese Anschläge auf das Konto der Nationalsozialisten oder Kommunisten gingen, man war sich in der Beurteilung des Bundeskanzlers Dr. Dollfuß einig: ein kleiner Diktator, mit einer unbedeutenden Minderheit hinter sich, der die Notstandsgesetze von 1917 ausnutzte.[10] Auch auf die Haltung der Gratkorner Arbeiter traf die Beurteilung Otto Bauers aus dem Jahre 1934 zu: "Daß die Herren Dollfuß und Fey die Arbeiter für sich gewinnen könnten, ist nicht zu befürchten. [...] Viel größer ist die Gefahr, daß der Nationalsozialismus in verstärktem Maße in die Arbeiterschaft einzudringen vermöchte. [...] So mancher Arbeiter denkt heute: 'Wenn die Nazi uns nur versprechen, den Dollfuß und seinen Vizekanzler Fey aufzuhängen, dann gehen wir mit ihnen!'"[11]

Fünf Monate nach dem Aufstand der Sozialdemokraten putschte die SS Standarte 89 in Wien und ermordete Bundeskanzler Dr. Dollfuß. Über Radio erreichte der Aufruf zum Putsch am 25. Juli 1934 gegen 13 Uhr auch die Gratkorner Nationalsozialisten, die sich daraufhin gegen 15 Uhr im Wald des vulgo Harthopfer (Maldeghem) sammelten. Von Mittelspersonen wurden sie über die laufenden Ereignisse und schließlich über den Zusammenbruch des Putsches informiert, worauf sie am 26. Juli in aller Stille den Heimweg antraten. Damit hätte man die Sache auf sich beruhen lassen können, wenn nicht im darauffolgenden Monat ein Verräter bei der Gendarmerie aufgetaucht wäre: "[...] erst am 13. 8. 34 ward aus ihren eigenen Reihen verraten, wo sie sich zur Putschzeit befanden. Danach waren sie zka. 40 Mann oberhalb der Dult im Wald des Gutes Maldeghem. Dort bekamen sie Waffen und warteten nur auf günstige Nachrichten vom Radio , um den Gend. Posten Gratkorn und die Post besetzen zu können. Da die Nachrichten vom Radio für die NSDAP immer ungünstiger lauteten, gaben sie den geplanten Überfall auf. Sämtliche daran beteiligten Personen wurden verhaftet und wegen Hochverrats dem Landesgerichte eingeliefert, von wo sie, da es in Gratkorn zu keinem Blutvergießen kam, als Minderbeteiligte ins Anhaltelager Wöllersdorf überstellt wurden. Kommandant dieser Bewegung war Karl Rupprecht, stud. phil., der flüchtete."[12] Aus den erhaltenen Akten[13] geht hervor, daß die Putschisten, vorwiegend Bauernsöhne und Arbeiter (!), ein Durchschnittsalter von 21,7 Jahren aufwiesen.

Ein Blick auf die Frequenz der Parteieintritte[14] zeigt vermehrte Beitritte während der Jahre 1932 bis 1934. Ursache dafür war die verstärkte Propagandatätigkeit der bis 19. Juni 1933 in Österreich legalen NSDAP in einer Zeit wirtschaftlicher Rezession. Dazu kam der Fehlschlag des sozialdemokratischen Februaraufstandes und das Verbot der Sozialdemokratischen Arbeiterpartei, was in weiten Kreisen der sozialdemokratischen Arbeiterschaft Resignation auslöste. Diese Haltung schlug sich zwar vor 1938 nicht in einem überproportionalen Beitritt von Arbeitern zur NSDAP nieder, doch wird ihre Zustimmung zum Anschluß auch unter diesem Blickpunkt zu betrachten sein.

Betrachtet man die Beitritte zur NSDAP vor 1938 in Gratkorn und stellt man die Frage, welche Berufsgruppen besonders positiv auf die Propaganda der NSDAP

11 O. Bauer, 1934, S. 29f.
12 CGG.
13 Diverse Bescheide der BH Graz - Umgebung, alle ausgestellt unter der AZ 14 A 39/105 (AG).
14 Den folgenden Aussagen (bzw. Grafiken) liegen die Meldeblätter gem § 12 der 1. NS - Registr. - Vdg. v. 12. 5. 1945 (AG) zugrunde. Zu bedenken ist dabei, daß hier nicht die verstorbenen und sich in Kriegsgefangenschaft befindenden Parteimitglieder aufscheinen. Die Akten der Ortsgruppenleitung der NSDAP Gratkorn dürften vor Kriegsende vernichtet worden sein.

reagierten, so ergibt sich ein interessantes Bild:

	Beitritte vor 1938	in % der Beitritte
Arbeiter	12	16,9
Angestellte, Beamte, Selbständige, freie Berufe, Haushalt	43	60,6
Bauern, landw. Arbeiter	16	22,5

Auffallend sind die frühen und überproportional massiven Parteieintritte der Angestellten, Beamten, Freiberufler etc. vor 1938, bzw. der hohe Anteil von Jugendlichen und Akademikern. Dies ist verständlich, denn während der 30er Jahre hatten lediglich 15 bis 20 Prozent der Jugendlichen Aussicht auf Arbeit.[15]
Nicht bessere Aussichten hatten Studenten und junge Akademiker.

Die Generaldirektion für öffentliche Sicherheit stellte in einem Bericht an Bundeskanzler Dr. Kurt von Schuschnigg am 4. April 1936 fest, daß "Träger und Führer der illegalen Bewegung [NSDAP] in Österreich vorwiegend die arbeitslose Intelligenz ist", die "am Ende ihres Studiums die Unmöglichkeit sieht, in irgend einem Berufe unterzukommen [...]."[16] Anläßlich der Landtagswahlen von 1932 konnte ein hoher Funktionär der österreichischen NSDAP feststellen, daß "die gesamte arische Intelligenz und gerade ein Großteil der akademischen und höheren Beamten uns gewählt hat."[17] Dieses Bild wird anhand des Gratkorner Quellenmateriales bestätigt.
Die Arbeiter hegten bis zum Anschluß wenig Sympathie für die NS - Bewegung. Erst nach

15 B. F. Pauley, 1988, S. 95.
16 Tw. agedruckt in und zitiert nach: Der Hochverratsprozeß gegen Dr. Guido Schmidt vor dem Wiener Volksgericht. Wien 1947.
17 Zitiert nach Bruce. F. Pauley, 1988, S. 96.

Gratkorn: Beitritte zur NSDAP (/Gliederungen) gesamt

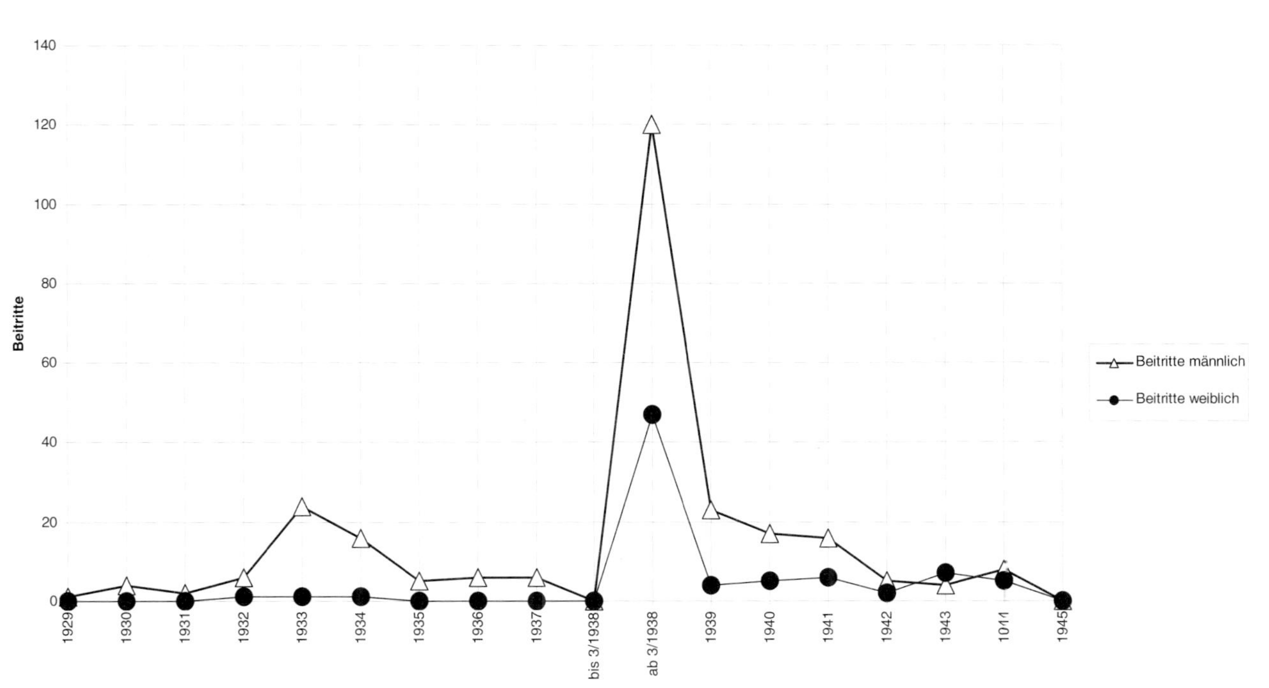

dem "Anschluß" brachen die Dämme und aus den verschiedensten Beweggründen traten allein zwischen März und Dezember 1938 167 Gratkorner der NSDAP bei, das waren 48,8 Prozent der gesamten Parteieintritte.

Die politische Schwäche des Ständestaates veranlaßte Bundeskanzler Dr. Kurt von Schuschnigg zu immer weitreichenderen Zugeständnissen an Adolf Hitler. Als letzten Ausweg plante Schuschnigg eine übereilte und manipulierte Abstimmung, die Hitler zum Anlaß für die Annexion Österreichs nahm. Die damit in Zusammenhang stehenden Ereignisse sind hinlänglich beschrieben[18]; ich beschränke mich hier auf die Darstellung der Ereignisse in Gratkorn.
Nach Bekanntwerden des Rücktrittes der Regierung Schuschnigg und nach Beginn des Einmarsches deutscher Truppen erschienen am 12. März 1938 gegen 13 Uhr Franz Sametz, Richard List und Franz Lick am Gendarmerieposten, um mit Hilfe von SA und SS die Ordnung aufrecht zu erhalten, bzw. die Macht zu übernehmen. Die beim Tischlermeister Franz Rabl in Bereitschaft stehenden Mitglieder der Frontmiliz, das letzte Aufgebot der Regierung Schuschnigg, ausgerüstet mit 50 Gewehren und einem Maschinengewehr, wurde entwaffnet, die Frontmiliz nach Hause geschickt.

18 Als Nachschlagewerk diente mir: Erwin A. Schmidl. März 38. Der deutsche Einmarsch in Österreich. (Wien 1987).

Eintritte in die NSDAP oder eine ihrer Gliederungen

	Arbeiter		Angestellte, Beamte		Bauern, landw. Arbeiter		Selbständige u. freie Berufe		Schüler, Hausfrauen, Pensionisten		Gesamt
	männl.	weibl.	männl.	weibl.	männl.	weibl.	männl.	weibl.	männl.	weibl.	m/w
1929	0	0	1	0	0	0	0	0	0	0	1/0
1930	0	0	4	0	0	0	0	0	0	0	4/0
1931	1	0	1	0	0	0	0	0	0	0	2/0
1932	1	0	3	0	1	0	1	0	0	1	6/1
1933	5	0	9	0	3	0	6	0	1	1	24/1
1934	2	0	3	0	9	0	2	0	0	1	16/1
1935	0	0	3	0	2	0	0	0	0	0	5/0
1936	0	0	3	0	1	0	1	0	1	0	6/0
1937	3	0	2	0	0	0	1	0	0	0	6/0
1938 I	0	0	0	0	0	0	0	0	0	0	0/0
1938 III	25	1	52	8	23	3	15	3	5	32	120/47
1939	6	0	10	2	3	0	4	0	0	2	23/4
1940	6	0	6	0	3	1	1	0	1	4	17/5
1941	5	0	7	1	1	0	2	0	1	5	16/6
1942	0	0	4	2	0	0	1	0	0	0	5/2
1943	1	0	2	5	1	0	0	0	0	2	4/7
1944	0	0	1	2	0	1	1	0	6	2	8/5
1945	0	0	0	0	0	0	0	0	0	0	0/0

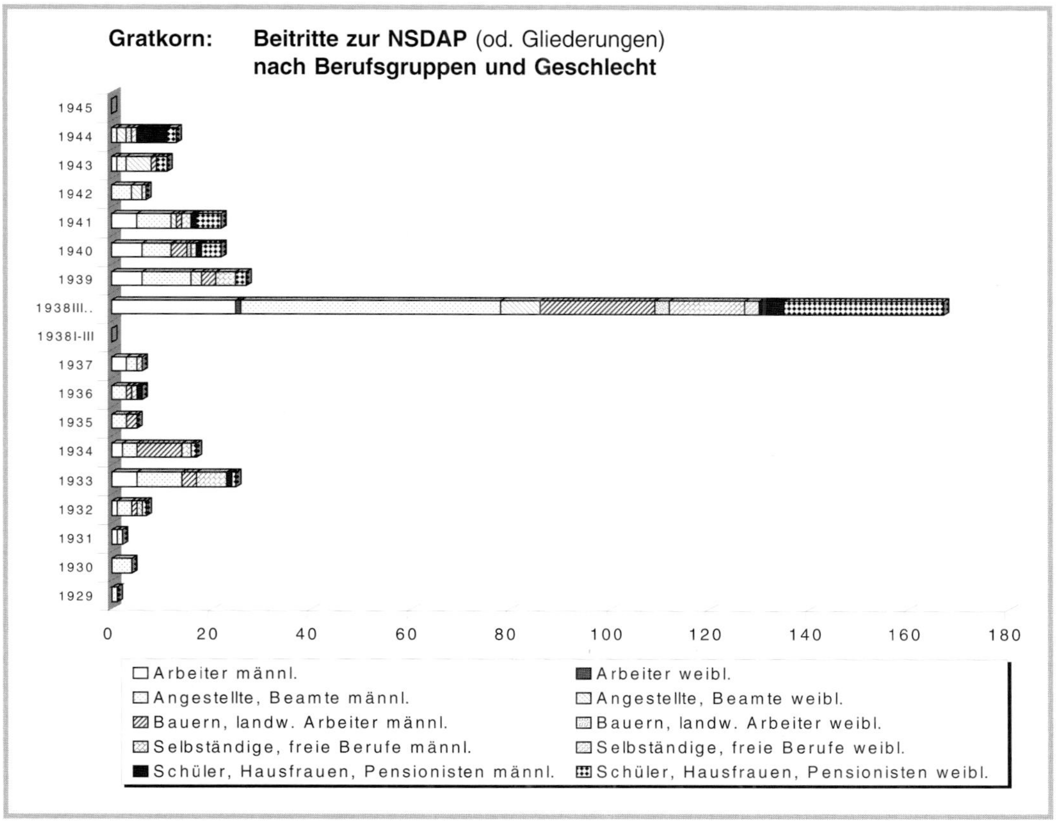

Bundeskanzler Dr. von Schuschnigg plante für 13. März eine Volksbefragung über die Unabhängigkeit Österreichs. Hitler diente diese geplante Abstimmung als Vorwand für den "Einmarsch". Beide abgedruckten Wahlaufrufe wurde in Gratkorn noch am Vormittag des 12. März 1938 verteilt. (AG)

Mütter!

Wir wollen,
daß weiterhin Friede sei!

Ihr wollt dasselbe. Ihr wollt es fü
Eure Söhne. Ihr wollt, daß das Wor
des Kanzlers gelte: „Die Jugend sol
nicht gegeneinander sterben, sie sol
miteinander leben."

Mütter, darum stimmt Ihr für Österreich
darum stimmt Ihr mit

Ja!

Eure Kinder danken Euch

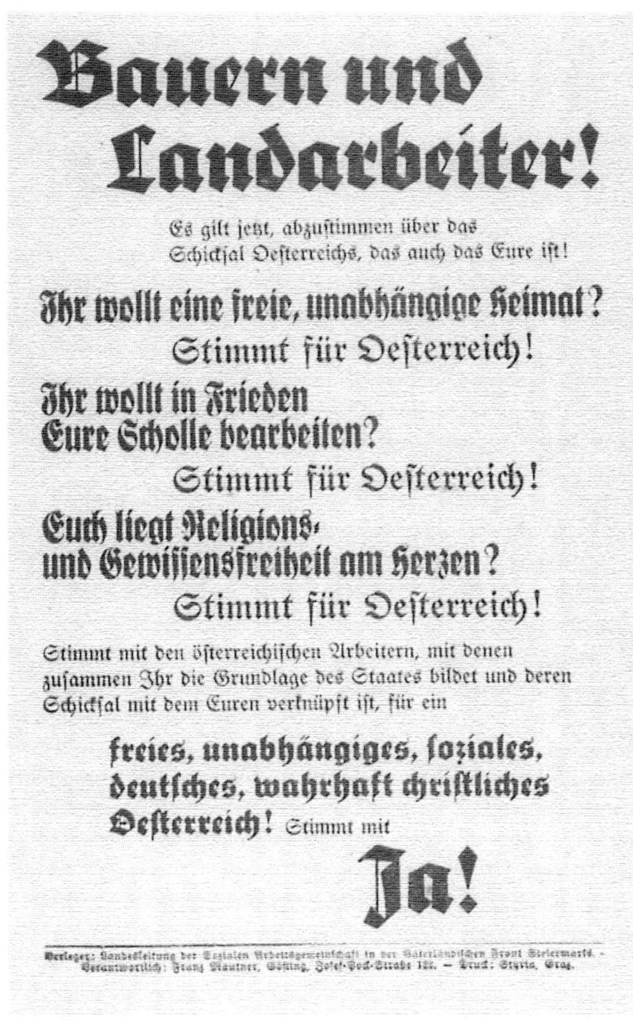

Bauern und
Landarbeiter!

Es gilt jetzt, abzustimmen über das
Schicksal Oesterreichs, das auch das Eure ist!

Ihr wollt eine freie, unabhängige Heimat?
Stimmt für Oesterreich!

Ihr wollt in Frieden
Eure Scholle bearbeiten?
Stimmt für Oesterreich!

Euch liegt Religions-
und Gewissensfreiheit am Herzen?
Stimmt für Oesterreich!

Stimmt mit den österreichischen Arbeitern, mit denen
zusammen Ihr die Grundlage des Staates bildet und deren
Schicksal mit dem Euren verknüpft ist, für ein

freies, unabhängiges, soziales,
deutsches, wahrhaft christliches
Oesterreich! Stimmt mit

Ja!

Verleger: Landesleitung der Sozialen Arbeitsgemeinschaft in der Vaterländischen Front Steiermark. – Verantwortlich: Franz [illegible], Gösting, Josef-Pock-Straße [illegible]. – Druck: Styria, Graz.

"Es wurde", so die Gendarmeriechronik, "strenge Disziplin gehalten und es gab keine Auseinandersetzung."
Um 12 Uhr wurde eine im Radio verlesene Proklamation Hitlers "mit ungeheurem Jubel und stürmischer Begeisterung aufgenommen. Auch in Gratkorn verließen die Bewohner die Häuser und harrten der kommenden Dinge."[19]
Gegen 17 Uhr erschien dann am Gendarmerieposten eine Abordnung der NSDAP, diesmal unter Führung von Sturmbannführer Wilhelm Fuß. Der Posten wurde praktisch unter Aufsicht gestellt, der Postenkommandant abgesetzt, die Funktionäre der Vaterländischen Front (Liebl, Quas, Rabl etc.) in "Schutzhaft" genommen und das Vermögen der Vaterländischen Front beschlagnahmt.
Am 13. und 14. März zogen Wehrmachtstruppen (Artillerie), umjubelt von einem Großteil der Bevölkerung, durch Gratkorn.
Am 14. März vollzog sich dann im Gasthaus Rinner die "offizielle" Machtübernahme. Bürgermeister Franz Jocher wurde offiziell abgesetzt[20], er verstarb am 8. Mai 1941.
Dann wandte man sich den politischen Gegnern zu. Ich zitiere aus einem Bericht der Herren Partbauer, Krebs, Sieber und Scherübl an den Geheimdienst der britischen Armee:
"[...] Der größte Teil der Mitglieder des Gemeinderates, außer den bereits verhafteten, Mitglieder des ehemaligen Schutzbundes, Arbeitervertrauensmänner und andere Personen, die als Gegner der Nazibewegung bekannt waren, wurden in das Gasthaus Rinner befohlen und zwar: Partbauer, Sakovsek Alois, Krebs, Ob. Ing. Sieber, Mohet, Ing. Rengelrod, Dr. Varjacic [geändert in Frl. Varjacic], Dir. Bönisch, Langmayer, Scherübl, Ing. Heese, Rabl, Csebits, Buttolo und Haider Otto.
An einer langen Tafel mußten die Vorgenannten Platz (nehmen), am Kopfe der Tafel hat die Leitung der NSDAP unter Vorsitz des eingesetzten Bürgermeisters Franz Sametz Platz genommen. Eine Truppe der SA. in vollständiger Ausrüstung mit aufgepflanzten Gewehren, Jungen, die weder Beruf noch Stellung hatten, bezog die Wache und postierte sich mit Gewehr bei Fuß einzeln hinter jeder der vorgenannten, vorgeladenen Personen.
Dr. Karl Rinner hielt eine Ansprache, in der (er) ungefähr folgendes sagte: Die befreiende Stunde für den Nationalsozialismus ist angebrochen. Die deutsche Wehrmacht befindet sich in endlosen Heeressäulen auf allen Straßen im Anmarsch auf Österreich. Ich habe meinen Aufenthalt in Deutschland verlassen und bin der Wehrmacht vorausgeeilt, um zur feierlichen Stunde der Machtergreifung durch den Nationalsozialismus in meiner Heimat zu sein. Jeder Widerstand von irgend einer Seite wäre vergebens und müßte die schwersten Folgen haben.
Sie meine Herren waren diejenigen, die den Nationalsozialismus in Gratkorn unterdrückt und dieser Entwicklung die größten Schwierigkeiten bereitet haben. Wenn ein Ob. Ing. Sieber sich geäußert hat, daß man den jungen Burschen, die mit Hakenkreuzfähnchen auf ihren Fahrrädern durch die Straßen fahren, die Hosen herunter ziehen und ihnen eine Tracht Prügel versetzen soll, damit sie auf andere Gedanken kommen, dann muß Herrn Sieber gesagt werden, daß dasselbe auch ihm passieren könne.
Herrn Ing. Rengelrod muß gesagt werden, daß er als Schweizer als lästiger Ausländer nur geduldet ist.
Solche und ähnliche Drohungen mußten sich mehrere der oben angeführten Personen gefallen lassen. [...]"[21]
Die "Machtergreifung" ging in Gratkorn recht sanft vor sich, denn die NSDAP hatte erkannt, daß in einer "Arbeiterhochburg" mit der richtigen Taktik politisch einiges zu erreichen war. Wenn auch in Gratkorn einige Menschen politischen Übergriffen ausgesetzt waren und einzelne willkürliche Verhaftungen vorgenommen wurden, so setzte die Geheime Staatspolizei / Staatspolizeistelle Graz diesen Schikanen schnell ein Ende. Diesbezügliche Schreiben ergingen auch an die Marktgemeinde Gratkorn, unter anderem "zur Kenntnis und Darnachachtung mit dem Auftrage, sofort [im Original unterstrichen] die Führer der lokalen Parteiorganisationen darauf aufmerksam zu machen, dass in Zukunft rücksichtslos und ohne Ansehung der Parteimitgliedschaft gegen alle diejenigen staatspolizeilich eingeschritten wird, welche eigenmächtig Festnahmen, Haussuchungen oder sonstige staatspolizeiliche Massnahmen vornehmen."[22] - Alles arbeitete auf die breite Zustimmung der Bevölkerung hin.

Die Personalpolitik der NSDAP auf kommunaler Ebene veranschaulicht das Prinzip überdeutlich. In Franz Sametz hatte man den Mann gefunden, der auch das Vertrauen der Arbeiter ge-

19 CGG.
20 Schreiben Franz Sametz' an Bgm. Franz Jocher vom 14. März 1938, Zl. 780/38 (AG).
21 Bericht vom 23. Jänner 1946 an die 31. FSS, (AG).
22 Rundschreiben der Staatspolizeistelle Graz über die BH Graz vom 31. März 1938, Zl. 14 Schu 29/4 (AG).

Propaganda - Klebevignette, verteilt in Gratkorn, zur Volksabstimmung über den "Anschluß". Die am 10. April 1938 durgeführte Abstimmung ergab in Gratkorn 99,52 Prozent Ja - Stimmen. (AG)

winnen konnte. Sametz stammte aus einer Arbeiter- und Bauernfamilie (15 Geschwister), meldete sich im Ersten Weltkrieg als Freiwilliger und stieg bis zum Feldwebel auf, arbeitete in der Papierfabrik und leitete dort die Betriebsbuchhaltung. Bei den Gemeinderatswahlen 1932 kandidierte er auf der sozialdemokratischen Liste als erster Ersatzmann, trat am 3. August 1934 der illegalen NSDAP bei und betätigte sich in der Papierfabrik als Betriebszellenobmann. Nach dem "Anschluß" fungierte er außerdem einige Monate als Betriebsobmann und Ortsobmann der Deutschen Arbeitsfront, einer Art NS - Gewerkschaft.[23] Sametz war also für Arbeiter, Beamte und Bauern gleichermaßen ein akzeptabler Bürgermeister. Am 15. März 1938 wurde Franz Sametz, Gratkorn Nr. 80, zum provisorischen Amtswalter bestellt. Am 25. März schlug Bürgermeister Sametz Richard List, Mag. Ludwig Fischer und Franz Schreiner als Beiräte vor.[24] In den folgenden Tagen, bis zum 10. April 1938, wurde Gratkorn von einer Propagandawelle ungeahnten Ausmaßes überrollt. Am 4. April 1938 quoll Gratkorn vor Mitgliedern der motorisierten Sturmbanne I 4 und L 4 der "Österreichischen Legion" über. Rund 200 Autos und Motorräder sammelten sich in Gratkorn, um geschlossen in Graz einzufahren.[25] Alle sollten sehen, daß im neuen, mächtigen Staat keine Stände oder Klassen zählten. Die "große Volksgemeinschaft" wurde propagiert, in der alle "Volksgenossen" zum Wohle für Volk, Führer und Vaterland arbeiteten. Die Gratkorner Arbeiter lasen staunend Dr. Karl Renners Worte: "Als Sozialdemokrat und somit als Verfechter des Selbstbestimmungsrechtes der Nationen, als erster Kanzler der Republik Deutschösterreich und als gewesener Präsident ihrer Friedensdelegation zu St. Germain werde ich mit Ja stimmen."[26] Theodor Kardinal Innitzer ließ die Pfarrer, auch den Gratkorner, von den Kanzeln verkünden: "Am Tage der Volksabstimmung ist es für uns Bischöfe selbstverständlich nationale Pflicht, uns als Deutsche zum Deutschen Reich zu bekennen, und wir erwarten auch von allen gläubigen Christen, daß sie wissen, was sie ihrem Volke schuldig sind."[27] Und in Abwandlung von "Ein Volk - ein Reich - ein Führer" propagierte der Reiner "Marien - Bote" den Wahlspruch "Ein Volk - Ein Reich - Deutschland"[28].

Bedenkt man noch, daß etwa acht Prozent der Wahlberechtigten, nämlich die präsumtiven Gegner, von der Wahl ausgeschlossen waren[29] und berechnet man den in den Wahllokalen sehr subtil ausgeübten Druck mit ein, dann birgt auch das Gratkorner Wahlergebnis wenige Geheimnisse in sich:

		in Prozent
Stimmberechtigte	2925	
Ja - Stimmen	2911	99,52%
Nein - Stimmen	14	0,47%

Verdächtig bleibt lediglich der Umstand, daß offensichtlich alle Stimmberechtigten zur Wahl gingen und daß weder Stimmenthaltungen noch ungültige Stimmen zu verzeichnen waren.

Eine zeitgenössische Quelle berichtet über den Verlauf der Abstimmung vom 10. April 1938 in Gratkorn: "Am Abstimmungstag wurden die Bewohner des Marktes am frühen Morgen durch Musik geweckt. Wieder marschierten die Gliederungen der Bewegung durch den Ort, um sich an die Arbeit im Dienst der Volksabstimmung zu begeben. Die NSKK - Fahrer Gratkorns bildeten mit 26 Fahrzeugen den Wahlschlepp- und Verbindungsdienst. Als bald nach 5 Uhr nachmittags die fast einstimmige Bejahung des Großdeutschen Reiches bekannt wurde, jubelte alles und die NSKK - Fahrer brachten als Abschluß ihres Wahldienstes den Ortsgruppenwahlleiter List und Bürgermeister Franz Sametz mit dem Abstimmungsergebnis nach Graz, wo das auf großen Tafeln mitgeführte einhellige Bekenntnis zum deutschen Volksreich und seinem Führer bei der Durchfahrt

23 Undatierte (vermutlich 1939) von Franz Sametz unterzeichnete "Lebensbeschreibung" (Zl. II/5 A 1/27) im AG; Meldeblätter v. 8. Mai 1945, 18. Juni 1946 und 28. Juli 1947 (AG); Kundmachung der Gemeindewahlbehörde vom 12. April 1932, Zl. 2278/32 (AG).
24 Schreiben des Landrates Zl. II/5 G 9/5 vom 15. März 1939 (AG), Schreiben der BH Graz - Umgebung vom 16. März 1938, Zl. 1 G 59/1 - 1938 (AG) und Schreiben Bürgermeister Sametz' vom 25. März 1938 an die Bezirkshauptmannschaft (Zl. 886, AG). Man beachte die Varianten der Amtsbezeichnung.
25 Tagespost vom 5. April 1938, S. 7.
26 Neues Wiener Tagblatt vom 3. April 1938.
27 Feierliche Erklärung der österreichischen Bischöfe vom 18. März 1938, veröffentlicht u. a. in: Tagespost vom 30. März 1938, S. 5. Vgl. auch M. Liebmann, 1988, S. 92.
28 Marien - Bote, 4, 1938. S. 2. Vgl. dazu auch M. Liebmann, 1979. S. 255f.
29 E. A. Schmidl, 1987, S. 232.

von den Grazern stürmisch bejubelt wurde. Sonntag abend beschloß ein Fackelzug, an welchem sich rund 2000 Volksgenossen beteiligten, würdig den Tag des deutschen Volksentscheides."[30]

Vorerst wirkte sich der "Anschluß" für die meisten Gratkorner positiv aus. Der Stand der Arbeitslosen reduzierte sich von 124 (Ende 1937) auf 0. Am 13. Mai 1938 besuchte Dr. Robert Ley, Reichsorganisationsleiter der NSDAP und Führer der Deutschen Arbeitsfront, Gratkorn. Die Arbeiter sollten sehen, daß sich das neue System ihrer annahm. Ley "unterzog die Papierfabrik einer Besichtigung und veranlaßte die Abstellung verschiedener Übelstände im Betriebe. Seine Ankunft erfolgte vollkommen unerwartet und verursachte bei der Führung des Betriebes einigen Schrecken. Die Worte Dr. Leys an die versammelte Arbeiterschaft wurden von dieser freudig aufgenommen. Noch lange nach seiner Abreise standen die Arbeiter in Gruppen beisammen und sprachen voll Hoffnung und Zuversicht über den Besuch. Besonders die mangelhaften sanitären Anlagen im Betriebe veranlaßten Dr. Ley mit energischen Worten zur Beseitigung dieses Übels. Im Gegensatz zu den früheren Besuchen der Fabrik, die immer mit festlichen Empfängen begannen und mit Festessen ihren Abschluß fanden, erfolgte dieser Besuch ohne allem Gepränge und galt ausschließlich der Arbeiterschaft", vermerkt die Gendarmeriechronik.

Der Mai 1938 brachte den Gratkornern auch ein Hochwasser biblischen Ausmaßes. In der Nacht zum 22. Mai wurden die Gratkorner Wehren und Gliederungen der NSDAP alarmiert, die unverzüglich mit Sicherungsmaßnahmen begannen. Das Haus des Fabriksarbeiters Pensold wurde durch die Wassermassen vernichtet, am Wehr bei der Zigeunerhöhle sammelten sich angeschwemmte Baumstämme und sogar weggerissene Brücken. Die Überfuhr, die sich beim heutigen Überfuhrweg befand, wurde völlig zerstört, die Grazerstraße bei Weinzöttl unterbrochen. Der Werksarbeiter Vinzenz Stieber stürzte bei Sicherungsarbeiten am Kraftwerk in die Mur und fand den Tod.[31]

Die Gleichschaltung Österreichs, das nun Ostmark hieß, an das Deutsche Reich ging schnell vor sich. Der Schilling mußte zu einem äußert ungünstigen Kurs

Gratkorn, 1. Mai 1938. Man feierte nicht mehr den "Tag der Arbeit" sondern den "Tag der nationalen Einheit". Der Kommentar des Schreibers auf der Rückseite dieser Ansichtskarte vom 14. Juni 1938 lautet: "Wieder im Betriebe und sende hier einen kleinen Teilausschnitt aus der Fabriksbelegschaftsfeier am 1. Mai 1938 in der ehemals roten Hochburg." (AG)

Der Leiter der "Deutschen Arbeitsfront" (DAF) und Gauleiter im Rheinland, Dr. Robert Ley (links neben Hitler) besuchte am 13. Mai 1938 überraschend die Papierfabrik. Sein energisches Auftreten und von ihm initiierte Verbesserungen im sanitären Bereich bewogen viele Arbeiter, an die Versprechungen der NSDAP zu glauben. Ley erhängte sich im Laufe des Nürnberger Prozesses. (Cigaretten - Bilderdienst Hamburg - Bahrenfeld, 1936)

umgewechselt werden, die Umstellung auf die Rechtsfahrordnung (1. Juli 1938) bereitete auch in Gratkorn Schwierigkeiten. Am 23. September erlebten die Gratkorner ihre erste Verdunkelungsübung. Am 21. Oktober wurde das Gemeindegebiet um eine neue Katastralgemeinde, Gratkorn St. Veit ob Graz, vergrößert. Für die Papierfabrik verursachte der "Anschluß" enorme Schwierigkeiten, denn gegenüber der deutschen Papierindustrie war man in jeder Hinsicht benachteiligt. Die technische Ausrüstung entsprach bei weitem nicht dem deutschen Standard. Darüberhinaus mußte der Papierpreis den deutschen Preisen angepaßt werden, was sich in einem Preisverfall von bis zu 40 Prozent niederschlug.[32] Diese Entwicklung spiegelt sich im Beschäftigtenstand der Papierfabrik:

Beschäftigtenstand in der Papierfabrik 1936 - 1945

(nach P. Cede, 1984, S. 300f.)

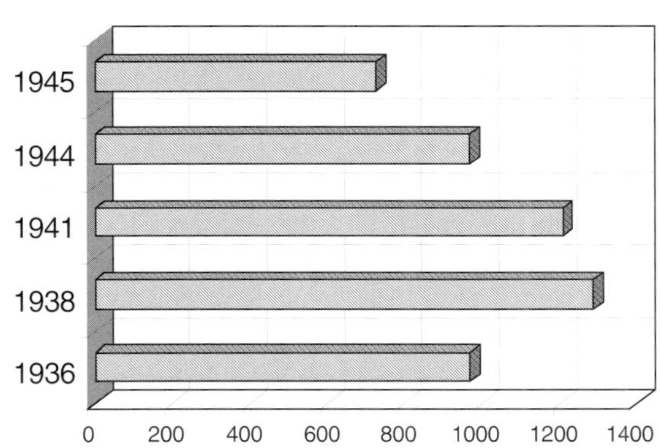

	1936	1938	1941	1944	1945
□ Beschäftigte	968	1286	1208	969	726

Diese Entwicklung schlug sich jedoch nicht in einem Ansteigen der Arbeitslosigkeit nieder, denn einerseits standen Ersatzarbeitsplätze zur Verfügung, andererseits bedingte der Kriegseintritt die Verpflichtung von Arbeitern zum Kriegseinsatz. Der Betrieb konnte in der Folge mit Zwangsarbeitern ("Ostarbeiter") weitergeführt werden. Auch kommunale Verwaltung und Kommunalpolitik wurden schnell im nationalsozialistischen Sinne umgestaltet. Weder Bürgermeister noch Gemeinderäte wurden frei gewählt, sie wurden vom Beauftragten der NSDAP gemäß § 51 Abs. 1 der Deutschen Gemeindeordnung berufen. Am 1. März 1939 ernannte der Landrat[33] demgemäß die Gemeinderäte:

Dr. Emil Kschir, Arzt
Erich Birkner, Saalmeister
Gottlieb Haider, Platzvertreter
Josef Lick, Fabriksarbeiter
Franz Hutter, Kaminfeger
Hans Rinnerhofer, Bäckermeister
Franz Zangl, Uhrmacher
Alfred Rinner, Bauer
Josef Kleinhappel, Bauer
Ulrich Taibinger, Landwirtschaftlicher Arbeiter
Franz Rudolf, Fabriksarbeiter
Franz Beck, Fabriksarbeiter

30 Tagespost (Morgenblatt) vom 14. April 1938, S. 6.
31 CGG.
32 Vgl. O. Pickl, 1978, S. 10.
33 Schreiben des Landrates des Landkreises Graz vom 1. März 1939, GZ. II/5 G 9/4 (AG).

Stampiglie der "NSDAP - Hitlerbewegung - Ortsgruppe Gratkorn". (AG)

De facto war diese Gemeindevertretung in ihrer Entscheidungsfreiheit massiv eingeengt. Der Ortsgruppenleiter der NSDAP überwachte die Kommunalpolitik, er und andere Parteifunktionäre besaßen in gewissen Bereichen nicht zu unterschätzende Machtbefugnisse. So hatte zum Beispiel der Ortsbauernführer bei UK - Stellungen von in der Landwirtschaft Beschäftigten ein gewichtiges Wort mitzureden.

Kommissarischer
Ortsgruppenleiter
Gottlieb Haider

Kommissarischer
Ortsgruppenleiter
Richard List

Ortsgruppenleiter
Franz Schreiner

Kommissarischer
Ortsbauernführer
Franz Potisk

Ortsbauernführer
Josef Gebhard

Ich zitiere als Beispiel nur ein Rundschreiben des Landrates bezüglich der Genehmigung von konfessionellen Umzügen und Christenlehren: Der Bürgermeister sei zwar nicht berechtigt, solche Veranstaltungen zu genehmigen oder zu untersagen, wenn er aber trotzdem einmal kurzfristig in die Lage dazu komme, "so hat er unbedingt vor [im Original unterstrichen] seiner Entscheidung festzustellen, ob nicht der zuständige Ortsgruppenleiter der NSDAP zum selben Fall schon eine Entscheidung getroffen hat. Trifft das zu, so muß der Bürgermeister sich diese Entscheidung des Ortsgruppenleiters - gleichgiltig ob dieser zur Entscheidung berechtigt war oder nicht - zu eigen machen [...]."[34]

Das neue System zeigte sich bemüht, das Vertrauen aller Gratkorner, auch der politisch andersdenkenden, zu gewinnen. Das gelang freilich nicht immer und es gab in Gratkorn 1938 wenige Menschen, die das erkannten, was Rosa Jochmann bereits 1933 prophezeit hatte: "[...] wenn die Zeit des Dritten Reiches vorbei sein wird, wenn die Millionen Menschen, die heute noch verblendet sind in dem Glauben an Hitler, zur Erkenntnis gelangen werden, welch großer Irrung sie unterlagen, wird die ganze Menschheit erschauern vor den Untaten des Nationalsozialismus [...]."[35]

Mit und nach dem groß angelegten Propagandafeldzug für das "Ja" der Gratkorner zum "Anschluß" begannen unverzüglich Repressionen, die sich in erster Linie gegen die Kirche sowie gegen alles "Fremdvölkische" und "Artfremde" richteten. Ich zitiere nur ein Schreiben der vorgesetzten Instanzen an Bürgermeister Franz Sametz: "Kirchliche Veranstaltungen im Freien, aus Anlässen, die auch von der nationalsozialistischen deutschen Arbeiterpartei gefeiert werden, werden nicht erlaubt. [...] Hiezu bemerke ich ergänzend, daß ein besonderes Augenmerk auf die Anzahl der teilnehmenden Personen, die, wenn sie aussergewöhnlich groß ist, auf einen demonstrativen Charakter der Veranstaltung schließen läßt, gerichtet zu werden hat."[36] Neben anderen Repressionen wurde im September 1940 das Kloster der Lazaristen in der Dult aufgehoben, von der NSV (Nationalsozialistische Volkswohlfahrt) übernommen und als Kinderheim eingerichtet.[37]

So mancher aufrechte Christlichsoziale, Kommunist und Sozialdemokrat, der als kompromißloser Gegner des NS - Regimes bekannt war, mußte seine Haltung mit dem Tod oder langjährigen Haftstrafen bezahlen. In Gratkorn gab es früh Widerstand gegen Austrofaschismus und Nationalsozialismus; und er trat nicht, wie in so vielen steirischen Gemeinden, erst am 8. Mai 1945 zutage. Dieser Widerstand äußerte sich in verschiedenen Formen und Abstufungen und auch Nationalsozialist war nicht gleich Nationalsozialist.

34 Rundschreiben Nr. 230 des Landrates Graz (Zl. V/5 Po 6/42) vom 14. Juli 1939 an alle Bürgermeister des Landkreises Graz (AG Zl. 1907/1).

35 Rosa Jochmann, Sie rufen den Henker zu Hilfe. In: Die Frau 9/ 1933. Ediert in: Rosa Jochmann, Ein Kampf der nie zu Ende geht. Reden und Aufsätze. Herausgegeben und mit einer biographischen Einleitung von Hans Waschek. (Wien 1994). S. 116 – 118. S. 117.

36 Rundschreiben Nr. 212 des Landrates des Kreises Graz (Zl. V/5 Po 6/24 - 1939) vom 6. Juli 1939 (AG).

37 CGG.

Das Gratkorner Becken, links die Papierfabrik, um 1940. (Sammlung J. Kopsche)

Ein Gratkorner im November 1939 an seine vorgesetzte Dienststelle: "Ich bin eben ein Nationalsozialist, der bereit ist nicht nur seine Pflichten zu erfüllen, die er unbedingt erfüllen muss, sondern auch freiwillig übernommene Pflichten bis zum Aeussersten zu erfüllen, allerdings im Rahmen von Recht und Gerechtigkeit unter Beachtung der Staatsgesetze, aber der Gesetze der Menschlichkeit."[38]
Über denselben Mann wird 1941 berichtet: "Jocher grüßt ausschließlich nur mit 'Grüß Gott'. Unser Gruß 'Heil Hitler' wird von ihm nur im äußersten Falle, bei vorgesetzten Amtspersonen und im Amte angewandt. Bei Eintritt in Fleischerläden und dgl. Geschäften grüßt Genannter meist mit spöttischem Nachdruck nach folgender Reihenfolge 'Guten Morgen, Guten Tag, Grüß Gott, Habe die Ehre - Heil Hitler'. Damit bringt er so richtig seine innere Stellungnahme gegen den Nationalsozialismus zum Ausdruck."[39]
Das war die geringste, wenn auch nicht ungefährliche Form des Widerstandes.
Der Arbeiter Franz Malek wurde am 22. April 1911 in Gratkorn geboren. Er war kompromißloser Kommunist, verachtete alle Diktaturen (außer jene des Proletariates) und kämpfte gegen den Ständestaat. 1934 wurde er verhaftet und ins Anhaltelager Wöllersdorf transportiert. Nach dem "Anschluß" wurde Malek als bekannter Gegner des Regimes abermals verhaftet. Nach Erniedrigungen und Qualen kam er am 16. März 1945 im Konzentrationslager Dachau um.[40]
Etwa ein Dutzend Gratkorner wurde von Einheimischen denunziert, von der Gestapo mißhandelt, in Konzentrationslagern inhaftiert. Oft reichte schon ein unbedachtes kritisches Wort. Am 4. Februar 1942 wurde der Fabriksarbeiter Josef Pfeiller aus Gratkorn - Dult wegen Verbrechen gegen das Heimtückegesetzes und "führerfeindlichen Äußerungen" der Geheimen Staatspolizei übergeben.[41]
Eine organisierte Widerstandsgruppe bestand um den Arbeiter Narath, dieser Gruppe gehörte auch der nachmalige Gratkorner Bürgermeister Alois Schweinzer an. Einige Mitglieder dieser Gruppe wurden in Graz am 26. Juni 1943 zum Tode verurteilt, mehrere zu langjährigen Haftstrafen.[42] Eine zweite organisierte (kommunistische) Widerstandsgruppe, in der sich ein Gratkorner zumindest beteiligte, bestand um den Vordernberger Bergmann Martin Michelli. Er hatte unmittelbar nach dem Kriegsbeginn mit der Sowjetunion insgesamt 13 Arbeitskameraden "um sich gesammelt, um mit ihnen in kommunistischem Sinne zu beraten, wie man helfen könne, daß nicht Deutschland sondern die Sowjets den Krieg gewinnen."[43]
Der Hilfsarbeiter Josef Gschanes

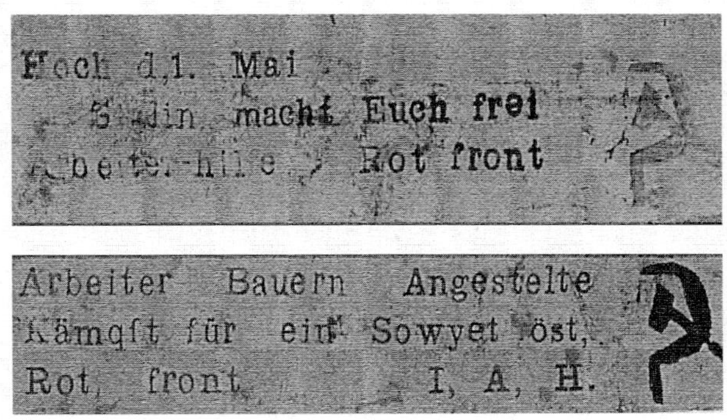

Von den Gratkorner Kommunisten wurden im Ständestaat und schon bald nach dem "Anschluß" selbstgefertigte Klebevignetten in der Papierfabrik und an öffentlichen Plätzen angebracht. Zur Herstellung der Aufdrucke wurden rohe Kartoffel als Stempel verwendet. (AG)

aus Gratkorn Nr. 87, geboren am 11. März 1902 in Steingrub, versteckte für diesen Widerstandskreis Sprengmittel. "Der Volksgerichtshof hat deshalb seiner Pflicht entsprechend die Strafe unmittelbar aus dem gesunden Volksempfinden geschöpft [...] und [...] 5 Jahre Zuchthaus für solchen Sprengstoffbesitz und -versteck im Kriege um der Sicherheit des kämpfenden Reiches willen für erforderlich gehalten."[44] Damit hatte Gschanes Glück, denn vier von den 14 Angeklagten wurden zum Tode verurteilt, die übrigen zu langewährenden Haftstrafen.
Die in Gratkorn unterrichtende

38 Schreiben Rudolf Jochers an den Bürgermeister der MG Gratkorn vom 1. November 1939 (ad AZ 035/1 im AG).
39 Schreiben des Bürgermeisters der MG Gratkorn an den Landrat des Landkreises Graz bez. Dienstentlassung R. J. vom 18. September 1941, Zl. 035/10 (AG).
40 CGG, 1934; Schreiben Franz Maleks vom 24. September 1934 aus dem Anhaltelager Wöllersdorf und Antwortschreiben der MG Gratkorn (Zl. 5015 - 16 im AG);Bund österr. Freiheitskämpfer und Opfer des Faschismus / Fürsorgereferat, Aufstellung vom 23. September 1955 (DÖW 16.544).
41 CGG.
42 Die Akten zum Prozeß Narath und Genossen konnten bislang nicht aufgefunden werden. Freundl. Mitt. DÖW.
43 Urteilsbegründung des 1. Senates des Volksgerichtshofes aufgrund der Hauptverhandlung vom 10. Mai 1943 (DÖW1956).
44 Ebenda.

Der Dank des Reichsmarschalles für die Metallspende 1940. (CGG)

Lehrerin Irene Erjavec gehörte seit dem Jahre 1941 einer örtlichen Widerstandsgruppe an und stand auch in Kontakt mit der in der Reichsstatthalterei angestellten Dr. Julia Pongracic. Pongracic, die am 3. April 1945 in der Wetzelsdorfer SS - Kaserne erschossen wurde, gehörte ihrerseits dem Widerstandskreis um den nachmaligen langjährigen Landesrat Fritz Matzner an.[45] Die Gratkorner Widerstandskämpferin Irene Erjavec hat jedenfalls eine Beschreibung über ihre Erlebnisse bei der Grazer Gestapo hinterlassen.[46]

Wieviele Widerstandskreise in Gratkorn während der Jahre 1938 bis 1945 existierten, läßt sich nicht mehr exakt rekonstruieren, auch nicht ihre Verflechtungen untereinander. Eine klare Trennung scheint aufgrund der äußerst komplexen Querverbindungen oft unmöglich und wurden solche Widerstandsgruppen von der Gestapo nicht entdeckt, dann existieren nicht einmal Akten darüber.

Spätestens mit der Vernichtung der 6. Armee bei Stalingrad erkannte auch der Großteil der Gratkorner Bevölkerung die Zeichen der Zeit. Bürgermeister Franz Sametz mußte am 30. Juni 1943 anläßlich einer vom Reichsstatthalter einberufenen Arbeitstagung berichten, daß in seiner Gemeinde "gerade in politischer Hinsicht sehr viel zu wünschen übrig wäre. Gegenüber Parteiveranstaltungen verhält sich ein Großteil der Bevölkerung ziemlich passiv. Nur KdF [Kraft durch Freude] Veranstaltungen werden im Verhältnis gut besucht. Der Papierfabriks - Betrieb ist immer noch eine Stätte kommunistischer Betätigung."[47]

Am 27. August 1939 wurden die Bezugskarten für Kraftfahrzeugtreibstoff eingeführt; der Krieg kündigte sich an. Am 30. August wurde die Bewirtschaftung aller lebenswichtigen Verbrauchsgüter verfügt und fortan gab es fast alles nur mehr gegen Bezugsscheine: Reichsbrotkarte, Reichsmilchkarte, Reichsfettkarte, Reichskleiderkarte...

Am 1. September begann Hitlers Überfall auf Polen und damit der Zweite Weltkrieg. Außer den erwähnten Rationierungen war davon in Gratkorn vorerst freilich wenig zu merken. Die Wehrmacht errang einen Sieg nach dem anderen, die Parteiführer buhlten immer noch um die Gunst der Arbeiterschaft. Am 8. Dezember traf die steirische Parteiprominenz - der stellvertretende Gauleiter Dr. Tobias Portschy und etwa 30 Parteifunktionäre - zur Übergabe neugeschaffener sozialer Einrichtungen in Gratkorn ein.

Mit dem Ende des Polenfeldzuges (27. September 1939) und dem Sieg über Frankreich (22. Juni 1940) begann auch die Ausbeutung der besetzten Gebiete und derer Bewohner. Bereits im März 1940 wurden mehreren landwirtschaftlichen Betrieben polnische Landarbeiter zur Arbeitsleistung zugewiesen. Im August 1940 trafen zudem 20 kriegsgefangene Franzosen in Gratkorn ein. Diese Franzosen waren beim Gasthaus Teibinger untergebracht und wurden von einer Bewachungsmannschaft von und zur Arbeitsstelle gebracht. Im September 1940 trafen abermals 60 französische Kriegsgefangene ein, wovon 20 im Gasthof Teibinger (vulgo Pucher) und 40 beim Pionier - Übungsplatz untergebracht wurden. "Das Verhalten und die Arbeitsfreudigkeit der Kriegsgefangenen gegenüber den polnischen Landarbeitern wird allgemein hervorgehoben."[48]

Über das Verhalten der Bevölkerung gegenüber diesen Personen [besonders gegenüber den "Ostarbeitern"] ergingen an den Posten wiederholt Weisungen. Diese Weisungen liefen darauf hinaus, daß jeder engere Kontakt der Kriegsgefangenen und "Ost-

45 Siehe W. Muchitsch, 1994, S. 50ff.
46 Neue Steirische Zeitung Nr. 17 vom 14. Juni 1945, S. 2.
47 Bericht (Konzept) des Marktes Gratkorn vom 30. Juni 1943 zu Zl. Ia - 46 Bu 55/49 - 1943 des Reichsstatthalters (AG).
48 CGG.

arbeiter", in der Folge auch zwangsdeportierte Russen und Ukrainer, mit der Zivilbevölkerung unterbunden werden sollte: Verbot des Besuches von Gaststätten, Verbot des Besuches deutscher Veranstaltungen, streng limitierte Ausgehzeiten, Verbot des Besitzes von Fahrrädern und Photoapparaten etc.[49] Diese "Ostarbeiter" mußten den Buchstaben "O" auf ihrer Kleidung tragen, deutsche arbeitsrechtliche Vorschriften fanden auf sie nur begrenzt Anwendung. Urlaubsfahrten waren in der Regel nicht möglich, an Lohn erhielten die "Ostarbeiter" effektiv etwa 25 Prozent des Lohnes eines deutschen Arbeiters.[50]

Hunderte Menschen aus den besetzten Ostgebieten mußten während des Krieges in der Papierfabrik Zwangsarbeit verrichten. (AG)

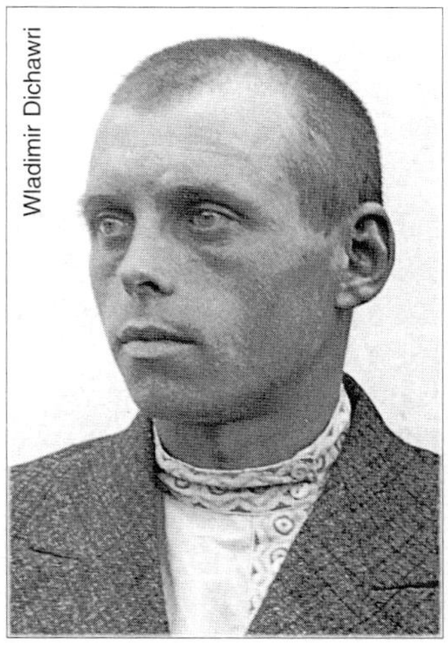
Wladimir Dichawri

Michael Radysch

N. Zichanowski

Iwan Hulbajtschnik

Johannes Sysak

Michael Manczak.

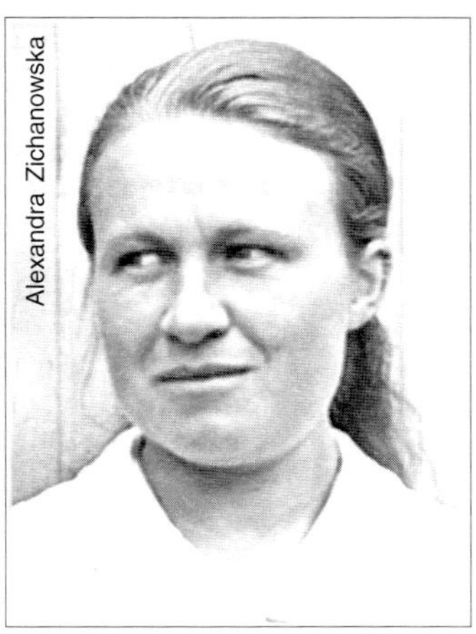
Alexandra Zichanowska

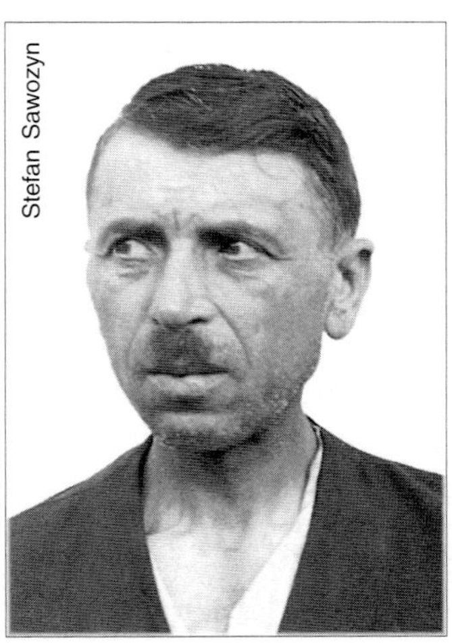
Stefan Sawozyn

Der Reichsminister und spätere Generalgouverneur von Polen, Dr. Hans Frank, der am 22. Jänner 1939 unter dem Jubel der Bevölkerung mit dem Auto durch Gratkorn fuhr, stellte das Prinzip 1944 klar dar: "Wenn wir den Krieg einmal gewonnen haben, dann kann meinetwegen aus den Polen und aus den Ukrainern und dem, was sich hier herumtreibt, Hackfleisch gemacht werden, es kann gemacht werden, was will."[51]

49 Vgl. Erlaß des Reichsstatthalters in der Steiermark vom 30. September 1940, Zl. I Pol, 386 Po 1/70; Rundschreiben des Landrates des Landkreises Graz Nr. 327 vom 17. Juni 1940 (AG). Vgl. auch Dokument 3352 - PS im Nürnberger Kriegsverbrecherprozeß (IMT, 1948, XXXIII, S. 198 - 230).

50 St. Karner, 1986, S. 335ff.

51 Ansprache Dr. Hans Franks vor den politischen Leitern der NSDAP im Distrikt Krakau, 14. Jänner 1944. In: Okkupationspolitik, 1989, Nr. 168, S. 292.

Im Zuge des weiteren Verlaufes des Krieges wurde ein Großteil der Arbeiter der Papierfabrik zur Wehrmacht eingezogen. Besonders seit Beginn des Russlandfeldzuges (22. Juni 1941), wurden verstärkt "Ostarbeiter" nach Gratkorn verbracht. Das diesbezügliche Aktenmaterial[52] weist für Juni 1943 in der Papierfabrik folgenden Arbeiterstand aus:

Gesamter Arbeiterstand	**1594**
davon eingerückt	396
Ausl. Arbeitskräfte:	
"Ostarbeiter" männlich	54
"Ostarbeiter" weiblich	64
Ausländer männlich	66
Ausländer weiblich	9
Schutzangehörige männlich	10
Schutzangehörige weiblich	6
Untersteirer männlich	11
Untersteirer weiblich	6
Einheim. Arbeitskräfte:	
Arbeiter männlich	617
Arbeiter weiblich	260
Angestellte männlich	57
Angestellte weiblich	38

Läßt man die eingerückten Arbeiter unberücksichtigt, so betrug der effektive Beschäftigtenstand 1198 Personen. Davon waren 226 (18,9 %) ausländische Arbeitskräfte. An den Arbeitern betrug der Anteil der ausländischen Arbeitskräfte zu diesem Zeitpunkt 20,5%. Dieser Anteil stieg in der Folge weiter an.

Jene Gratkorner "Ostarbeiter", die bei der Leykam - Josefsthal arbeiteten, wurden geschlossen in einem Lager gehalten und von einer Wachmannschaft beaufsichtigt. Dieses Lager, ein primitivst ausgestattetes Barakkenlager, befand sich in Gratkorn Nr. 311. Wenigstens von einem Großteil der einheimischen Arbeiter wurden diese zwangsdeportierten und entrechteten Menschen als Arbeitskollegen akzeptiert und - nicht selten entgegen den offiziellen Weisungen - als solche behandelt. Bürgermeister Sametz berichtete am 30. Juni 1943 dem Reichsstatthalter: "Über das Betragen der Ausländer wird derzeit nicht besonders Klage geführt, müssen aber trotzdem ständig überwacht werden. Im Jahre 1941 war es wesentlich schlimmer durch den Zuzug der Untersteirer; Diebstähle und Arbeitsverweigerung waren die besonderen Merkmale."[53]

War schon das wirtschaftliche Leben Gratkorns nur durch den Einsatz von Zwangsarbeitern aufrecht zu erhalten, so setzte der Krieg kommunalen Vorhaben enge Grenzen. Der oben zitierte Bericht des Bürgermeisters an den Reichsstatthalter vom Juni 1943 schildert die Lage der Gemeinde zu einem Zeitpunkt, als der NS - Staat seinen Zenit bereits überschritten hatte:

Bereich	Personen
Ernährungswirtschaft	
Normalverbraucher	3.121
Selbstversorger A	560
Selbstversorger B	360
in Gemeinschaftsverpflegung	286
gesamt	4.327
Fürsorgewesen	
Fürsorgeunterstützte	81
Pfleglinge im Altersheim	50
Familienunterhalt	319
Säuglings- und Kleinkinderfürsorge	
befürsorgte Säuglinge	131
befürsorgte Kleinkinder	34
untersuchte Schulkinder	182
befürsorgte Krebskranke	8
erfaßte Tuberkulosekranke	82
überwachte Pflegekinder	164
Frequenz der Beratungsstelle	302

Im Jahre 1942 hatte der Gemeindehaushalt 949.250,90 Reichsmark an Einnahmen zu verzeichnen, 83.577,53 RM an Ausgaben. Der Schuldenstand betrug 78.200,00 RM, an Rücklagen verfügte die Gemeinde über 107.974,83 RM. Investitionen beschränkten sich "auf unaufschiebbare Instandsetzungsarbeiten und vereinzelte Einbauten für die Gefolgschaft der Landwirtschaft. Die Straßen und Güterwege wurden im Jahre 1938 und 1939, soweit dies die Kriegsverhältnisse noch erlaubten, instandgesetzt. Sie befinden sich heute noch in einem besseren Zustand als sie 1938 angetroffen wurden. Der Ausbau des Turnsaales in der Knabenschule und der Ausbau der Gemeindewasserleitung durch Erschließung einer zusätzlichen Quelle und Erweiterung zu einer Ringleitung sind als äußerst notwen-

52 Besonders Aktenkomplex 123/10 ("Ausländerpolizei - Polen u. Ukrainer / Ostarbeiter Leykam") im AG.
53 Bericht (Konzept) des Marktes Gratkorn vom 30. Juni 1943 zu Zl. Ia - 46 Bu 55/49 - 1943 des Reichsstatthalters (AG).

St. Stefan, im Hintergrund die Papierfabrik. Foto aus dem Jahre 1942. (Sammlung Gasthaus Pucher, Rosa Faninger)

dig zu bezeichnen." Trotz des Krieges wurde noch im Jahre 1941 mit dem Bau von 55 Wohnungen begonnen, wovon im Juni 1943 noch keine einzige fertiggestellt war. "Die Fertigstellung dieser Wohnungen ist wegen des katastrophalen Wohnungselends eine der wichtigsten Aufgaben."

- Von den beim "Anschluß" gemachten Versprechungen war also wenig geblieben. Am 17. November 1944 fielen zum erstenmal alliierte Bomben auf Gratkorner Gemeindegebiet. Um etwa 11 Uhr 45 gingen im Pailgraben 18 Sprengbomben, 13 mittelschwere und fünf leichte, davon drei mit Langzeitzündern, und zwei Blindgänger nieder. 16 Sprengbomben fielen auf die Grundstücke des Gutsbesitzers Dr. Dennig und zwei auf den Grund des Martin Reinisch. Bei diesem Bombenabwurf erlitt Johann Steinberger Kopfverletzungen, Alois Baldauf leichte Verletzungen. Beide hatten sich gerade mit einem Pferdefuhrwerk auf dem Heimweg befunden. Die Höfe Rinner, Dennig und Reinisch wurden beschädigt.[54]

Am 8. Jänner 1945 wurde Gratkorn von alliierten Bombern überflogen, die sieben Sprengbomben zu vermutlich je 250 kg auf ein Waldgebiet des vulgo Burgstaller in Rannach 30 warfen.[55]

Am 1. Februar 1945 fiel gegen 12 Uhr 30 eine mittelschwere Bombe ins freie Gelände des stillgelegten Betriebens Nr. 129 in Gratkorn. Der am westlichen Murufer liegende Transformator wurde dabei leicht beschädigt.[56]

Diese wiederholten Bombenangriffe hatten verstärkte Bemühungen um den Luftschutz zur Folge. Bei einer Besprechung über Luftschutzangelegenheiten, an der Ortsgruppenleiter Schreiner, Bgm. Sametz, Betriebsführer Dr. Wurz, sein Stellvertreter Dir. Eibel und Betriebsobmann Magg teilnahmen, wurde am 17. Februar 1945 dem Schutz von Menschen eindeutige Priorität eingeräumt: "Bürgermeister Sametz erklärt dazu, es sei selbstverständlich, dass das Werk geschützt werden muss, aber er sei nach wie vor dafür, die Anordnung so zu treffen, dass die Menschen weitgehendst geschont werden." Ein Luftschutzstollens beim Zigeunerloch befand sich damals gerade im Bau, wurde aber nie fertiggestellt. Betriebsführer Dr. Wurz über die Lage der Papierfabrik: "Gegenwärtig haben wir im Werk hinsichtlich unserer Produktion wegen Rohstoffmangel eine schwere Krise und sind durch den Abzug von Gefolgschaftsmitgliedern für den Stellungsbau die Besetzungen der Einsatztruppen schwieriger geworden. Ich muß auf die Werksverteidigung im Angriff genau so bedacht sein wie draussen im Feld."[57]

Am 4. März 1945 gegen 13 Uhr schoß die in Andritz stationierte schwere Flak - Batterie einen viermotorigen amerikanischen Bomber, eine B - 17 ("Flying Fortress") ab.[58] Zumal im einschlägigen Standardwerk dieser Absturz nur teilweise dokumentiert werden konnte[59], stelle ich dieses Ereignis anhand des von mir aufgefundenen Aktenmaterials dar.[60]

Nach mehreren Flaktreffern hatte sich die "Fortress" mit dem Kennzeichen "B Y 46351 4" ihrer Bombenlast durch Notwurf entledigen müssen. Sechs Bomben detonierten in Gratkorn, etwa 500 m westlich des Werkes, Nr. 107, ohne jedoch Schaden anzurichten; zwei Bomben detonierten nicht. Der Rumpf des bereits in der Luft explodierten Bombers stürzte in das freie Werksgelände des Werkes Nr. 107, die Tragflächen fielen in benachbartes Gartengelände und der Schwanz beim Werk Nr. 129 in die Mur. Kleinere Teile schlugen im Gemeindegebiet von Judendorf - Straßengel auf. Nach dem Krieg wurden in Wörth vier Blindgänger geborgen, einer bei den "fünf Häusern"[61]. Zumindest dieser dürfte vom eben beschriebenen Absturz herrühren.

54 "Schadenmeldung nach Luftangriff" der MG Gratkorn an den Landrat des Landkreises Graz (B - 043/45) vom 18. November 1944. Vgl. auch W. Brunner, 1988, S. 97; W. Brunner, 1989, S. 207 ("Pailgraben bei Gratwein").

55 Meldung des Gendarmeriepostens Gratkorn vom 9. Jänner 1945, Anlage zu StOSch. - 5560 - Nr. 495/43 (g) vom 13. Juli 1943 (AG).

56 Meldung der MG Gratkorn an den Landrat des Landkreises Graz vom 1. Februar 1945, B - 043/45 (AG).

57 "Gedächtnisnotiz über die Besprechung am 17. Feber 1945 in Luftschutzangelegenheiten", Gz. 160/1 vom 20. Februar 1945 (AG).

58 W. Brunner, 1988, S. 121.

59 S. Beer - St. Karner, 1992, S. 354. (Genauer Absturzort unbekannt, Namen und genaue Anzahl der Absturzopfer unbekannt.)

60 Meldung des Gendarmeriepostens Gratkorn an die Kriminalpolizeistelle Graz vom 5. März 1945, Tageb. - Nr. 305/45 (AG).

61 W. Brunner, 1988, S. 149.

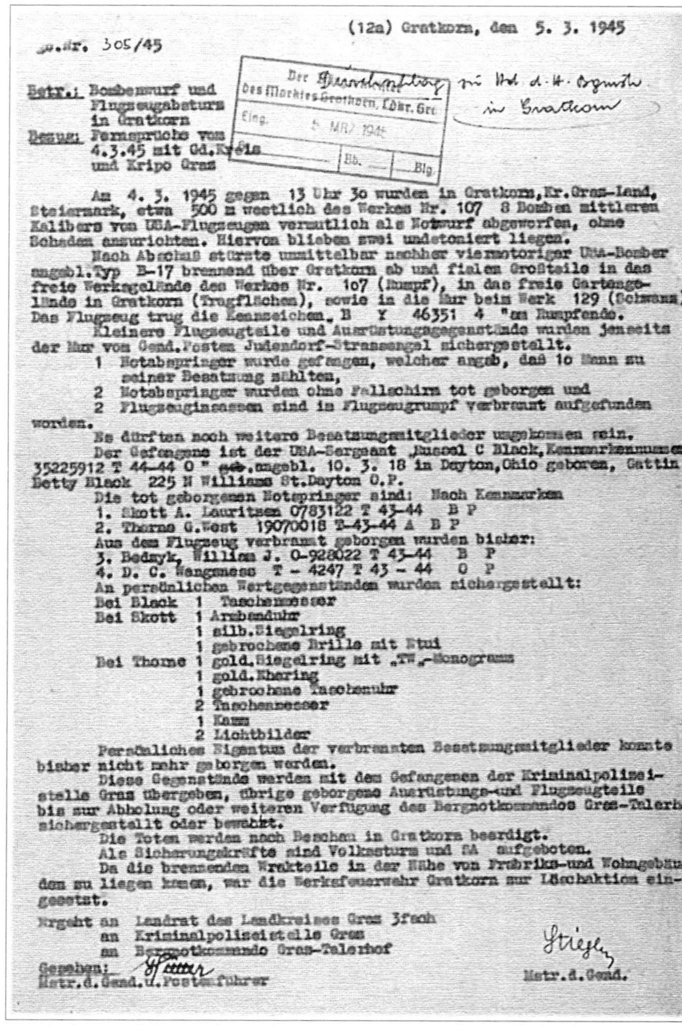

(12a) Gratkorn, den 5. 3. 1945

..Nr. 305/45

Der Bürgermeister des Marktes Gratkorn, Ldkr. Gr.
Eing. 5. MRZ 1945
Bb. Blg.

zu Hd. d. H. Bgmstr. in Gratkorn

Betr.: Bombenwurf und Flugzeugabsturz in Gratkorn
Bezug: Fernsprüche vom 4.3.45 mit Gd.Kreis und Kripo Graz

Am 4. 3. 1945 gegen 13 Uhr 30 wurden in Gratkorn, Kr. Graz-Land, Steiermark, etwa 500 m westlich des Werkes Nr. 107 8 Bomben mittleren Kalibers von USA-Flugzeugen vermutlich als Notwurf abgeworfen, ohne Schaden anzurichten. Hiervon blieben zwei undetoniert liegen.

Nach Abschuß stürzte unmittelbar nachher viermotoriger USA-Bomber angebl. Typ B-17 brennend über Gratkorn ab und fielen Großteile in das freie Werkgelände des Werkes Nr. 107 (Rumpf), in das freie Gartengelände in Gratkorn (Tragflächen), sowie in die Mur beim Werk 129 (Schwanz) Das Flugzeug trug die Kennzeichen. B Y 46351 4 "am Rumpfende.

Kleinere Flugzeugteile und Ausrüstungsgegenstände wurden jenseits der Mur vom Gend.Posten Judendorf-Strassengel sichergestellt.

1 Notabspringer wurde gefangen, welcher angab, daß 10 Mann zu seiner Besatzung zählten,
2 Notabspringer wurden ohne Fallschirm tot geborgen und
2 Flugzeuginsassen sind im Flugzeugrumpf verbrannt aufgefunden worden.

Es dürften noch weitere Besatzungsmitglieder umgekommen sein.

Der Gefangene ist der USA-Sergeant „Russel C Black, Kennmarkennummer 35225912 T 44-44 O " geb. angebl. 10. 3. 18 in Dayton, Ohio geboren, Gattin Betty Black 225 N Williams St.Dayton O.P.

Die tot geborgenen Notspringer sind: Nach Kennmarken
1. Skott A. Lauritsen 0783122 T 43-44 B P
2. Thorne G.West 19070018 T-43-44 A B P

Aus dem Flugzeug verbrannt geborgen wurden bisher:
3. Bedzyk, William J. 0-928022 T 43-44 B P
4. D. C. Wangsness T - 4247 T 43 - 44 O P

An persönlichen Wertgegenständen wurden sichergestellt:
Bei Black 1 Taschenmesser
Bei Skott 1 Armbanduhr
1 silb.Siegelring
1 gebrochene Brille mit Etui
Bei Thorne 1 gold.Siegelring mit „TW„-Monogramm
1 gold.Ehering
1 gebrochene Taschenuhr
2 Taschenmesser
1 Kamm
2 Lichtbilder

Persönliches Eigentum der verbrannten Besatzungsmitglieder konnte bisher nicht mehr geborgen werden.

Diese Gegenstände werden mit dem Gefangenen der Kriminalpolizeistelle Graz übergeben, übrige geborgene Ausrüstungs-und Flugzeugteile bis zur Abholung oder weiteren Verfügung des Bergnotkommandos Graz-Talerhof sichergestellt oder bewacht.

Die Toten werden nach Beschau in Gratkorn beerdigt.

Als Sicherungskräfte sind Volkssturm und SA aufgeboten.

Da die brennenden Wrakteile in der Nähe von Fabriks-und Wohngebäuden zu liegen kamen, war die Werksfeuerwehr Gratkorn zur Löschaktion eingesetzt.

Ergeht an Landrat des Landkreises Graz 3fach
an Kriminalpolizeistelle Graz
an Bergnotkommando Graz-Talerhof

Gesehen: [Unterschrift]
Mstr.d.Gend.u.Postenführer

[Unterschrift]
Mstr.d.Gend.

Bericht über den Absturz eines amerikanischen Bombers am 4. März 1945 in Gratkorn. (AG)

Die B - 17 ("Fliegende Festung") mit ihrer imponierenden Bewaffnung von dreizehn 12,7 mm - Maschinengewehren verfügte über eine Besatzung von zehn Mann. Drei davon konnten rechtzeitig die Maschine verlassen, jedoch öffnete sich nur bei einem der Fallschirm. In der Folge wurde der US - Sergeant Russel C. Black (Kennmarken - Nr. 35225912 T 44 - 44 0), geboren am 10. März 1918 in Dayton / Ohio, 225 N Williams Street, lebend geborgen. Scott A. Lauritzen (0783122 T 43 - 44 B P) und Thorne G. West (19070018 T 43 - 44 A B P) wurden ohne Fallschirme tot geborgen. Von William J. Bedzyk (0 - 928022 T 43 - 44 B P) und D. C. Wangsness (T - 4247 T 43 - 44 O P) konnten nur mehr die verbrannten Leichen aus den Trümmern geborgen werden. Der Überlebende wurde der Kriminalpolizeistelle Graz übergeben, die Toten wurden am Gratkorner Friedhof beerdigt. Bei diesem Angriff wurde von der Andritzer Fiegerabwehr übrigens noch ein amerikanischer Bomber abgeschossen; vier Besatzungsmitglieder wurden unmittelbar nach der Landung in Straßgang ermordet.[62]

Für den 1. April 1945 wird ebenfalls vom Absturz eines amerikanischen Flugzeuges in Gratkorn berichtet, doch fehlen darüber nähere Angaben.[63] Auf der Hohen Rannach, jedoch offensichtlich auf Semriacher Gemeindegebiet, war am 23. Februar 1944 ein alliiertes Flugzeug abgestürzt.[64]

Das Dritte Reich war dem Untergang geweiht, die letzten Reserven wurden mobilisiert. Am 18. Oktober 1944 wurde jeder körperlich irendwie taugliche Mann zwischen 16 und 60 Jahren zum "Volkssturm" aufgerufen. Das erhaltene Aktenmaterial[65] weist insgesamt 237 Gratkorner aus, und zwar im Alter von 14 bis 60 Jahren, die zu Stellungsbauarbeiten beim "Südost - Wall" verpflichtet wurden. Den Akten ist zu entnehmen, daß diese Gratkorner in erster Linie beim Bauabschnitt I / Trifail eingesetzt wurden. Weiters wurden 53 Gratkorner, 19 französische, 33 italienische, 31 kroatische, 62 polnische und sowjetische sowie zehn Zwangsarbeiter unbekannter Nationalität, alle in Gratkorn arbeitsverpflichtet, beim Bauabschnitt III (Rohitsch - Sauerbrunn) eingesetzt; kleinere Einsätze folgten. Diese Gruppe stand unter der Leitung des Hundertschaftsführers Konrad Kellermeister. Am 2. April 1945 mußten alle 16jährigen Gratkorner zur Musterung erscheinen.[66] Ein Teil des Gratkorner Volkssturms wurde "gleich ohne

62 W. Brunner, 1989, S. 334.
63 W. Brunner, 1988, S. 138.
64 S. Beer - St. Karner, 1992, S. 345.
65 Aktenkomplex "Stellungsbau" (AG).
66 Schreiben des Wehrmeldeamtes Graz 2, Sachgebiet W, an den Bgm. der Gem. Gratkorn vom 2. April 1945.

Soldaten der Deutschen Wehrmacht in Gratkorn, vermutlich Anfang Mai 1945. (AG)

Das alte Gratkorner Kriegerdenkmal. (AG)

Ausbildung mit unzureichenden Waffen an der steirisch - burgenländische Grenze in den Kampf geworfen und kam dann versprengt mit Verlusten zurück."[67]
In der Papierfabrik wurden während der letzten Kriegswochen sämtliche Vorräte an Treibstoffen und Holzbriketts beschlagnahmt, die Felswand bei der Zigeunerhöhle wurde, wie auch die Badlwand, zur Sprengung vorbereitet. In der KG Kirchenviertel, besonders im Umfeld der Hauptstraße, wurden umfangreiche Schanzarbeiten durchgeführt. Panzer- und Laufgräben sowie Schützenlöcher sollten den Vormarsch der Russen verhindern.[68]
Am 1. April 1945 hatte die Sowjetarmee bei Kirchberg an der Raab die deutsche Front durchbrochen und eine Fluchtbewegung der Zivilbevölkerung nach Westen ausgelöst. Im Zuge dieser Flucht- und Absetzbewegung verschiedener militärischer Einheiten erlebten die Gratkorner einen Anblick, den viele nicht mehr vergessen konnten: "Als nach einer Dauer von mehreren Tagen der Strom der zivilen Flüchtlinge versiegte, setzten große Judenbewegungen in nördlicher Richtung ein. Es handelt sich hiebei um ungarische Juden, die an der österr. - ungar. Grenze Schanzarbeiten verrichten mußten. Diese Juden, halb verhungert und verlaust, schmutzig und zerrissen angezogen, wurden in Kolonnen bis zu 2000 Mann durch Gratkorn getrieben. Die Begleitung bestand aus bewaffneten Gestapo u. SS Männern sowie Volkssturmsoldaten, die die Juden haßten [...]. Ihr Verhalten zu diesen wehrlosen Opfern gegenüber war daher auch entsprechend. War ein Jude unterwegs erkrankt oder vor Erschöpfung zusammengebrochen, so gab es für ihn nur einen Genickschuß."[69]
Am 7. Mai 1945 kapitulierte die Deutsche Wehrmacht in Reims, das nationalsozialistische Regime war am Ende. Sieben Gratkorner setzten ihrem Leben ein Ende; Ortsgruppenleiter Franz Schreiner, seine Frau und seine zwei Kinder befanden sich darunter. Die Gendarmerie hatte aus Angst vor den Russen den Posten verlassen und voller Bangen erwartete die Bevölkerung das Kommende.

67 CGG.
68 CGG; vgl. St. Karner, 1986, S. 408; M. Rauchensteiner, 1985, S. 87.
69 CGG.

Denkmal für die Gefallenen beider Weltkriege am Ortsfriedhof in St. Stefan. (Foto I. Mirsch)

(Sammlung Ing. H. Barwinek, J. Kopsche, Gasthaus Pucher - Rosa Faninger)

EIN GANZ PERSÖNLICHES TAGEBUCH

Geschichte wird gemacht. Meist von den Mächtigen über die Köpfe der Kleinen hinweg. Geschichte wird auch geschrieben. Objektiv festgehalten und so für nachfolgende Generationen als Verständnis ihrer eigenen Welt greifbar.
Aus der Geschichte können aber auch Geschichterln werden. Redet man mit Menschen über die Geschichte, dann erzählen sie diese aus ihrer eigenen Sicht. Die Authentizität bleibt dadurch gewahrt, die Objektivität hingegen verschwindet, weil für den einzelnen andere Dinge wichtig waren. Ein erlebtes Tagebuch entsteht, voll mit oft banalen Kleinigkeiten, mit Erinnerungen, die durch die Jahrzehnte des Zurückliegens oft nicht mehr den historischen Fakten entsprechen.
Aber es sind persönliche Rückblicke auf ein Leben, auf eine Zeit, in der Österreicher auf ihre eigenen Landsleute schossen, auf eine Zeit, in der die Welt fast zu Grunde gegangen wäre. Im folgenden sollen nun Gratkorner zu Wort kommen, Frauen und Männer, die ihre Eindrücke aber auch ihre Schicksale schildern werden. Sie werden Fakten nennen, die in keinem Geschichtsbuch oder Archiv zu finden sind, sie werden die Geschichte Gratkorns darbringen, und doch werden sie schlußendlich auch - jeder von ihnen - ihre eigene Geschichte erzählen.

Das Jahr 1934: das Ehepaar I. Curie und F. Joliot entdeckt die künstliche Radioaktivität, in den österreichischen Kinos läuft der Film "Maskerade" von Willi Forst mit Paula Wessely, Hitler macht sich in Deutschland zum Führer und Diktator, österreichische Arbeiter, formiert im Republikanischen Schutzbund, unterliegen in blutigen Kämpfen dem klerikalen Austrofaschismus.

Der Trachtenverein Gratkorn posiert vor dem Gasthaus Weingrill in Friesach. In der ersten Reihe rechts die beiden Käfer Dirndln, die immer extravagant sein wollten - so auch mit ihrer eigenen Tracht. (Sammlung Müllerwirt)

Hardl Walkner, geb. 22. Oktober 1909, Tausendsassa, erinnert sich an das Verhältnis Schutzbund - Heimwehr bis zur beinahen Katastrophe am 12. Februar 1934:

"Den Gratkorner Schutzbund gab es schon 1927, als ich in die Leykam kam. Ich bin dann auch beigetreten, wir mußten da marschieren und auch exerzieren. Das war so üblich, daß die Arbeiter bei der Partei, der Gewerkschaft und auch beim Schutzbund waren. Früher war das selbstverständlich. Es gab nur ganz wenige, die nein zur Partei gesagt haben.
Der Schutzbund ist beim Schmiedbauer oder im Gewerkschaftshaus zusammengekommen, das war jeden Samstag und Sonntag offen, da konnten die Leute ihre Mitgliedsbeiträge einzahlen. Auch die Funktionäre von den anderen Vereinen kamen da zusammen, um sich gegenseitig zu beraten, Veranstaltungen zu planen oder das künftige politische Vorgehen zu beschließen.

Die Theatergruppe, deren Mitglieder vorwiegend Gratkorner Bauern waren, spielte bis in die 30er Jahre hinein regelmäßig beim Gasthaus Pucher. (Sammlung Fanninger)

Die Wiese auf der Rannach war ein beliebtes Ausflugsziel nicht nur der Gratkorner Bevölkerung. (Sammlung Fanninger)

Die Aufgabe des Schutzbundes war, die sozialen Rechte aufrechtzuerhalten. Anfangs waren wir nicht bewaffnet, erst als die Situation brenzlig wurde, da bekamen wir von der Gewerkschaft Parteiwaffen, die wurden dann im Acker bei den Fünf-Häusern vergraben. Wie der Gewerkschaftsbund zu den Waffen kam, weiß ich aber nicht. Viele Waffen waren dann aber nicht funktionstüchtig, weil sie schlecht isoliert wurden, als man sie vergrub. Die Feuchtigkeit zerstörte sie, weil sie nicht richtig verpackt waren, auch Maschinengewehre und Handgranaten waren bei den versteckten Waffen dabei. Unsere Übungen vom Schutzbund hatten wir z.B. auf der Rannach, das waren eigentlich Kampfübungen, wie man sich vor einem Gegner schützen konnte.

Die Heimwehr gab es schon vor 1930 im Untergrund. In der Heimwehr waren hauptsächlich Bauern drinnen, auch nicht sozialdemokratische Arbeiter. Die Bauern waren auch politisch tätig, sie haben ihre Landjugend gehabt, auch die Landwehr, da waren sie schon konsequent.

Das war ja alles falsch, man kann einen Menschen ja nicht wegen seiner politischen Überzeugung hassen, die Menschen sind ja alle gleich. Nur damals war das aber anders, da wurde nach den verschiedenen Gesinnungen eingeteilt. Im Schutzbund gab es keine Bauern, der war rein sozialistisch. 1934 wurde alles Sozialdemokratische verboten, egal was es war, und wenn es nur ein sozialistischer Semesterverein war.

Die Heimwehr hatte den Rabl als Kommandanten, der Chef war der Lendecke. Der Graf Maldeghem war auch eine treibende Kraft, wie auch der Schreiner. Auch der Nauta war dabei, er arbeitete damals in der Leykam im Lohnbüro, später wurde er ja sogar Direktor. Die hatten auch ihre geheimen Treffen. Der Lendecke und der Maldeghem waren auch Führer, oben beim Grafen waren sie viel beieinander, dort haben sie hausen können, schalten und walten können wie sie wollten, weil das war ja abgelegen am Berg.

Die Heimwehr gab es in Gratkorn schon 1926, wir Schutzbündler waren wirklich stark. Als die Schwarzen das sahen, daß wir immer stärker wurden, da begannen sie fest zu organisieren und eine Heimwehr zusammenzustellen. Die Heimwehrführer waren alles Magnaten, die haben die Leute gekauft 'Wenn du mitgehst, dann kriegst ein Gulasch und ein Bier, wenn du zu uns kommst, dann kriegst eine Jause und einen Most.', so haben die damals agiert. So sind auch viele Arbeitslose dazugegangen, wenn es einem schlecht ging, dann hat man nicht geschaut, wohin man ging. Die Hauptsache war, daß man zu essen bekam. So wurden sie auch immer stärker, deshalb übernahmen sie auch im 34er Jahr die Macht und riegelten Gratkorn und Gratwein gänzlich ab.

Im 30er Jahr haben wir Schutzbündler auf der Rannach Übung gehabt, da sind wir Richtung Glacis dann marschiert. Am Retourweg in Andritz sind wir dann der Heimwehr begegnet, wir sind in die eine Richtung marschiert, sie in die andere. Egal ob Schutzbund oder Heimwehr, damals hat fast jeder eine Pistole eingesteckt gehabt. Der Pusterhofer von Gratwein war ein sehr radikales Mitglied des Heimatschutzes.

Auch die Bauern am Berg traf das Schicksal dieser Zeit. Viele konnten ihr Gesinde nicht mehr bezahlen, und waren nun auf sich alleine gestellt. Hier Fam. Teibinger vlg. Fröhlich Ende der 20er Jahre.

Das Gasthaus "Pucher" zählt zu den ältesten in Gratkorn. Tradition wird hier seit jeher groß geschrieben, deshalb blieb das Haus auch fast unverändert in den letzten 100 Jahren. Diese Aufnahme stammt aus dem Jahre 1895 und ist ein frühes Dokument der Gratkorner Alltagskultur. (Stiftsarchiv Rein)

Auch für Rosa Fanninger, geb. 20. August 1921, Altwirtin des Puchers, blieb diese Zeit in Erinnerung:

1934 bin ich nach Hörgas, weil ich mich durchleuchten lassen mußte. Nach 13 Uhr bin ich fortgegangen, wie ich bei der Säurestation war, schau' ich zurück, weil ich am Hausberg Schüsse gehört hatte. Ich sah so ca. 80 Leute herumrennen und ihre Waffen aus dem Acker ausgraben, die sind dann hinten bei der Wehr auf den Hausberg hinauf, um ihn zu besetzen. Wie ich dann bei der Reitervilla war, wurde ich von vier Heimatschützlern aufgehalten. Sie selbst trugen Gewehre, am Boden stand sogar ein Maschinengewehr. Sie wollten mich nicht nach Gratwein lassen. Ich sagte ihnen aber, daß ich im Krankenhaus einen Termin hätte. Dann mußte ich mich ausweisen, so konnte ich durchgehen, durfte aber nicht durch den Ort, sondern mußte von hinten über den Berg nach Hörgas. Bevor ich in den Wald gekommen bin, hab' ich noch einmal auf den Hausberg geschaut. Da gab es eine wilde Schießerei. Die Heimwehr wollte ja den Hausberg sprengen, beim Dulthof stand sie mit den Geschützen und visierte den Hausberg ein. Die wollte ihn von dort unten unter Beschuß nehmen. Sie glaubten, daß man sie nicht durch den Ort lassen würde, deshalb wollten sie sich freischießen.

Auch in Graz wurde ein Arbeiterführer hingerichtet. Die Gratkorner Arbeiterschaft zog sich deshalb zurück und versteckte ihre Waffen. Sie flüchteten einzeln durch die Wälder herunter in den Ort. Das war alles an einem Tag erledigt. In den darauf folgenden gab es dann schon die ersten Verhaftungen. Das waren dann harte Zeiten, wenn mehr als drei beieinander standen, dann ist gleich der Inspektor Moser gekommen und hat das ganze aufgelöst. Nach der Reihe sind dann die Leute verhaftet worden. Die wurden dann wochenlang eingesperrt."

"Der Steirische Heimatschutz war bei uns im Gasthaus, die haben ab und zu im rückwärtigen Zimmer ihre Treffen gehabt. Einmal sind sie auch gekommen und haben eine Hausdurchsuchung gemacht. Der Gemeindesekretär Fuchs hat bei uns Waffen vermutet, gefunden haben sie aber nichts. Am 12. Februar haben wir von der Gemeinde den Auftrag gekriegt, für den damaligen Österreichischen Heimatschutz Frühstück zu machen. Ich war damals dreizehn Jahre, wie die Mutter Türkensterz und Kaffee gekocht hat, und die Männer es mit Menageschalen geholt haben"

Die bäuerliche Fortbildungsschule war der Grundstein für eine moderne Landwirtschaft. Die Gesichter der Mädchen und Burschen waren zu Beginn der 30er Jahre noch voller Hoffnung. (Sammlung Fanninger)

Die Friesacher Volksschule war im Jahre 1930 neben dem Kaufhaus Jölly untergebracht. In der ersten Reihe links sitzt Maria Teibinger vlg. Fröhlich. (Sammlung Teibinger)

Das Jahr 1938: Weltmeister Joe Louis schlägt Max Schmeling in der ersten Runde k.o., eine Hörspielsendung von Orson Welles über eine utopische Marsinvasion löst in den USA eine Massenpanik aus, mit der Reichskristallnacht erhält das Pogrom vorerst einen Höhepunkt, Hitler marschiert in Österreich ein, der Anschluß ist vollzogen. In Österreich herrschte Aufbruchstimmung.

"Ich bin erst im 38er Jahr aus Krieglach nach Gratkorn zurückgekehrt. Da war eine Hochstimmung in Gratkorn. Das Gasthaus war jeden Tag voll, die Leute haben Geld gehabt, die Bauern haben durchwegs neue Dächer bekommen. Es war eine überaus fröhliche Stimmung. Wo das ganze Geld hergekommen ist, weiß ich nicht. Wir konnten uns landwirtschaftliche Maschinen kaufen, das war vor 38 ein Problem. Wir haben uns einen Erdäpfelroder gekauft, eine Sähmaschine, es war kein Problem, sich das zu verschaffen",

weiß die Gastwirtin Rosa Fanninger.
Bald spürte man jedoch auch einen anderen Wind, die Repressionen gegen Andersdenkende wurden stärker. Vorallem die sozialdemokratisch-organisierten Arbeiter waren davon betroffen. Josef Kopsche, geb. 22. März 1933, Sozialdemokrat der ersten Stunde, erinnert sich aus den Erzählungen seines Vaters:

"Davon hatte man allgemein gehört. Die Sozialdemokraten, aber auch die Kommunisten wurden da sehr verfolgt. Den Altbürgermeister Schweinzer verhaftete man von der Werkstätte heraus, direkt vom Arbeitsplatz weg, er wurde dann in einem Lager interniert. Das muß anfangs des Krieges gewesen sein. Der Poglits Willi ging damals zum Schweinzer und sagte ihm, daß zwei Herren draußen seien und er möge hinauskommen. Er antwortete darauf, daß er sie schon erwartet hätte, verabschiedete sich noch von seinen Kollegen mit den Worten: 'Pfiat euch, ich werde nicht mehr wiederkommen.' Auf Grund seiner politischen Gesinnung ist er damals eingesperrt worden.
Systemkritiker wurden sofort verhaftet. In Gratkorn gab es deswegen etliche KZler, später erfuhr man, daß politische Gefangene besser behandelt wurden als internierte Juden oder Ausländer. So mußten diese z. B. nicht im Steinbruch arbeiten.
Wo das jetzige Pensionistenheim steht, gab es Baracken, wo russische Frauen und Männer gefangen gehalten wurden, die sogar in der Leykam arbeiten mußten. Auch Griechen hielt man fest, aber wo diese untergebracht waren, weiß ich nicht. Ich hab nur einen Griechen gekannt, der war ein netter Mann und hat sich immer mit den Kindern befaßt. Damals waren ja die ganzen Männer eingerückt, und die Frauen mußten in der Leykam sogar Nachtschicht machen, da war man froh, daß man solche Fremdarbeiter hatte."

Nicht nur der erwachsene Arbeiter bekam die Parteimaschinerie zu spüren, auch Schulkinder wurden oft benachteiligt. Pepi Kopsche wollte gerne auf Urlaub fahren, aber

"alle jene Kinder, deren Eltern nicht Parteimitglied waren, sind dann schon benachteiligt worden. Ich wäre gerne auf Erholung gefahren, 'Kraft durch Freude' hieß die damalige Aktion. Aber da sind vorwiegend Nazi-Kinder, denen es eh gut gegangen ist, auf Erholung gekommen, während wir Arbeiterkinder zu Hause bleiben mußten.
Mit Begeisterung haben wir bei der Alteisensammlung mitgemacht, auch mußten wir öfters zum Ernteeinsatz z.B. zum Spinatpflücken nach Eggenfeld. Wir haben uns sogar gefreut darauf, weil wir ja nicht zur Schule mußten und auf ein gutes Essen hofften, aber nach einem ganzen Tag Arbeit bekamen wir nur ein Stück trockenes Brot. Auch Birkenblätter, Spitzwegerich-

Das Stellungsfoto des Jahrganges 1921. V.l.n.r.: 1. Reihe Hans Hammer, Halsegger Max, Kaltenegger Franz, Jeitler Edmund, ?; 2. Reihe Steinberger Peter, Lanz Johann, Auer Johann. (Sammlung Gsulbauer)

blätter und Brennesseln sammelten wir. Die wurden dann auf dem Dachboden der Schule getrocknet, um daraus Tee zu machen."

Das Jahr 1939: "Vom Winde verweht" läuft in den amerikanischen Kinos an und setzt mit der Kußszene zwischen Vivian Leigh und Clark Gable einen Meilenstein in statischer Eleganz, die Pan American Airlines fliegen erstmals ein Passagierflugzeug über den Atlantik, das Bombenattentat auf Hitler im Münchner Bräukeller mißlingt, deutsche Truppen marschieren in Polen ein, der Zweite Weltkrieg beginnt.

Vom Alltag des Krieges spürte die Bevölkerung Gratkorns zunächst nur wenig. Martin Neugebauer, geb. 13. Jänner 1935, aktiver Pensionist, beschreibt seine Eindrücke, die er als Kind gewonnen hatte:

"Ich war während des ganzen Krieges immer in Gratkorn. Bewußt ist mir das alles erst geworden, als die deutschen Soldaten durch Gratkorn marschiert sind. Man sagte, daß sie Richtung Balkan marschieren würden. Da sind Kolonnen von Autos, Panzerwägen und Pferdepanzer Tag und Nacht durchgefahren. Wir haben ja direkt bei der Straße gewohnt, und das hat die ganze Zeit immer gerumpelt. Vieles wurde aber auch mit der Bahn transportiert. Die Soldaten wurden mit Blumen beworfen. Zwei Offiziere wurden auch bei uns für ein paar Tage einquartiert, auch auf den Wiesen rundherum haben sie campiert. Auch Einheiten mit Fahrrädern waren hier."

Der Alltag im Krieg: Das Leben im Ort mußte in geordneten Bahnen verlaufen. Mit der Hitlerjugend und dem verordneten Zwang zur Begeisterung hatte man die Jungen unter Kontrolle. Pepi Kopsche, zu Kriegsbeginn erst sechs Jahre alt, war wie auch viele andere damals vom Zauber der Uniform begeistert:

"Genau mit Schulbeginn hat auch der Krieg angefangen, aber damals war ich sechs Jahre alt, ob ich mich gefreut oder gefürchtet habe, das kann ich heute nicht mehr sagen. Die Jugend konnte man aber schnell begeistern, das haben sie verstanden. Mit zehn Jahren mußte man, ob man wollte oder nicht, zur Hitlerjugend gehen, ab 14 war man dann in der Deutschen Jugend. Damals trug man Uniformen, bekam Abzeichen und fühlte sich so wie Soldaten, das hat die damalige Jugend begeistert.
Die Devise war:
'Maul halten, und nur für dieses Regime tanzen.' Wehren konnte man sich dagegen nicht, denn sonst wäre man sofort weg gewesen vom Fenster. Das war dann schon stark in den Familien verankert, gehorsam zu sein. Auch haben meine Eltern zu mir immer gesagt, daß ich nichts von dem, was zu Hause geredet wird, weiter erzähle, weil manchmal hat man ja auch als kleines Kind etwas aufgefangen. Damals war halt nichts freiwillig, man wurde zu allem gezwungen.
Wir Jugendliche waren dem Regime gegenüber begeistert, als Bub taugt einem das ja, wenn man mar-

Die Jugendgruppe der Frauenschaft Anfang 1940. Nicht nur die Burschen waren organisiert und lernten früh ihre Pflichten, auch die Mädchen trafen sich in Gruppen, wo ihnen die Ideale der Partei näher gebracht wurden. (Sammlung Fanninger)

"Dultino" hieß der bald legendäre Ribiselwein des Waldemar Hores. Mit diesem geistigen Produkt machte er der damals alkoholfreien Ribiselbar in der Dult zu Beginn der 30er Jahre kräftige Konkurrenz. (Sammlung Samitsch)

schieren kann. Wir haben auf der Straße die deutschen Marschlieder gesungen. Zur Heimstunde ist man gezwungen worden, das war eine wöchentliche Zusammenkunft im Syzhaus. Da hat man Lieder gelernt. Wir wurden Bimpf genannt, Hitlerjugend. Jeder Bub hat schon darauf gewartet, daß er zehn wurde, damit er dort hingehen hat dürfen. Für das WHW mußte man sammlen gehen, das tat man mit Begeisterung. Auch marschieren lernte man dort, da sind wir ordentlich gedrillt worden. Die 14-jährigen lernten auch schon schießen.
Wenn man einmal zu der Heimstunde am Mittwoch nicht gekommen ist, so wurde man sofort gefragt, wo man vorige Woche denn gewesen sei. Wenn man krank war, dann hatte man eine Entschuldigung, aber wenn man gesagt hatte, meine Mutter habe mich nicht gelassen, dann hat es passieren können, daß man mit ihr ins KZ abgefahren ist. Da hat automatisch ein jeder seine Buben hingehen lassen, da hat es keinen Widerstand gegeben.
Wir haben damals alles gesammelt, von Abzeichen angefangen bis hin zu den Hitlerbildern und den Ritterkreuzträgern. Das war damals in den Zigarettenschachteln drinnen. Auch in der Schule wurde Propagandamaterial verteilt. Jeder Bub war damals hell begeistert von diesem ganzen Zeug. Als dann der Krieg aus war, hat meine Mutter alles vernichtet und eingeheizt, ich hab' nicht einmal ein Zeugnis von dieser Zeit. Jedes Stück, wo ein Hackenkreuz drauf war, wurde vernichtet. In unserem Vorhaus habe ich eine ganze Kiste voll mit meinen Kostbarkeiten, die Bilder wurden eingeheizt, die anderen Sachen wie Patronenhülsen wurden weg
geschmissen. Die Mädchen haben damals die Filmdivas gesammelt, die waren auch in den Zigarettenschachteln."

Bunte Bezugsscheine wurden für die Menschen zum allumfassenden Begriff. Das Leben war nach diesen Papieren ausgerichtet, manche hatten das Glück, daß sie ihre vorhandenen Habseligkeiten gegen Lebensmittel tauschen konnten. Selbstversorgung aus dem eigenen Garten wurde zur Überlebensfrage. Herr Kopsche erzählt von der Strategie seiner Familie nicht unter die Räder zu kommen:

"Fleisch hat es nur am Sonntag gegeben, aber nicht solche Gerichte, wie man sie sich heute vorstellt, sondern Suppenfleisch, manchmal auch ein Stückchen vom Schwein, selten ein Huhn.
Damals gab es ja die Lebensmittelkarten, es war alles rationiert. Als Jause in der Schule hatten wir als höchstes der Gefühle ein Brot mit Butterschmalz, das war Butter vermischt mit einem Schmalz oder Margarine. Meist aber nur trockenes Brot, wenn die Äpfel reif waren, dann haben wir welche gestohlen, weil wir selber keine Bäume hatten. Selbstgemachte Marmelade gab es überhaupt nur ganz selten.
Im Sommer haben wir vom Garten gelebt, da gab es Kraut, Bohnen, Bohnschoten oder Gurken, auch Mais haben wir angebaut. Mein Großvater hat sogar Tabak angebaut, ich hab' dann Tabakblätter getrocknet und geschnitten. Auch Kaffee haben wir selbst gemacht, dazu haben wir rohe Erbsen und Hafer in einer Rein' geröstet, und anschließend gemahlen."

Hatte man damals einen größeren Garten, so erwirtschaftete man sich einerseits mehr Ertrag, andererseits kamen aber auch Menschen, die um Obst und Gemüse baten. Solidarität war hier oft eine vorhandene Tugend. Helga Steinberger, geb. 30. Juni 1926, damalige Ribiselbäuerin in der Dult, kann von einer solchen Nächstenliebe berichten:

"Ich kann mich erinnern, zuerst haben wir immer genug gehabt. Freilich ist man ab und zu zum Bauern gegangen und hat geschaut, daß man ein bißerl was dazukriegt hat. Oder wer selbst einen Garten gehabt hat, der hat sich leichter getan, weil der hat dann eh Gemüse usw. anbauen können. Obst war genügend vorhanden. Das weiß ich noch, da war ich auch gerade da bei meiner Großmutter in der Dult und der Onkel war eingerückt, das war so im 42er Jahr im Sommer, da waren viele Ribisel und da sind die Gratkorner gekommen Ribisel kaufen . 'Wo ist denn die alte Frau, sie soll uns etwas geben.' Wir haben geantwortet: 'Ja, ja, sie können eh was haben, aber selber brocken müßt's sie schon.' Und sie nahmen sich viele Ribisel, aber jeder hat noch zu wenig gehabt, sie haben behauptet, sie haben immer so viel gekauft da, aber wir haben

Schnaps wurde damals wie auch heute von den Bauern selbst gebrannt. Nicht selten machte er in schlechten Zeiten die Arbeit etwas erträglicher. (Sammlung Hauslbauer)

ja auch einen Wein machen müssen.
Später war halt schon alles knapp, alles hat man sich zusammengehamstert, was halt irgendwie erschwinglich war. Meine Mutter hat die Raucherkarten gesammelt.Wenn Handwerker da waren oder man mit den Bauern was tauschen wollte, bezahlte man mit Zigaretten. Und für Zigaretten hat man fast alles bekommen. Die Bauern haben alles genommen, was man so hat entbehren können, vom Geschirr angefangen bis Wäsche, wenn man halt irgendetwas im Haus gehabt hat, was man nicht unbedingt gebraucht hat, das hat man dann gegen Lebensmittel getauscht."

Nicht nur das Essen wurde knapp, auch die Versorgung mit Schuhen oder Kleidungsstücken klappte nicht mehr. Nasse Füße und geflickte Röcke prägten das Bild von Gratkorn. Katharina Stelzl, geb. 15. April 1921, Haselbäuerin, erinnert sich an die schwere Zeit ihrer Jugend:

"Jenen Kindern, deren Eltern genäht hatten, ging es damals besser. Das Gewand bekam man auch auf Bezugsschein, man hat nicht einfach kaufen können, was man gerade wollte. Viele sind deshalb mit eingestückelten Hosen und Röcken herumgelaufen. Für alle Sachen, ob Sommer oder Winter, es war immer dasselbe, Fleck auf Fleck genäht.
Meine Mutter hat uns aus dem Bettzeug Dirndln genäht, auch die Mäntel hat sie selber gemacht, aus den Anzügen meines Vaters wurden Kleider gemacht.
Auch die Schuhe bekam man nur auf Bezugsschein. Damals gab es viel strengere Winter, wenn wir von der Schule nach Hause gekommen sind, haben wir schon nasse Füsse gehabt. Als wir dann auch noch Schlitten fahren gingen, sind wir noch einmal mit nassen Schuhen nach Hause gekommen.
Die Lebensmittelkarten sind allgemein ausgegeben worden, die anderen für Bekleidung und Schuhe hat der Bürgermeister ausgestellt, dafür mußte man in die Gemeinde gehen. Dabei sind aber die einge-

Das Gasthaus Höchwirt war ein beliebter Treffpunkt der bäuerlichen Bevölkerung. Kamen bei manchem Sommerfest auch Arbeiter aus dem Ort, so wurden Meinungsverschiedenheiten nicht selten durch grobes Zupacken gelöst. Die Aufnahme entstand 1895, und zeigt das Wirtshaus in seiner ursprünglichen Form, im Bild links die Lehmkegelbahn. (Stiftsarchiv Rein)

Die alten Stallungen und der Schuppen des Gasthauses Pucher gehörten 1895 noch dem Vorbesitzer, der Familie Schrausser. Erst 1900 ging der Besitz in die Familie Teibinger über, deren Nachkommen auch heute noch die Geschicke lenken. (Stiftsarchiv Rein)

schriebenen Parteimitglieder, die Nazis also, besser behandelt worden als alle übrigen. Darüber hat man in Gratkorn nachher genug geredet, wie ungerecht diese Bezugsscheine verteilt worden sind."

Der Großteil der männlichen Bevölkerung war eingerückt, Frauen mußten neben ihren Aufgaben teilweise auch harte Männerarbeit verrichten. Die Kriegsgefangenen leisteten auch ihren Beitrag dazu. Die Arbeit beim Haselbauer konnte nur durch solche Fremdhilfe bewältigt werden.

"Der Vater war von Anfang des Krieges an eingerückt. Manchmal ist die Hitlerjugend herauf arbeiten gekommen. Dann haben wir einen Engländer bekommen. Peter hat der geheißen, der Gefangene. Der hat zum Holackner hinauf schlafen gehen müssen, weil wir zuwenig Räume hatten. Beim Höchwirt war nachher ein Lager mit lauter Gefangenen, am Tag haben sie bei den Bauern arbeiten müssen und am Abend sind sie wieder dorthingekommen. Der Ron war ein guter Kerl. Der hat, weil Tierärzte haben wir keine gehabt, wenn die Kuh nicht geputzt hat, d.h. wenn nach dem kälbern die Nachgeburt nicht abgegangen ist - da haben wir nur den geholt. Er hat uns dann immer geholfen."

Auch Soldaten waren in Gratkorn stationiert, was nicht immer auf breite Zustimmung der männlichen Bevölkerung stieß, weil diese jungen Burschen auch Abwechslung bei den hübschen Gratkorner Mädchen suchten. Rosa Fanninger, damals wie auch heute noch bei allen beliebt, spricht aus Erfahrung:

"Es waren auch zwei Kompanien in Gratkorn einquartiert, die elfte Kompanie in St. Stefan, die zehnte draußen auf der Hauptstraße. Die meisten Soldaten wurden bei den Leuten untergebracht, auch wir hatten zwei. Denen ist ja gut gegangen, die haben eine Feldküche gehabt, und wenn sie gefeiert haben, dann haben sie Schnäpse und sonst noch was aus Graz geholt. Im September 1941 warteten sie schon auf den Einsatz nach England, weil Rußland wird bis dahin schon erledigt sein, sagten sie immer. Im September sind sie dann an die Ostfront gekommen, und beim ersten Einsatz sind schon viele gefallen. Ich hab' einen Brief vom Kurt Weiß bekommen, den eigentlich die Zensur verboten hat, weil mir derjenige die Namen gesagt hat von denen, die gefallen sind. Er hat mir auch aus der Gefangenschaft aus Afrika geschrieben, was dann aber mit ihm geschehen ist, weiß ich nicht. Er hat mich sehr verehrt damals. Ich hab' aber mit keinem etwas angefangen, das kann man im Gasthaus nicht machen. Freundlich und höflich muß man sein, aber mehr darf man nicht. Einmal ist er zu meinem Bett gekommen, ich hab' ihm aber gesagt, er solle mich in Ruhe lassen. Der Kompaniechef war der Leutnant Trump, ein Aristokrat, er hat immer ein Monokel getragen. Er war verhaßt unter der Mannschaft, wenn er abends ins Gasthaus gekommen ist, haben alle müssen habt-achtstehen bis er 'Setzen' gesagt hat. In dieser Zeit ist die Zivilbevölkerung fast zur Gänze ausgeblieben, eifersüchtig waren sie auch ein bißchen auf die elfte Kompanie, wir waren ja junge Mädchen, sie haben da einen mords Zorn gehabt auf die Soldaten. Ein gewisser Terschek, der mich sehr verehrt hat, ist auch mit denen ins Streiten gekommen, weil die Soldaten haben uns natürlich auch hofiert und waren freundlich zu uns. Sie haben einen Sänger und einen Klavierspieler dabei gehabt, so haben wir halt jeden Abend gefeiert, die anderen waren dann schon verärgert, so daß sie gar nicht mehr ins Gasthaus gekommen sind. Die Rauchwaren waren rationiert, wir haben einen gewissen Anteil an Zigaretten und Zigarren bekommen, ich hab' dann an die Soldaten Zigaretten ausgeteilt. Das hat dem Terschek nicht gefallen, der hat sich fürchterlich aufgeregt. Aber wie sie dann abgezogen sind, hat sich das alles wieder normalisiert. Verwundete dieser elften Kompanie sind nach Graz ins Lazarett gekommen, ich hab' sie dort sogar besucht, auch haben mir welche geschrieben.

Gratkorn vom Hausberg aus 1941, im Hintergrund Schule, Gemeindehaus und Kirche, vorne die Arbeitersiedlung "Fünf-Häuser", im Volksmund auch Neu Mexiko genannt.. (Sammlung Hauslbauer)

Der Leutnant hat oft gefeiert mit seiner Mannschaft, am nächsten Tag hat er sie aber wieder gejagt, in ihren weißen Twilchanzügen mußten sie in den Dreck springen und nach einer Stunde mußten sie wieder zum Appell antreten . Ihn hatte die Mannschaft gehaßt. Sie haben immer gesagt, daß sie ihn am ersten Tag an der Front niederschießen. Er ist auch dann im ersten Einsatz gefallen."

Gegen Ende des Krieges brach auch der Zorn der Alliierten auf Gratkorn herein. Britische Flieger machten Jagd auf die Bevölkerung. Das Leben mußte sich jetzt auch nach Sirenen orientieren, im Luftschutzkeller versammelte sich alt und jung, in der Hoffnung, daß alles bald ein Ende haben wird. Freilich hatten diese Maschinen auch etwas Faszinierendes für die Jugend. Der männliche Duft der Technik und des Abenteuers führte zu manch' unüberlegter Handlung, weiß der damals zwölfjährige Pepi Kopsche:

"Als wir noch im 142er Haus im dritten Stock wohnten, gab es Fligeralarm, man hörte schon die Flieger mit ihren komischen Geräuschen. Gratkorn und die Fabrik ist aber nie bombardiert worden, höchstens, wenn sich Bomben verirrt hatten. In Judendorf wurde damals die Bahnanlage bombardiert, und die Druckwelle war so groß in Gratkorn, daß ich mich in der Wohnung auf den Bauch warf. Auch in der Nacht gab es oft Alarm, da sind wir in den zu Luftschutzräumen umfunktionierten Keller des Hauses geflüchtet. Die Kellerfenster wurden mit starken Holzpfosten verbarrikadiert. Wenn bei Tag aber Geschwader kamen, dann verschanzten wir Buben uns nicht im Keller, sondern schauten ihnen neugierig zu. Die amerikanischen Bomber kamen immer aus dem Raum Budapest / Plattensee, da gab es Voralarm im Radio. Über's Burgenland sind sie dann zu uns gekommen. Man hat gesehen, wie sie ihre Bomben auf Graz warfen. Einmal im Februar haben sie Graz bei Nacht bombardiert, da warfen sie sogenannte Christbäume ab, und auf einmal war es ganz hell.
Wir als Buben haben uns immer getaugt, wenn die Luftangriffe kamen, weil dann hatten wir keine Schule. Zuerst kam der Voralarm, dann sind wir alle hinauf zu der Zigeunerhöhle in den Luftschutzbunker. Der wurde damals von den Nazis erweitert, nach hinten vorgetrieben und auch seitlich mit Nischen versehen. Aber wir Buben sind oft auf den Hausberg hinauf, um etwas zu sehen. Durch die Luftangriffe war das Lernen immer recht unregelmäßig. Wenn man es nicht mehr bis in den Luftschutzkeller geschafft hat, mußte man sich entweder zu Hause verschanzen oder gar auf der Straße in den Straßengraben werfen.
Vom Hausberg haben wir auch die Tiefflieger beobachtet, wie sie entlang der Mur nach Süden geflogen waren. Bei der Au stand damals ein Zug, vielleicht ein Ölzug, jedenfalls haben sie ihn angegriffen und in Brand geschossen. Für uns war das damals eher ein Spaß. Angst hatten wir keine, auch begriffen wir nicht wirklich, was da eigentlich passiert."

Angst hatte hingegen Martin Neugebauer. Er wurde auf dem Nachhauseweg von der Schule von einem solchen Angriff überrascht, auch das Bombardement auf die Landeshauptstadt Graz bleibt ewig in seiner Erinnerung:

"Oft waren wir nur eine Stunde in der Schule. Zuerst gab es den Voralarm, dann mußten wir in den Keller gehen, wenn es sich mit der Zeit aber ausging, dann schickte man uns nach Hause. Gegen Ende des Krieges überraschten uns am Heimweg meistens zwei oder drei Lightnings, die durch das Murtal Richtung Graz geflogen sind. Wir

Das alte Rüsthaus der Freiwilligen Marktfeuerwehr, erbaut 1914. (Sammlung Tscheutscher)

legten uns dann sofort flach auf den Boden, wie wir es in der Schule gelernt hatten. Da hatte ich immer große Angst. Beim Dulthof und beim Kac gab es einen u-förmigen Luftschutzstollen für die Gratkorner aber auch für das Murlager, in dem sehr viele Gefangene, bis zu 250 Franzosen, Neuseeländer, Engländer, einquartiert waren. Russen waren dort keine dabei, die waren überall bei den Bauern.

Der Luftschutzkeller war sicher 100 Meter lang, bei Alarm sind dann nicht nur die Bevölkerung, sondern auch die Leute aus dem Murlager in den Stollen gekommen. In der Nacht blieben wir aber zu Hause, dafür hat mein Großvater den Keller hergerichtet. Nur einmal, als es 1944 so arg war, daß man glaubte, beim Nachbarn hämmert jemand mit einem Eisenstück, so hat das aus Graz herauf gescheppert, da sind wir dann schlaftrunken hinüber gelaufen. Ich hab' da immer nur das Licht aus Graz gesehen und hab' fürchterlich geschrien."

Am 4. März 1945 stürzt ein amerikanischer Bomber auf Gratkorner Gemeindegebiet. Volksfeststimmung in Gratkorn kommt auf, die Trümmer der Maschine werden von einer Menschenmenge bestaunt. Herr Kopsche war auch dabei:

"Ein Teil ist in den damals noch unbebauten Grund des alten Seidl gestürzt, ein anderer bei der alten Werksrestauration, ich glaub' das war der Motor. Das Flugzeug hat die Flak abgeschossen, in Gratwein waren kleine Flaks in der Nähe des Bahnhofes, vielleicht am heutigen Holzlagerplatz, Vierlinge haben wir dazu gesagt, am Bahnhof gab es auch Fesselballonsperren gegen die Tiefflieger. In Gratkorn war aber kein Flak stationiert, als Buben haben wir immer zugeschaut, wie aus dem Raum Graz die Flaks in den Himmel geschossen wurden.

Als der Bomber heruntergekommen ist, bin ich mit einer Menschenmenge hin zur Unfallstelle beim jetzigen Fußballstadion gerannt. In dem Acker standen schon eine Menge SA-Leute, den toten Körper hab' ich auch gesehen. Man untersuchte seine Taschen, ein Erinnerungsfoto seiner Familie kam zum Vorschein und der SA-Mann warf das Foto dann achtlos in den Wagen. Der Tote wurde dann auf einen Wagen gelegt, darauf warfen sie einfach die MG-Gurten, das hat mich damals schon schockiert. Der andere Pilot hatte sich mit seinem Fallschirm an einem Flugzeugteil festgehackt und ist dann beim Schinnerl, wo heute die Proratio steht, mit dem Wrackteil zu Boden getrudelt, konnte sich aber knapp vor der Erde befreien. Er überlebte daher den Absturz und wurde gefangen genommen. Aber die SA hat einfach auf ihn eingeprügelt. Nach dem Krieg kam dann ein Engländer und wollte sich dafür bei den Beteiligten rächen, aber dabei kam dann nichts heraus. Auch am Ulrichsberg in Rein wurde ein amerikanisches Flugzeug abgeschossen. Da hat man Rauchschwaden gesehen, Feuer, und wir Buben sind sofort losgerannt, um zu schauen, was passiert ist. Jeder nahm sich ein Stück Aluminiumteil des Fliegers als Andenken mit."

Gratkorn blieb auch vor dem dunkelsten Kapitel deutsch-österreichischer Geschichte nicht verschont. Abgemagert, grausam mißhandelt und getrieben wie eine Viehherde, das war der Eindruck, den Helga Steinberger vom Judentransport durch Gratkorn nie mehr vergessen wird:

"Als griechische Juden durch Gratkorn getrieben wurden, war das für mich ein ganz schreckliches Erlebnis. Da sind einige herein bis in die Dult, weil sie geflüchtet waren. Die haben bei den Leuten um Essen gebettelt. Meine Mutter hat ja auch nichts gehabt, nur gekochte Erdäpfel hat sie ihnen halt gegeben, und die haben sie gleich samt der Schale gegessen. In den heutigen Dulthof sind auch ein paar in die Küche gelaufen und haben dort vor lauter Hunger die Abfälle für die

Pfarrer Dr. Varacic mit einer Volksschulklasse um 1930. Viele Frauen suchten in den unmittelbaren Nachkriegswirren bei ihm Schutz, seinem Engagement ist es zu verdanken, daß die Bevölkerung in dieser schweren Zeit gemeinsam stark wurde. (Sammlung Gsulbauer)

Schweindln gegessen.
Die Juden sind von Graz Richtung Norden getrieben worden, durch Gratkorn durch. Ich hab' die Kolonnen gesehen, nicht nur ein einziges Mal, ich bin ihnen ja noch einmal begegnet, weil ich später nach Norden geflüchtet bin. In der Kolonne sind sie gegangen, das war ein furchtbarer Anblick. Das war furchtbar, sie waren so mager und die Füße, das war alles so dünn, mit so Gamaschen haben sie die Füße abgeschnürt gehabt. Und gehetzt sind sie worden. Jene, die in die Dult geflüchtet waren, haben sie beim Kloster erschossen.
Der Judentransport muß zu Ostern gewesen sein, März oder April. Es war einfach schrecklich.
Ich bin dann aus Gratkorn wieder weg, und dann bin ich ihnen eben noch einmal begegnet. Und zwar, das war ein oder zwei Tage später - ich weiß noch, ich bin dann nach St. Stefan, da hab' ich bei meiner Schwester geschlafen und dann bin ich in Richtung Ybbstal. Ich hab' immer wieder eine Fahrgelegenheit gehabt, in Vordernberg mußte ich aber zu Fuß weiter. Es war zeitlich in der Früh. Und ich geh' so ein Stückerl und auf einmal kommt mir halt so ein Bua entgegen und sagt: 'Wo wollen sie denn hin?'. Alles hat noch geschlafen in den Häusern und der Nebel ist noch gelegen. Ich sag: 'Ich will da über den Berg, ich wart' auf ein Fahrzeug und will ins Ybbstal.' Da hat er gesagt: 'Wenn Sie keine Angst haben, dann können's ruhig weiter gehen. Aber passen's auf, da vorne liegt aber einer, ein Toter. Da haben sie gestern die Juden durchgetrieben und der liegt noch da, den haben sie erschossen, der wird erst weggeräumt. Gestern haben sie die da drüber getrieben, über den Präbichl. Weiter vorne da liegen noch mehr'.

Da hab' ich schon Angst gekriegt, und beschlossen nicht mehr weiter zu gehen. Ich hab' dann auf ein Auto gewartet, aber es hat mich keines mitgenommen. Bis ich so verzweifelt war, daß ich mir gedacht hab', ich leg' mich auf die Straße, wenn sie mich nicht mitnehmen, laß' ich mich zusammenführen. Dann kam eine Kolonne von Sanitätern, die haben mich in ihrer Beiwagenmaschine mitgenommen. Es war dann furchtbar, was ich dann gesehen hab'. Da lag dann der eine Tote, den mir der Bub schon beschrieben hatte. Und dann weiter oben sind viele gelegen. Den Eindruck werde ich nie vergessen. Ein Pferd mit einem abgebrochenen Fuß, wo der Knochen nur so in die Höhe gestanden ist und auf der rechten Seite diese Männer mit den ausgestreckten Füßen, diesen dünnen Beinen, mit den Gamaschen geschnürt. Die sind in die halbe Straße hineingestanden, daß man gar nicht vorbeifahren hat können. So wie sie umgefallen sind, haben sie sie liegengelassen. Das waren die gleichen wie in Gratkorn."

Der 8. Mai 1945 besiegelte endgültig den Untergang des Dritten Reiches. In Gratkorn marschierten aber nicht wie geplant die Briten ein, sondern Russen waren es, die bei uns das Ende des Krieges dokumentierten. Und vor allem die ersten Tage der russischen Besatzung waren für die Gratkorner Bevölkerung Zeiten der Gewalt, der Exzesse, der Angst. Rosa Fanninger erzählt von ihren Ängsten und der Not, damals ein fesches Mädchen gewesen zu sein:

"Im März und April haben die Weinhändler alle ihre Keller aufgemacht, wir haben so kostenlos Wein holen können, soviel wir wollten. Die haben Angst gehabt vor den Russen, daß die große Orgien feiern werden. Mein Vater hat dann Wein geholt, es waren neue Fässer, und wir haben sie im Wirtschaftsgebäude vergraben. Wegen der Bombenangriffe war es gefährlich zu fahren. Wir hatten damals Ukrainer als Arbeiter, die dann das Versteck verraten haben.

Das Wirtschaftsgebäude Schraussers, im Vordergrund "Onkel Karl den Rock ausziehend", damals - 1895 - noch ungefährlich. (Stiftsarchiv Rein)

Am 8. Mai 1945, wie der Krieg aus war, haben die deutschen Soldaten alle ihre Fahrzeuge im Felbergraben aufgestellt und mit einer Panzerfaust draufgeschossen, damit sie den Russen nicht in die Hände fallen. Schöne Lastwägen waren das. Wir mußten dann das ganze Klumpert auf der Wiese zusammenräumen, Glasscherben, Blech und weiß der Teufel was noch alles.

Beim alten Feuerwehrrüsthaus ist einer unter einer Gedenktafel von den verstorbenen Feuerwehrkameraden mit einer Ziehharmonika gesessen und hat gespielt: 'Deutschland erwache! Deutschland, mein Deutschland es ist Frühling am Rhein.' Dabei sind ihm die Tränen heruntergekommen. Es war furchtbar, wie ich den gesehen hab'.

Dann ist das endlos gegangen, ein Banju-Wagen nach dem anderen, endlos, alle sind sie durch den Hof in den Felbergraben gefahren. Das Getreide war schon ziemlich hoch im Mai, der ganze Felbergraben war voller Strohlager und voller Russen.

Bei uns im Gasthof waren die Offiziere, ich hab' gedacht der Krieg ist aus, es wird schon niemand was tun. Ich hatte noch ein Faß Bier im Keller, das haben wir dann ausgeschenkt. Im Gastzimmer ist ein Radio gestanden, ein blonder Offizier wollte es wegnehmen. Ich hab' aber zu ihm gesagt, daß es mein Radio sei und er soll es dalassen. Er hat mich aber weggeschupft und gesagt: 'Radio, Radio, was russischer Staat sagt ist gut. Du bekommst ihn wieder.' Dann haben sie ihn fortgetragen.

Der Moder Toni, ein bekannter Kommunist, ist dann gekommen. Er hat zu den Russen gesagt, daß sein Neffe in Spanien beim Bürgerkrieg gefallen ist. Damit wollte er sich ein gutes Wort bei den Russen einlegen. Aber die haben überhaupt keinen Wert darauf gelegt. Ich hab' ihn dann gefragt, ob ich heute zu Hause schlafen kann. Er sagte: 'Auf keinen Fall. Die Russen haben schon die ganzen Frauen im Felbergraben vergewaltigt.' Ich bin dann sofort weg zum Pfarrer, das war damals der Dr. Varjacic, der hat mit der russischen Wache Schach gespielt, im Nebenraum lagen aber über 20 Frauenzimmer am Boden. Die Russen haben das aber nicht gewußt. Aber der Pfarrer hat sehr gut russisch können, er war ja aus Slowenien, wir haben weder etwas zu essen noch sonst was gehabt, aber wir durften wenigsten am Boden liegen.

Einmal hab' ich mich heim geschlichen, damit ich ein bißchen was zum Essen erwische, aber die haben die ganze Nacht gesoffen und mich entdeckt. Einer nahm eine Fackel und hielt mich fest. Ich glaubte, jetzt ist alles zu spät. Ich hab' aber meinen letzten Mut zusammengerissen, einen Rausch hat er gehabt, und hab' ihn weggeschupft, bin hinaus, die Tür hinter mir zugesperrt und davon. Der hätte mich sicher erschossen. Die russischen Offiziere hatten keine Kultur, sie lümmelten immer am Tisch, in der Mitte eine Rein mit Eiern und Fleisch, und jeder hat eine Straße zu sich gemacht mit dem Essen. Sie haben auch nicht mit Messer und Gabel gegessen. Im Zimmer haben sie ein Waschbekken gehabt, wir hatten ja schon seit 1932 fließendes Wasser, die haben das aber nicht gewußt, daß da Wasser herunterrinnt. Sie haben immer mit einer Schüssel von draußen Wasser geholt, und es nach dem Waschen einfach auf den Boden geschüttet.

Die Russen waren bis August '45 bei uns. Wie sie weg waren, konnten wir zum ersten Mal wieder in einem Bett schlafen. Bis dorthin mußten wir in ständiger Angst leben, wir waren wie ein gehetztes Wild. Wenn wir irgend etwas gehabt hätten, Zyankali oder so etwas, dann hätten wir uns vergiftet.

Der Innenhof des Syzhauses. (Sammlung Strikovic)

Wir waren so fertig, wir wußten nicht mehr wohin. Einmal sind wir zu uns auf den Dachboden geflüchtet, wir sind in so Einsätzen gelegen, Kübeln voll mit kaltem Wasser hatten wir mit, weil es so heiß war. Wir machten uns kalte Umschläge, aber das hielten wir auch nicht aus. Die Russen unten haben uns dann gehen gehört, und sie schossen einfach hinauf, es war so arg, daß sogar ein paar Ziegel herunterfielen.
Gott sei Dank bin ich nicht vergewaltigt worden. Es gab auch andere Übergriffe, die ganzen Fahrräder haben sie uns gestohlen. Alles, was nicht niet- und nagelfest war, war bald weg. Eier und Spirituosen waren bald weg. Einmal bin ich nach Hause gekommen, eine Schihose hab' ich angehabt. Ich hab' mich gewaschen, die Schihose nur kurz aufgehängt am Sessel, wie ich sie wieder nehmen wollte, hat sie schon der Russ' gehabt. Die Fuhrwägen haben sie auch alle gestohlen. Einmal ist der Gaksch zum Vater gekommen, ob er sich von uns einen Wagen ausborgen darf, weil wir haben ja immer Pferde gehabt. Er läßt inzwischen seinen da, da haben wir gesehen, daß das unser Wagen war, den uns die Russen gestohlen hatten. So sind wir zu unserem Wagen wieder gekommen.
Im Keller hatten wir ein kleines Fasserl, das hat der Russ' sogar im Finstern entdeckt. Mein Vater mußte es heraufstemmen, dabei bekam er einen doppelseitigen Leistenbruch, dann haben sie ihn mit dem Gewehrkolben geschlagen. Er war auch schon ganz verzweifelt.
Einmal haben wir uns in den Kleiderkästen vor den Russen versteckt, da haben wir Angst gehabt. Verzweifelt war man ja bis zum geht nicht mehr. Wie dann die Russen schon weg waren, war ich einmal in Graz und hab' einen Russen gesehen, da hab' ich sofort zu zittern begonnen. Wir haben nur in Angst gelebt.
Die Offiziere wurden dann von unserem Haus abgezogen, dann kam die Mannschaft. Da hat es erst ausgeschaut, fürchterlich. Die Offiziere waren die gemäßigteren, es gab einen blonden, hübschen Offizier, der auch Deutsch gesprochen hatte, er war Lehrer am Moskauer Gymnasium, ihn hab' ich wegen meines Radios gebeten, aber dann bekamen wir auch Angst, wir haben uns lange Kitteln angezogen und uns ganz schwarz im Gesicht angemalen. Und wie ich dann so auf die Straße gehe, schreit er auf einmal herüber: 'Guten Tag, Rosl. Du sollst zurückkommen!' Er hat mich trotz meiner Verkleidung erkannt, ich bin schnell fortgerannt."

Auch der junge Kopsche erlebte die Plünderungen der russischen Soldaten mit, wenngleich er ein ganz anderes Verhältnis zu dieser Besatzungsmacht hat, weil ihm ein russischer Arzt das Leben rettete:

"In dem Haus, wo wir gewohnt haben, lebten zwölf Parteien. Alle Männer waren eingerückt, somit zwölf Frauen mit ihren Kindern alleine. Die Mädchen wurden meist am Dachboden versteckt. Ein schmächtiges Mädchen mit einem Haarschnitt so wie die Buben mußte mit dem Lappitsch Luiserl in einem Bett schlafen, damit es so aussah, als ob dort zwei Buben schlafen würden. Ich mußte allein im Zimmer liegen, auf einmal rannte eine Frau durch's Haus und schrie: 'Die Russen kommen, die Russen kommen!'. Unsere Haustüre unten war verschlossen, deshalb traten sie mit den Stiefeln und Gewehrkolben gegen die Tür. Wer sie dann letztendlich geöffnet hatte, weiß ich heute nicht mehr. Eigentlich haben uns da die Russen nichts getan, sie fragten uns nur immer wieder: 'Faschist? Faschist? Waffen? Pistola?' Aber wir haben nur den Kopf geschüttelt, dann sind die meisten wieder gegangen. Die Frauen sind alle zusammengesessen, durch den Krieg haben sie ja alle schon älter ausgeschaut, aber sie haben sich noch älter gemacht. Schiaches

Die Hauslbäuerin war resolut und wußte ihren Hof zu verteidigen. (Sammlung Hauslbauer)

altes Gewand haben sie angezogen, Kopftücher darüber, auch absichtlich dreckig gemacht und haben vorgegauckelt, daß sie Karten spielen würden. Dabei war das nur ein Ablenkungsmanöver, um die Russen nicht das Haus durchsuchen zu lassen. Daher ist in diesem Haus niemandem etwas passiert.

Auch zu mir ins Zimmer kam ein Russe, er hat überall nachgeschaut, im Kasten und in den Schubladen. Wir hatten damals zwei Glaskugeln, in denen Blumen eingelassen waren. Davon hat er eine eingesteckt. Dann hat er sich auf einmal ins Ehebett daneben gelegt, blieb dort vielleicht eine halbe Stunde, und ging dann wieder.

Ein weiteres Glück war, daß ein Panzerspähwagen vor dem Haus gehalten hat, und ein russischer Offizier angeordnet hat, daß uns allen nichts geschehen soll. Die Russen durchsuchten damals jedes Haus in Gratkorn, in den schöneren Wohnungen wurden dann die Offiziere untergebracht. Von den Nachbarhäusern hörte man auch Hilfeschreie, da wurden dann die Frauen vergewaltigt.

Die Mannschaft schlug ihr Quartier mit Planenwagen auf dem Gebiet des heutigen Tennisplatzes auf, damals war das ja alles Feld und Wiese. Die Kommandatur war beim Ferdinand Scheibenreif drinnen, das ist das kleine Haus zwischen Pernik und Phildar. Die Frauen wurden dann später auch zusammengetrieben, weil die mußten den Russen ihre Wäsche waschen. Sonst hat sich ja keiner dort hinuntergetraut.

Den Kindern gegenüber waren die Russen aber immer freundlich, sie haben uns sogar manchmal auch etwas zu essen gegeben. Manchmal haben sie ja ein Pferd erschossen, wenn es nicht mehr weiter konnte, aus dem Gulasch bekamen wir immer etwas zu essen. Den Kindern haben sie nichts getan.

Obwohl wir unsere Fahrräder in der Holzhütte hatten, wurden sie alle gestohlen. Die Kleidung verpackten viele in Koffern und versteckten sie bei den Bauern. Wir haben unsere Sachen im Keller versteckt. Deshalb ist bei uns nichts weggekommen.

Aber der Konsum wurde geplündert, dort sind die Russen mit ihren Pferden hineingeritten, auch sehr viele Gratkorner waren bei dieser Plünderung dabei. Ich hab' damals als Bub ein paar Stollwerk mitgenommen. Einige Gratkorner Kommunisten mit roten Armbinden waren auch dabei, es wurde alles mitgenommen, Sachen zum Essen, Schuhe etc. Auch die Werksrestauration wurde geplündert. Ich sollte damals Essen holen, habe aber bis auf einen Sack Zwiebel nichts mehr bekommen.

Die Soldaten suchten nach Waffen und Schmuck, aber die Leute haben ja damals nichts gehabt. Es war ein buntes Durcheinander, viele Frauen wurden vergewaltigt.

Ich aber kann einem russischen Arzt mein Leben verdanken. Als die Russen einmarschierten wollte meine Mutter am zweiten oder dritten Tag mit uns Kindern zu den Bauern hinauf auf die Jasen flüchten. Da schaut vom Syzhaus die Frau Herbst herunter und überredet uns doch in ihre Wohnung zu kommen. Sie hatte eine Zweizimmerwohnung, im zweiten Raum waren schon einige Menschen drinnen. Dort kamen wir dazu, der Raum wurde dann mit einem großen Kasten verstellt. So konnte niemand dahinter einen weiteren Raum vermuten. Dort blieben wir dann, es waren mindestens zehn Personen, nur die alten Leute waren draußen im anderen Raum, denn die brauchten vor den Russen keine Angst haben. Wir Kinder hatten unseren Spaß, aber ich hab' immer wieder zu meiner Schwester gesagt, sie solle doch mit den Witzen aufhören, weil mir beim Lachen der Bauch weh tue. Die Schmerzen wurden dann immer ärger, bis meine Mutter mich zum damaligen Gratkorner Arzt Dr. Walter bringen wollte. Aber durch Gratkorn traute sich niemand gehen aus Angst vor den Russen. Die Frau Neuhold sagte dann, daß sie in ihrer Wohnung einen russischen Arzt hätten. Ich hab' schon nicht mehr gehen können, die Leute haben mich dann zu diesem Arzt getragen. Dieser kommt mir schon entgegen, gibt mir eine Spritze und hat einen russischen Passierschein ausgestellt. Von Freiwilligen bin ich dann auf einem Zweiradlerkarren ins Spital nach Graz gebracht worden. Die Rettungsautos wurden ja von den Russen alle in Brand gesteckt."

Abwechslung ins Leben des jungen Neugebauer brachten die Russen. Wie viele Kinder war auch er fasziniert von den anderen Uniformen, den Fuhrwerken mitsamt ihren Pferden und von der Herzlichkeit, die Russen Kindern gegenüber an den Tag legten:

"Wenn ich so zurück denke, war es für mich eigentlich eine Gaude, weil es etwas Neues war. Mir sind vor allem die Pferde und Fuhrwerke aufgefallen, als die Soldaten die auf den verschiedenen großen Wiesen ihr Lager aufgeschlagen hatten. Sie waren sehr kinderfreundlich, wir waren oft zu Besuch in ihrem Lager. Unsere Eltern haben aber deshalb große Angst um uns gehabt, weil man sagte, daß vor allem in den ersten Tagen die Russen Jugendliche verschleppen würden zum Viehtreiben nach Ungarn oder noch weiter. Das passierte z.B. dem Ertl Dissy, der ja dann in Rußland lange gefangengehalten wurde.
Auch Plünderungen und vor allem Vergewaltigungen gab es. Da hörte man die Hilferufe der Frauen, als es dunkel wurde. Die Frauen verbarrikadierten sich im Wirtschaftsgebäude, und deckten sich mit Stroh zu. Tagsüber zogen sie nur altes, dreckiges Gewand an, sodaß sie wie alte Frauen aussahen. Ohne Kopftuch ging damals keine Frau aus dem Haus, auch auf die Kleider nähte man sich Stoffetzen, um schäbiger auszusehen. Bei der Dämmerung sind dann aber alle Frauen verschwunden. Wir Kinder wußten aber nicht, wo sie sich versteckten, damit wir nichts verraten konnten. Sie erzählten dann nachher, daß sie nie ein Auge zu tun konnten, vor lauter bibbern und schlottern. Manchmal hörte man sie aber in der Nacht schreien, einmal aus dieser Richtung, dann aus einer anderen.
Mein Vater besaß einen halben Liter Spiritus, weil das bekamen sie als Deputat von der Leykam. Als der Russe den Spiritus fand, roch er hinein und trank ihn wie jemand, der einen Schnaps trinken würde. Meine Großeltern mußten ihr Schlafzimmer zur Verfügung stellen, weil sich ein Kommissar einquartiert hatte. Dieser hatte einen Deutschen oder Österreicher als Adjudanten, der mit meinen Groß-

Der Verein "Gesunder Menschen" wurde 1907 in der Dult gegründet. Ziel war es, den Menschen die Natur näher zu bringen, jeder Bewohner erhielt zur Zucht von Gemüse, Obst und Champignons ein halbes Joch Boden in Erbpacht. Alkohol und Fleisch waren verpöhnt. Der Verein löste sich bereits 1919 wieder auf, aus der vereinseigenen alkoholfreien Gaststätte wurde bald die legendäre Ribiselbar. (Sammlung Ziegler)

Nur langsam begann sich die Lage zu beruhigen, und das Leben wurde wieder Alltag. Am 25. Juni 1950 konnten die drei neuen Glocken geweiht. werden Die Pfarrkirche erhielt somit den Ersatz für die im Zweiten Weltkrieg eingeschmolzenen Glocken und hatte nun wieder ein vierstimmiges Geläut. (Sammlung Gsulbauer)

eltern alles aushandelte, damit sie das Zimmer räumen würden. Er sagte ihnen auch, daß ihnen nichts passieren werde, und daß sein Kommissar eine oder auch zwei Frauen mitbringen würde. Der Kommissar kam dann auch mit zwei Russinnen, die eine blond und die andere eine schwarze. Mit denen war er dann tagsüber unterwegs, gegen 16.30 ist er dann heim zu uns gekommen, dann haben sie Toilette gemacht. Meine Mutter mußte dafür Wasser heiß machen, damit die Russen ein Bad nehmen konnten.

Die höheren Offiziere wurden alle privat einquartiert, die Mannschaft mußte bei ihren Wägen bleiben. Eines der Lager war im Bereich der heutigen Firma Thyssen, auch südlich des Murlagers, wo heute der Übungsplatz ist. Im Murlager hatten sie Kartoffeln gehortet, da mußten die Frauen immer Erdäpfel schälen. Meist wurden diese dann auch vergewaltigt. Auch Schweine und Rinder, die sie von den Bauern beschlagnahmten, waren unten, wenn sie eines essen wollten, dann haben sie es einfach niedergeschossen, und gleich an Ort und Stelle aufgearbeitet."

Auch in der Dult und bei den Bauern im Forst- und Freßnitzviertel kam es zu Übergriffen seitens der russischen Besatzung. Helga Steinbauer und Katharina Stelzl, beide damals fesche Dirndln, waren wie auch viele andere junge Gratkornerinnen Freiwild für die sich breitmachende Besatzungsmacht.

"Ich war damals gerade in Gratkorn heraußen, als mir ein Mann zurief: 'Madl verschwind heim. Die Russen sind schon bei der Weinzödlbrücke.' Ich mach' kehrt und renn' da herauf und wie ich heroben war, war schon ein Russ' mit dem Pferd hinter mir. So schnell ist das gegangen, die waren alle beritten. Das war die erste berittene Truppe. Sie haben alles abgesucht, die ganze Gegend bis auf den Berg herauf, du hast dich verstecken können wo du wollen hast, sie sind überall gewesen. Mit ihren Pferden sind sie hinaufgeritten, so kleine Ponys oder so haben sie gehabt. Die ersten drei Tage der russischen Besatzung waren die furchtbarsten drei Tage. Nachher, wie das alles geregelt war, dann war es eh zum Aushalten, aber zuerst haben sie geplündert. Sie sind gekommen und haben genommen, was sie wollten. Mit dem Gewehr sind sie in die Häuser gestürmt, 'Wo Mann, wo Puschka?' haben sie gerufen. Zu jedem Bett sind sie hingegangen und haben mit dem Gewehr hineingestochen. Sie haben wahnsinnige Angst gehabt, daß irgendwo Soldaten mit Gewehren versteckt sind, daß sie irgendwo angegriffen werden. So haben sie alles durchsucht.

Einmal kamen sie auch zu uns nach Haus'. Zuerst haben sie uns ins Zimmer eingesperrt, dann haben sie einen nach dem anderen herausgeholt, bis sie dann zur Jüngsten gekommen sind, der Cousine meiner Mutter, die wollten sie dann vergewaltigen. Ein Soldat hat sie auf den Boden hingeschmissen, und sich samt dem Gewehr auf sie draufgelegt. Sie hat sich natürlich gewehrt und plötzlich stand da die alte Tante Michaela mit ihrem eisernen Kruzifix. Die ist dann mit dem Kreuz auf den Russen losgegangen, sodaß das junge Mädl flüchten konnte. Die Alten haben sie aber dann in Ruh' gelassen. Wir Jungen konnten in den Wald flüchten und uns dort verstekken.

In einer anderen Nacht haben sie uns die Kellertür aufgebrochen und ein paar kleine Faßln Wein herausgeholt und mitgenommen ins Lager. Da waren die Gratkorner damals dann ganz böse auf uns, weil sie den starken Ribiselwein erwischt haben und dann haben sie sich in Gratkorn draußen ausgetobt."

Glockentransport mit Glockenpatinnen. Im Hintergrund die Gemeindehäuser Neubaugasse, rechts die Wöhrer-Villa, seit dem 2. Juli 1958 ist dort die Musikschule beheimatet. (Sammlung Gaksch)

"Wie die Russen gekommen sind, haben wir im Wald geschlafen. Da waren wir die erste Nacht unten in der Frauenhöhle, dann war das zu wenig sicher. Da sind sie dann mit den Pferden den Bach entlang eingeritten. Viele Frauen sind vom Ort unten heraufgekommen.
Ich war einmal im Stall drinnen, auf einmal kommt ein Russe, ich bin austeufelt, durch den Keller durch, hinten hinaus und da ist ein Gstauder gewesen, da hab' ich mich niedergelegt und ein bißl gewartet, da hat mich so niemand gesehen und dann bin ich wieder heim gegangen. Da ist mir dann der Hund nachgelaufen, dem hab ich die Ohren zugehalten, damit er nichts hört. Dann sind wir abgehaut, da sind wir hinunter in den Pfarrhof, weil der Pfarrer hat eh russisch können. Vierzig oder fünfzig Weiber, die wir drinnen waren. Nebenan hat der Pfarrer mit dem Kommissar Schach gespielt. Da haben wir schon schön still sein müssen. Da sind die Frauen vom Berg hinuntergegangen, weil sie beim Pfarrer sicherer waren.
Was die Leute von unten bei uns am Dachboden eingelagert gehabt haben, das haben die alles mitgenommen. Der Dr. Kschir hat eh Glück gehabt. Da haben wir so ein gutes Versteck gehabt, die haben die Sachen nicht gefunden. Das bessere Gwand usw. haben die Leute mit Handkarren zu uns gebracht und am Dach gelagert, aber die Russen haben alles mitgenommen, da ist nichts geblieben."

Als die britische Besatzung die Russen ablöste, war die Gratkorner Bevölkerung erleichtert. Das Leben konnte jetzt wieder in seine normalen Bahnen gelenkt werden. Und die Frauen begannen sich sogar für die feschen Engländer zu interessieren. Nichts war mehr zu sehen von alten, kopftuchtragenden Weibern in geflickten Röcken, strahlende junge Mädels gingen durch die Straßen im Ort und trafen sich bei Tanzveranstaltungen im Murlager mit ihren Verehrern. Martin Neugebauer erinnert sich noch:

"Da kehrte dann Ruhe ein. Die Frauen brauchten keine Angst mehr zu haben. Es gab auch keine Übergriffe auf die Bevölkerung mehr. Für mich waren die Russen zwar schlampiger, aber für uns Kinder doch nahbarer, der Engländer hat zwar auch lieb gelacht, aber man spürte deutlich die Distanz. Wir bettelten dann von den Engländern Schokolade, manchmal bekamen wir auch ein Ripperl.
Beim Murlager gab es dann immer Treffen, das waren Tanzveranstaltungen. Zuerst konnten Ehepaare hingehen, aber als unsere Männer dann eifersüchtig wurden, durften sie nicht mehr hingehen, nur mehr die Frauen alleine.
Es gab auch Bekanntschaften zwischen der britischen Besatzung und der Bevölkerung. Aber mit den Engländern kehrte das Familienleben wieder ein, man kümmerte sich auch gar nicht mehr so sehr um die Besatzung. Das Leben wird wieder normal, die Angst war weg, man konnte wieder auf die Straße gehen, auch der Dreck war weg.
Erst langsam begann sich das Leben in Gratkorn wieder zu normalisieren. Wir hatten dann schon auch eine Schulausspeisung, nach der Schule gab es die in der Werksrestauration, die Schüler brachten dabei ihr eigenes Geschirr mit. Meist gab es Erbsen, Bohnen in Suppenform oder Brei. Aber wir haben dafür alle Tage gratis etwas zu essen gehabt. Später gab es dann die Ausspeisung direkt in der Schule. Damals haben wir unsere Bundeshymne umgetauft in: 'Land der Erbsen, Land der Bohnen, Land der unbegrenzten Zonen'."

GEFANGEN. GESCHUNDEN. VERSCHLEPPT.

ARBEIT FÜR ÖSTERREICH.

Auch vor unserer Gemeinde machte der grausame Alltag des Krieges nicht halt. Richtig bewußt wurde der Krieg den Menschen in Gratkorn vor allem durch zwei Dinge: das alltägliche Leben hatte sich nach der Verfügbarkeit von bunten Bezugsscheinen auszurichten, und der Begegnung mit dem Fremden. Der Wahnsinnsfeldzug unter Hitlers Regime gegen Rassen dieser Welt brachte vorerst den Rohstoff Mensch als Beutestück heim ins Reich. Aus den überfallenen Gebieten Polens kamen die ersten Zwangsarbeiter im Sommer 1940 nach Gratkorn. Sie waren landwirtschaftliche Hilfskräfte und konnten von Bauern im Ort als Arbeitsunterstützung angefordert werden. Die Betreuung und Unterbringung der Gefangenen erforderte einen immensen Verwaltungsaufwand. So wurden vom Landrat des Landkreises Graz in dreifacher Ausfertigung Arbeitskarten mit Lichtbildern und Fingerabdrücken der Fremdarbeiter angefertigt. Solcherart registriert wurden die Zwangsarbeiter den einzelnen Gemeinden vom Arbeitsamt zugeteilt.

Perfekte Registrierung, nur das Lichtbild ging verloren. Zwangsarbeiter aus dem Osten hielten vor allem den Betrieb in der Papierfabrik aufrecht, Männer aus Gratkorn dienten ja an der Front. (Archiv Marktgemeinde Gratkorn)

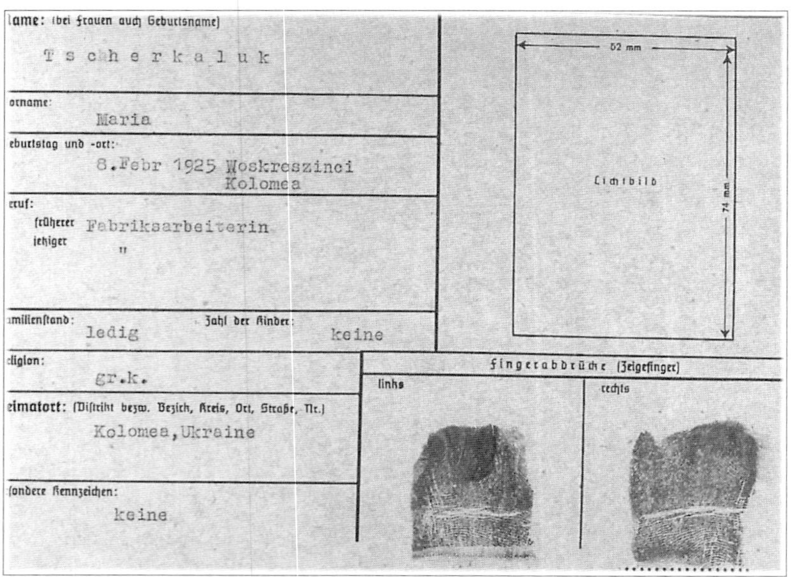

Name: (bei Frauen auch Geburtsname)
Tscherkaluk
Vorname:
Maria
Geburtstag und -ort:
8.Febr 1925 Woskreszinci Kolomea
Beruf:
früherer Fabriksarbeiterin
jetziger "
Familienstand:
ledig
Zahl der Kinder:
keine
Religion:
gr.k.
Heimatort: (Distrikt bezw. Bezirk, Kreis, Ort, Straße, Nr.)
Kolomea, Ukraine
Besondere Kennzeichen:
keine
Lichtbild
52 mm
74 mm
Fingerabdrücke (Zeigefinger)
links
rechts

Hitlers Machtdrang und die Gier seiner Mannen nach der Weltherrschaft brachte auch weitere Gefangene nach Gratkorn. Je weiter sich die Front zuerst in Richtung Westen, schließlich auch dann nach Rußland hin wälzte, um so multikultureller wurden Hitlers "Gastarbeiter" in Gratkorn. Neben den Zwangsarbeitern aus Polen sollten vor allem Kriegsgefangene aus Frankreich, später dann aus der Ukraine, Rußland, England und sogar Australien hier im Altreich dienen. Nicht nur die Bauern im Ort profitierten von den er- und insbesonders ausgebeuteten Menschen, auch die Leykam Josefsthal AG wurde mit der Ware "Mensch" beliefert. Der erste Transport mit Ukrainern kam am 13. Juli 1942 nach Gratkorn. Es waren 22 Männer und 26 Frauen, geschunden, mißhandelt, gepeinigt und ausgehungert. Sie wurden im Barackenlager Gratkorn Nr. 311[1] untergebracht, mit ihnen konnte ein verhältnismäßig "normaler" Schichtbetrieb aufrecht erhalten werden.
Auch im Murlager wurden Gefangene gehalten, manche konnten auch bei den Bauern am Hof schlafen, andere wurden wieder um zu kleineren Gruppen zusammengefaßt und fanden etwa beim Höchwirt oder Gasthaus Pucher ihre Schlafstätte.

"Ja, im Saal oben, hinter dem Jägerzimmer hatten wir Kriegsgefangene." berichtet Rosa Fanninger, Altwirtin des Gasthauses Pucher. "Zuerst waren 50 Franzosen da, das war nach dem Frankreichfeldzug. Als sie zu uns kamen, wurden sie einzeln mit dem Namen aufgerufen und bekamen ihr Bett zugewiesen. Anfangs wohnten sie im hintersten Jägerzimmer, und im Saal davor war die Bewachung. Das waren Wiener oder Niederösterreicher. Zwei von den Franzosen haben bei uns gearbeitet, einer war Fleischhauer, der andere Landwirt[2]. Die zwei durften auch bei uns am Tisch mitessen, das war ja eigentlich nach den Vorschriften verboten. Die anderen sind mit Wächtern zu den Bauern geführt worden, dort verpflegt worden und abends wieder ins Lager zurückgekommen. Im Winter 1942 wurden die Franzosen dann wieder abgezogen. Jene beiden, die bei uns gearbeitet hatten, waren darüber sehr traurig. Mein Vater ist deshalb zur Kommandatur nach Graz gefahren, um zu erreichen, daß sie da bleiben durften. Es hat aber nichts geholfen, sie haben uns verlassen müssen."[3]

Vor allem die polnischen und ukrainischen Zwangsarbeiter und Zwangsarbeiterinnen waren ausgemergelte Kreaturen. Sie galten als Ware, als Beutestükke, als sichtbarer Beweis gesamtdeutscher Überherrlichkeit. Konnten diese geschundenen Geschöpfe ihre Arbeit nicht mehr verrichten, dann wurden sie ausgetauscht, ihr Schicksal blieb dann ungewiß. Viele Fami-

1 Diese Lager befand sich im Bereich des heutigen Seniorenheims.
2 Die Namen der beiden Kriegsgefangenen waren Paul Buisse und Andrè Binet.
3 Interview Rosa Fanninger, geb. am 20. August 1921, Altwirtin.

Die deutschen Soldaten waren unter der weiblichen Bevölkerung mitunter gern gesehene Gäste. Die drei Wehrmachtsangehörigen bewachten nicht nur die Zwangsarbeiter am Feld. (Sammlung Fanninger)

lien wurden so auseinander gerissen, Kinder von ihren Müttern getrennt, Männer und Frauen sahen sich nicht wieder. Freilich, um Schadensbegrenzung nach außen war man stets bemüht. So gab es für die Zwangsarbeiter unter Umständen auch die Möglichkeit, zur Erholung nach Hause zu fahren. Der ganze Zynismus dieser menschenverachtenden Ignoranz spiegelt sich aber in der Bezeichnung dieser Aktion wider: sie fuhren auf "Heimaturlaub". Verschleppte Menschen durften für kurze Zeit weg von ihrer zugeteilten Arbeitsstätte, sie besuchten ihre überfallene Heimat, sie waren auch dort Menschen zweiter Klasse. Sie machten Urlaub zu Hause.

Den Kriegsgefangenen in Gratkorn ging es besser, wenngleich sie von vielen Bauern doch nur als Arbeitskraft und nicht als Mensch behandelt wurden. Schläge, Demütigungen, anonyme Anzeigen standen oft an der Tagesordnung. Manche Gefangene wurden aber von ihren Kostgebern durchwegs freundlich aufgenommen, es war beiden Seiten bewußt, daß man einander brauchte. Die Bauern hatten so eine dringend benötigte zusätzliche Arbeitskraft, die Soldaten konnten sich zumindest am Sonntag frei bewegen, das Essen reichte meist aus, um nicht vollkommen hungrig schlafen gehen zu müssen. Gerade diese Sonntagsruhe wurde geschätzt, man konnte sich von der harten Arbeit erholen, oft wurde auch ein wenig gefeiert. Als der Pucherwirt an einem Sonntag eine Waggonladung voll mit Kohle bekam, forderte er seine beiden zugewiesenen Arbeiter auf, ihm bei der Entleerung zu helfen. Beide weigerten sich, es kam zum Streit, und der Neuseeländer Raimund schlug den Wirt nieder. Das Wachpersonal erstattete Anzeige, aber bei der Einvernahme meinte der Hans Teibinger nur, "daß sie ihn nicht strafen sollten, weil er ein guter Arbeiter wäre. Er hätte nur etwas getrunken, und seine wohlverdiente Sonntagsruhe genossen."[4] Beide hatten sich vorher schon wieder versöhnt, und Raimund entschuldigte sich mit den Worten: "Soviel Haare ich am Kopf habe, soviel tut mir das Ganze leid."[5]

"Wir hatten einen Engländer, der hieß Robert[6]. Wenn eine Kuh nicht geputzt hat, wenn also nach dem Kälbern die Nachgeburt nicht ab-

4 Ebd.
5 Ebd.
6 Robert Bloomfield ereilte ein tragisches Schicksal. Kurz vor Kriegsende konnte er aus seiner Unterkunft fliehen und versteckte sich einige Zeit im Wald. Als der Krieg beendet war und die Russen in Gratkorn einmarschierten, wollte er seine vermeintlich englischen Kameraden begrüßen, und lief den anrollenden Panzern entgegen. Im allgemeinen Getümmel und wohl auch wegen vorhandener Verständigungsprobleme kam es dann zum Unfall: ein Panzer fuhr über den jubelnden Robert einfach hinweg.
7 Interview Katharina Stelzl vlg. Haselbauer, geb. am 15. April 1921, Altbäuerin.

Der Stall des Höchwirts war auch Schlafstätte der Kriegsgefangenen. Von hier aus mußten sie täglich zu den Bauern, um ihnen bei der Arbeit zu helfen. Nur sonntags blieb etwas Zeit, für sich und vielleicht einen Brief nach Hause. (Stiftsarchiv Rein)

gegangen ist, dann haben wir immer den Robert geholt, weil Geld für einen Tierarzt hatten wir ja keines", erzählt Katharina Stelzl, Haselbäurin auf der Freßnitz. "Beim Höchwirt oben gab es einen Wehrmachtsposten. Dort waren die Gefangenen untergebracht. Die sind dann in der Früh aufgestanden, haben sich abgemeldet und weg waren sie. Sie sind alleine zu den Bauern gekommen. Nur bei den Bauern haben sie nicht schlafen können, weil die meisten haben keine privaten Zimmer gehabt. Den Gefangenen ist es eigentlich gut gegangen. Das halberte haben die Bauern nicht gehabt, was die gekriegt haben. Die haben alle Kontakt nach Hause gehabt, sie haben auch fast jedes Monat ein 10 kg Packerl bekommen von daheim. Hinter dem Haus hat sich dann ein ganz schöner Haufen mit Konservendosen angesammelt. Da hat mich der Ron einmal drangekriegt, weil ich keine Paradeissauce mochte. Zu der Mutter sagte er nur, daß er heute kochen würde, nämlich Gulasch. Wie wir gegessen haben hat er mich gefragt, wie es mir geschmeckt hat, und dann hat er gesagt 'siehst du jetzt hast es erst gegessen, Gulasch mit Paradeissauce'. Nur Tee hast nicht trinken können. Der war so stark eingekocht, der war wie ein Kaffee, genauso braun."[7]

Die Gratkorner Bevölkerung bekam zu diesem Zeitpunkt längst ihre Lebensmittel nur mit den entsprechenden Karten. Alles war rationiert und nicht immer ständig verfügbar. Die Gefangenen hingegen verfügten zeitweise über bescheidene Mittel wie etwa Zigaretten und Tabak, Wäsche oder sogar Schokolade, die sie aus ihrer Heimat von den Angehörigen geschickt bekamen. Süßigkeiten, aber auch Kleidungsstücke als kleine Geschenke vorwiegend an die weibliche Bevölkerung, wurden so zu völkerverbindenden Gesten in einer grausamen Zeit, in einer Zeit, in der gerade diese kleinen Werte Menschen wieder zu versöhnen begann.
Die Männer des Ortes waren an der Front, kämpften gegen das vermeintlich bolschewistische Ungeheuer, in Gratkorn selbst hielten gerade die Gefangenen einen halbwegs geregelten Arbeitsalltag aufrecht. Dem wäre eigentlich nichts mehr hinzuzufügen, gäbe es da nicht die Geschichte von Mac, einem australischen Soldaten, der einen Teil seiner Gefangenschaft beim Gasthaus Pucher verbringen mußte.
Seine Geschichte ist hier niedergeschrieben.[8] Eine Geschichte, die nach über 50 Jahren auch seine eigene Erinnerung ist, viel mehr aber auch ein Beweis, der die Güte und Herzenswärme der Gratkorner Bevölkerung zeigt. Sie steht stellvertretend für die vielen kleinen Geschichten, die es über die Gefangenen in Gratkorn zu berichten gäbe. Ihnen allen gemein ist die Menschlichkeit, mit der man einander begegnete. Dies gibt auch Hoffnung für eine friedvolle Zukunft.
Voranstellen an die Kriegserinnerungen möchte ich Auszüge eines persönlichen Briefes, den mir Mac und seine Frau schickten. Sie verdeutlichen den schwierigen Umgang mit der Geschichtsaufarbeitung, zeigen den Mechanismus der Verdrängung, des sich Wegstehlens. Obwohl hier zwei Menschen aus verschiedenen Generationen und Kulturkreisen aufeinander trafen, glaube ich, daß wir beide diese Probleme gelöst haben.

"[...] Nachdem Mac aus dem Krieg heim gekehrt war, wollte er nur eines: die vergangenen Kriegsjahre hinter sich lassen und wieder ein

8 Mr. Mac Keshan gebührt an dieser Stelle Dank für die Bereitschaft zur Mitarbeit bei diesem Buch. Auf mein Bitten hin erklärte er sich einverstanden, seine Erlebnisse aus der Gratkorner Gefangenschaft niederzuschreiben. Ebenfalls zu Dank verpflichtet bin ich Irmi Glettler, die den oft schwierigen, weil im australischen Slang geschriebenen, Text ins Deutsche übersetzte.

geregeltes Leben führen: Heirat, Beruf, Familie, Haus usw. Jegliche Verbitterung traf vor allem den Einzelnen. Die Lebensmittel waren knapp: "Die Menschen hatten selbst nicht viel." "Es herrschte Krieg." rechtfertigten vielfach die harte Zeit. Die Australier sind seit jeher als einfallsreiche Menschen bekannt, und allein die Beschreibung, wie sie auf verschiedenste Weise die Langeweile besiegten, würde schon ein Buch füllen.

[...]Im vergangenen Jahr haben Mac und ich sehr viel "ans Licht gebracht". Wir haben die gebündelten Briefe, die wir einander während der fünf Jahre, die Mac im Krieg war, geschrieben hatten, aufgeschnürt und nach all diesen Jahren noch einmal gelesen. Fragen wurden gestellt und beantwortet und so diese sorgenvolle Zeit noch einmal durchlebt - das war sehr nostalgisch. Offensichtlich waren wir zu sehr mit dem Alltagsleben beschäftigt, so daß wir das nicht schon früher gemacht haben. Und dann, als wir das ganze so gut wie abgeschlossen hatten, kamen plötzlich am Heiligen Abend Ihr Buch und Ihr Brief. Vielleicht war es notwendig, all diese Erinnerungen wachzurufen, um Ihnen bei Ihrem Buch behilflich zu sein."[9]

Malcolm William Keshan, geboren am 24. Juni 1919 in Sydney, wurde am 26. März 1940 zum australischen Heer (Australian Imperial Forces) eingezogen, er war dem New South Wales Expeditionskorps zugeteilt, wo er als Sergeant des 2/4. Infantriebataillons, 6. Division, seinen Dienst versah. Der Soldat mit der Dienstnummer NX 11067 verließ am 14. September 1940 Australien in Richtung Palästina.

"Nachdem ich mich längere Zeit mit Übungstruppen in Palästina aufgehalten hatte, kam ich auf dem Weg zu meiner Einheit in Tobruk (Libyen) nach Marsa Matruh (Ägypten). Das war der Beginn unseres ersten Angriffs - unser Weg führte nach Derna, Bengasi (beides in Libyen) und schließlich nach Griechenland. Nach einem sehr kurzen Heeresurlaub in Athen, wurden wir gemeinsam mit neuseeländischen, britischen und griechischen Streitkräften mit dem Zug nach Larisa gebracht. Unsere Kompanie bezog am Flugplatz Stellung, für den Fall, daß Fallschirmtruppen landeten. Es ging das Gerücht um, daß die Deutschen über Jugoslawien auf dem Weg hierher wären. Es herrschte also die "Ruhe vor dem Sturm" - vor uns allen lag eine vergleichsweise erholsame aber gleichzeitig auch strapaziöse Zeit ohne jegliche Chancen auf Ruhe und Frieden. Und daran änderte sich auch nichts, als es zu schneien begann. Wir waren gerade aus der Westlichen Sahara gekommen und waren für das kalte Wetter nicht entsprechend angezogen ; die meisten Männer hatten außerdem zuvor noch nie Schnee gesehen. Inzwischen hatten wir den Kampf gegen den Feind eröffnet. Ungefähr drei Tage lang kämpften die Männer tapfer, und dann machten sich die zahlenmäßige Überlegenheit, die mangelnde Ausrüstung und die Unterstützung durch die Luftwaffe bemerkbar. Beim wichtigsten Paß bei Vevi blieben überall die Lkws stecken, und die Truppen stauten sich die ganze Straße zurück. Wir in der Nachhut dachten: "Großartig! Die Lkws!" Als wir schließlich die Letzten eingeholt hatten, trat ein Deutscher (ein sehr mutiger Mann) in die Mitte. Seine Männer hatten sich auf beiden Seiten der Straße verschanzt. "Ihr habt eine Minute

Malcolm William Keshan, als Gefangener beim Gasthaus Pucher einquartiert, kehrte am 11. August 1985 als Freund wieder nach Gratkorn zurück. (Sammlung Samitsch)

Zeit, Euch zu entscheiden - entweder Ihr werft die Waffen weg oder wir schießen." Die Männer vor ihm waren bereits entwaffnet - wir hatten also keine andere Wahl. Am 12. April 1941 wurde ich gefangengenommen, in einen kleinen Ort namens Lofoi gebracht, durchsucht und abgefertigt. Dann wurden wir mit einem Viehwaggon über Ungarn nach Marburg an die österreichisch-jugoslawische Grenze geschafft. Dort wurden wir gemeinsam mit französischen Kriegsgefangenen in ein Lager gesteckt.

In Marburg gab es kaum etwas zu essen, und der ganze Ort war sehr trist. Ich wußte, je früher ich hier herauskam, desto besser. Jeden Morgen ließen sie die Männer ar-

9 Persönliche Korrespondenz vom Dezember 1996 bis Februar 1997.
10 Seine erste Station in Gratkorn war der Lindenhof in Eggenfeld. Die Post für die Gefangenen lag im Gasthaus Pucher auf.
11 Der Bauer Grabitzer hatte seinen Hof dort, wo heute der Supermarkt Billa steht.
12 Mac war in landwirtschaftlichen Dingen nicht gerade ein Profi. Die anfallende Arbeit war für ihn deshalb auch immer eine Belastung, vor der er sich auch des öfteren zu drücken versuchte. Die Arbeitsaufforderungen des Pucherwirtes waren so seine Schwierigkeiten.

Heuarbeit in Festtagstracht. Die drei herausgeputzten Mädeln waren (v.l.n.r.) Milli Trummer, Paula Trojer, Maria Teibinger. Der Hüne ganz links war der "Kiwi" Raimund, die Wache rechts war eigentlich Statist. (Sammlung Fanninger)

treten und suchten nach Freiwilligen, die das Lager verlassen und gegen ein Essen für die Einheimischen arbeiten würden. Sergeants konnten sich nur freiwillig melden, denn sie standen unter dem Schutz des Roten Kreuzes und konnten nicht gezwungen werden. Alles war besser als in diesem Lager eingesperrt zu sein, und so meldete ich mich freiwillig. Unser erster Arbeitsplatz war in Wolfsberg, dort mußten wir Kanäle graben und verschalen. Es stellte sich bald heraus, daß wir kein zusätzliches Essen bekamen, außer sonntags, wenn die Einheimischen kamen und uns baten, für ein Essen einen Tag auf dem Feld zu arbeiten. Die Einheimischen waren gut zu uns: Wir saßen gewöhnlich alle gemeinsam beim Mittagessen und machten uns dann wieder an die Arbeit, bis sie uns ins Lager zurückbringen mußten. Als Sprecher unserer Gruppe beschwerte ich mich beim zuständigen Offizier, daß wir das zusätzliche Essen nicht wie versprochen bekämen. Als er das erfuhr, war die Hölle los - offensichtlich hatten sich die Wachen das Essen für sich selbst zurückbehalten. Der Offizier war sehr erbost, als er bemerkte, was vor sich ging. Die Wachen wurden entlassen, und wir waren seiner Meinung nach Unruhestifter, also wurden wir am nächsten Tag auf einen Lkw verladen und in ein Straflager, eine große Zementfabrik mit einem Steinbruch, gebracht. Wir wurden auf sehr kleinem Raum eingesperrt; fünfzehn Männer wurden der Zementfabrik zugewiesen und fünfzehn dem Steinbruch, um dort Gestein abzubauen. Ungefähr zwei Monate vergingen, inzwischen war auch der Winter hereingebrochen, und wir mußten mit Beleuchtung arbeiten, da es früh dunkel wurde. Wir hatten noch immer unsere Wüstenuniformen an, die wir bei unserer Gefangennahme trugen, die aber für das Wetter und die Arbeit, die wir verrichten sollten, höchst ungeeignet waren. Außerdem waren die Essensrationen für eine solche körperliche Arbeit viel zu klein. Eines Morgens widersetzten sich die Männer dem Befehl zur Arbeit zu marschieren. Man verhandelte zuerst mit den Wachen und dann mit den zuständigen Offizieren. Die Männer mußten aufmarschieren und bekamen den Befehl zu arbeiten. Da sie verweigerten, wurden drei Männer willkürlich ausgewählt, und man drohte, diese zu erschießen, sollten die Männer den Befehlen nicht gehorchen. Daraufhin antwortete einer der drei ausgewählten Männer: „Erschießen Sie mich doch, denn ich weigere mich, unter diesen Umständen zu arbeiten." Also berieten sich die Offiziere abermals und machten schließlich folgenden Vorschlag: Zwei weitere Wochen unter denselben Bedingungen arbeiten, und dann würden alle Männer auf Bauernhöfe verlegt werden. Und so kam ich nach Gratkorn.

Mein erster Bauernhof lag ca. eine Meile außerhalb des Ortes, auf einer Anhöhe; ein kleiner Bauernhof, auf dem ein Mann mittleren Alters mit seiner Frau und seiner Schwiegermutter lebte. Ich mußte dort alles tun, was so anfiel: beim Kalben helfen, Schweine schlachten, Holz hacken, Weizen dreschen und durch ein Sieb schütten, Mais schälen usw. Ich hatte zur gesamten Familie ein freundschaftliches Verhältnis und nahm das Essen am gleichen Tisch ein. Mit Hilfe von Zeichen gelang es uns, die Sprachbarrieren zu überwinden. Wie lange ich auf diesem Bauernhof war, weiß ich nicht mehr. Ich sollte vielleicht noch erwähnen, daß es für einen Kriegsgefangenen nur dann möglich war, bei der Arbeit zu helfen, wenn für ihn für die Nacht ein "Gefängnis" zur Verfügung stand. Auf diesem

13 Diese Arbeit konnte nur deswegen unbemerkt verrichtet werden, weil die Gefangenen ein Radiogerät besaßen, und die Musik den Lärm der Feile zu übertönen vermochte.

Bauernhof war das ein Seitengebäude. Ich eignete mir ihre Lebensweise an - das Leben hier war ganz anders als das zu Hause - und abgesehen davon, daß ich in der Nacht eingesperrt wurde, gefiel es mir. Sonntags hatte ich frei und nützte den Tag, um die Post vom Stützpunkt im Gasthaus[10] zu holen und mit meinen Soldatenkollegen zusammenzukommen. Gelegentlich besuchte ich auch einen anderen Bauernhof, um mich mit einem Freund, der dort arbeitete, zu unterhalten. Ich erinnere mich gerne daran, wie ich mit dem Besitzer meines Bauernhofes durch den Schnee stapfte, um eine Kuh zum benachbarten Bauernhof zu bringen. Ich führe bewußt dieses Beispiel an, weil ich in der Stadt geboren und aufgewachsen bin und bis zu dieser Zeit ganz und gar keine Ahnung von der Landwirtschaft hatte. Auch Schnee war fremd für mich, und ich genoß die Gesellschaft des Bauern, der mich gebeten hatte, ihn zu begleiten. Ich erinnere mich auch noch, als ich das erste Mal einen "Bluttommerl" aß - eine durchaus schmackhafte Erfahrung, bis ich bemerkte, daß darin Schweineblut enthalten war. Ich hatte an diesem Morgen dem Bauern beim Sauabstechen geholfen. Der Grund, weshalb ich diesen Bauernhof schließlich verließ, war folgender: Die Bäuerin wollte, daß ich auch am Sonntag arbeite, was ich aber strikt ablehnte. Überaus verärgert erklärte sie mir, daß sie der Boß sei und ich zu arbeiten hätte. Der Streit endete schließlich damit, daß ich vom Bauernhof wegging, zurück zum Stützpunkt, sehr zum Entsetzen der dortigen Wache. Am nächsten Morgen wurde ich einem sehr alten Paar zugeteilt, das an der Hauptstraße in der Nähe des Ortes wohnte.[11] Sie hatten ungefähr sechs Kalben, die ich zu füttern hatte, und dazu mußte ich Kürbisse, Mais und dergleichen mahlen. Es fiel nicht sehr viel Arbeit für mich an, und ich hatte viel freie Zeit zur Verfügung. In dieser Zeit saß ich am Zaun vor dem Haus und pfiff den vorbeigehenden Mädchen nach. Geredet habe ich allerdings nie mit ihnen, wir haben uns immer nur angelächelt. Auf diesem Bauernhof wurden mir meine Mahlzeiten zwar zubereitet, ich mußte aber immer allein essen.

Ich erinnere mich noch gut, als ich mit dem Finger in die Mühle kam und mir dabei einen Fingernagel verletzte. Ein Wachposten wurde gerufen, um mich zum Arzt zu begleiten. Der Arzt klemmte einfach meinen Arm unter den seinen, zog mir ohne zu zögern den Nagel, verband den Finger und schickte mich zurück zur Arbeit. Ich weigerte mich jedoch, mit so einer schmerzenden Hand zum Bauernhof zurückzugehen und ging stattdessen mit dem Wachmann zum Stützpunkt. Als wir dort ankamen, blutete mein Finger sehr stark, und der Verband war von Blut durchtränkt. Also zurück

Familie Lanz vlg. Gsulbauer, um 1929. (Sammlung Gsulbauer)

zum Arzt zum Verbandwechseln und anschließend wieder zurück zum Stützpunkt. Inzwischen war dort die Gestapo gekommen und befahl der Wache, mich für immer am Stützpunkt zu behalten, da ich mich ihrer Meinung nach schon zu gut mit den Einheimischen verstand. Nun wurde ich also dem Gasthaus Pucher zugeteilt. Vielleicht sollte ich an dieser Stelle noch einmal betonen, daß es in den Lagern nur wenig zu essen gab. Rotkreuzpakete waren in dieser frühen Phase des Krieges äußerst rar, und der einzige Ort, an dem es Nahrungsmittel in ausreichender Menge gab, war am Bauernhof. Deshalb arbeiteten wir und schätzten uns glücklich, auf den Bauernhöfen zu sein. Selbst nach so langer Zeit kann ich offen und ehrlich behaupten, das Gefühl des Hasses nie verspürt zu haben. -Ärger schon, von Zeit zu Zeit. Vor allem im Lager ging es uns oft wirklich miserabel: Das kärgliche Essen, die nur langsam "eintrudelnde" Post, das kalte Wetter oder einfach die Langeweile - sie alle forderten einen hohen Tribut. Glück spielte natürlich auch eine Rolle: Auf den Bauernhöfen, denen ich zugeteilt war, wurde ich immer gut behandelt. Doch nicht alle hatten so ein Glück: Einem Soldaten hat man die Rotkreuzpakete beschlagnahmt und in seiner Post herumgeschnüffelt. Die Menschen sind nicht überall alle gleich, und vor allem in Kriegszeiten können auch die Umstände die Menschen verändern.

Also, dort im Gasthaus waren wir zu dritt, die wir jede Nacht eingesperrt wurden; und dieses Eingesperrtsein haßte ich wirklich. Einer, ein Neuseeländer (Kiwi!) arbeitete mit mir zusammen, und der andere, auch ein Neuseeländer, arbeitete auf einem der anderen Bauernhöfe und kam jede Nacht aus Sicherheitsgründen ins Gasthaus zurück. Im Zimmer neben uns schlief ein Wachmann. Ich habe mich rasch eingelebt und machte jegliche Arbeiten, die mir aufgetragen wurden, z. B. mit der Sense mähen. Wenn ich mit der Sense mähte, trug ich gleichzeitig auch zur allgemeinen Belustigung bei, schließlich war ich ein reiner Amateur, während der Neuseeländer ein Vollprofi war. -Ein Hüne von Mensch, der vor dem Krieg in seiner Heimat Bauer gewesen war. Mit dem Besitzer des Gasthauses hatte ich immer Schwierigkeiten[12]. Der Neuseeländer - seinen Namen habe ich vergessen - war ein Mann, der ständig arbeiten mußte. Wurde uns eine Arbeit zugewiesen, so bestand er darauf, daß ich mich hinsetzte, während er die Arbeit erledigte. Zugegeben, ich ließ mich relativ leicht überreden, tat aber immer sehr überrascht.

Eine meiner Aufgaben war es, das Holz zu hacken und es für Rosi Fanningers Mutter ins Haus zu tragen. Auch hier bestanden Sprachbarrieren, doch sie muß mit mir zufrieden gewesen sein, denn sie schenkte mir oft ein Lächeln. Ich half den anderen auch beim Heuen und Heuaufhängen, wie gesagt, ich machte jede Arbeit, die mir aufgetragen wurde. Ich kann mich noch gut an einen kleinen alten Mann erinnern. Er kümmerte sich um die zwei Hengste, die sein ganzer Stolz waren. Manchmal, wenn er krank war, hat Rosi diese Arbeit gemacht. Ich durfte mein Essen im Haus einnehmen, gemeinsam mit Rosi, Paula - einem anderen jungen Mädchen, das dort arbeitete -, einem ruhigen Mann mittleren Alters, dem alten Pferdeknecht und dem großen Neuseeländer. Abgesehen davon, daß ich in der Nacht eingesperrt wurde, hat man mich also tatsächlich wie ein Familienmitglied behandelt.

Rosi und ich haben oft über Australien diskutiert, ja sogar gestritten. Sie glaubte mir nicht, daß manche unserer Farmen in Australien wirklich so groß sind, und nicht selten beendete Rosi die Diskussion mit folgendem Satz: "Warte nur, wenn mein Bruder nach Hause kommt, dann wird er's dir zeigen." Rosis Bruder war bei der Infantrie.

Wie immer im Leben gab es auch lustige Vorfälle. Als ich eines Morgens gerade auf der Kellertreppe saß, sah ich ein Pferd mit einem Sulky (zweirädriger Wagen wie bei Trabrennen), gefahren von einem australischen Kriegsgefangenen, der gerade auf dem Weg zum Bahnhof war, um Besorgungen zu machen. Ich bot ihm ein Glas Most an, und nachdem wir ein wenig geplaudert hatten, lud er mich ein, im Sulky mitzufahren. Warum auch nicht? Auf dem Weg zum Bahnhof, als wir erhobenen Hauptes im Wagen saßen, fuhren wir an einigen einheimischen Soldaten und ihren Freunden vorbei, die alle zu Fuß unterwegs waren. Da waren wir also - zwei Kriegsgefangene, die stilvoll dahinkutschierten (und damals galt das Fahren in einem Sulky als stilvoll), während jene, die uns gefangen hielten, zu Fuß gehen mußten. Auch sie fanden die Widersprüchlichkeit der Situation höchst amüsant. Und die Verantwortlichen im Gasthaus hatten mich nicht einmal vermißt.

Dann war da noch: Der Sommer war gerade im Anzug, und dem Bernhardiner Sedan im Gasthaus machte die Hitze zu schaffen. Deshalb fragten wir Rosi, ob wir sein Fell scheren dürften, und sie stimmte zu. Der Neuseeländer schor ihn und ließ ihm nur eine Mähne und ein Haarbüschel am Schwanz übrig - er sah also aus wie ein Löwe.

Der Bernhardiner Sedan, Verbündeter bei der Flucht. (Sammlung Fanninger)

Keiner hatte etwas dagegen einzuwenden - wahrscheinlich fanden sie es genauso lustig wie wir.
Ich verstand mich mit eben diesem Bernhardiner sehr gut, fütterte und streichelte ihn oft - er war ein lieber Hund und ich hatte Hunde gern. Während der ganzen Monate war ich nicht unglücklich, doch ich hatte beschlossen, sollte sich die Gelegenheit ergeben, würde ich mit Sicherheit versuchen zu fliehen. Vermutlich wollte ich einfach nur nach Hause, oder zumindest zurück zu meiner alten Einheit. Dazu war allerdings sehr viel Planung notwendig. Ich mußte mir überlegen, Essensvorräte anzulegen, mit jeglichen Lebensmitteln, die ich beschaffen konnte, und zwar von den Rotkreuzpaketen, die nun vereinzelt zu uns durchsickerten. Ebenso mußte ich mir einen Fluchtweg ausdenken und die Flucht aus dem Gasthaus und aus Gratkorn konkret ausarbeiten.
Mittlerweile war es Sommer - die einzige Zeit, in der eine Flucht möglich war. Ich hatte heimlich Lebensmittel im Stroh unter den unbenützten Matratzen im "Verlies" versteckt. Dann fand ich eine Metallsäge und begann damit am hellichten Tage leise die Fensterstäbe durchzusägen; ich sägte immer nur ein kleines Stück, das ich dann wieder mit Seife "anklebte", bis sich schließlich drei Stäbe herausnehmen ließen.[13] Das machte ich alles sehr vorsichtig über einen Zeitraum von Monaten. Heimlich machte ich einen Einheimischen ausfindig, der mir gegen Zigaretten bereitwillig eine Landkarte der Region eintauschte. Der Hund war kein Problem, wir waren dicke Freunde. Der große Neuseeländer war an einer Flucht nicht interessiert, sehrwohl jedoch der andere Neuseeländer, der auf einem Bauernhof außerhalb des Ortes arbeitete und auch ein Engländer von einem anderen Bauernhof. Wir vereinbarten einen Treffpunkt und eine Zeit: Punkt 12 Uhr Mitternacht und keine Minute später, oder wir müßten den Zuspätkommenden zurücklassen. Eine Dose Heringe mit Tomatensauce sorgte dafür, daß der Hund ruhig blieb, während der Neuseeländer durchs Fenster kletterte. Ich streichelte den Hund und ergriff die Flucht.
Nachdem wir uns getroffen hatten, gingen wir durch den Ort, niemand war zu sehen; vorbei an der Papierfabrik - damals noch viel kleiner - und über die Brücke. Wir wußten nicht, ob am anderen Ende eine Wache postiert war. - Zum Glück nicht. Wir steuerten direkt auf die Bäume zu, denn wir wollten uns im Wald abseits von der Straße weiterbewegen. Zwischen den Bäumen war es aber unglaublich finster! Unser Plan war folgender: In der Nacht auf der Straße zu gehen, und tagsüber im Wald zu schlafen. Die Karte, eine Wanderkarte, - und offensichtlich wußte derjenige, der mir sie gegeben hatte, um ihre Harmlosigkeit und Nutzlosigkeit - war, wie sich herausstellte, sehr alt. Es waren einige Holzfällerhütten eingezeichnet, und diese fanden wir auch. Eingezeichnet war auch eine Notunterkunft für Schifahrer - Lebensmittelvorräte vorhanden - und es war unser Ziel, diese Hütte zu erreichen. Doch wie sich herausstellte, war im Laufe der Jahre aus der "Hütte" ein Schihotel geworden voll mit Schifahrern und Soldaten die dort ihren Heeresurlaub verbrachten. Wie angewurzelt blieben wir stehen, ohne zu wissen, wohin wir den nächsten Schritt setzen sollten, da läutete die Essensglocke und machte uns den Weg frei, da alle zum Abendessen verschwanden. Wir machten einen weiten Bogen um das Hotel und gingen den Berg auf der anderen Seite hinunter. Mittlerweile war der Berg sehr steil, und wir mußten auf den Bäumen schlafen, um den Hang nicht hinunterzurollen. Wir gingen in der Nacht und schliefen am Tag, um nicht entdeckt zu werden. Wir waren zirka vier Tage gegangen, seit wir unser Quartier verlassen hatten. Eines Morgens, abseits des Berges nun, als es hell wurde, waren wir auf der Suche

nach einem Rastplatz, wo wir uns verstecken konnten. Es kam eine Anhöhe, doch um diese zu erreichen, mußten wir zuerst ein Maisfeld überqueren, und daran machten wir uns auch sogleich. Als wir jedoch die Anhöhe erreicht hatten und zurückblickten, sahen wir unsere Spuren quer durchs Maisfeld - klar und deutlich für jeden zu erkennen. Noch einmal stand uns aber das Glück zur Seite, und uns passierte nichts. Das ging ungefähr zwei Wochen so weiter. Wir glaubten, in Richtung unseres vorgesehenen Zieles, nämlich der Schweiz zu gehen; wenn Hindernisse auftauchten, fanden wir einen Weg, sie zu umgehen. Die Lebensmittel wurden knapp, da wir damit gerechnet hatten, uns von der Natur ernähren zu können, doch wir irrten uns. Als wir einmal im Dunklen um eine Ecke gingen, stießen wir auf drei Soldaten, die gerade um ein Feuer saßen und vermutlich Wache hielten. Sie sprachen uns aus der Entfernung an, dicht ans warme Feuer gedrängt, und schnell wie der Blitz antwortete der Engländer in ausgezeichnetem Deutsch: "Wir sind auf dem Weg zur Arbeit." Daraufhin mahnte uns der deutsche Soldat zur Eile, da wir ansonsten zu spät kommen würden. In diesem kleinen Ort - an den Namen kann ich mich nicht mehr erinnern - stand eine große Fabrik. Er muß - zu unserem Glück - angenommen haben, daß wir dorthin unterwegs waren. Also gingen wir durch den Ort und noch einige Meilen weiter. Ungefähr zu dieser Zeit wurde dem Engländer schlecht, und wir mußten ihn verstecken, damit er sich ausruhen konnte. Wie es das Schicksal so wollte, bezog ein Mitglied der Gestapo an der Straße Stellung, gleich neben den niedrigen Bäumen, wo wir uns versteckt hielten, und kontrollierte den ganzen Tag die Reisenden auf der Straße. Gespannt verharrten wir in unserem Versteck hinter den kleingewachsenen Bäumen, bis er schließlich, zu unserer großen Erleichterung, am Ende des Tages abzog. Inzwischen ging es dem Engländer besser, und wir gingen wieder weiter, bis wir zu einem klaren Bach kamen, wo wir im eiskalten aber erfrischenden Wasser badeten. Vor uns lag die Stadt Bruck und, wie es schien, eine unbewachte Pumpstation. Wir schliefen und gingen weiterhin nach unserem gewohnten Schema, mußten aber feststellen, daß unsere Lebensmittelvorräte erschreckend knapp geworden waren, und daß es wahrscheinlich unsere einzige Chance war, heimlich auf einen Zug aufzuspringen. Nächtens, als wir am Rangierbahnhof neben einem Güterzug hergingen und ihn inspizierten, überraschten wir ein Mitglied der Gestapo (und waren gewiß auch selbst überrascht!). Dieser sah uns einmal kurz an und holte sofort Verstärkung. Wir wußten, daß er uns als geflüchtete Kriegsgefangene erkannt hatte. Da wir nicht riskieren wollten, daß man auf uns schießt, befanden wir es als das beste, uns bei der Polizeistation zu melden, und uns zu stellen. Dazu mußten wir die Polizeistation aber erst finden. Wir klopften an einige Türen, aber jede wurde vorsichtig geöffnet und dann schnell wieder zugeschlagen. Schließlich fanden wir die Polizeistation zwar, doch niemand öffnete auf unser Klopfen. Wir öffneten die Tür und fanden ein leeres Wachzimmer vor. Zweifellos waren alle damit beschäftigt, nach uns zu fahnden. Völlig erschöpft brachen wir am Boden zusammen und schliefen ein. So fand uns die Polizei dann auch. Wie Sie sehen, haben wir Wien nie erreicht, und unsere Freiheit dauerte nur etwas mehr als 14 Tage.

Wir wurden von der Polizei verhört und dann ins Arbeitslager für Kriegsgefangene, in jene Stadt, in der die englischen Kriegsgefangenen stationiert waren, gebracht. Diese machten übrigens einen großen Bogen um uns, wahrscheinlich hielten sie uns für Spitzel der Gestapo. Am nächsten Morgen wurden wir auf einen Lkw verladen, nach Wolfsberg gebracht und dort eingesperrt. Zwei Tage später wurden wir drei nach Spittal in ein größeres Kriegsgefangenen-lager verlegt, wo man "Unruhestifter" gefangen hielt, bevor man sie nach Deutschland brachte. Nach ca. zwei oder mehr weiteren Monaten, auch hier kann ich mich nicht mehr genau erinnern, wurden wir nach Hohenfels, in ein Unteroffiziersgefangenenlager in Deutschland in der Nähe von Regensburg, überstellt, wo wir fast bis Kriegsende blieben.

Von diesem Lager flüchtete ich letztendlich mit zwei anderen Kriegsgefangenen. Wir versteckten uns unter der Feldküche bis das Lager geräumt war und sich die anderen Kriegsgefangenen weiter entfernt hatten. Schließlich trafen wir gleich außerhalb von Nürnberg auf Soldaten des amerikanischen Heeres. Die US-Armee flog uns dann zurück nach England, und dort war ich auch am Tag des Sieges (8. Mai 1945). Wir wurden gut verpflegt, und ich nahm über sechs Kilo zu, bevor ich zirka ein Monat später mit dem Schiff nach Australien zurückgebracht wurde. Ich war ledig, als ich Australien verließ, aber meine Freundin Dorothy und ich standen während der fünf Jahre in Briefkontakt - manchmal dauerte es sechs Monate, bis die Briefe zu uns durchkamen. Wieder zu Hause heirateten wir, und während der Jahre sagte ich oft zu meiner Frau, daß ich sie eines Tages zurück nach Österreich bringen werde, und wenn möglich jenes Haus in Gratkorn finden werde, in dem ich damals untergebracht war.

An dieser Stelle übergebe ich die Geschichte an Dorothy. Dieser Teil der Erinnerungen gehört uns beiden. Dorothy führte über unsere Reisen Tagebuch und hat weitere Einzelheiten:

1985 verließen Mac und ich gemeinsam mit unseren Verwandten Eileen und Doug Phipps Australien und flogen aus, um die Welt zu sehen. Eine wichtige Rolle bei der Festlegung unserer Reiseroute spielte das Vorhaben mit dem Auto durch Österreich zu fahren und dabei hoffentlich Gratkorn und das Gasthaus ausfindig zu machen. Mac übernahm die Planung dieses Teils unserer Reise und in der Annahme, das österreichische Konsulat in Sydney könnte ihm dabei behilflich sein, rief er dort an, um die beste Route nach Gratkorn herauszufinden. Doch dort im Konsulat hatten sie von Gratkorn noch nie etwas gehört, und so suchte Mac schließlich den Ort auf der Landkarte und zeigte den Österreichern im Konsulat dann, wo er liegt. Sie waren übrigens ganz begeistert, als sie herausfanden, wozu Mac diese Informationen haben wollte.

Also, nach Singapur und Italien besuchten wir Verwandte in Genf, und von dort fuhren wir durch Feldkirch, Innsbruck, über den Großglockner, in das Tal von Heiligenblut und nach Winklern. Als wir dann als nächstes durch Spittal fuhren, kamen Mac erste Zweifel, ob er vertraute Stätten und Plätze aus der damaligen Zeit wiederfinden würde. In diesen etwas mehr als vierzig Jahren hatte sich soviel verändert. Tamsweg war für uns eine große Freude: unsere letzte Übernachtung vor Gratkorn. Als wir Gratkorn erreichten, sollte uns die Papierfabrik helfen, das Gasthaus zu finden, doch die Papierfabrik war inzwischen natürlich riesig geworden. Da war der Fluß und die Brükke, wie Mac sie in Erinnerung hatte, doch nun waren wir zu weit gefahren und waren in Gratwein gelandet. Es regnete leicht, und wir hatten uns verfahren!

Es war ein Sonntag, um genau zu sein der 11. August 1985, und keine Menschenseele war zu sehen. Mac schlug dann vor, daß wir auf den Friedhof des Ortes gehen sollten, um das Grab eines australischen Soldaten zu suchen, der sehr krank ins Gasthaus gekommen war und dort später an Lungenentzündung gestorben war. Er hieß Victor Makepeace, und Mac war einer der Sargträger beim Begräbnis. Sie hatten damals den Sarg zu Fuß vom Gasthaus zum Friedhof getragen, also schloß er daraus, daß der Friedhof nicht weit vom Gasthaus entfernt sein konnte. Als wir zu einem Friedhof kamen - allerdings in Gratwein - gingen wir im Regen auf und ab und suchten das Grab von Makepeace - alles vergebens. Nicht nur, daß wir im falschen Ort waren, sondern, wie wir später herausfanden, hatte die Armee nach dem Krieg all ihre Toten zusammengetragen und auf einem zentralen Friedhof begraben. Kein Wunder also, daß wir das Grab nicht finden konnten. Schließlich gaben wir auf. Als wir aus Gratwein hinausfuhren, erblickten wir das Schild eines Gendarmeriepostens. Ich war der Meinung, daß wir es noch einmal versuchen sollten - wir waren zu weit gekommen, um uns jetzt geschlagen zu geben. Mac und ich gingen hinauf, und fragten um Auskunft. Sie dürfen nicht vergessen, daß wir nicht Deutsch sprachen. Nach all diesen Jahren erinnerte sich Mac nur an ein Wort: "Kriegsgefangenen". Der Gendarm Erich Wahrbichler sprach kein Wort Englisch, doch er deutete uns, Platz zu nehmen, tätigte einen Anruf, und wenige Zeit später kam ein anderer Gendarm, der sehr gut Englisch konnte! Mac erzählte ihm dann seine Geschichte: Daß wir das Gasthaus suchten und unser einziger Anhaltspunkt das Jahr sei, in dem er hier gefangen war, und die Tatsache, daß der Gasthausbesitzer während des Krieges der Bürgermeister von Gratkorn war - auch seinen Namen hatte Mac vergessen. Erich Wahrbichler führte unzählige Telefongespräche - er machte sich unseretwegen so große Umstände, und wir waren ihm sehr dankbar. Schließlich stand er auf und teilte uns mit, daß er das Gasthaus gefunden habe. Der zweite Gendarm erklärte uns, daß uns Erich dorthin fahren werde, da wir es selbst nie finden würden, und daß er mit Mac vorausfahren werde und wir mit unserem Auto hinterher.

Als wir nach Gratkorn kamen und uns dem Gasthaus näherten, sah ich, wie Mac aufgeregt einmal dahin, einmal dorthin zeigte, und als wir unser Ziel erreichten, waren die Gefühle am Höhepunkt angekommen. Macs Hand zitterte und ich hatte Tränen in den Augen. Nach so einem langen Morgen, als wir uns schon hoffnungslos verfahren hatten, war es fast wie ein Wunder, plötzlich die Stufen zur Eingangstür hinaufzugehen.

Rosi Fanninger wußte, daß wir kamen, doch sie hatte nicht die geringste Ahnung, welcher Kriegsgefangener zurückgekommen war. Sie stand an der Eingangstür um uns zu begrüßen, deutete auf sich selbst und sagte: "Rosi". Plötzlich wußte Mac, wer es war: die Tochter des Besitzers, das Mädchen, mit dem er vor all den Jahren gearbeitet und gestritten hatte. Dann wurde uns ihre Tochter Rosemarie vorgestellt, sie sprach Englisch, was für uns wunderbar war. Sie und ich unterhielten uns sehr lange, über das Gasthaus und über Pferde, und am Abend lernten wir ihren Mann Heribert (Huber) und ihren Sohn Bernhard kennen. Dann kam Paula (Trojer) herein, und Mac erinnerte sich, daß sie das junge Mädchen war, das im Gasthaus arbeitete, als er dort war. Als Rosemarie und Paula uns herumführten und uns die Räumlichkeiten zeigten, wo die Kriegsgefangenen untergebracht waren, entdeckte Mac das Fenster, durch das er geflüchtet war. Mac zeigte auf das Fenster und machte eine sägende Handbewegung, und da erkannten Rosi und Paula Mac. Bis zu diesem Zeitpunkt hätte er jeder der Kriegsgefangenen sein können. Nun wußten sie, daß er einer der Geflüchteten war! Später zeigten sie uns die Fensterstäbe, die er damals durchgesägt hatte, und wir hätten sie auch mit nach Hause nehmen können. Wie schade, daß wir noch so eine weite Reise vor uns hatten: zuerst zurück in die Schweiz und dann weiter nach Frankreich, England und Amerika. Kurz danach kam Johann Bretterklieber, und wir wurden bekannt gemacht. Er war damals gerade Bürgermeister und sagte zu uns: "Sie sind meine Gäste." Die Gastfreundschaft, die uns entgegengebracht wurde, war überwältigend, die Menschen waren so herzlich und freundlich. Auch der Pfarrer wurde gerufen, - ich habe mir seinen Namen nie aufgeschrieben, und es tut mir leid, ihn nicht beim Namen nennen zu können - er war so nett und so geduldig: Er hörte sich zuerst unsere Geschichte an und übersetzte dann für uns vom Englischen ins Deutsche und natürlich auch umgekehrt. Wir erzählten von unserer Suche nach dem Makepeace-Grab und stellen Sie sich vor, Rosi und Paula konnten sich nicht daran erinnern, daß ein Soldat in ihrem Haus gestorben war. Die Armee hat es vermutlich zur damaligen Zeit geheim gehalten. Ich fand es seltsam, daß niemand die Männer den Sarg zum Friedhof tragen hatte gesehen. Rosi Fanninger interessierte sich sehr für die Einzelheiten von Macs Flucht: Woher hat er die Lebensmittel bekommen usw.? Nachdem die drei Männer geflüchtet waren, kam die Gestapo vorbei, doch die Familie erfuhr nie, was mit ihnen passiert war, ob sie wieder gefangen genommen wurden, ob sie noch am Leben oder schon tot waren.

Wie sehr wünschte ich mir damals, daß ich neben Englisch auch Deutsch könnte. Der arme Pfarrer muß schon ganz geschafft gewesen sein vom ständigen Geschichtenweitererzählen, hin und her, abwechselnd in Englisch und in Deutsch. Mittlerweile füllte sich das Haus mit Einheimischen. Nach einem köstlichen Mittagessen, das Rosemarie hervorgezaubert hatte, machten wir noch mit vielen anderen Bekanntschaft: Rosis Bruder kam mit seiner Frau (mein Tagebuch berichtet von ihren wunderschönen, türkisfarbenen Augen); wir lernten Paulas Mann Heinerl kennen, der im Krieg zwei Jahre lang in Texas gefangen war, sowie den Direktor der Gratkorner Hauptschule und dessen Frau. Wir fühlten uns wie prominente Persönlichkeiten, vielleicht weil Mac der erste Kriegsgefangene war, der nach Gratkorn zurückgekommen war. Paula begleitete uns bei unserer Suche zum nahegelegenen Friedhof, als wir diesmal das Makepeace-Grab - das wir natürlich nie fanden - aufsuchen wollten. (Am nächsten Morgen riefen wir dort an und ließen in den Akten nachsehen, doch darin wurde das Begräbnis nicht erwähnt. -Gewiß hatte die Armee ihre eigenen Aufzeichnungen.)

Paula brachte uns dann zu sich nach Hause, und wir tranken gerade ein Glas Wein, als ihre Tochter Pauline, deren Mann Egon und deren Töchter Elke und Doris hereinkamen. Die Töchter wurden von da an unsere persönlichen Dolmetscher. Sie hatten Englisch in der Schule gelernt - einfach liebenswürdige Mädchen. Ja wirklich, wenn ich so zurückdenke, hatten wir nur ein einziges Problem, nämlich mit dem Wort "toilet". Hätten wir "Toilette" gesagt, hätten wir nicht bis zum Abend warten müssen - ach, was haben wir an diesem Tag gelacht. Im Konvoi machten wir uns auf den Weg, um die Sehenswürdigkeiten von Gratkorn zu besichtigen: voraus der Direktor mit seiner Familie gemeinsam mit all unseren anderen neuen Freunden und zum Schluß wir. Die Basilika von Rein, zwar kleiner aber nicht minder schön als der Petersdom in Rom, raubte mir den Atem. In meinem Tagebuch steht: "Die ausgetretenen Stufen faszinierten mich." Und weiter: "Als nächstes sahen wir die Gratkorner Kirche (St. Stephan) mit ihren phantastischen buntbemalten Glasfenstern."

Johann bestand darauf, daß wir wandern gehen und in den Bergen übernachten. Inzwischen war es aber schon spät geworden, und wir sagten ihm, daß wir nach Graz fahren und dort übernachten wollten. Es kam uns so vor, als würden wir meilenweit den Berg hinaufsteigen, ohne genau zu wissen wohin, aber nach wie vor voller Vertrauen in unseren Gastgeber und in unser Ziel. (Erst am nächsten Morgen, als

wir abermals unsere Rechnung bezahlen wollten, wurde uns klar, daß wir Gäste der Gemeinde Gratkorn waren.) Auch an diesem Abend wurden wir wieder überaus fürstlich bewirtet, Schnaps und Bier flossen bis spät in die Nacht, und die ganze Zeit über plauderten und lachten wir ohne Ende. Johann verschwand für kurze Zeit und kam dann mit gravierten Gläsern wieder zurück, überreichte sie uns und wünschte uns im Namen der Gratkorner Bevölkerung alles Gute. Am nächsten Morgen nach einem vorzüglichen Frühstück nahmen wir Abschied, machten noch viele Fotos und bedankten uns aufrichtig.
Inzwischen wurde diese Geschichte schon unzählige Male erzählt und wiederholt, sehr zur Freude eines jeden Zuhörers. Wir werden diesen Aufenthalt nie vergessen
Als uns im Oktober desselben Jahres ein New Yorker Taxifahrer fragte, welches Land uns denn auf unseren Reisen am besten gefallen hätte, nannten wir als erstes Gratkorn in Österreich. Wenn man sich überlegt, daß wir nach vierzig Jahren, in denen Mac immer wieder dorthin zurück wollte, das Gasthaus wirklich gefunden haben, und dann diese herzliche Begrüßung und die Schönheit der Region, so fiel uns die Antwort nicht schwer.
Jedes Jahr zu Weihnachten haben wir Kontakt mit Gratkorn. Glücklicherweise ist unser Nachbar Karl Reich so nett und übersetzt meine Briefe an Paula, Rosi und Johann und liest uns dann ihre vor.
Am 30. Oktober 1989 kamen Johann Bretterklieber und seine Frau Christine nach Australien und verbrachten sechzehn Tage bei uns. So konnten wir ihre Gastfreundschaft erwidern und ihnen Australien ein wenig zeigen.
Sollten Sie den Eindruck haben, daß ich bei meiner Beschreibung unserer Reise nach Gratkorn übertrieben habe, so können Sie mir glauben, daß dem nicht so ist. Eileen und Doug, die in Wagga Wagga leben (ca. 7 Autostunden südwestlich von Sydney), waren genauso überwältigt. Wir reden noch immer von Gratkorn, wenn wir zusammenkommen. Selbst wenn ich jetzt nach mehr als elf Jahren mein Tagebuch aus dieser Zeit wieder durchlese, spüre ich diese Begeisterung, die wir in diesen zwei Tagen erlebt haben. Dieses Gefühl wird Mac und mir für immer bleiben."

Von 1945 bis zur Gegenwart

In der Nacht vom 8. zum 9. Mai 1945 trat die Gesamtkapitulation der Deutschen Wehrmacht in Kraft, gegen 2 Uhr am 9. Mai rückte die Sowjetarmee, von der Ries her kommend, in Graz ein. Am Vormittag des 9. Mai standen sowjetische Truppen in Andritz. Ing. Rupert Sieber, Werksarzt Dr. Otto Walter und andere beherzte Männer bildeten ein Befreiungskomitee und beschlossen, den Russen entgegenzufahren, um den Ort offiziell zu übergeben. In Weinzöttl traf man auf die ersten Russen: die hörten interessiert zu, was das Befreiungskomitee zu sagen hatte, beschlagnahmten kurzerhand das Auto und schickten das Befreiungskomitee zu Fuß nach Gratkorn zurück.[1]

Am selben Tag (9. Mai 1945) erließ der Landrat die Verfügung, die Bürgermeister hätten ihre Amtsgeschäfte weiterzuführen und „gemäß den Intentionen der provisorischen Landesregierung die Bemühungen nach Aufrechterhaltung der Ruhe und Ordnung durch klaglose und verständige Amtsführung [zu] unterstützen."[2] Trotzdem dieses Schreiben erst am 23. Mai in Gratkorn eintraf, bekleidete Franz Sametz noch bis 16. Mai das Amt des Bürgermeisters. Er wurde anschließend verhaftet und im Lager Wolfsberg interniert. Seine Amtsführung während der NS - Zeit ist als korrekt zu bezeichnen.

Am 17. Mai fand im Gemeindeamt die konstituierende Sitzung des neuen (provisorischen) Gemeinderates statt. SPÖ, ÖVP und KPÖ einigten sich auf folgende Mitglieder:

Bürgermeister Oberingenieur	Rupert Sieber	SPÖ
1. Bgm. - Stellvertreter	Josef Graf	KPÖ
2. Bgm. - Stellvertreter	Karl Schimek	ÖVP
Gemeinderat	Wilhelm Partbauer	SPÖ
Gemeinderat	Johann Krebs	SPÖ
Gemeinderat	Franz Ranetbauer	SPÖ
Gemeinderat	Alois Strommer	SPÖ
Gemeinderat	Karl Brunner	KPÖ
Gemeinderat	Engelbert Brunner	KPÖ
Gemeinderat	Karl Byza	KPÖ
Gemeinderat	Rupert Neuhold	KPÖ
Gemeinderat	Rudolf Jocher	ÖVP
Gemeinderat	Josef Gaksch	ÖVP
Gemeinderat	Johann Lanz	ÖVP
Gemeinderat	Friedrich Auer	ÖVP

Am 25. September 1945 wurde aufgrund eines Erlasses der britischen Militärregierung die Anzahl der Gratkorner Gemeinderäte auf sieben verringert: R. Sieber, W. Partbauer, J. Krebs, J. Graf, R. Neuhold, K. Schimek und J. Lanz.[3]

Die Anwesenheit sowjetischer Soldaten führte auch in Gratkorn zu vereinzelten Übergriffen und Plünderungen, von denen ein nicht geringer Teil auf das Konto von Einheimischen ging.[4] Besonders in den ersten beiden Wochen nach Kriegsende verbreiteten die Befreier Furcht und Schrecken. Neben Diebstählen sind hier vor allem die Vergewaltigungen zu nennen, derer sich die sowjetischen Besatzungssoldaten schuldig machten. Bereits am 14. Mai 1945 war aus diesen Gründen die „Schutzwache - Abteilung Dult und Umgebung" unter der Leitung von Dir. Ing. Anton Wultsch gegründet worden. Sie bestand bis 18. August 1945 und hatte ihr Hauptquartier im ehemaligen Lazaristenkloster in der Dult, das zuletzt als NSV - Heim in Verwendung gestanden hatte. In 57 Ausrückungen verhinderten die 24 Freiwilligen ärgere Übergriffe der Russen. Die Vorfallensberichte[5] Wultsch' vermitteln einen der vielen Aspekte der unmitelbaren Nachkriegszeit. So berichtet Wultsch davon, daß die sowjetischen Kommandostellen (ein General wohnte bei Dr. Kschir) strengen Befehl gegeben hätten, jede Ausschreitung zu unterlassen. Trotzdem spielten sich Ereignisse wie zum Beispiel folgende, ab: „Gestern [24. Mai 1945] sind wieder drei bewaffnete Russen auf dem Harthopferischen Besitz (Maldeghem) zum bekannten Zwecke auferschienen. Durch außerordentlich rasches Eingreifen der Dulter Schutzwache ist grösserer Schaden verhütet worden. Heute [25. Mai 1945] um ca. 11 Uhr sind wieder sieben

1 Fragmente zur Geschichte der MG Gratkorn, verm. verfaßt von Hilde Kamper (AG).
2 Schreiben des Landrates des Landkreises Graz (Gz. 00304) an die MG Gratkorn (Gz. 040 (AG)).
3 Aufstellung vom 19. Mai 1945 (B - 005/1) (AG); Schreiben der BH Graz, Zl. 1 G 1/5 - 45 vom 25. September 1945 (AG).
4 E. Hütter, 1960ff.
5 Aktenkomplex 120/1 (AG).

Militärstempel eines französischen Pionierbataillons aus dem 19. Jahrhundert, von der Sowjetarmee in Gratkorn 1945 als Stempel verwendet, nachdem der eigene verloren gegangen war. (Sammlung Gasthaus Pucher, Rosa Faninger)

schwer bewaffnete Soldaten einer russischen Autokolonne, man sagt sie seien aus dem Murlager, zwecks Requirierung von Lebensmittel und Geflügel in die Dult gekommen. Ihre erste Station machten sie bereits bei der alten Bernhard, anschliessend die anderen Häuser einschliesslich Juhasz. Auf üble Kunde hin, liess ich in beiden Klöstern Sturm läuten. In mehr als lobenswerter Weise haben sich mit Ausnahme von zwei Mann alle Männer in unglaublich kurzer Zeit zur Verfügung gestellt, sogar Herr Essinger, Marold und der junge Griesbacher waren in ca. 10 Minuten am Sammelplatz. Diesmal war die Sache etwas gefährlicher, weil ein Mann dieser Requirierer von seiner Schusswaffe (Maschinenpistole) Gebrauch machen wollte."

Es wurde noch ernster. Am Abend des 31. Mai 1945 kamen ein russischer Leutnant, ein Feldwebel und ein Soldat auf einem Pferdefuhrwek in die Dult gefahren. Der Ortsschutz betätigte wohl in Ahnung des Kommenden sogleich alle Signalhörner und Glocken, worauf die Russen mit zwei Ortsschutzangehörigen zu raufen begannen. Nach fünf Minuten waren alle Ortsschutzleute herbeigeeilt, aber „der [russische] Feldwebel benahm sich unglaublich aufbrausend und renitent, drohte allen Schutzwachleuten mit dem Erschiessen und erklärte, dass sie nichts anderes wollen, als einen Hufschmied zwecks Beschlagen des einen Pferdes suchen." - Das glaubte man schließlich und den drei Russen wurde im Lazaristenkloster Quartier und Essen angeboten.

Wultsch wollte nach Hause gehen, doch der Feldwebel folgte ihm, weil er angeblich schon jetzt hungrig wäre. „Bei dieser Gelegenheit verlangte er ein Quartier in einem Privathaus, weil ihm das ehemalige Lazaristenkloster zu unrein war, dabei er uns auch seine neue weisse Unterwäsche zeigte, ebenso auf seiner Brust ein ziemlich grosses tätowiertes Bild des Marschall Stalins."

Nach weiteren seltsamen Ereignissen wollte sich Wultsch gerade zur Ruhe begeben, als der Leutnant und der Feldwebel in sein Haus eindrangen (der dritte Russe bedrohte inzwischen die Schutzwacheleute im Lazaristenkloster). Wultsch erklärte, daß sich seine Frau „schon im Bett befindet und ich auch schon im Schlafanzug war. Dies wirkte besonders auf den Feldwebel aufreizend." - In der Folge plünderten die Russen Wultsch bis aufs Hemd aus.

Inzwischen war der Schutzwachmann Guss junior atemlos bei der Gratkorner Gendarmerie angekommen, um die Beamten zur Hilfeleistung aufzufordern. Dort aber zog man sich elegant aus der Affäre: „Der andere Diensthabende liess mir sagen, dass wir Hilfe von Gratkorn nicht zu erwarten haben und uns anstrengen sollten durch eine halbwegs brauchbare Lösung die Russen von einem uns schädigenden Schritt abzuhalten." Ein anderer diensthabender Schutzwachemann ignorierte ebenfalls die um ihn ablaufenden Ereignisse souverän, denn er hatte „sich gegen die Vorschrift im Dienstzimmer der Schutzwache bei geschlossenen Fenstern zwecks einer unerlaubten sorgenlosen Siesta zurückgezogen."

Der ehemalige k. k. Oberleutnant und spätere Zentraldirektor Wultsch kochte vor Wut und schrieb am 2. Juni „an alle Schutzwachmänner" einen bitterbösen Brief. Auch sonst scheint Dir. Ing. Wultsch ein sehr resoluter Mann gewesen zu sein. Am 25. Mai bat er Bürgermeister Sieber um einige Ausrüstungsgegenstände für den Ortsschutz. Sein Ersuchen schloß er

Engelbert Eibel, 1942 - 1960 Direktor der Papierfabrik, war maßgeblich am "Wiederaufbau" der Produktion nach dem Krieg beteiligt und setzte sich für die Versorgung der Gratkorner mit Lebensmittel ein. (AG)

selbstbewußt mit der Feststellung: „Sollten Sie nicht in der Lage sein, uns mit diesen erbetenen Kleinigkeiten zu unterstützen, werden wir uns ganz einfach diese Sachen besorgen lassen.“ Am 13. Mai waren die in Gratkorn stationierten russischen Batterien bereits abgezogen, am 23./24. Juli 1945 wurde die Steiermark von der britischen Besatzungsmacht übernommen und in Gratkorn das 71. Field Regiment der Britischen Armee stationiert. Die Gratkorner Ortsschutzwachen wurden daher am 1. August aufgelöst. Wultsch am 18. August 1945 in seinem Schlußbericht an den Bürgermeister: „Es ist mir eine Genugtuung, Ihnen berichten zu können, daß von 57 Ausrückungen 56 vollen Erfolg zeitigten und das alle Schutzwachmänner jederzeit gerne für unser Hab und Gut und für die Ehre unserer Frauen und Mädchen sich einsetzten. [...] Die Ortsbewohner der Dult haben auf Anregung der Hofratsgattin Frau Leopoldine Kotzbeck in Anerkennung der Leistungen der Ortsschutzwache freiwillige Spenden gesammelt, welche den schönen Erfolg von ca. Sch. 1.500.- aufweisen. Frau Kotzbeck hat die Sammlung selbst durchgeführt.“

Das Leben unter den Briten gestaltete sich jedoch durchaus nicht unproblematisch, denn auch Angehörige dieser Besatzungsmacht „beschlagnahmten“ Möbel, Radios „und die restlichen von den Russen übersehenen Wertgegenstände.“[6] Der Besitzer des Gasthofes „Dulthof“ fand sich eines Tages in einer gänzlich von den „Tommies“ verwüsteten Gaststube wieder.

Neben der Sicherung der Lebensmittelversorgung und der Versorgung mit Gebrauchsgütern konzentrierte sich die Gemeindeverwaltung auf den Wiederaufbau der Verwaltung und die sogenannte Entnazifizierung. In manchen Bereichen ging dies problemlos vor sich. Sechs politisch belastete Gemeindebedienstete wurden entlassen und die Sache war damit erledigt. Das Verfassungsgesetz vom 8. Mai 1945[7] schrieb generell die Meldepflicht und Registrierung ehemaliger Nationalsoziaisten vor. Dieser Registrierungspflicht unterlagen „[...] alle Personen mit dem ordentlichen Wohnsitz oder dem dauernden Aufenthalt im Gebiet der Republik Österreich, die zwischen dem 1. Juli 1933 und dem 27. April 1945 der NSDAP oder einer ihrer Wehrverbände (SS, SA, NSKK, NSFK) angehört haben [..].“[8] Genauere Bestimmungen folgten. In der Regel hatte man am Gemeindeamt ein Meldeblatt auszufüllen und das Datum des Parteieintrittes, besondere Leistungen für die NSDAP etc. anzugeben.[9]

Nun bereuten es manche, daß sie anläßlich des Aufnahmeansuchens um Parteimitgliedschaft schamlos übertrieben hatten. Nun wurde, wie 1938, beschönigt, heruntergespielt, denunziert und gelogen. Es kam zu unzähligen Richtigstellungen und die Ortsgruppe der KPÖ Gratkorn brachte von den insgesamt 348 Registrierten an die 140 wegen vermutlich unrichtiger Angaben zur Anzeige.[10] 25% davon erwiesen sich als berechtigt und schwerwiegend; einzelne Gratkorner wurden bis zu zwei Jahren in den Lagern Wolfsberg oder Weißenstein (Kärnten) inhaftiert. Generell ergibt sich, nach Auswertung der Akten, für Gratkorn folgendes Bild:[11]

Ging die „Entnazifizierung“, die in dieser Form problematisch genug war[12], in Gratkorn relativ klaglos vonstatten, so wehrten sich Wilhelm Partbauer (Ortsgruppenobmann der SPÖ) und Josef Graf (Ortsgruppenobmann der KPÖ) zumindest gegen die Wiedereinstellung von schwer belasteten Exekutivbeamten, die während der NS - Zeit mehr als ihre Pflicht getan hatten: „Heute den 26. Mai 1945 erschien Gend. Leutnant Schwindhackl am Gendarmerieposten Gratkorn mit dem Auftrage des Landesgendarmeriekommandos in Graz, den Posten Gratkorn zu reorganisieren. Die Gemeinde Gratkorn begrüßt diesen Schritt nur ist sie damit nicht einverstanden, daß die Herren Baier, Wohlkinger und Stiegler wieder beim Gendarmerieposten Gratkorn in Dienst gestellt werden [...]. [Sie trugen] während der Naziherrschaft wesentlich dazu bei, daß eine Anzahl von braven Arbeitern wegen ihrer Überzeugung ins Konzentrationslager bezw. Kerker geworfen wurden. Einige mußten ihre Gesinnung mit dem Leben bezahlen. Ihre seinerzeitige Tätigkeit überschritt vielfach die rein dienstlichen Befugnisse.“[13] Aus ähnlichen Gründen wurden die Polizeireservisten aus dem Banat (Metzger, Koch und Polz) abgelehnt.[14]

6 E. Hütter, 1960ff.
7 Verfassungsgesetz vom 8. Mai 1945 über das Verbot der NSDAP, StGBl. Nr. 13. (In der Folge als „Verbotsgesetz“ zitiert.) Vgl. auch Kriegsverbrechergestz vom 26. Juni 1945, StGBl. Nr. 32.
8 „Verbotsgesetz“ Art. II, § 4.
9 Die folgenden Aussagen basieren auf den Meldeblättern gem. § 12 der 1. NS - Registr. - Vdg. v. 12. Mai 1945 (AG).
10 Sämtliche Einsprüche der KPÖ Gratkorn (aufbewahrt in AG) sind mit 1. August 1945 datiert. Entsprechendes Aktenmaterial der ehemaligen NSDAP - Ortsgruppe Gratkorn hat damals vorgelegen. Außerdem wies Mag. Ludwig Fischer, der selbst unvollständige Angaben über seine Parteizugehörigkeit gemacht hatte, der KPÖ die Zugehörigkeit von mehr als zwei Dutzend Gratkornern zur NSDAP nach.
11 Zusammensetzung nach Berufen: Stand vom 25. Sept. 1945 (AG). Diese Auswertung birgt sicher Fehlerquellen in sich (Gefallene und noch Kriegsgefangene nicht berücksichtigt), vermag aber m. E. trotzdem, grundsätzliche Tendenzen aufzuzeigen.
12 Vgl. dazu D. Stiefel, 1981.
13 Schreiben an das Landesgendarmeriekommando für Steiermark vom 25. Mai 1945, ad Zl. B - 112/1 vom 29. Mai 1945.
14 Über die Tätigkeit der Genannten gibt die Gendarmeriechronik keine Aufschlüsse. Angeblich wegen Arbeitsüberlastung konnte die Chronik während der Jahre 1943/44 nicht weitergeführt werden. „Die summarische Darstellung der erzielten wesentlichen Diensterfolge kann nicht mehr erfolgen, weil in den Umbruchstagen 1945 sämtliches Aktenmaterial bis einschließlich 1944 verloren ging.“ (CGG) - Manche der „erzielten wesentlichen Diensterfolge“ schlagen sich jedoch in den tw. erhaltenen Akten des Volksgerichtshofes nieder.

	dav. registriert 1945	= % der Berufsgruppe	Belastete, Stand: 1. 4. 1950
2565 Arbeiter	66	2,57%	6
855 in der Land- und Forstwirtschaft Beschäftigte	56	6,55%	5
1080 Angestellte, Beamte, freie Berufe, Hausfrauen, Schüler, Rentner	226	20,92%	26

Am 25. November 1945 fanden in der Steiermark die ersten freien Wahlen seit dem 24. April 1932 statt. Streng genommen handelte es sich bei den Wahlen vom 25. November 1945 um Nationalrats- und Landtagswahlen, jedoch erfolgte die Bildung der Gemeindevertretung aufgrund der Stimmenergebnisse für die Nationalratswahl.[15]

Diese außerordentlich wichtige Wahl stand unter keinen guten Vorzeichen. Sechs Tage vor der Wahl mußte auch die Gemeinde Gratkorn auf Anordnung der Landeswahlbehörde eine Kundmachung an der Amtstafel anschlagen, wonach den ehemaligen Mitgliedern und Anwärtern der NSDAP oder deren Wehrverbände das Wahlrecht entzogen wurde.[16] Diese problematische Entscheidung war nicht zuletzt dafür verantwortlich, daß sich die „alten Kämpfer", „Illegalen" und „Parteigenossen" nur mehr schwer mit der Zweiten Republik identifizieren konnten und so ihren Weg zu dem am 5. Februar 1949 gegründeten Verband der Unabhängigen (VdU, Vorgängerpartei der FPÖ, die als „Wahlverband der Unabhängigen" kandidierte) fanden.

Auch sonst hatte das Demokratieverständnis in Gratkorn gelitten, wie es ein kurioser Vorfall im Zusammenhang mit der Wahl zeigt: Ein Mitarbeiter der Ortsorganisation der SPÖ war ausgeschickt worden, um von Haus zu Haus zu marschieren und Wähler zu werben. Der gute Mann legte seinen Auftrag relativ weit aus, befragte die Leute frei von der Leber weg nach ihrer Wahlabsicht und verzeichnete die Antworten akribisch auf einer Liste. Nachdem diese doch eher im Widerspruch zur Verfassung stehende Aktivität seitens der Gendarmerie beanstandet wurde, entschuldigte sich der Ortsparteiobmann mit dem Hinweis, er hätte nicht gewußt, daß sein Mitarbeiter „geistig nicht ganz auf der Höhe war".[17]

Die Aktivitäten der Parteien im Wahlkampf hielten sich in Grenzen. Bürgermeister Ing. Rupert Sieber berichtete zwei Tage vor der Wahl an den britischen 31. FSS: „Wöchentlich 1 bis 2 Versammlungen der 3 Parteien in den Abendstunden oder Sonntag vormittags im Werkssaal der Papierfabrik Gratkorn, im Gasthause Teibinger und Höchwirt. Die bezüglichen Referate werden mit Interesse aufgenommen, Debatten oder Unruhen waren bei solchen Wählerversammlungen noch nicht zu verzeichnen. Als Industrieort dürfte in Gratkorn die SPÖ gefühlsmäßig als stärkste Partei aus dem Wahlkampf hervorgehen."[18]

Sieber irrte damit nicht. Bemerkenswert ist das Wahlergebnis trotzdem, denn die Sozialisten erhielten exakt ebensoviele Prozentanteile an Stimmen wie

	NR 1930		NR 1945	
Wahlberechtigte	2742		2670	
Gültige Stimmen	2501	(100%)	2455	(100%)
Sozialdemokraten	1472	(58,86%)	1424	(58%)
Christlichsoziale	269	(10,76%)	}	
Nationaler Wirtschaftsblock und Landbund	191	(7,64%)	771	(31,4%)
Heimatblock	412	(16,47)	}	
NSDAP - "Hitlerbewegung"	98	(3,92%)	-	
Kommunistische Partei	50	(2 %)	260	(10,6%)
Österr. Volkspartei (nicht identisch mit der ÖVP)	9	(0,36%)	-	

15 LGBl. Nr. 4 / 1946.
16 StGBl. Nr. 198/1945, § 7.D.
17 Zitiert nach A. Juri, 1995, S. 49f.
18 Bericht an die 31. FSS Graz vom 23. November 1945 (B - 100/1) im AG.

1932; die ÖVP erhielt etwas weniger Stimmen als die bürgerlich - konservativen Parteien 1932. Demgemäß konstituierte sich der erste nach dem Krieg frei gewählte Gratkorner Gemeinderat am 7. Mai 1946, um 15 Uhr 30, wie folgt:

Wilhelm Partbauer	SPÖ	Bürgermeister
Alois Schweinzer	SPÖ	1. Bgm. - Stellv.
Johann Lanz	ÖVP	2. Bgm. - Stellv.
Josef Mohet	SPÖ	Finanzreferent
Emilie Feitl	SPÖ	Gemeinderat
Hans Fiala	SPÖ	Gemeinderat
Christine Körbler	SPÖ	Gemeinderat
Johann Kogasser	SPÖ	Gemeinderat
Johann Krebs	SPÖ	Gemeinderat
Alois Strommer	SPÖ	Gemeinderat
August Zötsch	SPÖ	Gemeinderat
Karl Schimek	ÖVP	Gemeinderat
Fritz Auer	ÖVP	Gemeinderat
Franz Zötsch	ÖVP	Gemeinderat
Sylvester Gruber	ÖVP	Gemeinderat

Eine weitere hervorragende Quelle zur unmittelbaren Nachkriegsgeschichte Gratkorns bilden die wöchentlichen Berichte des Bürgermeisters an die 31. Field Security Section / Intelligence Corps (Graz, Karmeliterplatz 3, dann Hotel Elefant, Südtirolerplatz).[19] Diese Berichte waren vom 10. November 1945 bis 10. Juli 1946 an die genannte Stelle zu übermitteln und sollten die Briten u. a. über Belange wie die wirtschaftliche und politische Lage, das Verhältnis der Einheimischen zur Besatzungsmacht, Schwarzhandel und Funktionäre der NSDAP informieren. Ich zitiere aus den Berichten:

23. November 1945: „Da Lebensmittel auch bei der bäuerlichen Bevölkerung nur knapp vorhanden sind, liegen hieramtlich keine Angaben von Schwarzhandel vor. Aufgegriffene Gespräche über Milchhamsterungen erweisen sich bei weiterer Verfolgung als Vermutungen ohne Beweisführung. [...] Ungenügende Zuweisung an Schuhen Kleidern, Wäsche und Haushaltsartikel.“

11. Dezember 1945: „Die Radioberichte über eine voraussichtliche UNR[R]A[20] - Hilfe werden mit großer Erwartung diskutiert. [...] Die Bemühungen der englischen Militärregierung mit dem Wohlfahrtsausschuß um die Ausspeisungs- u. Bekleidungsaktion werden dankend anerkannt. [...] Die ungenügende Zuweisung von Schuhen, Kleidern, Wäsche usw. gibt Veranlassung zur allgemeinen Beschwerde in der Bevölkerung.“

20. Dezember 1945: „Die Brennholzbeschaffung nimmt einen solchen Verlauf, daß mit einer Versorgung der Bevölkerung an Brennmaterial, im Rahmen der vorgeschriebenen Rationen, sowie der Ämter und Gemeindebetriebe gerechnet und eine Stillegung des Schulbetriebes verhindert werden kann. [...] Die ungenügende Zuweisung an Schuhen, Kleidern, Wäsche usw. führt zu rege[m], unproduktiven Parteienverkehr im Amte.“

Am 24. Dezember wurden die Berichtsthemen geändert. Auf die Frage, ob in Gratkorn der Wunsch nach einer rechtsgerichteten Partei bestünde, antwortete der (sozialistische) Bürgermeister: „Irgendwelche Anzeichen des Wunsches zur Bildung einer neuen Partei mit Rechtsrichtung können nicht wahrgenommen werden. Ein Bedürfnis, daß etwa der Landbund wieder bestehen sollte, kann nicht beobachtet werden, da die bäuerliche Bevölkerung in der Oe.V.P. jene Anlehnung zu erblicken scheint, in der sie eine genügende Vertretung ihrer Interessen findet.“ Und über die Einstellung der Gratkorner zur damals gerade aktuellen Südkärnten- und Südtirol - Frage berichtet Sieber: „Vollständige Einigkeit besteht unter den Steirern darüber, daß Südtirol und Südkärnten als integrierende Wirtschaftsteile wieder zu Oesterreich gehoeren sollen.“

3. Jänner 1946: „Durch geringe Zuweisungen und Beteilung anläßlich der Weihnachtsbescherung von Seite der engl. Militärregierung und Wohlfahrtsaus-

19 In der Folge, wenn nicht anders angemerkt: Aktenkomplex B - 100/ 1 (AG).

20 United Nations Relief and Rehabilitation Administration. Österreich war bereits am 22. August 1945 in dieses UN - Hilfsprogramm einbezogen worden, die ersten Lieferungen trafen am 8. März 1946 ein.

Lebensmittelverteilung der britischen Militärregierung an Gratkorner Kinder bei der alten Werksrestauration am 19. März 1946. Linke Gruppe von rechts: Oberst A. P. Block, Bezirkshauptmann Dr. Sutter, Bürgermeister Ing. Sieber und Werksarzt Dr. Walter. (AG)

schuß, konnte dringenden Bedarfsfällen entsprochen werden, doch bleibt die Nachfrage nach Bezugsscheinen für Schuhe, Kleider und Wäsche für Werktätige gleich rege."

23. Jänner 1946: „Der Zuzug ausgewiesener Volksdeutscher aus der Tschechoslovakei und Jugoslavien ist schon sehr stark. Im Hinblicke auf die Zuzugssperre können Zuwanderer im Gemeindegebiet keine Aufnahme finden. Es wird als eine Härte empfunden, daß österreichische Staatsbürger in anderen Ländern ausgewiesen werden, während vielen Ausländern und Reichsdeutschen hier noch das Asylrecht gewährt wird."

21. Februar 1946: „In der Bevölkerung herrscht allgemein der Wunsch vor nach Freilassung der österr. Kriegsgefangenen. Sowohl in Industrie und Gewerbe, wie auch in der Landwirtschaft besteht sehr stark fühlbarer Mangel an Arbeitskräften."

7. März 1946: „Mangel an Arbeitskräften in Industrie, Gewerbe und Landwirtschaft. Letzterer macht sich in Rücksicht der beginnenden Feldarbeit besonders empfindlich fühlbar."

2. Mai 1946: „Die Feiern des 1. Mai verliefen im ganzen Gemeindegebiet ruhig und unter Einhaltung demokratischer Prinzipien. Getrennte Umzüge und Versammlungen wurden nur von der SPÖ und KPÖ, bei ersterer mit sehr großer Beteiligung, bei letzterer mit sehr geringer Beteiligung, abgehalten. Die ÖVP trat am 1. Mai in keiner Weise in Erscheinung."

16. Mai 1946: „Nach wie vor sind die Beschwerden der Bevölkerung groß, da sich der Mangel an Kleidern, Wäsche, Schuhe, Geschirr und anderen Haushaltsgegenständen katastrophal auswirkt. Die Leute können die Kinder nicht zur Schule schicken."

Mit 10. Juli 1946 enden die wöchentlichen Berichte der Gemeinde an die 31. FSS. An der katastrophalen Versorgungslage änderte sich vorerst nichts. Im Juni 1946 erhielten die Gratkorner folgenden Kaloriensatz pro Tag zugeteilt.

	Juni 1946		im Mai 1946 tatsächlich ausgegeben
Normalverbraucher	1.200 kcal	+ 300 gr Brot	827 kcal
Schwerarbeiter	1.855 kcal	+ 400 gr Brot	1.518 kcal
Schwerstarbeiter	2.707 kcal	+ 600 gr Brot	1.548 kcal
Kinder bis 6 J.	1.225 kcal		
Jugendliche (6 - 18 J.)	1.370 kcal		

Zu Weihnachten 1946 hatte die Knappheit an Rohstoffen derartige Ausmaße erreicht, daß die Papierfabrik wegen Kohle- und Energiemangels die Produktion einstellen mußte. Erst am 31. März 1947 konnte mit etwa 800 Mitarbeitern der Betrieb wieder aufgenommen werden.[21] Im Jahr darauf hatte sich die Lage soweit stabilisiert, daß anläßlich des 75. Jahrestages der Übernahme durch den Konzern an die Arbeiter und Angestellten eine Gratifikation ausgegeben werden konnte: 1 kg Schmalz, 1 kg Zukker, 1 kg Mehl und etwa 200 Schilling pro Mitarbeiter.

Das Altagsleben in der Gemeinde hatte sich 1947 soweit gefestigt, daß die erste größere 1. Mai - Feier nach dem Krieg veranstaltet werden konnte. Ganz wie in den Zeiten vor 1934 sammelten sich Sozialisten, voran Kinder, „Rote Falken"und Radfahrer,

21 In der Folge, wenn nicht anders angemerkt, dienten als Quellen: CGG; E. Hütter, 1960ff und GBl, 1988ff.

Bundespräsident Theodor Körner (geb. 1873, gest. 1957), am 28. April 1951 in Gratkorn. (AG)

unter den Klängen einer Musikkapelle am Mühlplatz. Texte der Spruchbänder: „Laßt unsere Kriegsgefangenen frei", „Wir wollen ein freies, sozialistisches Österreich" und „Stärkt die Reihen der Sozialistischen Internationale". Sodann marschierte man nach Gratwein, um sich mit den dortigen Genossen zu treffen. - Die KPÖ Gratwein ihrerseits marschierte nach Gratkorn, um dort vor der alten Werksrestauration den 1. Mai zu begehen. Teilnehmer: 200 Personen. Die ÖVP begnügte sich mit einem Ausflug auf die Hohe Rannach.

In der Gemeindestube bemühte man sich, die durch den Krieg entstandenen Versäumnisse in der kommunalen Infrastruktur zu beheben. Als erstes großes Projekt, dem noch viele weitere, vor allem im sozialen Wohnbau, folgen sollten, ist die Fertigstellung der neuen Ring - Wasserleitung am 21. November 1947 zu nennen. Im Sommer 1948 war mit der Errichtung von Lichtleitungen und Lichtanschlüssen im Forst- und Freßnitzviertel begonnen worden, im Jänner 1949 erfolgte die Fertigstellung. Dieses Ereignis diente sogleich als Anlaß zu einer „Anschlußfeier" besonderer Art. Sie wurde am 29. Jänner 1949 beim Höchwirt (damalige Gastwirtin Anna Rath) abgehalten. Die nächste größere „Anschlußfeier" beim Höchwirt fand am 16. Jänner 1957 statt, als in Johann Raths vielbesuchtem Gasthaus eine öffentliche Fernsprechstelle errichtet worden war.

Am 30. Juli 1949 versammelten sich die Gratkorner schließlich zur Gleichenfeier des von der Leykam - Josefsthal AG errichteten Pensionistenheimes mit 20 Wohnungen. Auch die bedeutenden Investitionen der Marktgemeinde konnten die Wohnungsnot allmählich beheben. Am 14. Oktober 1950 konnte die am 8. August 1949 begonnene Wohnhausanlage mit 69 Wohnungen fertiggestellt und damit 25 Prozent der Wohnungssuchenden versorgt werden. Der Gemeinderat hatte den Bau dieser Wohnungen bereits unmittelbar nach Kriegsende geplant, doch ergaben sich aufgrund der Versorgungsschwierigkeiten Verzögerungen.

Aufgrund der sich bessernden Wirtschaftslage konnte nun auch die Marktfeuerwehr Gratkorn mit drei Rüstautos und zwei Motorkraftspritzen ausgestattet werden. Die Feldmesse mit anschließender Weihe fand am 4. Juni 1950 auf der „Pucherwiese" statt, anschließend ging es - unter Beteiligung der Marktmusikkapelle - beim Pucher lustig zu.

Das Verhältnis zwischen den politischen Parteien hatte sich im Vergleich zur Ersten Republik grundlegend verändert. In der SPÖ wurde mit Wilhelm Partbauer die sozialdemokratische Tradition fortgesetzt, jedoch mit einem gemäßigten, ganz auf die Koalition abgestimmten Kurs. Die ÖVP knüpfte, auch in der Auswahl ihrer Mandatare, nicht an die alte christlichsoziale Ära an. Einzig die Kommunisten zogen Unmut auf sich. Am frühen Morgen des 6. September 1947 explodierte vor dem Gratkorner Parteilokal der KPÖ eine Bombe, die einigen Sachschaden anrichtete. Am Tatort fanden sich Flugblätter monarchistischen Inhaltes. Am 13. Dezember plazierten Unbekannte nochmals eine Bombe, diesmal vor der Haustür der Elisabeth Bock, deren Ziehsohn Raimund Zach zwischen Jänner 1946 und Juli 1947 als Obmann der KPÖ Peggau fungiert hatte.

Aufgrund der politischen Exponiertheit diente Gratkorn seit jeher als Anziehungspunkt für „hohe" Besuche. Am 2. Oktober 1948 standen die Gratkorner wieder einmal Spalier, diesmal für den ersten Bundespräsidenten der Zweiten Republik, Dr. Karl Renner, der zu Besprechungen nach Graz unterwegs war. Am 28. April 1951 besuchte General a. D. Dr. h. c. Theodor Körner, der nachmalige Bundespräsident, anläßlich einer Wahlreise Gratkorn. Körner hielt eine kurze Rede, traf mit örtlichen Par-

Glockenweihe im Jahre 1950. Stehend links Dorli Preitler, rechts Berta Gruber (vereh. Mixner). Zwei Glocken wurden von der Pfarrbevölkerung gewidmet, eine Glocke von den Glockenpatinnen und den Gratkorner Kriegsteilnehmern zum Gedenken an die Gefallenen des Ersten und Zweiten Weltkrieges. (Sammlung Fam. Gredler vulgo Felberbauer)

teifunktionären der SPÖ zusammen und fuhr nach Graz weiter.
Am 28. März 1951 verstarb, 85jährig, Schuldirektor Jakob Wöhrer (geb. 1866), einer der prominentesten Gemeindebürger. Wöhrer gründete die Freiwillige Feuerwehr des Marktes Gratkorn, die Wehr wählte ihn zum Hauptmann und Ehrenhauptmann. Bekannt wurde Wöhrer auch als Gründer und Ehrenobmann des Männergesangsvereines Gratkorn - Gratwein. Wöhrer, der darüberhinaus auch die Ehrenbürgerschaft der Marktgemeinde Gratkorn innehatte, komponierte 258 Volkslieder, mit denen er über die Landesgrenzen hinaus Beachtung fand.
Am 3. Juni 1951 fand die Einweihung des Kriegerdenkmales mit den Namen der im Zweiten Weltkrieg gefallenen Gratkorner statt. Die feierliche Enthüllung wurde durch den Ortsverband des Kameradschaftsbundes, Vizebürgermeister Alois Schweinzer und Prälat Dr. Kortschak, der eine Feldmesse las, vorgenommen.
Unzertrennlich mit der Gründung und der Geschichte der Freiwilligen Feuerwehr Gratkorn ist der Name Alois Leskovar verbunden. In der Sitzung vom 19. Februar 1952 wurde vom Gemeinderat der Marktgemeinde Gratkorn daher beschlossen, Leskovar die Ehrenbürgerschaft der Marktgemeinde Gratkorn zu verleihen.
Anläßlich des Wahlkampfes für die Nationalrats- und Landtagswahlen 1953 sorgte die Wahlgemeinschaft „Österreichische Volksopposition“ der Kommunistischen Partei für einige Aufregung in Gratkorn. Man hatte nämlich einen Propagandazettel in Umlauf gebracht, der einem 100 Schilling - Schein täuschend ähnlich sah. Vom Original unterschied er sich nur durch ein Englein, das Bundeskanzler Figl und Bundespräsident Schärf die lange Nase zeigt. Manche Gratkorner verwendeten den Schein - sehr zum Ärger der Gendarmerie - als Zahlungsmittel und wählten die „Volksopposition“. Sie kam auf immerhin 187 Stimmen.
Nach wie vor zählte der soziale Wohnbau zu den wichtigsten Anliegen der Gemeinde wie auch der Papierfabrik. Diese errichtete im Jahre 1953 15 Einfamilienhäuser auf dem ehemaligen Gakschgrund und gründete zur Unterstützung des Wohnbaues in Gratkorn die „Leykam - Gemeinnützige Wohn-, Bau und Siedlungsgesellschaft m. b. H.“. Der Siedlung am Gakschgrund, die besser unter „Hans - Lampl - Siedlung“ bekannt ist, folgten bereits 1954 elf weitere Eigenheime, später die Baldauf - Siedlung und andere Projekte.
Unter den zahlreichen Bränden, welche die Chronik für die 50er Jahre verzeichnet, erregten zwei besondere Aufmerksamkeit. Am 29. September 1952 brach am Füllboden der Bleiche II in der Papierfabrik ein größeres Feuer aus, das von den Gratkorner Feuerwehren jedoch schnell unter Kontrolle gebracht werden konnte. Am 16. August 1953 brannte es dann beim alten „Peterlwirt“ (Franz Faßmann). Feucht eingebrachtes Heu verursachte durch Selbstentzündung einen Schaden von etwa 42.000 Schilling. Großes Aufsehen erregte auch der Brand beim vulgo Käferpeter (4. September 1955), dem das gesamte Anwesen des Bauern Johann Weißensteiner zum

Die alte Werksrestauration der Papierfabrik, 1890 errichtet und u. a. als „Kulturzentrum", Tanzlokal, Kindergarten und Beetsaal verwendet, wurde 1960 abgerissen. (AG)

Opfer fiel. Die Gemeinde honorierte den Einsatz der Feuerwehren, indem sie ihnen allein in den Jahren von 1955 bis 1960 Förderungen in der Höhe von 600.000 Schilling zukommen ließ.
Nach jahrelangen Bemühungen konnte am 15. Mai 1955 in Wien der Staatsvertrag unterzeichnet werden, die Besatzungstruppen zogen ab. Dieses Ereignis löste auch in Gratkorn sporadische Freudenfeiern aus und von der Fabrikskantine bis zum Höchwirt trafen sich die Menschen, besprachen das Ereignis, tanzten und vergnügten sich. Der Arbeitsmarkt war gesättigt und so mancher Gratkorner suchte sein Glück im Ausland. Ein Großteil arbeitete aber nach wie vor in der Papierfabrik, die mit folgenden Maschinen ausgerüstet war: Sieben Kocher, eine Bleicherei, zwei Entwässerungsmaschinen, drei Papiermaschinen 1.580 mm, eine Papiermaschine 1.780 mm, eine Papiermaschine 2.580 mm, eine Papiermaschine 3.700 mm und eine Kartonmaschine, weiters eine Anlage zur Gewinnung von Sulfitspiritus.[22]

Das Jahr 1955 bedeutete auch für die Gratkorner Kommunalpolitik eine bedeutende Zäsur, denn die unmittelbaren Folgen des Krieges konnten nun als überwunden bezeichnet werden. Die Unterversorgung mit Nahrungsmittel, Bekleidung und Gebrauchsartikel war überwunden, die Wohnungsnot zumindest teilweise behoben. Da die grundlegenden Lebensbedürfnisse als gesichert galten, konnte in weitere Sparten investiert werden. Im August 1955 beschloß der Gemeinderat den Ankauf der Liegenschaft Gaksch, um dort den Maschinenhof (Fuhrhof) der Gemeinde zu etablieren. Der Ankauf eines Unimog und eines Traktors Steyr 80 samt Zubehör bildete dafür den Grundstock. Außerdem wurden beim Gaksch - Anwesen noch einige Wohnungen für Gemeindebedienstete errichtet.
Am 19. August 1957 trafen sich die Gratkorner bei der neuen Brücke über den Mühlgang, die von Bürgermeister Alois Schweinzer eröffnet wurde. Die alte Holzbrücke hatte einer modernen Stahlkonstruktion weichen müssen.

Bereits im Jahre 1955 war vom Gemeinderat der Beschluß zum Bau weiteren Wohnraumes gefaßt worden. Am 3. November 1957 übergab Bürgermeister Alois Schweinzer, dessen hervorragendste Leistungen im Bereich des sozialen Wohnbaues liegen, 48 um etwa 5 Millionen Schilling erbaute Wohnungen in der Dr. Karl Renner Straße.
Eine wesentliche Bereicherung erfuhr das Gratkorner Kulturleben im Jahre 1958. Die Marktgemeinde erwarb die „Wöhrer - Villa" an der Dr. Karl Renner Straße und baute sie zur Musikschule um. Im August nahm die Musikschule in ihrem neuen Domizil unter der Leitung von Maria Wünsch den Unterricht auf.
In das Jahr 1959 fällt die Intensivierung der Kontakte des Österreichischen Bundesheeres zur Marktgemeinde Gratkorn. Ab 6. April 1960 war eine Einheit des Panzerbataillons 4 aus Graz - Wetzelsdorf mit der Aufstellung von Zelten für die Unterbringung von etwa 200 Soldaten beschäftigt. Diese Zelte wurden bei der alten Pionierkaserne beim Murlager errichtet, das in der Folge zu einer Kaserne ausgebaut werden sollte. - Das alte Murlager wurde im November 1965 abgetragen und 1967 beging man die Gleichenfeier der neuen Kaserne.
Während der zweiten Hälfte der 50er Jahre investierte die Gemeinde verstärkt in den Ausbau der kulturellen Infrastruktur. Dazu zählte, neben dem Bau des Kulturheimes, die Eröffnung des „Filmtheaters Gratkorn" gegenüber dem Klein - Haus in der Sportplatzgasse. Der Kinosaal

22 O. Pickl, 1963, S. 95.

Gratkorn in den 70er-Jahren: Sozialer Wohnbau und das Volksheim. (Sammlung J. Kopsche)

dieses alten Gratkorner Kinos maß 24 mal 15 Meter und wurde vom Grazer Jakob Simmon betrieben.

Gratkorn am Ende der Phase des „Wiederaufbaues" im Spiegel des Voranschlages für das Jahr 1960: Von besonderer Bedeutung sind der Ausbau des Wirtschaftshofes (800.000 S), des Sportplatzes (300.000 S), der Ankauf eines Lastkraftwagens (300.000 S) und der beabsichtigte Schulbau (3 Millionen S), sollte ein Zuschuß des Landes gesichert sein. Der ordentliche Haushalt sah weiters eine halbe Million Schilling für die Erhaltung und den Ausbau von Wegen vor, ebensoviele Mittel waren für Kulturförderung und Musikpflege vorgesehen, Fürsorgewesen und Jugendhilfe erforderten 900.000 S. Für den weiteren Ausbau der Straßenbeleuchtung waren 80.000 S vorgesehen, für Kanalisation 350.000 S, für die Feuerwehren über 100.000 S und für die Landwirtschaftsförderung über 150.000 S. Weiters beschloß der Gemeinderat, der Markt- und Werkskapelle 50.000 S für den Kauf von Instrumenten zur Verfügung zu stellen. Über Antrag des damaligen Finanzreferenten Steiner faßte der Gemeinderat den einstimmigen Beschluß, für das Gebiet nordöstlich der Hans - Lampl - Siedlung einen Flächennutzungs- und Bebauungsplan zu erstellen, um Baulandreserven zur Verfügung zu stellen. - Insgesamt sah der ordentliche Haushalt Einnahmen von 6.100.000 S und Ausgaben von 6.400.000 S vor, der außerordentliche Haushalt sah 3.700.000 an Einnahmen und 4.400.000 S an Ausgaben vor.

Am 1. Mai 1958 erfolgte der Spatenstich zum Bau eines Kulturheimes (Volksheim) beim sogenannten Bognereck; am 17. März 1960 war der Bau vollendet. Bürgermeister Schweinzer, der damalige stellvertretende Volksheim - Vereinsobmann Roth, die Abg. z. NR Zingler und Abg. z. Landtag Sebastian und der „Vater" des Baues, Zentralbetriebsratsobmann Suppan nahmen die Eröffnung vor und konnten zahlreiche Ehrengäste begrüßen.

Bislang hatte die alte, 1890 errichtete Werksrestauration auf dem Betriebsgelände der Papierfabrik als Kulturzentrum gedient, daneben vorerst als Beamtenmesse, ab 1939 als Werksküche. Hier lernten die Gratkorner das Tanzen, hier wurden treue Mitarbeiter der Fabrik geehrt und zwischen 1949 und 1960 hatte sich sogar ein Tonkino etabliert. Zu Beginn des Jahres 1960 wurde das Gebäude der alten Werksrestauration abgebrochen und ein Teil des Baumateriales wiederverwertet.

Die Gemeinderatswahlen des Jahres 1960 hinterließen in Gratkorn einen bitteren Nachgeschmack, denn die zwei aussichtsreichsten Kandidaten der SPÖ lieferten sich ein wenig nobles Gefecht, in das schließlich ein Ehrengericht der Partei eingreifen sollte. Aus der Gemeinderatswahl ging zwar die SPÖ mit 2.041 Stimmen als stärkste Partei hervor, jedoch mit 274 Stimmen Verlust gegenüber 1955. Die ÖVP gewann 79 Stimmen und kam auf 823 Stimmen. Die Mandatsverteilung im Gemeinderat lautete 14 SPÖ : 5 ÖVP : 1 FPÖ : 1 KPÖ. Am 22. April wurde dann Friedrich Wohlleitner zum Bürgermeister, Zentralbetriebsratsobmann Johann Suppan zum ersten und der Bauer Alfred Rinner zum zweiten Bürgermeisterstellvertreter gewählt. Gemeindekassier wurde Kurt Roth, der für beinahe drei Jahrzehnte dieses Amt bekleidete.

Der alte Laugenturm.
(Leykam 1925)

Die Reitervilla (Direktionsvilla). (Archiv BDA Graz)

Das Wehr vor der Zigeunerhöhle, Beispiel ansprechender Industriearchitektur der Zwischenkriegszeit. (Sammlung J. Kopsche)

Werkseinfahrt für Eisenbahnen.
(Sammlung B. Samitsch)

Beamtenhäuser. (Leykam 1925)

Förderband für Holzschnitzel und die Spiritusfabrik. (AG)

Ganz links das Heizhaus 2 (abgerissen). (AG)

Altbürgermeister Alois Schweinzer (1955 - 1960) erhielt im Jahre 1972 den Ehrenring der Marktgemeinde. (AG)

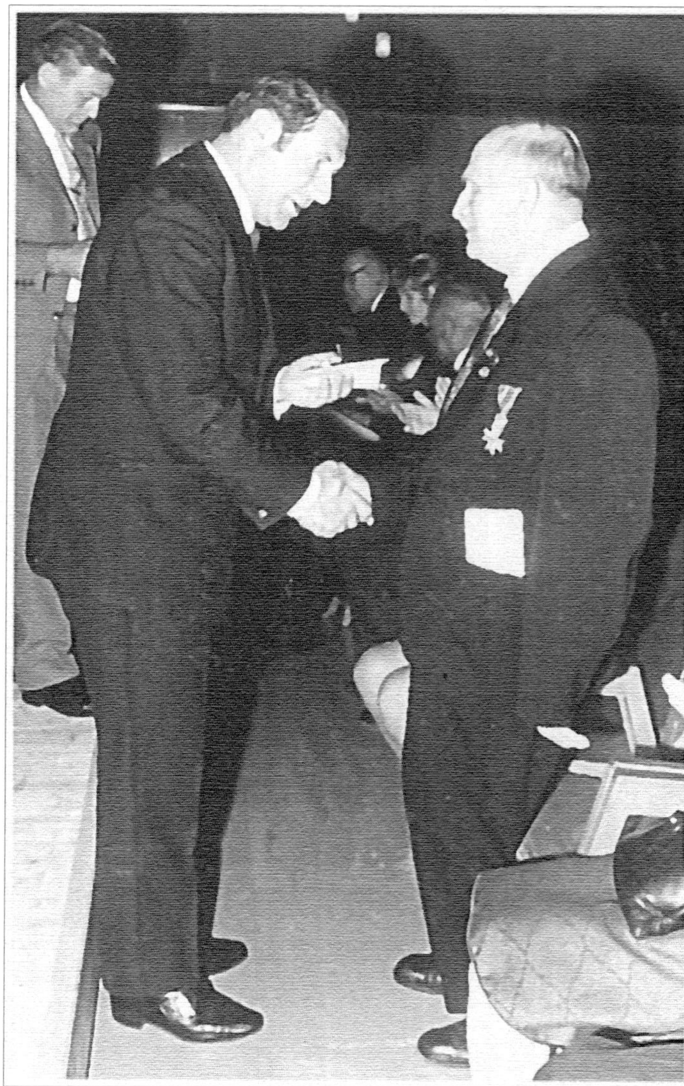

Altbürgermeister Alois Schweinzer erhielt am 15. Jänner 1961 das „Silberne Verdienstzeichen für Verdienste um die Republik Österreich".
Josef Graf, Obmann der KPÖ, Ortsgruppe Gratkorn, starb am 15. Februar 1961 in einem Grazer Mühlgang. Gemeinderat Graf wurde Zeit seines Lebens keine Auszeichnung zuteil, doch auch er verdient es, hier erwähnt zu werden. Graf, er wohnte am Kapellenweg 335, war schwer kriegsversehrt und versah seinen Dienst als Portier in der Papierfabrik. Der überzeugte Kommunist erledigte für viele Gratkorner unentgeltlich Behördenwege, half bei der Einbringung von Rentenanträgen und komplizierten Eingaben an Ämter. Graf erfreute sich hohen Ansehens und wurde auch von den politischen Gegnern über das übliche Maß hinaus geachtet.
Bürgermeister Friedrich Wohlleitner führte während seiner Amtszeit auf dem Gebiet des sozialen Wohnbaus die Politik Schweinzers weiter, in den Bereichen Bildungs-, Kultur- und Verkehrspolitik setzte er neue Akzente. Für diese neuen Akzente, vor allem aber für eine ausgeglichene Finanzpolitik, zeichnete in der Folge Gemeindekassier und Betriebs-ratsobmann Kurt Roth verantwortlich. Kurt Roth erhielt, neben zahlreichen anderen hohen Auszeichnungen, im Jahre 1968 das Goldene Ehrenzeichen für Verdienste um die Republik Österreich.
Ein Blick auf den Budget - Voranschlag 1963 veranschaulicht die Tendenzen der 60er Jahre deutlich. Im außerordentlichen Haushalt waren Einnahmen von etwa 3,5 Millionen Schilling und Ausgaben von etwa 15 Millionen Schilling vorgesehen: 2 Mio S für sozialen Wohnbau mit 16 Wohnungen; 800.000 S für einen neuen Unimog, Ladegerät, Schneefräse, Asphaltierungsmaschine und Anhänger für die Müllabfuhr; 370.000 S für einen neuen Fäkalienwagen. Vom ordentlichen Haushalt, der sich mit 9.794.000 S ausgeglichen darstellte, wurden 600.000 S für die Errichtung der Hauptschule zurückgelegt. Für die Schulen waren 300.000 S vorhanden, 200.000 S davon allein für die Musikschule; 250.000 S kamen der Kulturförderung, Ortsverschönerung und der Vereinsförderung zugute. Fürsorgewesen: etwa 1.000.000 S; Gesundheitsförderung: 600.000 S (davon 200.000 S Jugendförderung); Wege und Wegeaufschließung: 1 Mio S; Feuerwehren: 100.000 S; Kanalisation: 500.000 S; Wasserversorgung: 265.000 S; Landmaschinenhof: 80.000 S; Schädlingsbekämpfung: 83.000 S; Tierzuchtförderung: 50.000 S; Hagelabwehr: 25.000 S. Die Gemeinderäte Waltl (SPÖ) und Halsegger (ÖVP) initiierten außerdem Studienbeihilfen für Gratkorner Hoch- und Mittelschüler.
Ungelösten Problemen sorgten damals für Diskussionsstoff: die Kanalisierung (projektiert 40 Mio S); der neue Sportplatz; Regulierung des Felber-, Pickel- und Rötschbaches; die Instandhaltung und Asphaltierung von 62 km Gemeindestraßen; die Errichtung der Umfahrung.
Als ungerechtfertigte Belastung empfand der Gemeinderat zu dieser Zeit vor allem die hohe Landesumlage in der Höhe von über 900.000 S. „Der Gemeinderat sieht ein, daß die Industriegemeinden für die finanzschwachen Landgemeinden beisteuern

Bürgermeister Wohlleitner (rechts) und Gemeindesekretär Kicker. (AG)

sollen, doch wäre es endlich an der Zeit, lebensunfähige Kleinstgemeinden zu wirtschaftlich tauglichen Gemeinden zusammenzuschließen und nicht nach politischen Gesichtspunkten an unmöglichen Kleinstgemeinden festzuhalten."

Gemeinderat Gratkorn 1963

Bürgermeister	Friedrich Wohlleitner	SPÖ
1. Bürgermeisterstellvertreter	Johann Suppan	SPÖ
2. Bürgermeisterstellvertreter	Alfred Rinner	ÖVP
Gemeindekassier	Kurt Roth	SPÖ
Gemeinderat	Max Mathans	SPÖ
Gemeinderat	Johann Barlovits	SPÖ
Gemeinderat	Jakob Preitler	SPÖ
Gemeinderat	Gertrude Panzenböck	SPÖ
Gemeinderat	Johann Nager	SPÖ
Gemeinderat	Alexander Worm	SPÖ
Gemeinderat	Heimo Maldeghem	ÖVP
Gemeinderat	Hubert Winter	ÖVP
Gemeinderat	Willi Konrad	ÖVP
	(Josef Halsegger)	ÖVP
Gemeinderat	Dorothea Adler	FPÖ
Gemeinderat	Franz Kermautz	KPÖ

Bezirksfeuerwehrrat Alfred Weilguni, Abschnittsfeuerwehrkommandant des Bezirkes Graz - Umgebung und langjähriger Hauptmann der Betriebsfeuerwehr der Leykam - Josefsthal AG, 1964 mit der Goldenen Medaille für Verdienste um die Republik Österreich ausgezeichnet. (AG)

Alois Sakovsek, Inhaber des Goldenen Ehrenringes der Marktgemeinde Gratkorn, verdienter Gemeinderat und Betriebsratsobmann in der Papierfabrik, ein Mann, der 1934 mit Zeitgeschichte schrieb, verstarb am 3. September 1963.

Ein anderer bedeutender Gratkorner, Bezirksfeuerwehrrat Alfred Weilguni, erhielt im Februar 1964 die Goldene Medaille für Verdienste um die Republik Österreich. Weilguni gehörte damals seit 46 Jahren der Werksfeuerwehr an, die er seit 1952 als Hauptmann leitete. 1966 wurde Weilguni in Anerkennung für seine Leistungen zum Ehrenbürger der Marktgemeinde ernannt. Am 28. Mai 1964 eröffnete Bür-

Hochwasserkatastrophe 1966: Baulos Raach der Umfahrung Gratkorn (Murbrücke / Umfahrungsstraße in Bau). (AG)

germeister Friedrich Wohlleitner im Beisein von etwa 1000 Besuchern das Gratkorner Sportstadion. Im Zuge seiner Errichtung war es zwar zu einigen Unmutsäußerungen gekommen, - manche hätten ein überdachtes Schwimmbad vorgezogen - , aber in der Folge erwiesen sich vor allem die Fußballfreunde als einflußreicher. Bei der Eröffnung waren die Unstimmigkeiten jedenfalls vergessen und in den nächsten Jahrzehnten sollten die Erfolge des FC Gratkorn (heute FC KNP Leykam Gratkorn) die Begeisterung für den Fußballsport kontinuierlich mehren.

Die Umfahrungsstraße Gratkorn im Bau (1964). (AG)

Das Hochwasser, das am 1. und 2. August 1965 die Gemeinde Gratkorn heimsuchte, bewies einmal mehr die Notwendigkeit des Hochwasserschutzes und Verbauung des Pickel-, Felber-, Dult- und Rötschbaches. Diesmal wurden die Landesstraße 212 (Friesach - Semriach) überschwemmt, bzw. die Gemeindestraße („Schinderweg"). Tags darauf, am 2. August 1965, trat die Mur aus den Ufern und verwüstete insbesondere die tiefer gelegenen Wohnhäuser „am Hartboden".

Eine Hochwasserkatastrophe noch größeren Ausmaßes (die Mur erreichte beinahe den Pegelstand von 1938) suchte Gratkorn am 18. August 1966 heim. Friesach, Eggenfeld und der Hartboden zählten wieder zu den betroffenen Gebieten; auch das Bauvorhaben „Umfahrungsstraße" war, zumindest im Bereich der neuen Murbrücke beim Baulos Raach, durch die Fluten gefährdet. Für die Opfer der Hochwasserkatastrophe veranstaltete der Betriebsrat der Papierfabrik ein Fußballspiel gegen die Direktion, die ihrerseits 60.000 S für die Opfer spendete. Auch die Marktfeuerwehr hatte sich beim Hochwasser - Katastropheneinsatz abermals ausgezeichnet und erhielt, auch als Anerkennung dafür, ein neues Tanklöschfahrzeug.

Die Entstehung und Entwicklung der Straßensiedlung Gratkorn beiderseits der Grazer / Bruckerstraße hatte seit der Intensivierung des Kraftfahrzeugverkehrs zu Problemen geführt. Zu Beginn der 60er Jahre waren im Bereich Gratkorn bereits über 100 Verkehrsunfälle pro Jahr zu verzeichnen. Um den Kern der Industriesiedlung vom Durchzugsverkehr zu entlasten, erfolgte der Bau einer 5,01 km langen Umfahrungsstraße (Hausbergtunnel: 240 m), die am 2. Dezember 1966 von Landeshauptmann Josef Krainer I. eröffnet wurde. Das gesamte Bauvorhaben erforderte 65 Mio S, wovon 22,6 Mio S für den Hausbergtunnel verwendet wurden.

Der 26. Oktober 1967 brachte den Gratkornern die Eröffnung der Dr. Karl Renner - Hauptschule.

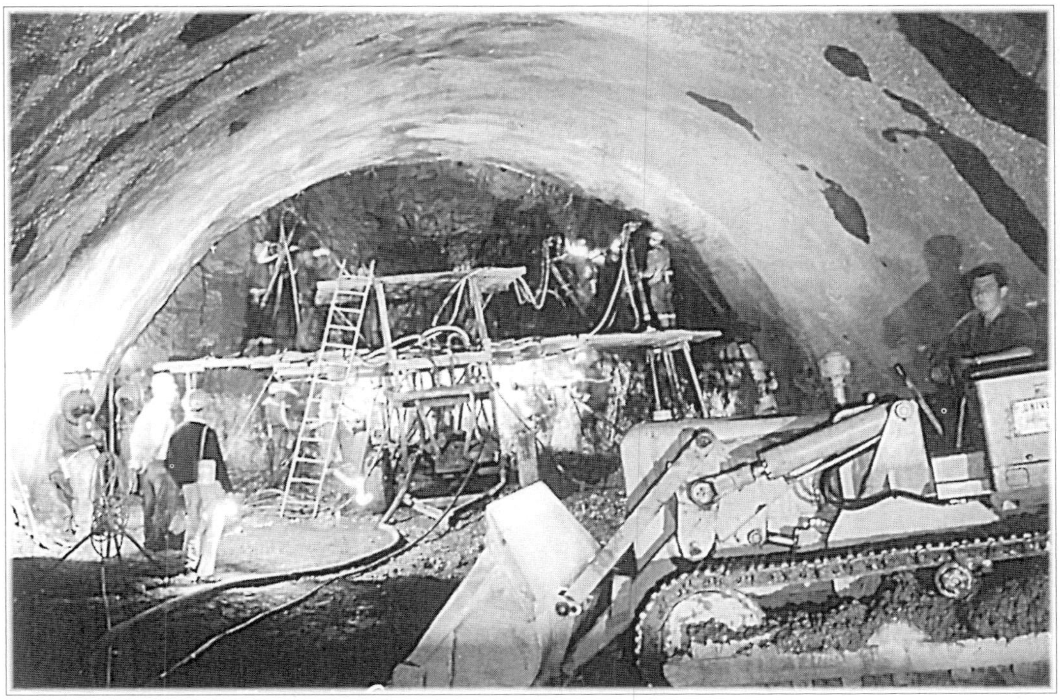

17. Juli 1964: Der Hausberg - Tunnel für die Umfahrungsstraße wird durchschlagen. (AG)

Die Hauptschule Gratkorn in Bau (1967). (AG)

Ihr angeschlossen wurden ein Hallen - Lehrschwimmbecken, ein Turnsaal, ein Verkehrserziehungsgarten und Leichtathletikanlagen. Elf Jahre später erhielt Gratkorn die Polytechnische Schule, die mit einem Kostenaufwand von 12,9 Mio S erbaut wurde. Bereits 1966 hatte die nachmalige Bezirksschulinspektorin und langjährige Gemeinderätin Herma Fekonja den Polytechnischen Lehrgang in Gratkorn etabliert. 1973/74 startete man den Schulversuch „Polytechnischer Lehrgang" mit Leistungsgruppen, zehn Jahre danach wurde diese Schulform ins Regelwesen übernommen. Herma Fekonja knüpfte darüberhinaus enge Kontakte zur Papierfabrik und ermöglichte so auch die Durchführung von „Schnupperlehren" in der Fabrik.

Im Jahre 1969 sorgten die ersten Vorstudien und Pläne zum Bau der Pyhrn - Autobahn für Aufregung in Gratkorn. Nachdem bereits die Umfahrungsstraße die Ortsteile St. Stefan und Gratkorn durch einen Damm voneinander getrennt hatte, sollte nun auch die Autobahn das östliche Gratkorner Becken durchschneiden. Am 29. September 1969 hielt der Gemeinderat zu diesem Thema im Volksheim eine öffentliche Sitzung ab und deponierte seine Einwände. Die Eröffnung des Abschnittes Friesach - Graz/Nord der Pyhrn - Autobahn (8,1 km) erfolgte schließlich am 29. Juni 1983.

Die von Bürgermeister Wohlleitner und Gemeindekassier Roth im wesentlichen bestimmte Politik dieser Zeit hatte der Bevölkerung bedeutende Verbesserungen in den Bereichen Infrastruktur, Bildungs- und Kultureinrichtungen gebracht. Diese Tatsache drückte sich bei den Gemeinderatswahlen 1970 aus: Die SPÖ erreichte 18 Mandate, die ÖVP 7, KPÖ und FPÖ erhielten kein Mandat.

Am 7. Oktober 1972 beging Gratkorn das 50jährige Jubiläum der Markterhebung. Bei der Feier, zu der Bezirkshauptmann HR Dr. Alexander Mayer und Landesrat Hannes Bammer als Ehrengäste geladen waren, gedachte die Gemeinde, die seit September 1971 unter der Führung Karl Waltls stand, eingangs des 1971 verstorbenen Bürgermeisters Wohlleitner. Nach einem Rückblick auf die (bereits geschilderten) Leistungen der vergangenen Jahrzehnte erinnerte Waltl an die Probleme der 70er Jahre: Wasserversorgung, Kanalisierung und Straßensanierung.

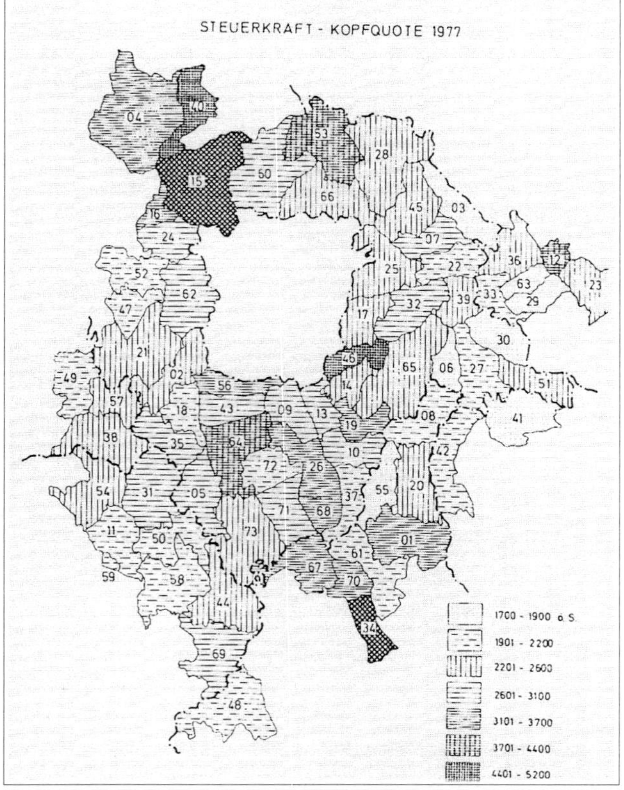

Steuerkraft - Kopfquote der MG Gratkorn im Vergleich zu anderen Gemeinden des Bezirkes (1977). (W. Leitner, 1979.)

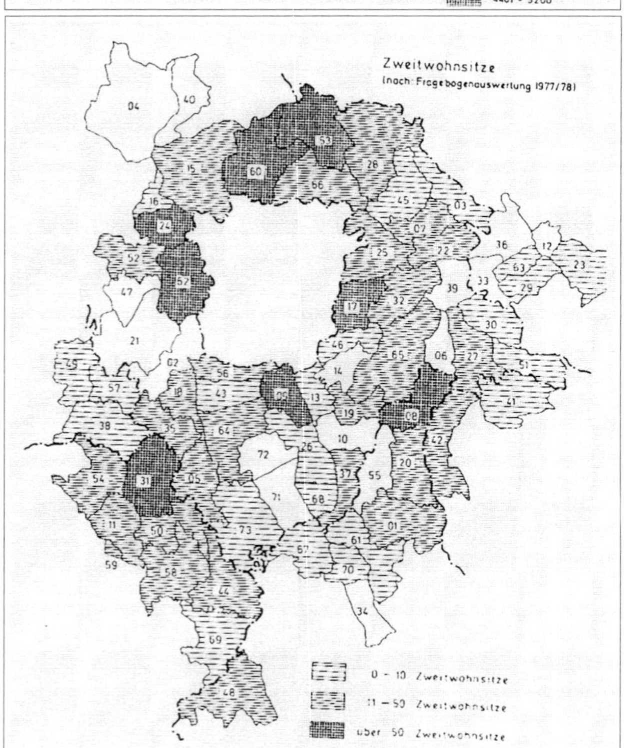

Zweitwohnsitze nach einer von W. Leitner 1977/78 durchgeführten Fragebogenaktion. (W. Leitner, 1979.)

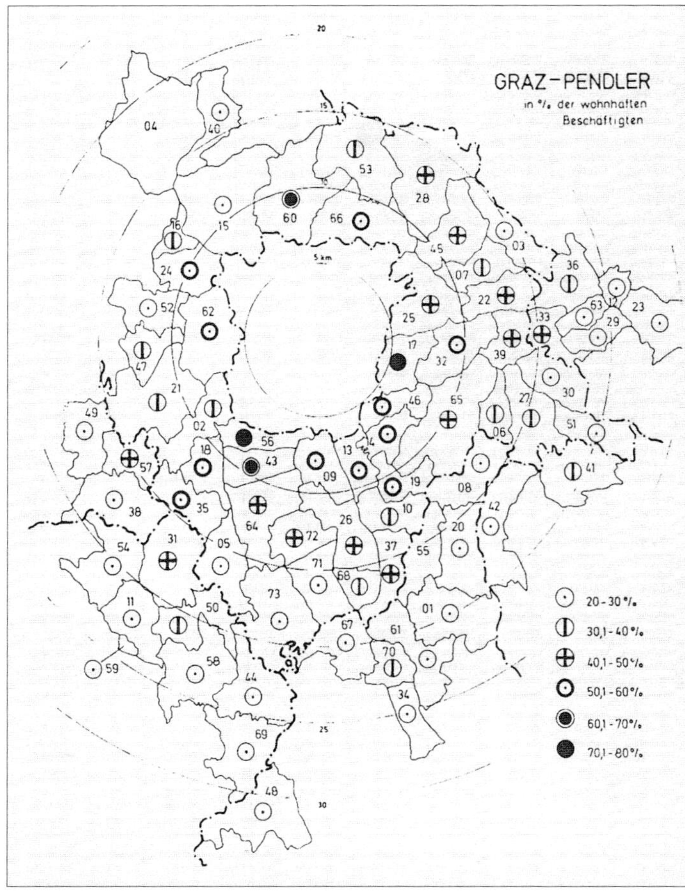

Auspendler nach Graz in Prozent der in der Gemeinde wohnhaften Beschäftigten im Jahre 1979. (W. Leitner, 1979.)

Nach gelungenen Darbietungen der Gratkorner Schüler empfingen fünf bedeutende Gratkorner für ihr Wirken zum Wohle der Gemeinde Ehrenringe: Die Altbürgermeister Wilhelm Partbauer und Alois Schweinzer, Abgeordneter zum Landtag Jakob Preitler, Generaldirektor der Papierfabrik Dr. Heinz Weiss und Zentralbetriebsratsobmann Kurt Roth. Die Markt- und Werkskapelle, der Arbeitergesangsverein, der Wöhrerchor, die Trachtengruppe und die Musikschule sorgten für das festliche Ambiente.

1974 und 1975 konnten im Rahmen des sozialen Wohnbaues 80 Wohnungen übergeben werden, weitere kleinere Projekte folgten. Ergänzend dazu errichtete die Gemeinde um 3, 6 Mio S einen zweiten Kindergarten, der am 1. September 1977 seinen Betrieb aufnahm. Ebenfalls in Zusammenhang mit der Vebesserung der infrastrukturellen Ausstattung Gratkorns infolge des überdurchschnittlichen Bevökerungswachstumes der 70er Jahre ist die Eröffnung des neuen Kassensaales der Raiffeisenkasse Gratkorn (19. September 1975) und die Eröffnung einer Filiale der Steiermärkischen Sparkasse (24. 6. 1978) zu sehen. Am 26. August 1979 verstarb der amtierende Bürgermeister Karl Waltl im 57. Lebensjahr. Auch Karl Waltl, seit 1955 dem Gemeinderat angehörig, war dem seit Anton Kamper in der Gratkorner Sozialdemokratie geradezu traditionellen Weg gefolgt: Betriebsrat - Gemeinderat - Bürgermeister. Stieß diese traditionelle „Laufbahn“ auch beizeiten auf Kritik, sie spiegelt doch die realen sozialen und politischen Verhältnisse. Betriebsratsfunktionäre wie Kurt Roth, Karl - Heinz Frommknecht oder Hans - Joachim Ressel haben sich in erster Linie augrund ihrer beruflichen Erfahrungen und (genutzten) Möglichkeiten zur Weiterbildung Kompetenz in kommunalpolitischen Belangen erworben.

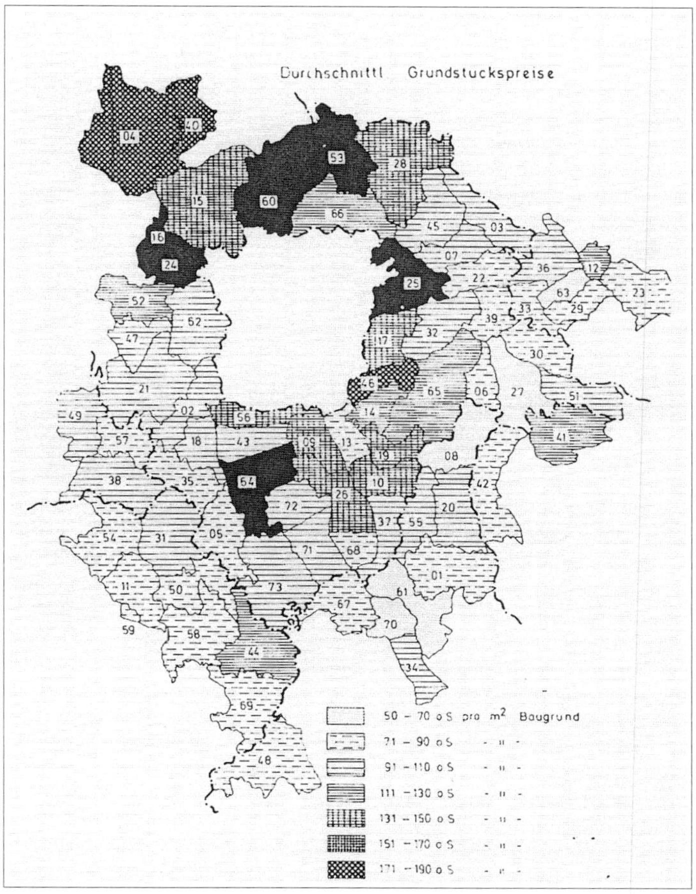

Durchschnittlicher Grundstückspreis in der MG Gratkorn im Jahre 1979, im Vergleich zu anderen Gemeinden des Bezirkes. (W. Leitner, 1979.)

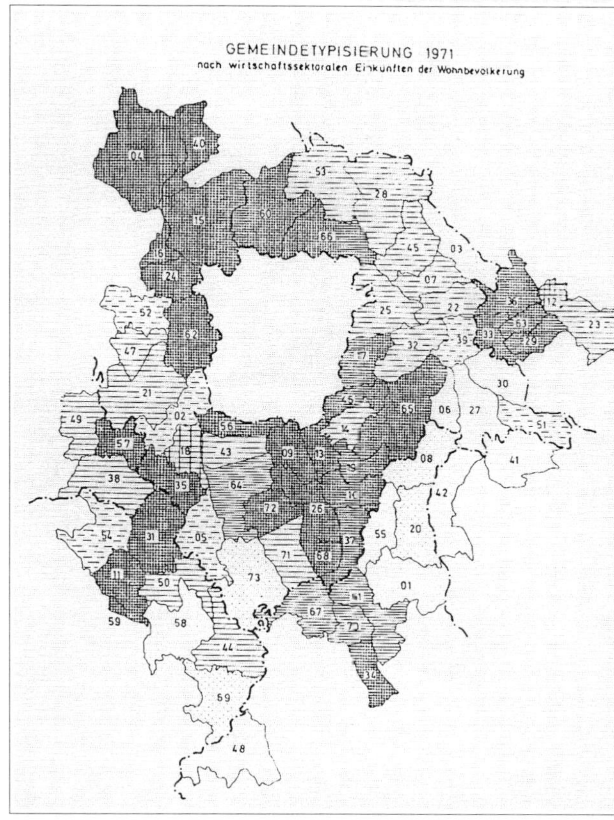

Gemeindetypisierung 1971: Gratkorn (15) scheint als industriell - gewerblich orientierte Gemeinde mit einer Bevölkerungszunahme von über 5 Prozent auf. (W. Leitner, 1979.)

Nach dem Tod Karl Waltls übernahm August Feldgrill, seit 1965 Gemeinderatsmitglied, am 4. September 1979 das Amt des Bürgermeisters. Auch Feldgrill, 1924 in Semriach geboren, arbeitete seit 1948 in der Zellstofffabrik, 1958 bis 1962 besuchte er die Abendgewerkschaftsschule, übernahm Funktionen in der Gewerkschaft und wurde schließlich Ortsparteiobmann der SPÖ Gratkorn. Trotzdem bereits sechs Monate nach Feldgrills Amtsantritt Gemeinderatswahlen stattfanden, erreichte die SPÖ am 23. März 1980 ihr bislang bestes Wahlergebnis in Gratkorn.

In der konstituierenden Sitzung wurde August Feldgrill zum Bürgermeister, Johann Bretterklieber zum ersten und Hubert Winter zum zweiten Bürgermeisterstellvertreter, Kurt Roth zum Finanzreferent und Abg. z. NR Hans Joachim Ressel zum Vorstandsmitglied gewählt.

Die neue Gemeindevertretung setzte den Kurs Wohlleitners und Waltls fort, wenn auch mit einer noch deutlicheren Forcierung ökologischer Belange. Der Bedarf Gratkorns an Trinkwasser wurde mit der Inbetriebnahme des Hochbehälters Jasen (Fassungsvermögen: 450.000 Liter)

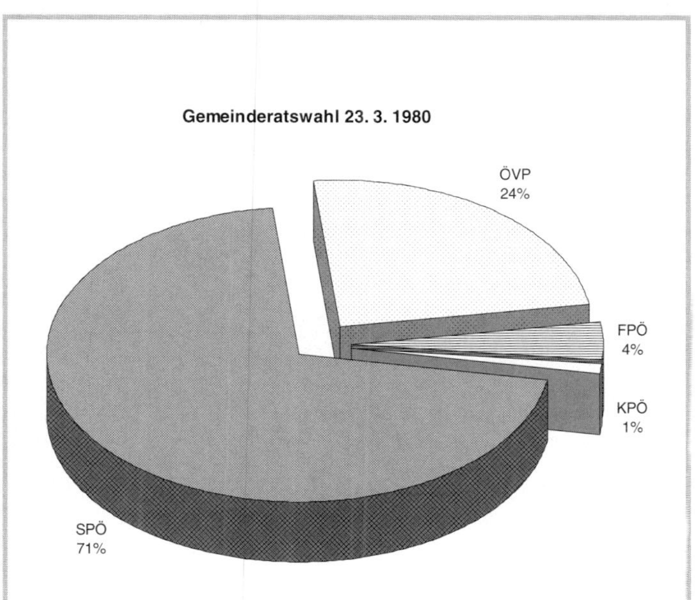

Erhielten 1981 die Ehrenbürgerschaft der Marktgemeinde verliehen: Landtagsabgeordneter Jakob Preitler, Bürgermeisterstellvertreter Ökonomierat Alfred Rinner, Oberschurat Max Mathans und Arbeiterbetriebsrat u. Gemeinderat Alexander Worm, alle r. u. l. neben Berzirkshauptmann Dr. Fallada. (AG)

und der Pumpstation beim Jasenmüller auf Jahrzehnte hinaus gesichert. Mit der Inbetriebnahme der Kläranlage des Wasserverbandes Judendorfer Feld im März 1981 erfolgte ein weiterer bedeutender Schritt zur Sanierung des ökologischen Systems im Gratkorner Becken.

Der Gemeinderat ernannte 1981 vier Gratkorner zu Ehrenbürger. Ökonomierat Abgeordneter zum Landtag Jakob Preitler gehörte 31 Jahre dem Gemeinderat und fünf Jahre dem Landtag an. Es setzte sich als sozialdemokratischer Bauer insbesondere für die Förderung des Bauernstandes ein. Dafür wurden ihm u. a. der Ehrenring der Marktgemeinde Gratkorn, das Goldene Ehrenzeichen des Landes Steiermark und das Silberne Ehrenzeichen der Republik Österreich verliehen.

Der aus der für die Geschichte Gratkorns so bedeutsamen Familie Rinner stammende Ökonomierat Alfred Rinner bekleidete 20 Jahre lang das Amt des Vizebürgermeisters. 1955 wurde Rinner Vorstandsmitglied der Raiffeisenkasse Gratkorn - Deutschfeistritz, 1968 deren Obmann.

Oberschulrat Max Mathans engagierte sich als Gemeinderat 20

Der Gemeinderat der MG Gratkorn nach den Gemeinderatswahlen vom 23. März 1980. Sitzend von links: H. Fekonja, K. Roth, A. Feldgrill, HR Dr. H. Fallada (Bezirkshauptmann), H. Winter, Abg. z. NR Ing. H.J. Ressel, K. Wehs. Stehend von links: A. Pölsler, P. Essinger, H. Ober, L. Terbutz, J. Kopsche, E. Fandl, F. Ferstl, Ing. F. Isker, R. Rösler, G. Schilling, K. H. Frommknecht, S. Kahr, A. Gradwohl, B. Perl, K. Cechal, M. Dirnberger, Dipl.-Ing. A. Premm, Dr. R. Rumpler. (AG)

Bedeutende und um das Gemeinwohl verdiente Gratkorner (v. l. n. r.): Bgm. August Feldgrill, Med.Rat Dr. Erwin Justich, Obermed.Rat Dr. Emil Kschir, Univ.-Prof. Dipl. Ing. DDDr. Karl Rinner, Med.Rat Dr. Herbert Bittersmann. (AG)

Jahre lang für das Feuerwehr- und Schulwesen. Mathans übte den Lehrerberuf seit 1934 aus, leitete seit 1962 die Gratkorner Hauptschule, stand 30 Jahre lang der Marktfeuerwehr vor und diente der Jagdgesellschaft als erfahrener Jagdleiter.

Alexander Worm, dessen politische Heimat im Arbeiterbetriebsrat der Papierfabrik lag, gehörte 1960 bis 1974 dem Gemeinderat an, davon neun Jahre als Vorstandsmitglied.

Im Jahr darauf, in der Gemeinderatsitung vom 16. Dezember 1982, erhielten wieder bedeutende Gratkorner hohe Auszeichnungen. Unv. - Prof. DDDr. Karl Rinner, der weltberühmte Fachmann auf dem Gebiet der Geodäsie und der allseits beliebte Arzt Medizinalrat Dr. Erwin Justich erhielten den Ehrenring und die Ehrenbürgerschaft; Obermedizinalrat Dr. Emil Kschir, bereits Träger des Ehrenringes, wurde zum Ehrenbürger ernannt; Medizinalrat Dr. Herbert Bittersmann und Dr. Erwin Steinhauser erhielten den Ehrenring.

Nach dem Entstehen erster Ansätze zu einem kritischen Umweltbewußtsein zu Beginn der 70er Jahre begannen sich in den frühen 80er Jahren in Gratkorn die verantwortlichen Kreise in Wirtschaft und Politik einem neuen, ökologischen Denken zu öffnen. Wachsendes Interesse der Gemeindebürger führte zu einer zunehmend kritischeren Haltung direkt betroffener Bevölkerungskreise an einzelnen wirtschaftlichen Betrieben. Daß sich diese Tendenz teilweise ungerechtfertigt in einer generell industrie- und wirtschaftsfeindlichen Einstellung manifestierte, zeigt einmal mehr die Angst, die vor allem die Jugend vor der Zerstörung eines Ökosystems empfindet, das sich als weit verletzbarer erweist, als es die Fortschrittsgläubigkeit der „Wiederaufbaugeneration" jemals vorhergesehen hat.

Der Papierfabrik, aber nicht nur ihr, kommt in diesem Zusammenhang in Gratkorn die größte Bedeutung zu. Der Expansion der Leykam - Josefsthal und dem enormen Bevölkerungszuwachs standen eine drastische Abnahme der in der Landwirtschaft Beschäftigten sowie gravierende Änderungen der Kulturflächen entgegen.

Besonders drastisch stellt sich die Entwicklung der in der Landwirtschaft Beschäftigten dar. Zur Zeit der der Aufnahme des Franziszeischen Katasters (1823) waren fast alle Bewohner der vier Katastralgemeinden in der

Anteil der von der einheimischen Bevölkerung in der Land- und Forstwirtschaft Beschäftigten

Grafik: I. Mirsch

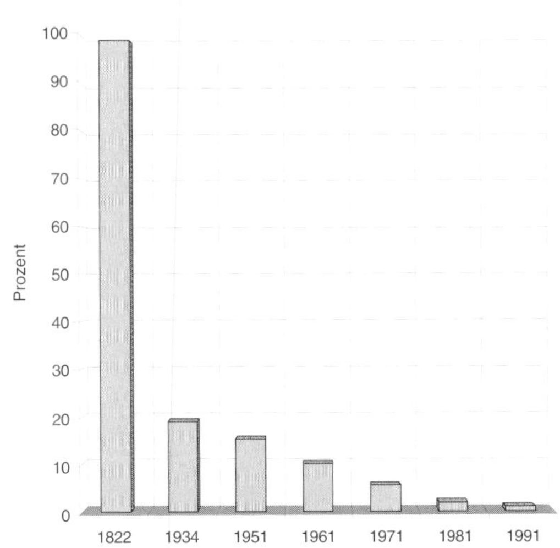

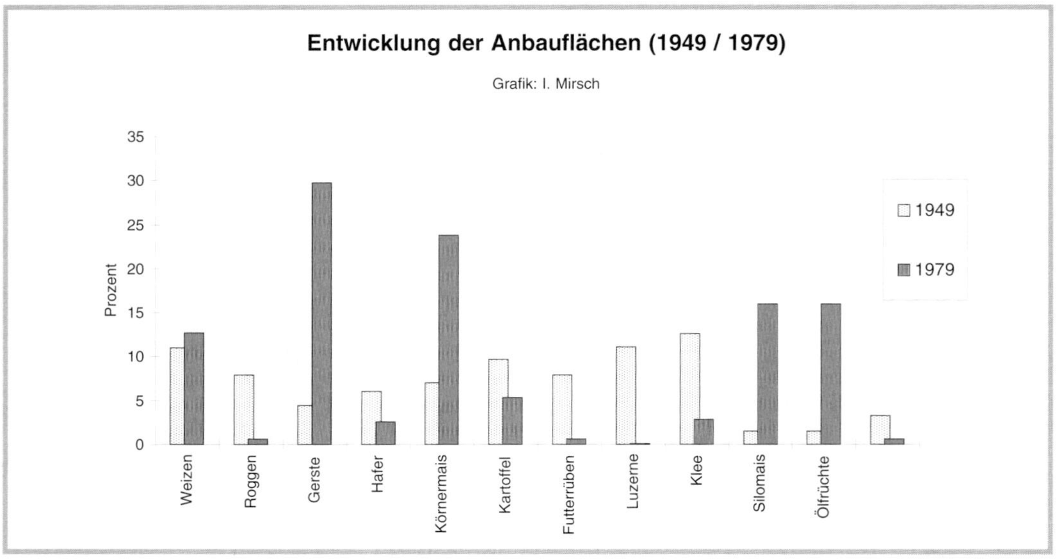

Landwirtschaft beschäftigt, lediglich an der Post- und Kommerzialstraße gab es Wirte, Schmiede, Schuster und Wegmacher, bzw. Pfarrer, Weber und Schneider im Dorf St. Stefan. Die Gründung der Papierfabrik (1839) und deren verstärkte Expansion bewirkten einen kontinuierlichen Aufschwung.

Man vermag diese übergeordnete Bedeutung der Papierfabrik wohl daran ermessen, daß die Herstellung von Zellstoff und Papier einer Industriesparte zuzurechnen ist, deren mittlerer Anfall an Abwässern Ende der 80er Jahre 200 m^3 je Tonne verarbeiteter Rohstoffmenge betrug.[23] Die über ein Jahrhundert ausschließlich mit Chlorbleiche arbeitende Papierfabrik erzeugte giftige Abwässer von durchschnittlich 300 l/sek; der Bedarf an Dampf und elektrischer Energie wurde und wird in erster Linie durch chalorische Kraftwerke gedeckt, die ihrerseits durch den hohen Ausstoß von Schwefeldioxyd (SO_2), Stickoxyden (NO_X), Kohlenmonoxyd (CO), sonstigen Emissionen sowie Staub erheblich die Luftqualität beeinträchtigen. Besonders die SO_2 - Emissionen schädigen Bäume, fördern die rasche Korrosion von Bauwerken, beeinflussen das Witterungsgeschehen und wirken sich nicht zuletzt negativ auf die Lungenfunktion aus.[24] Als entscheidend für die Quantität der SO2 - Emissionen sind in erster Linie die schwefelhältigen Brennstoffe Heizöl (schwer) und Braunkohle anzusehen.

In disem Zusammenhang wurde die Luftqualität im Gratkorner Becken spätestens Ende der 70er Jahre zu einem Diskussionsthema ersten Ranges. Im Zuge dieser Diskussion erbrachte eine von R. Lazar im Jahre 1979 publizierte Studie überraschende Ergebnisse: Während der Nachtstunden herrscht im Gratkorner Becken Talwind, der in Bodennähe einen Kaltluftabfluß bewirkt uns sich an der Meßstation Straßengel / Kirche in SO_2 - Spitzen bis 0,8 mg/m^3 manifestierte, wobei die Werte an der Terrasse um 0,1 mg/m^3 lagen. Einige Stunden nach Sonnenaufgang erreicht der Talabwind sein Maximum, während aus Süden (Raach) der Talaufwind einsetzt und in Gratkorn der Talabwind noch anhält. Nach Auflösung der nächtlichen Inversion setzt sich der Talaufwind nach Nord und Nordwest durch, die SO_2 - Werte steigen im Südwesten des Bekkens an. Besonders während der ersten Stunden des Talaufwindes gelangt teils stark vorbelastete Luft aus dem Norden von Graz (!) durch die Talenge von Raach nach St. Stefan, bzw. in das östliche Gratkorner Becken.[25] - Dies bedeutet also, daß die Qualität der Gratkorner Luft zu 50 Prozent von der Papierfabrik beeinflußt wird, während die andere Hälfte der Belastungen Grazer Herkunft ist. Die Verminderung der Schadstoffquellen im Gemeindegebiet (Papierfabrik und Hausbrand) wird daher seit Ende der 70er Jahre intensiv betrieben. Die Beheizung der Gemeindebauten mittels Fernwärme (seit Dezember 1983) und die bedeutenden Investitionen der Papierfabrik in umweltfreundliche Produktionsverfahren geben davon Zeugnis.

Bleiben wir jedoch vorerst der historischen Betrachtungsweise verhaftet: Blättert man die offiziellen Publikationen der Leykam - Josefsthal (bzw. Leykam - Mürztaler AG) durch, so findet sich bis etwa zum Beginn der 70er Jahre kein Hinweis auf die Tatsache, daß das Werk Gratkorn zu den ökologisch problematischen Industriebetrieben zählt. „Den Laien“, so lassen es die Medien 1962 noch stolz wissen, „beeindruckt vor allem der gigantische Wasserverbrauch zur Papierherstellung, wird hier doch eine so große Menge Wasser pro Tag benötigt, wie in Groß - Graz (pro Tag) von über einer Viertelmillion Menschen Wasser verbraucht wird ...“. Ansonsten benötigte die Papierfabrik (Werte von 1960): 212.000 Festmeter

23 W. Katzmann, 1986, S. 101.
24 Vgl. H. J. Müller, 1984, S. 340f und W. Katzmann, 1986, S. 42 - 45.
25 R. Lazar, 1979, S. 24b.

Sie prägten die Geschichte Gratkorns in der jüngsten Vergangenheit: Generaldirektor Dr. Siegfried Meysel, Ehrenbetriebsratsobmann Kurt Roth, der heutige Landesrat, damals Abg. z. NR und Betriebsratsobmann Ing. Hans Joachim Ressel und der damalige Betriebsratsobmannstellv. Karl Heinz Frommknecht. (v. l. n. r.) (AG)

Holz, 4.600 Tonnen Schwefelkies, 6.550 Tonnen Kalksteine, 8.220 Tonnen Füllstoffe und 2.700 Tonnen Leimstoffe. Zur Erzeugung von Energie und Dampf verfeuerte man 61.830 Tonnen Kohle und 11.660 Tonnen Heizöl. Wasserverbrauch im Jahre 1960: 42.000 Liter pro Minute.[26]

Vor 1977 leitete die Papierfabrik über 1,2 Millionen Einwohnergleichwerte an Abwasserfrachten in die Mur ein. Dies entsprach einer Abwasserlast einer Sadt mit 1,2 Millionen Einwohnern. Der biochemische Sauerstoffbedarf innerhalb von fünf Tagen (BSB5 - Abwasserfrachten) belief sich auf über 72 Tonnen. Dies hatte zur Folge, daß die Mur, deren biologische Güteklasse sich nach Bruck an der Mur auf Stufe II / III besserte, bei Gratkorn abrupt in die Stufe IV überging.[27]

Über ein Jahrhundert lang wurden die Abwässer der Papierfabrik nicht oder ungenügend geklärt in die Mur eingeleitet. Aus dem Jahre 1912 stammten die ersten Pläne für eine Kanalisierung in Gratkorn, während der Zwischenkriegszeit fehlten die finanziellen Mittel. 1972 konnte im Gemeinderat der entsprechende Beschluß gefaßt werden, sodaß am 12. Februar 1972 der Auftrag zum Bau des ersten Abschnittes erteilt werden konnte. Es handelte sich dabei um den Hauptstrang, der vom ehemaligen Murlager bis zur Abzweigung Gratwein (Bognereck) verläuft. Mit dem zweiten Bauabschnitt der Kanalisierung (Überfuhr - St. Stefan) wurde 1976 begonnen. Der Probebetrieb konnte am 22. August 1978 aufgenommen werden. Gleichzeitig erfolgte der Ausbau des Wasserversorgungsnetzes, die Verbindung des Ortsnetzes mit den Quellen der Hinteren Freßnitz war 1978 geschlossen.

Die finanziell aufwendigsten Schritte in Richtung Umweltsanierung sowie umweltschonender Produktionstechniken setzte die Papierfabrik selbst. Als wichtigster Schritt zu einer umweltbewußten Betriebsführung ist die Inbetriebnahme der neuen Zellstoffabrik Ende März 1978 zu erwähnen, die mit einem Aufwand von über 2,2 Milliarden Schilling errichtet wurde. Das bis dahin verwendete Calziumbisulfit - Verfahren wich dem Magnefite - Verfahren, das nach Verbrennung der eingedickten Ablauge durch die Rückgewinnung eines Großteils des verwendeten Magnesiums und Schwefels - sowie der gelösten organischen Substanzen - die Abwasserbelastung der Mur deutlich senken konnte. Der Einwohnergleichwert konnte dadurch auf etwa 500.000 gesenkt werden.

Weitere Investitionen in den Umweltschutz führten zu einer sukzessiven Verringerung der Umweltbelastungen. Seit 1983 werden alle öffentlichen Gebäude der Gemeinde mit der Abwärme der Papierfabrik beheizt. Die dadurch eingesparte Menge an Heizöl führte bereits im ersten Jahr zu einer Verringerung des Schwefeldioxydausstoßes von über 2000 kg.

Die Errichtung einer vollbiologischen Kläranlage im Rahmen des Wasserverbandes Region Gratkorn / Gratwein trug weiters zur Verbesserung der ökologischen Situation bei, der Einwohnergleichwert konnte damit Ende der 80er Jahre auf rund 330.000 Einwohnergleichwerte gesenkt werden. Die luftdicht abgedeckte Biologie wird dabei mit Reinsauerstoff

26 E. Hütter, 1960, (Artikel „Am Puls der Arbeit" aus NZ).

27 Vgl. Gewässerkarte des BM f. Land- und Forstwirtschaft (Ausgabe 1984/85); W. Katzmann, 1986, S. 96 - 99; div. Informationsmaterial der (damaligen) Leykam - Mürztaler AG; E. Hütter, 1960.

belüftet, die Abluft in den Kesselanlagen der Papierfabrik verbrannt. Die Baukosten für diese damals größte biologische Kläranlage der Steiermark - Kommunalkläranlage und Reststoffverbrennungsanlage eingeschlossen -betrugen 765 Millionen Schilling. Mit der Inbetriebnahme der mechanischen Stufe (April 1987) und der Biologie (November 1987) trat im Bereich der Abwasserfrachten der Papier- und Zellstoffabrik sowie der kommunalen Abwasserfrachten eine grundlegende Verbesserung ein. Bei der neuen Dampfkraftanlage (Kessel 11) entfielen 420 Millionen Schilling auf umweltrelevante Anlagenteile. Die mittlere Staubemission konnte von 525 kg/Stunde im Jahre 1977 auf 17 kg gesenkt werden; die SO_2 - Emissionen von 400 kg/Stunde auf 110 kg. Erst in jüngster Vergangenheit gelang der Papierfabrik mit der Umstellung von Chlor- auf Sauerstoffbleiche ein weiterer revolutionärer Schritt. Nachdem der Ausbau der bestehenden Anlage mittels Modulbauweise unter Aufrechterhaltung des Normalbetriebes erfolgt war, konnte im Juni 1993 die gesamte Produktion auf die chlorfreie Bleichtechnik umgestellt werden.

Diese gewandelte Einstellung zu ökologischen Themen manifestierte sich in Gratkorn auch innerhalb politischer Jugendgruppen. Exponenten dieser Bewegung gerieten nicht selten in Widerspruch zur Kommunalpolitik der „Wiederaufbaugeneration", deren Zielsetzung, nämlich die Erreichung optimalen wirtschaftlichen Wachstums als Garant für ein materiell abgesichertes Leben, einer jungen, kritischen Generation allein nicht mehr genügen konnte. Unter dieser Prämisse wurden bereits in den letzten Jahren der Amtszeit Bürgermeister Feldgrills Initiativen gesetzt, so unter anderem: neue Ortsdurchfahrt, Seniorenwohnheim beim Gemeindeamt, Ortsgestaltung, sozialer Wohnbau für Jungfamilien, neue Abfallkonzepte, Hochwasserschutz, Kindergarten in der Sportplatzgasse, Modernisierung des Gemeindeamtes, Kanalisation in Friesach. Für diese Verdienste erhielt August Feldgrill anläßlich seines gesundheitlich bedingten Rücktrittes im Dezember 1987 den Ehrenring der Marktgemeinde Gratkorn verliehen, 1991 wurde Feldgrill Ehrenbürger, 1992 erhielt er das Goldene Ehrenzeichen des Landes.

Hatte Elmar Fandl bereits als Gemeinderat während der Amtszeit August Feldgrills diese neue ökologisch und sozial orientierte Kommunalpolitik wesentlich geprägt, so kamen diesen Prinzipien - unter Betonung der Bürgernähe - mit der Wahl Fandls zum Bürermeister (Dezember 1987) noch deutlicher zur Wirkung. Wesentliche Unterstützung findet Fandl in Karl - Heinz Frommknecht; als Leiter der Verwaltung verfügt er in Eduard Kolle über einen versierten und engagierten Amtsleiter. Die Initiative dazu ging in erster Linie von Bürgermeister Fandl und Amtsleiter Kolle aus.

Als eine der ersten Maßnahmen Fandls erfolgte im Mai 1988 die Etablierung einer Gemeindezeitung (Bürgermeister - Info), wodurch die Transparenz der Verwaltung und die Kommunikation mit dem Bürger eine wesentliche Verbesserung erfuhr. Auch kulturellen Belangen und den Belangen der Gratkorner Vereine wird hier gebührender Raum gewidmet.

Der Herbst 1988 brachte grundlegende Entscheidungen über den Verkauf der Leykam - Mürztaler AG. Der damalige Abg. z. NR und Zentralbetriebsratsobmann Ing. Hans Joachim Ressel und Arbeiterbetriebsratsobmann Karl - Heinz Frommknecht, beide auch langjährige Kommunalpolitiker, zeichneten dafür verantwortlich, daß ein Verkauf der Papierfabrik an den deutschen PWA - Konzern verhindert werden konnte. In einer überraschenden Aktion wurden Mitarbeiteraktien aufgelegt: innerhalb weniger Tage hatten Leykam - Mitarbeiter Anteile von 116 Millionen Schilling gezeichnet. Streikdrohungen standen im Raum, als am 25. November 1988 in Wien die Entscheidung fiel, daß es vorerst eine Minderheitsbeteiligung des holländischen KNP - Konzerns geben werde. Hans Joachim Ressel und Generaldirektor Dr. Siegfried Meysel erhielten für ihren Einsatz den Ehrenring der Marktgemeinde. Die endgültige Produktionszusammenlegung und die Änderung der Firmenbezeichnung in „KNP Leykam" erfolgte 1994.

Ein weiterer bedeutender Gratkorner, der 29 Jahre lang als Finanzreferent für die Verwirklichung kommunaler Projekte sorgte, Kurt Roth, legte 1989 sein Gemeinderatsmandat zurück. Trotz der bedeutenden Investitionen konnte Roth den Verschuldungsgrad der Marktgemeinde - gemessen an allen österreichischen Gemeinden - im unteren Drittel halten. Als Nachfolger Kurt Roths wurde Ing. Franz Isker bestellt. Kurt Roth

Sozialer Wohnbau und ökologische Aspekte stehen im Zentrum aktueller kommunalpolitischer Aktivitäten. (AG)

erhielt, gemeinsam mit Hauptschuldirektor i. R. Willi Konrad, im Jahre 1989 die Ehrenbürgerschaft der Marktgemeinde; Willi Konrad machte sich um die Marktmusikkapelle verdient, er komponierte u. a. den Marsch „Gratkorn zum Gruß", den er seiner Heimatgemeinde widmete. Roth erhielt außerdem im Jahre 1990 das Große Goldene Verdienstzeichen des Landes Steiermark.
Am 25. März 1990 fanden in Gratkorn Gemeinderatswahlen statt. Gegenüber 1985 gewann die SPÖ 1,7 Prozent (68,2 Prozent), die ÖVP verlor 8,3 Prozent (15,0 Prozent), die FPÖ gewann 4,1 Prozent (6,6 Prozent) und die Namensliste Winter kam auf 10,2 Prozent. Der Gemeinderat setzte sich wie folgt zusammen:

Bgm., Elmar Fandl	Industriekaufmann	SPÖ
Vizebgm., Karl - Heinz Frommknecht	Werksarbeiter	SPÖ
Vizebgm., Heinz Ober	Beamter	ÖVP
Finanzref., Ing. Franz Isker	Angestellter	SPÖ
Vorstand, Katharina Wess	Pensionist	SPÖ
GR, Josef Kopsche	Werksarbeiter	SPÖ
GR, Karl Aufegger	Werksarbeiter	SPÖ
GR, Vinzenz Zach	Angestellter	SPÖ
GR, Renate Graf	Angestellte	SPÖ
GR, Wilhelm Hausch	Versicherungsang.	SPÖ
GR, Georg Hemmer	Arbeiter	SPÖ
GR, Peter Rinner	Heeresbeamter	SPÖ
GR, Siegfried Stemmer	Polizeibeamter	SPÖ
GR, Franz Sucek	Arbeiter	SPÖ
GR, Dr. Günther Kräuter	Jurist	SPÖ
GR, Ingrid Kühn	Industriekaufmann	SPÖ
GR, Franz Zieger	Angestellter	SPÖ
GR, Richarda Dagmar Papst	Lehrerin	SPÖ
GR, Ferdinand Steinbauer	Angestellter	SPÖ
GR, Dr. Reinhard Rumpler	Abteilungsleiter	ÖVP
GR, Walpurga Stock - Rinner	Angestellte	ÖVP
GR, Franz Lanz	Bauer	ÖVP
GR, Hubert Winter	Bauer	NL
GR, Horst Längauer	Kaufmann	NL
GR, Peter Schmid	Techniker	FPÖ

Ziel der gegenwärtigen Gemeindepolitik ist es auch, Gratkorn als Wirtschaftsstandort - nicht nur für die Papierfabrik - attraktiv zu erhalten. Einen erheblichen Beitrag dazu leistet der Verein „Aktiv für unsere Wirtschaft", der unter Obmann August Feldgrill im Jahre 1979 die erste Bezirksmesse organisiert hatte. Diese Bezirksmesse bildet heute ein wichtiges Element im wirtschaftlichen Leben der Region und bietet den Firmen Gelegenheit, ihre Produkte werbewirksam zu präsentieren.
Bereits in den 80er Jahren begannen sich die Rahmenbedingungen der finanziellen Lage der Gemeinde zu verändern. Steigende Pflichtausgaben und rückläufige Einnahmen engten den Spielraum für neue Projekte ein; der erhöhte Investitionsaufwand der Leykam - Mürztaler führte zu einer Reduktion der Gewerbesteuer; die Lohnsummensteuer stagnierte; Mittel des Landes flossen spärlicher.

Das neue Ortszentrum Gratkorn. (AG)

Nach einer großangelegten Werbekampagne, die auch vor der Gratkorner Bürgermeister - Info nicht Halt machte, stimmten am 12. Juni 1994 bei einer Wahlbeteiligung von 81,42 Prozent 74,3 Prozent der Gratkorner für den EU - Beitritt, 25,7 Prozent dagegen. Aus der nach Wahlsprengel gegliederten Grafik läßt sich der Schluß ziehen, daß vor allem bei den Bauern (vgl. Wahlsprengel Höchwirt!) Skepsis bezüglich Vorteile eines Beitrittes herrscht(e).

Die Gemeinderatswahlen vom 26. März 1995 brachten für die SPÖ 2532 Stimmen, für die ÖVP 562 Stimmen, für die „F" 555 Stimmen, für die Namensliste Winter 150 Stimmen, für die Ampel/Schmid 68 Stimmen und für die Grünen 179 Stimmen. Mitglieder des Gemeindevorstandes: Bürgermeister Fandl (SPÖ), 1. Vizebürgermeister Peter Rinner (SPÖ), 2. Vizebürgermeister Heinz Ober (ÖVP), Gemeindekassier Grete Schenkirsch (SPÖ), Vorstandsmitglied Karl - Heinz Frommknecht (SPÖ). Der Wahlkampf war mit wenig Noblesse geführt worden und Fandl, Frommknecht und Ober wurden bei ihrer Wahl in den Vorstand mit je vier Streichungen bedacht. Dies darf jedoch nicht darüber hinwegtäuschen, daß bislang etwa 97 Prozent der Gemeinderatsbeschlüsse einstimmig erfolgten. Auf Initiative der SPÖ wurde jede im Gemeinderat vertretene Partei mit Sitz und Stimme in die Fachausschüsse gewählt. Zwischen den politischen Parteien besteht in Sachfragen weitgehend Konsens, lediglich zwischen SPÖ und Freiheitlichen kommt es zu heftigeren Auseinandersetzungen.

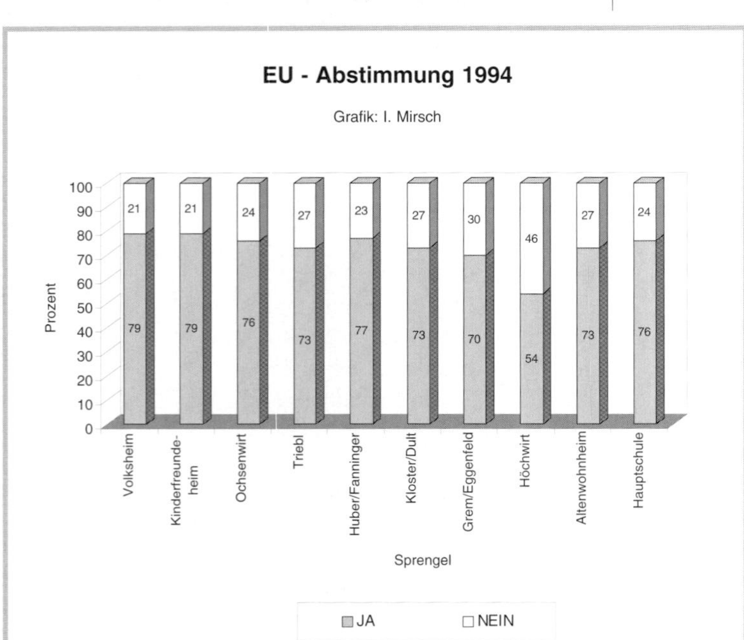

In der Amtszeit Bürgermeister Fandls erfolgte die bislang größte Wohnbauoffensive in der Geschichte der Markktgemeinde. Bisher wurden von der Gemeinde über 230 Wohnungen übergeben, wobei insbesondere auf die Kinderfreundlichkeit der Anlagen wertgelegt wurde. In der gegenwärtigen Kommunalpolitik lassen sich markante Schwerpunkte in den Bereichen Sozialpolitik und Ökonomie feststellen: Das unten näher ausgeführte Konzept neuer Betriebsansiedlungen bedingt, auch durch den Zuzug junger Familien, den Ausbau der Infrastruktur. Zu nennen sind hier das Ortszentrumm, die Fuß- und Radwege, der Ausbau der Erdgasversorgung und des Wasserleitungsnetzes, die Generalsanierung und der Ausbau des Straßennetzes, der Ausbau der Straßenbeleuchtung, die Einführung der Hauskrankenpflege und der Neubau des Altenheimes. Auf dem Verwaltungssektor wird mit der Generalsanierung des Marktgemeindeamtes die Effizienz weiter gesteigert. Nachdem Fandl bei seinem Amtsantritt mit der Gründung der Bürgermeister - Info neue Maßstäbe im Bereich der Kommunikation bzw. Informationsservice gesetzt hatte, werden mit dem Informationskanal der Marktgemeinde über Kabel - TV die Gratkorner Haushalte (Bild-

Kulturpolitik in Gratkorn bedeutet nicht nur die Subventionierung traditioneller Vereine nach dem Gieskannenprinzip. Wirtschaftliche Stärke ermöglicht innovative Projekte, in diesem Falle im Rahmen der so geschichtsträchtigen Zigeunerhöhle. (Sammlung I. Mirsch)

schirmzeitung für mehr als 1000 Anschlüsse) ständig über aktuelle Informationen aus wichtigen kommunalen Bereichen verfügen.

Als spezieller Schwerpunkt ist die gegenwärtige Jugendpolitik zu nennen, wobei Fandl - mit Unterstützung aller politischen Mandatare - das Prinzip „Jugend weg von der Straße“ vertritt. Dazu zählen eine aktive Jugendbeschäftigungspolitik, die Lernbetreuung, der Neubau eines Jugendzentrums, ein neues Schulschwimmbecken sowie die neue Sporthalle. Fandl, selbst begeisterter Sportler und Sportfunktionär, sieht im Sport eine der Möglichkeiten sinnvoller Freizeitbeschäftigung. Die Entstehung von „Subkulturen“, Jugendkriminalität und „sozialen Ghettos“ soll so vermieden werden.

Die Marktgemeinde Gratkorn entwickelte sich im Laufe ihrer Geschichte zu einem zentralen Industrieort, zu einem Arbeitszentrum des Bezirkes. Zeichnete dafür in der Vergangenheit in erster Linie die Papierfabrik verantwortlich, so verfolgt die Gemeinde seit geraumer Zeit die Intention, auch für bestehende, erweiterungsfähige sowie für neue Betriebe Anreize zu schaffen. „Wir haben erkannt, daß wir uns nicht auf Gedeih und Verderb dem Auf und Ab in der Papierindustrie ausliefern dürfen - so wichtig die KNP - Leykam für uns nach wie vor ist. Deshalb haben wir Betriebe angesiedelt und darauf geachtet, daß sich der Handel weiterentwickeln kann.“[28] Erreicht wird dies unter anderem durch die Bereitstellung von Flächen zur Ansiedlung von Mittelbetrieben, insbesondere unter Berücksichtigung von standortgünstigen Lagen, Infrastrukturangebot und unter Minimierung von Nachbarschaftskonflikten mit der Wohnfunktion.

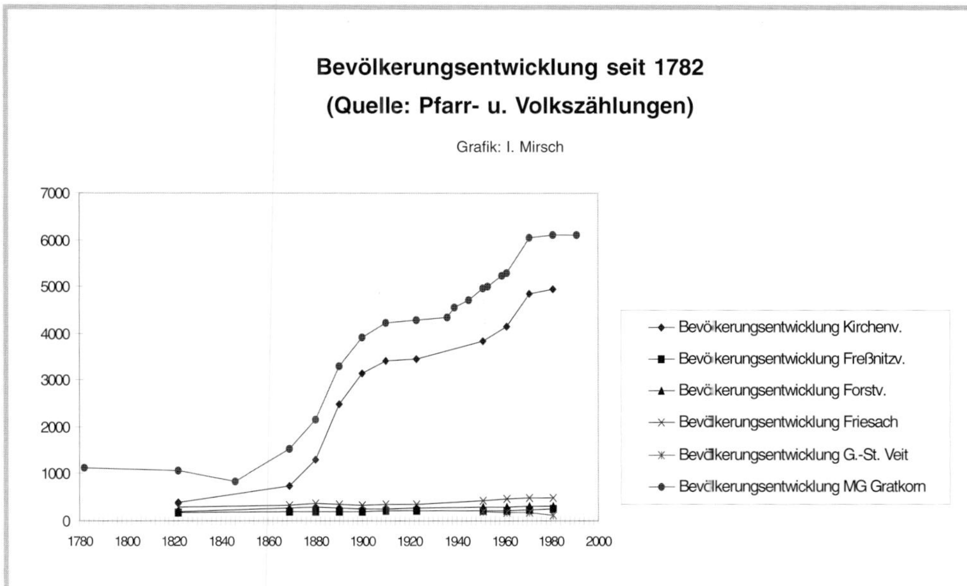

Unter Beachtung aller relevanten ökonomischen und ökologischen Rahmenbedingungen soll Gratkorn ein Nahversorgungszentrum mit voller Ausstattung werden, um dem Abfluß der Kaufkraft in Richtung Graz entgegenzuwirken. In Zusammenhang damit wurde in Gratkorn ein zentral gelegenes Ortszentrum (Andreas Leykam Platz)[29] geschaffen.

So konnte Gratkorns Funktion als primärer Arbeitsstandort für die Umlandgemeinden erhalten und ausgebaut sowie die Zuwanderung jüngerer Altersgruppen unterstützt werden. Gleichzeitig wird die Attraktivität der Gemeinde als Wohnstandort für die einheimische Bevolkerung sukzessive gehoben. Als wesentliche Elemente dienen dabei die eben beschriebenen Verbesserungen der Infrastruktur, die Erweiterung des Freizeitangebotes und die Hebung des kulturellen Angebotes.

Die von der Marktgemeinde verfolgte Politik räumt ökologischen Prinzipien ebenso hohen Stellenwert ein: Das Berg- und Hügelland bedarf des Schutzes vor weiterer Zersiedelung, um seine Funktion als Naherholungsgebiet zu erhalten. Landwirtschaftliche Flächen in den Vorranggebieten Friesach - Wörth und Eggenfeld müssen gesichert werden, räumliche Verflechtungen mit Wohngebietsschwerpunkten sind jedoch zu bereinigen. Wichtig ist die Erhaltung der Waldbestände, darunter Auwaldreste an der Mur, besonders in der Funktion als Schutzwald. Der Grüngürtel soll, wie die Waldausstattung des gesamten Gemeindegebietes, erhalten bleiben. Gleiches gilt für Natur- und Kulturdenkmale sowie erhaltenswerte Biotopkomplexe.[30]

28 Bgm. Elmar Fandl in: GBl 2, 1995. S. 12.

29 Andreas Leykam selbst hatte mit der Gratkorner Papierfabrik rein gar nichts zu tun. Er wurde um 1752 in Mainz geboren, kam um 1780 nach Graz und gründete in der Stempfergasse die Druckerei Leykam. Leykam starb am 12. November 1828 in Graz, damals bestand in Gratkorn noch keine Papierfabrik. Erst mit der Übernahme der Gratkorner Papierfabrik durch die 1869/70 gegründete Leykam - Josefsthal AG kam das Gratkorner Werk in Berührung mit dem Namen Leykam.

30 Das Naturschutz - Handbuch IV, 1994, S. 276 weist für Gratkorn aus: 150 Jahre alte Stieleiche im Haselleitgraben; etwa 200 Jahre alte Stieleiche bei der Leykamsiedlung in der KG Freßnitz; der Hausberg mit der Zigeunerhöhle wird als geschützter Landschaftsteil ausgewiesen. Vgl. auch Entwicklungsprogramm, 1987, S. 5/15ff.

Gratkorn Ende der 60er Jahre. (Sammlung J. Kopsche)

(Sammlung J. Kopsche, Ing. H. Barwinek)

Das Gemeindeamt, 1924. (AG)

Altenheim der Papierfabrik, 1949. (Archiv BDA, Graz)

Grundsteinlegung des Gemeindeamtes
im Juni 1924.

Das neue Alten- u. Pflegeheim Gratkorn, 1996.

Gratkorn 1987 bis 1997 - Politik in neuem Umfeld

Die Ära Fandl

Bürgermeister Elmar Fandl

Mit Elmar Fandl kam 1987 ein Mann der neuen Politikergeneration an die Spitze der Gemeinde - zu einer Zeit, als rundum die politisch - gesellschaftlichen Strukturen sich grundlegend zu wandeln begannen.
Von Anfang an betonte Bürgermeister Elmar Fandl die demokratischen Elemente, versuchte, eine transparente Politik zu machen. So war eine seiner ersten Entscheidungen, eine Zeitung unter dem Titel "Gratkorner Bürgermeister - Info" zu gründen, mit der Absicht, in diesem Blatt das Leben und die Entscheidungsvorgänge in unserer Gemeinde transparent zu machen. Dazu führte er regelmäßige Bürgerversammlungen in den einzelnen Ortssprengeln ein sowie Jugendparlamente.

KTV – Sendeanlage

Gemeindehaus 1996 – 97 generalsaniert

Das Kabel - TV, 1988 eingeführt, wurde mit einem lokalen Informationskanal ausgestattet, der 1997 zu einer Bildschirmzeitung mit Nachrichten aus dem Gratkorner Geschehen ausgebaut wurde.

Als Reformer zeigte sich Bürgermeister Elmar Fandl auch im Verwaltungsbereich. 1992 ließ er die Verwaltung analysieren und auf ihre Effizienz überprüfen. Das Ziel: raschere Verfahrensabläufe, besseres Bürgerservice und sparsamer Personaleinsatz. Schon für das Budget 1993 ergaben sich erste Einsparungen durch die Verwaltungsreform, und in den folgenden Jahren sank der Verwaltungsaufwand spürbar.

Modernisierung der Infrastruktur

Noch in den 80er - Jahren wurde ein Programm zur Erneuerung und Verbesserung der Wasserversorgung gestartet. Man begann 1988 mit den Bereichen Brunnboden und St. Stefaner - Straße. Die bis zu 50 Jahre alten Eisenrohre hatten häufig zu Rohrbrüchen geführt. Daß sich die Investition - abgesehen von der Versorgungssicherheit auch wirtschaftlich lohnte, erwies sich schon nach einem Jahr: 8,5 % weniger Wasserverlust und geringere Pumpenlaufzeit, damit spürbar weniger Stromverbrauch.

Der Ausbau im Felbertal sowie der Beitritt zum Wasserverband Hochschwab - Süd waren weitere Maßnahmen zur Sicherung der Wasserversorgung, ehe 1993 ein Investitionsprogramm im Umfang von 25 Millionen Schilling in Angriff genommen wurde, dessen Kernstück der neue Hochbehälter in Brunnleiten bildete; und Schritt für Schritt wurde das Netz erneuert.

Wie wichtig ein leistungsfähiges Netz sowie ausreichende Trinkwasserreserven sind, mußten die Gratkorner erfahren, als 1990 aus der Dultquelle mit Colibakterien verseuchtes Wasser kam. Man bekam das Problem zwar rasch in den Griff, aber ein Schreck war es doch. Als kurzfristige Maßnahme wurden UV - Filter eingebaut, die gesundheitsschädliche Keime abtöten, langfristig wollte man dem Problem durch einen Vollausbau der Kanalisierung begegnen, um Verunreinigungen des Trinkwassers durch landwirtschaftliche Betriebe und Hauskläranlagen auszuschalten. So wurde in den folgenden Jahren die Erweiterung der Kanalisierung stark forciert.

Ein anderes Kapitel waren die Hochwasserschäden. Abhilfe konnten nur Rückhaltebecken schaffen, die Verhandlungen mit dem Land darüber verliefen jedoch äußerst zäh. 1989 wurde das Rückhaltebecken Picklbach realisiert, im selben Jahr gab es - nach abermals schweren Hochwasserschäden - auch grünes Licht für das Rückhaltebecken Felberbach.

Eine erste dramatische Bewährungsprobe mußte das eben erst fertiggestellte Rückhaltebecken Felberbach im Oktober 1993 bestehen, als ein schweres Unwetter in diesem Bereich niederging - doch blieben Schäden aus.

In der Reihe der Infrastrukturverbesserungen besonders hervorzuheben ist der Bau eines Erdgasnetzes, der ab 1988 in Etappen erfolgte und zu einer Verbesserung der Luftgüte im Großraum Gratkorn erheblich beitrug. Erhebliche Mittel wurden in diesen Jahren auch für Sanierung und Ausbau von Gemeindestraßen, für die Erweiterung der öffentlichen Beleuchtung sowie für den Bau eines

Wohn- und Geschäftszentrum Andreas Leykam-Platz

Hochbehälter Brunnleiten
1.000 m³ Inhalt

Pumpensteuerung Hochbehälter Brunnleiten mit UV-Filteranlage

örtlichen Kabel - TV - Netzes aufgewendet. Letzteres ging 1988 in Betrieb, die Zahl der Interessenten war so hoch, daß man ein Jahr später sogar die Teilnehmergebühren senken konnte. In der Folge wurde auch ein lokaler Teletext eingerichtet, der 1997 zu einer "Bildschirmzeitung" mit aktuellen Daten und Nachrichten aus der Gemeinde ausgebaut wurde.

Große Aufmerksamkeit widmete man einer fortschrittlichen, umweltschonenden Abfallentsorgung. Früher als andere Gemeinden - nämlich 1988 - führte Gratkorn ein Mülltrenn - System ein, die gesonderte Entsorgung von Biomüll startete 1990. Trotz höherer Gebühren auf der Deponie in Frohnleiten konnte durch die Einsparung von Restmüll Volumen 1994 der Entsorgungstarif für die Gemeindebürger gesenkt werden.

Die neue Stadionanlage wurde 1996 – 97 errichtet.

ZEITGEMÄSSE VERKEHRSLÖSUNGEN

Hatte in den 60er- und 70er - Jahren der ungezügelte Ausbau von Verkehrsflächen für Kraftfahrzeuge allgemeine Zustimmung gefunden, so machte sich spätestens in den 80er - Jahren die Erkenntnis breit, daß im Interesse von Sicherheit und Lebensqualität ein Einbremsen, ja sogar der Rückbau von Verkehrswegen notwendig würde.
Unter Bürgermeister Elmar Fandl wurde Gratkorn geradezu zu einem Vorreiter dieser Entwicklung. Frühzeitig entschloß man sich zu verkehrsberuhigenden Maßnahmen. Waren Teile der Bevölkerung noch skeptisch, als die ersten Wohnstraßen (mit entsprechenden Verkehrs- und Tempobeschränkungen) verfügt wurden, so kam bald aus immer mehr Wohngebieten der Wunsch nach derartigen Maßnahmen. Dazu kamen Ampelregelungen und Tempobeschränkungen, wo dieses im Interesse der Sicherheit erforderlich schien.
Doch was nützen Tempobeschränkungen ohne Kontrolle? Das fragte sich Bürgermeister Elmar Fandl und setzte die Anschaffung eines gemeindeeigenen Radargerätes durch. Tatsächlich führte der Einsatz des Gerätes zu einer spürbaren Eindämmung von Raserei im Ortsgebiet. Gewiß wurden in großem Umfang Gemeindestraßen saniert, doch gleichzeitig begann man noch Ende der 80er - Jahre mit dem großzügigen Bau von Geh- und Radwegen, dies wurde bereits 1990 mit dem Prädikat "Radfahrfreundliche Gemeinde" belohnt. Das größte Verkehrsproblem Gratkorns bildete freilich die Ortsdurchfahrt mit ihrer extremen Verkehrsbelastung. Wie 1989 tauchte die Idee auf, den

Bgm. Fandl mit Volksschulklasse bei der Verkehrserziehung.

Unerträgliche Verkehrsbelastung in der Gratkorner Ortsdurchfahrt

Damm der alten Umfahrungsstraße abzusenken und diese Trasse dann als "kleine" Ortsumfahrung zu nützen, auch weitere Umfahrungsvarianten wurden ins Spiel gebracht - mit durchaus unterschiedlichen Reaktionen.

Im Jahr darauf kam dann eine Lösungsvariante auf den Tisch, die rasche Realisierung versprach: Ein Halbanschluß an die Autobahn im Bereich Eggenfeld. Er wäre, so die Befürworter, zwar keine Ortsumfahrung, könnte aber immerhin erhebliche Teile des Verkehrs nach Norden ableiten - vor allem den Schwerverkehr zu und von KNP LEYKAM.

Noch 1990 lag ein Planungsentwurf vor, das Projekt wurde mit den Anrainern abgestimmt, doch der "Weg durch die Instanzen" sollte sich als mühselig erweisen. Im März 1991 urgierte der Gemeinderat einstimmig bei Pyhrn - Autobahn AG, Bundesstraßenverwaltung und Wirtschaftsministerium die rasche Realisierung. Nach zahllosen Gesprächen und Interventionen kam Ende 1993 endlich eine gute Nachricht: Die Landesräte Waltraud Klasnic und Ing. Joachim Ressel sicherten zu, daß die Finanzierung aus dem Straßenbau - Sonderprogramm gegeben sei. 1994 kam dann auch noch die Bestätigung aus dem Wirtschaftsministerium. Nach nochmaligen Problemen um Planungsdetails dauerte es dann bis 1996, ehe das Ministerium das Projekt endgültig genehmigte sodaß man 1998 nach Erledigung der Ablösen die Realisierung in Angriff nehmen kann.

Autobahn-Halbanschlußstelle Gratkorn-Eggenfeld

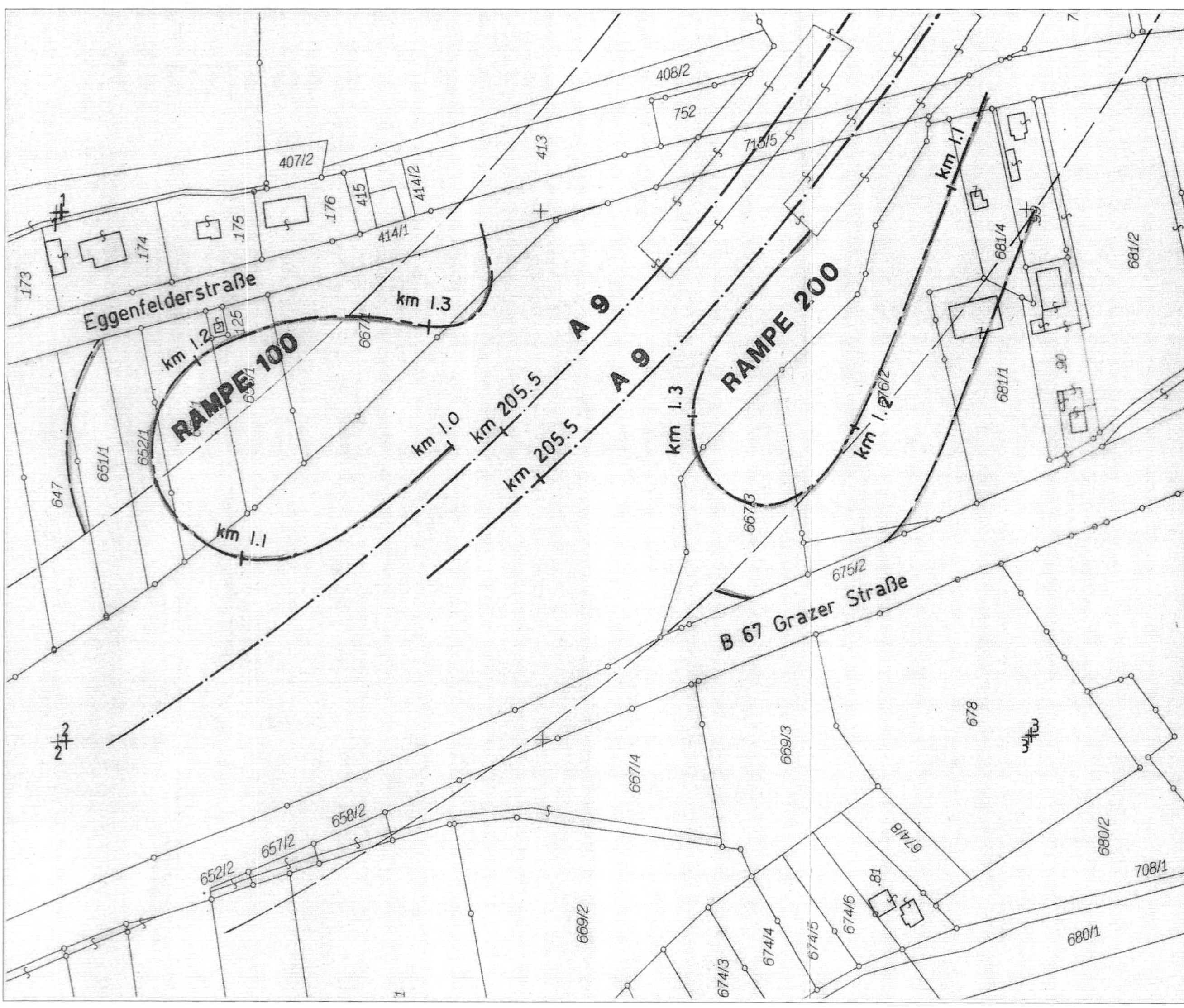

Baugeschehen (Hochbau)

Parksiedlung

Die Modernisierung bestehender Wohnungen sowie den vermehrten Bau neuer Wohnungen hatte Bürgermeister Fandl schon zu seinem Amtsantritt als Schwerpunkt seiner Politik bezeichnet. Mit 200 Wohnungssuchenden zu diesem Zeitpunkt ortete er einen erheblichen Nachholbedarf auf diesem Sektor, den er so schnell wie möglich aufholen wollte. Tatsächlich konnte er schon bei seinem Antrittsbesuch bei dem für SP - Gemeinden zuständigen Landesregierungsmitglied LH-Stv. Hans Gross die Zusage auf vermehrte Mittel aus dem Wohn-bautopf des Landes erreichen. Zusätzlich zu laufenden Vorhaben wollte LH-Stv. Gross Fördermittel für 60 Wohneinheiten bis 1990 lockermachen.

So richtig los ging es 1990 mit dem Baubeginn für 50 Wohnungen als erste Etappe des Projektes Dr. Karl Renner - Straße / Jakob Syz - Weg, zugleich startete ein kleineres privates Projekt.

Daß man so viele Fördergelder - die genannte Siedlung war auf mehr als 300 Wohnungen konzipiert - vom Land erhielt, war der Tatsache zu verdanken, daß man auf anderwärts übliche Rivalitäten zwischen "roten" und "schwarzen" Genossenschaften verzichtete und für die Realisierung drei verschiedene Genossenschaften heranzog:

Die Leykam Siedlungs - GmbH, die Neue Heimat und die GWS. Somit konnte man Geldmittel aus "roten" wie auch "schwarzen" Fördertöpfen lukrieren.

Neben dem Wohnbau ist aus der Bautätigkeit dieses Dezenniums unter anderem das neue Rüsthaus der Freiwilligen Feuerwehr Friesach zu nennen, das 1989 seiner Bestimmung übergeben wurde. Die Kosten dafür teilten sich die Gemeinden Gratkorn, Peggau und Semriach. Mit dem Aufwand von 2,5 Millionen Schilling wäre man aber nicht ausgekommen, hätten nicht die Mitglieder der Wehr selbst 1.500 unentgeltliche Arbeitsstunden geleistet.

Als dringend notwendig erwies sich Ende der 80er - Jahre die Erweiterung des Ortsfriedhofes. Man zog dazu den ehemaligen Domainko - Grund heran, der sich mittlerweile im Gemeindebesitz befand und wählte für die Gestaltung eine parkähnliche Lösung. Noch 1989 lag das Projekt von Dipl. - Ing. Wigand vor, im Jahr darauf begann man mit der Realisierung. Gleichzeitig wurde die Aufbahrungshalle renoviert bzw. adaptiert. 1994 wurde die Anlage durch ein von Fred Höfler geschaffenes Mahnmal ergänzt - kein heroisierendes Kriegerdenkmal sondern ein "Zeichen für die Auferstehung und somit Tröstung für die Trauernden."

Seit Mitte der 80er - Jahre hatte es Überlegungen gegeben, in dem langgezogenen Ort so etwas wie ein Ortszentrum zu schaffen. Im Flächenwidmungsplan hatte man vorsorglich ein entsprechendes Areal für diesen Zweck ausgewiesen. Plötzlich, 1988, schien das "Jahrhundertprojekt" durch den Plan einer Handelskette gefährdet. Die Gemeinde legte sich quer, schließlich fand die Handelskette im Süden des Ortes ein geeignetes Areal - der Weg zur Realisierung des Ortszentrums war frei.

Unser parkähnlicher Friedhof in St. Stefan.

Steinbrunnen von Othmar Krenn am Andreas Leykam-Platz

1991 beauftragte die Gemeinde ein Firmenkonsortium mit Planung und Realisierung. Anfang 1994 ging bereits die erste Etappe in Betrieb. Wenig später begannen die Arbeiten am Kern des Zentrums, dem repräsentativen Rundbau, bereits 1995 wurde die Anlage eröffnet. Ein Platz der Begegnung, dem man den Namen des für Gratkorn so bedeutenden Industriepioniers Andreas Leykam gab. Und eine Anlage mit vielfältiger Nutzung: Geschäftslokale, Postamt, Bank, Ordination und Cafe. Auch der Bauernmarkt fand hier sein endgültiges Zuhause, und als Veranstaltungsplatz hat sich die Anlage mittlerweile bewährt.

Der Bau der Papiermaschine 11 der KNP LEYKAM machte den Abbruch von Kinderfreundeheim und Kinderfreundebad in der Sportplatzgasse erforderlich. Umso schöner entstanden beide wieder am Kirchweg. Das Kinderfreundeheim wurde noch im Sommer 1996 fertig, das Bad 1997 offiziell eröffnet.

Während die KNP LEYKAM 1996/97 für die größte Baustelle der Steiermark sorgte, setzte auch die Marktgemeinde Gratkorn ein großes Investitionsprogramm in Gang. Nach dem Bau des neuen Altenheimes kann das Gemeindehaus zur Gänze für Zwecke der Gemeinde genutzt werden. So wurde es saniert, entsprechend adaptiert und mit einem neuen Trauungs- und Sitzungssaal ausgestattet. Erneuert und ausgebaut wurden auch das Volksheim sowie das Stadion, wo neben dem Gebäudetrakt auch Flutlichtanlage und ordentliche Leichtathletikanlagen geschaffen wurden. Insgesamt beliefen sich die Kosten für dieses Investitionsprogramm auf rund 100 Millionen Schilling.

Als sich 1996 herausstellte, daß das aus den 60er - Jahren stammende Hallenbad nicht mehr betriebssicher und dringend sanierungsbedürftig sei, war guter Rat teuer. Genaue Untersuchungen ergaben, daß die Sanierung fast ebenso teuer käme wie ein Neubau. So entschloß man sich, einen Neubau zu planen - gemeinsam mit einem weiteren Turnsaal, wie er von den Schulen für einen geregelten Turnbetrieb ohnehin gefordert wird. Mit der Realisierung begann man im Sommer 1997.

Das neue Kinderfreundebad wurde 1995 – 96 errichtet.

Neue Wege im Sozialbereich

Von Anfang an beschäftigte sich Bürgermeister Elmar Fandl mit Überlegungen, die Versorgung von älteren sowie pflegebedürftigen Menschen zu verbessern. Einerseits galt es, das Altenheim den neuen Bedingungen anzupassen - der Anteil an Pflegefällen unter den alten Menschen wurde ja immer höher. Andererseits wurden Möglichkeiten überlegt, wie man ältere oder kranke Menschen möglichst lange zu Hause betreuen könnte, um sie in ihrem gewohnten Umfeld zu belassen. Ziel:

Ein integriertes Sozialsystem.

So baute man einen Hauskrankenpflegedienst samt Essenszustellung auf, ein Durchbruch gelang 1991 mit der Gründung des "Sozial- und Gesundheitsvereines Gratkorn und Umgebung", der zehn Gemeinden einbezog und damit eine effiziente, kostengünstige Betreuung ermöglichte.
1992 konnte man dann an die Realisierung des Projektes Altenheim gehen, nachdem es Verzögerungen wegen schwieriger Grundstücksverhandlungen mit der Diözese gegeben hatte. In der Planung wurden die aktuellen Erkenntnisse über die Betreuungserfordernisse für ältere Menschen berücksichtigt. Jeder Heimplatz wurde "pflegetauglich" gestaltet. 1995 ging das neue Altenheim in Betrieb, die Küche - mit einem speziell auf ältere Menschen abgestimmten Ernährungsplan - beliefert auch den Essenszustelldienst.
Zu einem integrierten Sozialsystem gehört auch die optimale medizinische Versorgung.

Alten- und Pflegeheim

Integrationsunterricht in der Computerhauptschule seit dem Schuljahr 1996/97

Der Jugend eine Chance

Daß Kinder und Jugendliche unter optimalen Bedingungen heranwachsen und ausgebildet werden können, war ein weiterer Schwerpunkt, den sich Bürgermeister Elmar Fandl gesetzt hat. Schon 1990 gab es eine erste Investitionsoffensive für die Schulen, die in den folgenden Jahren fortgesetzt wurde und es auch ermöglichte, in Gratkorn eine "Computerhauptschule" zu führen. Stetig erweitert wurde auch der Lehrbetrieb an der Musikschule, insbesondere nachdem Mag. Karlheinz Pöschl 1993 deren Leitung übernommen hatte.

Aus der Initiative einer kleinen Gruppe von Eltern, die sich 1990 zusammentaten, entwickelte sich nach und nach die "Regenbogenschule" nach der Montessori - Pädagogik, die schießlich auch das Öffentlichkeitsrecht erlangte und damit das Bildungsangebot in Gratkorn abrundet.

Konsequent ausgeweitet wurde auch das Angebot an Kindergartenplätzen, seit 1993 ergänzt durch einen Sommerkindergarten; 1996 startete ein Ganztageskindergarten. Als Alternative wurde ab 1991 der Einsatz von Tagesmüttern durch die Gemeinde gefördert. Eine Nachmittags- und Lernbetreuung für Pflichtschulkinder kam nach ersten Versuchen ab 1993 zustande.

Obligat wurde die Schwimmausbildung in Gatkorn. Seit Jahren lernt jede(r) Gratkorner Pflichtschüler(in) das Schwimmen. Und um die Teilnahme an den Schulschikursen auch Kindern einkommensschwacher Eltern zu ermöglichen, stellte die Marktgemeinde regelmäßig Schiausrüstungen bei. Im Sinne körperlicher Ertüchtigung junger Menschen förderte die Gemeinde gezielt die Jugendarbeit sporttreibender Vereine.

Bei der Anlage neuer Kinderspielplätze ging man in den 90er - Jahren einen neuen Weg: Gestaltung und Ausstattung der Plätze wurden gemeinsam mit den Kindern und Jugendlichen erarbeitet (Planungswerkstatt). Auf Wunsch der Jugendlichen wurde 1997 auch ein Skatepark angelegt.

Nach umfassenden Vorgesprächen wurde 1997 ein Jugendzentrum installiert, das den Jugendlichen Freizeitbeschäftigung verschiedenster Art bietet aber auch als Info - Center und Service - Station für junge Menschen dient.

Kinderspielplatz in der Parksiedlung

Skatepark / Kindergartenweg

Wirtschaftliche Entwicklung

Die wirtschaftliche Entwicklung Gratkorns war auch in den 80er - und 90er - Jahren naturgemäß nachdrücklich von dem Großbetrieb KNP LEYKAM geprägt, doch setzte die Marktgemeinde zunehmend Maßnahmen, um die Abhängigkeit von der Papierindustrie zu verringern, deren Rationalisierungsbemühungen und rasche Konjunkturschwankungen die stetige Reduzierung der Mitarbeiterzahl erwarten ließen.
1988 standen die Zeichen auf Sturm, als die CA die LEYKAM - gegen den Willen von Management und Belegschaftsvertretern - an den deutschen PWA - Konzern verkaufen wollte. In letzter Minute fiel dann doch die Entscheidung für den holländischen KNP - Konzern als neuen Partner. Für ihren besonderen Einsatz in dieser Causa bedankte sich der Gemeinderat bei Generaldirektor Meysel und dem damaligen Zentralbetriebsratsvorsitzenden Ing. Ressel mit der Verleihung des Ehrenringes der Marktgemeinde Gratkorn.

Beratung über den Dächern von KNP LEYKAM
v.l.n.r. Konzern BR-Vorsitzender Karl-Heinz Frommknecht, Bgm. Elmar Fandl, Landesrat Ing. Joachim Ressel, Arb. BR-Vorsitzender Norske Skog Ges.m.b.H. Herbert Terler, Ang. BR-Vorsitzender Ing. Wolfgang Kamedler

Luftbild KNP LEYKAM

Brückenschlag für das Projekt Triple Star (PM 11)
v.l.n.r. Bundeskanzler Franz Vranitzky,
Landeshauptfrau Waltraud Klasnic,
1. Landeshauptmann-Stv. Dr. Peter Schachner

Dennoch bereitete LEYKAM der Marktgemeinde weiterhin Sorgen. "Dank" der Investitionen brauchte das Unternehmen jahrelang praktisch keine Gewerbesteuer zu zahlen - zweistellige Millionenbeträge, die in der Gemeindekasse fehlten. Erst mit der Einführung der Kommunalsteuer verbesserte sich - ab 1993 - die Lage wieder.

Man erkannte, daß die so weitgehende Abhängigkeit von einem einzigen Großbetrieb eine Gefahr bedeutete und begann, die Ansiedlung von Betrieben zu forcieren. Eine Linie, die vom Gemeinderat einhellig mitgetragen wurde. So kamen eine Reihe namhafter Betriebe nach Gratkorn, stellvertretend genannt seien der Aufzughersteller Thyssen und das High Tech - Electronics - Unternehmen Micron.

Wie notwendig die Schaffung zusätzlicher Arbeitsplätze war und blieb, zeigte sich an den weiteren Entwicklungen der LEYKAM. Nach der Fusion zur KNP LEYKAM im Jahre 1993 wurde innerhalb des Konzerns um den Standort für eine geplante Großinvestition gerungen; für das Gratkorner Werk über kurz oder lang eine Überlebensfrage. Daß Gratkorn dann doch den Bau der Papiermaschine 11 (Projekt Triple Star), - eine 6,5 Milliarden Schilling - Investition - , zugesprochen bekam, sicherte zwar den Standort Gratkorn längerfristig ab, doch gleichzeitig begann die Unternehmensleitung ein Programm zur Reduzierung der Mitarbeiterzahl um bis zu 500 Mitarbeiter.

Insgesamt machte Gratkorn aber eine positive wirtschaftliche Entwicklung durch. Nach (maßvoller) Ansiedlung großer Handelsketten entwickelte sich Gratkorn zu einem Einkaufszentrum in der Region. Dazu trug aber gewiß auch die "Bezirksmesse" wesentlich bei, die seit 1980 vom Verein "Aktiv für unsere Wirtschaft" organisiert wurde und bis dato nichts an Attraktivität verloren hat.

Durch vermehrte Direktvermarktung konnten sich auch die landwirtschaftlichen Betriebe relativ gut halten. Seit 1991 bietet dazu der neu eingerichtete wöchentliche Bauernmarkt bessere Möglichkeiten.

Bauernmarkt

Was sonst noch geschah

Erwähnenswert aus dem jüngsten Jahrzehnt der Marktgemeinde Gratkorn ist auch noch die Partnerschaft, die Gratkorn mit der italienischen Gemeinde Palazzolo dello Stella einging. Sie wurde - nach losen Kontakten seit 1992 - im Jahre 1995 im Rahmen des Besuches in Palazzolo besiegelt und in einem Gegenbesuch im Jahr darauf in Gratkorn bekräftigt.
Einen Beitrag, der nicht unerwähnt bleiben sollte, leistete Gratkorn auch für die Versorgung der Flüchtlinge, die nach dem Zerfall des ehemaligen Jugoslawien nach Österreich kamen. Eine erhebliche Anzahl wurde 1992 in der Hackher Kaserne vorübergehend untergebracht und von der Bevölkerung problemlos respektiert.

Markt- und Werkskapelle am Andreas Leykam-Platz

Bgm. Elmar Fandl mit Amtskollegen Sindacc Claudio Braida, Palazollo dello Stella

Begegnung internationaler Volkstanzgruppen im Gratkorner Park

VON DER ORTS- ZUR MARKTGEMEINDE ZUR GESCHICHTE EINER ÖFFENTLICH - RECHTLICHEN KÖRPERSCHAFT.

Laut Bundesverfassungsgesetz (Artikel 115ff) gliedert sich jedes österreichisches Bundesland in Gemeinden. "Die Gemeinde ist Gebietskörperschaft mit dem Recht auf Selbstverwaltung und zugleich Verwaltungssprengel. Jedes Grundstück muß zu einer Gemeinde gehören. Die Gemeinde ist selbständiger Wirtschaftskörper. Sie hat das Recht, innerhalb der Schranken der allgemeinen Bundes- und Landesgesetze Vermögen aller Art zu besitzen, zu erwerben und darüber zu verfügen, wirtschaftliche Unternehmungen zu betreiben sowie im Rahmen der Finanzverfassung ihren Haushalt selbständig zu führen und Abgaben auszuschreiben."[1]

Einer juristisch relativ genau definierten Stellung der Gemeinden innerhalb des Staatswesens geht eine überaus komplexe und hier nur grob zu umreißende Entwicklung voraus, als deren markantester Punkt die Erlassung des provisorischen Gemeindegesetzes vom 17. März 1849[2] gilt. Dieses Gesetz, bzw. die Gemeindeordnung des Jahres 1864[3], definiert die Gemeinde erstmals als freie Grundfeste des Staates mit natürlichem Wirkungskreis. Dieser Wirkungskreis umfaßt heute alles, was die Interessen der Gemeinde und ihrer Bewohner direkt berührt und bezieht sich auf jene Aufgaben, die von der Gemeinde innerhalb ihrer Grenzen eigenständig durchgeführt werden können. Zu diesem eigenen Wirkungsbereich zählen unter anderem:

1. Bestellung der Gemeindeorgane unbeschadet der Zuständigkeit überörtlicher Wahlbehörden.
2. Regelung der inneren Einrichtungen zur Besorgung der Gemeindeaufgaben.
3. Bestellung der Gemeindebediensteten und Ausübung der Diensthoheit unbeschadet der Zuständigkeit überörtlicher Disziplinar-, Qualifikations- und Prüfungskommissionen.
4. Bemessung und Einhebung der von der Gemeinde zu verwaltenden Gemeindeabgaben.
5. Örtliche Sicherheitspolizei einschließlich örtliche Katastrophenpolizei.
6. Örtliche Veranstaltungspolizei.
7. Örtliche Gesundhetspolizei, insbesondere auch auf dem Gebiete des Hilfs- und Rettungswesens sowie des Leichen- und Bestattungswesens.
8. Verwaltung der Verkehrsflächen der Gemeinde, örtliche Straßenpolizei.
9. Örtliche Baupolizei, soweit sie nicht bundeseigene Gebäude, die öffentlichen Zwekken dienen, zum Gegenstand hat.
10. Örtliche Feuerpolizei einschließlich örtliche Kehrpolizei.
11. Örtliche Raumplanung.
12. Örtlicher Landschafts- und Naturschutz.
13. Örtliche Marktpolizei.
14. Flurschutzpolizei.
15. Öffentliche Wasserversorgung, soweit es sich nicht um Angelegenheiten des Wasserrechtes handelt.
16. Öffentliche Abwässerbeseitigung, soweit es sich nicht um Angelegenheiten des Wasserrechtes handelt.
17. Öffentliche Müllabfuhr und -beseitigung.
18. Öffentliche Fürsorge, unbeschadet der Zuständigkeit überörtlicher Fürsorgebehörden.
19. Errichtung, Erhaltung und Auflassung öffentlicher Kindergärten und Horte, Mitwirkung bei der Errichtung und Auflassung und die Erhaltung aller Schulen, für die die Gemeinden auf Grund der Gesetze Schulerhalter sind, sowie die durch Gesetze geregelte sonstige Einflußnahme auf das Pflichtschulwesen.
20. Sittlichkeitspolizei.
21. Örtliche Maßnahmen zur Förderung und Pflege des Fremdenverkehrs.
22. Öffentliche Einrichtungen zur außergerichtlichen Vermittlung von Streitigkeiten.
23. Freiwillige Feilbietungen beweglicher Sachen.

Entscheidend für die Entwicklung der Gemeinde waren, neben verschiedenen mittelalterlichen Wurzeln[4], die von Kaiserin Maria Theresia durchgeführten Verwaltungsreformen des Jahres 1748. Nach der Einteilung des Landes in fünf Kreise mit sinnvollen Grenzen (vorher hatte Gratkorn sogar zu einem "Vorauer" Kreis gehört) wurde das Gebiet der vier "alten" Katastralgemeinden dem Grazer Kreis zugeschlagen. In diesem Kreis überwachte ein Kreis-

1 Vgl. dazu insbes. das Gesetz vom 14. Juni 1967, mit dem für die Gemeinden des Landes Steiermark mit Ausnahme der Städte mit eigenem Statut eine Gemeindeordnung erlassen wird (Gemeindeordnung 1967), LGBl. Nr. 115/1967, in der Fassung der Kundmachung LGBl. Nr. 9/1973, 14/1976, 14/1982, 87/1986 und 21/1994, bzw. ab 1. Jänner 1994 in der geltenden Fassung.
2 Reichsgesetzblatt 203, Nr. 170.
3 GO, 1869, S. 5ff.
4 Vgl. K. S. Bader, 1974.

hauptmann die Abgabeforderungen der Grundherrschaften gegenüber den Untertanen, er überwachte Kirchen, Schulen, Zünfte, Straßen, Gewichte und hygienische Verhältnisse.[5] 1754 führte der Staat die erste offizielle Häuser- und Einwohnerzählung durch und nahm die erste katastermäßige Aufnahme der Grundstücke vor. Der Amtmann der größten Grundherrschaft, Peggau, versah auch Dienst als Bezirkskommissär und erhielt als solcher vom Staat die Steuereinhebung, Rekrutierung von tauglichen Männern für das Heer sowie die Überwachung von Schulen und Straßen übertragen. Mit der Schaffung der Werbbezirke im Jahre 1770, bzw. mit der Einteilung in Conscriptionsgemeinden, später Steuer- und Katastralgemeinden, war ein weiterer Schritt hin in Richtung der heute gültigen Verwaltungseinteilung getan. Weitere katastermäßige oder kartographische Erfassungen erfolgten durch Maria Theresia und Joseph II.

1823 wurde in Gratkorn der sogenannte Franziszeische Kataster im Maßstab 1:2.880 (altes Klaftermaß[6]) aufgenommen und die Katastralgemeinden Kirchenviertel, Forstviertel, Friesachviertel (heute Friesach - Gratkorn) und Freßnitzviertel entstanden. Diese Katastralgemeinden bilden auch heute noch die kleinste verwaltungstechnische Einheit. Die Gratkorner Aufnahme von 1823 galt etwa 150 Jahre, dann wurde sie durch eine Aufnahme im Maßstab 1:1000 ersetzt.

In Zusammenhang mit der Verwaltungseinteilung stellt sich auch die Frage nach der Geschichte der Verwaltungsgrenzen. Als deren frühe Vorläufer können die mittelalterlichen Pfarr- und Gerichtsgrenzen betrachtet werden, bereits die mittelalterliche Pfarrgrenze harmoniert - mit kleinen Abweichungen in Friesach und der KG St. Veit - recht gut mit der heutigen Gemeindegrenze. Die Südgrenzen der KG Kirchenviertel und der KG Freßnitzviertel sind sichtlich von der ehemaligen Peggauer Gerichtsgrenze beeinflußt.

Bis zur Aufhebung der Grundherrschaften und der grundherrschaftlichen Gerichtsbarkeit kamen dem Dorfrichter Teile jener Befugnisse zu, die später der Bürgermeister übernehmen sollte. Im Mittelalter verfügte jede Ortschaft über einen Dorfrichter, auch Suppan genannt. Der früheste Suppan aus dem Gratkorner Raum ist der 1390/95 in Eggenfeld erwähnte Nycolaus, worüber bereits ausführlich berichtet wurde.

Später verfügte jede Steuer- bzw. Katastralgemeinde über einen Dorfrichter. Als solcher fungierte ein von der Dorfgemeinde zur Regelung der inneren Angelegenheiten gewählter oder gestellter und von der Grundherrschaft bestätigter Bauer, in der Regel der reichste oder angesehendste der Dorfgemeinschaft. 1823 waren dies:

Bauparz	Name	Hofname (vulgo)	Stand	Grundherrschaft und alte Hausnummer	heutige Lage
KIRCHENVIERTEL					
.1	Reisinger Mathias	Trattenwirt	Ganzbauer	Peggau Amt Eggenfeld Nr. 20. Kirchenviertel 43 (14)	.1/3: Dr. Karl Renner Str. 540
FORSTVIERTEL					
.23	Grundner Sebastian	Felberbauer	1/8 Bauer	Rein 1008, Amt St. Stefan Forstviertel 23 (22)	.23: Forstviertel 22
FRESSNITZVIERTEL					
.38	Handl Johann	Dorn	Ganzbauer	Messendorf 4 / Kirche St. Stefan 7 Freßnitzviertel 3 (2)	.38/2: Freßnitz 2
FRIESACH - ST. STEFAN					
.15	Esler Mathias	Mayerhiesl	Ganzbauer	Rabenstein 112 Friesach 26 (18)	.15/2: Wörth 14

5 Dazu H. Pirchegger, 1946a, S. 33ff.

6 Auf dem Plan: 1 Zoll = 40 Klafter, daher: 1 Klafter = 72 Zoll, 40 Klafter = 72 mal 40 = 2880 Zoll.

Diese Dorfrichter, man kann sie als Vorgänger eines Bürgermeisters bezeichnen, übten die Dorfgerichtsbarkeit aus. Gewählt wurden sie von der "Dorfgemein", der "Nachbarschaft". Diese Nachbarschaft bezeichnete die Gemeinschaft der Dorfgenossen, meist alles Bauern, und es ist heute kaum mehr bekannt, daß sich das Wort "Nachbar" vom mittelhochdeutschen "nachgebur" (bur = Bauer) ableitet. Dies bezeichnet den "Nachgebauer", den nächsten, angrenzenden Bauer.[7]
Dem Dorfrichter, der in der Regel von der Grundherrschaft bestätigt werden mußte, standen die Geschworenen zur Seite, etwa einem Gemeindeausschuß vergleichbar. So, als "Ausschußmänner", wurden sie auch bezeichnet. Um 1823 sind für die "alten" Gratkorner Katastralgemeinden folgende Ausschußmänner überliefert:

Katastralgemeinde	(Dorf)Richter	Ausschußmänner
Kirchenviertel	Mathias Reisinger	Philipp Dorn Johann Weber / Franz Rinner
Friesach	Mathias Esler	Anton Lind
Forstviertel	Sebastian Grundner	Anton Handl Joseph Krail
Freßnitzviertel	Johann Handl	

Wie bei den Grundherrschaften bereits erwähnt, so versammelten sich auch die Dorfinsassen einmal jährlich zum Taiding, Gerichtssitzung oder Vermeldung. Hier wurden die Rechte des Dorfes und seiner Nachbarschaft, die Freiheiten und Verpflichtungen kundgemacht, kleinere Streitfälle geschlichtet, gemeinschaftliche Nutzungsrechte geregelt.[8]
Mit dem 7. September 1848 erfolgte die definitive Aufhebung der Grundherrschaften, der grundherrschaftlichen (patrimonalen) Gerichtsbarkeit sowie der aus dem Untertänigkeitsverhältnis resultierenden Abgabenverpflichtungen. Im Jahr darauf, am 17. März 1849, erließ der eben erst an die Regierung gekommene Kaiser Franz Josef I. ein provisorisches Gemeindegesetz. In der Regel wurden drei bis vier Steuergemeinden (Katastralgemeinden) zu einer Ortsgemeinde zusammengefaßt. Für den Bereich der heutigen Marktgemeinde Gratkorn bedeutete dies:
Aus den Katastralgemeinden Forstviertel, Freßnitz, Kirchenviertel und Friesach/Pfarre St. Stefan bildete sich die Ortsgemeinde St. Stefan am Gratkorn mit 702 Einwohnern, die Katastral-gemeinde Schattleiten wurde zur Ortsgemeinde Schattleiten mit 838 Einwohnern.
Gemeindeangehörige durften sich im Jahre 1849 jene Personen nennen, die durch Geburt oder durch die Aufnahme in den Heimatverband nach St. Stefan am Gratkorn zuständig waren. Sie besaßen u. a. das Recht auf polizeilichen Schutz ihrer Person, auf Schutz des Eigentums, das Recht zur Benutzung der gemeindeeigenen Einrichtungen sowie das Recht auf Versorgung im Bedürfnisfalle.
Im Juli 1850 schritten die frischgebackenen Gemeindebürger von St. Stefan erstmals zur Wahl. Das Ergebnis wurde in der "Landschaftlichen Registratur" verzeichnet und sogar publiziert; wenige Exemplare davon haben sich erhalten.[9] Die ersten Gratkorner "Gemeinderatswahlen" ergaben:

7 Vgl. F. Kluge, 1975, S. 499.
8 Dazu A. Mell, 1929, S. 226ff.
9 VOG, 1850, Nr. 46 (St. Stefan am Gradkorn) und Nr. 45 (Schattleiten).

Grabstein Josef Rinners, vulgo Grünwirt (1799 – 1869). Rinner war 1849 – 1857 erster Bürgermeister der Gemeinde St. Stefan. (Foto I. Mirsch)

46.

St. Stefan am Gradkorn.

Einwohner 702.

Flächenmaß 4508¾ Joch.

Begreift in sich die

Catastral-Gemeinde:	Ortschaften:
Forstviertl — Freßnitz — Kirchenviertl — Friesach, Pf. St. Stefan.	Forstviertl — Freßnitz — Friesach — Tratten — St. Stefan — Dult.

Bürgermeister:

	Gewählt von dem Wahlkörper:
Rinner Josef, Bauer, Pinner in Forstviertl	II.

Räthe:

Winter Georg, Bauer, Tomahan in Friesach	II.
Lang Gottlieb, Chirurg in St. Stefan	I.

Die übrigen Ausschüsse:

Dorn Peter, Bauer, Pichlhofer in Kirchenviertl	II.
Fragner Martin, Bauer, Amahansel in Kirchenviertl	II.
Rinner Josef, Grünwirth in Kirchenviertl	II.
Dorn Peter, Eggenfeldwirth in Friesach	II.
Stangel Rudolf, Pfarrer in St. Stefan	I.
Dorn Johann, Bauer, Pucher in Kirchenviertl	I.
Schlaffer Franz, Franzbauer in Friesach	I.
Handl Johann, Bauer, Dorn in Freßnitz	I.
Hopfer Mathias, Fölgerbauer in Forstviertl	I.

Ersatzmänner:

Hasiba Josef, Bauer, Paullitsch in Kirchenviertl	II.
Lipp Josef, Trattenmüller in Kirchenviertl	II.
Hütter Johann, Kreuzwirth in Kirchenviertl	II.
Lipp Josef, Müllermeister in Kirchenviertl	I.
Weber Anton, Bauer, Kogler in Kirchenviertl	I.
Dorn Josef, Trattenwirth in Kirchenviertl	I.

Die Gemeindevertretung der Gemeinde "St. Stefan am Gradkorn" nach den ersten "Gemeinderatswahlen" vom Juli 1850. (Bürgermeister, 1850. Nr. 46.)

Eine solche Übersicht ist auch für Schattleiten erhalten. Ich publiziere sie hier, die heutige KG Gratkorn - St. Veit ein Teil der alten KG und Gemeinde Schattleiten ist.

Diese Selbstverwaltung der freien Ortsgemeinden währte nicht lange, denn bereits mit dem Patent vom 31. Dezember 1851 wurde das Gemeindegesetz außer Kraft gesetzt. Von 1852 bis 1854 bedurften die Wahlen in die Gemeindevertretung der Bestätigung der vorgesetzten staatlichen Behörde, 1854 wurden die Wahlen auf Gemeindeebene abgeschafft.

Die zweite "Geburt" der freien Ortsgemeinde fällt in das Jahr 1862, bzw. 1864. Am 5. März 1862 erließ der Kaiser das Reichsgemeindegesetz, das Gesetz über die "Gemeindeordnung des Herzogtums Steiermark" wurde am 2. Mai 1864, zugleich mit der Gemeinde - Wahlordnung, erlassen.[10]

Es fehlt hier an Platz, um auf alle interessanten Aspekte der Gemeindeordnung von 1864 einzugehen; lediglich ein Einblick in das damals geltende Wahlrecht sei geboten. Wahlberechtigt waren von 1864 über ein halbes Jahrhundert lang: "1. Diejenigen Gemeindemitglieder, welche österreichische Staatsbürger sind und von ihrem Realbesitze, Gewerbe und Einkommen in der Gemeinde eine directe Steuer entrichten."[11] Unabhängig von einer etwaigen Steuerleistung besaßen jedoch das Wahlrecht: "a) die in der Ortsseelsorge verwendeten Geistlichen; b) Hof-,

45.

Schattleiten.

Einwohner 838.

Flächenmaß 2827 Joch.

Begreift in sich die

Catastral-Gemeinde:	Ortschaften:
Schattleiten.	Schattleiten — Gabriach — Weinzödl.

Bürgermeister:

	Gewählt von dem Wahlkörper:
Neubauer Johann, Bauer, Fischerannerl in Gabriach	II.

Räthe:

Steinberger Josef, Bailbauer in der Bail	II.
Hadler Josef, Lehrer in St. Veit	II.
Scheer Franz, Archbauer in Weinzödl	II.

Die übrigen Ausschüsse:

Hausegger Josef, Annnerlbauer in Weinzödl	II.
Krail Mathias, Bauer, Leonhardt in Gabriach	II.
Gullmann Peter, Pfarrer in St. Veit	I.
Zötsch Peter, Sterzbauer in der Bail	I.
Reinisch Peter, Koglbauer in Schattleiten	I.
Hirzmann Anton, Marr in Ranach	I.
Weingrill Franz, Christerbauer in Weinzödl	I.
Windisch Franz, Bauer, Plesch in Schattleiten	I.

Ersatzmänner:

Eibl Anton, Bauer, Pilz in Weinzödl	II.
Wartbüchler Jakob, Bauer, Falts-Steffel in Ranach	II.
Zens Johann, Weberbauer in Weinzödl	II.
Wartbüchler Johann, Stindlbauer in Gabriach	I.
Rumpf Franz, Bauer, Schartner in Weinzödl	I.
Harb Michael, Bauer, Hanselsteffel in Ranach	I.

Die Gemeindevertretung der Gemeinde Schattleiten nach den ersten "Gemeinderatswahlen" vom Juli 1850. (Bürgermeister, 1850. Nr. 45.)

10 GO, 1869.

11 Gemeinde - Wahlordnung für das Herzogthum Steiermark. In: GO, 1869, S. 35 (§ 1/1).

Grabstein des Bäckermeisters Michael Hausegger (1828 – 1885) und seiner Tochter Maria, die bereits vierzehnjährig verstarb. Hausegger war von 1866 bis 1869 und von 1879 bis 1882 Bürgermeister. (Foto I. Mirsch)

Staats-, Landes- und öffentliche Fondsbeamte; c) Officiere und Militärparteien mit Officierstitel, welche sich im definitiven Ruhestande befinden, oder mit Beibehaltung des Militärcharakters quittiert haben; d) dienende sowohl, als pensionierte Militärparteien ohne Officierstitel, dann dienende und pensionirte Militärbeamte, in soferne diese Personen in den Stand eines Truppenkörpers nicht gehören; e) Advocaten, Notare, sowie Personen, welche einen akademischen Grad erhalten haben; f) öffentliche Lehrer."[12]

Dezidiert ausgenommen vom Wahlrecht waren aktive Gemeindebedienstete sowie "Personen, welche eine Armenversorgung genießen, in einem Gesindeverbande stehen, oder wie Taglöhner oder gewerbliche Gehilfen einen selbständigen Erwerb nicht haben."[13] Nicht wahlberechtigt waren außerdem Frauen. Nach diesen Prinzipien wurden bis zum Inkrafttreten des allgemeinen, gleichen und freien Wahlrechtes in der Gemeinde St. Stefan am Gratkorn folgende Bürgermeister (damals Gemeindevorsteher genannt) gewählt:

Gemeindevosteher	Vulgoname	Amtsdauer
Josef Rinner	Grünwirt	1849 - 1857
Jacob Hasiba	Paulitsch	1857 - 1866
Michael Hausegger	Bachbauer	1866 - 1869
Jacob Hasiba	Paulitsch	1869 - 1872
Michael Hausegger	Bachbauer	1872 - 1875
Franz Schöberl	Nußbaumwirt	1875 - 1879
Michael Hausegger	Bachbauer	1879 - 1882
Johann Schraußer	Pucher	1882 - 1892
Franz Schöberl	Nußbaumwirt	1892 - 1895
Anton Deutsch	Kirchenstrobl	1895 - 1899
Mathias Hochstraßer		1899 - 1918
Hans Rinner	Grünwirt	1918 - 1919

Bei den hier aufscheinenden Personen handelt es sich durchwegs um die materielle Oberschicht der Gemeinde. Sie alle verfügten entweder über bedeutenden Grundbesitz oder über Immobilien. Das Zensuswahlrecht, das über die Steuerleistung die Grundbesitzer deutlich bevorzugte und die besitzlosen Schichten (Arbeiter, Taglöhner, Knechte, Mägde etc.) von der Wahl wie Wählbarkeit ausschloß, vermag diese Tatsache zu erklären.

Nach dem Ende der Monarchie, den Wahlrechtsreformen und der Einführung des allgemeinen, freien und gleichen Wahlrechtes präsentierten sich auch auf Gemeindeebene die Verhältnisse anders. Sämtliche Bürgermeister, mit Ausnahme der unter autoritäten Staats-

Bürgermeister	Amtsdauer		
Anton Kamper	12. 8. 1919	-	31. 7. 1933
Wilhelm Partbauer	1.8. 1933	-	12. 2. 1934
Franz Jocher	13. 2. 1934	-	13. 3. 1938
Franz Sametz	13. 3. 1938	-	16. 5. 1945
Rupert Sieber	17. 5. 1945	-	6. 5. 1946
Wilhelm Partbauer	7. 5. 1946	-	18. 4. 1955
Alois Schweinzer	19. 4. 1955	-	22. 4. 1960
Fritz Wohlleitner	22. 4. 1960	-	27. 9. 1971
Karl Waltl	28. 9. 1971	-	26. 8. 1979
August Feldgrill	27. 8. 1979	-	3. 12. 1987
Elmar Fandl	seit 4. 12. 1987		

12 Ebenda.
13 Ebenda, S. 38 (§ 10/2).

Wappen aus der Urkunde des "Bundesministeriums für Inneres und Unterricht" (!) vom 20. November 1922 über die Erhebung der Ortsgemeinde Gratkorn zur Marktgemeinde. Der eigentliche Rechtsakt war von der Bundesregierung (!) bereits am 10. Mai 1922 gesetzt worden. (AG)

formen 1934 bis 1945 nicht frei gewählten, gehör(t)en der SPÖ an.

Am Territorium der Ortsgemeinde, an den Gemeindegrenzen, änderte sich zwischen 1849 und 1938 nichts, lediglich Name und Status wandelten sich: Die Ortsgemeinde St. Stefan am Gratkorn wurde gemäß Erlaß der Statthalterei in Graz mit Wirkung vom 17. März 1907 in "Gratkorn" umbenannt. Verantwortlich dafür zeichnete das Entstehen einer ständig wachsenden Arbeitersiedlung (Straßensiedlung) beiderseits der Reichsstraße zwischen der Papierfabrik und dem Trattenwirt. Das Dorf St. Stefan, und damit der Name der Gemeinde, verlor an Bedeutung; die Industriesiedlung, in deren Bereich 1823 nicht einmal zehn Bauobjekte gestanden hatten, hatte die wichtigste Infrastruktur an sich gezogen, sodaß die Umbenennung nahelag. Historisch gesehen war sie ungerechtfertigt, denn "am Gratkorn" lag und liegt das Kirchdorf St. Stefan, die Industriesiedlung lag und liegt auf der "Tratten".

Am 10. Mai 1922 erhob die Bundesregierung die Ortsgemeinde Gratkorn zur Marktgemeinde und verlieh ihr ein Gemeindewappen, dessen Farben bis heute übrigens nicht unwesentlichen Schwankungen unterlagen. Die offizielle urkundliche Bestätigung der Markterhebung und der Wappenverleihung erfolgte am 20. November 1922, der Originaltext lautet wie folgt:

"Die Bundesregierung hat mit ihrem Beschlusse vom 10. Mai 1922 die Ortsgemeinde Gratkorn in Steiermark über die Bitte der Gemeindevertretung zum Markte erhoben.

Das Bundesministerium für Inneres und Unterricht beurkundet hiemit die erfolgte Erhebung und bewilligt gleichzeitig dem Markte Gratkorn die Führung des nachstehend beschriebenen und in Farben dargestellten Wapppens, als: Ein gespaltener Schild. Die vordere Hälfte ist von Silber und von Grün schräg links geteilt; in der unteren Feldung sind drei goldene Kornähren fächerartig übereinandergelegt. Die rückwärtige Schildhälfte ist rot tingiert und von einem schräglinken silbernen Balken durchzogen, der oben und unten von je einer silberfarbenen Papierrolle begleitet wird. Den Schild umgibt eine bronzefarbene ornamentierte Randeinfassung. Wien, am 20. November 1922. Der Vizekanzler als Leiter des Bundesministeriums für für Inneres und Unterricht: Dr. Felix Frank"[14]

Immer wieder stellen Gemeindebewohner die Frage, welche Privilegien mit dieser Markterhebung verbunden sind. Die Steiermärkische Gemeindeordnung äußert sich in § 3 dazu eindeutig: "(2) Gemeinden, denen eine überragende Bedeutung zukommt, insbesondere solchen, die das Marktrecht bereits besitzen, kann auf ihren Antrag durch Verordnung der Landesregierung das Recht zur Führung der Bezeichnung 'Marktgemeinde' verliehen werden. (3) Mit dem Recht zur Führung der Bezeichnungen 'Stadtgemeinde' oder 'Marktgemeinde' sind keine weiteren Rechte verbunden."

Die Aufhebung der Eigenstaatlichkeit Österreichs und die Angliederung an das Deutsche Reich führten zur Aufhebung der österreichischen Gemeindeordnung und mit Wirkung vom 15. September 1938 zur Einführung der Deutschen Gemeindeord-

14 Original im AG.

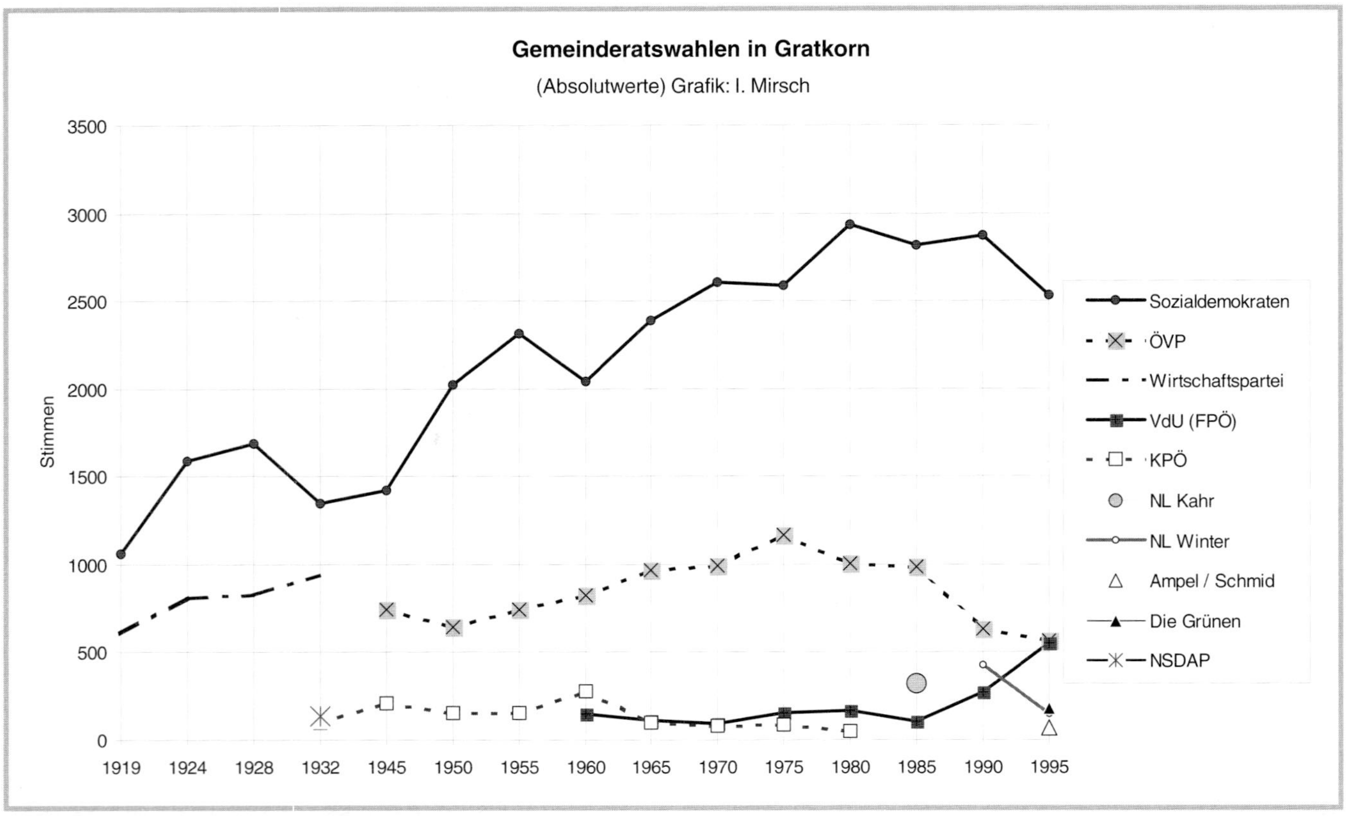

nung vom 30. Jänner 1935. Nach dem "Ostmarkgesetz" hatten gemeinsame Selbstverwaltungsaufgaben von Gemeinden eines Landkreises durch die Landkreise (2. Stufe) und durch die Gauselbstverwaltung (3. Stufe) besorgt zu werden. Die Gemeindepolitik, sofern von einer solchen überhaupt noch gesprochen werden konnte, wurde nur theoretisch vom Bürgermeister als Vertreter des Reiches im übertragenen Wirkungskreis bestimmt. In der Realität lag die Macht bei der Partei, der NSDAP, also beim Ortsgruppenleiter. Er nämlich besaß gegenüber dem Bürgermeister das Vorschlagsrecht für die Gemeinderäte und Beigeordneten. Der Rolle des Ortsbauernführers als Vertreter des Reichsnährstandes kam in Gratkorn geringere Bedeutung zu, weil es sich ja schon damals um eine industriell dominierte Gemeinde handelte. Die Gemeindepolitik hatte in jedem Falle nationalsozialistisch zu sein, ihr Aufbau hielt sich an das "Führer" - Prinzip.[15] Das Deutsche Gemeinderecht wurde nach dem Ende des Zweiten Weltkrieges mit Wirkung vom 15. Juli 1945 aufgehoben und durch ein vorläufiges Gemeindegesetz vom 10. Juli 1945 ersetzt. Das provisorische Gemeindegesetz wurde im Jahre 1962 beseitigt[16] und den Gemeinden ein Instrument zur weitgehend selbständigen Verwaltung in die Hand gegeben, das den modernen rechtstaatlichen Grundsätzen entspricht.

15 Vgl. St. Karner, 1986, S. 107.
16 Neufassung der Art. 115-120 des BVG im Jahre 1962 (vgl. Kodex Verfassungsrecht, 1987, 27-29.)

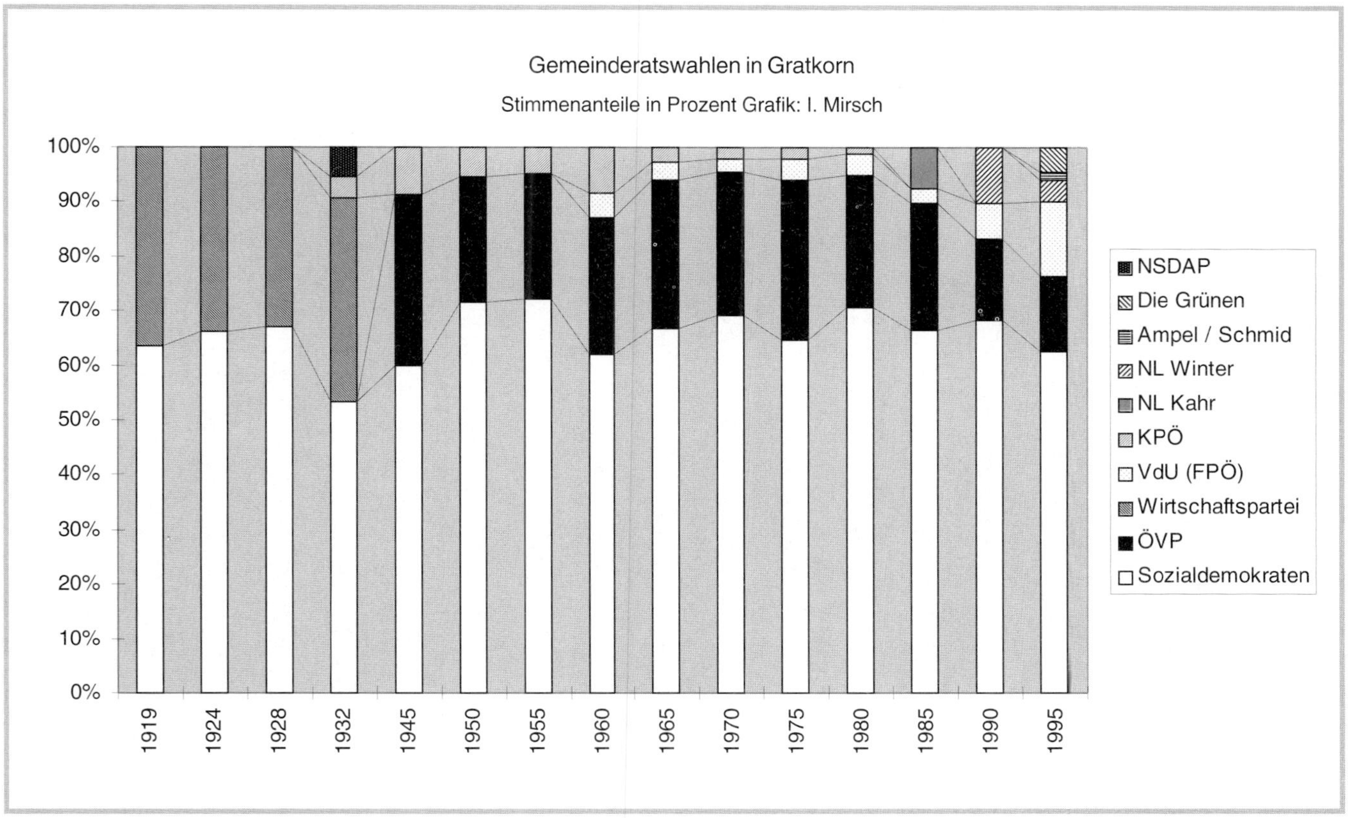
Gemeinderatswahlen in Gratkorn
Stimmenanteile in Prozent Grafik: I. Mirsch
100%
90%
80%
70%
60%
50%
40%
30%
20%
10%
0%
1919
1924
1928
1932
1945
1950
1955
1960
1965
1970
1975
1980
1985
1990
1995
NSDAP
Die Grünen
Ampel / Schmid
NL Winter
NL Kahr
KPÖ
VdU (FPÖ)
Wirtschaftspartei
ÖVP
Sozialdemokraten

Die Hackher - Kaserne

Vom Wasserübungsplatz zur Hackherkaserne

Offiziell seit 26. Oktober 1971 besteht in Gratkorn, auf einem ehemals von der Deutschen Wehrmacht genutzten Gelände, zwischen Mur und Hauptstraße, die Hackher - Kaserne.

Auf einer Liegenschaft, die sich südlich von Gratkorn entlang der Mur erstreckt und durch den Dultbach getrennt wird, wurden im Jahr 1940 für die Deutsche Wehrmacht 16 Objekte erbaut. Nach dem Ende des Krieges stand diese Liegenschaft in der Verwaltung der steiermärkischen Landesregierung und wurde von zahlreichen Gewerbetreibenden als Betriebsstätte bzw. für Büro- und Wohnzwecke verwendet. Am 5. Dezember 1955 wurde sie mit allen darauf befindlichen Objekten an die Bundesgebäudeverwaltung II Graz zur Verwaltung übergeben. In weiterer Folge plante man die Errichtung einer Kaserne auf dieser Liegenschaft.

Bis September 1971 konnten die Neubauten soweit fertiggestellt werden, daß der Bezug der Kaserne Ende September erfolgen konnte. Die offizielle Übergabe der neu errichteten Objekte der Hackher - Kaserne fand am 26. Oktober 1971 im Rahmen eines großen Festaktes statt.

Der Bau einer Sportanlage außerhalb des Kasernenareals war die nächste größere bauliche Maßnahme, die fertiggestellt werden konnte. Durch die Umrüstung (1983/84) von den Raketenwerfern auf die Panzerhaubitze war es erforderlich, eine neue Panzerwerkstätte zu errichten, die, nach dem letzten Stand der Technik ausgestattet, 1986 fertiggestellt werden konnte und heute noch immer zu den modernsten des Österreichischen Bundesheeres zählt.

Die Geschichte des Panzerartilleriebataillons 4

Am 30. August 1968, der Geburtsstunde des heutigen PzAB 4, wurde die erste Rak - Batterie zur I. Abt/AR 2 erhoben. Das Abteilungskommando und die Stabsbatterie wurden in der Kaserne Fehring aufgestellt; in weiterer Folge begann ebenfalls in Fehring die Aufstellung der 2. und 3. Feldkanonenbatterie. Nach Fertigstellung der Hackher - Kaserne wurde das Bataillon erstmals am 27. September 1971 in Gratkorn zusammengeführt. 1972 wurden die 2. und 3. Batterie ebenfalls mit je sechs Raketenwerfern ausgerüstet und die schweren Feldkanonen abgegeben. Das Raketenwerferbataillon erlebte in der Folge eine sehr bewegte Zeit und festigte seinen Ruf als Elitetruppe des Österreichischen Bundesheeres. Unter anderem ist der Einsatz des Bataillons bei der Hilfeleistung in der von einem schweren Erdbeben betroffenen Provinz Friaul im Mai 1976 hervorzuheben.

Am 1. Juni 1978 übernahm Mjr Josef Dilsky als neuer Bataillonskommandant das Kommando über das Korpsartilleriebataillon 2 (damalige Bezeichnung). Es folgten viele Aktivitäten im Bereich der Öffentlichkeitsarbeit. So wurde im Zuge dieser Bemühungen als Höhepunkt 1981 die Partnerschaft mit der Firma KNP Leykam begründet. Zielsetzung der Partnerschaft ist es, das gegenseitige Verständnis zu fördern, gemeinsame partnerschaftliche Veranstaltungen durchzuführen und zum Wohle der Heimat gemeinsam zu wirken.

Auch in die Dienstzeit von Mjr Dilsky, dem heutigen Artillerieinspektor, vielen mehrere Katastropheneinsätze, so der Großeinsatz im April 1979 im Bereich Stift Rein. Im Dezember 1982 erfolgte dann die Übergabe des Bataillons an Obstlt Posch. Ein Jahr später, am 14. Dezember 1983, wurde das Bataillon feierlich als Panzer-

Die Vorbereitung und Ausbildung der IFOR - Soldaten für die Einsätze in Bosnien hat das PzAB 4 ab Dezember 1995 neuerlich mit dem nahegelegenen Kriegsschauplatz in Verbindung gebracht.

artilleriebataillon 4 an die 1. Panzergrenadierdivision übergeben und damit in die 4. Panzergrenadierbrigade eingegliedert.
Die Umrüstung auf die Panzerhaubitze M 109 A 2 erforderte umfangreiche Vorbereitungen, die mit viel Elan vorangetrieben wurden. Die ersten neuen Panzerhaubitzen wurden dann im Februar 1984 in Empfang genommen. Der Wartungsaufwand bei den modernen Panzerhaubitzen (bis zum heutigen Tag NATO - Standard) war nun im Vergleich zu den technisch einfachen Raketenwerfern ungleich höher. Durch die Fertigstellung der neuen Panzerwerkstätte im Jahre 1985 waren dann schließlich optimale Voraussetzungen für die Materialerhaltung dieses modernen Gerätes geschaffen. Im Dezember 1988 übernahm Obstlt Allesch die Führung des Bataillons und setzte wieder neue Akzente. Besondere Prioritäten setzte er in den Bereichen Menschenführung, Ausbildungsmethodik und Kommunikation mit der Zielsetzung, die Zahl der motiviert abrüstenden Grundwehrdiener zu heben und das Betriebsklima im Bataillon weiter zu verbessern. Besondere Akzente wurden in der Öffentlichkeitsarbeit gesetzt, so zum Beispiel das in den Medien viel beachtete Projekt "BORG - Monsberger" und die Bürgermeistertage. Neben Katastropheneinsätzen in anderen Regionen erfolgte im September 1991 ein Großeinsatz im Gemeindegebiet von Gratkorn, bei dem tagelang überflutete Keller gereinigt wurden und der Bevölkerung bei den Aufräumungsarbeiten viel bedankte Hilfe geleistet werden konnte. Im August 1992 erfolgte in der Hackher - Kaserne die Einquartierung von 150 bosnischen Kriegsflüchtlingen über einen Zeitraum von eineinhalb Jahren. Durch die Bemühungen vieler engagierter Kadersoldaten war es möglich, den Flüchtlingen unter den gegebenen Umständen den Aufenthalt in der Kaserne so angenehm wie nur möglich zu gestalten.

Im August 1992 fanden in der Hackher - Kaserne 150 bosnischen Kriegsflüchtlinge für eineinhalb Jahre freundliche Aufnahme. Der Kontakt zur Bevölkerung gestaltete sich problemlos.

Die Integration in der Bevölkerung

Nach der anfangs eher reservierten Haltung der Bevölkerung den Soldaten gegenüber, erfolgte bald eine Verbesserung der Akzeptanz der Kaserne. Unter anderem fand das Engagement im Bereich des Umweltschutzes große Zustimmung. Dabei wurde an vielen Umweltschutztagen gemeinsam mit der Marktgemeinde die Umgebung von großen und kleinen Umweltsünden befreit. Nicht nur durch den Abschluß einer Partnerschaft mit der KNP - Leykam oder der Verleihung von Standartenbändern durch die Marktgemeinde, durch den Österreichischen Kameradschaftsbund, weiters durch den Angestelltenbetriebsrat der Leykam und der Gewerkschaft Metall - Bergbau - Energie kam die stetig verbesserte Integration von den Soldaten in der Marktgemeinde zum Ausdruck. Auch die Tatsache, daß im Laufe der Jahre eine Reihe von wichtigen zivilen Funktionen im öffentlichen Leben von Kadersoldaten übernommen wurden (zwei Vizebürgermeister, Gemeinderäte, Sport- und Vereinsfunktionäre) sind ein Beweis dafür, daß sich die Soldaten in das Alltagsleben der Marktgemeinde bestens eingegliedert haben. Durch die ca. 12.500 Soldaten, die bisher in Gratkorn ihren Grundwehrdienst abgeleistet haben, wurde sicher ein bedeutender Beitrag zur Belebung des Handels und der Wirtschaft geleistet. Auch der Umstand, daß ca. 250 Kadersoldaten in der Hackher - Kaserne ihren Dienst versehen und ein erheblicher Prozentsatz sich in der Zwischenzeit mit seinen Familien im Ort angesiedelt haben, bildet ein positives Faktum für die Entwicklung der Marktgemeinde Gratkorn. 48 Dienstwohnungen, viele Eigenheime und Eigentumswohnungen wurden in den letzten 25 Jahren erworben und haben zur Belebung des Gratkorner Beckens beigetragen.

Abschließend kann festgestellt werden, daß sich in den letzten 25 Jahren im Garnisonsort Gratkorn eine sehr konstruktive Zusammenarbeit zwischen Zivil und Militär entwickelt hat und das Zusammenleben fruchtbringend und positiv verläuft.

Die Soldaten der Hackher - Kaserne: gemeinsam mit der Gemeinde im Einsatz für den Umweltschutz.

Der Garnisonsball in der Hackher - Kaserne bildet einen festen und beliebten Bestandteil im gesellschaftlichen Leben Gratkorns. - Panzerhaubitzen M 109 A 2 bilden den Eingang für den Garnisonsball.

UNSERE VEREINE - SPIEGEL DER GESELLSCHAFTLICHEN KULTURALITÄT

Das Vereinswesen stellt einen bedeutenden kulturellen Faktor im Zusammenleben einer Gemeinschaft dar. Es vermittelt Interesse am öffentlichen, kommunalpolitischen Leben, versucht neues, von außen herangetragenes Gedankengut zu integrieren, aber gleichzeitig auch tradiertes Brauchtum zu bewahren. Dabei wird besonders auf die Geselligkeit hohen Wert gelegt, weiters werden Schwerpunkte auf die Freizeitgestaltung gelegt, schließlich haben Vereine auch eine gewisse volkskulturelle Aufgabe zu erfüllen. Die Vereinsfreudigkeit, die man insbesondere den deutschsprachigen Ländern zuspricht, ist in anderen Staaten in gleichem Ausmaß anzutreffen. Alle solche Bemerkungen laufen aber auf dasselbe hinaus: man reklamiert solches als nationale Eigenart, was aber in Wirklichkeit ein wahrhaft internationales Bedürfnis der Menschen zu sein scheint.

Im Zuge der wirtschaftlichen Veränderungen, die sich im ausgehenden 19. Jahrhundert in Gratkorn bedingt durch die Expansion der Papierfabrik ereigneten, kam es auch zu einer Umstrukturierung im Alltag der Menschen. Das Leben wurde in Arbeits- und Freizeit eingeteilt, eine Trennung von Arbeitsplatz und Wohnraum war für den neuen Stand der Arbeiter zum Unterschied des Bauern selbstverständlich. Mit der Einführung geregelter Arbeitszeiten entstand nun auch das Bedürfnis, den nunmehr entstandenen Freiraum mit Tätigkeiten auszufüllen, die den persönlichen Neigungen gerecht wurden.

Je stärker der Einfluß von Industrie und Technik auf das Leben der Menschen wurde, um so mehr rückten sozialpolitische Vereine, Arbeiter- und Fürsorgevereine in den Vordergrund. Dies steigerte natürlich auch das Selbstbewußtsein dieser Gruppen. Die Veränderungen in der Kultur des gesamten Lebens, sowohl die Familie als auch die Arbeitswelt betreffend, ließen das Vereinswesen zu einer von der Familie unabhängigen Gemeinschaft werden. Einerseits bestanden weiterhin die besonders im Biedermeier geschätzten Vereine, die sich einer Sammlertätigkeit widmeten, auf der anderen Seite stellten sich viele Vereine in den Dienst einer politischen Idee, die sie in ihrem Bildungsprogramm integrierten. Vor allem die Gesangs- und Turnvereine, im vorigen Jahrhundert zum Zwecke der körperlich-kulturellen Ertüchtigung gegründet, bildeten sich in politisch kritischen Zeiten immer stärker zu Trägern eines von den

Die Entwicklung einer Gasthauskultur trug ebenfalls zum Bewußtwerden der eigenen Freizeit bei. Man traf sich, um mit Freunden für kurze Zeit das harte Alltagsleben vergessen zu können. (Sammlung Hauslbauer)

Der Umzug der Schützengesellschaft Rinner durch Gratkorn Anfang der 30er Jahre erfolgte unter großer Beteiligung der Bevölkerung. Im Hintergrund das Kaufhaus Schlick. (Sammlung Fanninger)

verschiedensten Inhalten geprägten Gedankengutes aus.
Die Zeit nach dem Ersten Weltkrieg, der eine kurze Unterbrechung der Vereinsgründungen mit sich brachte, war trotz materieller Not und wirtschaftlicher Schwierigkeiten fruchtbar für eine große Zahl an Neubildungen. Man schätzte einerseits die Möglichkeiten der Kommunikation und aktiven Betätigung, andererseits war der Verein eine Flucht vor dem harten und oft kargen Alltagsleben. So wurden die Vereine zu immer bedeutenderen Faktoren in der dörflichen Gemeinschaft. Begünstigt wurden die Vereinsbildungen in den Dörfern auch durch eine Lockerung der tradierten Bindungen: Familie, Verwandtschaft und Burschenschaft hatten nicht mehr die Bedeutung früherer Zeiten.
Obwohl den Vereinen zwischen 1938 und 1945 jede Eigenständigkeit genommen worden war und sie zum Großteil den Propagandazielen des herrschenden Regimes untergeordnet waren, konnte in der Zeit danach rasch zu neuen und auch vielfältigeren Formen zurückgefunden werden. Für die Jugend bedeutete die Aufnahme in einen Verein eine Integration in die Welt der Erwachsenen. Diese Entwicklung hielt bis in die 50er Jahre an, mit der Zunahme des jugendlichen Selbstbewußtseins, das die Hilfe der Erwachsenen nicht mehr benötigte, ja sogar andere Strategien schuf, um in die Erwachsenenwelt einzudringen, verlieren auch die Vereine diese tradierten Funktionen, wenngleich es auch heute noch das Phänomen der Generationenmitgliedschaft gibt, etwa unter dem Motto: "Jetzt war der Großvater und der Vater schon dabei, deshalb muß der Bua auch dort hin. Basta."
Vereine sind heute wie damals nicht nur Ort der Geselligkeit, sondern dienen auch immer bestimmten Zwecken, die einerseits den Angehörigen im Verband und andererseits der Öffentlichkeit dienlich sind. Die Vereine Gratkorns[1] sehen nun ihre Hauptanliegen in sozialen Leistungen, wirtschaftlichen Intentionen, der Körperertüchtigung und kulturellen Belangen.

1 Die folgende Aufstellung und Beschreibung der Vereine kann leider nicht den Anspruch auf Vollständigkeit erheben, weil gewisse Verantwortliche trotz mehrmaliger Aufforderung nicht bereit waren, dem Autor Unterlagen über "ihren" Verein zukommen zu lassen. Es wurden daher nur jene Vereine berücksichtigt, deren Mitarbeiter aktiv bei der Gestaltung dieses Kapitels beteiligt waren. Ihnen sei auf diesem Wege auch herzlichst gedankt.

ABSV Sektion Gratkorn

Alpiner Trachtenverein "D' Schrauszkogler z' Gratkorn"

ABSV Sektion Gratkorn

Der Arbeiter-Briefmarkensammler-Verein wurde am 9. Oktober 1957 gegründet. Die ersten Zusammenkünfte fanden im Extrazimmer des Gasthauses Schmiedbauer statt. Doch das rege Interesse der Arbeiter an der Philatelie ließ das ursprüngliche Vereinslokal bald zu klein werden. Man übersiedelte zuerst zum Grünwirt, später ins Gasthaus Bogner. Das Tauschen und Fachsimpeln über Zahnung und Falzbelege der Briefmarken wurde aber infolge immer weiter steigender Mitgliedszahlen rasch zum Problem: es herrschte wieder akute Raumnot. Da kam der Bau des Volksheimes gerade recht, man bezog dort Quartier, wo sich die Briefmarkenfreunde auch heute noch regelmäßig treffen. Mit zwei Großtauschtagen setzte man erste Akzente, die erste Werbeschau mit Sonderstempel und Sonderpostamt erfolgte vom 16. bis 18.12.1961 anläßlich der Eröffnung des neuen Gratkorner Postamtes. Anliegen des Vereins war aber immer das Verbindende, so stammen zahlreiche Mitglieder aus den Umlandgemeinden, auch wurden Werbeschauen für Judendorf / Straßengel und Rein veranstaltet. Ziel ist es neben der Geselligkeit vor allem das alte Kulturgut unserer näheren Umgebung zu schützen. So werden neben Briefmarken auch Ansichtskarten aus der Steiermark und Österreich gesammelt, getauscht und begutachtet. Die alte Redewendung: "Kommen Sie noch mit hinauf, ich möchte Ihnen meine Briefmarkensammlung zeigen," hat ob der großen Mitgliederzahl des Vereins wohl auch heute noch ihre Gültigkeit.

Im Jahre 1926 erfolgte ein historischer Trachtenumzug durch Gratkorn. Links neben "Andreas Hofer" ist der spätere Regierungskommissär Franz Jocher (1934-1938) zu sehen. (Sammlung Fanninger)

Alpiner Trachtenverein "D' Schraußkogler z' Gratkorn"

Es waren einmal einige begeisterte Steirertänzer, man schrieb das Jahr 1945, und man war beim "falschen" Verein, bei den Gratweiner "Gsullerkogler". Herr Johann Schicho setzte den Grundstein für eine eigene Trachtenbewegung in Gratkorn, und im Jahre 1948 konnte eine Zweigstelle der "Gsullerkogler" als Ortsgruppe Gratkorn geführt werden. Von Beginn an setzte man es sich zur Aufgabe, alte Sitten und Gebräuche wieder aufleben zu lassen, insbesondere heimische Tänze, die Liebe zur Volkstracht, aber auch der Gesang, Dialekt, die Volksmusik und die Aufführungen kleinerer Theaterstücke waren Inhalt der künftigen öffentlich kundgetaner Liebe zur bäuerlichen Scholle. Die Mitgliederzahl stieg ständig, und so konnte am 4. Juli 1954 das Vereinssymbol, der Kirtabuschen, sowie der neue Vereinsname "Alpiner Trachtenverein D' Schraußkogler z' Gratkorn" enthüllt und geweiht werden. Seit dieser Zeit ist es dem Verein immer ein Anliegen, insbesondere die Jugend in die Brauchtumsveranstaltungen miteinzubeziehen, so daß bereits 1962 die erste Kindertanzgruppe entstand. In den letzten 30 Jahren wurde an unzähligen Heimat- sowie Bunten Abenden teilgenommen und versucht, echte Volkstracht und Volksmusik als Kultur des Volkes zu erkennen und weiter zu bewahren.

ATUS Gratkorn

Auf eine lange Tradition kann der ATUS Gratkorn zurückweisen, wurde er ja bereits 1924 als Arbeiter Turn- und Sportverein gegründet. Die Gründung solcher Sportvereine in dieser Zeit ist einerseits als Reaktion auf den immer weiter fortschreitenden Industrialisierungsprozeß zu verstehen. Die Arbeiter versuchten sich Gegenwelten zum monotonen Alltag in den Fabriken zu schaffen, die industrielle Gesellschaft erarbeitete sich eine neue künstliche Umwelt unter dem Motto "Zurück zur Natur". Andererseits ließ die schlechte materielle Situation die Menschen Abwechslung suchen, die sie in Form der zahlreichen Vereine fanden. Mit der Organisation der Arbeiterschaft in Sportvereinen - wie es auch in Gratkorn geschah - ergab sich auch eine Verschiebung von älteren, drillmäßigen Formen des Turnens und der Gymnastik zum modernen Sport im engeren Sinn. Auf Wettkampf und Rekorde angelegte Sportarten wie Leichtathletik und Schwimmen zogen jetzt das besondere Interesse auf sich. Mit dem ATUS Gratkorn wurde damals ein Verein gegründet, der als Basis für nationale und auch internationale Wettkämpfe vor allem die Schul- und Freizeitsportausbildung forcierte. Hochleistungs- und Breitensport wuchsen so zusammen, verklammert durch das gemeinsame Prinzip der Leistungsmessung, des Wettkampfes und der Bemühung um Rekorde.
Wie viele Arbeitervereine oder der sozialdemokratischen Partei nahestehende Institutionen war auch der ATUS Gratkorn in der Zeit von 1934 bis 1945 verboten. Eine Neugründung erfolgte aber bereits 1946 unter dem damaligen Obmann Brandstätter Anton. Mit der Stadioneröffnung 1964 wurde ein ungebremster Aufschwung der Leichtathletiksektion eingeleitet, konnten doch endlich die geeigneten Trainingsmöglichkeiten errichtet werden. Bereits ein Jahr später wurde mit dem Bau einer für 20 Leute Platz bietenden Hütte auf dem Lachtal begonnen, und man schuf so die Voraussetzung auch im Wintersport aktiv sein zu können. Leider versiegte das Geld diverser Sponsoren, und so wurde der Rohbau an die damalige Fa. Leykam-Mürztaler verkauft. Es ist dem unermüdlichen Einsatz des damaligen Obmanns Rudolf Gruber zu verdanken, daß das Projekt Wintersport im ATUS nicht gestorben ist. 1969 wagte man sich schließlich an einen Neubeginn, diesmal im kleineren Umfang auf der Planneralm. Das Bauvorhaben konnte realisiert und noch im gleichen Jahr fertiggestellt werden. 1978 wurde dann infolge des großen Zuspruchs der Bevölkerung die Selbstversorgerhütte ausgebaut.
Seit 1976 leitet Franz Isker die Geschicke des Sportvereins, zahlreiche nationale und auch internationale Titel errangen "seine" Sportler seither, aber auch der enorme Zulauf aus der Bevölkerung machen den ATUS Gratkorn zu einer nicht mehr wegzudenkenden Institution in Sachen Breitensportausbildung und Jugendbetreuung.

Die Handballmannschaft des ATUS-Gratkorn. (Sammlung Ogorschek)

Bund Steirischer Landjugend

Frauen-Aktions-Komitee

Freiwillige Feuerwehr Gratkorn - Markt

Bund Steirischer Landjugend

Fesche Mad'ln im Dirndl und stramme Buam in der Lederhos'n, so präsentiert sich die Gratkorner Landjugend auf festlichen Veranstaltungen. 1958 gründete man einen Verein, in dem die bäuerliche Jugend in der Gemeinschaft durch gegenseitigen Anreiz in Kursen und Wettbewerben geschult werden sollte. Man wollte tüchtige Bauern heranbilden. Im Laufe der Zeit haben sich aber auch die Ziele der Landjugend geändert. Das Fachliche wurde immer weiter zurückgestellt und durch Spiel, Sport und Gruppenarbeit in kulturellen und gesellschaftlichen Bereichen ergänzt. Neben den Jungbauern sind heute auch Jugendliche mit anderen Berufen Mitglieder und schaffen so die Grundlage für einen gemeinsamen Austausch von Gedanken zwischen verschiedenen Berufsschichten.

Die Weihe des neuerbauten Rüsthauses 1915 war ein Volksfest, bei dem auch die Wehren aus den umliegenden Gemeinden eingeladen waren. (Sammlung Fanninger)

Frauen-Aktions-Komitee

Das soziale Engagement ist das Hauptanliegen des auch politisch tätigen aktiven Frauenkomitees. Diese Einstellung hat sich seit der Gründung im Sommer 1945 nicht geändert. Bemerkenswert ist, daß es die Frauen schaffen, ihre Aktivitäten gänzlich ohne Subventionen durchführen zu können. Die Einnahmen aus Flohmärkten, Christkindlständen und Ostertischen werden wiederum für Ausflüge mit behinderten Freunden, Bunten Nachmittagen im Seniorenheim oder Gesundheitsvorträgen verwendet.

Freiwillige Feuerwehr Gratkorn - Markt

Der Musiker und Komponist Jakob Wöhrer war es, der sich mit anderen beherzten Bürgern Gratkorns im Jahre 1902 Gedanken über eine eigene Feuerwehr machte. Den Gedanken folgten sogleich die Taten: am 27. Mai 1902 erfolgte mit Gemeinderatsbeschluß die Gründung der Freiwilligen Feuerwehr St. Stefan am Gratkorn. Wöhrer konnte neben einer handvoll mutiger Feuerbekämpfer auch eine Landfahrspritze mit Pferdebespannung kommandieren. Erst 1910 kam ein Mannschaftswagen hinzu, sämtliche Gerätschaften waren in einem Schuppen der Volksschule untergebracht. Im Jahre 1914 wurde ein zweitoriges Rüsthaus mit Steigerturm errichtet, deren Finanzierung nur durch persönliche Haftung einiger selbstloser Kameraden möglich war. Ständig steigende Einsätze machten

Freiwillige Feuerwehr Gratkorn - Markt

es nötig, an die Anschaffung einer Motorspritze zu denken. Im Rahmen einer Haussammlung konnte man 1925 die Bevölkerung motivieren, Geld für ihre eigene Sicherheit zu spenden. Damit begann das "moderne" Zeitalter der Feuerbekämpfung, denn bereits ein Jahr später konnte das erste motorisierte Rüstauto, der legendäre Puch VII/14/38 PS, angeschafft werden. Mit dem Eintritt von Dr. Emil Kschir im Jahre 1928 wurde auch der Grundstein für die Bildung einer Rettungsabteilung gelegt, ein Jahr später erfolgte der Zubau zum bestehenden Rüsthaus und 1930 konnte die Rettungsabteilung feierlich eröffnet werden. Mit der Übernahme durch die neuen Machthaber im Jahre 1938 stehen die steirischen Feuerwehren in der letzten Phase der verordneten Auflösung. Mit Erlaß vom 11. Oktober 1939 wurde das Gesetz über das Feuerwehrlöschwesen eingeführt, die freiwilligen Feuerwehren werden in die Feuerhilfspolizei eingegliedert und mit deutschen Uniformen ausgerüstet. Vereinstätigkeiten wurden untersagt, das Vermögen mußte an die Gemeinde abgeliefert werden, diese hatte wiederum die Pflicht, für den Erhalt der Wehren zu sorgen. Als mit der Einberufung der wehrpflichtigen Männer auch die Gratkorner Feuerwehr zusammenzubrechen drohte, organisierte man zwischen 1942 und 1944 eine Frauenfeuerwehr, der Rosa Fanninger als Kommandantin vorstand. Mit dem Zusammenbruch des Reiches und den Wirren der unmittelbaren Nachkriegszeit begann eine schwierige Zeit: man mußte schnell wieder eine einsatzfähige und tatkräftige Wehr aufbauen. Die Ausrüstung war fast zur Gänze verschwunden, erst mühselig konnten die verschiedenen Einsatzgeräte teilweise aus der Mur geborgen, teilweise von der Besatzungsmacht angekauft werden.

Nicht einmal eine Sirene war in dieser Zeit vorhanden, den Geschicken Josef Tscheutschers, damals Zeugwart, ist es zu verdanken, daß die Löschmannschaften dennoch rechtzeitig vor Ort waren, radelte er ja mit einer Trompete durch den Ort und alarmierte so seine Kameraden. Max Mathans führte in den 30 Jahren seiner Kommandantschaft die Freiwillige Feuerwehr Gratkorn-Markt zu einer der schlagkräftigsten im Bezirk. Seine Nachfolger Ernst Spiegel und Erwin Glanner können heute auf eine moderne Technologie und auf den hohen Ausbildungsstandard ihrer Mitarbeiter vertrauen. Damals in der Gründerzeit wie auch heute sind aber die Feuerwehren auch Kulturträger im öffentlich-kommunalen Leben. Mit ihren Bällen und Fetzenmärkten tragen sie ein besonderes Stück zur Geselligkeit bei, wenngleich der Zweck damals wie heute immer der gleiche ist: sie bitten um Geld, damit die Sicherheit der Bevölkerung gewährleistet werden kann.[1]

1 Vgl. Walkner, Johann - Männiksaar, Ernst. 1992.

Strenge Hierarchie und genau definierte Aufgabenverteilung machten die Feuerwehr zu einer einsatzkräftigen Truppe. Um 1920. (Sammlung Teibinger)

Fussballclub Gratkorn

Heeressportverein Gratkorn

Kinderfreunde Gratkorn

Fußballclub Gratkorn

Es begann alles 1921. Wilhelm Partbauer gründete den "AAC Gratkorn", und schuf so die Voraussetzung für eine sinnvolle Jugendarbeit und -förderung, die auch heute noch oberstes Vereinsziel ist. Der Syzplatz, eine Wiese zwischen der Raiffeisenkasse und dem Syzhaus, wurde zum Fußballplatz umfunktioniert. 130 eingeschossene Fensterscheiben machten aber eine Übersiedelung zwingend. Zuerst trainierte man in Eggenfeld, bereits 1923 errichtete man eine Anlage auf den Anderluh-Gründen im Bereich der heutigen Gartengasse.

Voller Eifer und Tatendrang wurden die ersten Meisterschaftsspiele absolviert. Auswärtsspiele bedeuteten für Aktive und Fans Tagesausflüge: zu Fuß oder mit dem Rad marschierte man bis nach Köflach, Most und Jause gab es unterwegs von freundlichen Bauern. Für heitere Stimmung war stets gesorgt. Wie allen anderen sozialistischen Vereinen auch ereilte den AAC 1934 das gleiche Schicksal: er wurde verboten. Viele Spieler wechselten damals zum bürgerlichen Fußballverein, so daß aus beiden Mannschaften dann der SV Gratkorn entstand. Motor und treibende Kraft war Ludwig Fischer, der mit großem persönlichen Einsatz den Verein führte, und auch die Übersiedelung auf das Rinner-Grundstück hinter der alten Post durchsetzte. Dies sollte die Heimstatt für die nächsten 30 Jahre werden. Auch Erfolge stellten sich bald ein: 1936 schaffte man den Aufstieg in die höchste steirische Liga, klare Siege gegen Sturm und GAK waren damals keine Seltenheit. Der Zweite Weltkrieg zerstörte aber alle Aufbauarbeit, viele Spieler waren im Krieg, manche kehrten auch nicht mehr heim. Der Abstieg in die Zweite Klasse war daher unvermeidlich. In den nächsten Jahren wurde kontinuierlich die Jugendarbeit vorangetrieben, und bereits zu Beginn der 50er Jahre konnte man wieder in der Landesliga spielen. Am 1. Mai 1964 wurde das neue Stadion an der Mur im Bereiche des Kraftwerkes eröffnet. Es dient auch heute noch dem FC Gratkorn als würdige Kulisse für die nächsten Ziele: vielleicht doch einmal erstklassig in Österreich zu werden.[1]

1 Vgl. Gruber, Georg - Schenkirsch, Josef jun. 1996.

Kampfmannschaft aus Gratkorn um 1920. (F.C. GRATKORN)

Die erste Gratkorner Jugendmannschaft. (F.C. GRATKORN)

Heeressportverein Gratkorn

"Sport um des Sportes Willen" ist das Motto des HSV, auf der Grundlage des Amateurgedankens liegt die Hauptaufgabe vor allem in der sportlichen Breitenarbeit. Die 1982 fertiggestellte Lenert-Halle ist Heimstatt für die äußerst erfolgreichen Stocksportler, bietet aber auch noch die Möglichkeit zum Tennis- und Tischtennisspielen bzw. Luftdruckgewehrschießen. Dem 1971 gegründeten Verein können auch zivile Personen beitreten. Der HSV Gratkorn ist bekannt für seine Veranstaltungen und lud in den letzten 25 Jahren u.a. zu folgenden Großveranstaltungen: Großtombolas, Garnisonsbälle, Garnisonssommerfeste, Hackherlöwenturniere der Eis- und Stockschützen, Radsportveranstaltungen, Orientierungsläufe bis hin zum legendären Schöckel-Marathon-Marsch. Insgesamt bietet der HSV Sportarten in zehn verschiedenen Sektionen an. In diesem Sinne: Sport frei!

Arbeiter beim Bau der neuen Heimstatt der Kinderfreunde, einer Holzbaracke. (Sammlung Strikovic)

Kinderfreunde Gratkorn

Die Kinderfreunde Gratkorn wurden am 28. Mai 1922 als Verein "Arbeiter Kinderfreunde" gegründet. Aus den anfänglichen Bemühungen beherzter Gratkorner ist bald eine Organisation entstanden, die das gesellschaftspolitische Leben im Ort in vielfacher Weise beeinflußt hat. Die Notwendigkeit dieser Gründung leitete sich einerseits aus der materiellen Not der Menschen andererseits von der Tatsache, daß Kinder ohne Schutz und Rechte aufwuchsen, ab.

Bereits 1924 wurde im rückwärtigen Teil des Syzhauses ein öffentlich zugänglicher Kindergarten errichtet, in dem durchschnittlich 30 Kinder ab dem vierten Lebensjahr untergebracht waren. Im Jänner 1925 beschloß der Vereinsvorstand ein Grundstück im Ausmaß von 5.755 m² zu erwerben, um einen eigenen Kinderhort sowie eine Spielwiese zu errichten. Dieses Grundstück nördlich des Sportstadions blieb dann bis 1996 Heimstatt der Kinderfreunde. Der finanzielle Engpaß infolge der hohen Investitionssumme machte es erst drei Jahre später möglich, mit dem Bau einer Holzbaracke als Unterkunft zu beginnen. In diese Zeit fällt auch die Gründung der "Roten Falken". Der 13. Februar 1934 bedeutete das vorläufige Ende der Kinderfreunde Gratkorn. Der Verein wird behördlich aufgelöst und verboten, sämtliche Einrichtungen von der Heimwehr beschlagnahmt und in weiterer Folge dem Verein "Jung Vaterland" einverleibt. Mit der nationalsozialistischen Machtübernahme wechselt die Liegenschaft abermals den Besitzer. Per Bescheid vom 30. Mai 1939 übernimmt die NSDAP-Hitlerjugend das Areal. Dennoch gelang es, den Verein in der Illegalität weiter zu führen. Bereits kurz nach dem Zweiten Weltkrieg stellten sich wieder viele Mitarbeiter in den Dienst der Kinder, so daß der kontinuierliche Wiederaufbau begonnen werden konnte.

Obwohl die Ortsgruppe Gratkorn einen legitimen Anspruch auf die Liegenschaft besitzt, wird diese im September 1949 der Landesorganisation einverleibt, und diese bleibt bis 1997 Eigentümerin. Erst den unermüdlichen Bemühungen der derzeitigen Obfrau Heide Strikovic ist es zu verdanken, daß der rechtmäßige Eigentümer nun wieder die Ortsgruppe Gratkorn ist. Den Anforderungen der Zeit angepaßt, begann in den 60er und 70er Jahren eine rege Bautätigkeit. So wird 1963 mit dem Bau eines Kinderschwimmbeckens begonnen, 1967 werden das Schwimmbad und die Umkleidekabinen fertiggestellt, und 1972 setzte man - genau 50 Jahre nach der Vereinsgründung - den Spatenstich für das neue Vereinsheim, das bereits ein Jahr später seiner Bestimmung übergeben werden konnte. Der Betrieb der Kinderfreunde fand immer größeren Zuspruch der Bevölkerung, und das Vereinsheim drohte schon aus allen Nähten zu platzen, da kam die Milliardeninvestition der KNP-Leykam 1995 gerade recht. Für ihr Triple-Star Projekt benötigte sie unbedingt das Areal der Kinderfreunde. Nach zähen Verhandlungen erklärte sich die KNP-Leykam bereit, einen Ersatzbau vollständig zu finanzieren. So gehen 70 Jahre Kinder- und Jugendarbeit in der Sportplatzgasse zu Ende, das alte Postgrundstück am Kirchweg bietet seit 7. September 1996 nicht nur Platz für ein neues, moderneres und den Ansprüchen der heutigen Jugend gerecht werdendes Zentrum, sondern ist auch gleichzeitig ein zukunftsweisendes Signal weit über das Jahr 2000 hinaus.[2]

2 Vgl. Strikovic H. - Baumgartner K. (Red.). 1992.

Erste Kindergartengruppe vor dem Syzhaus 1924. (Sammlung Strikovic)

Leykam-Chor

Leykam-Chor

Der Arbeitergesangsverein "Bruderbund" wurde 1899 gegründet, damals probten die 50 Sänger in der Werksrestauration der Papierfabrik. Innerhalb der nächsten zwei Jahre nahm aber die Mitgliederzahl derart ab, daß ein Weiterführen des Vereins nur als gemischter Chor möglich war. Die ersten Jahre wurden auch schon mit bescheidenem Erfolg belohnt, so wurde ein eigenes Klavier und ein silberbeschlagenes Trinkhorn angeschafft. Im Jahre 1907 löste sich aber der Verein mangels Mitglieder gänzlich auf. Zwölf Jahre war nun im Talkessel Gratkorn, Gratwein und Judendorf-Straßengel jede Tätigkeit eines Arbeitergesangsvereins eingestellt. Erst im Jahre 1919 fanden sich einige sangesfreudige Arbeiter zusammen, um den alten AGV "Bruderbund" wieder aufleben zu lassen. Die Proben wurden nun abwechselnd in Gratkorn und Judendorf-Straßengel abgehalten, was jedoch auf Dauer zu Schwierigkeiten und Meinungsverschiedenheiten unter den Sängern führte. So beschloß die Gratkorner Arbeiterschaft im Oktober 1921 sich vom Judendorfer Bruderbund zu trennen, und gründete in ihrer konstituierenden Sitzung am 23. Dezember 1921 den "Arbeitergesangsverein der Papierfabrik in Gratkorn".

Das Vereinsheim war das Gasthaus Weidenbacher. Am 25. November 1929 wurde eine Werbeversammlung abgehalten bei der 21 Frauen sich zu einem eigenen Frauenchor zusammenschlossen. Bereits bei der Silvesterfeier im selben Jahr trat neben dem Männer- nun auch ein Frauenchor auf. Nach Auflösung des Vereins im Februar 1934 konnte nur die AGV-Fahne von Emil Kahr gerettet werden, das Archiv und der Kasseninhalt wurden beschlagnahmt. Am 27. September 1945 wurde der Verein neugegründet. Auf behördlichem Wege wurde der Name "AGV Gratkorn" zugewiesen. In den ersten beiden Jahren wurden allerdings keine Aktivitäten gesetzt, erst 1947 stellte sich wieder ein geordnetes Vereinsleben ein. Ein Jahr später wurden auch der Männer- und der Frauenchor zusammengelegt. Mit der Eröffnung des Volksheimes am 17. März 1960 bezog auch der AGV seinen neuen Probenraum, was eine enorme Erleichterung hinsichtlich der räumlichen Gegebenheiten für den Chor bedeutete. Anfang der 60er Jahre verließen aber einige junge Mitglieder aufgrund anderer Interessen den Chor, und auch manches begeisterte Gründungsmitglied mußte seinem Alter Tribut zollen und aus gesundheitlichen Gründen den Chor verlassen. Die nächsten Jahre waren von einer verstärkten Jugendarbeit geprägt, um neue Mitglieder zu werben und den traditionsreichen Chor nicht sterben zu lassen. Am 15. April 1978 erfolgte die Umbenennung in "Leykam-Chor", unter diesem Namen ist der Chor aus dem heutigen kulturellen Leben in Gratkorn nicht mehr wegzudenken.[1]

1 Vgl. Pöschl, Karl-Heinz. 1988, S. 2-50.

Das Gründungsfoto des "Arbeitergesangsvereins der Papierfabrik in Gratkorn" 1922. (Sammlung Lehrhofer)

Markt- und Werkskapelle Gratkorn

Jakob Wöhrer war die treibende Kraft im kulturellen Leben der Gemeinde in den ersten 50 Jahren unseres Jahrhunderts. (Sammlung Fanninger)

Markt- und Werkskapelle Gratkorn

Mehr als 100 Jahre, und wahrlich kein bißchen leise, das ist unsere Markt- und Werkskapelle. Bereits 1895 als "Musikkapelle St. Stefan ob Gratkorn" von Jakob Wöhrer gegründet, wurde sie schnell zum Aushängeschild musikalischer Perfektion im Raume Gratkorn und Umgebung. Zahlreiche Konzerte, allen voran die sonntäglichen Platzkonzerte vor dem Eingang zur Fa. Leykam, bescherten der Kapelle stets reges Zuschauerinteresse. Als Jakob Wöhrer den Kapellmeister 1905 zurücklegte, wurden die verbleibenden Mannen ein Jahr später in die Werkskapelle der Leykam-Josefsthal übergeleitet.

Die Werkskapelle wurde dann 1922 aufgelöst und als "Musikverein Gratkorn" unter Bürgermeister Kamper 1923 weitergeführt. Als Probenlokal diente von 1923 bis 1961 das Extrazimmer im Gasthaus "Schmiedbauer". Hardl Walkner, Gratkorner Original, erinnert sich als Schmiedbauerwirt an den Auszug der langjährigen Freunde: "Viele, eigentlich die meisten wollten ja eh nicht gehen. Aber das Volksheim war neu gebaut, und der Betriebsrat hat ihnen geraten, hinaufzusiedeln, weil er sonst die Subventionen streichen würde. Bei mir haben's ja gut gelebt. Wenn einer Geburtstag hatte, dann wurde aufgespielt und der gespendete Wein dann genüßlich getrunken. Im Volksheim mußten sie dann im Keller proben, da gab's keine Gäste, die ihnen etwas zahlten."[1] Aus dem Keller stiegen die Musiker dann erst 36 Jahre später, als ihnen im Zuge des Umbaues des Volksheimes ein eigener Probenraum als Zubau errichtet wurde. Im Jahre 1963 wurde dann der auch heute noch gültige Name gewählt, und als "Markt- und Werkskapelle" sind sie nicht nur kultureller Fixpunkt, sondern auch Talenteschmiede für junge Musiker.

Vor allem das 37-jährige Wirken des Kapellmeisters Willi Konrad formte die Kapelle zum guten Klangkörper, seit 1988 ist Mag. Karl-Heinz Pöschl mit seinen unkonventionellen Methoden für die Führung des Orchesters verantwortlich, und der große Zuspruch der Bevölkerung und vor allem auch der große Jugendanteil in der Kapelle lassen die Hoffnungen für die Zukunft positiv sein.

Der Marktmusikverein Gratkorn, 13. September 1925. In der Mitte, ober dem Schild, Bürgermeister Anton Kamper. (Sammlung Kopsche)

1 Interview Walkner Leonhard, geb. am 22. Oktober 1909, Original und Tausendsasser.

Österreichischer Alpenverein
Sektion Gratkorn / Gratwein

Nach einer schweren und langen Wanderung labt man sich gerne, um wieder zu Kräften zu kommen. (Sammlung Samitsch)

Österreichischer Alpenverein - Sektion Gratkorn / Gratwein

"Der Berg ruft! Aufi muaß i!" das könnte das Motto des Alpenvereins sein. So aufregend und spannend ist aber die Tätigkeit des am 20. Juni 1947 in Gratkorn gegründeten Vereins in Wirklichkeit nicht. Zwei Hauptaufgaben umfaßt der Verein: die Mitgliederwerbung samt deren Betreuung, und den Betrieb der Köhlerhütte, einer Selbstversorgerhütte am Fuße des Zirbitzkogels. Sie wurde bereits 1955 erworben, und durch zahlreiche Umbauten und Renovierungsarbeiten bis heute in Schuß gehalten. Ach ja, am 3. November 1950 wurde die Sektion Gratkorn in Sektion Gratkorn - Gratwein umbenannt, und dabei blieb es bis heute. Berg heil!

Das Objekt der Begierde so mancher zünftig-deftigen Herrenrunde: die Köhler-Hütte am Fuße des Zirbitzkogels. (Sammlung Samitsch)

Österreichischer Kameradschaftsbund Ortsverband Gratkorn

Die "Vorstehung des Militär Veteranen Vereins Gratkorn 1910". (Sammlung Fanninger)

Österreichischer Kameradschaftsbund - Ortsverband Gratkorn

Am 13. März 1900 wurde unter dem Protektorat des k.k. Oberleutnants a.D. Adolf Blümel, Gutsbesitzer aus Mitteregg, der Militär-Veteranen-Verein St. Stefan am Gratkorn gegründet. Als Vereinslokal wählte man Hans Rinners Gasthof "Zum Grünwirt". Den ersten großen Auftritt hatten die Mannen anläßlich des 70. Geburtstages von Kaiser Franz Joseph am 19. August 1901. Zusammen mit der Musikkapelle und dem Männergesangsverein veranstaltete man ein Kaiserfest in Johann Ferstls Gastgarten. Auch die Fahnenweihe wurde im gleichen Jahr abgehalten. Der Verein etablierte sich sehr rasch im Ort, und zählte bereits fünf Jahre nach seiner Gründung 245 Mitglieder. Kein festlicher Anlaß konnte damals abgehalten werden, ohne daß die Veteranen als glanzvoller Aufputz dabei gewesen wären.

Am 26. März 1922 erfolgte in der 22. Generalversammlung des Veteranen-Vereins die Umbenennung in Kameradschaftsverein. Zu Beginn des Jahres 1931 initiiert der Kameradschaftsbund die Errichtung eines Kriegerdenkmales, und bereits am 8. November 1931 kann ein solches feierlich enthüllt werden. Nach dem Zweiten Weltkrieg fanden sich die Heimkehrer beider Kriege zusammen und stehen auch heute noch mit ihren Taten und ihrer Überzeugung "Den Toten zur Ehr', den Lebenden zur Mahnung!"[1]

1 Vgl. Gedenkbuch

17. Juli 1960: feierliche Fahnenweihe des Kameradschaftsbundes vor dem alten Kriegerdenkmal. (Archiv Marktgemeinde Gratkorn)

Österreichisches Rotes Kreuz - Werksrettung Gratkorn

Österreichisches Rotes Kreuz - Werksrettung Gratkorn

Einsatzwille, Mut zur Entscheidung, Moral und ständige Weiterbildung gehören zu den Charaktereigenschaften eines Rot-Kreuzhelfers. Allen voran steht aber die freiwillige Bereitschaft, seine Freizeit zu opfern, um anderen Menschen das Leben zu retten. Die Rot-Kreuzdienststelle in Gratkorn ist eine der ältesten in der Steiermark. Bereits im Jahre 1903 haben Mitglieder der Freiwilligen Betriebsfeuerwehr eine eigene Rettungsabteilung innerhalb der Feuerwehr gegründet. Mangels an geeigneten Fahrzeugen war es aber nicht möglich, auch Krankentransporte durchzuführen. Die steigende wirtschaftliche Expansion der Leykam belebte nicht nur das Leben im Ort, sondern brachte auch Gefahren mit sich. So war es nur eine Frage der Zeit, bis man eine eigene Einsatzstelle mit Transportmittel gründete. Dies geschah im Jahre 1912. Unter dem Kommando des Werksarztes Dr. Fischereder gründeten sechs freiwillige Feuerwehrleute die Werksrettungsabteilung der Firma Leykam. Die erste Ausfahrt ist für den 28. September 1912 bezeugt, die Jahresbilanz liest sich wie folgt: "Die Zahl der Ausfahrten und Überführungen stellt sich auf elf und verdankt eine Reihe von Schwerkranken und Schwerverletzten den entsprechenden fachgemäßen Transporten ihr Leben und ihre Wiederherstellung. Im einzelnen konnten versorgt werden: drei schwere Entbindungen, zwei komplizierte Beinbrüche, eine Blinddarmentzündung, ein eingeschienter Bruch, eine Gedärmeverwicklung, eine Lungenblutung und zwei Quetschungen der Extremitäten. "[1] Mitgliederzahlen und auch Einsätze stiegen in den kommenden Jahren kontinuierlich. Deshalb schuf man 1919 eine Autofonds-Kassa, um endlich ein motorisiertes Fahrzeug beschaffen zu können.

Auch wohltätige Theaterveranstaltungen und Spenden aller Art sollten die Basis für einen solchen Erwerb sein, doch die Inflation machte es einfach unmöglich, einen solchen Betrag anzusparen. Erst die großzügige Unterstützung der Zentraldirektion der Leykam und Gelder aus der Gemeinde machten es 1924 möglich, einen Rettungswagen Marke Mercedes anzuschaffen. Drei Jahre später wurde sogar ein zweites Auto, Marke Fiat, in den Dienst gestellt. Neben dem Retten und Bergen von Verletzten legte man damals wie auch heute noch immer größten Wert auf die Ausbildung der Mitarbeiter. Im Gründungsjahr 1912 wurden bereits 31 Rettungskurse und sechs Rettungsübungen abgehalten - bei elf Ausfahrten im Jahr blieb viel Zeit zum Üben. Im September 1938 wurden Wagen und Mannschaft für den Einsatz beim Sudeteneinmarsch abkommandiert und kehrten erst Ende Oktober zurück. Während des Zweiten Weltkrieges wurde die Rettung dem Deutschen Roten Kreuz unterstellt und verlor damit jegliches Selbstbestimmungsrecht. Nach dem Zusammenbruch des Reiches stand auch die Ortsstelle Gratkorn vor den Trümmern: beide Autos waren

Elegant und nobel, und doch im Dienste der Menschheit: das erste Einsatzfahrzeug aus dem Jahre 1924. (Werksrettung Gratkorn)

1 Hauptbuch.

abgebrannt, die verfügbare Ausrüstung bestand aus einer hölzernen Räderbahre, zwei Luftschutztragbahren, einem alten Sauerstoffapparat und etwas Verbandszeug. Transporte wurden zuerst zu Fuß durchgeführt, später stellte Dr. Emil Kschir sein Privatauto zur Verfügung, das für Ausfahrten behelfsmäßig umgebaut wurde.
1947 wurde die Werksrettungsabteilung dem Österreichischen Roten Kreuz angegliedert, bekam Uniformen und einen fahrbaren Untersatz. Gegen Ende dieses Jahres hatte man allmählich wieder die erforderliche Einsatzstärke erlangt. Die Bedingungen waren aber für Retter wie Patienten katastrophal. Keines der Rettungsfahrzeuge verfügte über eine Heizung, die Reifen mußten am Schwarzmarkt besorgt werden und hatten oft nicht die richtige Dimension, Überhitzung oder Reifenplatzer waren die Folge. Auch gelangte man auf die umliegenden Berge nicht, weil die Motoren und die Straßenverhältnisse zu schlecht waren. Patienten mußten so oft stundenlang auf der Räderbahre oder im Winter mit der Rodel transportiert werden. Dazu waren Chauffeure Mangelware, der Erwerb eines Führerscheins war für die meisten Menschen unerschwinglich. So war es nicht selten, daß Einsatzfahrer eine ganze Woche Dienst tun mußten, daneben gingen sie auch noch zur Schichtarbeit. Anerkennung seitens der Bevölkerung war den Rettungsmännern damals gewiß. Konsequent wurde in den vergangenen Jahrzehnten Fahrzeugpark, Ausrüstung, Alarmierungssystem und natürlich Mitarbeiterschulung weiter verbessert. Dr. Emil Justich und Karl Weiker prägten die Jahrzehnte nach dem Krieg. Unter ihren Geschicken erreichte die Dienststelle Gratkorn jenes Renommee und Niveau, das sie heute zu einer der einsatzstärksten und meist beachteten in der ganzen Steiermark werden läßt. Geblieben ist damals wie heute der Grundgedanke: Menschen stellen sich freiwillig in den Dienst der Menschlichkeit.[2]

Stramm stehen sie da, die Männer der Gratkorner Rettung. Am strammsten steht Hermann Reiter ganz links im Bild. Er hat auch allen Grund dazu: bereits 1949 brachte er es auf 5000 Ausfahrten - in diesen Zeiten eine Wahnsinnsleistung. (Werksrettung Gratkorn)

Pensionistenklub der Chemiearbeiter

Einer der jüngsten Vereine aber von der Zahl der Mitglieder einer der stärksten ist der Pensionistenklub der Chemiearbeiter. 400 rüstige Damen und wackere Herren bilden seit 1993 das dritte Referat neben den Frauen und der Jugend im ÖGB. Wer kennt dies nicht, es sind immer die PensionistInnen, die keine Zeit haben. Und recht haben sie. Der Verein bietet allwöchentlich die Möglichkeit zur gemütlichen Zusammenkunft. Schnapsen, Tratschen sowie Kaffee und Kuchen stehen hier an der Tagesordnung. Aber auch die nähere und weitere Ferne hat es unseren Ruheständlern angetan: Reisen ins In- und Ausland bringen Abwechslung, fördern die Geselligkeit, und schocken die Töchter, weil die Omama wieder nicht auf den Enkel schauen kann.

2 Werksrettung.

Steiermärkische Berg- und Naturwacht, Einsatzstelle Gratkorn

Verein Regenbogenschule Gratkorn

Steiermärkische Berg- und Naturwacht, Einsatzstelle Gratkorn

Bereits 1953, als Österreich noch von den Besatzungsmächten vereinnahmt war, die Trümmer des Krieges aber allmählich schon vergessen waren, und der Fortschrittsglaube und das Wirtschaftswunder langsam anliefen, wurde in Graz die Bergwacht gegründet, aus der 1965 die Einsatzstelle Gratwein hervorging. Schon damals waren auch Gratkorner aktiv im Naturschutz tätig, allen voran der damalige Bürgermeister Karl Waltl. Das 1977 neu erarbeitete Landesgesetz schuf dann die Berg- und Naturwacht, deren Aufgabe die Überwachung der landesgesetzlichen Vorschriften bezüglich des Natur- und Umweltschutzes ist. Weiters werden auch beratende Tätigkeiten für die Gemeinden in dieser Hinsicht durchgeführt. Die Berg- und Naturwacht als Körperschaft öffentlichen Rechtes ist sozusagen der verlängerte Arm der Behörde. Erst am 3. April 1979 entstand die Ortseinsatzstelle Gratkorn, als Einsatzleiter fungierte damals wie heute unermüdlich Josef Turnsek. 1981 erweiterte sich das Einsatzgebiet um Gratwein und Judendorf, seit 1985 werden auch die Gemeinden Eisbach-Rein, Stiwoll und Gschnaidt betreut. Die Einsatzstelle Gratkorn hat im Rahmen der Aktion "Saubere Steiermark" von 1989 bis heute 548 herrenlose Autowracks entsorgt. Weiters werden seit zehn Jahren jährlich Landschaftsreinigungen durchgeführt.

Ein schönes Stück Natur: der Kesselfall am Ende des Augrabens war bereits 1893 ein beliebtes Ausflugsziel der Bevölkerung. (Stiftsarchiv Rein)

Verein Regenbogenschule Gratkorn

Im Jahre 1990 wurde der Verein "Regenbogenschule, Verein zur Förderung alternativer Lehrmethoden" gegründet. Seit September 1991 wird ein privater Kindergarten sowie eine Privatschule, die seit dem Schuljahr 1995/96 auch Öffentlichkeitsrecht besitzt, geführt. Schon im Kindergarten wird auf selbständiges Lernen großen Wert gelegt. Die Kinder können ihre Tätigkeiten selbst wählen, alle Räume stehen den Kindern offen. So ergibt sich eine natürliche Altersgemischtheit, Größere müssen den Kleineren helfen, und lernen so aufeinander Rücksicht zu nehmen. Neben Schule und Kindergarten gibt es einmal wöchentlich die "Knotzelstube", eine Schnuppermöglichkeit für Eltern und ihre Kinder, die Regenbogenpädagogik kennenzulernen. Weiters bietet der Verein Alternativnachmittage an, bei denen neben Tischtennis, Schauspiel, Jonglieren auch Englisch ausprobiert werden kann.

Steirische Volkstanzgruppe Friesach

Verein "Aktiv für unsere Wirtschaft"

Wöhrer-Chor

Steirische Volkstanzgruppe Friesach

Das Brauchtum zu pflegen und der Jugend unser kulturelles Erbgut weiterzugeben, darin sieht die Volkstanzgruppe Friesach seit März 1980 ihre Hauptaufgabe. Die Arbeit mit Kindern und Jugendlichen ist das Anliegen dieses Vereins, und der Erfolg gibt den Verantwortlichen Recht. Zahlreiche Auftritte in ganz Österreich machten die Volkstanzgruppe von einem Geheimtip zu einem echten Gradmesser heimischer Volkskultur, dem auch Sepp Forcher oder der Steiner Franz in ihren ORF-Sendungen Rechnung trugen. Ein besonderer Beitrag der Nächstenliebe wird seit Oktober 1996 gesetzt: mit eigenen finanziellen Mitteln wurden interessierte Kinder aus dem SOS-Kinderdorf Stübing mit Tracht eingekleidet, und können so an den verschiedenen Tanzveranstaltungen aktiv teilnehmen.

Verein "Aktiv für unsere Wirtschaft"

Leistung zählt in diesem Verein, vor allem die Leistung und Wettbewerbsfähigkeit der Gratkorner Klein- und Mittelbetriebe. Laut Statuten ist die Vereinstätigkeit nicht auf Gewinn ausgerichtet, sondern soll in einer jährlichen Präsentation der Angebotsvielfalt gewerblicher Waren und Dienstleistungen aus dem Bezirk Graz-Umgebung Nord Aufklärungsarbeit für die ansässige Bevölkerung liefern. Die jährlich abgehaltenen Bezirksmessen zogen durchschnittlich etwa 3500 Besucher an, ein erstmals 1997 organisiertes Marktfest setzte neue Impulse, die für die Wirtschaft dieser Region enorme Bedeutung haben.

Das 25-jährige Stiftungsfest des Männer-Gesangsvereins "Gratkorn" am 18. Brachmond 1911. (Sammlung Kopsche)

Wöhrer-Chor

"Im Jahre 1884 haben sich etliche Männer verschiedener Arbeitskreise der Papierfabrik Gratwein zusammengefunden in dem Bestreben, zuforderst das in jener Zeit brachliegende gesellschaftliche Leben im Orte zu heben und zu fördern einerseits, andererseits aber selbst eine Stätte zu gründen, um sich nach getaner Arbeit im frohen Kreise geistige und leibliche Erholung zu gönnen."[1] Aus diesem "Klub der Gemütlichen" ging dann 1886 der Männergesangsverein der Papierfabrik Gratwein hervor, Ziel war die Pflege des deutschen Liedes. In Anna Rinners "Grünwirt" fand man den ersten Probenraum, jedoch mußte die junge Sängerschar diesen Übungsraum bald verlassen, und bezog in Ermangelung einer geeigneten Stätte einen alten Holzschuppen im Inneren der Papierfabrik als Unterkunft. Bereits Anfang 1887 konnte ein geeignetes Probenzimmer gefunden werden, es war das Schützenzimmer des Gasthauses "Zum Fischerwirt" in Gratwein.

Frau Anna Lipp, Gasthofbesitzerin in St. Stefan am Gratkorn, schenkte dem Verein ein Klavier und bot ihm kostenlos ein Übungszimmer, "damit er einer großen geldlichen Last, die Miete zu bezahlen, enthoben sei, und fortan im eigenen Raume wirken und schaffen könne."[2] Das Bestreben des Vereins, eine eigene Fahne zu bekommen, konnte erst am 26. Juli 1898 verwirklicht werden: mit großer Unterstützung der Frauenschaft des Ortes konnte die Fahnenweihe feierlich auf der Wiese beim

1 AG.
2 Ebd.

WÖHRER-CHOR

Gasthaus "Pucher" vollzogen werden. Mit Schulbeginn 1899 wurde ein junger Lehrer von Traboch an die Volksschule Gratkorn versetzt. Es war dies Jakob Wöhrer. Noch im gleichen Jahr wurde Wöhrer auch Chorleiter des Männergesangsvereins. Auf seinen Antrag hin wurde der Vereinsname am 18. Jänner 1901 in "MGV der Papierfabrik Gratwein und des Ortes St. Stefan am Gratkorn" umbenannt, da eine große Anzahl von Mitgliedern nicht Angehörige der Papierfabrik waren. In den folgenden Jahren entwickelte der Verein eine rege Tätigkeit, die jedoch 1912 einen ersten Rückschlag erlebte. Am 19. Jänner traten neben dem Obmann Dr. Moritz Fischereder auch fünf Lehrer, darunter Jakob Wöhrer, aus dem Verein aus. Grund waren Unstimmigkeiten zwischen den Vereinsmitgliedern. Auch das Probenlokal mußte wegen Meinungsunterschieden zwischen der Wirtin Lipp und den Sangesbrüdern gewechselt werden. Als neue Heimstatt wurde der Saal des Hans Rinner vlg. "Grünwirt" gewählt und bezogen. Mit Kriegsbeginn besannen sich auch die Vereinsmitglieder, die Streitigkeiten wurden beigelegt, Wöhrer und seine Lehrerkollegen traten wieder bei, Aktivitäten des Chores konnten aber keine gesetzt werden, standen z.B. im Jahre 1916 von 44 Mitgliedern 26 an der Front. Nach Kriegsende zeichnete sich eine Auflösung des Vereins ab, da politischer Druck auf sozialdemokratische Vereinsmitglieder ausgeübt wurde. Auch die Änderung der Vereinsfarben von schwarz-rot-gold in weiß-grün fällt in diese Zeit. Im Jahre 1920 kam es schließlich zur Auflösung des Vereins. Aber bereits ein Jahr später, am 17. März 1921, konnte der Verein unter dem Namen "MGV Gratkorn-Gratwein" wieder gegründet werden. In der Zeit zwischen 1924 und 1927 sangen auch Frauen im Chor, danach waren die Männer wieder unter sich. Während des Krieges gab es keine Vereinstätigkeit, erst am 21. August 1948 ließen einige Sänger - unter ihnen auch Jakob Wöhrer - den Chor wieder aufleben. Der Sänger Franz Wernbacher war es, der sich in einer Ausschußsitzung am 26. August 1949 heftig dafür einsetzte, einen Frauenchor anzu-

Der Männergesangsverein Ende der 30er Jahre. (Sammlung Fanninger)

Arbeitsgemeinschaft bäuerlicher Umstellungsbetriebe

Maschinen- und Betriebshilfering

schließen. Noch im gleichen Jahr wurde ein solcher gegründet, und hatte auch einen gemeinsamen Auftritt mit den männlichen Kollegen. Am 18. August 1951, dem Todesjahr Jakob Wöhrers, Mentor und Traditionalist des deutschen Liedes, wurde der "MGV Gratkorn-Gratwein" umbenannt in "MGV mit Frauenchor 'Jakob Wöhrer'", unter seiner Kurzbezeichnung "Wöhrer-Chor" bleibt er seit jeher ein singendes Denkmal in der Gratkorner Kulturlandschaft.[3]

Arbeitsgemeinschaft bäuerlicher Umstellungsbetriebe

Als Mitte der 60er Jahre die Aufwärtsentwicklung der bäuerlichen Betriebe zu stagnieren begann, begannen sich landesweit "Arbeitsgemeinschaften für bäuerliche Umstellungsbetriebe" zu konstituieren. Deren Ziel liegt darin, durch Kurse und präzise Dokumentation (z. B. Pflicht zur Milchleistungskontrolle) eine wirtschaftliche Führung der Höfe zu gewährleisten. Zusätzliche Beratungs- und Informationsmöglichkeiten, ergänzt durch gegenseitigen Gedankenaustausch, garantieren die ungebrochene Atraktivität dieser Gemeinschaft.
(Kontaktadresse: Franz Lanz, Tel.: 0 31 24/22 50 7)

Maschinen- und Betriebshilfering

Die Gründung des Maschinen- und Betriebshilferinges erfolgte in der Absicht, die beträchtlichen Investitionskosten der modernen landwirtschaftlichen Maschinen und Geräte für den einzelnen Bauern zu minimieren. Die Teilnahme an dieser Form der zwischenbetrieblichen Zusammenarbeit steht jedem Grundeigentümer bei Einhaltung der Statuten frei: Jeder Ausfahrer fährt und bedient die eigenen Maschinen; nur so ist ein rentabler Einsatz bei optimalen Erfolgen gewährleistet. In Notfällen sowie bei Arbeitsspitzen stehen gut geschulte Betriebshelfer, meist Hofnachfolger, zur Verfügung. Vom Geschäftsführer werden die Arbeiten, die an eine fixe Preisliste gebunden sind, vermittelt und verrechnet. Als Höchstgrenzen gelten die Richtwerte gemäß Verlautbarung des Österreichischen Kuratoriums für Landtechnik.
(Kontaktadresse: Franz Lanz, Tel.: 0 31 24/22 50 7)

3 Wöhrerchor.

Die Werksfeuerwehr der Papierfabrik im Jahre 1924. (Leykam 1925)

Rettungsabteilung des Marktes Gratkorn in den 30er Jahren. (Sammlung Gasthaus Pucher, Rosa Faninger)

Die Marktfeuerwehr um 1920. (Sammlung Gasthaus Pucher, Rosa Faninger)

Das Rüsthaus der Freiwilligen Feuerwehr vor seinem Abbruch (1977). (AG)

Mitglieder der Ortsdienststelle des Österreichischen Roten Kreuzes. (AG)

Die Marktfeuerwehr in den 30er Jahren. (Sammlung Gasthaus Pucher, Rosa Faninger)

ASPEKTE DER WIRTSCHAFTSGESCHICHTE

Über die Reichsstraße zogen einst auch viele Zigeuner, die unter dem Hausberg lagerten und so der Zigeunerhöhle ihren Namen gaben. Umherziehende weissagende Zigeunerin auf einem Kupferstich des 17. Jahrhunderts. (F. Irsigler - A. Lasotta, Bettler und Gaukler - Dirnen und Henker. [...] München 1984. Abb. 39)

Die Wienerstraße, die alte Reichsstraße, zählt zu den „Lebensadern" Gratkorns. Für Handel und Wirtschaft ist sie der wichtigste kommunale und regionale Verkehrsweg, bedeutender als die Judendorfer Straße / Austraße westlich der Mur. Auf die interessante Entwicklung dieser Verkehrswege und die wirtschaftsgeschichtlich bedingten Verlagerungen und Auswirkungen möchte ich hier näher eingehen, zumal gerade die Rolle der Verkehrswege in Kommunalgeschichten oft unterschätzt wird.

Im Zuge der Romanisierung Norikums während der ersten nachchristlichen Jahrhunderte wurde auch im Murtal eine planmäßige Straßentrasse angelegt. Dieser römische Verkehrsweg führte von Flavia Solva (Wagna bei Leibnitz) westlich der Mur über den Kehlberg und das Grazer Feld, vermutlich über Thalerhof und Feldkirchen, nach Gratwein und Bruck. An dieser Trasse lagen Poststationen, von denen eine bei Gratwein vermutet wurde.[1] Beim Kugelstein / Adriach ist der Straßenverlauf im Gelände noch gut erkennbar, in der Umgebung der Straße existieren zahlreiche Fundstellen aus der Römerzeit: Siedlung und Heiligtum am Kugelstein, römerzeitliche Brücke beim Austritt des E - Werkskanals aus dem Berg, zwei Meilensteine am Fuß des Kugelsteines in Deutschfeistritz, römerzeitliche Villa in Kleinstübing, römerzeitliche Grabinschriften in Deutschfeistritz, Prenning, Groß- und Kleinstübing, Rein, Gratwein und Judendorf.[2] Von dieser römischen Staatsstraße führte ein Fahr- oder Saumweg durch das Statteggertal auf den Lebersattel und nach Semriach, ein weiterer Saumweg führte über den Zösenberg, Hohenberg, Ernfels und den Schöcklkreuzsattel in das Becken von Passail. Die Lage von Furten über die Mur ist nicht bekannt, jedoch ist es offensichtlich, daß das Gratkorner / Gratweiner Becken gut in ein organisiertes Verkehrssystem eingebunden war.

Die frühmittelalterliche Straßenführung hielt sich an die römerzeitliche Trassenführung. Im 12. und 13. Jahrhundert entwickelte sich Graz zu einem bedeutenden Handelsplatz, was auch zu einer steigenden Auslastung der Murtalstraße führte. Im Grunde lag die Stadt Graz abseits vom alten Verkehrsweg, der sich stets am rechten Murufer hielt. Als die letzten Babenberger der Stadt das Niederlagsrecht (Stapelrecht) verliehen, - es wurde 1281 von König Rudolf I. bestätigt -, mußten die Kaufleute, die aus Nord und Süd in Graz eintrafen, ihre Waren im Zentrum der Stadt, das östlich der Mur, am Fuß des Schloßberges lag, anbieten. Dies hatte zur Folge, daß der alte Nord / Süd - Verkehrsweg bei Graz die Mur überqueren mußte und erst bei Frohnleiten wieder auf das westliche Murufer wechselte.[3] Spätestens seit der zweiten Hälfte des 13. Jahrhunderts blühte dieser neue Verkehrsweg am östlichen Murufer durch den Handel auf.

Dort, wo die Straße die Mur wieder überquerte, wurde zum Schutz dieses Überganges der Markt Frohnleiten zwischen 1276 und 1282 gegründet.[4] Ebenso nachhaltig wirkte sich die Verlagerung dieses wichtigen Handelsweges auf das Gratkorner Becken aus. Es kann wohl

1 So H. Pirchegger, 1949, S. 10f und HhStÖ, 1978, S. 63. Eine Poststation ist auch bei W. Modrijan, 1971a, Taf. V eingezeichnet.
2 W. Modrijan, 1974, S. 25 - 28. Vgl. auch RISt, S. 80ff.
3 Vgl. dazu F. Popelka, 1959f, Bd. 2, S. 214f undO. Pickl, 1980, S. 342f.
4 O. Pickl, 1996, S. 217.

Der mittelalterliche Hauptverkehrsweg, die spätere „Reichsstraße", verlief am Westfuß des Eggenberges und des Hausberges, heute Eggenfelder Straße - Brucker Straße. (LMJ, Bild- und Tonarchiv, KB 19023)

kaum als Zufall gewertet werden, daß die Burg Lueg auf dem Gratkorner Hausberg im 12. und 13. Jahrhundert ihre Blüte erlebte. Dieser Wehrbau, „der das Murtal an einer strategisch äußerst günstigen Stelle zu überwachen und zu sperren hatte"[5], verdankte seine Entstehung vermutlich der Verlagerung des Handelsweges. Die Burg Lueg hatte demnach in erster Linie für die Sicherheit des knapp unter ihr, zwischen dem schroffen Abbruch des Hausberges und der Mur vorbeiführenden Verkehrsweges, zu sorgen.

Seine volle Bedeutung erhielt der Verkehrsweg östlich der Mur jedoch erst im Laufe des 16. Jahrhunderts und vollends durch die Errichtung der Weinzöttelbrücke im Jahre 1672, sodaß das Straßenstück am rechten Murufer von der Weinzöttlbrücke bis Frohnleiten allmählich verödete.[6]

Der Zustand der Straße ließ freilich oft zu wünschen übrig. Unter Kaiser Karl VI. (1711 - 1740) setzen nachhaltige Maßnahmen zur Verbesserung der heutigen Brucker- /Grazerstraße ein, zumindest sind Verbesserungsarbeiten für den Raum Frohnleiten belegt.[7] In den ersten Jahrzehnten des 18. Jahrhunderts wurde die Kommerzialstraße

5 H. Ebner, 1981, S. 117.
6 Dazu: F. Popelka, 1930.
7 Hofkammerakten 1714 - III - 78, 1715 - I - 146 (LA), zitiert nach O. Pickl, 1996, S. 289.

Meilenstein an der Haupt- und Kommerzialstraße Wien - Triest aus der zweiten Hälfte des 18. Jahrhunderts an der alten Reichsstraße bei Wörth. (Foto I. Mirsch)

(Brucker- /Grazerstraße) neu trassiert. Als ausschlaggebend für die nun laufenden Verbesserungen muß die Erhebung der Stadt Triest zum Freihafen (1719) gesehen werden. Daher erklärt sich übrigens auch der bisweilen gebräuchliche Name Triester Straße. 1725 galt diese „Triesterstraße" jedenfalls als ein wahrhaft kaiserliches Werk, dessen Erhaltung dem öffentlichen Straßenfonds oblag.[8]

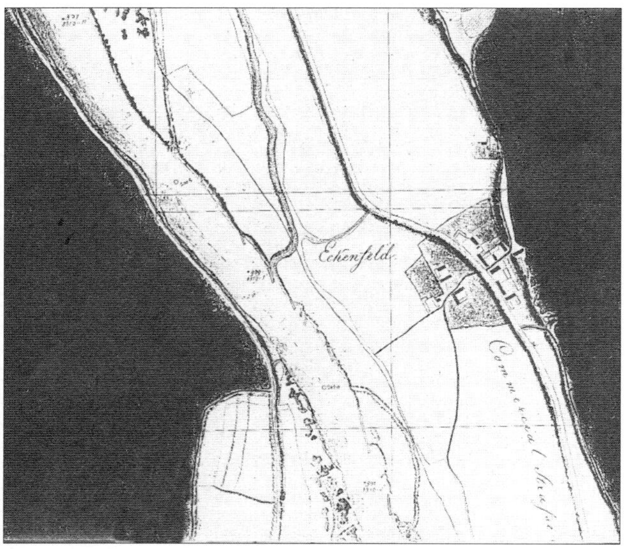

Die alte „Commercial Straße" (Bruckerstraße) durquerte einst das bereits um 1140 erstmals genannte Eggenfeld. Die Bauern profitierten durch ein Wirtshaus, Schmiede und Fuhrdienst von der Straße. (Murstromkarte, LA)

Als eine der wichtigsten Quellen zur Geschichte dieses Verkehrsweges im Raum Gratkorn ist der „Plan der Triester Commercial- und Poststraße"[9] aus der Zeit um 1780 zu nennen. Die Karte, die im Maßstab 1:14.000 gehalten ist, stellte den Verlauf der Trieststraße vom Semmering bis zur Krainer Grenze dar und besitzt, weil sie 40 Jahre vor Aufnahme des Franziszeischen Katasters entstand, immensen historischen Quellenwert.

Die Straßenerhaltung oblag den lokalen und territorialen Gewalten. Aus dem Straßenregal erwuchs der besondere Friedensschutz auf den Straßen und daraus leitete sich das Recht ab, Geleitpersonal zu gewähren oder Geleitbriefe auszustellen. Schließlich dienten auch die vielfältigen Bestimmungen in den Landfriedensgesetzen der Sicherung des ungestörten Verkehrs auf den Straßen des Reiches.[10] Außer der bedeutenden Triesterstraße (Reichsstraße, Post- und Kommerzialstraße) kam auch den Bezirks- und Gemeindestraßen erhöhte wirtschaftliche Bedeutung zu. Die Pflicht zur Herstellung und Erhaltung der sogenannten Bezirksstraßen (heute am ehesten mit den Landesstraßen vergleichbar) wurde in der zweiten Hälfte des 18. Jahrhunderts den Grundherrschaften und Gemeinden übertragen.[11] Vor Aufhebung der grundherrschaftlichen Untertänigkeit waren auch die Gratkorner zur Straßenrobot, also zur Beistellung der für die Erhaltung und Herstellung von Straßen notwendigen Arbeitsleistungen und Fuhren verpflichtet, die Grundherrschaft mußte für das Material und die Arbeiten der Professionisten aufkommen. Vielfältige Gesetze regelten die Straßenerhaltung und das Verhalten auf den Straßen. Straßen durften nicht verunreinigt werden, Vieh durfte auf (!) und an den Straßen nicht geweidet werden, Meilensteine (zum Beispiel jener zwischen Eggenfeld und Friesach) durften nicht beschädigt werden, usw.[12] Mit der Aufhebung der grundherrschaftlichen Untertänigkeit (1848) und der Konstituierung der unabhängigen Ortsgemeinden (1849) bedurfte die Straßenerhaltung einer neuen gesetzlichen Regelung, die in die neue Gemeindeordnung vom 2. Mai 1864 Eingang fand.[13]

8 Ebenda.
9 LA Kartensammlung, ENVEL Handschrift Nr. XVII.
10 H. Baltl, 1986, S. 121.
11 Vgl. die kaiserlichen Patente vom 21. Oktober 1763 und 9. November 1768.
12 Siehe dazu F. J. Schopf, 1844, § 771 - 860.
13 J. Pairhuber, 1865, S. 116ff und 248ff.

Die Post- und Kommerzialstraße, im Hintergrund die Papierfabrik. (LMJ, Bild- und Tonarchiv, PL 51088.)

Im Jahre 1868 stellte sich das Gratkorner Straßennetz wie folgt dar: Die Wiener Straße verlief „von der Grenze des Pomeriums Graz, durchzieht am rechten Ufer der Mur die Gemeinde Gösting, geht über die Weinzettelbrücke auf das linksseitige Ufer in die Gemeinde Schattleiten, sodann durch die Gemeinde St. Stefan am Gratkorn und betritt in der Ortschaft Friesach den Bezirk Frohnleiten."[14] Die alte Post- und Kommerzialstraße war also mit dem Bau der Weinzettelbrücke (1672) am westlichen Murufer weitergeführt worden.

Von den 31 Bezirksstraßen des Bezirkes Graz - Umgebung führte im Jahre 1869 lediglich die Rötschergraben - Straße durch das Gemeindegebiet. Diese Straße „beginnt in Wörth, Gemeinde St. Stefan am Gratkorn nächst der Hofmann'schen Realität an der Wiener Straße, durchzieht hier die Gemeinde St. Stefan bei Friesach bis zur Schneiderpoldlkeusche, von der Rötschmüller - Brücke bis zur Jacklbauer - Brücke führt sie durch Fressnitz, Gemeinde St. Stefan."[15]

Grazerstraße (Reichsstraße) und Industriesiedlung Gratkorn um 1900. (LMJ, Bild- und Tonarchiv, PL 51775.)

14 I. Ramsauer, 1868, S. 194.
15 I. Ramsauer, 1868, S. 202.

Berta Maier's Gasthaus in Grathorn bei Graz

Der Verkehrsweg „Hauptstraße" beeinflußte auch das Vereinsleben. Berta Maier's Gasthaus in Gratkorn fungierte auch als Verbandslokal des „Alpenländischen Radfahrerbundes" und des Motorsportclubs „Union". Eine Bezinzapfsäule befand sich vor dem Gasthaus. Auf der Rückseite der aus den 40er-Jahren stammenden Ansichtskarte werden die gute Wiener Küche, die Backhuhnstation, naturbelassene Weine und das Reininghaus-Faßbier gepriesen. Vor dem Gasthaus befand sich auch eine Autobushaltestelle. (Sammlung J. Kopsche)

Der Zustand dieser Straße, wie auch jener der Gemeindestraßen, ließ vorerst zu wünschen übrig. Eine zeitgenössische Quelle berichtet von immer noch üblichen Robotverpflichtungen der Gemeindebürger, doch erfolgten diese Arbeitsleistungen so ungleichförmig und mangelhaft, „daß die beabsichtigte Verbesserung der Fahrbahn, insbesondere ein geregeltes Straßenprofil äußerst selten erzielt wird. Auch die Nichtbeachtung der Witterungs - Verhältnisse bei der Schottereinbettung wirkt nachteilig, zumal während einer trokkenen Witterung oder Frostzeit durchaus kein Schotter auf die Fahrbahn gebracht werden soll. [...] Was übrigens das Abziehen und Wegbringen des Straßenkothes anbelangt, so ist solches auch fernerhin von der Gemeinde zu besorgen, und dabei an den Grundsatz strenge festzuhalten, daß kein Schotter vor vollständiger Abräumung des Straßenkothes auf die Fahrbahn gebracht werde."[16]
Auch Gemeindestraßen hatte die Gemeinde St. Stefan während des 19. Jahrhunderts nicht viele aufzuweisen. Lediglich die Gratweinerstraße zog sich auf einer Länge von 432 Klaftern (819,28 m) und in einer Breite von drei Klaftern (5,69 m) von der Murbrücke bis zur Wienerstraße. Die Brücke über die Mur war vom Fischerwirt errichtet worden und als Datum der Eröffnung läßt sich der 12. Mai 1845 angeben. Die Brücke erregte bei ihren Benützern nicht selten Unmut, denn der Fischerwirt verlangte für den Übergang eine Maut.[17] Eine Übergangsmöglichkeit bestand an dieser Stelle jedoch mit Sicherheit schon früher wie es die Josefinische Landesaufnahme (bzw. Kriegskarte)[18] beweist.
Wenn auch heute die meisten Wege von der Marktgemeindeverwaltung erhalten werden, so oblag die Erhaltung der - zahlreichen kleineren Karren- und Saumwege seit altersher der jeweiligen Dorfgenossenschaft. „Weg und Steg muß die Gemeinde halten", besagt ein altes Rechtssprichwort und so war es auch lange Zeit in Gratkorn, besonders im Bereich Freßnitz / Forst / Friesach. Der Dorfgenosse hatte am Weg ein Nutzungsrecht, das wirtschaftlich bedingt war, er war aber auch verpflichtet, den Weg zu erhalten.[19] Mehr darüber würde den Rahmen dieser Arbeit sprengen.
Der Einfluß der Verkehrswege, besonders der Reichsstraße, auf die wirtschaftsgeschichtliche Entwicklung Gratkorns, wurde mehrmals angeschnitten. So verwundert es nicht, daß bereits in den zwanziger Jahren des 19. Jahrhunderts mehrere Handwerker hier ihre bescheidenen Gewerbe betrieben. Der Franziszeische Kataster weist in der KG Kirchenviertel in unmittelbarer Nähe der Wienerstraße zwei Müller, einen Schuster und einen Schmied, zwei Wirte, zwei Wegmacher und einen Fährmann aus.[20] Bereits um 1820 also „heben sich die an der Reichsstraße angesiedelten Funktionen bereits deutlich von jenen der Kirchensiedlung St. Stefan [...] ab, wobei das Vorhandensein zweier Gastwirtschaften und einer Schmiede einen Hinweis auf die Verkehrsgebundenheit der späteren Industriesiedlung Gratkorn darstellt."[21]
Das starke Verkehrsaufkommen auf der Wienerstraße und die damit zusammenhängenden Probleme mit der Industriesiedlung bedingten den Bau der Umfahrungsstraße Gratkorn mit einer Länge von etwa acht Kilometern. Die Eröffnung erfolgte im Jahre 1966. 1983 wurde der Teilabschnitt Friesach - Raach der Phyrnautobahn, mit einer Streckenlänge von 8,1 km innerhalb des Gemeindegebietes, dem Verkehr übergeben.
Einen weiteren tiefen Einschnitt in das wirtschaftliche Leben der Gemeinde erfolgte durch die Errichtung der Bahnlinie Wien -

16 I. Ramsauer, 1870, S. 24.
17 I. Ramsauer, 1868, S. 213; C. J. Brandtner, 1980, S. 1f.
18 LA, Kartensammlung.
19 Vgl. dazu K. S. Bader, 1973, S. 190ff.
20 FK, KG Kirchenviertel Nr. 163 / 890, Protokoll der Bauparzellen und Riedkarte, (LA).
21 P. Cede, 1984, S. 231.

Die Eröffnung des Teilstückes Mürzzuschlag - Graz der für die Entwicklung der Papierfabrik so wichtige Südbahn erfolgte am 21. Oktober 1844, die Strecke Wien - Triest war am 27. Juli 1857 durchgehend befahrbar. Lithographie des Johann Vincenz Reim um 1845. (J. V. Reim, Nr. 344.)

Triest. Mit kaiserlichem Erlaß vom 19. Dezember 1841 wird der Bahnbau der südlichen Staatsbahn bewilligt, am 21. Oktober 1844 wird die Strecke von Mürzzuschlag nach Graz eröffnet, die Eröffnung des letzten, für die weitere wirtschaftliche Entwicklung St. Stefans am Gratkorn ebenso wichtigen Teilstückes der Bahnlinie Wien - Triest erfolgte am 27. Juli 1857.[22] Damit in Zusammenhang steht sicherlich die Eröffnung der neuen Murbrücke beim Fischerwirt am 12. Mai 1845. Die Produkte der Papierfabrik fanden nun leichter Absatz, Gratwein wurde zu einem verkehrstechnisch bestimmenden Faktor des Gratkorner / Gratweiner Beckens. Dies zeigte sogar derart massive Auswirkungen, daß sich die Papierfabrik jahrzehntelang nicht mehr als nach St. Stefan am Gratkorn zugehörig betrachtete sondern daß am offiziellen Brefkopf der Zusatz „bei Gratwein" aufschien. Firmenpolitisch mochte dies verständlich sein, dem Immage der Gemeinde St. Stefan am Gratkorn als Sitz einer bedeutenden Papierindustrie war dies höchst abträglich. Dies ging sogar soweit, daß ein etwa 1924/26 bei der Zigeunerhöhle getätigter Münzdepotfund als „Gratweiner" Münzfund in die Fachliteratur einging und seither unter diesem Namen publiziert wird[23] und zahlreiche zeitgenössische Ansichtskarten den Namen St. Stefan oder Gratkorn einfach nicht zur Kenntnis nahmen.

Die Eröffnung der Südbahn brachte der Papierfabrik jedenfalls erhebliche Vorteile im verkehrstechnischen Bereich (kürzere Lieferfristen, Anschluß an das europäische Hauptverkehrsnetz), andererseits führte die Verlagerung des Verkehrs von der alten Triesterstraße auf die Schiene im Mur- und Mürztal zum Niedergang zahlreicher Gewerbezweige wie zum

22 Vgl. Strach, Geschichte der Eisenbahnen der österr.- ungar. Monarchie, Jubiläumsausgabe.

23 Vgl. O. Burböck, 1978, S. 178. (Auf der Verbreitungskarte, S 179, ist der Fundplatz hingegen korrekt am östlichen Murufer eingezeichnet.)

Das erste Gratkorner Postamt, eröffnet im Jahre 1898, befand sich in der Brucker Straße 80. (AG)

Beispiel Frächter, Vorspanngewerbe und Gasthäuser. In einer Eingabe des Marktes Frohnleiten aus dem Jahre 1848 werden die staatlichen Behörden mit folgendem Problem befaßt: „Durch die Errichtung der Eisenbahn stehen alle Gasthäuser leer und alle Gewerbe sind beinahe gänzlich in Stockung geraten. Der Ort ist von seinem vorigen Wohlstand so sehr herabgesunken, daß die Bürger sich kaum in der Lage befinden, sich und ihre Familien zu erhalten und ihre Steuern und Abgaben zu entrichten, die noch immer dieselben sind."[24]
Diese durch die Eröffnung der Südbahn hervorgerufenen negativen Begleiterscheinungen kamen in Gratkorn aufgrund des kontinuierlichen Ausbaues der Papierfabrik nicht zum Tragen. Die Fabrik konnte den Niedergang dieser Wirtschaftszweige nicht nur verhindern, sondern förderte während des 19. Jahrhunderts sogar deren massiven Ausbau. Der Zuzug von Arbeitern förderte die Ansiedlung einer Reihe weiterer Funktionen entlang der entstehenden Industriesiedlung.[25] Verstärkt wurde diese Tendenz nach der Übernahme der Papierfabrik durch die Leykam - Josefsthal AG am 1. Juli, bzw. 20. September 1870 und die folgenden Investitionen führten zu einem derart starken Bevölkerungswachstum, daß die Ortsgemeinde St. Stefan am Gratkorn zu Ende des 19. Jahrhunderts, wie es die nachfolgende Aufstellung zeigt, bereits mit einer beachtlichen Infrastruktur ausgestattet war. 1897 erfolgte die Eröffnung einer Filiale der Raiffeisenkasse, am 1. März 1898 erhielt die Gemeinde mit der Errichtung eines Postamtes den Anschluß an das öffentliche Post- und Telegraphennetz.[26]
Zumal der Postgeschichte Gratkorns eine interessante historische Bedeutung zukommt, sei an dieser Stelle ein kurzer Exkurs zu diesem Thema gestattet. Die erste nachweisbare Postverbindung zwischen Graz und Wien bestand im frühen 16. Jahrhundert (Stundenpaß vom 21. Mai 1506), jedoch führte sie damals über Gleisdorf und Hartberg in die Hauptstadt des Reiches. Um 1522 ist erstmals ein Postkurs von Wien über den Semmering nach Bruck und Graz nachweisbar[27], womit auch die Bedeutung der Reichsstraße im Bereich Gratkorn aufgewertet wurde. Die Kriege gegen die Türken und andere politische Ereignisse führten oftmals zu Unterbrechungen der Poststrecke, eine dementsprechende Beschwerde ist aus dem Jahr 1537 bekannt. Mit der Verlegung des Regierungssitzes 1564 durch Erzherzog Karl nach Graz gewann diese Poststrecke weiter an Bedeutung, auch der Postkurs Wien - Venedig ging in der Folge über Graz. Nachweislich bekamen die Gratkorner am 4. Mai 1564 den Erzherzog auf der Reise nach Wien zu sehen, er fuhr mit der Post dorthin.
Die "Kleine Post" hatte zwischen 1796 und 1847 unter andrem das Murtal bis etwa drei Meilen nördlich Graz postalisch zu betreuen. Zumindest nach einer Quelle von 1817[28] zählte die Pfarre St. Stefan zum Bestellungsbezirk des Landboten. Er nahm die Postexpedition in St. Stefan zweimal wöchentlich vor, nämlich jeweils am Montag und Donnerstag bis 18 Uhr. Die Kreispoststation befand sich in Gratwein. Bis 1898 wurde St. Stefan vom Postamt Gratwein aus betreut, zu dessen Bestellungsrayon das gesamte

24 Eingabe des Marktes Frohnleiten aus dem Jahre 1848 (Archiv der Marktgemeinde Frohnleiten), zitiert nach O. Pick, 1996, S. 38.
25 So auch P. Cede, 1984, S. 233: „Der verstärkte Zuzug zahlreicher Industriearbeiter im weiteren Verlauf des 19. Jahrhunderts und die daraus resultierende Bevölkerungskonzentrierung an der Hauptstraße beschleunigten diese Entwicklung."
26 Vgl. R. Zimmerl, 1994, S. 36f.
27 H. Schmirler, 1978, S. 9ff.
28 Schematismus 1817. (Verzeichnis der Stationen, welche die Landbothen der Grätzer k. k. privilegirten kleinen Briefpost unmittelbar betretten.)

damalige Gemeindegebiet zählte; Schattleiten lag bereits im bereich des k. k. Postamtes in Graz. 1898 wurde in Gratkorn ein eigenes Postamt mit Anschluß an das Telegraphennetz eröffnet.

Über das genaue Datum der Eröffnung dieses Postamtes existieren in der Fachwelt zwei Meinungen, dem 1. März 1898 steht der 23. März 1898 gegenüber.[29] Weil jedoch ein postalischer Beleg vom 5. März 1898 existiert, dürfte das ältere Datum zutreffen. Die Eröffnung dieses Postamtes ging etwas übereilt vonstatten, denn beim ersten aus St. Stefan bekannten Stempel handelt es sich nicht um einen Ortstagesstempel sondern um einen einzeiligen Langstempel mit der Amtsbezeichnung, vergleichbar mit einem bahnähnlichen Stempel. Dieses erste Postamt befand sich im Haus Bruckerstraße 80; auch für den Postmeister bestand hier eine Wohnung.

Am 4. Juli 1907 wurde das Postamt, gemäß der Umbenennung der Gemeinde, in Gratkorn umbenannt. Am 9. September 1931 wurde in Gratkorn die erste Fernsprechstelle errichtet, am 29. April 1938 ein Fernsprechvermittlungsamt (Automatisierung: 15. Februar 1955). Nach dem Anschluß Österreichs an das Deutsche Reich, und dies ist als Besonderheit zu werten, wurden in Gratkorn die OT - Stempel (Brückenstempel mit drei Unterscheidungsbuchstaben) nicht vollständig an die Stempel des Deutschen Reiches angeglichen; die sechsstrahligen Sternchen beiderseits der Unterscheidungsbuchstaben blieben bestehen. Darüberhinaus fertigte man nach 1838 zwei weitere OT - Tagesstemel (Ringstempel) mit den Unterscheidungsbuchstaben d und e an, beide ohne Sternchen aber mit der Postleitgebietszahl 12a. Nach Kriegsende wurden die Stempel a, b und c weiterverwendet, bei d und e wurde die Postleitgebietszahl nach Kriegsende entfernt, „sodaß bei diesen adaptierten Stempeln das Wort 'Gratkorn' nunmehr unsymmetrisch nach rechts verschoben stand."[30] Neue Ringstempel in derselben Ausführung, aber mit symmetrischer Amtsbezeichnung, kamen ab 18. Juni 1957 zur Verwendung. Anläßlich der Eröffnung des neuen Postamtsgebäudes (Kirchweg 175) am 16. Dezember 1961 wurde ein Sonderstempel verwendet. Er nimmt Bezug auf eine vom ABSV Gratkorn durchgeführte Briefmarkenausstellung und zeigt auch ein Wapen mit Hinweisen auf die Papierfabrik. Ansonsten bliebe noch ein OT - Stempel (Maschinstempel) mit dem Unterscheidungsbuchstaben g zu erwähnen. In der Verwendung von Werbeplatten zeigt man sich jedoch sparsam. Im Zuge der Errichtung des neuen Ortszentrums übersiedelte das Postamt abermals. Soweit der Exkurs zur Postgeschichte.

OT - Stempel „St. Stefan am Gratkorn", 21. November 1906. (Sammlung Horst Ziegler)

2 Kreuzer - Briefmarke, abgestempelt in St. Stefan am Gratkorn, 5. März 1898, vier Tage nach Eröffnung des Postamtes. (R. Zimmerl, 1994, S. 37.)

OT - Stempel „Gratkorn", 21. November 1907. (Sammlung Horst Ziegler)

29 Zur Postgeschichte Gratkorns: R. Zimmerl, 1994, S. 36ff.
30 R. Zimmerl, 1994, S. 37.

Das am 16. Dezember 1961 eröffnete Gratkorner Postamt. Zeichnung von Erich Hütter. (AG)

Gratkorner Sonderstempel.
(Sammlung Ing. H. Barwinek, J. Kopsche)

Postalische Belege aus Gratkorn. (Sammlung Ing. H. Barwinek, J. Kopsche, H. Ziegler)

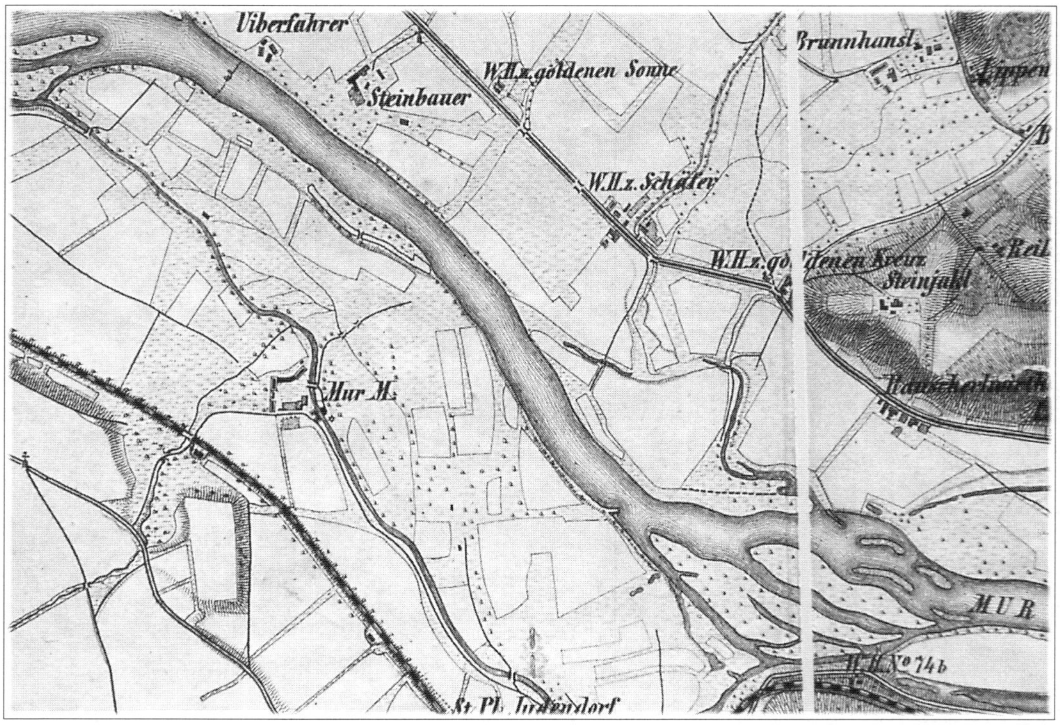

Der „Uiberfahrer" (links oben) und die alten Wirtshäuser „Goldene Sonne", „Schäfer", Goldenes Kreuz" und „Rauscherlwirt" an der Reichsstraße. Karte aus dem Jahre 1872. (Karte Graz Umgebung, 1872, Blatt1.)

Als letzter, besonders während des Mittelalters beliebter Verkehrsweg, muß noch die Mur erwähnt werden. Besonders der Lastenverkehr ließ sich hier schneller, wenn auch nicht gefahrloser, abwickeln als auf den Straßen. Salz, Eisen und Holz kam von Norden nach Süden, Wein von Süden nach Norden. Stromaufwärts mußten die Flöße und Schiffe freilich von Pferden auf sogenannten Treppelwegen gezogen werden. Von 1277 stammt der erste Nachweis über Güterverkehr auf der Mur, 1380 wird Schiffsverkehr auf der Mur erwähnt.[31] Barg der Fluß im Bereich Gratkorn schon Gefahren, so bekreuzigten sich die Flößer bei der Weinzöttlbrücke. Hier befanden sich zwei durch die Strömung gefährliche Stellen, die so manches Opfer forderten.[32] Die Schrecken einer solchen Floßfahrt von Bruck nach Graz im Jahre 1825 schildert der Reisende folgend: „Das Floß war mit Brettern und einigen Gipsfässern geladen und zum Abgange bereit; endlich verschwand auch der letzte Nebel, und der Schiffmeister geboth Aufbruch. Wie zum fröhlichen Tanze sprangen zwanzig Fremde auf den schaukelnden Boden. Einige wie ich hatten noch nie die Mur befahren und dachten sich ebenso sicher als zu Lande; während die Schiffsleute ihre Andacht mit ungekünstelter Ehrfurcht beginnen. [...] Bald lag der Wallfahrtsort Maria Straßengel mit seinem gothischen Kirchthurme rechts im Hintergrund und Göstings ernsthaftes Antlitz prüfte uns Fremdlinge, als die Schiffleute ermahnten, achtsam zu sein, und nicht in Angst zu gerathen - die gefürchtete Weinzettelbrücke mit ihrem Kreuze lag vor uns. Alle Männer entblößten das Haupt sich kreuzigend; einige Mädchen zitterten und schrieen erbärmlich. Umsonst, der Lauf war unerbittlich und donnernd stürzten wir ungefähr fünf Schuh über eine Wehre herab; durch und über das Floß drängten sich die Wogen fußhoch auf sämtliche Passagiere."[33] Um die Mitte des 19. Jahrhunderts verschwand mit dem Aufkommen der Eisenbahn diese Art der Güter- und Personenbeförderung.

Ebenso große Bedeutung kam in Gratkorn, genauer auf der Tratten, der Überfuhr zu, denn sie stellte bis zum Bau der Murbrücke beim Fischerwirt im ersten Drittel des 19. Jahrhunderts weithin die einzige Verbindung zum westlichen Murufer her. Diese Überfuhr bestand wahrscheinlich schon im Mittelalter bei der Zigeunerhöhle. An der Mur, etwas unterhalb der alten Trattenmühle, befand sich der vulgo Überführer, das Haus des Fährmannes, die Überfuhr selbst lag etwas unterhalb dieses Hauses, am Ende des heutigen Überfuhrweges.[34] 1945 belief sich der Überfuhrlohn auf 30 Groschen; 1962, zum Zeitpunkt der Einstellung des Betriebes, kostete eine Überfuhr 1 Schilling und 50 Groschen.[35]

Im Laufe des 19. und 20. Jahrhunderts bewirkte die Expansion der Papierfabrik die verstärkte Ansiedlung wirtschaftlicher Betriebe zu beiden Seiten der Wienerstraße. Peter Cede kommt das Verdienst zu, die Werte erhoben zu haben, ich darf sie hier zusammenfassend darstellen und mit den neuesten Werten[36] ergänzen.

31 Vgl. F. Tremel, 1946, S. 3.
32 W. v. Kalchberg, 1856, S. 197.
33 J. Kyselak, 1829.
34 FK 890 Kirchenviertel (Riedkarte).
35 R. Suppan, 1984, S. 175.
36 FK Nr. 163 / 890 (Kirchenviertel), Nr. 70 / 375 (Friesach - St. Stefan), Nr. 68 / 381 (Forstviertel), Nr. 69 / 357 (Freßnitzviertel), Nr. 449 / 2015 (Schattleiten) (LA); Adreßbuch des Herzogtums Steiermark, 1899; Adreßbuch von Steiermark, 1921; Adreßbuch von Steiermark, 1951; Adreßbuch von Steiermark, 1981; zitiert nach P. Cede, 1984, S. 230 - 248. Weiters: Liste Kommunalsteuer (AG), aktuelles Branchenverzeichnis.

Entwicklung der wirtschaftlichen Betriebe in der Marktgemeinde Gratkorn

	1823	1898	1921	1951	1981	1996
Gewinnung von Steinen und Erden	0	2	2	2	2	2
Erzeugung von Nahrungs- und Genußmittel	3	0	10	12	7	6
Erzeugung von Getränken, Tabakverarbeitung	0	0	0	0	2	1
Erzeugung von Bekleidung	0	5	34	22	2	1
Bearbeitung von Holz, Holzplattenerzeugung	0	0	0	2	1	2
Verarbeitung von Holz	0	2	4	6	3	3
Erzeugung von Papier und Pappe	0	1	1	1	1	1
Erzeugung von Chemikalien und chemischen Produkten	0	0	1	1	1	1
Erzeugung von Waren aus Steinen und Erden	0	0	0	3	3	2
Bearbeitung von Metall, Stahl- und Leichtmetallbau	0	0	0	0	1	1
Erzeugung von Metallwaren	1	0	3	3	4	4
Erzeugung / Reparatur von Maschinen	0	0	0	1	2	3
Erzeugung / Reparatur von Transportmittel	0	0	3	8	5	6
Bauwesen	0	0	2	6	18	19
Handel	0	20	31	53	45	31
Beherbergungs- und Gaststättenwesen	2	21	17	18	24	20
Verkehrs- und Nachrichtenübermittlung	0	1	2	16	9	8
Geld- und Kreditwesen	0	1	1	1	2	4
Realitäten, Rechts- und Wirtschaftsdienste	0	0	1	3	9	11
Körperpflege, Reinigung, Bestattungswesen	0	0	2	6	7	6
Kunst, Unterhaltung, Sport	0	0	0	2	6	6
Gesundheits- und Fürsorgewesen	2	2	4	8	12	14
Unterrichts- und Forschungswesen	1	1	1	3	5	6
Gebietskörperschaften, Interessensvertretungen	1	5	7	8	10	10

Franz Anderluchs Einkehrgasthof, seine Fleischhauerei und seine Selcherei an der Reichsstraße (Haupt und Kommerzialstraße) erfreuten sich nicht zuletzt wegen der Nähe der Autobushaltestelle großer Beliebtheit. (AG)

Hochstrassers Gasthaus und Hans Wagners Gemischtwarenhandlung um 1910. (Sammlung Gasthaus Pucher, Rosa Faninger)

Florian Wastians Gasthaus „Zum Peterlwirt“ um 1910. (AG)

Das Warenhaus Menhardt (heute Raiffeisenkasse) um 1930. (Sammlung J. Kopsche)

Karl Kreidls Gasthaus um 1915. (Sammlung J. Bretterklieber)

Der Gastwirt Georg Taibinger (Teibinger) erwarb im Jahre 1900 den vulgo Pucher in St. Stefan. Er begründete den Ruf des „Puchers“ als aufgeschlossene, musikantenf-eundliche Gaststätte, die heute von der Familie Faninger / Huber weitergeführt wird. (Sammlung Gasthaus Pucher, Rosa Faninger)

Georg Taibingers (Teibingers) Gasthaus (vulgo Pucher) um 1905. (Sammlung Gasthaus Pucher, Rosa Fanninger)

Das Gasthaus Pucher auf einer handkolorierten Ansichtskarte um 1900. (Sammlung Gasthaus Pucher, Rosa Fanninger)

1870: direkte Steuern absolut in Gulden 1870:		dir. Steuern pro Kopf in Gulden	
Eggenberg	8347,24	8,37	Andritz
Feldkirchen	5302,25	6,81	Eggenberg
Unterpremstätten	4525,1	6,03	Zwaring
Fölling	4506,93	5,56	Lieboch
Kainbach	4498,37	4,89	Straßgang
St. Stefan a. G.	**4281,46**	4,8	Thondorf
Andritz	4145,39	4,78	Feldkirchen
Kalsdorf	4131,66	4,55	Dobel
Kumberg	4096,85	4,36	Gösting
Hitzendorf	4045,66	4,14	Pirka
Straßgang	4032,52	3,97	Grambach
Premstätten	3756,42	3,89	Thal
Gratwein	3662,79	3,83	Waltendorf
Zwaring	3554,4	3,77	Hart
Eisbach	3436,95	3,68	Stattegg
Dobel	3191,48	**3,62**	**St. Stefan a. G.**
Lieboch	3075,68	3,5	Kalsdorf
Thal	2868,6	3,46	Fernitz
Gösting	2828,2	3,43	Fölling
Messendorf	2642,87	3,42	St. Peter
Schattleiten	2568,97	3,38	Haselsdorf
Waltendorf	2527,21	3,35	Hausmannstätten
St. Peter	2461,87	3,24	Gössendorf
Wundschuh	2298,21	3,21	Schattleiten
Raaba	2006,47	3,17	Unterpremstätten
Hausmannstätten	1967,95	3,14	Raaba
Attendorf	1960,5	3,12	Liebenau
Weinitzen	1949,16	3,03	Mellach
Fernitz	1859,57	3,01	Attendorf
Grambach	1790,71	2,99	Gratwein
Mellach	1723,91	2,96	Engelsdorf
Thondorf	1719,32	2,92	Kainbach
St. Marein	1714,18	2,87	Seiersberg
Pirka	1651,1	2,87	Messendorf
Haselsdorf	1634,22	2,83	Wundschuh
Liebenau	1597,96	2,61	Kumberg
Seiersberg	1535,49	2,49	Eisbach
Stattegg	1531,97	2,39	Wöbling
Hart (St. Peter)	1448,13	2,15	Reiteregg
Wöbling	1435,88	2,14	Weinitzen
Rohrbach	1433,4	2,1	St. Marein
Gössendorf	1421,33	2,08	Hart (St. Peter)
St. Bartholomä	1405,43	2,02	Premstätten
St. Oswald	1356,13	1,93	Hitzendorf
Krumegg	1341,16	1,91	Purgstall
Hart	1278,95	1,88	Rohrbach
Reitenegg	1233,24	1,87	St. Oswald
Langegg	1209,94	1,83	St. Bartholomä
Gschnaidt	1148,86	1,78	Langegg
Purgstall	1121,17	1,76	Stiboll
Stiboll	1112,86	1,75	Haselbach
Haselbach	754,5	1,61	Nestelbach
Engelsdorf	699,43	1,59	Krumegg
Edelsgrub	688,82	1,41	Gnaning
Nestelbach	622,24	1,4	Mitterlaßnitz
Gnaning	525,92	1,38	Edelsbach
Edelsbach	486,71	1,37	Gschnaidt
Mitterlaßnitz	399,26	1,15	Edelsgrub

Steuerkraft 1994 Einnahmen gem. Abschnitt 92 VRV		Steuerkraft - Kopfquote 1994	
Gratkorn	**69593246**	16896,91	Raaba
Frohnleiten	63371873	15641,48	Röthelstein
Seiersberg	49214218	14598,73	Unterpremstätten
Kalsdorf	42238667	**11384,47**	**Gratkorn**
Feldkirchen	39054565	10540,55	Lieboch
Unterpremstätten	37577142	10411,30	Seiersberg
Lieboch	35447867	10341,62	Übelbach
Gratwein	32162831	9903,56	Kalsdorf
Raaba	29062685	9829,72	Gratwein
Judendorf - Straßengel	28551724	9263,54	Frohnleiten
Hart	26976120	9173,35	Pirka
Deutschfeistritz	26136650	9089,73	Werndorf
Übelbach	22358584	8577,76	Hausmannstätten
Vasoldsberg	21082367	8407,87	Feldkirchen
Pirka	20685905	8264,74	Hart
Gössendorf	20384359	8087,62	Mellach
Semriach	19002918	7867,37	Gössendorf
Hitzendorf	18645038	7747,32	Eggersdorf
Eisbach	17798159	7372,26	St. Radegund
Kumberg	17296312	7266,9	Laßnitzhöhe
Hausmannstätten	17198409	7103,42	Peggau
Fernitz	16656546	7001,49	Fernitz
Laßnitzhöhe	15275023	6979,08	Deutschfeistritz
Kainbach	15141070	6945,97	Wundschuh
Werndorf	14834445	6804,52	Dobl
Peggau	14654359	6638,39	Judendorf - Straßengel
St. Radegund	14530726	6607,41	Semriach
Weinitzen	14103156	6586,82	St. Bartholomä
Eggersdorf	13271157	6580,41	St. Marein
Stattegg	12687071	6510,74	Zettling
Thal	12005479	6471,99	Nestelbach
Purgstall	9082526	6377,75	Tyrnau
Wundschuh	9043648	6368,3	Kumberg
St. Bartholomä	8964659	6341,35	Weinitzen
Dobl	8832268	6315,88	Eisbach
Atendorf	8685173	6314,73	Schrems b. F.
Zwaring - Pöls	8170478	6236,61	Thal
Krumegg	7676345	6220,65	Kainbach
Zettling	7272495	6165,44	Haselsdorf - Tobelbad
Mellach	7165631	6141,09	Vasoldsberg
St. Marein	7146321	6124,97	St. Oswald b. P.
Höf - Präbach	6996594	6111,12	Hitzendorf
Rohrbach - Steinberg	6958978	6061,19	Zwaring - Pöls
Brodingberg	6875587	5995,07	Purgstall
Grambach	6875291	5978,51	Grambach
Nestelbach	6789115	5912,47	Rohrbach - Steinberg
Haselsdorf - Tobelbad	6245593	5898,23	Tulwitz
St. Oswald b. P.	6161721	5884,26	Atendorf
Stiwoll	4070178	5881,6	Brodingberg
Langegg	3994973	5879,09	Stattegg
Edelsgrub	3482171	5841,1	Gschnaidt
Röthelstein	3331636	5822,86	Stiwoll
Schrems b. F.	3151049	5820,79	Höf - Präbach
Tulwitz	3049385	5815,09	Großstübing
Großstübing	2192290	5698,85	Krumegg
Gschnaidt	2161206	5483,73	Edelsgrub
Tyrnau	1058707	5457,61	Langegg

Flächennutzung in Prozent

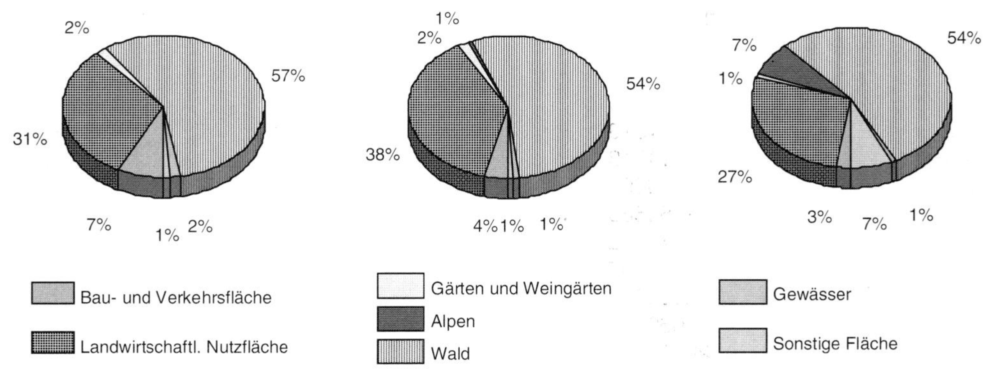

Index der Bevölkerungsentwicklung, 1869 = 100

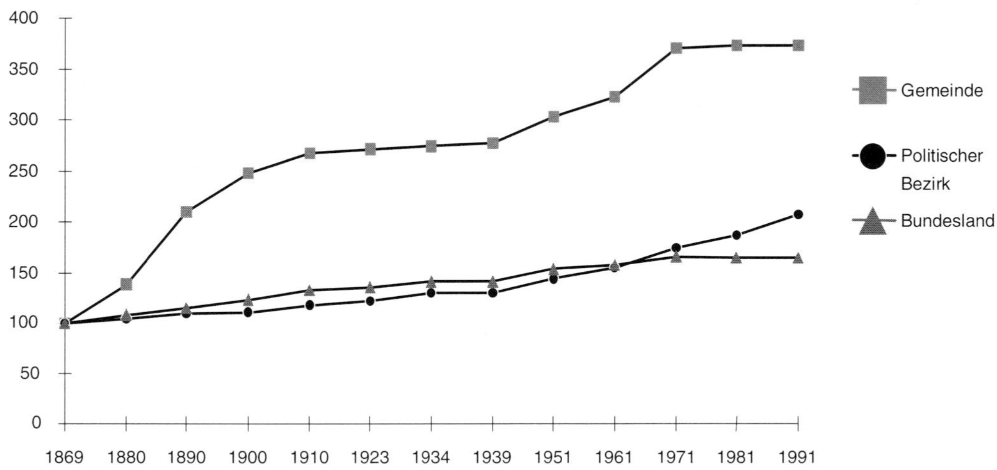

Wohnbevölkerung 1991 nach Altersgruppen in Prozent

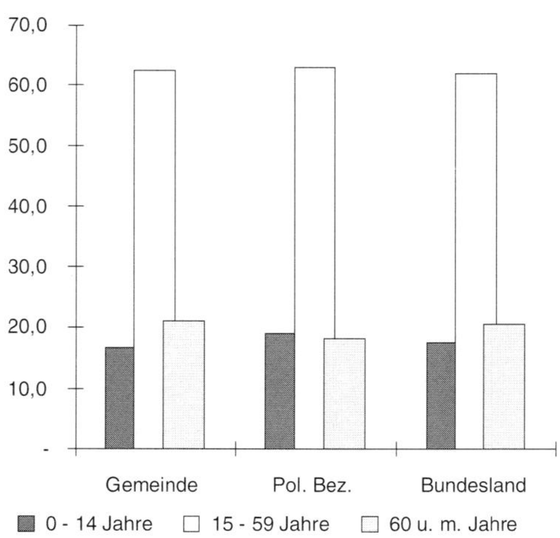

Veränderung der Wohnbevölkerung 1981 - 1991 nach Altersgruppen in Prozent

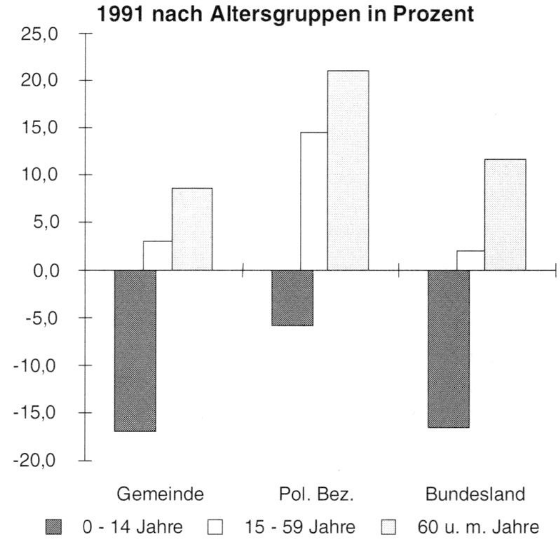

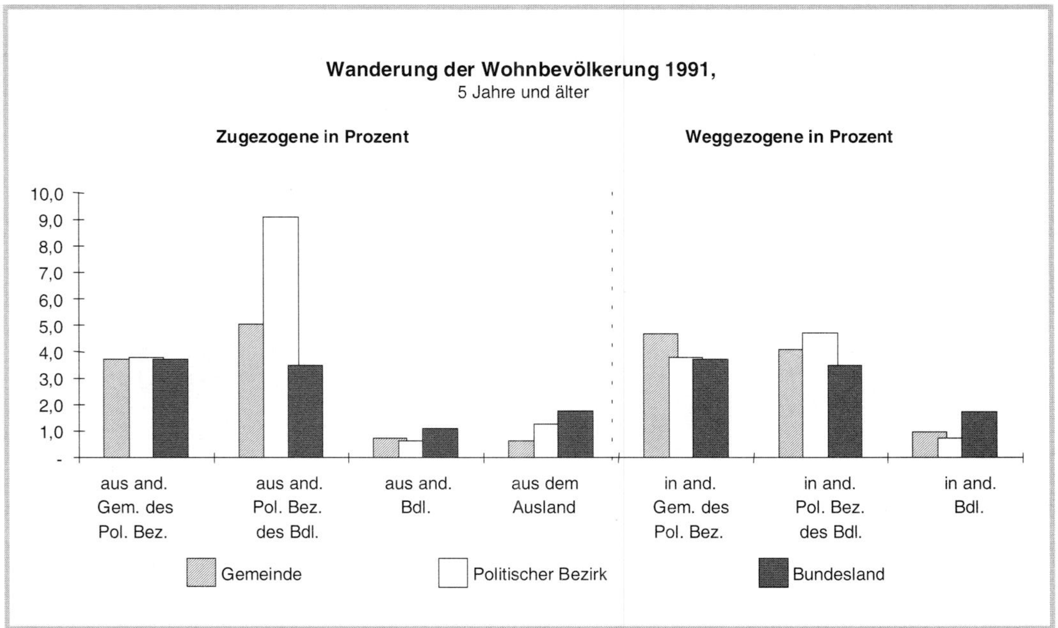
Wanderung der Wohnbevölkerung 1991,
5 Jahre und älter
Zugezogene in Prozent
Weggezogene in Prozent
10,0
9,0
8,0
7,0
6,0
5,0
4,0
3,0
2,0
1,0
-
aus and. Gem. des Pol. Bez.
aus and. Pol. Bez. des Bdl.
aus and. Bdl.
aus dem Ausland
in and. Gem. des Pol. Bez.
in and. Pol. Bez. des Bdl.
in and. Bdl.
Gemeinde
Politischer Bezirk
Bundesland

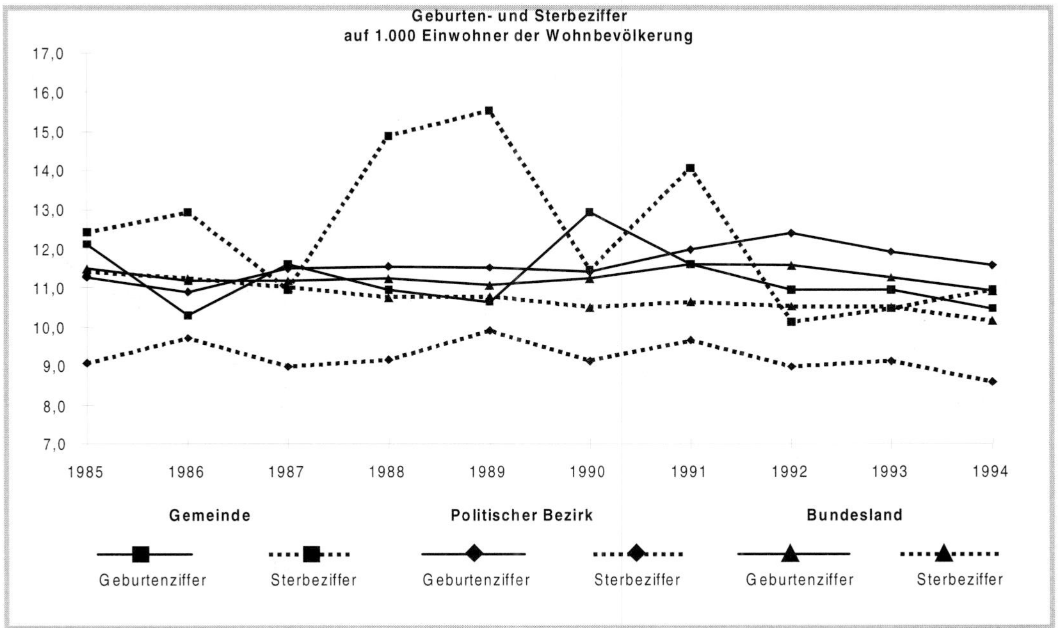
Geburten- und Sterbeziffer
auf 1.000 Einwohner der Wohnbevölkerung
17,0
16,0
15,0
14,0
13,0
12,0
11,0
10,0
9,0
8,0
7,0
1985
1986
1987
1988
1989
1990
1991
1992
1993
1994
Gemeinde
Politischer Bezirk
Bundesland
Geburtenziffer
Sterbeziffer
Geburtenziffer
Sterbeziffer
Geburtenziffer
Sterbeziffer

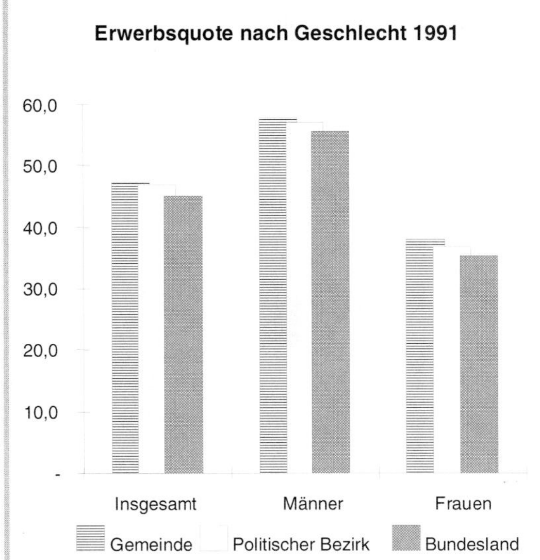
Erwerbsquote nach Geschlecht 1991
60,0
50,0
40,0
30,0
20,0
10,0
-
Insgesamt
Männer
Frauen
Gemeinde
Politischer Bezirk
Bundesland

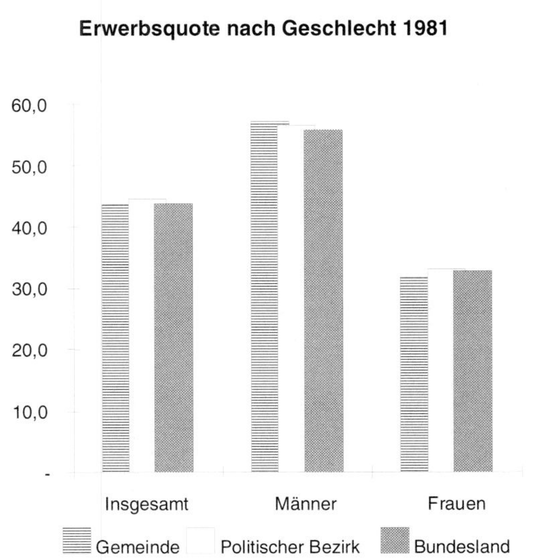
Erwerbsquote nach Geschlecht 1981
60,0
50,0
40,0
30,0
20,0
10,0
-
Insgesamt
Männer
Frauen
Gemeinde
Politischer Bezirk
Bundesland

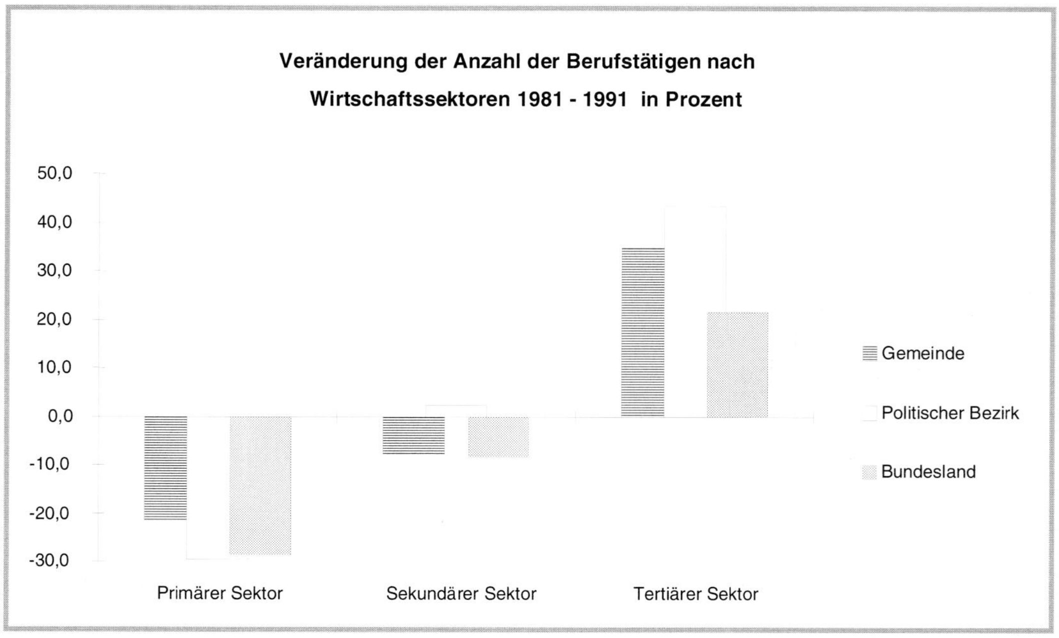
Veränderung der Anzahl der Berufstätigen nach
Wirtschaftssektoren 1981 - 1991 in Prozent
50,0
40,0
30,0
20,0
10,0
0,0
-10,0
-20,0
-30,0
Primärer Sektor
Sekundärer Sektor
Tertiärer Sektor
Gemeinde
Politischer Bezirk
Bundesland

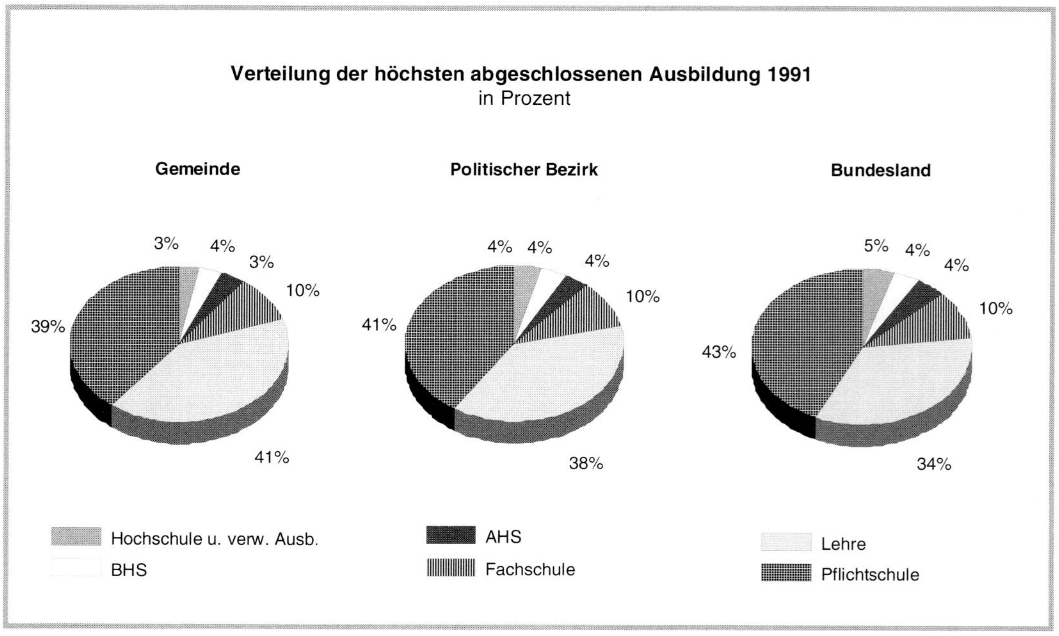
Verteilung der höchsten abgeschlossenen Ausbildung 1991
in Prozent
Gemeinde
3%
4%
3%
10%
39%
41%
Politischer Bezirk
4%
4%
4%
10%
41%
38%
Bundesland
5%
4%
4%
10%
43%
34%
Hochschule u. verw. Ausb.
BHS
AHS
Fachschule
Lehre
Pflichtschule

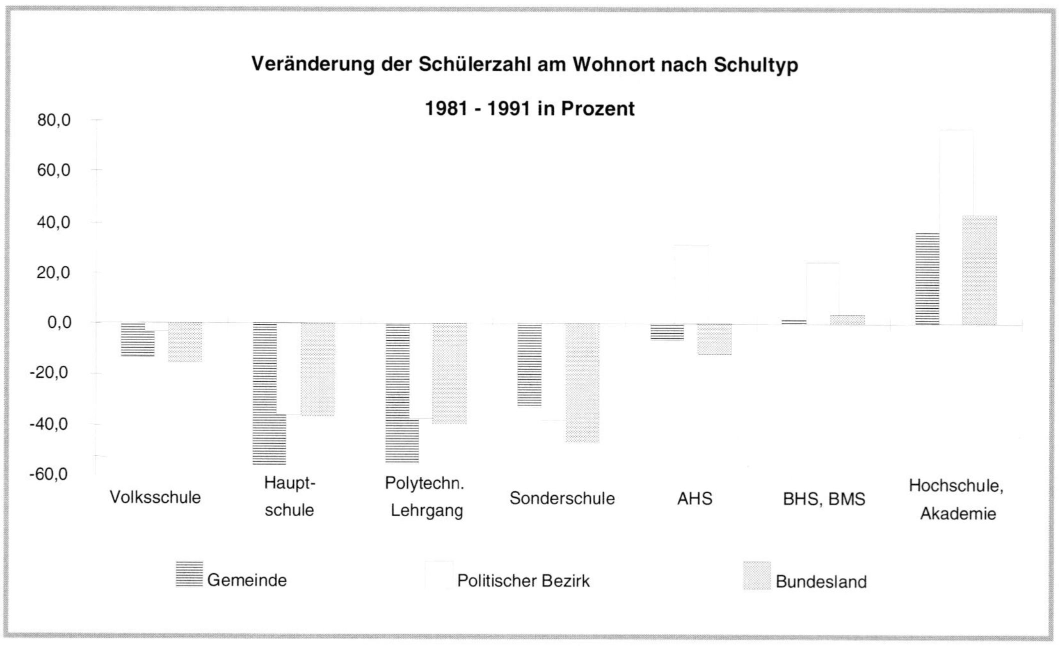
Veränderung der Schülerzahl am Wohnort nach Schultyp
1981 - 1991 in Prozent
80,0
60,0
40,0
20,0
0,0
-20,0
-40,0
-60,0
Volksschule
Haupt-schule
Polytechn. Lehrgang
Sonderschule
AHS
BHS, BMS
Hochschule, Akademie
Gemeinde
Politischer Bezirk
Bundesland

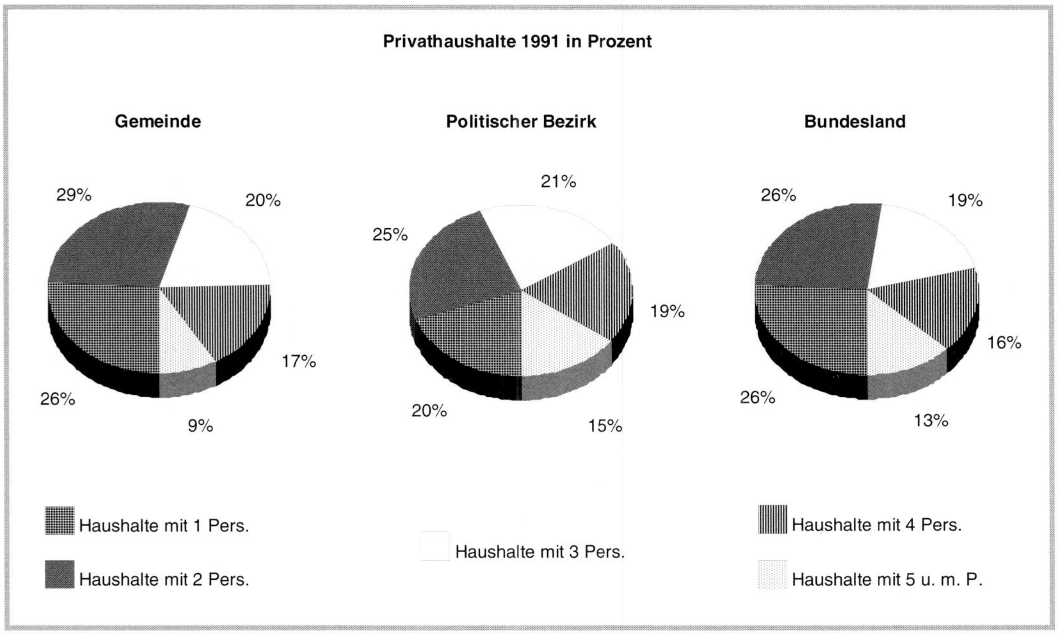
Privathaushalte 1991 in Prozent
Gemeinde
Politischer Bezirk
Bundesland
29%
20%
17%
9%
26%
21%
25%
19%
20%
15%
26%
19%
16%
13%
26%
Haushalte mit 1 Pers.
Haushalte mit 2 Pers.
Haushalte mit 3 Pers.
Haushalte mit 4 Pers.
Haushalte mit 5 u. m. P.

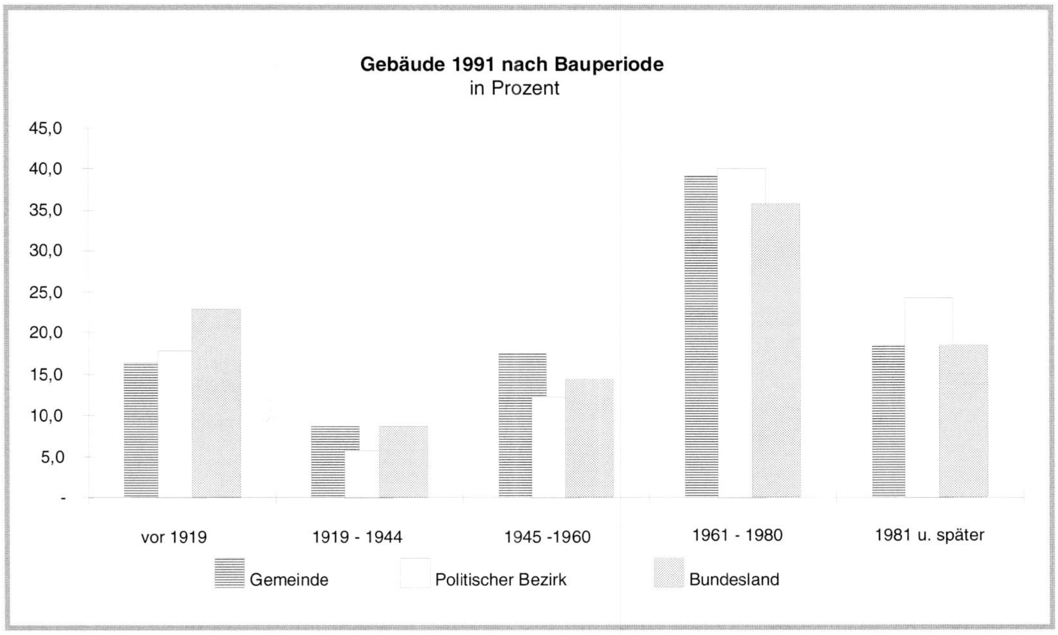
Gebäude 1991 nach Bauperiode
in Prozent
45,0
40,0
35,0
30,0
25,0
20,0
15,0
10,0
5,0
-
vor 1919
1919 - 1944
1945 -1960
1961 - 1980
1981 u. später
Gemeinde
Politischer Bezirk
Bundesland

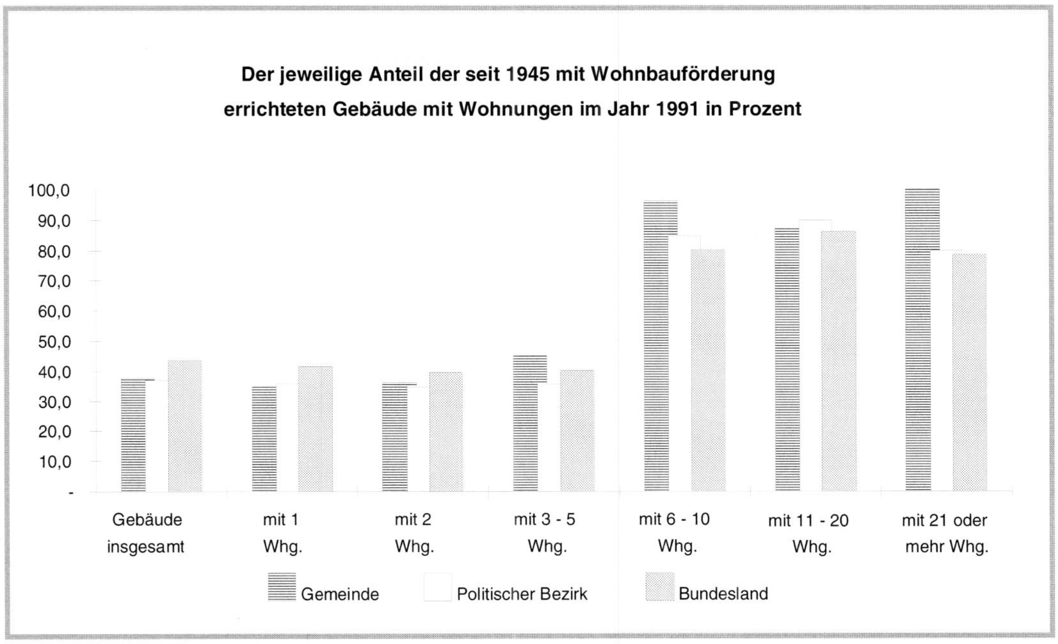
Der jeweilige Anteil der seit 1945 mit Wohnbauförderung
errichteten Gebäude mit Wohnungen im Jahr 1991 in Prozent
100,0
90,0
80,0
70,0
60,0
50,0
40,0
30,0
20,0
10,0
-
Gebäude insgesamt
mit 1 Whg.
mit 2 Whg.
mit 3 - 5 Whg.
mit 6 - 10 Whg.
mit 11 - 20 Whg.
mit 21 oder mehr Whg.
Gemeinde
Politischer Bezirk
Bundesland

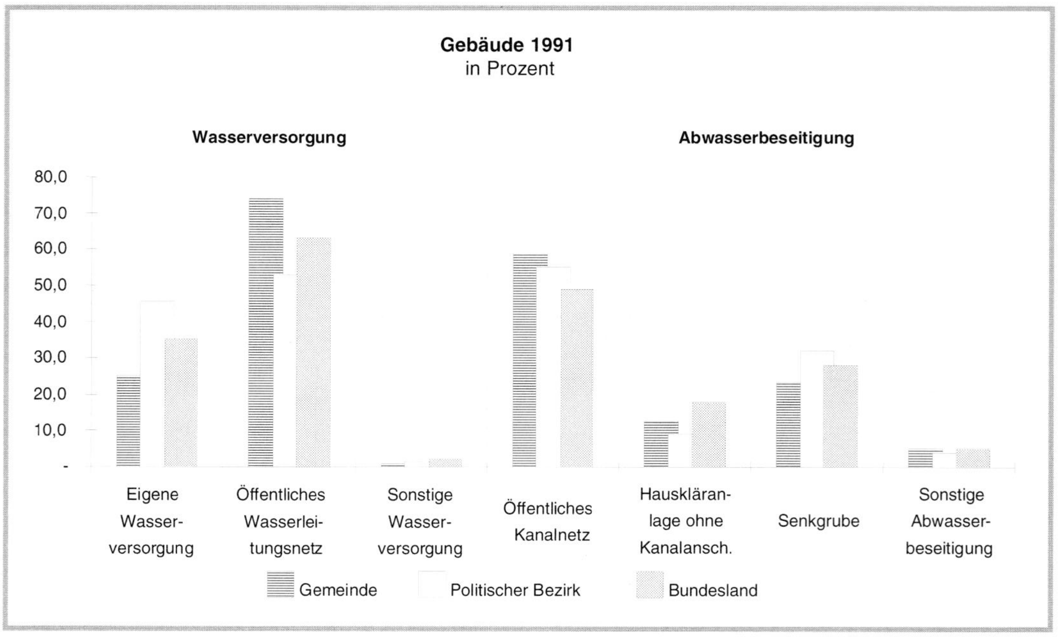
Gebäude 1991
in Prozent
Wasserversorgung
Abwasserbeseitigung
80,0
70,0
60,0
50,0
40,0
30,0
20,0
10,0
-
Eigene Wasser-versorgung
Öffentliches Wasserlei-tungsnetz
Sonstige Wasser-versorgung
Öffentliches Kanalnetz
Hauskläran-lage ohne Kanalansch.
Senkgrube
Sonstige Abwasser-beseitigung
Gemeinde
Politischer Bezirk
Bundesland

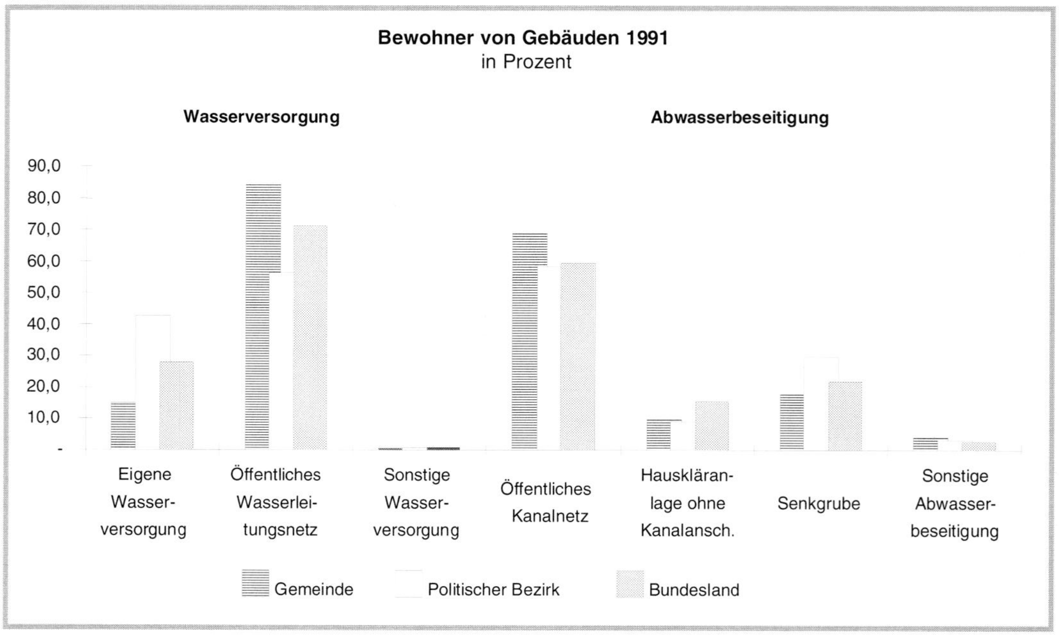
Bewohner von Gebäuden 1991
in Prozent
Wasserversorgung
Abwasserbeseitigung
90,0
80,0
70,0
60,0
50,0
40,0
30,0
20,0
10,0
-
Eigene Wasser-versorgung
Öffentliches Wasserlei-tungsnetz
Sonstige Wasser-versorgung
Öffentliches Kanalnetz
Hauskläran-lage ohne Kanalansch.
Senkgrube
Sonstige Abwasser-beseitigung
Gemeinde
Politischer Bezirk
Bundesland

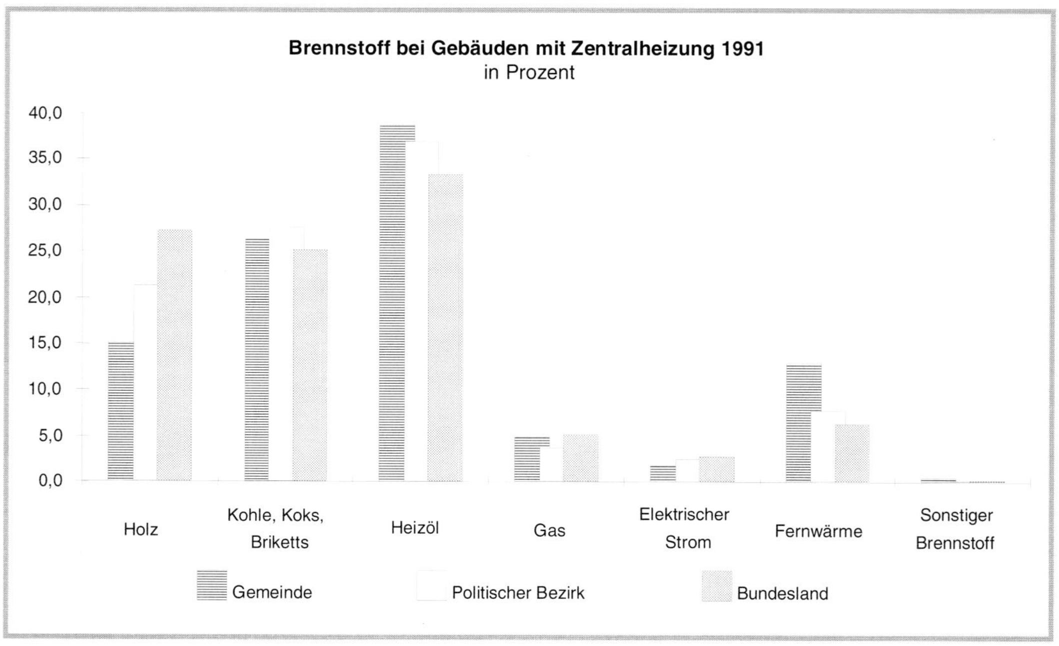
Brennstoff bei Gebäuden mit Zentralheizung 1991
in Prozent
40,0
35,0
30,0
25,0
20,0
15,0
10,0
5,0
0,0
Holz
Kohle, Koks, Briketts
Heizöl
Gas
Elektrischer Strom
Fernwärme
Sonstiger Brennstoff
Gemeinde
Politischer Bezirk
Bundesland

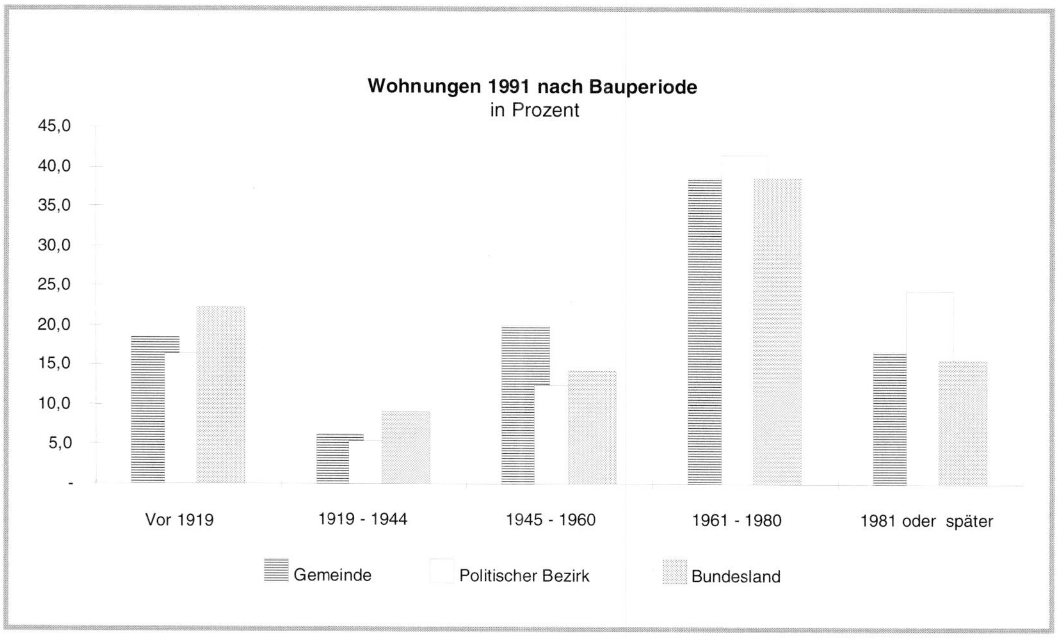
Wohnungen 1991 nach Bauperiode
in Prozent
45,0
40,0
35,0
30,0
25,0
20,0
15,0
10,0
5,0
-
Vor 1919
1919 - 1944
1945 - 1960
1961 - 1980
1981 oder später
Gemeinde
Politischer Bezirk
Bundesland

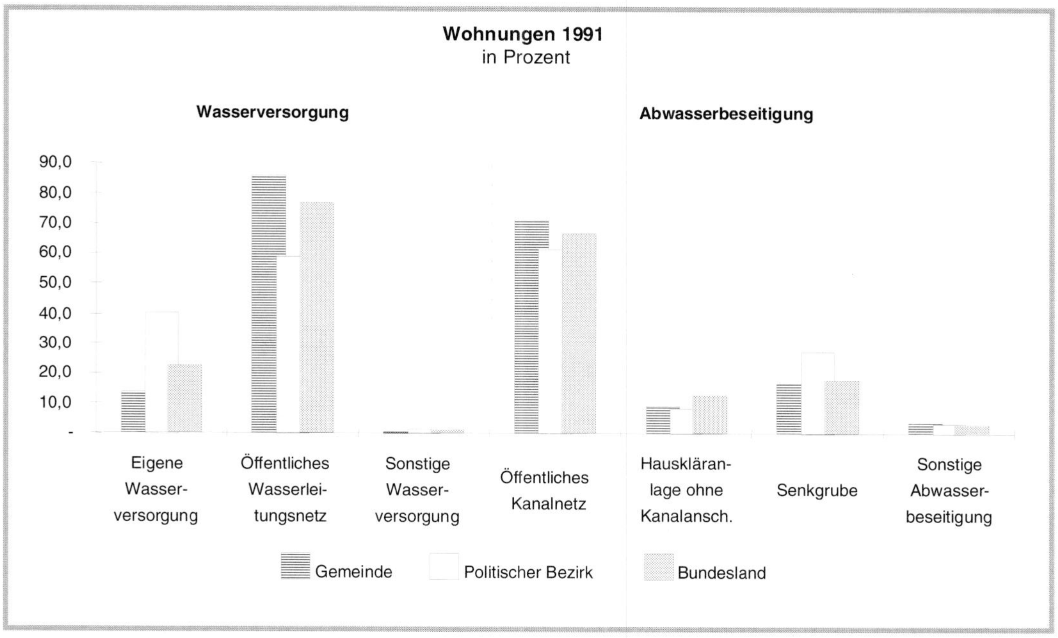
Wohnungen 1991
in Prozent
Wasserversorgung
Abwasserbeseitigung
90,0
80,0
70,0
60,0
50,0
40,0
30,0
20,0
10,0
-
Eigene Wasser-versorgung
Öffentliches Wasserlei-tungsnetz
Sonstige Wasser-versorgung
Öffentliches Kanalnetz
Hauskläran-lage ohne Kanalansch.
Senkgrube
Sonstige Abwasser-beseitigung
Gemeinde
Politischer Bezirk
Bundesland

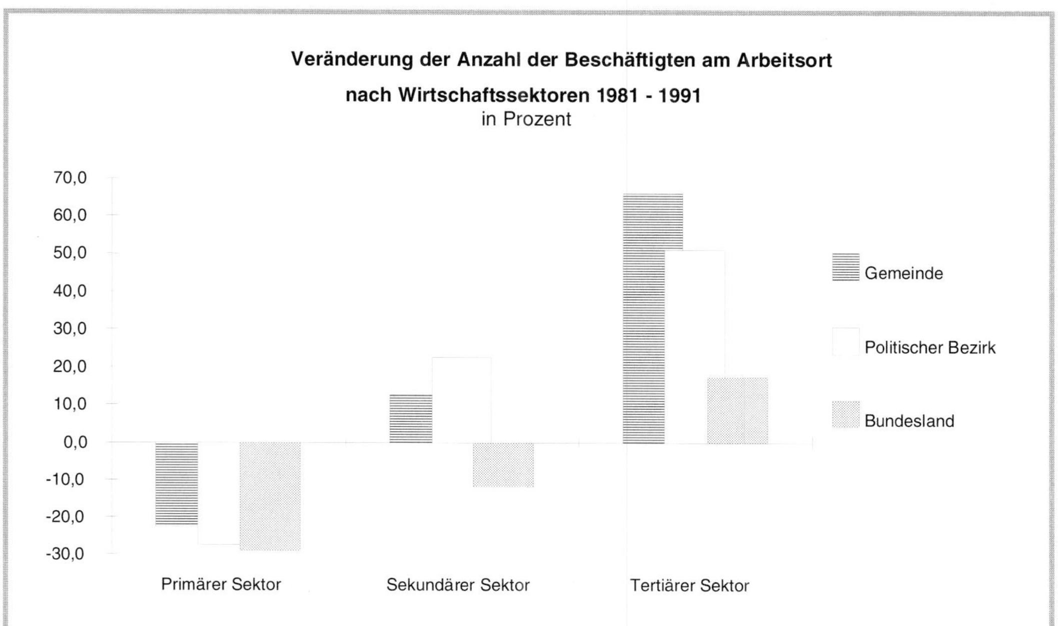
Veränderung der Anzahl der Beschäftigten am Arbeitsort
nach Wirtschaftssektoren 1981 - 1991
in Prozent
70,0
60,0
50,0
40,0
30,0
20,0
10,0
0,0
-10,0
-20,0
-30,0
Primärer Sektor
Sekundärer Sektor
Tertiärer Sektor
Gemeinde
Politischer Bezirk
Bundesland

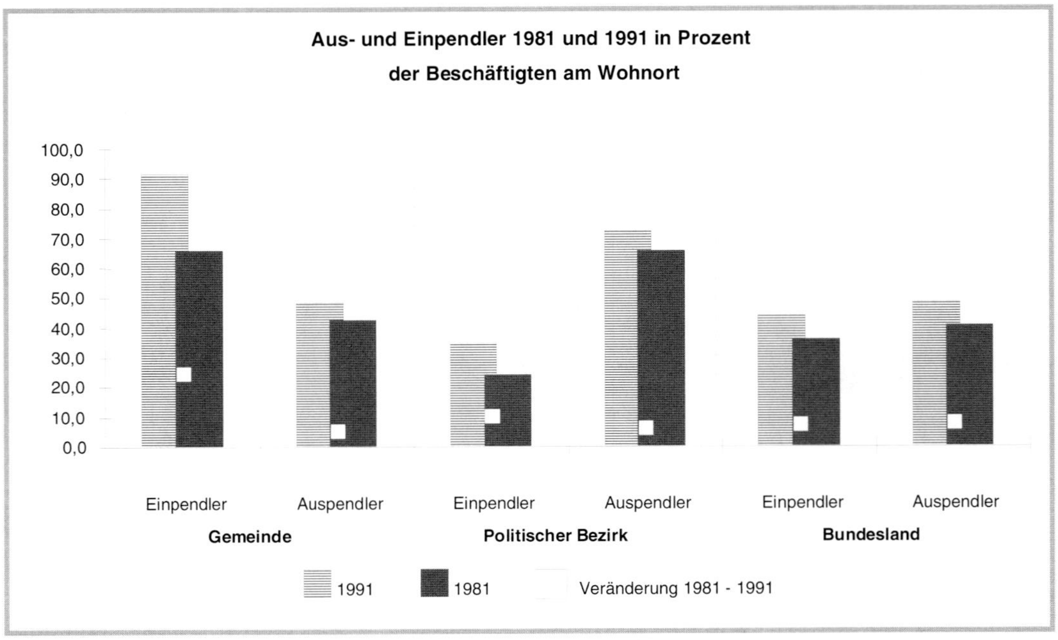
Aus- und Einpendler 1981 und 1991 in Prozent
der Beschäftigten am Wohnort
100,0
90,0
80,0
70,0
60,0
50,0
40,0
30,0
20,0
10,0
0,0
Einpendler
Auspendler
Einpendler
Auspendler
Einpendler
Auspendler
Gemeinde
Politischer Bezirk
Bundesland
1991
1981
Veränderung 1981 - 1991

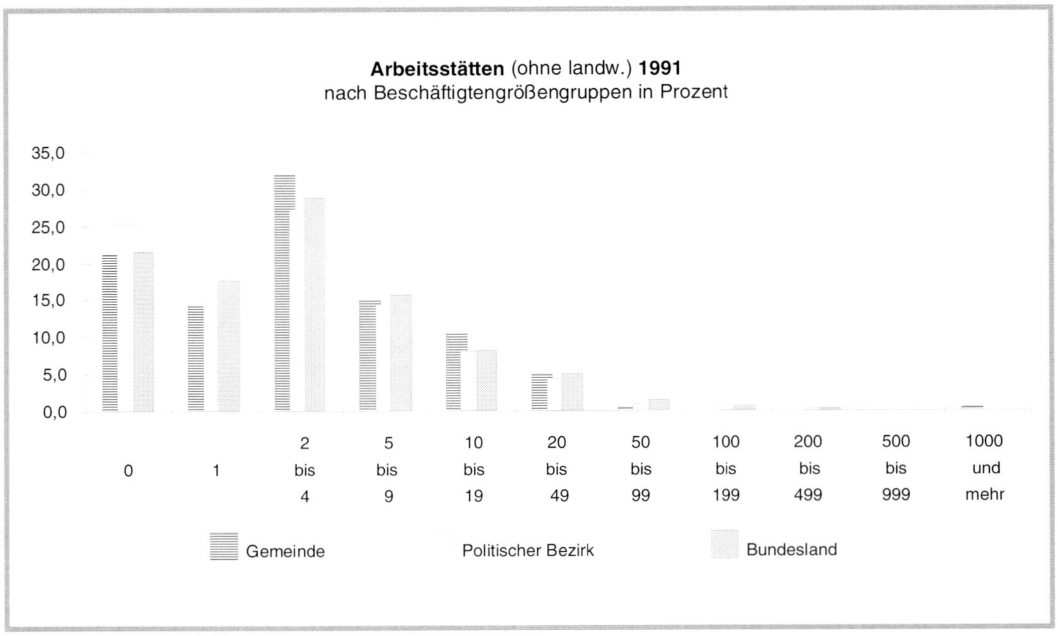
Arbeitsstätten (ohne landw.) 1991
nach Beschäftigtengrößengruppen in Prozent
35,0
30,0
25,0
20,0
15,0
10,0
5,0
0,0
0
1
2 bis 4
5 bis 9
10 bis 19
20 bis 49
50 bis 99
100 bis 199
200 bis 499
500 bis 999
1000 und mehr
Gemeinde
Politischer Bezirk
Bundesland

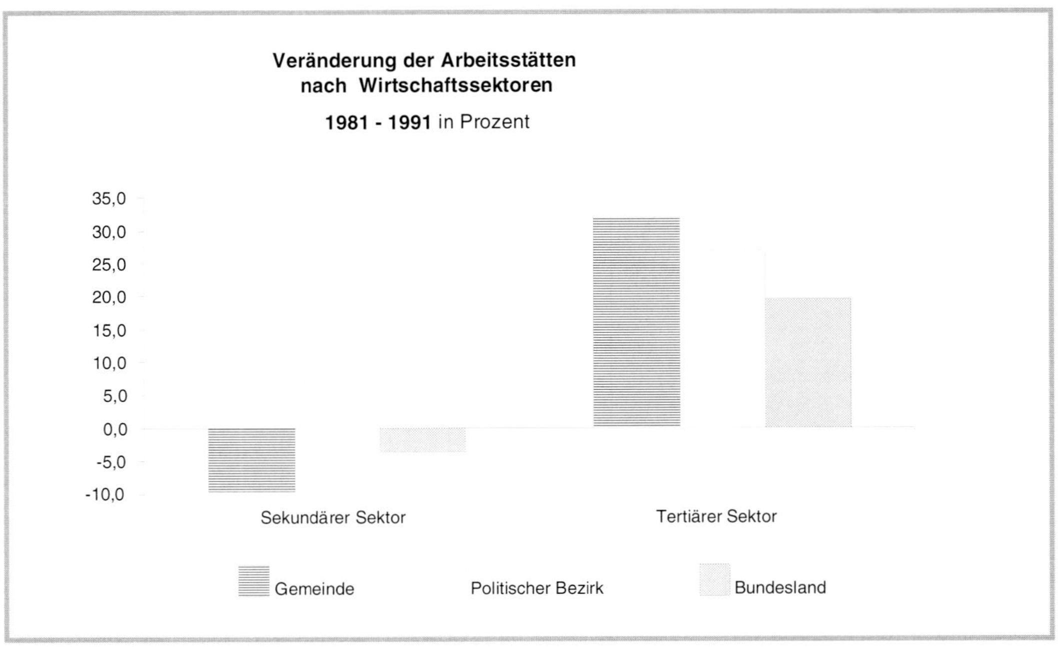
Veränderung der Arbeitsstätten
nach Wirtschaftssektoren
1981 - 1991 in Prozent
35,0
30,0
25,0
20,0
15,0
10,0
5,0
0,0
-5,0
-10,0
Sekundärer Sektor
Tertiärer Sektor
Gemeinde
Politischer Bezirk
Bundesland

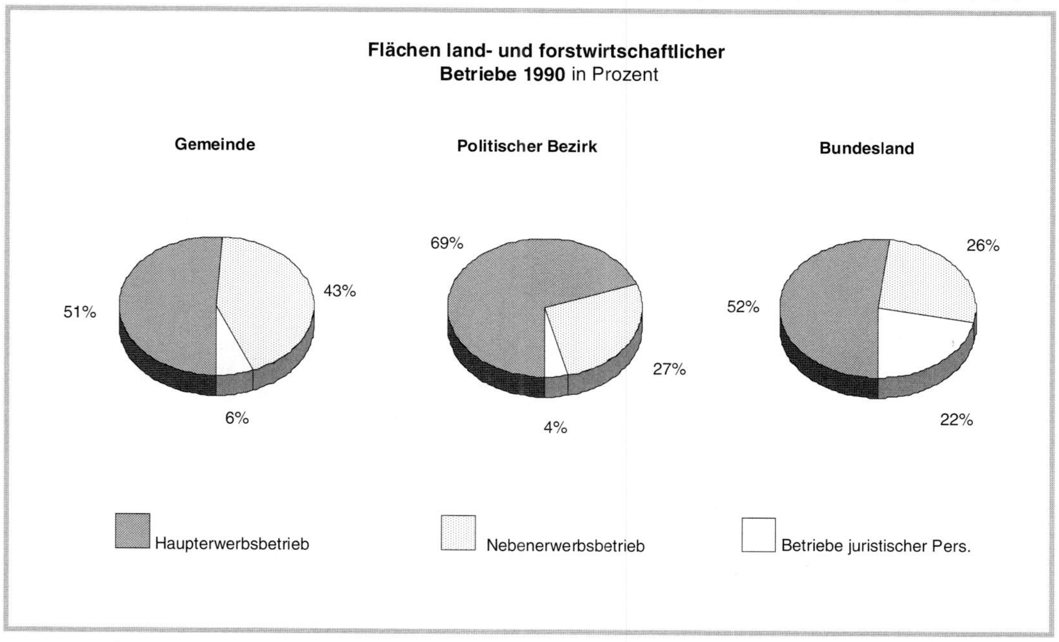

Flächen land- und forstwirtschaftlicher Betriebe 1990 in Prozent
Gemeinde
Politischer Bezirk
Bundesland
51%
43%
6%
69%
27%
4%
52%
26%
22%
Haupterwerbsbetrieb
Nebenerwerbsbetrieb
Betriebe juristischer Pers.

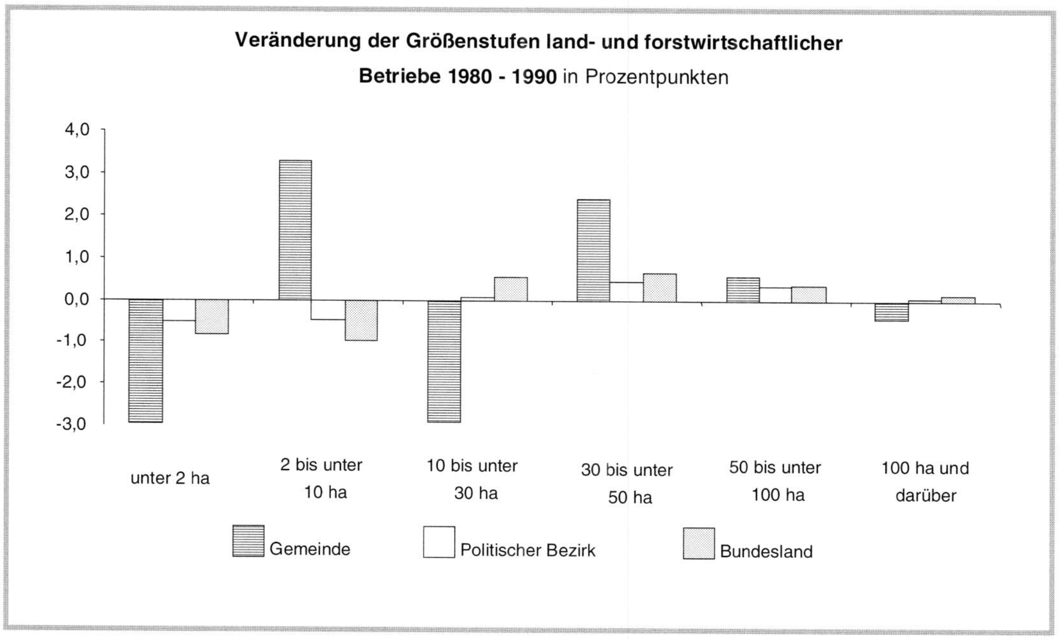

Veränderung der Größenstufen land- und forstwirtschaftlicher Betriebe 1980 - 1990 in Prozentpunkten
4,0
3,0
2,0
1,0
0,0
-1,0
-2,0
-3,0
unter 2 ha
2 bis unter 10 ha
10 bis unter 30 ha
30 bis unter 50 ha
50 bis unter 100 ha
100 ha und darüber
Gemeinde
Politischer Bezirk
Bundesland

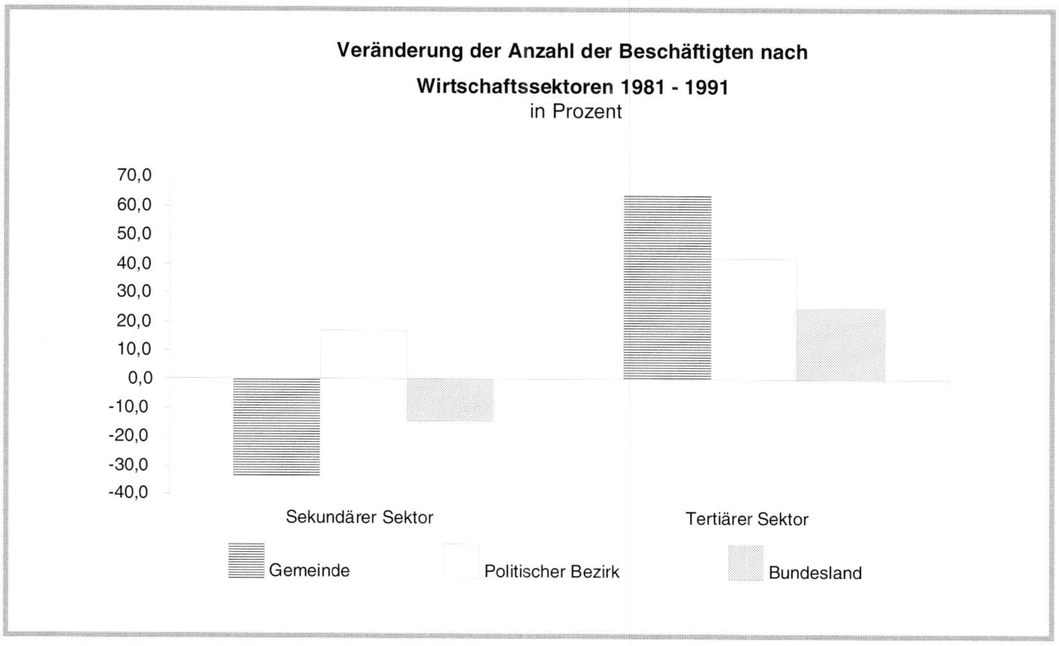

Veränderung der Anzahl der Beschäftigten nach Wirtschaftssektoren 1981 - 1991 in Prozent
70,0
60,0
50,0
40,0
30,0
20,0
10,0
0,0
-10,0
-20,0
-30,0
-40,0
Sekundärer Sektor
Tertiärer Sektor
Gemeinde
Politischer Bezirk
Bundesland

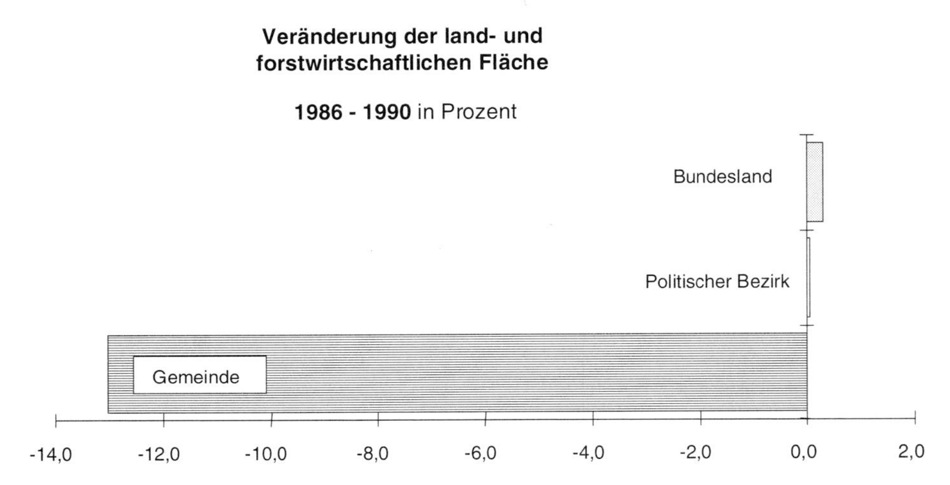
Veränderung der land- und forstwirtschaftlichen Fläche
1986 - 1990 in Prozent
Bundesland
Politischer Bezirk
Gemeinde
-14,0
-12,0
-10,0
-8,0
-6,0
-4,0
-2,0
0,0
2,0

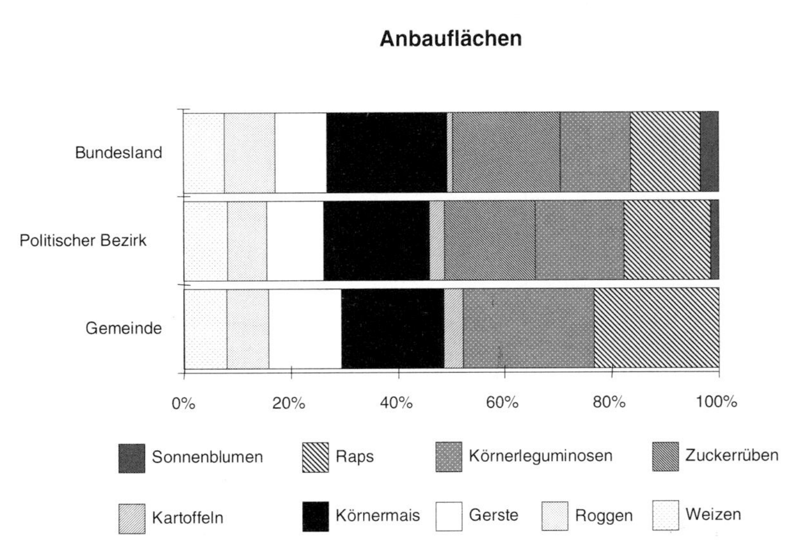
Anbauflächen
Bundesland
Politischer Bezirk
Gemeinde
0%
20%
40%
60%
80%
100%
Sonnenblumen
Raps
Körnerleguminosen
Zuckerrüben
Kartoffeln
Körnermais
Gerste
Roggen
Weizen

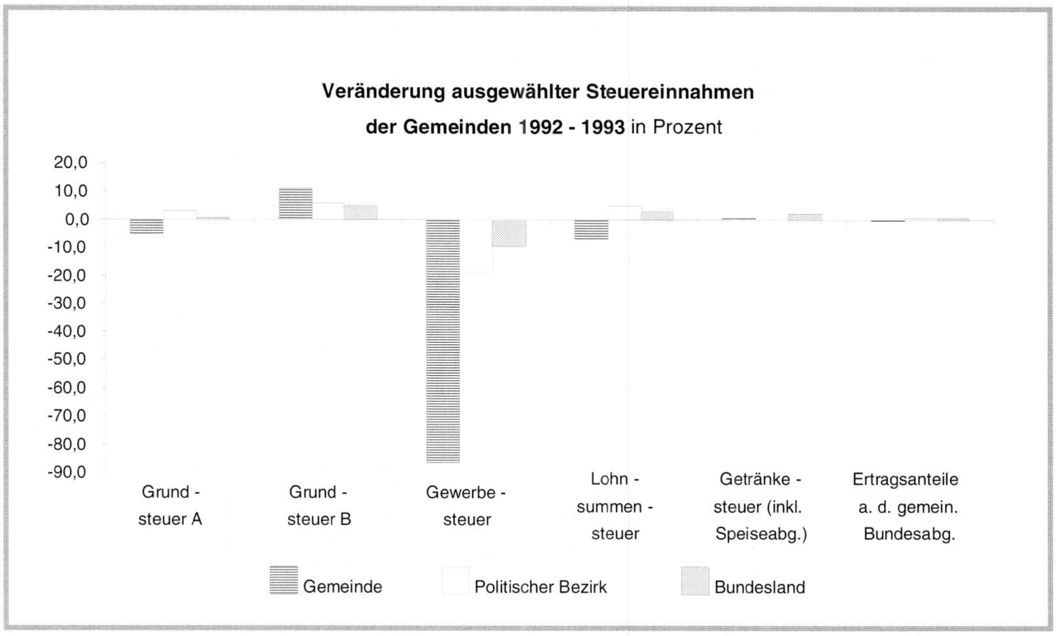
Veränderung ausgewählter Steuereinnahmen
der Gemeinden 1992 - 1993 in Prozent
20,0
10,0
0,0
-10,0
-20,0
-30,0
-40,0
-50,0
-60,0
-70,0
-80,0
-90,0
Grund - steuer A
Grund - steuer B
Gewerbe - steuer
Lohn - summen - steuer
Getränke - steuer (inkl. Speiseabg.)
Ertragsanteile a. d. gemein. Bundesabg.
Gemeinde
Politischer Bezirk
Bundesland

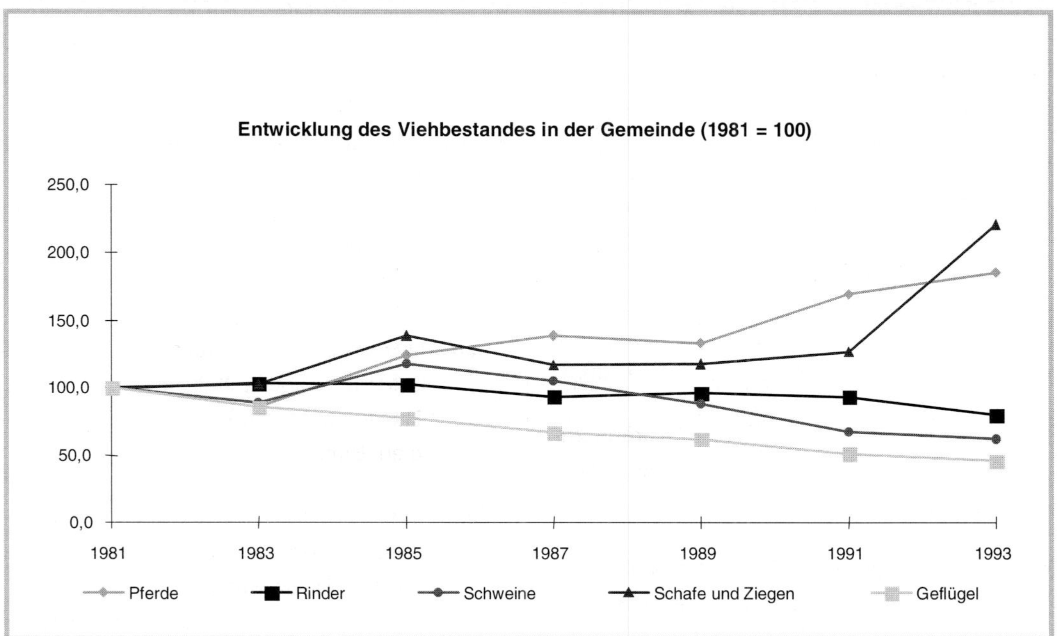
Entwicklung des Viehbestandes in der Gemeinde (1981 = 100)
250,0
200,0
150,0
100,0
50,0
0,0
1981
1983
1985
1987
1989
1991
1993
Pferde
Rinder
Schweine
Schafe und Ziegen
Geflügel

Verzeichnis der benutzten Quellen und Sekundärliteratur

ADS = Aquilin Julius Caesar. Annales Ducatus Styriae [...]. [3 Bde.] Graecii 1768ff. [Band 1: Graz (1768), Band 2: Graz 1773, Band 3: Graz 1777.]

AG = Archiv des Marktgemeindeamtes Gratkorn.

AGSt = Nachrichtenblatt der Archäologischen Gesellschaft Steiermark. Hrsgg. von Dr. Diether Kramer und Dr. Manfred Hainzmann. Graz 1988ff.

ALA = Archäologische Landesaufnahme und digitaler Fundkataster für Steiermark an der Abteilung für Vor- und Frühgeschichte des Landesmuseums Joanneum. Archäologische Fundplätze in der Gemeinde Gratkorn. [Ausdruck 1991].

Allmer, Franz. Der Stabile Kataster in der Steiermark. In: Mitteilungen des Steiermärkischen Landesarchivs 26, 1976. S. 87 - 116.

Amon, Karl. Aus der Geschichte von Rein. In: Stift Rein. 1129 - 1979. 850 Jahre Kultur und Glaube. Festschrift zum Jubiläum. [...]. Rein 1979. S. 28 - 47.

Amon, Karl. Die mittelalterlichen Pfarrgründungen. In: Die Grazer Stadtpfarren. Von der Eigenkirche zur Großstadtseelsorge. [...] Herausgegeben von Karl Amon. Graz, Wien, Köln (1980).

Antl - Weiser, Walpurga. Spätpaläolithikum und Mesolithikum. In: Ch. Neugebauer - Maresch, 1993. S. 81 - 90.

APG = Archiv des katholischen Pfarramtes St. Stefan/Gratkorn. (Einzelne Archivalien bei den Fußnoten gesondert ausgewiesen.)

AR = Stiftsarchiv Rein. (Einzelne Archivalien bei den Fußnoten gesondert ausgewiesen.)

ArchA = Archaeologia Austriaca. Beiträge zur Paläoanthropologie, Ur- und Frühgeschichte Österreichs. Wien.

Artner, Wolfgang. Sankt Martin im Sulmtal - Archäologisches einer Gemeinde. In: Helmut Huber. Heimat St. Martin. Mit Beiträgen von [...]. St. Martin im Sulmtal 1994. S. 15 - 23.

Artner, Wolfgang. Graz in provinzialrömischer Zeit (16/15 v. - 5. Jhdt. n. Chr.). In: AGSt 2, 1995. S. 43 - 47.

Artner, Wolfgang. Archäologische Übersicht. Urgeschichte, Römerzeit und Frühmittelalter im Bereich der Stadt Graz. In: Die Kunstdenkmäler der Stadt Graz. Die Profanbauten des I. Bezirkes. Altstadt [...]. Graz 1997. (= Österreichische Kunsttopographie, herausgegeben vom Bundesdenkmalamt. Abteilung Inventarisation und Denkmalforschung. Band LIII.)

Attems, Franz und Koren, Johannes. Schutzheilige Österreichs als Bewahrer und Helfer. Ihr Leben, ihre Patronate und Attribute. Innsbruck (1992).

Axentowicz, Helga. Die Lobminger. Genealogie und Besitzgeschichte eines steirischen Adelsgeschlechts im Mittelalter. Mit Beiträgen zur Geschichte der Ortsgemeinde Großlobming. Graz 1971. [Maschinschriftliche phil. Dissertation]

Bader, Karl Siegfried. Rechtsformen und Schichten der Liegenschaftsnutzung im mittelalterlichen Dorf. [...]. Wien, Köln, Graz 1973. (= K. S. Bader, Studien zur Rechtsgeschichte des mittelalterlichen Dorfes. Dritter Teil.)

Bader, Karl Siegfried. Dorfgenossenschaft und Dorfgemeinde. [...]. Wien, Köln, Graz 1974. (= K. S. Bader, Studien zur Rechtsgeschichte des mittelalterlichen Dorfes. Zweiter Teil.)

Baltl, Hermann. Rechtsarchäologie des Landes Steiermark. Graz, Köln 1957. (= Grazer Rechts- und Staatswissenschaftliche Studien. Band 1.)

Baltl, Hermann. Österreichische Rechtsgeschichte unter Einschluß sozial- und wirtschaftsgeschichtlicher Grundzüge. Von den Anfängen bis zur Gegenwart. Graz 1986.

Baravalle, Robert. Burgen und Schlösser in der Steiermark. [...]. Graz (1961). [Nachdruck: Graz 1995.]

Baravalle, Richard - Knapp, Werner. Steirische Burgen und Schlösser. 3 Bde. [1, 2/1, 2/2.] (Graz 1936 - 1942).

Bauer, Otto. Der Aufstand der österreichischen Arbeiter. Prag 1934.

BDA = Bundesdenkmalamt, Landeskonservatorat für Steiermark. (Einzelne Archivalien bei den Fußnoten gesondert ausgewiesen.)

Beer, Siegfried - Karner, Stefan. Der Krieg aus der Luft. Kärnten und Steiermark 1941 - 1945. Unter Mitarbeit von Thomas Krautzer und August Tropper. Graz (1992).

BGI = Bericht der k. k. Gewerbe - Inspectoren über ihre Amtsthätigkeit im Jahre 1887. Vorlage- und allgemeiner Bericht. Bericht über den IV. Aufsichtsbezirk. (Wien 1889).

BlHk = Blätter für Heimatkunde. Herausgegeben vom Historischen Verein für Steiermark. Graz.

Brandtner, Pater Clemens Johann. Die Pfarren des Stiftes Rein. In: Stift Rein. 1129 - 1979. 850 Jahre Kultur und Glaube. Festschrift zum Jubiläum. (...). Rein 1979. S. 166 - 182.

Brandtner, Pater Clemens Johann. Geschichte der Pfarre Gratkorn. Gratkorn 1980. [Maschinschr. Manuskript]

Brandtner, Pater Clemens Johann. Die Pfarr - Regulierung unter Kaiser Josef II. in den Pfarren des Stiftes Rein (1782 - 1788). Gratwein 1987.

Brandtner, Pater Clemens Johann. Die Dechanten des Dekanates Rein: Die Pfarrer der Pfarren des Stiftes Rein. Gratwein 1987a.

Brandtner, Pater Clemens Johann. Religiöse Darstellung und christliches Brauchtum in den Pfarren des Stiftes Rein. 1. Teil. Gratwein 1991.

Brauner, Franz Anton. Was die Heimat erzählt. Heft 1. Graz und die nächste Umgebung. Graz. Wien (1966). (= SteirischeHeimathefte, Heft 1.) / Heft 2. Die weitere Umgebung von Graz. Graz 1932. (= Steirische Heimathefte, Heft 2.)/ Heft 10. Das untere Murtal von Wildon bis Radkersburg und die südöstliche Steiermark. Graz (1953). (= Steirische Heimathefte, Heft 10.)

Bruckmüller, Elisabeth. Die Adels- und Bürgerwappen im Raume Graz bis Bruck im Mittelalter. Graz 1975. [Maschinschriftliche phil. Dissertation]

Brunner, Walter. Bomben auf die Steiermark. Ein Beitrag zur Dokumentation des Luftkrieges 1941 - 1945, nach der Sammlung Weissmann. Graz 1988. (= Sonderdruck aus: Mitteilungen des Steiermärkischen Landesarchivs, Folge 38.)

Brunner, Walter. Bomben auf Graz. Die Dokumentation Weissmann. (Graz 1989). (= Veröffentlichungen des Steiermärkischen Landesarchives. Band 18.)

Brunner, Walter. Thal. Der Lebensraum und seine Bewohner. (Graz) 1994.

Budinsky, Gustav. Anticaglien in Judendorf bei Grätz. In: Mittheilungen der k. k. Central-Commission zur Erforschung und Erhaltung der Baudenkmale. Wien 1856 - 1874. Bd. 1 - 20. [Fortsetzung unter dem Titel: Mittheilungen der k. k. Central-Commission zur Erforschung und Erhaltung der Kunst- und historischen Denkmale. Neue Folge 1875 - 1902. Bd. 1 - 28. Bd.] NF 5, 1879. S. CXXXV - CXXXVI.

Burböck, Odo. Die Münzstätte Graz und ihre Gepräge in den Münzfunden der Steiermark. In: 850 Jahre Graz. 1128 - 1978. Festschrift im Auftrag der Stadt Graz herausgegeben von Wilhelm Steinböck. Graz, Wien, Köln (1978). S. 167 - 182.

Burkert, Günther R. Die Lage der Landwirtschaft zur Zeit Peter Roseggers. In: Gerald Schöpfer (Hg.). Peter Rosegger. 1843 - 1918. Graz 1993.

Caesar, Aquilin Julius. Beschreibung des Herzogthums Steiermark. Von Aquilin Julius Caesar, regulirtem Chorherrn aus dem Stifte Vorau. Zweyter Theil. Grätz 1802.

Cede, Peter. Die wirtschaftlichen, sozialen und siedlungsgeographischen Wandlungserscheinungen in der Marktgemeinde Gratkorn seit der Aufnahme des Franziszeischen Katasters. Gratkorn 1984. [Maschinschriftliche phil. Dissertation.]

CGG = Chronik des Gendarmeriepostens Gratkorn. 1919ff. [Kopie in: AG]

Clobucciarich, Johannes = Die Landesaufnahme Innerösterreichs von Johannes Clobucciarich 1601 - 1605. Von Fritz Popelka. Graz 1924.

Conversio = Conversio Bagoariorum et Carantanorum. Das Weißbuch der Salzburger Kirche über die erfolgreiche Mission in Karantanien und Pannonien. Herausgegeben von Herwig Wolfram. Wien, Köln, Graz 1979.

DA = Diözesanarchiv Graz. (Einzelne Archivalien bei den Fußnoten gesondert ausgewiesen.)

Dehio 1982 = Die Kunstdenkmäler Österreichs. Steiermark (ohne Graz). Bearbeitet von Kurt Woisetschläger und Peter Krenn. [...] Wien (1982). (=DEHIO-Handbuch. Die Kunstdenkmäler Österreichs. [...] hrsg. vom Bundesdenkmalamt [...]).

Dennewitz, Bodo. Verwaltung der Ostmark. Aufbau, Organisation und Aufgaben unter Berücksichtigung des Ostmarkgesetzes. Wien (1940).

Denscher, Bernhard. Gold gab ich für Eisen. Österreichische Kriegsplakate 1914 - 1918. (Wien, München 1987).

Deutsch, Julius. Geschichte der österreichischen Arbeiterbewegung. Eine Skizze von Julius Deutsch. Wien 1947^{3}.

Dienes, Gerhard M. - Kubinzky, Karl A. Gösting und seine Geschichte mit weiteren Beiträgen von Friedrich Bouvier, Gernot Fournier, Ottfried Hafner, Hubert Moser, Günther Terpotitz. Broschüre zur gleichnamigen Bezirksausstellung [im] Herbst 1989. (Graz 1990^{2}).

Dopsch, Heinz. Die Zeit der Karolinger und Ottonen. In: Geschichte Salzburgs. Stadt und Land. Band 1: Vorgeschichte, Altertum, Mittelalter. 1. Teil. Herausgegeben von Heinz Dopsch. Salzburg 1981. S. 157ff.

Dopsch, Heinz. St. Peter als Zentrum der Slawenmission. In: St. Peter in Salzburg. Katalog zur 3. Landesausstellung 15. Mai bis 26. Oktober 1982. (Salzburg 1982). S. 60 - 67.

Ebner, Fritz. Die Höhlen der Steiermark. In: Höhlenforschung in der Steiermark. Graz 1972. S. 31 - 50. (= Schild, Kleine Schriften 12/ 1972)

Eckert, Heinrich Ambros - Monten, Heinrich Maria Dietrich. Das deutsche Bundesheer in charakteristischen Gruppen entworfen und nach der Natur gezeichnet [...]. Lieferung 8, Kaisertum Österreich. Würzburg 1838 - 1843.

Ebner, Herwig. Burgen und Schlösser in der Steiermark. Graz, Leibnitz, West-Steiermark. Wien (1981).

Ender. Die neue österreichische Verfassung, mit dem Text des Konkordats. Wien 1934.

Entwicklungsprogramm 1987 = Erläuterungsbericht zum Regionalen Entwicklungsprogramm der Regionen Graz, Graz Umgebung. [...] [Hrsgg. vom] Amt der Steiermärkischen Landesregierung, Fachabteilungsgruppe Landesbaudirektion, Fachabteilung Ib, Landes-, Regional- und Ortsplanung. [...] Graz 1987.

Exkursionsführer, 1961 = Exkursionsführer anläßlich der Jahrestagung des West- und Süddeutschen Verbandes für Altertumsforschung in Verbindung mit der österreichischen Arbeitsgemeinschaft für Ur- und Frühgeschichte in Graz vom 24. bis 28. Mai 1961. Graz 1961. (= Schild, Kleine Schriften 2/1961) [Zusammengestellt mit Beiträgen von Dr. Maria Mottl, Dr. Inge Woisetschläger und Univ.-Prof. Dr. Rudolf Egger von Dr. Walter Modrijan.]

Farka, Christa. Bodendenkmalpflege und ihre gesetzlichen Grundlagen in Österreich. In: Katalog zur Ausstellung „Spuren der Vergangenheit - Archäologische Funde aus der Weststeiermark" im Stölzle-Glas-Center Bärnbach. Mai bis September 1992. Herausgegeben von B. Hebert und E. Lasnik. [s. l.] 1992. S. 7 - 9.

Fasching, Gerhard - Wawrik, Franz. Landesaufnahme und Militärkarten. In: Austria picta. Österreich auf alten Karten und Ansichten. Ausstellung der Kartensammlung der Österreichischen Nationalbibliothek. Prunksaal. 11. Mai bis 8. Oktober 1989. Handbuch und Katalog. Herausgegeben von Franz Wawrik und Elisabeth Zeilinger. Graz 1989. S. 115 - 129.

FK = Franzisceischer Kataster, Riedkarten und Protokolle. Katastralgemeinde Forstviertel (Nr. 68, 381), Katastralgemeinde Freßnitzviertel (Nr. 69, 357), Katastralgemeinde Friesach-St. Stefan (Nr. 70, 375), Katastralgemeinde Kirchenviertel (Nr. 163, 890), Katastralgemeinde Schattleiten (Nr. 2015, 449).

FÖ = Fundberichte aus Österreich. Herausgegeben von der Zentralstelle für Denkmalschutz im österreichischen Unterrichtsministerium [ab Band 3 herausgegeben vom Bundesdenkmalamt]. Wien 1930ff.

Fossel, Victor. Volksmedicin und medicinischer Aberglaube in Steiermark. Ein Beitrag zur Landeskunde von Dr. Victor Fossel. Graz 1886. [Neudruck: Graz 1983.]

Fräss-Ehrfeld, Claudia. Geschichte Kärntens. Band 1: Das Mittelalter. Klagenfurt (1984).

Fuchs, Gerald. Archäologische Landesaufnahme zum Schutz des Kulturgutes. Probleme von heute und Lösungen für morgen. Ein Arbeitsbericht und Diskussionsbeitrag. In: Mitteilungsblatt der Korrespondenten der Historischen Landeskommission für Steiermark.Graz 3/1990. S. 52 - 61.

Fyrtag, Johann Christian Andreas. Die treue Steyermarckt – daß ist historische Verfassung aller in Steyermarckt vorgefallenen Merkhtwürdigkeiten, nebst einer gründlichen Beschreibung des Ursprung-fortgangs und Beschaffenheit des Herzogthum Steyerm: [...]. (Graz 1753). [LA, HS 46, 448 u. 464]

Gasparitz, Ambros. Das Kloster Reun in seinen Verwaltungsorganen zwischen 1350 und 1450. In: MHVSt XXXIV, 1886. S. 103 - 144.

Gasparitz, Ambros. Reun im 14. Jahrhundert. In: MHVSt XLIII, 1895. S. 3 - 91.

GBAR = Grundbücher "der alten Reihe". Steiermärkisches Landesarchiv.

GBI = Gratkorner Bürgermeister - Info. Gratkorn 1988ff.

Gedenkbuch = Gedenkbuch des Adolf Blümel Militär-Veteranen Vereins in St. Stefan am Gratkorn. (Handschriftliche Chronik) 1900ff.

Gerhold, Ernst - Christian. Die Geschichte der Evangelischen Kirche in der Steiermark. In: Evangelische Kunst und Kultur in der Steiermark. Herausgegeben von Ernst - Christian Gerhold, Johann - Georg Haditsch [...]. (Graz 1996).

Gerichtsbeschreibungen = Steirische Gerichtsbeschreibungen. Als Quellen zum Historischen Atlas der österreichischen Alpenländer. (I. Abteilung. Landgerichtskarte: Steiermark.) Mit Unterstützung des k. k. Ministeriums für Kultus und Unterricht, der kaiserlichen Akademie der Wissenschaften und des Historischen Vereins für Steiermark herausgegeben von Anton Mell und Hans Pirchegger. Graz 1914. (= Quellen zur Verfassungs- und Verwaltungsgeschichte der Steiermark. Herausgegeben von der Historischen Landeskommission für Steiermark. I. Band.)

Geringer, Hilde. Die Pfarrschulen und die Entwicklung der Volksbildung im heutigen Bezirk Graz-Umgebung. Graz 1970. [Maschinschriftliche phil. Dissertation]

Gerstenberger, Marianne. Die Wallfahrtskirche Maria Straßengel. (Graz 1985). (= Begegnung mit Straßengel. Mitteilungen des Vereines der Freunde von Maria Straßengel. Nr. 8/Juni 1985.)

GO = Gemeinde - Ordnung und Gemeinde - Wahlordnung mit Abänderung des § 6 der Gemeinde - Ordnung laut Gesetz vom 24. September 1868. Graz 1869.

Graff, Theodor - Karner, Stefan. Leykam. 400 Jahre Druck und Papier. Zwei steirische Unternehmen in ihrer historischen Entwicklung. (Graz) 1985.

Grill, Leopold. Die Grangien der steirischen Zisterze Rein. In: Veröffentlichungen des Verbandes Österreichischer Geschichts-vereine 18. Wien (1970). S. 166 - 182.

Gruber, Georg - Schenkhirsch, Josef jun. 75 Jahre FC Gratkorn. Gratkorn 1996.

GU 1486 = Gratweiner Urbar von 1486. AR.

Gutachten 1974 = "Gutachten über den Abwassersanierungsplan Werk Gratkorn 1973" der Leykam-Mürztaler Papier- und Zellstoff AG. Unveröffentlichte Arbeit aus dem Institut für Wasserversorgung, Abwasserbeseitigung und Gewässerschutz der TU Wien. Wien 1974.

Hainzmann, Manfred. Geschichte der Austria Romana. In: Ingomar Weiler (Hg.). Grundzüge der politischen Geschichte des Altertums. [...]. Wien, Köln (1990). S. 169 - 187.

Hauptbuch = Hauptbuch der Freiwilligen Rettungsabteilung Gratkorn. O.J.

Hebert, Bernhard. Archäologen.... In: Steirische Berichte 1/1992. S. 4.

Hebert, Bernhard. Was tun, wenn ein Fund gesichtet wird? In: Katalog zur Ausstellung „Spuren der Vergangenheit - Archäologische Funde aus der Weststeiermark" im Stölzle-Glas-Center Bärnbach. Mai bis September 1992. Herausgegeben von B. Hebert und E. Lasnik. [s. l.] 1992a. S.12-14

Hebert, Bernhard. Bodendenkmalpflege in Steiermark. Tätigkeitsbericht 1994. In: AGSt 1, 1995. S. 49 - 56.

Hebert, Bernhard. Bodendenkmalpflege in Steiermark. Tätigkeitsbericht 1995. In: AGSt 1, 1996. S. 23 - 30.

Hebert, Bernhard. Bodendenkmalpflege in Steiermark. Tätigkeitsbericht 1996. In: AGSt 1, 1997. S. 1 - 6.

Heinisch, Severin. SPÖ und Österreichische Nation. Zum Geschichtsbild der Sozialdemokratie. In: Die ersten 100 Jahre. Österreichische Sozialdemokratie 1888 – 1988. Herausgegeben von Helene Maimann. Vorwort von Heinz Fischer. [...]. Wien, München (1988). S. 100 – 101.

Heinrich, W. Das Jungpaläolithikum in Niederösterreich. Salzburg 1973. [Maschinschriftliche phil. Dissertation]

HhStÖ = Handbuch der historischen Stätten - Österreich. Zweiter Band. Alpenländer mit Südtirol. [...]. Herausgegeben von DDr. Franz Huter [...]. Zweite, überarbeitete Auflage. Stuttgart (1978).

Hilber, V. Urgeschichte Steiermarks. Graz 1922. (= Band 58 der Mitteilungen des Naturwissenschaftlichen Vereines für Steiermark. B. Wissenschaftliche Abhandlung.)

Hlubek, Franz Xafer. Ein treues Bild des Herzogthumes Steiermark als Denkmal dankbarer Erinnerung an Weiland S[eine] kaiserliche Hoheit den durchlauchtigsten Erzherzog Johann herausgegeben von der k. k. steiermärkischen Landwirthschafts-Gesellschaft durch ihren Sekretaer Dr. F. X. Hlubek [...]. Gratz 1860.

Höfer, Rudolf Karl. Die landesfürstliche Visitation der Pfarren und Klöster in der Steiermark in den Jahren 1544/1545. Edition der Texte und Darstellung zu Nachrichten über das kirchliche Leben. Mit einem Geleitwort von

Karl Amon. Graz 1992. (= Quellen zur Geschichtlichen Landeskunde der Steiermark. XIV. Band.)

Hofmann, R. Leykam - Josefsthal AG für Papier- und Zellstoffindustrie Wien. Die Geschichte eines Unternehmens. Wien [o. J.].

Hudeczek, Erich. Flavia Solva. Sonderdruck aus: Leibnitz - 75 Jahre Stadt. Festschrift zum Jubiläum der Stadterhebung am 27. April 1913. Herausgegeben im Auftrage des Kulturreferates von Gert Christian. Leibnitz 1988. S. 21 - 55.

Hudeczek, Erich. Flavia Solva. Unsere erste Hauptstadt. In: Steirische Berichte 1/1992. S. 18 - 19.

Hudeczek, Erich. Archäologische Landesaufnahme und digitaler Fundkataster für Steiermark. In: 100 Jahre Historische Landeskommission für Steiermark. 1892 - 1992. Bausteine zur Historiographie der Steiermark. Herausgeber Othmar Pickl, Redaktion Robert F. Hausmann. Graz 1992a. S. 71 - 80. (= Forschungen zur geschichtlichen Landeskunde der Steiermark. Herausgegeben von der Historischen Landeskommission für Steiermark. Bd. XXXVI)

Hüttenbach, Fritz Freiherr Lochner von. Die Herkunft der steirischen Siedlungs- und Flurnamen. In: Atlas zur Geschichte des steirischen Bauerntums. Herausgegeben von Fritz Posch, bearbeitet von Manfred Straka und Gerhard Pferschy. Graz 1976. Karte 8. (= Veröffentlichungen des Steiermärkischen Landesarchives 8.)

Hüttenbach, Friedrich Lochner von. Zum Namen Krakau und Verwandten. In: Lazar - Lieb, Landschaftsführer Krakau. 1996.

Hütter, Erich. Gemeindechronik Gratkorn. [Handschrift im Archiv des Marktgemeindeamtes Gratkorn, die Zeit von 1934 bis 1988 umfassend, tw. fragmentarisch.] Gratkorn 1960ff.

Janisch, Josef Andreas. Topographisch-statistisches Lexikon von Steiermark mit historischen Notizen und Anmerkungen herausgegeben von Josef Andr.[eas] Janisch. [3 Bände] Graz 1878 - 1885. [Nachdruck: Graz 1978 - 1980.]

J. J. = Jahresberichte des Steiermärkischen Landesmuseums Joanneum. Graz 1811ff.

Joherl, Ignaz Heinrich. Feldkirchen - Kalsdorf. Pfarr- und Kommunalgeschichte mit Darstellung der allgemeinen Entwicklung des Verwaltungs-, Gerichts-, Steuer-, Schul-. Sanitäts-, Verkehrs- und Gewerbewesens in Steiermark mit einem Anhang über das Geldwesen in Steiermark. Verfaßt von Ignaz Heinr[ich] Joherl, Ausschußmitglied des Historische Vereins für Steiermark, Pfarrer in Feldkirchen bei Graz. Graz 1905.

Juri, Astrid. Die Novemberwahlen 1945 in der Steiermark. In: Die "britische" Steiermark 1945 - 1955. Herausgegeben von Siegfried Beer unter wissenschaftlicher Mitarbeit von Felix Schneider und Johannes Feichtinger. Graz 1995. S. 35 - 55. (= Forschungen zur geschichtlichen Landeskunde der Steiermark. Herausgegeben von der Historischen Landeskommission für Steiermark. XXXVIII. Band.)

Kalchberg, J. Ritter von. Erasmus Lueger. In: Kalchberg, J. Ritter von. Gesammelte Werke. Wien 1816. Bd. 9, S. 154.

Kalchberg, Wilhelm Freiherr von. Der Grazer Schloßberg und seine Umgebung. Von Wilhelm Freiherr von Kalchberg [...]. Graz 1856.

Karner, Stefan. Die Steiermark im Driten Reich 1938 - 1945. Aspekte ihrer politischen, wirtschaftlich - sozialen und kulturellen Entwicklung. (Graz 1986). (3. Auflage Graz 1994).

Karner, Stefan – Schöpfer, Gerald – Teibenbacher, Peter. Zum Thema Ortsgeschichte. In: Ernst Hofer, Ein Ort erinnert sich ... Schäffern 1938 – 1955. Graz 1996. S. 11 – 15.

Karte Graz-Umgebung 1872. 12 Blätter im Maßstab 1:4440. Graz 1872.

Katzmann, Werner. Ungeklärte Verhältnisse. In: UWR, 1986. S. 88 - 109.

Katzmann, Werner. Dicke Luft. In: UWR, 1986. S. 11 - 45.

Kimmig, Wolfgang. Menschen, Götter und Dämonen. Zeugnisse keltischer Religionsausübung. In: Dannheimer, Hermann – Gebhard, Rupert [Hrsg.]. Das keltische Jahrtausend. Mainz (1993). S. 170 – 176. (= Ausstellungskataloge der Prähistorischen Staatssammlung. Herausgegeben von Hermann Dannheimer. Band 23.)

Kindermann, Joseph Carl. Repertorium der Steyermaerkischen Geschichte, Geographie, Topographie, Statistik und Naturhistorie. Graetz 1798.

Klebel, Ernst. Siedlungsgeschichte des deutschen Südostens. München 1940. (= Veröffentlichungen des Südostinstituts München, 14.)

Klima, Bohuslav. Die materielle Kultur des europäischen Jungpaläolithikums. In: Handbuch der Urgeschichte. Herausgegeben von Karl J. Narr. Erster Band. Ältere und Mittlere Steinzeit. Jäger- und Sammlerkulturen. [...]. Bern, München (1966). S. 241 - 268.

Kloiber, Ämilian. Hallstattzeitliche Skelettreste aus der Emmalucke im Hausberg von Gratkorn, Steiermark. In: Schild 8/1958. S. 3 - 6.

Kniely, Konrad. Die Ortsnamen des Gerichtsbezirkes Umgebung - Graz. Graz 1928.

Koester, Jutta. Das Zisterzienser Stift Rein (Steiermark) in seinen kultur- und wirtschaftsgeographischen Beziehungen. Graz 1970. [Phil. Diss. masch.]

Krainz, Johann. siehe Sann, Hans von der.

Kramer, Diether. Vom Neolithikum bis zur römischen Kaiserzeit. Untersuchungen zur ältesten Besiedlungsgeschichte der Steiermark, mit besonderer Berücksichtigung der mittelsteirischen Höhensiedlungen. 3 Bde. Salzburg 1981. [phil. Diss. masch.]

Kramer, Diether. Die Entstehung des Grenzraumes. In: Die Steiermark. Brücke und Bollwerk. Katalog der Landesausstellung. Graz 1986. S. 19 - 35.

Kramer, Diether. Urgeschichte. In: Landeschronik Steiermark. Herausgegeben von Walter Zitzenbacher. [...]. Wien, München (1988). S. 49 - 55.

Kramer, Diether. Frühe Bauernkulturen in der Steiermark. In: Feldbacher Beiträgezur Heimatkunde der Südoststeiermark. 2-3/ 1988a. S. 7 - 70.

Kramer, Diether. Bayern und Slawen in der Steiermark I. In: Da schau her 9/3, 1988b. S. 2ff.

Kramer, Diether. Bayern und Slawen in der Steiermark II. In: Da schau her 10/2, 1989. S. 3ff.

Kramer, Diether. [Vorbericht fma. Gräber in Peggau Hinterberg] In: JJ 1990. S. 151f.

Kramer, Diether. Archäologie ohne Planung: Bagger und Preßlufthammer schaffen Klarheit. In: Archäologie ohne Planung. Herausgegeben von Reinhard Breit und Hasso Hohmann. [...]. Graz 1991. S. 21 - 31. (= Schriftenreihe des Internationalen Städteforums Graz, Band 3.)

Kramer, Diether. Zur Urgeschichte der Steiermark und ihrer Funde von europäischer Bedeutung. In: 800 Jahre Steiermark und Österreich. 1192 - 1992. Der Beitrag der Steiermark zu Österreichs Größe. Hrsg. von Othmar Pickl. Graz 1992. S. 11 - 28. (=Forschungen zur geschichtlichen Landeskunde der Steiermark. Herausgegeben von der Historischen Landeskommission für Steiermark. Bd. XXXV)

Kramer, Diether. Ein Streifzug durch die Urgeschichte. In: Steirische Berichte 1/1992a. S. 6 - 9.

Kramer, Diether. Ein Streifzug durch die Ur- und Frühgeschichte der Steiermark. In: D. Kramer - I. Mirsch - B. Rupp, Daheim in. Die Besiedlung der Steiermark. Dokumentation der Gemeinden im Bezirk. [...]. (Graz 1992b).

Kramer, Diether. Bemerkungen zur Mittelalterarchäologie in der Steiermark. 1. Teil: Burgenarchäologie und Hengistburgfrage. In: ZHVSt 83, 1992c. S. 41 - 82.

Kramer, Diether. Bemerkungen zur Mittelalterarchäologie in der Steiermark. 2. Teil: Gräberfelder, Slawen und Bayern. In: ZHVSt 85, 1994. S. 25 - 72.

Kramer, Diether. Probleme der Frühgeschichte des Landes Steiermark. In: Archäologie Österreichs 7, 1996. S. 58 - 66.

Kramer, Margret. Laténefunde aus der Steiermark. Marburg a. d. L. 1994. (= Kleine Schriften aus dem Vorgeschichtlichen Seminar Marburg. Heft 43.)

Kraßler, Josef. Steirischer Wappenschlüssel. Graz 1968. (= Veröffentlichungen des Steiermärkischen Landesarchives. [...] Band 6.)

Kratochwill, J. Sigismund's Grafen v[on] Auersperg Tagebuch zur Geschichte der französischen Invasion v[om] J[ahre] 1797. In: MHVSt XXVIII, 1880. S. 106 - 209.

Krones, Franz von. Zur Geschichte der ältesten, insbesondere deutschen Ansiedlung des steiermärkischen Oberlandes mit nebenläufiger Rücksicht auf ganz Steiermark. Historische Skizze. In: MHVSt XXVI, 1878. S. 3 - 78.]

Krones, Franz von. Verfassung und Verwaltung der Mark und des Herzogthums Steier von ihren Anfängen bis zur Herrschaft der Habsburger. Graz 1897. (= Forschungen zur Verfassungs- und Verwaltungsgeschichte der Steiermark. Herausgegeben von der Historischen Landes-Commission für Steiermark. I. Band.)

Kronsteiner, Otto. Die alpenslawischen Personennamen. Wien 1975. (= Österreichische Namenforschung. Sonderreihe 2.)

Kusch, Heinrich. Die kulturgeschichtliche Bedeutung der Höhlenfundplätze entlang des mittleren Murtales (Steiermark). Graz 1994. [Maschinschriftliche phil. Dissertation]

Kusch, Heinrich. Zur kulturgeschichtlichen Bedeutung der Höhlenfundplätze entlang des mittleren Murtales (Steiermark). (Frankfurt am Main 1996). (= Grazer Altertumskundliche Studien. Herausgegeben von Heribert Aigner. Band 2.)

Kuwasseg, Josef. Sammlung von Ansichten längs der k. k. Staats-Eisenbahn durch Steyermark von Gratz bis Gloggnitz, nach der Natur gezeichnet und lithographiert. Gratz 1844. [Reprint Graz 1991]

Kyselak, Joseph. Skizzen einer Flussreise durch Öaterreich, Steiermark, Kärnthen, Berchtesgaden, Tirol und Baiern nach Wien im Jahre 1825. Wien 1829.

LA = Steiermärkisches Landesarchiv, Graz

Lang, Alois. Die Salzburger Lehen in Steiermark bis 1520. I. Teil Graz 1937, II. Teil Graz 1939, III. Teil Graz 1947. (= Veröffentlichungen der Historischen Landeskommission für Steiermark XXX, XXXI, XXXII.)

Lannoy = N. N. Genealogie und Geschichte des dem flandrischen Uradel angehörigen freiherrlichen Geschlechtes der Lannoy. Marburg 1888.

Lassnig, Margarete. Die Marktgemeinde Gratwein. Eine stadtgeographische Untersuchung. [Graz o. J., etwa 1987]. [Maschinschriftliche naturwissensch. Diplomarbeit.]

Lazar, Reinhold. Endbericht zu den kleinklimatischen Untersuchungen im Gratkorner Becken. Im Auftrag des Landeshygienikers Univ. Prof. Dr. R. Möse. [Graz 1979].

Legenda aurea = Die Legenda aurea des Jacobus de Voragine. Aus dem Lateinischen übersetzt von Richard Benz. Heidelberg (1984).

Lehr, Pater Alanus. Collectaneum seu Diplomatarium Runense. [2 Bde., um 1850. AR.]

Leitner, Wilhelm. Die Flurformen der Steiermark. In: Atlas zur Geschichte des steirischen Bauerntums. Herausgegeben von Fritz Posch, bearbeitet von Manfred Straka und Gerhard Pferschy. Graz 1976. Karte 10. (= Veröffentlichungen des Steiermärkischen Landesarchives 8.)

Lexer, Matthias. Mittelhochdeutsches Taschenwörterbuch. 37. Auflage. Leipzig 1986.

Leykam 1925 = Denkschrift aus Anlaß des Ausbaues der neuen Kraftanlagen im Werk Gratwein der Leykam - Josefsthal Aktiengesellschaft für Papier- und Druckindustrie Wien. (Wien) 1925.

Leykam 1956 = Leykam-Josefsthal-Aktiengesellschaft für Papier- und Zellstoff-Industrie. In: Die Steiermark. Land, Leute, Leistung. Graz 1956. S. 683.

Leykam 1971 = Leykam-Josefsthal AG für Papier- und Zellstoff-Industrie, Gratkorn, 1870 - 1970. In: Die Steiermark. Land, Leute, Leistung. Graz 1971. S. 1169.

Leykam 1972 = Papiertieger, Die. In: Trend. Das österreichische Wirtschaftsmagazin. Jg. 3, Nr. 1, 1972. S. 42 - 48 u. 58 - 64.

Leykam 1974 = Mitarbeiter-Aktien: 31 Prozent Rabatt. In: Trend. Das österreichische Wirtschaftsmagazin. Jg. 5, Nr. 12, 1974. S. 30 - 32.

LGU = Die landesfürstlichen Gesamturbare der Steiermark aus dem Mittelalter. Im Auftrage der Kaiserlichen Akademie der Wissenschaften in Wien unter Mitwirkung von Dr. Alfons Mell herausgegeben von Alfons Dopsch. Wien und Leipzig 1910. (= Österreichische Urbare. Band I/2.)

Liebmann, Maximilian. Rein zur Zeit des Nationalsozialismus und nach dem Zweiten Weltkrieg. In: Stift Rein. 1129 - 1979. 850 Jahre Kultur und Glaube. Festschrift zum Jubiläum. (...). Rein 1979. S. 252 - 292.

Liebmann, Maximilian. Theodor Innitzer und der Anschluß. Österreichs Kirche 1938. (Graz, Wien, Köln 1988).

Lippert, Andreas. (Hrsg.) Reclams Archäologieführer Österreich und Südtirol. Denkmäler und Museen der Urgeschichte, der Römerzeit und des frühen Mittelalters. Herausgegeben von Andreas Lippert. [...]. Stuttgart (1985).

List, Rudolf. Steirischer Kirchenführer. Band 1: Graz und Graz-Umgebung. Graz, Wien, Köln (1976).

Mader, Brigitta. Die alpenslawischen Toponyme der Steiermark. Wien 1983. [Maschinschriftliche phil. Dissertation]

Mader, Brigitta. Die Alpenslawen in der Steiermark. Eine toponomastisch-archäologische Untersuchung. Wien 1986. (= Österreichische Akademie der Wissenschaften. Philosophisch-historische Klasse. Schriften der Balkankommission. Linguistische Abteilung. 31.)

Mang, Heinz. Chronik der Steiermärkischen Gebietskrankenkasse für Arbeiter und Angestellte. Graz 1969.

MCC = Mittheilungen der k. k. Central - Commission zur Erforschung und Erhaltung der Kunst- und historischen Denkmale. [...] Neue Folge. Wien.

Mell, Anton. Beiträge zur Geschichte des Unterthanenwesens in Steiermark. I. Die Robot. In: MHVSt 40, 1892. S. 135 - 225.

Mell, Anton. Ein steirischer Bauernhof aus dem Beginne des 17. Jahrhunderts. Besprochen und illustrirt von Dr. A. Mell. In: MCC, XX, 1894. S. 83 - 87.

Mell, Anton. Grundriß der Verfassungs- und Verwaltungsgeschichte der Steiermark. Herausgegeben durch die Historische Landeskommission für Steiermark. Graz, Wien, Leipzig 1929.

Mell, Anton. Beiträge zur Geschichte des Unterthanenwesens in Steiermark. II. Die Natural- und Geldabgaben der Unterthanen. In: MHVSt 41, 1893. S. 140 - 211.

MHVSt = Mitteilungen des Historischen Vereins für Steiermark. Graz 1850 - 1903.

Miklosich, Franz von. Etymologisches Wörterbuch der slavischen Sprachen. [...]. Wien 1886. [Neudruck: Amsterdam, 1970.]

MIÖG = Mitteilungen des Instituts für Österreichische Geschichtsforschung. Herausgegeben von der Institutsdirektion. 1880ff. (Ergänzungsbände: 1949ff).

Mirsch, Ingo. Die Gratkorner Sozialdemokraten. 1889 - 1989. Gratkorn (1989).

Mirsch, Ingo. Die Römerzeit. In: D. Kramer - I. Mirsch - B. Rupp. Daheim in. Die Besiedlung der Steiermark. Dokumentation der Gemeinden im Bezirk. [...]. (Graz 1992).

Mirsch, Ingo. Die Geschichte der Marktgemeinde Kalsdorf. Kalsdorf 1994.

Mirsch, Ingo - Pachler, Georg. Gratkorn in alten Ansichten. Zaltbommel (1996).

Mitteilungen der Gesellschaft für Salzburger Landeskunde. Salzburg 1861 ff.

Modrijan, Walter. Walter Schmid zum Gedenken!. In: Schild 2/1953. S. 5 - 8.

Modrijan, Walter. Die Höhlen im Hausberg von Gratkorn. In:Schild 5/1955. S. 5 - 11.

Modrijan, Walter. Aus der Vor- und Frühgeschichte der Steiermark. In: Die Steiermark. Land, Leute, Leistung. Graz 1956. S. 80 - 92.

Modrijan, Walter. Die Frühmittelalterfunde (8. bis 11. Jahrhundert) der Steiermark. In: Schild 11/1963. S. 45 - 84.

Modrijan, Walter. Neue Funde aus Peggau und die Bedeutung des Fundgebietes Peggau und Umgebung für die steirische Ur- und Frühgeschichte. In: Schild 13/1966/67. S. 5 - 19.

Modrijan, Walter. Das Museum für Vor- und Frühgeschichte und die Münzensammlung. In: Festschrift 150 Jahre Joanneum. 1811 - 1961. Im Auftrag der Steiermärkischen Landesregierung aus Anlaß der 150 - Jahr - Feier des Steiermärkischen Landesmuseums Joanneum und der Steiermärkischen Landesbibliothek herausgegeben. Redigiert von Berthold Sutter. (Graz 1969). S. 95 - 119. (=Joannea. Band II)

Modrijan, Walter. Römerzeitliche Villen und Landhäuser in der Steiermark. (= Schild, Kleine Schriften 9/1969a)

Modrijan, Walter. Das "steirische Handwerk" von den Anfängen bis um 1000 n. Chr. In: Das steirische Handwerk. Meisterschaft als Träger der Kultur und Wirtschaft des Landes. [...]. Katalog zur 5. Landesausstellung 1970. I. Teil: Handbuch. Graz 1970. S. 599 - 623.

Modrijan, Walter. Die Anfänge der Kunst im Südostalpenraum in heutiger Sicht. In: "Kunst als Lebensgestaltung im Zeitalter der Technokratie". Kärntner Hochschulwochen 1970 der Karl-Franzens-Universität in Graz. Klagenfurt 1971.

Modrijan, Walter. Aus der Ur- und Frühgeschichte der Steiermark. In: Die Steiermark. Land, Leute, Leistung. Graz 1971a. S. 287 - 312.

Modrijan, Walter. Die steirischen Höhlen als Wohnstätten des Menschen. In: Höhlenforschung in der Steiermark. Graz 1972. S. 61 - 86. (= Schild, Kleine Schriften 12/1972)

Modrijan, Walter. Vorzeit an der Mur. In: Vorzeit an der Mur. Graz 1974. S. 3 - 32. (= Schild, Kleine Schriften 15/1974)

Modrijan, Walter [Hrsg.]. Der Karantanisch - Köttlacher Kulturkreis. Frühmittelalterlicher Schmuck. Ljubljana, Graz 1975. (= Schild, Kleine Schriften 16/1975)

Modrijan, Walter. Graz, ehe es zu Graz wurde. Die Ur- und Frühgeschichte des Stadtgebietes aufgrund der Bodenfunde. In: 850 Jahre Graz. 1128 - 1978. Festschrift im Auftrag der Stadt Graz herausgegeben von Wilhelm Steinböck. Graz, Wien, Köln (1978). S. 49 - 65.

Modrijan, Walter. Peggau und Deutschfeistritz bis zum Jahr 1000. (Abschrift einer Tonbandaufnahme eines am 13. November 1971 im Gartensaal von Schloß Thinnfeld vor einer Ärzterunde gehaltenen Vortrages). In: Corolla memoriae Walter Modrijan dedicata. Hrsg. von Manfred Hainzmann. Unter Mitarbeit von Bernhard Hebert und Ulla Steinklauber. Graz 1997. S. 3 - 18.

Mottl, Maria. Das Protoaurignacien der Repolusthöhle bei Peggau (St.). In: ArchA 5/1950. S. 6ff.

Mottl, Maria. Neuer Beitrag zur näheren Datierung urgeschichtlicher Rastplätze Südost-Österreichs. In: MUAG 5-6/1968. S. 87ff.

MUAG = Mitteilungen der Österreichischen Arbeitsgemeinschaft für Ur- und Frühgeschichte. Wien.

Muchar, Albert von. Geschichte des Herzogthums Steiermark. Grätz 1844 - 1874. [9 Bände].

Muchitsch, Wolfgang. Der Widerstand und seine Verfolgung in Graz 1945. Die Gruppe um Fritz Matzner und der Fall Julia Pongracic. In: Historisches Jahrbuch der Stadt Graz 25, 1994. S. 47 - 64.

Müller, Hans Joachim (Hrsg.). Ökologie. Bearbeitet von R. Bährmann, W. Heinrich u. a. Stuttgart (1984).

Müller - Karpe, Hermann. Einführung in die Vorgeschichte. (München 1975).

Münzer, Edith. Der Schöckel. Hausberg der Grazer. (Graz 1990).

Murban, Karl und Gräf, Walter. Die Steirische Höhlenforschung und das Landesmuseum Joanneum. In: Höhlenforschung in der Steiermark. Graz 1972. S. 51 - 56. (= Schild, Kleine Schriften 12/1972)

Narr, Karl J. Religion und Magie in der Jüngeren Altsteinzeit. In: Handbuch der Urgeschichte. Herausgegeben von Karl J. Narr. Erster Band. Ältere und Mittlere Steinzeit. Jäger- und Sammlerkulturen. [...]. Bern, München (1966). S. 298 - 320.

Naschenweng, Hannes P. Die ersten Eggenberger und ihre Herkunft. Erklärungen – Legenden – Tatsachen. In: BlHk 69/ 1995. S. 106 – 122.

Naturschutz - Handbuch IV = Naturschutz - Handbuch IV. Naturkundliche Besonderheiten in steirischen Gemeinden. Idee, Gestaltung, Redaktion [von] Dr. Curt Fossel, DI Hermann Kühnert. Herausgeber: Österreichischer Naturschutzbund, Landesgruppe Steiermark. Graz, Stuttgart (1994).

Neugebauer, Johannes-Wolfgang. Österreichs Urzeit. Bärenjäger, Bauern, Bergleute. [...]. (Wien, München 1990).

Neugebauer - Maresch, Christine. Altsteinzeit im Osten Österreichs. Mit Beiträgen von Walpurga Antl-Weiser, Gernot Rabeder, Spyridon Verginis. St. Pölten, Wien (1993). S. 81 - 90. (= Wissenschaftliche Schriftenreihe Niederösterreich, Band 95/96/97) [zugleich Band 15 der Forschungsberichte zur Ur- und Frühgeschichte der Österreichischen Gesellschaft für Ur- und Frühgeschichte.]

OB = Zahn, Joseph von. Ortsnamenbuch der Steiermark im Mittelalter. Wien 1893.

Obersteiner, Gernot Peter. Inventar der steirischen Bezirkshauptmannschaftsakten 1868 bis 1925. In: Mitteilungen des Steiermärkischen Landesarchivs 42/43, 1993. S. 99 - 120.

ÖEK 2.0 = Marktgemeinde Gratkorn - Örtliches Entwicklungskonzept 2.0. Verordnungswortlaut und Erläuterungen. Überarbeitung und Änderung (Fortführung) des 1. Örtlichen Entwicklungskonzeptes 1.0 im Rahmen des 1. Revisionsverfahrens (Raumordnungsverfahren 2.0) laut Gemeinderatsbeschluß vom 30. 10. 1990. [Verfaßt von Architekt Dipl. - Ing. Hans - Jochen Wigand, unter Mitarbeit von Mag. Andrea Watzke.]

ÖK = Österreichische Karte 1:50.000. Bundesamt für Eich- und Vermessungswesen (Landesaufnahme) 1080 Wien. ÖK 163 = BMN 6706 (Voitsberg, aufgenommen 1963, Kartenrevision 1984); ÖK 164 = BMN 6707 (Graz, aufgenommen 1979, Kartenrevision 1985).

Okkupationspolitik = Die faschistische Okkupationspolitik in Polen (1939 - 1945). Dokumentenauswahl und Einleitung von Werner Röhr. [...]. Berlin 1989. (= Europa unterm Hakenkreuz. Die Okkupationspolitik des deutschen Faschismus (1938 - 1945). Achtbändige Dokumentation. Herausgegeben von einem Kollegium unter der Leitung von Wolfgang Schumann und Ludwig Nestler. [...].)

Paschinger, Herbert. Steiermark. Steirisches Randgebirge, Grazer Bergland, Steirisches Riedelland. Von Prof. Dr. Herbert Paschinger, Graz. [...]. Berlin, Stuttgart (1974). (= Sammlung geographischer Führer. Herausgegeben von Prof. Dr. A. Leidlmair, Prof. Dr. E. Meynen und Prof. Dr. C. Schott. Band 10, 1974.)

Pauley, Bruce F. Der Weg in den Nationalsozialismus. Ursprünge und Entwicklung in Österreich. (Wien 1988).

Peinlich, Richard. Geschichte der Pest in Steiermark. Graz 1876. (Bd. 2: Graz 1878).

Peinlich, Richard. Zur Geschichte der Leibeigenschaft und Hörigkeit in Steiermark. Graz 1881.

Pfarrchronik = Chronik der Pfarre St. Stefan / Gratkorn. HS, Archiv des Pfarramtes St. Stefan / Gratkorn.

Pferschy, Gerhard. Das Jahr 1934 in der Steiermark. In: BlfHk 58, 1984. S. 45 - 50.

Pferschy, Gerhard - Purkarthofer, Heinrich. Die Robotbelastung der steirischen Bauern um 1750. In: Atlas zur Geschichte des steirischen Bauerntums. Herausgegeben von F. Posch. Graz (1976). (= Veröffentlichungen des Steiermärkischen Landesarchivs 8)

Pfundner, Gunda. Aus dem Arbeitsbereich des DEPONERE. In: Festschrift für Dr. Erich Hudeczek aus Anlaß seines 50. Geburtstages. Graz 1989. [masch. Manuskript]

Philipp, Gerhard. Einführung ins Frühneuhochdeutsche. Sprachgeschichte - Grammatik- Texte. Heidelberg (1980).

Pichler, Friedrich. Text zur Archaelogischen Karte von Steiermark. Graz (1879).

Pichler, Friedrich. Grabstättenkarte der Steiermark. Graz (1887/88).

Pickl, Othmar. Wirtschaftsgeschichte des Zisterzienserklosters Reun von seiner Gründung bis zum Ausgang des Mittelalters. Graz 1950. [Phil. Diss. masch.]

Pickl, Othmar. Geschichte des Marktes Frohnleiten. Graz 1956.

Pickl, Othmar. Geschichte der Papiererzeugung in der Steiermark. Graz [1963]. (= Sonderdruck aus: O. Pickl, 75 Jahre Papierfabrik Karl Schweizer in Frohnleitenmit einem Überblick über die Papiererzeugung in der Steiermark. Graz 1963.)

Pickl, Othmar. 850 Jahre Graz und die wirtschaftlich - industrielle Entwicklung der Steiermark. Vortrag anläßlich der ÖZEPA - Haupttagung 12. bis 13. Oktober 1978 in Graz.

Pickl, Othmar. Handel und Verkehr in der Steiermark zur Zeit der Traungauer. In: Das Werden der Steiermark. Die Zeit der Traungauer. Festschrift zur 800. Wiederkehr zur Erhebung zum Herzogtum. Herausgegeben von Gerhard Pferschy. Graz, Wien, Köln (1980). S. 327 - 354. (= Veröffentlichungen des Steiermärkischen Landesarchives. [...] Band 10.)

Pickl, Othmar. 700 Jahre Marktgemeinde Frohnleiten. Frohnleiten (1996).

Piper, Otto. Burgenkunde. Bauwesen und Geschichte der Burgen von Otto Piper. Neue, verbesserte und erweiterte Auflage. Augsburg 1994.

Pirchegger, Hans. Geschichte der Steiermark bis 1282. (2. Auflage). Graz, Wien, Leipzig 1936.

Pirchegger, Hans. Die Landgerichte und Burgfriede in der Steiermark. 1748 - 1848. In: Erläuterungen zum Heimatatlas der Steiermark. Hrsg. vom Historischen Verein für Steiermark. [...]. III. Lieferung. Graz 1946. S. 29 - 32.

Pirchegger, Hans. Verwaltungseinteilung in Steiermark. 1808 - 48. In: Erläuterungen zum Heimatatlas der Steiermark. Hrsgg. vom Historischen Verein für Steiermark. [...]. III. Lieferung. Graz 1946a. S. 33 - 37.

Pirchegger, Hans. Geschichte der Steiermark. Mit besonderer Rücksicht auf das Kulturleben. (Graz 1949). (Nachdruck 1987).

Pirchegger, Hans. Bauer und Grundherrschaft. Erläuterungen zur "Besiedelungsgeschichte der Umgebung von Graz". In: BlfHk 40, 1966. S. 33 - 38.

Pittioni, Richard. Schätze im Boden. Der Schutz und die Pflege urgeschichtlicher Fundstükke und Ausgrabungen. Merkschrift für die Pflege und den Schutz der heimischen Bodendenkmale . Herausgegeben vom Bundesdenkmalamt in Wien. Wien 1947.

Pittioni, Richard. Die Urgeschichte des österreichischen Raumes. Wien 1954.

Pittioni, Richard. Die Funde aus der Zigeunerhöhle im Hausberg bei Gratkorn, Steiermark. In: Schild 5/1955. S. 12 - 24.

Pittioni, Richard. Urzeit. (= Geschichte Österreichs. Band I/1, I/2. Wien 1980.)

Pogatschnigg, Valentin = Bericht des k. k. Gewerbe - Inspectors Dr. Val[entin] Pogatschnigg über seine Amtsthätigkeit im Jahre 1884. IX. Aufsichtsbezirk. (Steiermark, Krain, Triest, Küstenlande und Dalmatien.) Wien 1885.

Popelka, Fritz. Die Wiener Straße. In: Grazer Tagblatt, 1930, Nr. 43.

Popelka, Fritz. Die Geschichte der Stadt Graz. [...]. [2 Bde.] Graz 1959f.

Posch, Fritz. Siedlungsgeschichte der Oststeiermark. Innsbruck 1941. In: MIÖG, Ergänzungsband XIII, 4. 1941. S. 371 - 679.

Posch, Fritz. Zur Lokalisierung des in der Urkunde von 860 genannten Salzburger Besitzes. In: Mitteilungen der Gesellschaft für Salzburger Landeskunde. 101. Vereinsjahr. Salzburg 1961. S. 243 - 260.

Posch, Fritz. Die deutsch-slawische Begegnung im Ostalpenraum und die Grundlagen des steirischen Volkstums. In: Jahrbuch des Vereins für Landeskunde von Niederösterreich. Neue Folge 36, 1964. S. 87 - 99.

Posch, Fritz. [100 Jahre Bezirkshauptmannschaften in der] Steiermark. In: 100 Jahre Bezirkshauptmannschaften in Österreich. Festschrift. Im Auftrage der österreichischen Bundesländer herausgegeben von Dr. Johannes Gründler. (Wien 1970). S. 61 - 71.

Posch, Fritz. Die Besiedlung des Grazer Bodens und die Gründung und früheste Entwicklung von Graz. In: 850 Jahre Graz. 1128 - 1978. Festschrift im Auftrag der Stadt Graz herausgegeben von Wilhelm Steinböck. Graz, Wien, Köln (1978). S. 67 - 107.

Posch, Fritz. Die duo loca ad Strazinolun des Erzbistums Salzburg vom Jahre 860, die Burg Helfenstein und das Zisterzienserkloster Rein. In: Stift Rein. 1129 - 1979. 850 Jahre Kultur und Glaube. Festschrift zum Jubiläum. (...). Rein 1979. S. 156 - 165.

Posch, Fritz. Die Besiedlung und Entstehung des Landes Steiermark. In: Das Werden der Steiermark. Die Zeit der Traungauer. Festschrift zur 800. Wiederkehr zur Erhebung zum Herzogtum. Herausgegeben von Gerhard Pferschy. Graz, Wien, Köln (1980). S. 23 - 62. (= Veröffentlichungen des Steiermärkischen Landesarchives. [...] Band 10.)

Posch, Fritz. Die Entstehung des Landes Steiermark. In: Die Steiermark. Brücke und Bollwerk. Katalog der Landesausstellung. Graz 1986. S. 50 - 53.

Pöschl, Karlheinz. Der Leykam - Chor in Gratkorn von der Gründung bis zur Gegenwart. Graz 1988. [Univ. Graz, geisteswiss. Diplomarbeit]

Pöttler, Viktor Herbert. Führer durch das Österreichische Freilichtmuseum. (Graz 1985[4]).

Pöttler, Viktor Herbert. Bäuerliche Fahrzeuge und Arbeitsgeräte. Ein Ausstellungsbegleiter. Stübing (1997). (= Schriften und Führer des Österreichischen Frelichtmuseums Stübing bei Graz. Nr. 18.)

Puschnik, Theodor. Vorarbeiten für das Wasserwerk Graz - Friesach. In: Seismische Untersuchungen im Grundwasserfeld Friesach nördlich von Graz. Graz 1966. S. 12 - 19. (= Berichte der wasserwirtschaftlichen Rahmenplanung 7/1966.

Radimsky, Ingeborg. Römerzeitliche Spuren in und um Bad Gleichenberg. In: AGSt 1, 1997. S. 45 - 53.

Ramsauer, Ignaz. Topografisch-statistische Darstellung des Bezirkes Umgebung Graz in Steiermark. Im Auftrage des Bezirks-Ausschusses nach verschiedenen Quellen ausgearbeitet von Ignaz Ramsauer, Bezirks-Vertretungs-Sekretär. (Graz 1868).

Ramsauer, Ignaz. Bericht über die Tätigkeit der Bezirksvertretung Umgebung Graz in der ersten Wahlperiode 1867 - 1870.Verfaßt von Ignaz Ramsauer, Bezirksvertretungs - Secretär. Graz 1870.

Rauchensteiner, Manfred. Der Krieg in Österreich 1945. 3., unveränderte Auflage. Wien (1985). (= Schriften des Heeresgeschichtlichen Museums in Wien (Militärwissenschaftliches Institut) Herausgegeben von der Direktion Band 5)

Reichl, Sepp. Der große Aufstieg. Eine Geschichte der arbeitenden Menschen und der Arbeiterbewegung in der Steiermark. Graz (1966).

Reim, Johann Vincenz = Die Graz - Ansichten des Johann Vincenz Reim (1796 - 1858). 41 Faksimile - Wiedergaben im Originalformat. Herausgegeben von Wilhelm Steinböck und Heinz Hiebl. Graz 1977.

RISt = Weber, Ekkehard. Die römerzeitlichen Inschriften der Steiermark. Graz 1969. [= Veröffentlichungen der Historischen Landeskommission für Steiermark. Arbeiten zur Quellenkunde XXXV. Graz 1969.]

Rosolenz, Jacob. GründlicherGegenbericht auff den falschen Bericht und vermainte Erinnerung Davidis Rungij, Wittenbergischen Professors, Von der Tyrannischen Bäpstischen Verfolgung des h. Evangelij in Steyermarckt, Kärndten und Crayn. [...] Grätz 1607.

Roth, Paul W. Zur frühen Nutzung der Dampfkraft in der Steiermark. In: ZHVSt 64, 1973. S. 243 - 252.

Roth, Paul W. Die Herkunft der Eggenberger. Neue Überlegungen. In: BlHk 67/1993. S. 50 – 54.

Roth, Paul W. Nochmals zur Herkunft der Eggenberger. In: BlHk 70/1996. S. 58 - 59.

San Marte. Zur Waffenkunde des älteren deutschen Mittelalters. 1867.

Sann, Hans von der. [= Johann Krainz] Andritz und Umgebung. Graz 1892.

Sann, Hans von der. [= Johann Krainz] Sagen aus der grünen Mark. Gesammelt von Hans von der Sann. Volksausgabe. Graz 1920.

Schacherl, Michael. 30 Jahre steirische Arbeiterbewegung. 1890 bis 1920. Graz 1932. [Nachdruck: Graz 1979]

Schachner-Blazizek, Alfred. Gemeinderecht und Gemeindeverwaltung. Die 100 Jahre von 1848 – 1948. Aus dem Nachlaß herausgegeben von Peter Schachner-Blazizek. (Graz 1995).

Schärf, Adolf. Österreichs Erneuerung 1945 – 1965. Wien 1965.

Scharfetter, Rudolf. Über die Pflanzendecke in der Steiermark. In: Die Steiermark. Land, Leute, Leistung. Herausgegeben von der Steiermärkischen Landesregierung. Graz 1956. S. 46 - 56.

Schematismus = Schematismus für Steyermark und Kaernten, fuer das Jahr 1817. Graetz 1817.

Schild = Schild von Steier. Beiträge zur steirischen Vor- und Frühgeschichte und Münzkunde. Graz.

Schild, Kleine Schriften = Schild von Steier. Beiträge zur steirischen Vor- und Frühgeschichte und Münzkunde. Graz.

Schmid, Walter. Beiträge zur Geschichte der frühmittelalterlichen Besiedlung der Steiermark. In: ZHVSt 18, 1922. S. 27 - 45.

Schmidl, Adolf. Reisehandbuch durch das Herzogthum Steiermark, Illyrien, Venedig und die Lombardie. Von Adolf Schmidl. Wien 1836.

Schmidlechner, Karin Maria. Die steirische Industriearbeiterschaft zwischen 1875 und 1880. Graz 1979. [Phil. Diss. masch.]

Schmidlechner, Karin Maria. Die steirischen Arbeiter im 19. Jahrhundert. Mit einem Vorwort von Helmut Konrad. Wien 1983. (= Ludwig Boltzmann Institut für Geschichte der Arbeiterbewegung. Materialien zur Arbeiterbewegung Nr. 30.)

Schmirler, Hermann. Betrachtungen der Frühgeschichte der Post in Graz. Beitrag zur 850-Jahr-Feier der Stadt. In: Grazer Handbuch für Postgeschichte und Stempelkunde. (Graz 1978). S. 5 - 34.

Schmutz, Carl. Historisch Topographisches Lexicon von Steyermark. [4 Bde.] Graz 1822f.

Schopf, F. J. = Die Obrigkeiten in den innerösterreichischen Provinzen, deren Wirkungskreis und Amtshandlungen, mit besonderer Rücksicht auf Steiermark. Dargestellt von F. J. Schopf. Gratz 1844.

Schreiner, Gustav. Grätz. Ein naturhistorisch - statistisch - topographisches Gemählde dieser Stadt und ihrer Umgebungen. [...]. Grätz 1843.

Schröder, Wilhelm Heinz. Arbeitergeschichte und Arbeiterbewegung.

Schubert, Justus. Bau der Wasserkraftanlage an der Mur bei Gratwein. Behandelt von Ministerialrat i. R. Ing. Justus Schubert der Bauunternehmung Ed. Ast & Co., Ingenieure, in Wien. Wien 1926. (= Sonderabdruck aus "Die Wasserwirtschaft" 12/1926.)

Schuller - Axentowicz, Helga. Die Lobminger. Genealogie und Besitzgeschichte eines steirischen Adelsgeschlechtes im Mittelalter. In: Beiträge zur Burgen- und Herrschaftsgeschichte sowie zur Genealogie obersteirischer Adelsfamilien. Herausgegeben von Herwig Ebner. Graz 1974. S. 143 - 264. (= Forschungen zur geschichtlichen Landeskunde der Steiermark. Band 28.)

Schumacher, A. Bilder aus den Alpen der Steyermark. Wien 1820.

Schweigert, Horst. Plastik und Gemälde in Stift Rein und seinen Pfarren. In: Stift Rein. 1129 - 1979. 850 Jahre Kultur und Glaube. Festschrift zum Jubiläum. (...). Rein 1979. S. 452 - 505.

Semetkowski, Walter von. Vom Bauernhaus in der Steiermark. In: Heimatliches Bauen im Ostalpenraum. Das Joanneum, Sonderband 1941. S. 83 - 97.

Sidaritsch, Marian. Geographie des bäuerlichen Siedlungswesens im ehemaligen Herzogtum Steiermark. [...] Graz 1925. (= Veröffentlichungen aus dem Geographischen Institut der Universität Graz.)

Sigmund, A. Die Steinfunde aus der Steinzeit in den Höhlen im Hausberg bei Gratkorn (Steiermark) in mineralogischer Beziehung. In: Mitteilungen des Naturwissenschaftlichen Vereines für Steiermark 60,1924. S. 1 – 6.

Sikora, Adalbert. Verschollene Burgen bei Semriach. In:Mitteilungen des Steirischen Burgenvereines. 10. Jahrgang. Graz 1961. S. 54 - 56.

Spreitzhofer, Karl. Mißhandelte Alpenslawen. Bemerkungen zu einer namenkundlichen Neuerscheinung. In: ZHVSt 78, 1987. S. 297 - 306.

Sribar, Vinko - Stare, Vida. Das Verhältnis der Steiermark zu den übrigen Regionen der Karantanisch-Köttlacher Kultur. In: Schild 15/ 16, 1978/79. S. 209 - 225.

Steirisches Wörterbuch = Das steirische Wörterbuch. (Graz 1994).

Staudinger, Eduard. Die andere Seite des Arbeiteralltags. Sozialdemokratisches Vereinswesen in der Steiermark 1918 - 1934. In: Für Freiheit, Arbeit und Recht. Die steirische Arbeiterbewegung zwischen Revolution und Faschismus (1918 - 1938). Wanderausstellung vom 13. Jänner bis 30. November 1984 in allen steirischen Bezirken. (Graz 1984). S. 133 - 185.

StAHK = Statistischer Ausweis der Gratzer Handels- und Gewerbekammer für das Jahr 1857. Erstattet an das hoe kaiserl. königl. Ministerium für Handel, Gewerbe und öffentliche Bauten. Gratz 1859.

StBHK = Statistischer Bericht der Handels- und Gewerbekammer in Graz über die volkswirtschaftlichen Zustände ihrer Bezirke im Jahre 1890, beziehungsweise in den Jahren 1889 - 1890. Graz 1895.

StHB = Bericht über die volkswirtschaftlichen Verhältnisse Obersteiermarks in den Jahren 1886 bis inclusive 1890. Leoben 1893. (= Statistischer Hauptbericht der Handelskammer in Leoben.)

Stiefel, Dieter. Vom Inflationsschock zum Arbeitslosenschock. Die wirtschaftliche Situation in der Zwischenkriegszeit. In : Desput, Joseph F. (Hg.). Österreich 1934 - 1984. Erfahrungen, Erkenntnisse, Besinnung. Graz, Wien, Köln 1984. S. 64 - 72.

Stiefel, Dieter. Entnazifizierung in Österreich. Wien, München, Zürich (1981).

StJBA = Statistisches Jahrbuch des k. k. Ackerbau - Ministeriums. (Wien 1876 - 1891).

Strahalm, Werner. Graz. Eine Stadtgeschichte. Herausgegeben von Wilhelm Steinböck [...]. (Graz 1989).

Strikovic H. - **Baumgartner** K. (Red.). 70 Jahre Kinderfreunde Gratkorn. Gratkorn 1992.

StUB = Urkundenbuch des Herzogthums Steiermark. Bearbeitet von J. Zahn. [...]. Band I Graz 1875, Band II Graz 1879, Band III Graz 1903, Band IV (bearbeitet von G. Pferschy) Wien 1975.

Suppan, Rudolf. Unsere Mur. Fluß im grünen Land. Graz (1984).

Taidinge = Steirische und kärnthische Taidinge. Im Auftrage der Kaiserlichen Akademie der Wissenschaften herausgegeben von Ferdinand Bischoff und Anton Schönbach. Wien 1881. (= Österreichische Weisthümer gesammelt von der Kaiserlichen Akademie der Wissenschaften. Sechster Band. Steirische und kärnthische Taidinge. Wien 1881.)

Treffer, Günter. Das grosse steirische Feuerwehrbuch. Mit Ehrentafel der steirischen Feuerwehren. [...] Wien, München [o. J.].

Tremel, Ferdinand. Schiffahrt und Flößerei auf der Mur. In: Jahresbericht des Akademischen Gymnasiums in Graz. [...]. Graz 1946. S. 3 - 51.

Tremel, Ferdinand. Land an der Grenze. Eine Geschichte der Steiermark. Graz 1966.

Trummer, Manfred. Slawische Steiermark. In: Christian Stenner (Hg.), Slowenische Steiermark. Verdrängte Minderheiten in Österreichs Südosten. Wien, Köln, Weimar (1997). S. 15 - 34. (= Zur Kunde Südosteuropas II/23)

Tscherne, Werner. (Hrsg.) Wege zur Landeskunde. Herausgegeben von Werner Tscherne. Graz 1991.(= ZHVSt., Sonderband 22.)

Unger, Theodor. Steirischer Wortschatz als Ergänzung von Schmellers Bayerischem Wörterbuch gesammelt von Theodor Unger (...). Wien (1903). [Unveränderter Neudruck 1984]

Unterweger, Andreas. Entwicklung der Luftgütesituation im Gratkorner Becken seit 1979 und deren Auswirkung auf Wald und Mensch. Graz 1989. [Maschinschriftliche naturwiss. Diplomarbeit.]

Urban, Otto H. Wegweiser in die Urgeschichte Österreichs. Archäologie sehen, erkennen, verstehen. Wien (1989).

Urbare = Die Urbare, urbarialen Aufzeichnungen und Grundbücher der Steiermark. Gesamtverzeichnis. Mit Ausschluß der Herrschaften und Gülten der ehemaligen Untersteiermark. Unter Berücksichtigung landschaftlicher Steuerregister, der "Gültschätzung 1542" und der Theresianischen Steuerrektifikation. Graz 1967ff. [Band 1: 1967, Band 2: 1977, Band 3: 1985] [Namen- und Sachregister: Graz 1995.] (= Veröffentlichungen des Steiermärkischen Landesarchives Bd. 3/I, 3/II, 3/III, 3/IV.)

UWR = Umweltreport 1986. Herausgegeben von W. Katzmann und H. Schrom. (Wien 1986).

VgHk = Verzeichnis der gewerblichen Hilfskassen. In: Nachrichten über Industrie, Handel und Verkehr aus dem Statistischen Department im k. k. Handelsministerium. Wien 18, 1882.

Vischer, Georg Matthäus. Topographia ducatus Styriae. Authore et delinatore Georg Matthäus Vischer. Graz 1681.

VOG = Verzeichnis der in den neu constituirten Ortsgemeinden der k. k. Bezirkshauptmannschaft Gratz im Juli 1850 gewählten Bürgermeister, Gemeinde - Räthe, Ausschuß- und Ersatzmänner, nebst einer Uebersicht der Volkszahl und Flächen - Ausdehnung der neuen Gemeinden, und der in denselben enthaltenen Catastral - Gemeinden und Ortschaften. [Graz 1850].

VP 1528 = Albrecher, Anton. Die Visitation und Inquisition von 1528 in der Steiermark. Edition der Texte und Darstellung der Aussagen über die kirchlichen Zustände. (2 Bde.) Graz 1981. [Maschinschriftliche phil. Diss.]

Walkner, Johann - **Männiksaar**, Ernst. 1902-1992 Freiwillige Feuerwehr Gratkorn-Markt. Gratkorn 1992.

Walter, Sepp. Suppan und Dorfrichter in der Steiermark. In: Sonderdruck Alpes orientales Acta Quinti Conventes de Ethnographica Alpium Orientalium Tractantis. Ljubljana 1969. S. 267 - 279.

Waltner, Lisl. (Hrsg.). Der gemeine Steirer. Volkscharakter an Beispielen. Berichte aus der ersten Hälfte des 19. Jahrhunderts. Wien, Köln, Graz 1982.

Weber, Franz. Die refraktionsseismischen Messungen in der Murebene bei Friesach. In: Seismische Untersuchungen im Grundwasserfeld Friesach nördlich von Graz. Graz 1966. S. 20 - 38. (= Berichte der wasserwirtschaftlichen Rahmenplanung 7/1966.

Weinhold, Karl. Über ein zu Straßengel aufgedecktes Grab. In: MHVSt 8, 1858. S. 140 - 150.

Weis, Pater Anton. Einige verschollene Burgen im Murthale. In: MHVSt 32, 1884. S. 97 - 114.

Weis, Pater Anton. Quellen und Studien zur Geschichte der Pfarre Gratwein. In: Beiträge zur Kunde steiermärkischer Geschichtsquellen 21. Graz 1886. S. 3 - 78.

Weissensteiner, Friedrich. Der ungeliebte Staat. Österreich zwischen 1918 und 1938. (Wien 1990).

Werksrettung = 75 Jahre Werksrettung Gratkorn. Festschrift. Gratkorn 1997.

Wießner, Hermann. Beiträge zur Geschichte des Dorfes und der Dorfgemeinde in Österreich. Klagenfurt 1946. (= Archiv für vaterländische Geschichte und Topographie. Herausgegeben vom Geschichtsverein für Kärnten. 30. Band.)

Wimmer, Otto. Handbuch der Namen und Heiligen. [...]. Innsbruck, Wien, München (1959^{2}).

Winkler, Monika. Der Besitzstand des Zisterzienserklosters Rein und seine Verwaltung vom 14. bis 18. Jahrhundert. Graz 1977. [Phil. Diss. masch.]

Wöhrerchor = Festschrift 100 Jahre Wöhrerchor 1886-1986. O.O. 1986.

Wolfram, Herwig. Die Geburt Mitteleuropas. Geschichte Österreichs vor seiner Entstehung. 378 - 907. (Wien 1987).

Wolfram, Herwig. Grenzen und Räume. Geschichte Österreichs vor seiner Entstehung. Wien 1995. [= Österreichische Geschichte in 10 Bänden. Herausgegeben von Herwig Wolfram. Band 1: Österreichische Geschichte 378 - 907.]

Wurzbach, Constant von. Biographisches Lexikon des Kaiserthums Oesterreich, enthaltend die Lebensskizzen der denkwürdigen Personen, welche seit 1750 in den österreichischen Kronländern geboren wurden oder darin gelebt und gewirkt haben. Wien

Zechner, Franz. Der Kampf in Bruck an der Mur. In: Koloman Wallisch. Zur Erinnerung an die Ereignisse des Februar 1934 im Bezirk Bruck/Mur. (Bruck an der Mur) [1984]. S. 29 - 37.

Zetinigg, Hilmar. Die Geologie des Grundwasserfeldes von Friesach. In: Seismische Untersuchungen im Grundwasserfeld Friesach nördlich von Graz. Graz 1966. S. 1 - 11. (= Berichte der wasserwirtschaftlichen Rahmenplanung 7/1966.)

ZHVSt = Zeitschrift des Historischen Vereines für Steiermark. Graz 1906ff.

Zimmerl, Richard. Gestatten, von Graz die Mur aufwärts. In: Die Briefmarke, 5, 1994. S. 34 - 42.

MÜNDLICHE QUELLEN

ROSA FANINGER,
GEB. AM 20. AUGUST 1921,
ALTWIRTIN.

JOSEF KOPSCHE,
GEB. AM 22: MÄRZ 1933, SOZIALDEMOKRAT DER ERSTEN STUNDE.

AMBROS LANZ VLG. TOMABAUER,
GEB. AM 3. DEZEMBER 1915,
ALTBAUER.

MARTIN NEUGEBAUER,
GEB. AM 13. JÄNNER 1935,
AKTIVER PENSIONIST.

HELGA STEINBERGER,
GEB. AM 30. JUNI 1926,
RIBISELBÄUERIN.

KATHARINA STELZL
VLG. HASELBAUER, GEB. AM
15. APRIL 1921, ALTBÄUERIN.

HARDL WALKNER,
GEB. AM 22. OKTOBER 1909,
ORIGINAL UND TAUSENDSASSA.

Dieses Buch wurde auf

MAGNO STAR

gedruckt, welches von der KNP LEYKAM Gratkorn
kostenlos zur Verfügung gestellt wurde.

Die Marktgemeinde Gratkorn
bedankt sich dafür
herzlich.

Die Marktgemeinde Gratkorn

bedankt sich bei all jenen, die mitgewirkt haben,

dass dieses Buch entstehen konnte.

Besonders aber bei

den Gratkornerinnen und Gratkornern,

die für Interviews zur Verfügung standen

und Fotos und Bildmaterial

zur Verfügung stellten.